환상의 콤비

다양한 실무 예제로 배우는

엑셀 & 파워포인트 & 워드 2010

YoungJin.com Y.
영진닷컴

다양한 실무 예제로 배우는
엑셀&파워포인트&워드 2010

ISBN 978-89-314-4053-9

독자님의 의견을 받습니다

이 책을 구입한 독자님은 영진닷컴의 가장 중요한 비평가이자 조언가입니다. 저희 책의 장점과 문제점이 무엇인지, 어떤 책이 출판 되기를 바라는지, 책을 더욱 알차게 꾸밀 수 있는 아이디어가 있으면 팩스나 이메일, 또는 우편으로 연락주기 바랍니다. 의견을 주실 때에는 책 제목 및 독자님의 성함과 연락처(전화번호나 이메일)를 꼭 남겨 주시기 바랍니다. 독자님의 의견에 대해 바로 답변 을 드리고, 또 독자님의 의견을 다음 책에 충분히 반영하도록 늘 노력하겠습니다.

이메일 : support@youngjin.com
주 소 : (주)153-803 서울특별시 금천구 가산동 664번지 대륭테크노타운 13차 10층 (주)영진닷컴 기획1팀
팩 스 : 02-2105-2207

STAFF

집필 장경호 | **기획** 기획1팀 | **총괄** 김태경 | **진행** 정미정
편집디자인 영진닷컴 제작팀 | **표지디자인** 디자인허브

머리말

대학생들은 토익이나 취업 준비하기에 바쁘고, 직장인들은 치열한 경쟁 비즈니스 속에서 오피스 프로그램을 배울 시간이 턱없이 부족합니다. 그럼에도 불구하고 대학생들이나 직장인들에게 엑셀, 파워포인트, 워드는 이제 기본 중의 기본이 되어 버리고 말았습니다.

이런 상황을 잘 알기에 『환상의 콤비 엑셀 & 파워포인트 & 워드 2010』은 오피스 제품군을 가장 효과적이면서도 완벽하게 공부할 수 있도록 준비되었습니다. 최대한 알기 쉽게 쓰기 위해 노력했으며, 중요한 기능이나 핵심 활용 팁도 빠뜨리지 않도록 신중을 기했습니다.

본 도서는 2가지 목적에 맞추어 집필하였습니다.

❶ 독자들이 알고 싶어하는 기준으로 책을 집필할 것!
❷ 한 권의 도서로도 오피스를 완벽하게 마스터할 수 있도록 내용에 충실할 것!

영진닷컴의 『환상의 콤비』라는 오피스 도서가 왜 많은 분들에게 사랑을 받고 있는지 느껴보시기 바라며, 이번 기회에 오피스를 완벽하게 마스터해 보시기 바랍니다.

아래는 본 도서를 200% 활용하는 방법입니다.

❶ 『환상의 콤비 엑셀 & 파워포인트 2007』 도서를 통해 많은 호응을 받았던 학습일기 마스터 과정이 약 17만명 회원을 보유한 오피스 실무카페(http://cafe.naver.com/ppt)를 통해 3개월 과정으로 매달 개설됩니다. 또한, 필요한 실무 서식도 무료로 받아가시기 바랍니다.

❷ 분량 관계상 미처 담지 못한 약 150 페이지의 활용 팁과 환상의 콤비 동영상 강좌를 저자 블로그(http://www.blog21.kr)와 개인 사이트(http://www.study21.kr)를 통해 공유합니다.

❸ 엑셀, 파워포인트, 워드 등 오피스 프로그램 관련 국내외 정보들을 매주 발행되는 네이버 오픈캐스트(http://opencast.naver.com/ms776)를 통해 알아가시기 바랍니다.

저에게 있어 집필은 참으로 즐거운 작업입니다. 본 도서가 여러분들의 오피스 실력 향상에 좋은 길라잡이가 될 수 있기를 기원합니다.

끝으로, 한 권의 도서를 위해 물심양면으로 도움을 주신 영진닷컴 관계자 분들과 이 책을 집필하는 동안 옆에서 힘이 되어준 아내, 그리고 딸 소연이에게 고마운 마음을 전합니다.

2011년을 바라보며..
장경호

PREVIEW
이책의 구성

이 책은 엑셀, 파워포인트, 워드를 각각의 Part로 나누어 설명하고 있습니다. 각 Part의 시작 부분에는 Intro 코너를 마련하여 Part에서 다루는 전반적인 내용을 한눈에 파악할 수 있도록 하였고, 따라하기 단계에서 필요한 부연 설명이나 주의해야할 사항은 'TIP', '꼭! 알아두세요' 등의 요소로 구성하였습니다. 'Special Page' 코너에서는 본문에서 다루지 못한 업그레이드된 내용을 소개합니다.

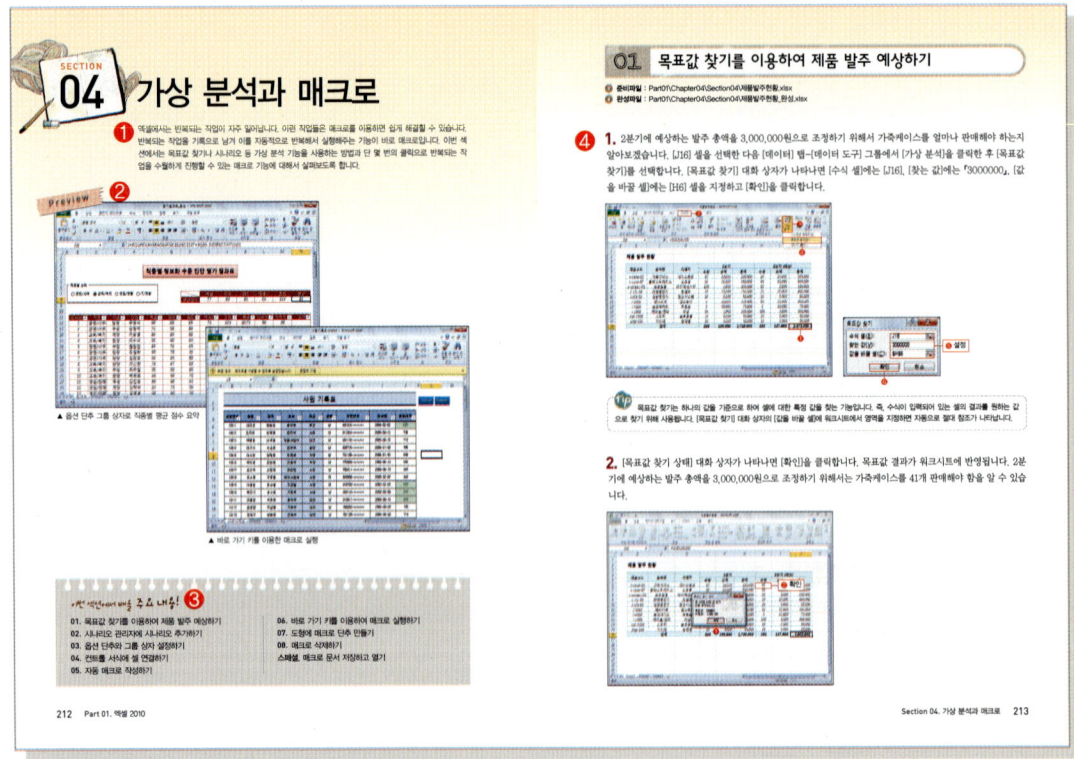

❶ Intro
각 섹션의 시작 부분에 배치하여 섹션 안에서 어떤 내용을 다루는지 한눈에 파악할 수 있도록 구성합니다.

❷ Preview
각 섹션에서 배울 예제를 미리 보여줍니다.

❸ 이번 섹션에서 배울 주요 내용
따라하기를 통해 어떤 기능을 학습하게 될지 간략하게 살펴봅니다.

❹ 따라하기 과정
하나하나 쉽게 따라할 수 있도록 자세하게 설명합니다.

❺ TIP

따라하기 과정과 관련해 주의 또는, 참고해야 할 사항을 알려주거나, 저자만의 알짜배기 노하우를 공개합니다.

❻ 꼭! 알아두세요

본문에서 설명하지 않은 내용 중에서 중요하거나 알아두면 좋은 내용, 또는 본문 내용 중에서 상세한 설명이 필요한 경우 해당 설명 등을 정리한 부분입니다.

❼ Special Page

작업하면서 꼭 필요한 설명들을 특별한 페이지에 따로 정리했습니다. 본문 내용과 연계하여 알아두면 좋은 유용한 정보들을 담고 있습니다.

❽ 체크해봐요!

따라하기에서 익힌 내용을 바탕으로 직접 예제를 풀어봅니다. Hint에 있는 내용을 참고하면서 반복 및 심화 학습을 합니다.

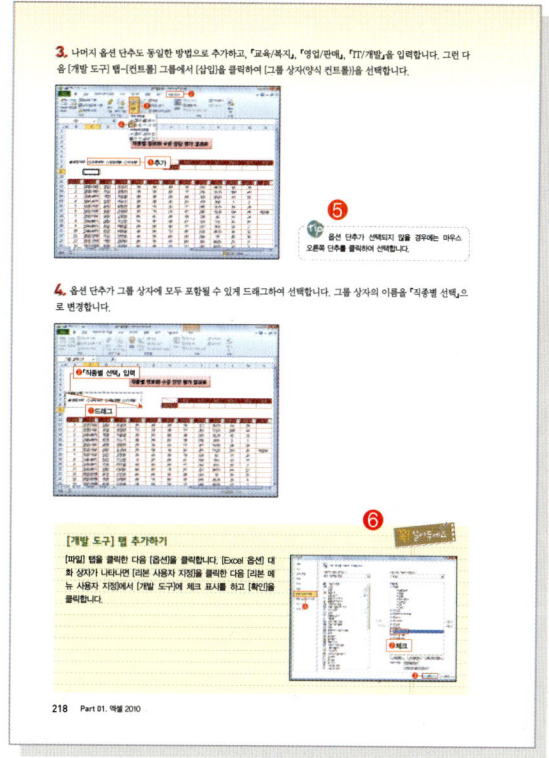

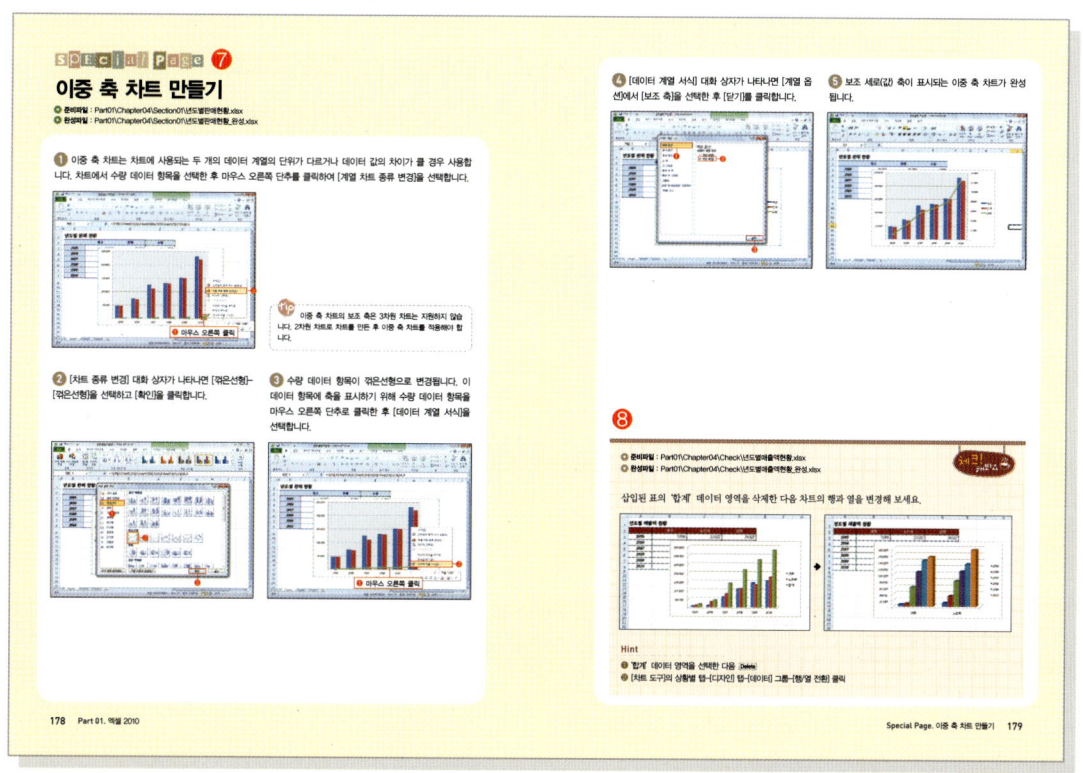

CONTENTS

차례 Part 01. 엑셀 2010

부록 CD 살펴보기

CONTENTS

이 책의 부록 CD에는 본문에서 사용하는 예제 파일과 완성 파일, [체크해봐요] 풀이 과정이 수록되어 있습니다. 부록 CD의 예제 파일들은 내 컴퓨터에 복사한 후에 사용할 것을 권장합니다.

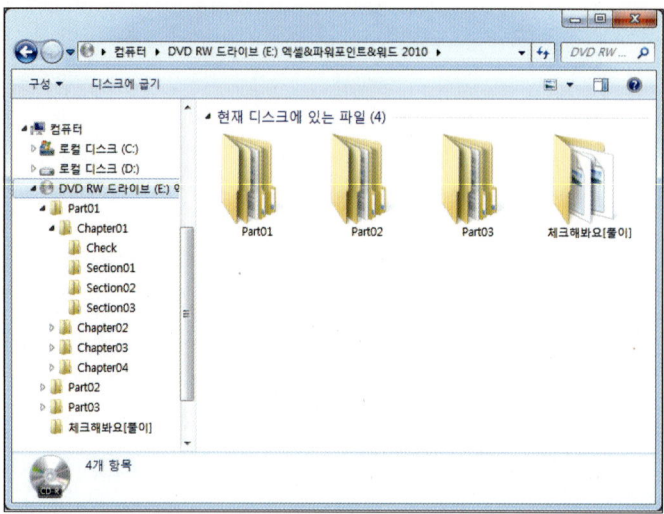

Part 1_엑셀 2010

[엑셀 2010]에서 사용되는 예제 파일과 작업 완성 파일이 수록되어 있습니다.

Part 2_파워포인트 2010

[파워포인트 2010]에서 사용되는 예제 파일과 작업 완성 파일이 수록되어 있습니다.

Part 3_워드 2010

[워드 2010]에서 사용되는 예제 파일과 작업 완성 파일이 수록되어 있습니다.

체크해봐요[풀이]

각 Part별 [체크해봐요] 풀이 과정 파일이 수록되어 있습니다.

환상의 콤비 Excel & PowerPoint & Word

★ PART 01 ★

EXCEL 2010

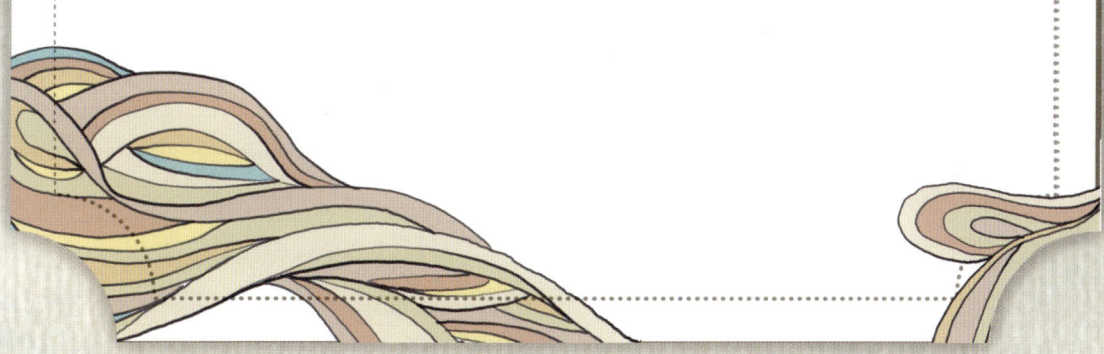

엑셀 기본 문서 작성하기

EXCEL 2010

엑셀은 대표적인 스프레드시트 프로그램으로 복잡한 표나 수식을 활용하거나 입력한 데이터에 대한 통계나 분석을 할 수 있는 프로그램입니다. 엑셀은 다양한 셀로 이뤄진 워크시트에서 데이터를 편집하거나 문서를 작성할 수 있으며, 엑셀에서 제공하는 서식 등을 활용하여 빠르고 편리하게 문서를 작성할 수도 있습니다.

엑셀 2010 시작하기

엑셀 2010은 워드, 파워포인트 등과 함께 오피스 2010을 구성하는 프로그램으로 다양한 스프레드시트 프로그램 중 대표적인 프로그램입니다. 엑셀에서는 계산 작업 이외에도 데이터베이스를 관리하거나 그래프를 작성하는 등 다양한 업무를 처리할 수 있습니다. 먼저 간단한 엑셀 기능부터 살펴봅니다.

Preview

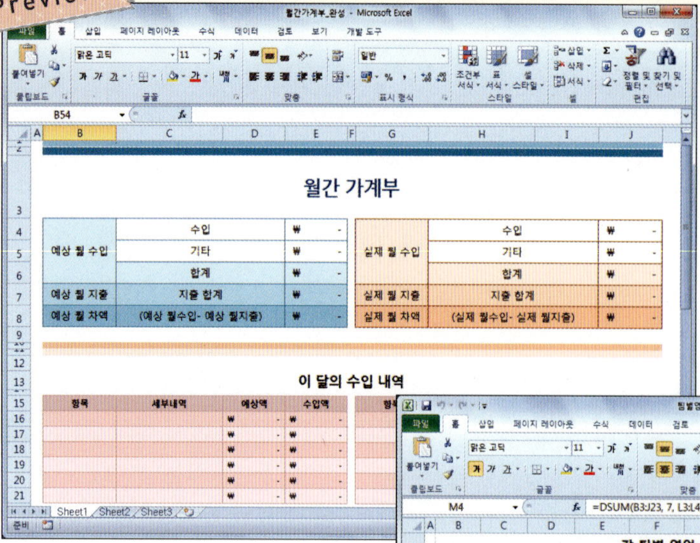

▲ 중요 문서에 암호 설정

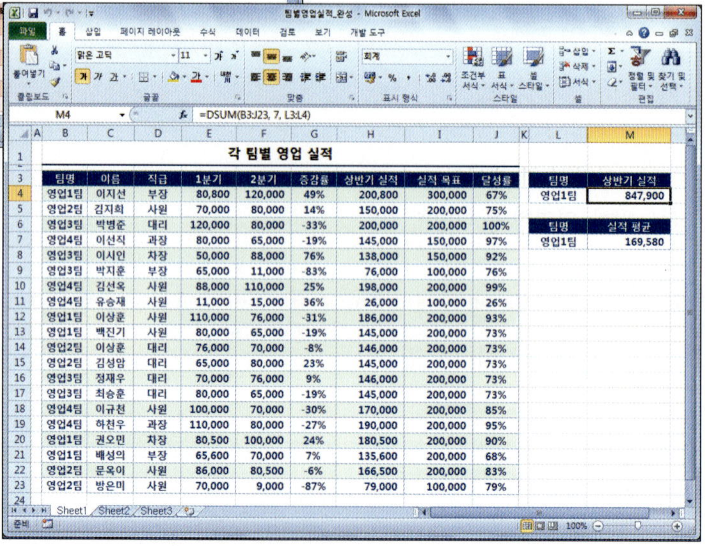

▲ 엑셀 2003 이전 통합 문서로 저장

이번 섹션에서 배울 주요 내용!

01. 스프레드시트 엑셀의 용도
02. 엑셀 2010 화면 구성 살펴보기
03. Microsoft Backstage 단추와 리본메뉴 살펴보기
04. 빠른 실행 도구 모음을 내 마음대로
05. 리본 메뉴 사용자 지정하기
06. 새 통합 문서 시작하기

07. 서식 파일 열고 저장하기
08. 이전 통합 문서로 저장하기
09. 중요 문서에 암호 설정하기
10. 도움말 활용하기
스페셜. Windows Live SkyDrive를 통한 엑셀 사용하기

01 스프레드시트 엑셀의 용도

Microsoft Office Excel 2010은 스프레드시트를 만들어 서식을 지정하고 정보를 분석 및 공유하여 보다 나은 의사 결정을 내릴 수 있도록 하는 강력한 도구입니다. 복잡한 표나 수식의 활용이 필요한 경우나 각종 계산이 필요할 때, 혹은 워드프로세서로 작성하기 힘든 문서도 엑셀에서는 편리하게 작업할 수 있습니다. 또한, 강력한 차트 기능과 함께 다양한 데이터 관리 및 분석도 가능하게 해주며, 각종 문서 자동화 역시 편리하게 활용할 수 있습니다.

문서 작성 기능

문서를 작성하기 위해서는 한글이나 워드와 같은 문서 편집 프로그램을 사용하지만 엑셀을 이용하여도 멋진 일반 문서를 만들 수 있습니다. 특히 문서 안에 표가 많이 포함되어 있거나 계산식이 포함되어야 한다면 당연 엑셀을 이용하는 것이 편리합니다.

수식 계산 기능

엑셀을 이용하면 흔히 사용하는 계산기와 같이 빠르고 간편하게 수식을 계산할 수 있습니다. 계산식이 간단하고 복잡하지 않을 경우에는 수식을 직접 입력하는 것이 편하지만 복잡한 수식이라면 함수를 이용하여 계산하는 것이 편리합니다.

차트 작성 기능

차트는 여러 수치 데이터를 비교하거나 분석하는데 가장 효과적입니다. 엑셀에서는 가로 · 세로 막대형, 꺾은 선형, 원형, 영역형 등 다양한 차트를 제공하며, 수치 데이터를 빠르게 차트로 만들 수 있는 기능도 제공합니다.

데이터베이스 및 데이터 분석 기능

수많은 데이터를 입력하여 원하는 형태로 정리하여 검색할 수 있습니다. 엑셀에서는 데이터에 대한 보고서를 생성하고 보고서를 여러 가지 형식으로 표시할 수 있습니다. 또한, 필요한 데이터만을 출력하거나 분석할 수도 있습니다.

매크로 기능

매크로 기능을 이용하면 반복되는 작업들을 마우스나 단축키로 한번에 처리할 수 있으며, 매크로 보안 설정을 변경하여 통합 문서를 열 때 어떤 상황에서 어떤 매크로를 실행할지 제어할 수 있습니다. 매크로 기능을 이용하면 반복 작업을 간단히 처리할 수 있습니다.

02 엑셀 2010 화면 구성 살펴보기

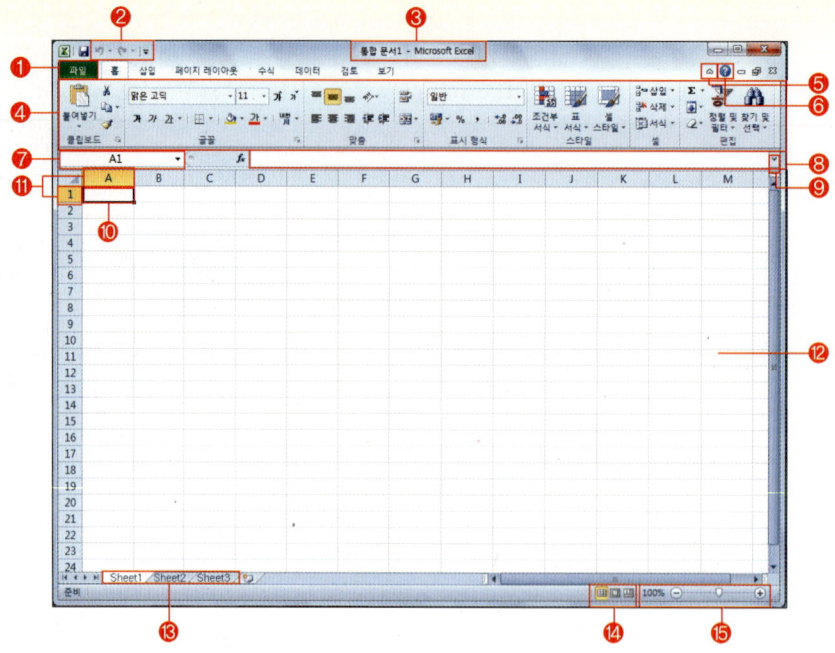

❶ **Microsoft Backstage 단추** : 엑셀 2003 버전의 [파일] 메뉴와 엑셀 2007 버전의 [Office 단추]를 대체하는 단추로 새로 만들기, 열기, 저장, 인쇄 등의 메뉴와 옵션을 지정할 수 있는 [Excel 옵션]을 제공합니다.

❷ **빠른 실행 도구 모음** : 자주 사용하는 명령을 모아 놓은 도구 모음으로 원하는 명령을 추가하거나 삭제할 수 있습니다.

❸ **제목 표시줄** : 통합 문서의 파일명이 표시됩니다.

❹ **리본 메뉴** : 오피스 2007부터 새롭게 바뀐 리본 메뉴는 [탭]과 [그룹]으로 모든 기능이 구성되어 있으며, 각각의 그룹마다 명령 단추를 클릭하여 기능을 실행할 수 있습니다.

❺ **리본 메뉴 확대/축소 단추** : 오피스 2010에 새롭게 추가된 기능으로 화면을 넓게 사용하고 싶을 때 리본 메뉴를 나타나지 않도록 설정할 수 있습니다.

❻ **도움말** : 엑셀 2010에서 제공하는 도움말을 볼 수 있습니다.

❼ **이름 상자** : 셀이나 범위의 이름이 나타나며, 이름을 지정하지 않으면 선택한 셀 주소가 나타납니다.

❽ **수식 입력줄** : 입력된 데이터나 수식이 표시되며, 직접 수식을 입력할 수 있습니다.

❾ **수식 입력줄 확장 단추** : 수식 입력줄의 크기를 확장 및 축소할 수 있습니다.

❿ **셀** : 행과 열이 교차되는 곳으로 수식과 데이터를 입력할 수 있습니다.

⓫ **행/열 머리글** : 워크시트의 행과 열을 표시하는 이름표로서 열 머리글은 A, B, C 등으로 표시되고, 행 머리글은 1, 2, 3 등으로 표시됩니다.

⓬ **워크시트** : 데이터 작업이 이루어지는 전체 영역을 말합니다.

⓭ **시트 탭** : 3개의 시트 탭이 나타나며, 얼마든지 추가 및 삭제할 수 있습니다.

⓮ **여러 가지 보기 단추** : 문서의 화면 보기 형태를 다양하게 선택할 수 있습니다.

⓯ **화면 '확대/축소' 단추** : 화면의 배율을 10~400% 범위 이내에서 조절할 수 있습니다.

Microsoft Backstage 단추와 리본 메뉴 살펴보기

Microsoft Backstage 단추

[파일] 탭에서는 [Office 단추] 또는 오피스 2003 이하 버전의 [파일] 메뉴를 클릭했을 때 사용할 수 있는 기본적인 명령을 비롯하여 최근에 사용한 목록, Windows Live의 SkyDrive나 SharePoint 등에 저장하는 기능 등을 제공합니다.

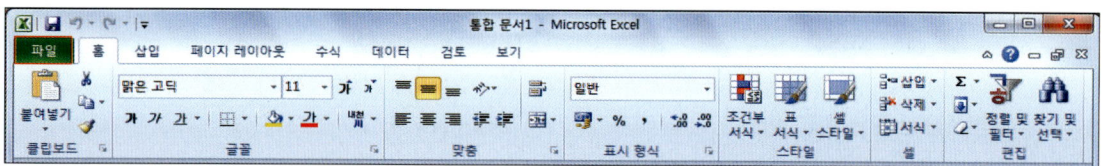

▲ 엑셀 2010의 [Microsoft Backstage 단추]

▲ 엑셀 2007의 [Office 단추]

리본 메뉴와 상황별 도구의 구성

사용자 작업 중심으로 비슷한 기능을 하나의 탭과 그룹으로 묶어 원하는 작업을 쉽게 찾을 수 있도록 제공하는 리본 메뉴에는 [파일] 탭을 비롯하여 [홈], [삽입], [페이지 레이아웃], [수식], [데이터], [검토], [보기] 탭과 상황별 도구가 있습니다.

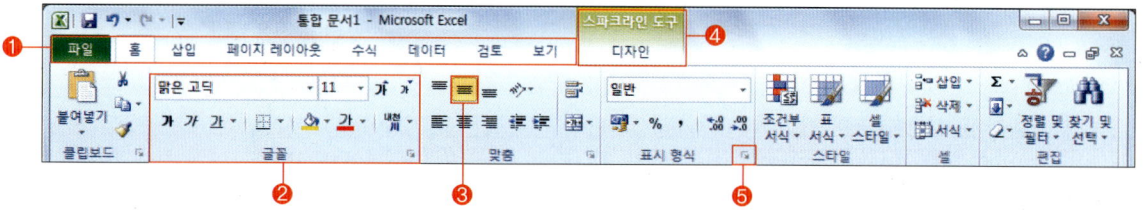

❶ **[탭]** : 리본의 상단에 표시되는 메뉴로, 여러 그룹으로 묶여 있습니다.

❷ **[그룹]** : 여러 기능 중 비슷한 기능들을 묶어 표시합니다.

❸ **[명령]** : 단추 혹은 드롭다운 메뉴로 구성되어 있고, 특정 기능을 손쉽게 적용할 수 있습니다.

❹ **상황별 도구** : 삽입한 개체를 편집할 때 나타나는 도구로, 개체를 삽입한 후 선택하면 상황별 도구가 나타납니다.

❺ **대화 상자 단추( )** : 각 그룹의 특성에 따라 나타나며, 각종 옵션을 설정할 수 있습니다.

04 빠른 실행 도구 모음을 내 마음대로

1. 빠른 실행 도구 모음에 도구를 추가하기 위해서 [빠른 실행 도구 모음 사용자 지정]( )을 클릭한 다음 [기타 명령]을 선택합니다.

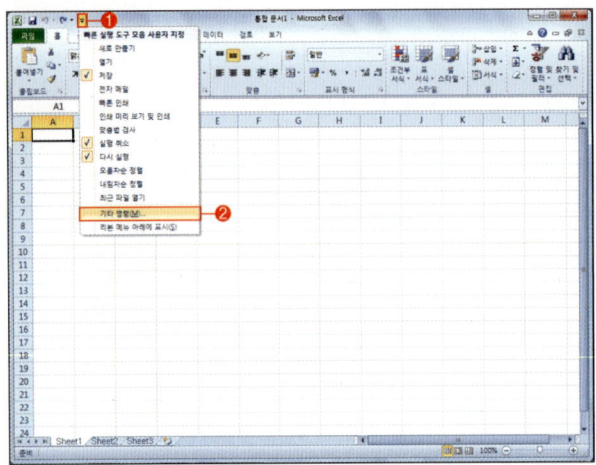

> **tip** 빠른 실행 도구 모음은 자주 사용하는 기능들을 한곳에 모아 보다 편리하게 엑셀을 사용할 수 있도록 해줍니다.

2. [Excel 옵션] 대화 상자가 나타나면 [다음에서 명령 선택]의 화살표를 클릭하여 나타나는 목록 중 [삽입 탭]을 선택합니다. [삽입 탭]에 관련된 다양한 목록이 나타나면 [스크린샷]을 선택한 다음 [추가]를 클릭하고 [확인]을 클릭합니다.

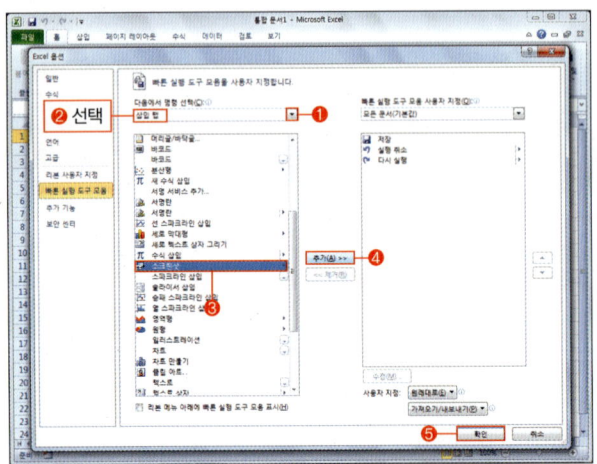

> **tip** 빠른 실행 도구 모음의 순서는 오른쪽의 [위로 이동]/[아래로 이동]( )을 클릭하여 조정할 수 있으며, [사용자 지정]의 [원래대로]를 클릭하여 원래의 빠른 실행 도구 모음으로 되돌릴 수도 있습니다. 또한 가져오기/내보내기를 통해 다른 컴퓨터의 빠른 실행 도구 모음을 가져오거나 내보낼 수도 있습니다.

3. 지정한 도구가 빠른 실행 도구 모음에 추가되었습니다. 이번에는 리본 메뉴에서 직접 빠른 실행 도구 모음에 추가해 봅니다. [검토] 탭-[메모] 그룹의 [새 메모]에서 마우스 오른쪽 단추를 클릭하여 [빠른 실행 도구 모음에 추가]를 선택합니다.

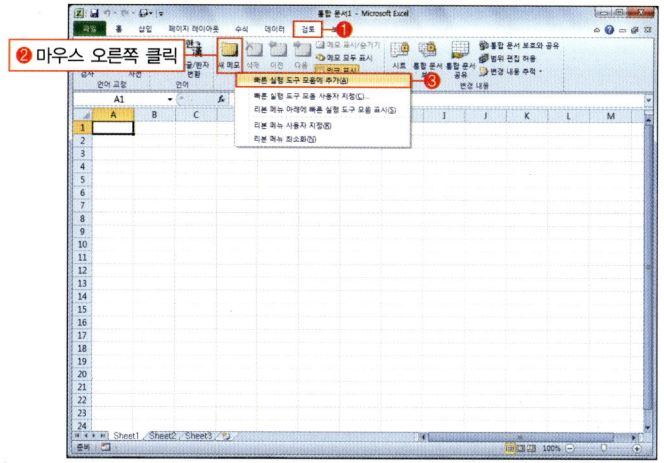

4. 메모가 빠른 실행 도구 모음에 추가되었습니다. 이번에는 빠른 실행 도구 모음을 제거해 보도록 합니다. 빠른 실행 도구 모음에서 마지막에 추가한 [새 메모]를 마우스 오른쪽 단추로 클릭하여 [빠른 실행 도구 모음에서 제거]를 선택합니다.

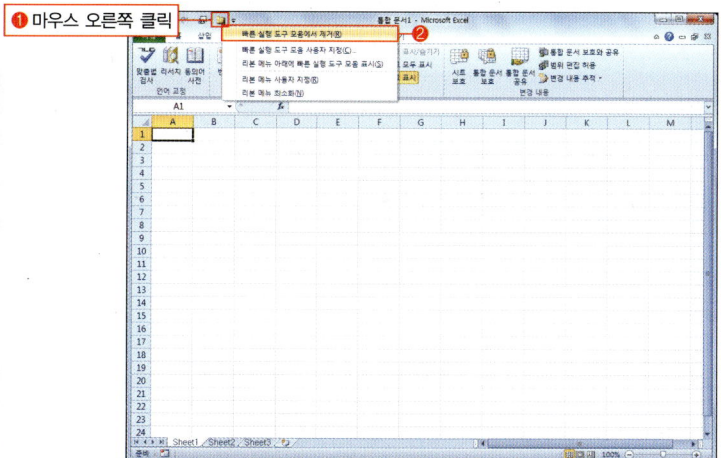

빠른 실행 도구 모음 이동하기

빠른 실행 도구 모음에 추가한 도구가 많을 경우 제목 표시줄이 지저분하게 느껴질 수 있습니다. 이럴 경우에는 [빠른 실행 도구 모음 사용자 지정]([▼]) 을 클릭한 다음 [리본 메뉴 아래에 표시]를 클릭하면 리본 메뉴 아랫부분에 빠른 실행 도구 모음이 나타나 한결 깔끔하게 빠른 실행 도구 모음을 사용할 수 있습니다.

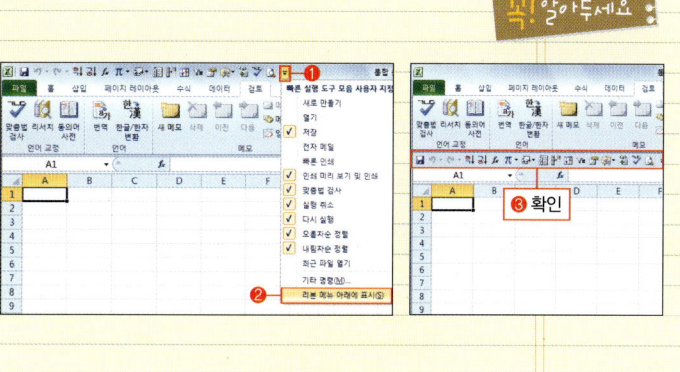

05 리본 메뉴 사용자 지정하기

1. [파일] 탭-[옵션]을 클릭하여 나타나는 [Excel 옵션] 대화 상자에서 [리본 사용자 지정]을 클릭합니다. 새로운 탭을 추가하기 위해 [새 탭]을 클릭합니다.

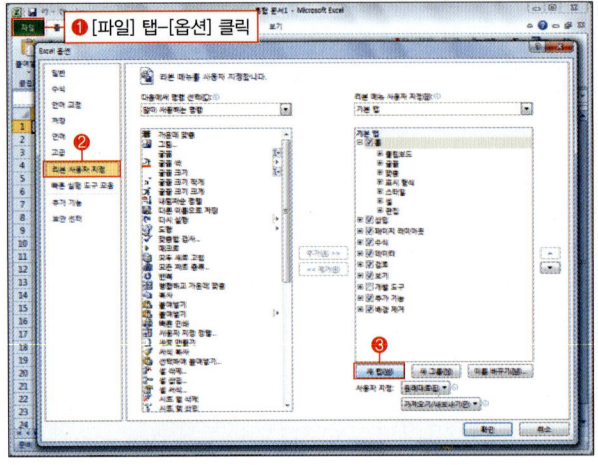

> **tip** 엑셀 2010에서는 [리본 사용자 지정]을 통하여 리본 메뉴를 사용자가 원하는 메뉴로 구성하여 새로운 리본 메뉴와 그룹을 지정할 수 있습니다.

2. 추가된 [새 탭 (사용자 지정)]을 클릭한 다음 오른쪽에 있는 [위로 이동](▲)을 클릭하여 리본 메뉴 순서를 조정합니다. [이름 바꾸기]를 클릭하여 나타나는 [이름 바꾸기] 대화 상자의 [표시 이름]에 『새로운 기능』을 입력한 다음 [확인]을 클릭합니다.

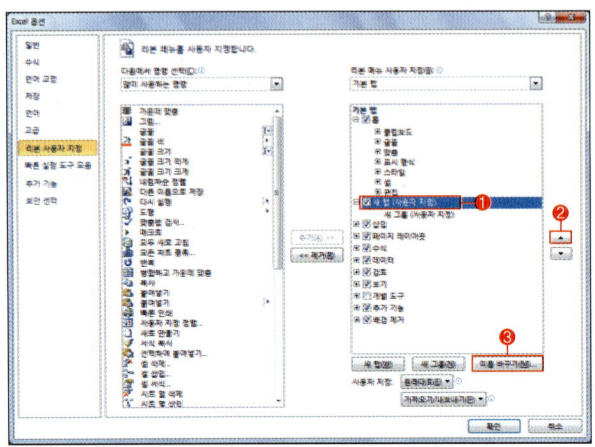

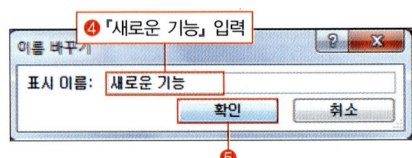

3. 새 그룹을 지정하기 위해 [새 그룹 (사용자 지정)]을 선택한 다음 [이름 바꾸기]를 클릭합니다. [이름 바꾸기] 대화 상자가 나타나면 원하는 기호를 선택한 다음 [표시 이름]에 『문서출판 및 공유』를 입력하고 [확인]을 클릭합니다.

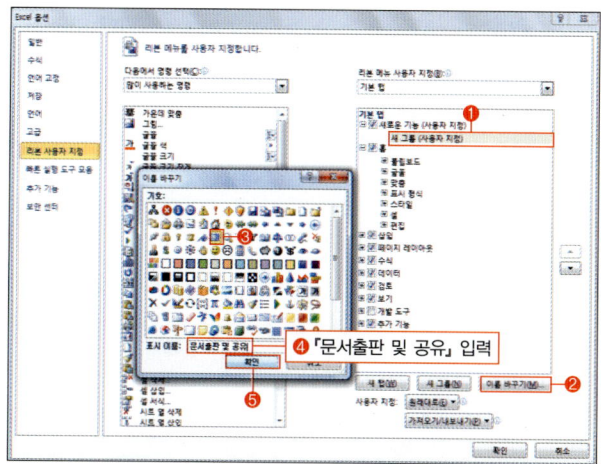

4. [다음에서 명령 선택]의 화살표를 클릭하여 나타나는 목록 중 [모든 명령]을 선택한 다음 추가를 원하는 기능을 선택한 후 [추가]를 클릭하여 오른쪽의 [문서출판 및 공유] 그룹에 추가합니다. 마지막으로 [확인]을 클릭합니다.

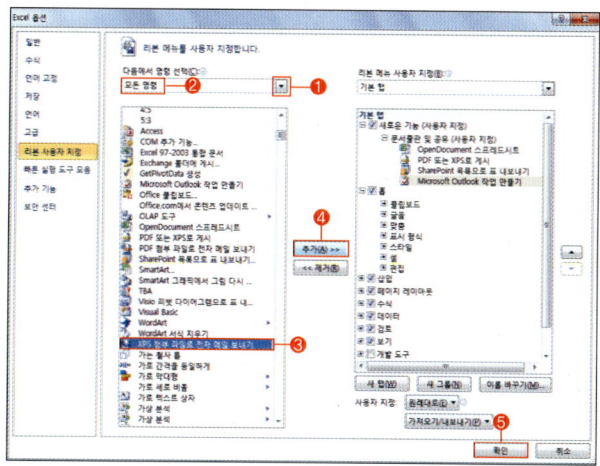

5. [파일] 탭 바로 옆에 [새로운 기능] 탭이 새롭게 생성됩니다. 이와 같은 방법으로 나만의 엑셀 2010 리본 메뉴를 구성할 수 있습니다.

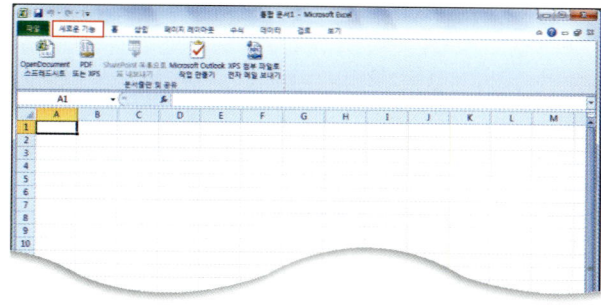

06 새 통합 문서 시작하기

● 완성파일 : Part01\Chapter01\Section01\수강신청서.xlsx

1. [파일] 탭-[새로 만들기]를 클릭합니다. [새 통합 문서]를 선택한 다음 [만들기]를 클릭합니다.

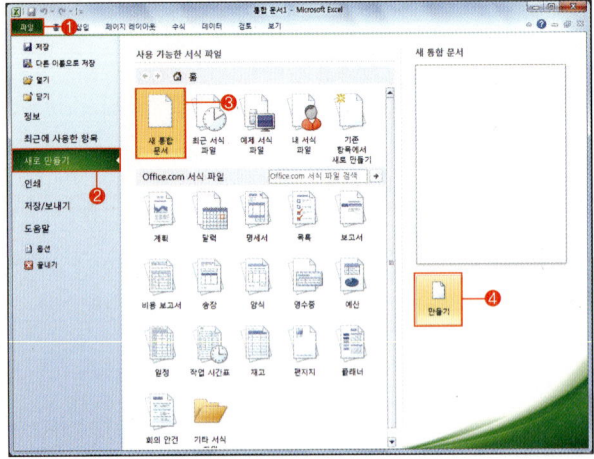

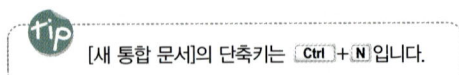

[새 통합 문서]의 단축키는 Ctrl + N 입니다.

2. 새 통합 문서가 나타나면 [A1] 셀에 『수강신청서 양식』을 입력합니다. [파일] 탭-[저장]을 클릭합니다.

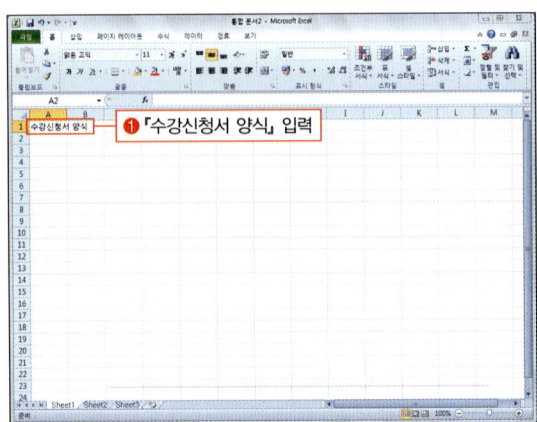

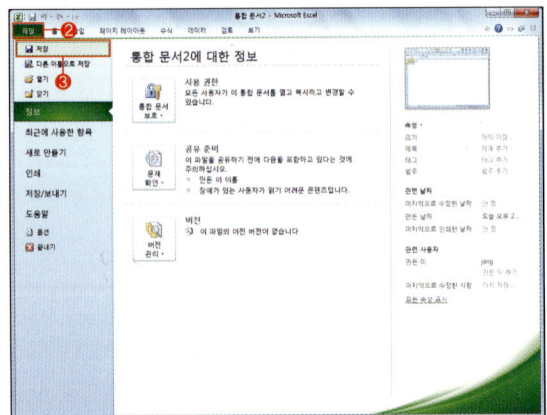

tip 엑셀 2010은 XML(eXtensible Markup Language) 포맷으로 저장됩니다. 파일의 저장 형식이 XML 방식으로 변경되면서 파일의 크기가 작아지고 정보 복구나 보안 기능, 그리고 여러 호환성을 위한 유연성이 향상되는 등 많은 이점을 지니게 됩니다. 확장자 역시 엑셀 2007부터는 '*.xls'이 아닌 '*.xlsx'로 변경되었습니다.

3. [다른 이름으로 저장] 대화 상자가 나타나면 [저장 위치]를 [문서]로 지정하고, [파일 이름]에 『수강신청서』를 입력한 다음 [저장]을 클릭합니다.

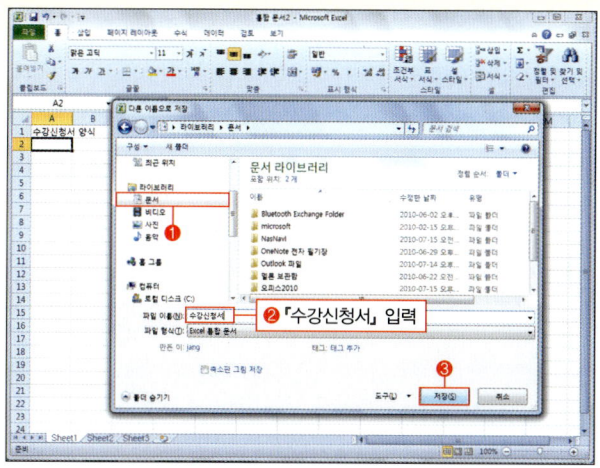

> **tip** [저장] 단축키는 Ctrl + S 이며, [다른 이름으로 저장] 단축키는 F12 입니다.

> **tip** 내용을 처음 작성하여 저장하거나, 문서를 불러와서 원본 이름 그대로 저장하기를 원할 경우에는 [파일] 탭-[저장]을 클릭하며, 원본 이름과 다른 이름으로 저장을 원하거나 저장 위치나 옵션 선택을 원할 경우에는 [파일] 탭-[다른 이름으로 저장]을 클릭합니다.

4. 제목 표시줄에 파일 이름이 변경되어 나타납니다.

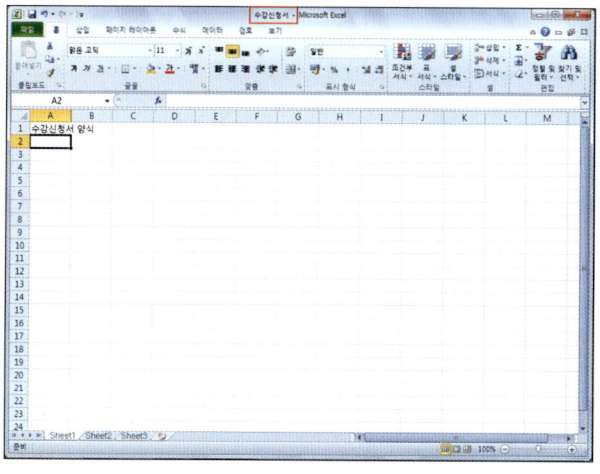

엑셀 파일 저장 형식

꼭! 알아두세요

저장 형식	확장자	설명
Excel 통합 문서	.xlsx	Excel 2010의 기본 파일 형식입니다.
Excel 매크로 사용 통합 문서	.xlsm	매크로가 포함된 파일 형식입니다.
서식 파일	.xltx	엑셀 서식 파일입니다.
Excel 바이너리 통합 문서	.xlsb	바이너리(이진) 파일 형식입니다.
Excel 97 – Excel 2003 통합 문서	.xls	Excel 2003 이전 버전의 파일 형식입니다.
Excel 4.0 통합 문서	.xlw	Excel 4.0 파일 형식입니다.

07 서식 파일 열고 저장하기

1. [파일] 탭-[새로 만들기]를 클릭합니다. [Office.com 서식 파일]에서 [예산]을 클릭하여 나타나는 목록 중 [개인 월별 예산]을 선택한 후 [다운로드]를 클릭합니다.

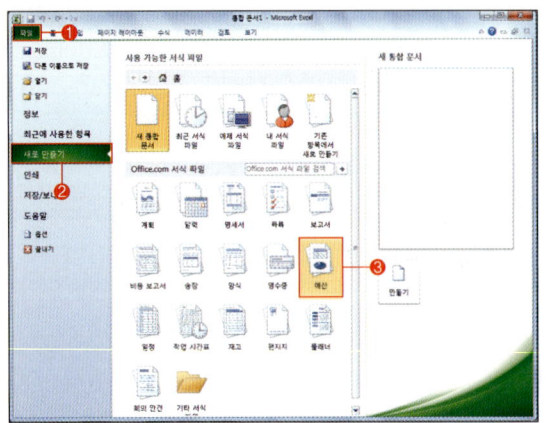

tip 엑셀 2010에서 제공하는 서식 파일을 이용하면 다양한 양식의 문서를 쉽게 사용할 수 있습니다. 보다 많은 서식을 원한다면 'http://www.office.com' 사이트에 접속해 보시기 바랍니다.

2. 서식 문서가 열리면 원하는 내용을 입력하여 사용합니다.

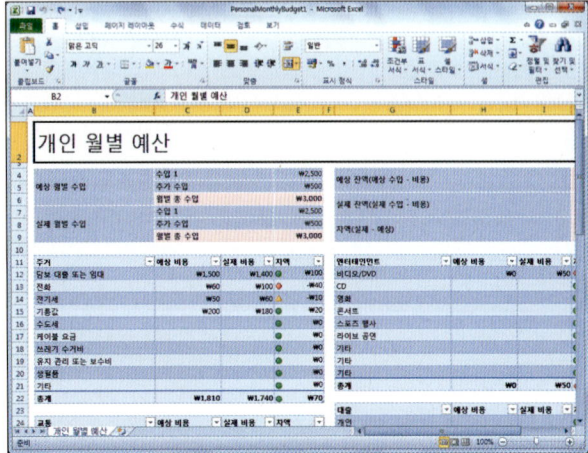

이전 통합 문서로 저장하기

● **준비파일** : Part01\Chapter01\Section01\재직증명서.xlsx
● **완성파일** : Part01\Chapter01\Section01\재직증명서_호환.xls

1. [파일] 탭-[저장/보내기]를 클릭한 다음 [파일 형식 변경]을 선택하고 [Excel 97-2003 통합 문서]를 더블 클릭합니다.

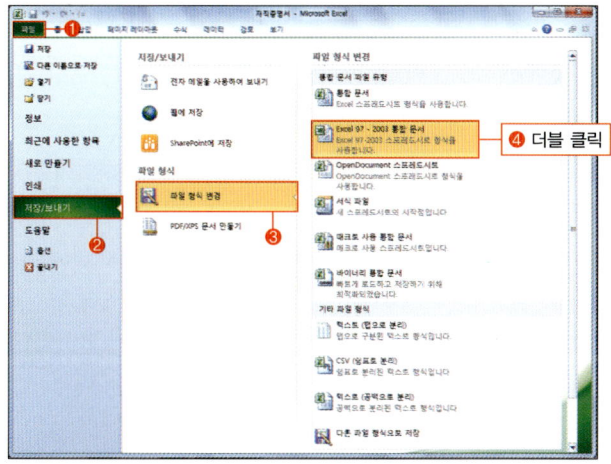

> tip
> [Excel 97-2003 통합 문서]로 저장하면 이전
> 버전을 사용하는 엑셀 사용자와 파일을 공유할 수 있습니다.

2. [다른 이름으로 저장] 대화 상자가 나타나면 [파일 형식]이 [Excel 97-2003 통합 문서]로 변경되어 있는지 확인한 다음 [파일 이름]에 『재직증명서_호환』을 입력하고 [저장]을 클릭합니다. [호환성 검사] 대화 상자가 나타나면 [계속]을 클릭합니다.

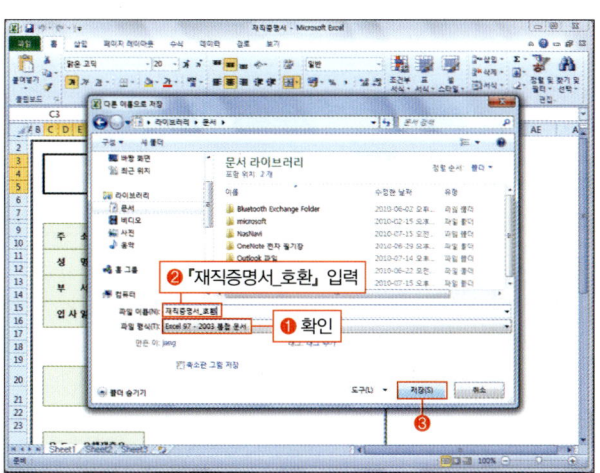

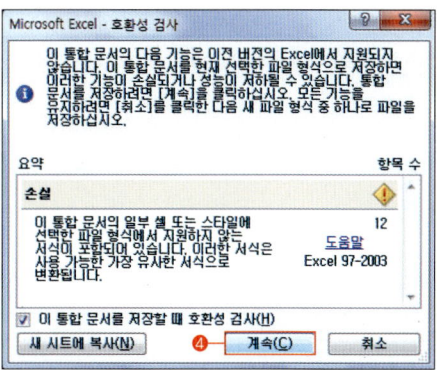

> tip
> [호환성 검사] 대화 상자는 이전 버전에서 지원하지 않는 기능이 포함된 경우에 나타나는 대화 상자로서 [계속]을 클릭하면 이전 버전
> 에서 호환이 가능하도록 기능이 변경되어 저장됩니다.

09 중요 문서에 암호 설정하기

● **준비파일** : Part01\Chapter01\Section01\월간가계부.xlsx
● **완성파일** : Part01\Chapter01\Section01\월간가계부_완성.xlsx

1. 준비 파일을 불러온 다음 [파일] 탭-[다른 이름으로 저장]을 클릭합니다. [다른 이름으로 저장] 대화 상자가 나타나면 [도구]-[일반 옵션]을 클릭합니다.

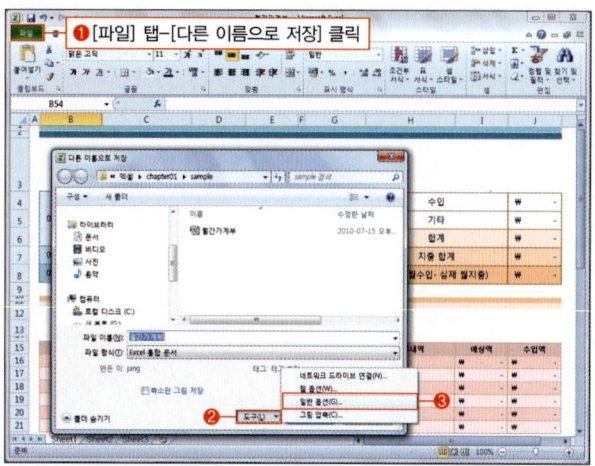

2. [일반 옵션] 대화 상자가 나타나면 [열기 암호]와 [쓰기 암호]를 각각 입력합니다. 여기서는 각각 『1234』를 입력한 후 [확인]을 클릭합니다.

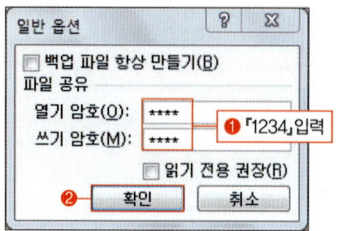

> **tip** [일반 옵션] 대화 상자에는 [백업 파일 항상 만들기]와 [읽기 전용 권장]을 선택할 수 있습니다. [백업 파일 항상 만들기]는 통합 문서를 저장할 때 백업 파일을 생성하는 기능으로 '*.xlk'로 저장됩니다. [읽기 전용 권장]은 문서를 불러올 때마다 읽기 전용으로 열리도록 설정합니다.

3. [암호 확인] 대화 상자가 나타나면 방금 지정한 열기 암호인 『1234』를 입력한 다음 [확인]을 클릭합니다. 다시 [암호 확인] 대화 상자가 나타나면 쓰기 암호로 지정한 『1234』를 입력한 다음 [확인]을 클릭합니다.

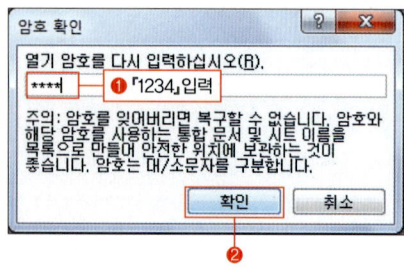
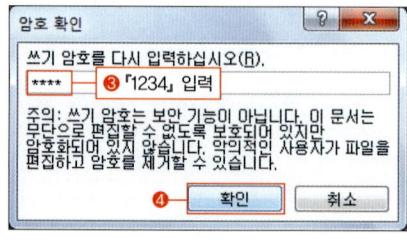

4. [다른 이름으로 저장] 대화 상자에서 [문서]를 선택한 다음 [저장]을 클릭한 후 파일을 닫습니다.

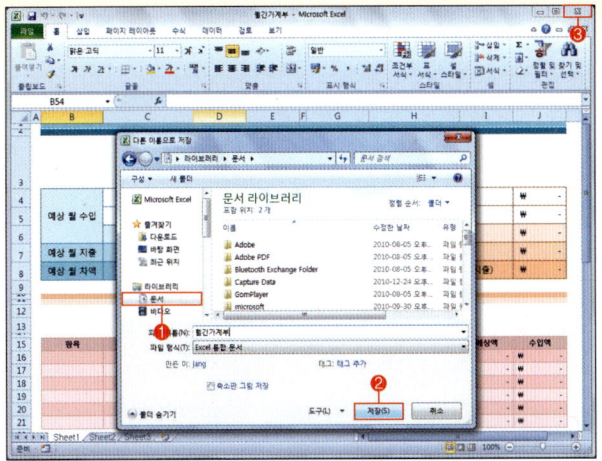

5. 통합 문서를 다시 실행한 다음 [내 컴퓨터]의 [문서] 폴더에서 '월간가계부.xlsx' 파일을 다시 불러옵니다. 암호가 제대로 설정되었다면 아래와 같이 [암호] 대화 상자가 나타납니다. 『1234』를 입력한 다음 [확인]을 클릭합니다. 다시 [암호] 대화 상자가 나타나면 『1234』를 입력한 다음 [확인]을 클릭합니다.

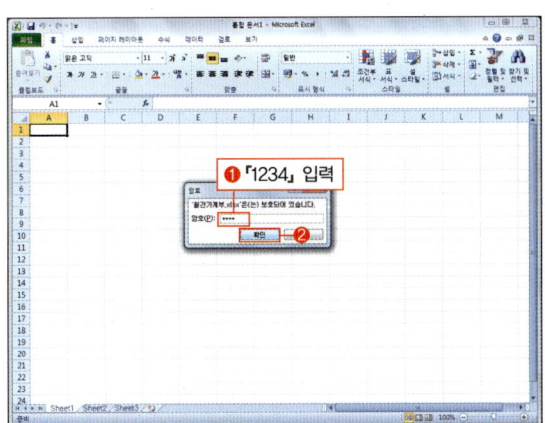 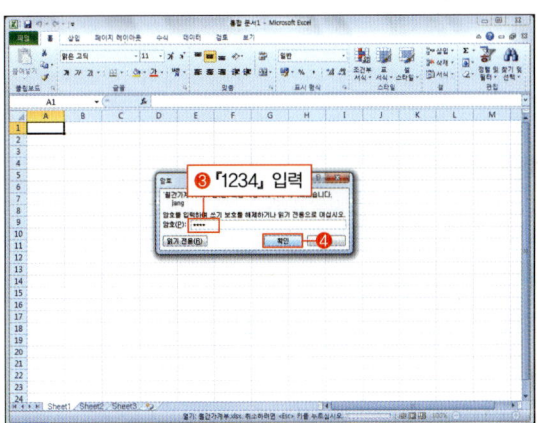

> **tip** 사용자가 지정하는 암호는 열기 암호와 쓰기 암호로 나누어집니다. 열기 암호는 파일을 불러올 때, 쓰기 암호는 파일의 내용을 수정하거나 변경할 때 사용합니다. [읽기 전용]으로 파일을 열면 워크시트에 데이터를 입력할 수 없습니다.

1. 오른쪽 상단의 [도움말] 단추(❓)를 클릭하여 [Excel 도움말] 대화 상자를 불러옵니다. 검색 창에 『매크로』를 입력한 다음 [검색]을 클릭합니다.

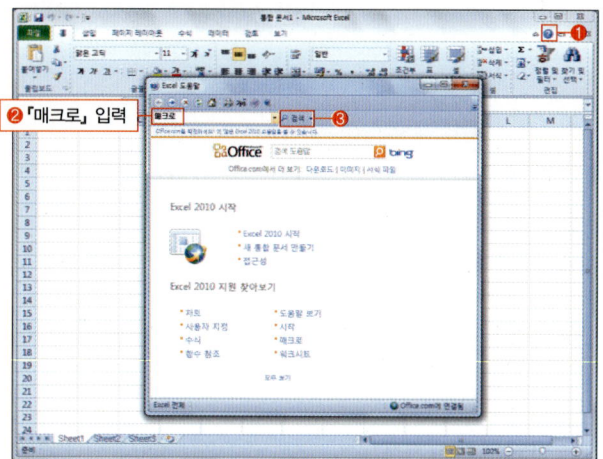

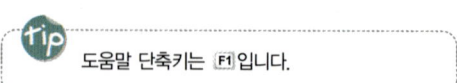

tip 도움말 단축키는 F1 입니다.

2. 매크로와 관련된 다양한 검색 결과가 나타납니다. 이 중 'Excel의 매크로 보안 설정 변경'을 클릭합니다.

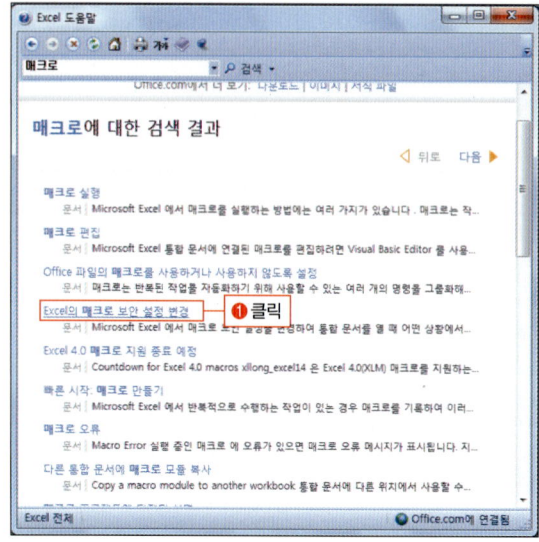

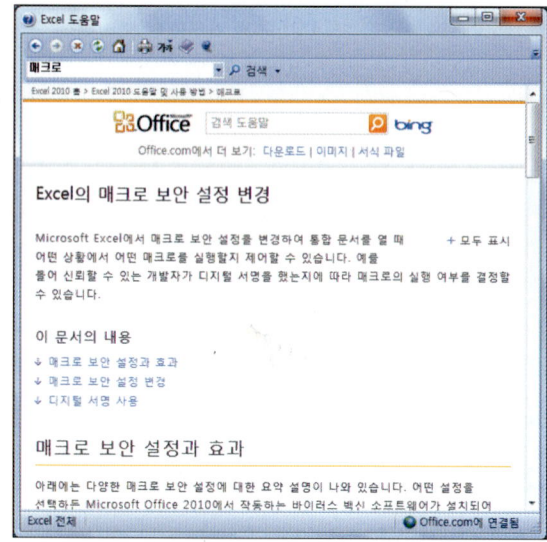

tip [인쇄(🖶)]를 클릭하면 도움말을 인쇄할 수 있습니다.

Windows Live SkyDrive를 통한 엑셀 사용하기

● **준비파일** : Part01\Chapter01\Section01\월간가계부.xlsx

① [파일] 탭-[저장/보내기]-[웹에 저장]-[로그인]을 차례로 클릭합니다. 만일, 'Windows Live ID'가 없다면 'Windows Live SkyDrive 등록'을 클릭하여 계정을 만듭니다.

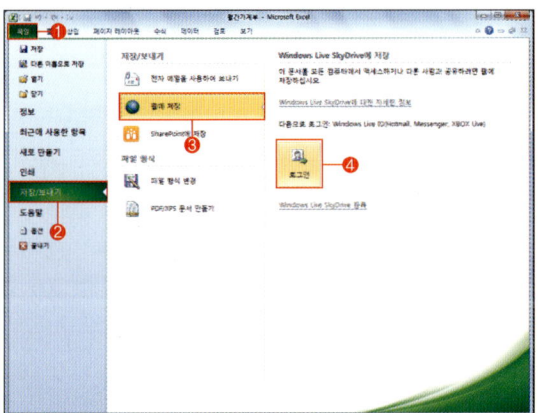

> **tip** 엑셀 브라우저 기반 확장인 Microsoft Excel Web App
> 는 엑셀 프로그램이 없어도 각종 문서를 만들 수 있게 해주는 온
> 라인 서비스입니다. Excel Web App는 Windows Live 계정을
> 이용하기에 본 기능을 이용하기 위해서는 Windows Live ID가
> 있어야 합니다. 만일 ID가 없다면 'Windows Live SkyDrive 등
> 록'을 클릭하여 ID를 만듭니다. Hotmail, MSN Messenger 또
> 는 Xbox Live를 이미 사용하고 있는 경우 해당 ID를 통해 로그
> 인할 수 있습니다.

② [docs.live.net에 연결] 대화 상자가 나타나면 전자 메일 주소에 Windows Live ID와 암호를 입력한 다음 [확인]을 클릭합니다.

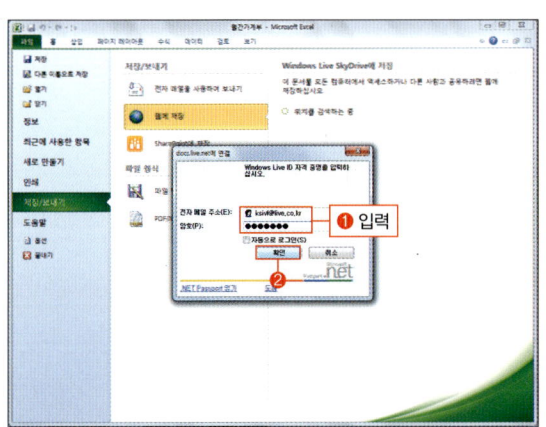

③ Windows Live에 로그인이 되면 본인의 Windows Live SkyDrive가 열립니다. 폴더를 하나 선택한 다음 [다른 이름으로 저장]을 클릭합니다.

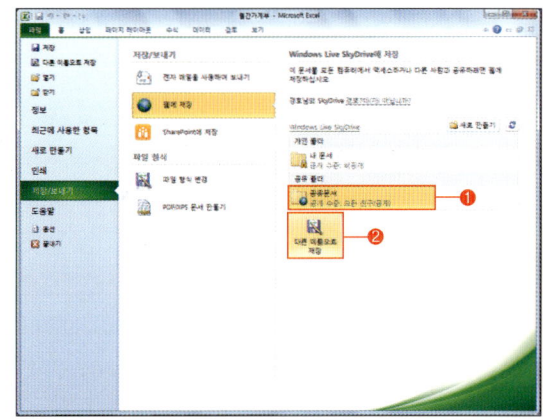

> **tip** Windows Live SkyDrive에 본인이 직접 폴더를 생성할 수 있으며, 공개 및 비공개를 설정할 수 있습니다.

④ [다른 이름으로 저장] 대화 상자가 나타나면 [저장]을 클릭합니다.

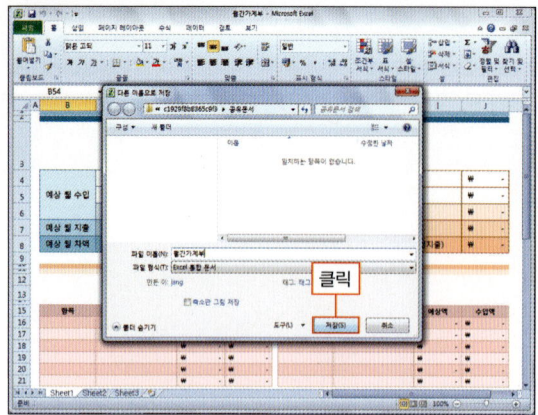

⑤ [파일]–[저장/보내기]–[웹에 저장]을 차례로 클릭한 다음 [Windows Live SkyDrive]를 클릭합니다.

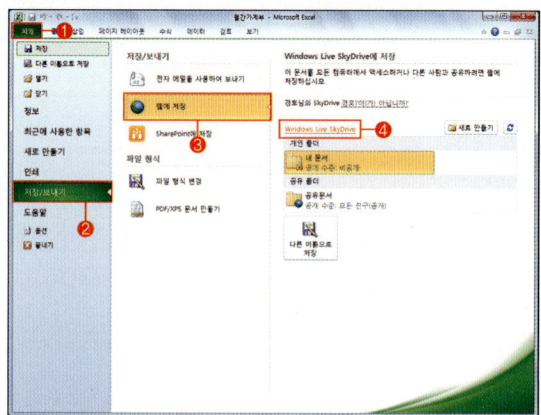

⑥ Windows Live 홈페이지가 나타나면 Windows Live ID와 암호를 입력한 다음 [로그인]을 클릭합니다.

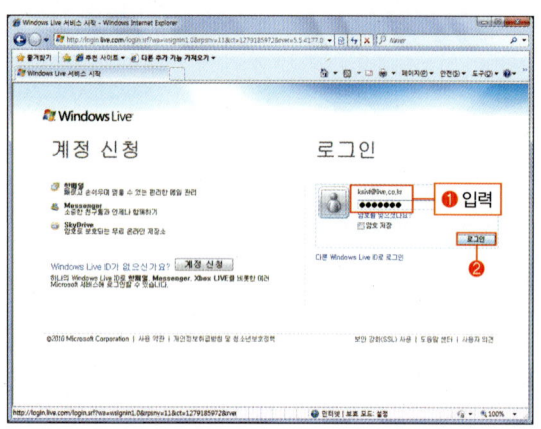

⑦ 엑셀에서 저장한 파일이 Windows Live에 나타납니다. 파일을 클릭합니다.

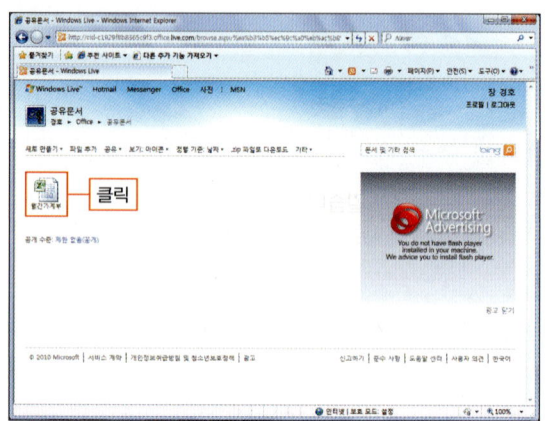

⑧ 잠시 후 파일이 열립니다. [Excel에서 열기]를 클릭하면 엑셀 2010이 열려 엑셀에서 편집할 수 있고, [브라우저에서 편집]을 클릭하면 엑셀 프로그램이 없어도 웹 브라우저에서 편집할 수 있습니다.

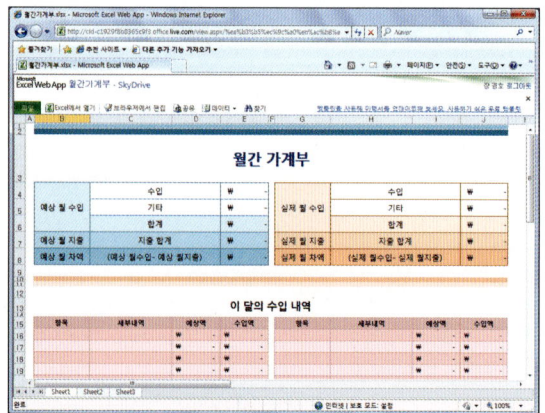

Microsoft Excel Web App

Excel의 브라우저 기반 확장인 Microsoft Excel Web App를 사용하면 엑셀이 설치되어 있지 않은 컴퓨터에서도 새 통합 문서를 만들 수 있으며, 기존의 문서를 수정할 수도 있습니다. 또한, 여러 사람이 공동으로 작업도 가능하며, 본인의 문서를 전 세계 누구나 공유할 수도 있습니다.

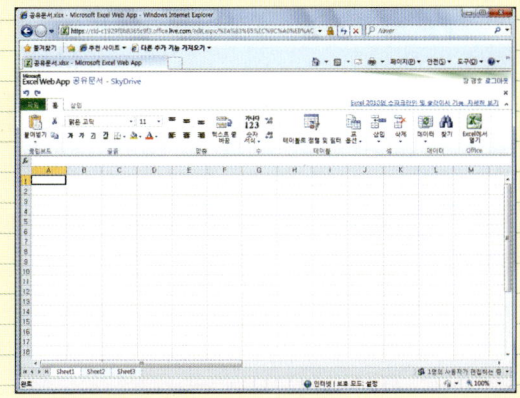

> **Microsoft Excel Web App 바로 가기 :**
> http://office.live.com

제품군 및 설치 환경 살펴보기

엑셀 2010이 포함되어 있는 오피스 2010은 Office Home and Student, Office Home and Business, Office Standard, Office Professional, Office Professional Plus 등 총 5개의 제품군으로 구성되어 있어 작업 환경에 따라 적합한 제품군을 선택하여 사용할 수 있습니다. 또한, 오피스 2010은 총 7가지 제품으로 구성되어 있으며 각각의 사용 용도는 다음과 같습니다.

	제품	설명
W	워드 2010	워드프로세서 프로그램으로 다양한 문서 편집을 비롯하여 맞춤법 검사, 번역 기능 등 전문적인 문서를 만들 수 있습니다.
X	엑셀 2010	최고의 스프레드시트 프로그램으로 강력한 데이터 분석을 비롯하여 데이터 관리 기능을 제공합니다.
P	파워포인트 2010	동영상 편집을 비롯하여 다양한 슬라이드 구성을 통해 최적의 프레젠테이션을 진행할 수 있습니다.
N	원노트 2010	메모를 효과적으로 저장하고 공유할 수 있으며, 화면 캡쳐, 오디오 녹음 및 비디오 녹화 등을 통해 언제든지 활용할 수 있습니다.
O	아웃룩 2010	전자 메일을 취합하거나 일정 도구를 통해 언제든지 메일과 일정을 확인하며 효율적으로 관리할 수 있습니다.
A	엑세스 2010	간편하게 사용할 수 있는 데이터베이스 도구로서 데이터베이스를 관리하고 활용할 수 있습니다.
P	퍼블리셔 2010	카탈로그나 브로슈어, 전단지 등 다양한 유형의 발행물을 직접 만들 수 있습니다.

데이터 입력하기

엑셀의 모든 시작은 데이터 입력에서부터 시작됩니다. 문자와 숫자 데이터를 비롯하여 날짜와 시간, 한자와 기호 등 다양한 데이터를 입력할 수 있습니다. 또한, 메모를 삽입하여 현재 작업 중인 내용을 알기 쉽게 표시할 수도 있습니다. 여기에서는 엑셀의 기본인 데이터를 입력하는 방법에 대해 알아봅니다.

Preview

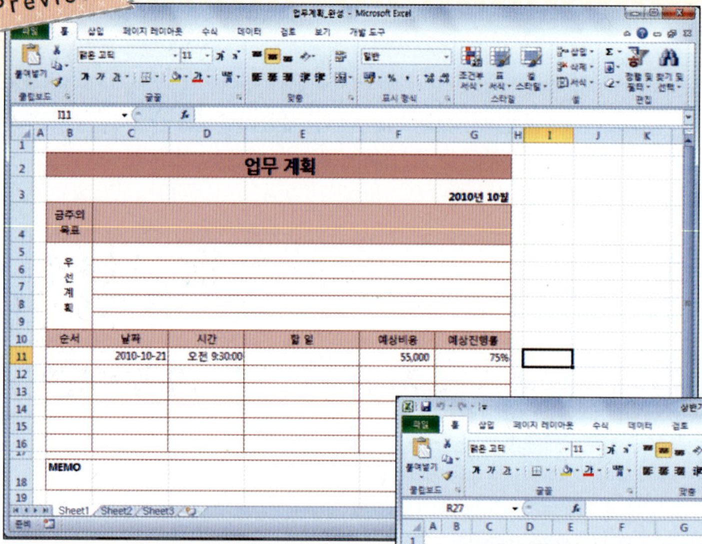

▲ 문자와 숫자 데이터를 활용한 업무 계획서

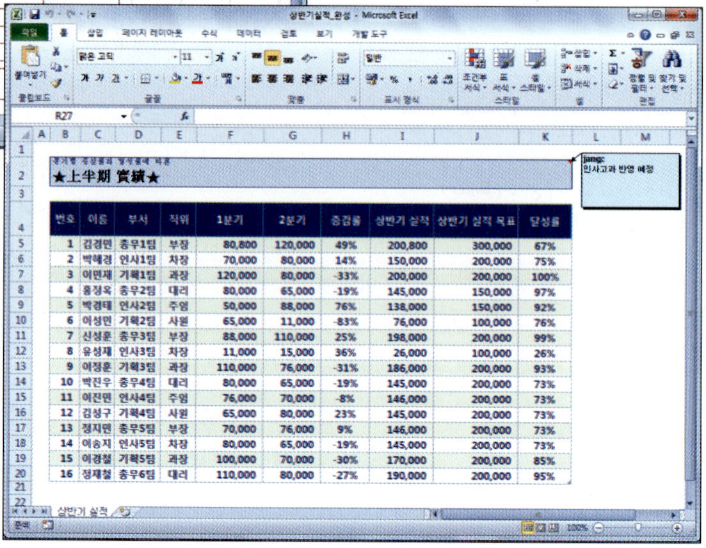

▲ 한자와 기호, 메모를 활용한 실적 보고서

이번 섹션에서 배울 주요 내용!

01 셀 선택하기

셀 선택과 셀 포인터

'셀 포인터'는 현재 선택되어있는 '셀' 하나를 의미합니다. 선택한 셀에는 굵은 테두리가 생기고, 해당 셀 주소가 이름 상자에 나타나게 됩니다. 키보드의 방향키(→, ←, ↑, ↓)를 이용하면 보다 편하게 셀 포인터를 이동시킬 수 있습니다. 또한 마우스로 각각의 셀을 드래그하면 여러 셀들을 한번에 선택할 수 있습니다.

특정한 셀에서 Ctrl + Home 을 누르면 현재의 위치에 상관없이 [A1] 셀로 셀 포인터가 이동합니다.

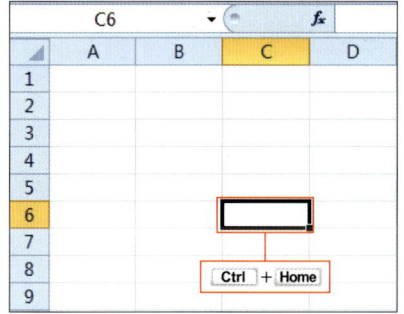 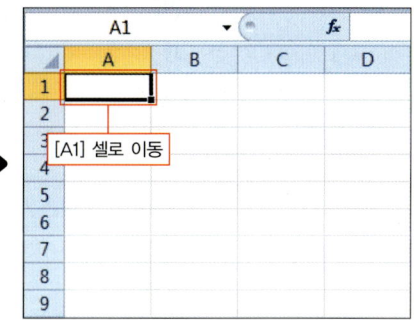

또한, Tab 을 누르면 현재 위치의 오른쪽으로 셀 포인터가 이동하며, 왼쪽으로 셀 포인터를 이동하고 싶을 경우에는 Shift + Tab 을 누릅니다.

- 아래쪽으로 이동 : Enter
- 위쪽으로 이동 : Shift + Enter
- 오른쪽으로 이동 : Tab
- 왼쪽으로 이동 : Shift + Tab

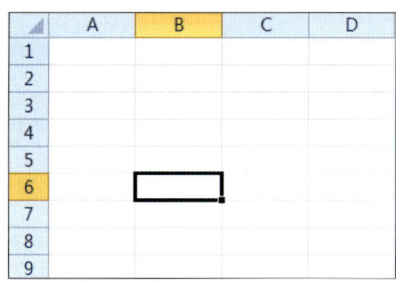

Ctrl + Page Up 과 Ctrl + Page Down 은 워크시트를 이동할 때 사용됩니다. 예를 들어 Sheet1에서 Ctrl + Page Down 을 누르면 Sheet2로 이동하게 됩니다. 다시 원래 워크시트로 돌아오고 싶다면 Ctrl + Page Up 를 누릅니다.

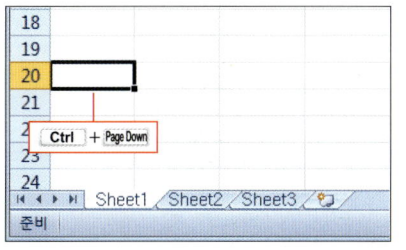 

여러 셀에 데이터 입력하기

마우스로 셀 영역을 선택한 다음 데이터를 입력하고 Ctrl + Enter 를 누르면 선택한 모든 셀에 동일한 데이터가 입력됩니다.

데이터 목록에서 선택하기

많은 데이터를 입력할 경우 기존에 입력한 내용을 다시 입력해야 한다면 연속되는 셀에서 Alt + ↓을 누릅니다. 이미 입력된 목록이 나타납니다.

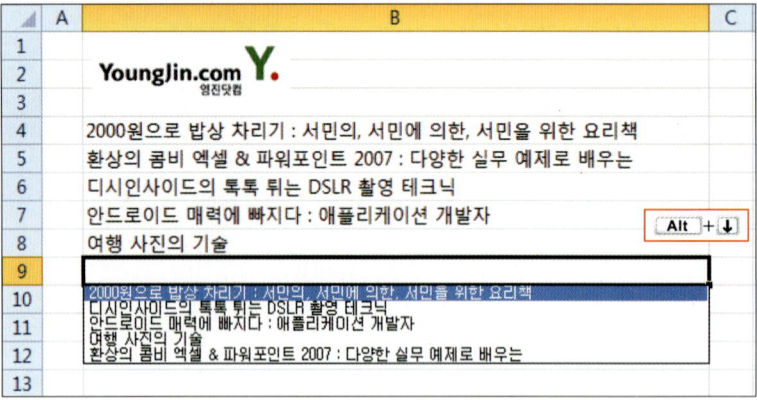

연속 데이터 복사하기

바로 위에 입력한 데이터와 동일한 데이터를 복사하고 싶을 경우 Ctrl + D 를 누릅니다. 또한, 왼쪽의 데이터와 동일한 데이터를 복사하고 싶을 경우에는 Ctrl + R 을 누릅니다.

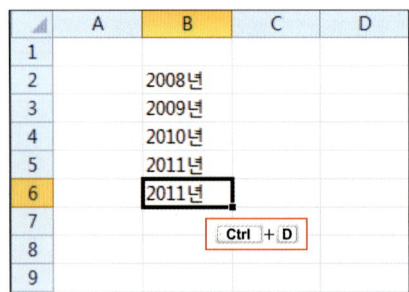

02 문자와 숫자 데이터 입력하기

● **준비파일** : Part01\Chapter01\Section02\업무계획.xlsx
● **완성파일** : Part01\Chapter01\Section02\업무계획_완성.xlsx

1. [B4] 셀을 클릭한 다음 『금주의』를 입력하고 [Alt] + [Enter] 를 누릅니다. 이어서 『목표』를 입력한 다음 [Enter] 를 누릅니다.

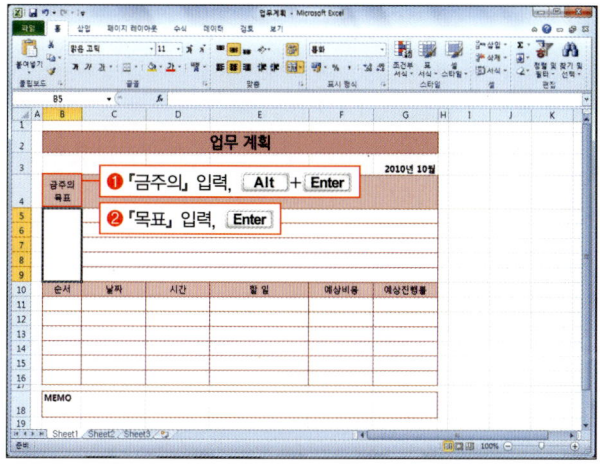

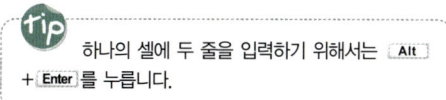

> **tip** 하나의 셀에 두 줄을 입력하기 위해서는 [Alt] + [Enter] 를 누릅니다.

2 [B5] 셀을 클릭한 다음 『우선계획』을 입력한 다음 [Enter] 를 누릅니다. 다시 [B5] 셀을 클릭한 다음 [홈] 탭-[맞춤] 그룹에서 [방향]을 클릭하여 [세로 쓰기]를 선택합니다.

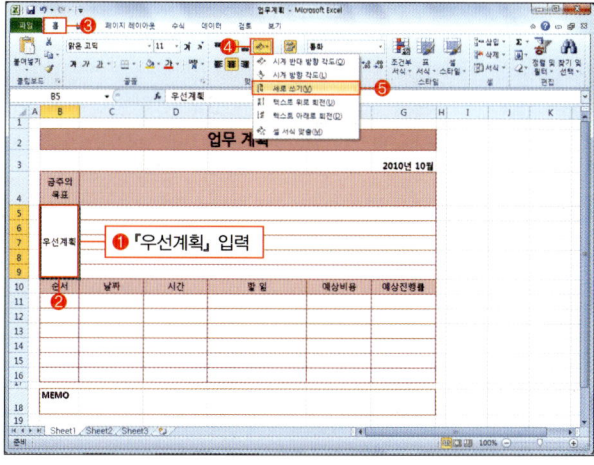

> **tip** [홈] 탭-[맞춤] 그룹에서 [방향]을 클릭하여 [셀 서식 맞춤]을 선택하면 [셀 서식] 대화 상자의 [맞춤] 탭이 나타나는데 여기서는 텍스트 맞춤이나 방향 등을 조정할 수 있습니다.

3. [F11] 셀을 클릭한 다음 『55000』을 입력하고 Enter 를 누릅니다.

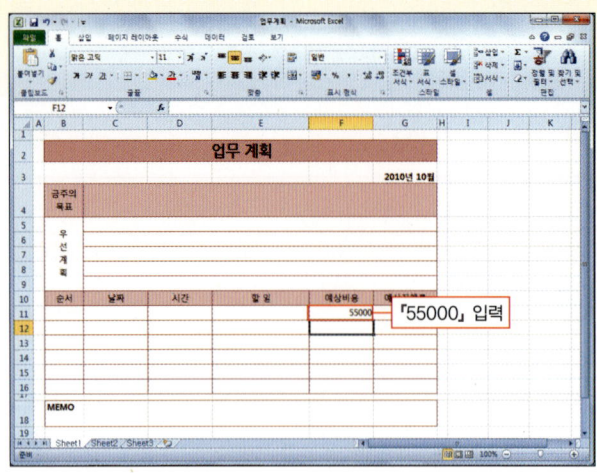

> tip 엑셀에서 텍스트는 기본적으로 왼쪽으로 정렬
> 되고, 숫자는 오른쪽으로 정렬됩니다.

4. [F11] 셀을 클릭한 다음 [홈] 탭-[표시 형식] 그룹-[쉼표 스타일](,)을 클릭합니다. 천 단위로 구분 기호가 표시됩니다.

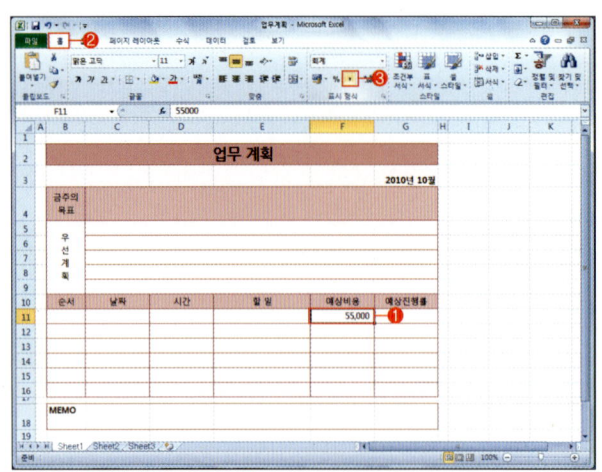

> tip [홈] 탭-[표시 형식] 그룹-[쉼표 스타일](,)을
> 클릭하면 자동으로 천 단위로 구분 기호(,)가 표시됩
> 니다.

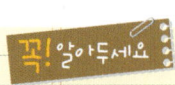 꼭! 알아두세요

숫자로 문자 표현하기

숫자를 문자로 입력하기 위해서는 작은 따옴표(`'`)를 입력한 다음 숫자를 입력합니다. 예를 들어 001, 002, 003과 같은 숫자를 입력하고 싶을 경우에는 『`'`001』, 『`'`002』, 『`'`003』과 같이 입력합니다. 다만, 이럴 경우 숫자가 아닌 문자로 인식되어 셀의 왼쪽 위에 녹색의 오류 표시가 나타납니다. 오류 표시를 없애려면 오류 표시(◆)를 클릭하여 [오류 무시] 또는 [숫자로 변환]을 선택합니다.

03 날짜와 시간 데이터 입력하기

1. [C11] 셀을 클릭하고 『2010/10/21』를 입력한 후 Enter 를 누릅니다. 자동으로 날짜 서식이 지정되어 '2010-10-21' 로 변경됩니다.

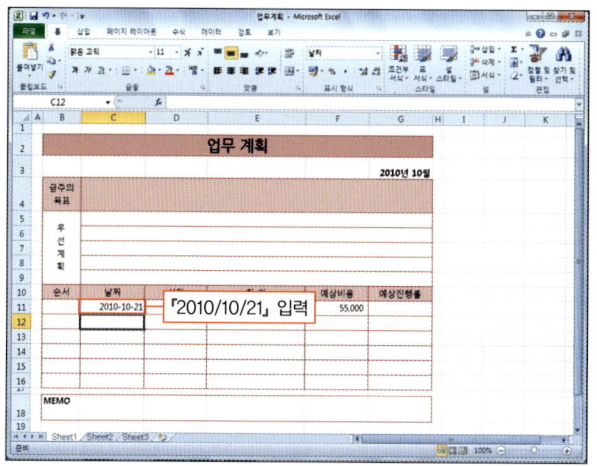

tip 날짜 데이터는 '년/월/일' 이나 '년-월-일' 과 같이 슬래시(/)나 하이픈(-)으로 구분하여 입력합니다. 참고로 연도를 입력하지 않으면 자동으로 입력한 시점의 연도로 인식됩니다.

2. [D11] 셀을 클릭하고 『09:30』을 입력한 후 Enter 를 누릅니다. [D11] 셀을 다시 선택한 다음 [홈] 탭-[표시 형식] 그룹에서 [표시 형식]의 화살표를 클릭하여 나타나는 목록 중 [시간]을 선택합니다.

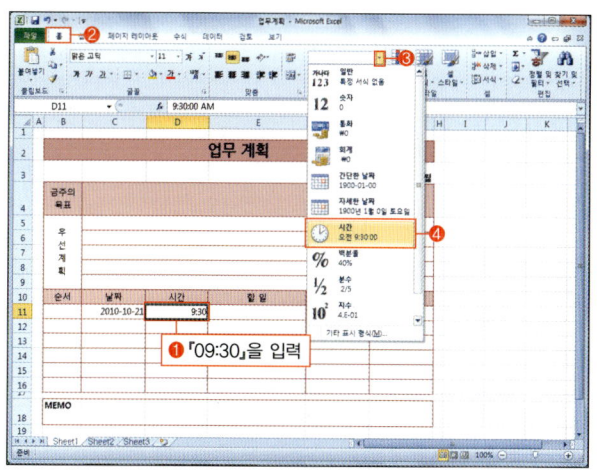

tip [표시 형식]의 화살표를 클릭하여 나타나는 목록 중에서 [시간]을 선택하면 오전이나 오후를 표시할 수 있습니다. 셀에 시간을 입력할 때 시간 뒤에 'am' 이나 'pm'을 입력하여도 됩니다.

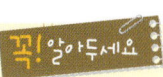

현재 날짜와 시간 표시하기

Ctrl + ; 를 누르면 문서를 작성한 현재의 날짜가 표시되고, Ctrl + Shift + ; 를 누르면 현재의 시간이 표시됩니다. 참고로 현재 날짜와 시간은 내 컴퓨터에 설정된 날짜와 시간으로 표시됩니다.

04 한자와 기호 입력하기

◉ **준비파일** : Part01\Chapter01\Section02\상반기실적.xlsx
◉ **완성파일** : Part01\Chapter01\Section02\상반기실적_완성.xlsx

1. 한자를 입력하기 위해 [B2] 셀을 클릭한 다음 F2 를 누릅니다. '상반기' 앞에 마우스 커서를 놓은 다음 [한자] 를 누릅니다. [한글/한자 변환] 대화 상자가 나타나면 해당하는 한자를 선택한 다음 [입력 형태]에서 [漢字]를 선택하고 [변환]을 클릭합니다.

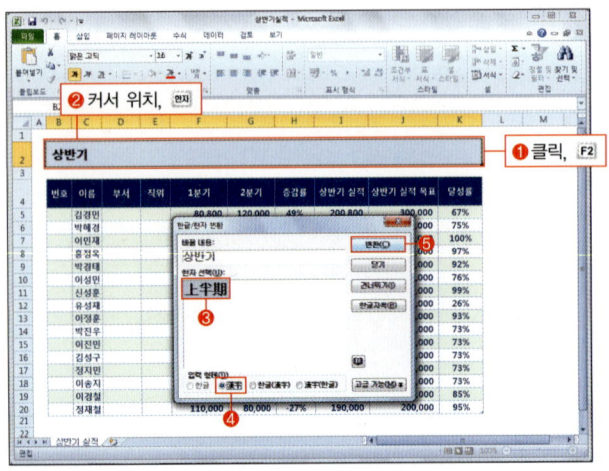

2. Space Bar 를 눌러 한 칸 띄운 다음 이번에는 『실』이라는 글자를 입력합니다. [한자]를 눌러 한자 목록이 나타나면 '실'에 해당하는 한자를 선택합니다. 같은 방법으로 『적』이라는 글자를 입력한 다음 [한자]를 눌러 한자 목록이 나타나면 해당하는 한자를 선택합니다.

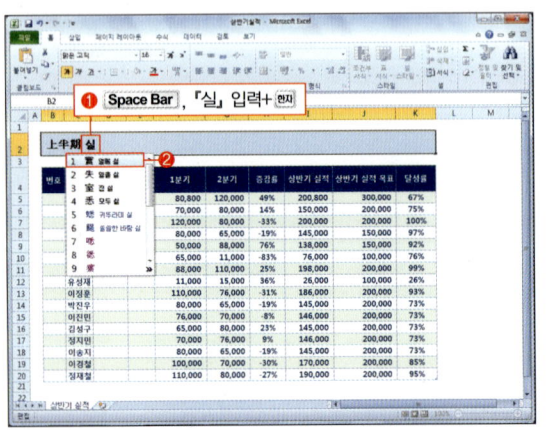 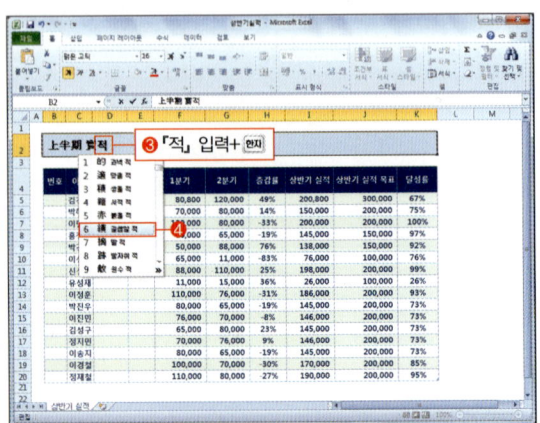

> **Tip**
> 한글을 입력한 다음 [한자]를 눌러 나타나는 한자 목록 중에서 선택하거나, 한글 단어를 입력한 다음 [한자]를 눌러 [한글/한자 변환] 대화 상자를 통해서 한자를 입력할 수 있습니다. 한자가 입력된 셀을 선택한 상태에서 [한자]를 누르면 한자가 한글로 변경됩니다.

3. 기호를 입력하기 위해 [B2] 셀의 글자 맨 앞에 마우스 커서를 놓고 『ㅁ』을 입력한 다음 (한자) 를 누릅니다. 나타나는 기호 목록에서 '★' 를 찾아 클릭합니다.

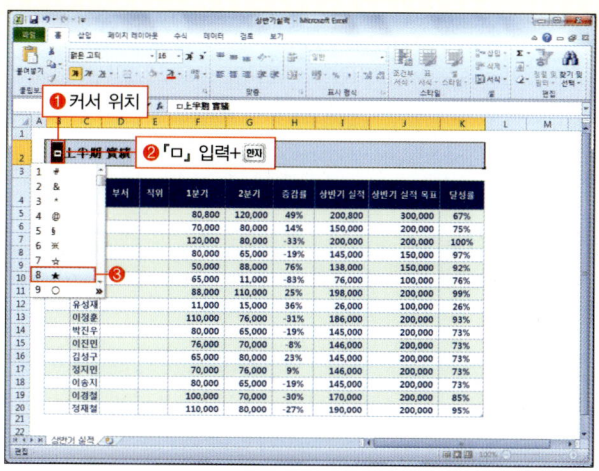

4. [기호] 대화 상자를 통해서도 기호를 입력할 수 있습니다. 마우스 커서를 글자 맨 뒤에 놓고 [삽입] 탭–[텍스트] 그룹에서 [기호]를 클릭합니다. [기호] 대화 상자가 나타나면 [글꼴]을 [맑은 고딕], [하위 집합]을 [기타 기호]로 선택한 다음 기호 목록에서 '★' 를 선택합니다. [삽입]을 클릭하고 [닫기]를 클릭합니다.

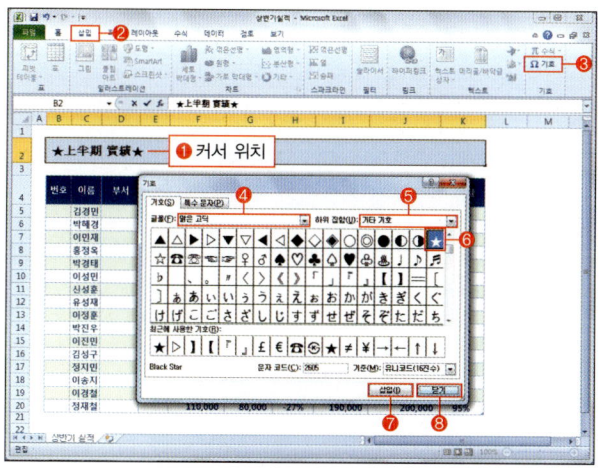

확장된 기호 목록 살펴보기

기호 목록은 한번에 9개의 기호가 나타나는데 목록 하단에 있는 (≫)를 클릭하면 확장된 기호 목록이 나타나게 됩니다. 기호는 'ㄱ'부터 'ㅎ'까지 한글 자음에 포함되어 있습니다. [ㄱ]+(한자), [ㄴ]+(한자) 등을 눌러 원하는 기호를 찾아보세요.

05 윗주 입력하기

1. 윗주를 입력하기 위해 [B2] 셀을 선택합니다. [홈] 탭-[글꼴] 그룹에서 [윗주 필드 표시/숨기기]의 화살표를 클릭하여 [윗주 편집]을 선택합니다.

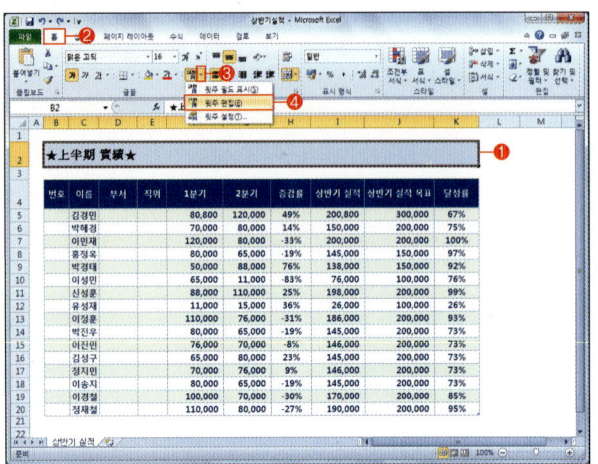

> **tip** 윗주란 본문의 위쪽에 많은 내용을 넣거나 내용을 부각하고 싶을 때 주로 사용합니다.

2. 윗주 상자가 나타나면 『분기별 증감률과 달성률에 따른』을 입력한 다음 빈 셀을 클릭합니다. 셀에 윗주가 표시되지 않는다면 [B2] 셀을 클릭한 다음 [홈] 탭-[글꼴] 그룹에서 [윗주 필드 표시/숨기기]의 화살표를 클릭하여 [윗주 필드 표시]를 선택합니다.

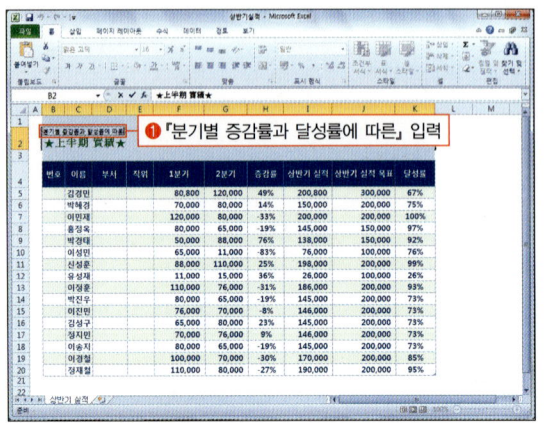

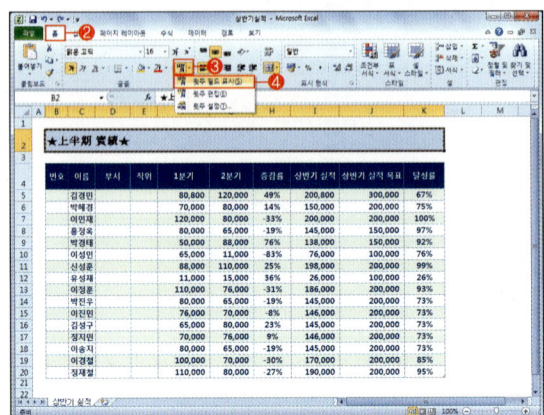

3. 윗주의 글꼴과 색상을 변경해 보겠습니다. [홈] 탭-[글꼴] 그룹에서 [윗주 필드 표시/숨기기]의 화살표를 클릭하여 [윗주 설정]을 선택합니다. [윗주 속성] 대화 상자가 나타나면 [글꼴] 탭을 클릭하여 [글꼴]을 [궁서체], [색]을 [파랑]으로 선택한 다음 [확인]을 클릭합니다.

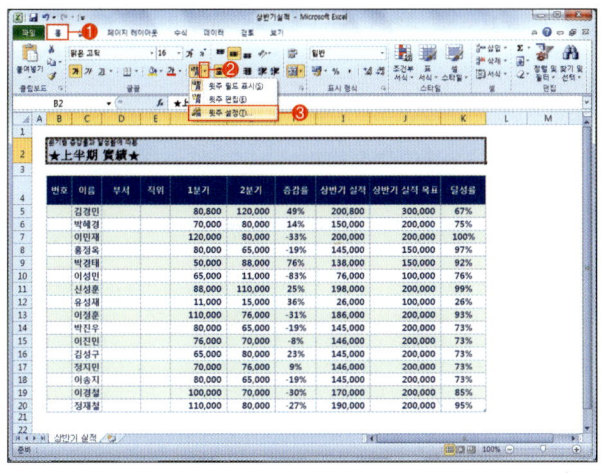
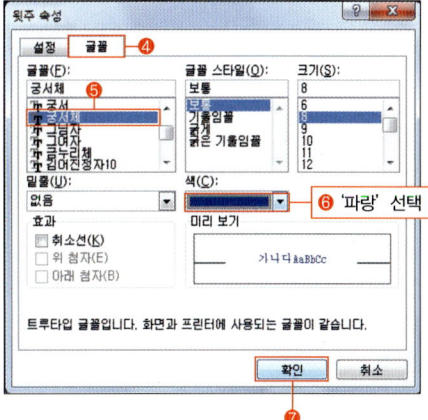

4. 윗주의 글꼴 속성이 변경됩니다.

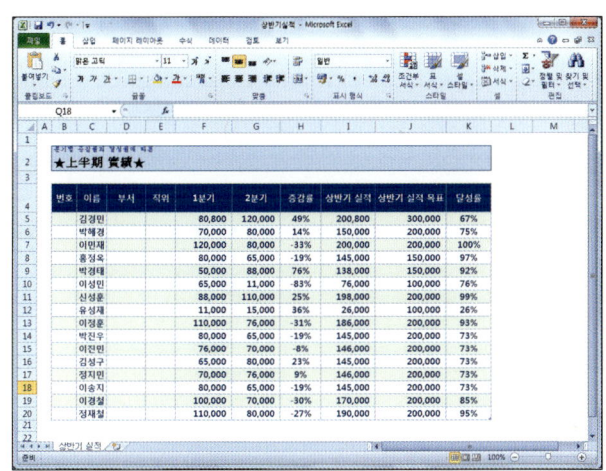

> **tip** 윗주의 글꼴 속성을 변경하여도 본문의 글꼴 속성은 변경되지 않습니다. 즉, 셀에 입력하는 데이터와 윗주는 전혀 다른 개체로 취급됩니다.

윗주 글꼴 맞춤 변경하기

입력한 윗주를 본문 글자 길이만큼 맞춤을 하거나 왼쪽, 가운데 등으로 정렬할 수 있습니다. [홈] 탭-[글꼴] 그룹에서 [윗주 필드 표시/숨기기]의 화살표를 클릭하여 [윗주 설정]을 선택합니다. [윗주 속성] 대화 상자가 나타나면 [설정] 탭의 [맞춤]에서 원하는 글꼴 맞춤을 선택합니다.

메모 입력과 수정하기

1. 메모를 삽입하기 위해 [B2] 셀을 선택한 다음 [검토] 탭-[메모] 그룹에서 [새 메모]를 클릭합니다.

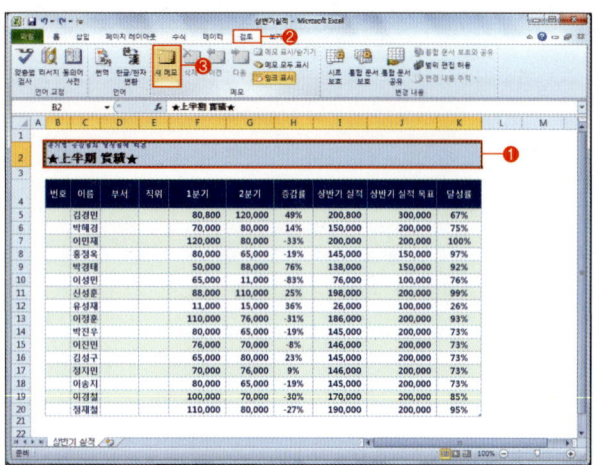

> tip 셀에 메모를 삽입하면 셀의 왼쪽 위 모서리에 빨간색 표식만 나타나기에 보충 내용이 필요할 경우에 유용하게 사용됩니다. 메모를 넣을 셀을 선택한 후 마우스 오른쪽 단추를 클릭하여 [메모 삽입]을 선택하여도 됩니다.

2. 노란색의 메모지가 나타나면 『인사고과 반영 예정』을 입력한 다음 다른 셀을 클릭합니다.

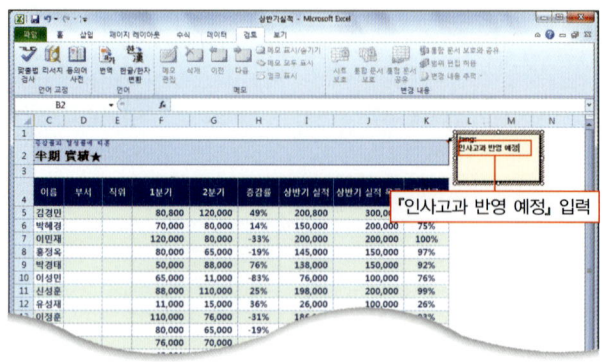

3. 메모가 삽입된 셀의 왼쪽 위 모서리에 빨간색 표식이 나타납니다. 마우스를 해당 셀에 가져가면 숨어있던 메모가 나타납니다.

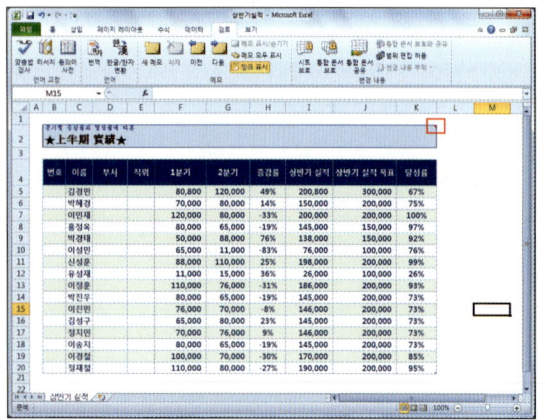

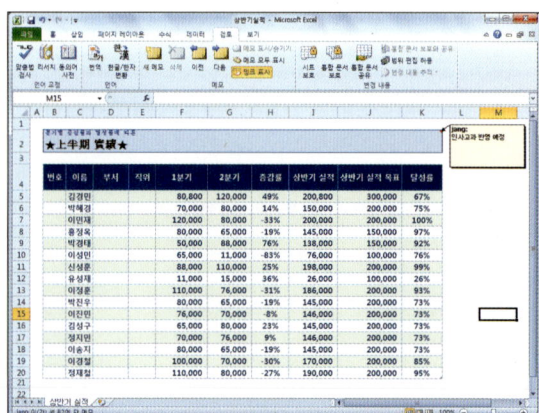

4. 메모의 색이나 글꼴을 변경하기 위해 메모가 삽입된 셀을 선택하고 [검토] 탭-[메모] 그룹에서 [메모 편집]을 클릭합니다. 메모 테두리를 마우스 오른쪽 단추로 클릭하여 선택한 다음 [메모 서식]을 클릭합니다.

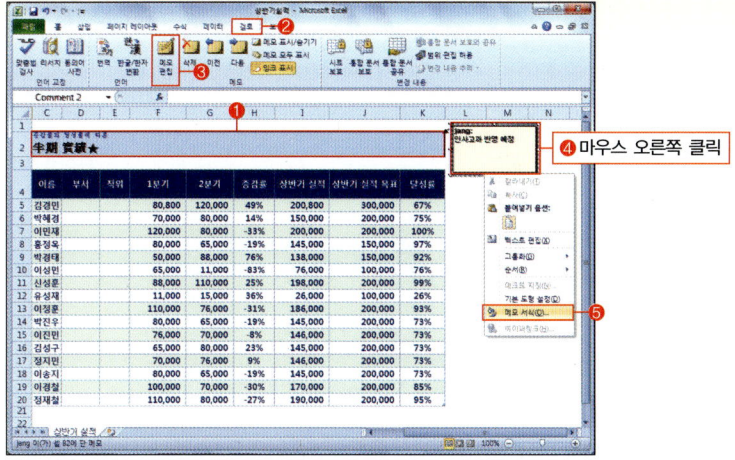

5. [메모 서식] 대화 상자가 나타나면 [색 및 선] 탭을 클릭한 후 채우기 색을 변경하고 [확인]을 클릭합니다.

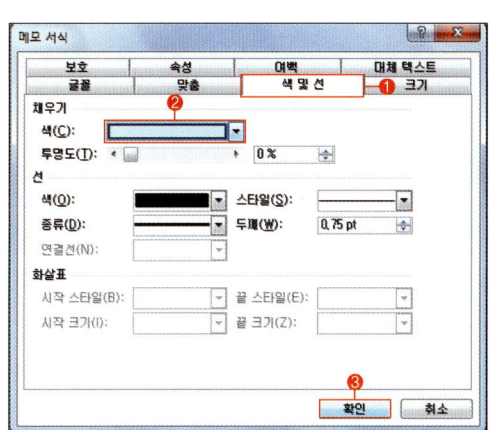

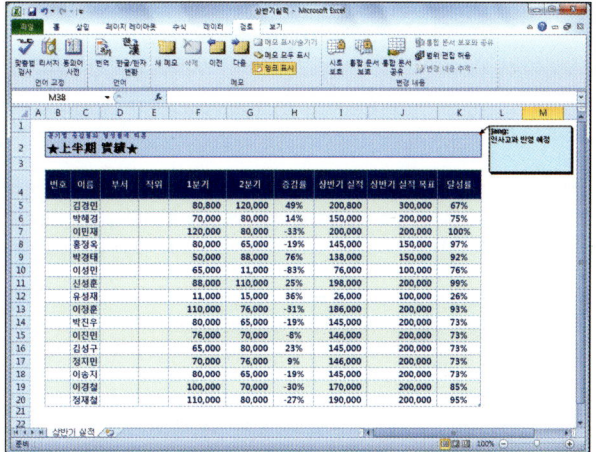

> **tip** 메모를 항상 표시하고 싶다면 메모가 삽입된 셀을 선택한 다음 [검토] 탭-[메모] 그룹에서 [메모 표시/숨기기]를 클릭하거나, 마우스 오른쪽 단추를 클릭하여 [메모 표시/숨기기]를 선택합니다.

07 채우기 핸들로 데이터 자동 채우기

1. [B5] 셀을 클릭한 다음 『1』을 입력합니다. 셀의 오른쪽 하단의 채우기 핸들(■)을 [B20] 셀까지 드래그합니다.

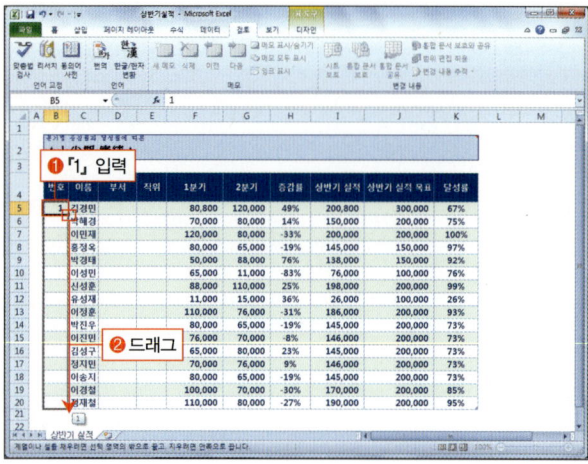

2. '1'이 복사되어 나타납니다. [자동 채우기 옵션](■)을 클릭한 다음 [연속 데이터 채우기]를 선택합니다.

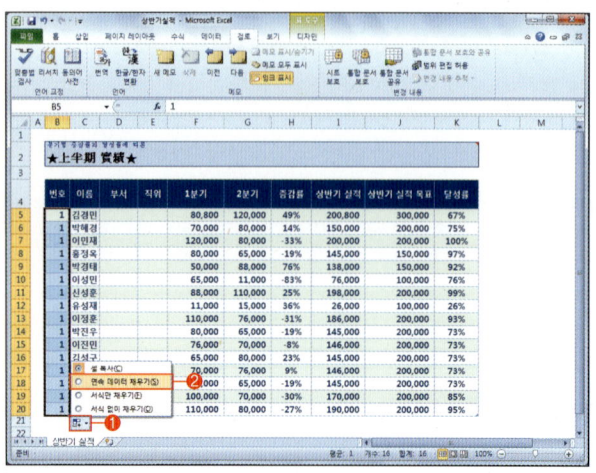

> **tip**
> [Ctrl]을 누른 상태에서 채우기 핸들(■)을 드래그하면 연속 데이터가 입력됩니다.

3. 숫자가 연속으로 증가되어 입력됩니다. 이번에는 문자와 숫자가 같이 있는 데이터를 입력해 보겠습니다. [D5] 셀에 『총무1팀』, [D6] 셀에 『인사1팀』, [D7] 셀에 『기획1팀』을 차례대로 입력합니다. [D5] 셀에서 [D7] 셀까지 드래그하여 선택한 다음 채우기 핸들(⊞)을 [D20] 셀까지 드래그합니다.

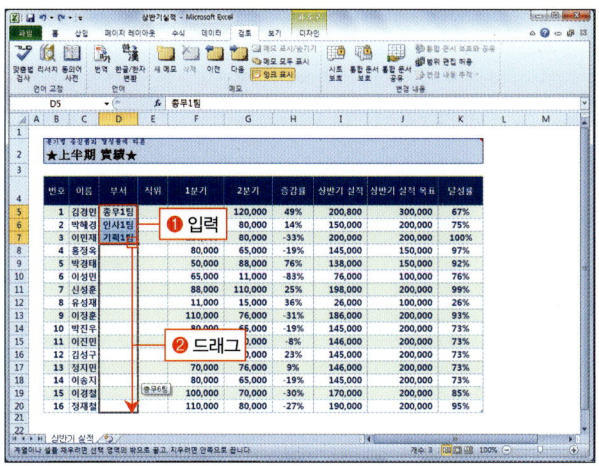

4. 문자와 숫자가 자동으로 반복 및 증가하면서 입력됩니다.

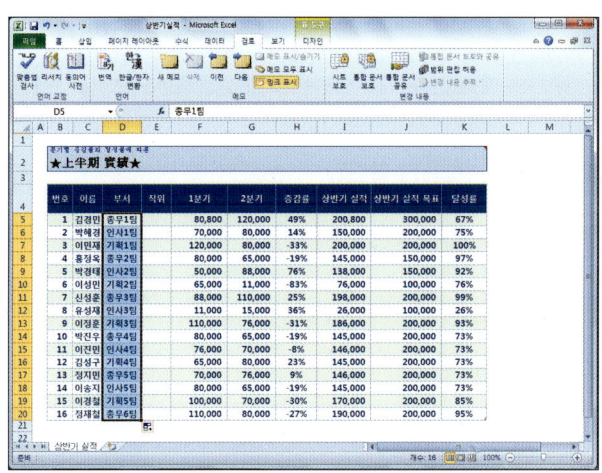

[연속 데이터] 대화 상자에서 값 설정하기

[홈] 탭-[편집] 그룹에서 [채우기]를 클릭하여 [계열]을 선택하면 나타나는 [연속 데이터] 대화 상자에서는 [단계 값]을 비롯한 여러 가지 연속 데이터 옵션을 설정할 수 있습니다. [단계 값]을 1로 설정하면 숫자가 '1'씩 증가하면서 입력됩니다. 일정한 값만큼 더해서 채우려면 [선형]을 선택하고, 일정한 값만큼 곱해서 채우려면 [급수]를 선택합니다. 날짜 데이터를 입력 후 [날짜]를 선택하면 주말을 제외한 평일만 연속 데이터로 입력할 수도 있습니다.

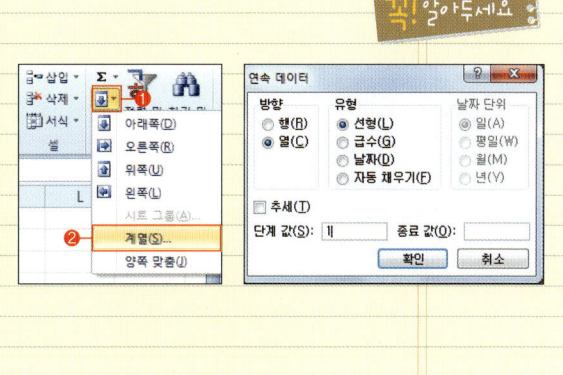

08 사용자 지정 목록 만들어 자동 채우기

1. 사용자 지정 목록을 만들면 원하는 내용으로 자동 채우기를 할 수 있습니다. [파일] 단추를 클릭한 후 [옵션]을 선택합니다.

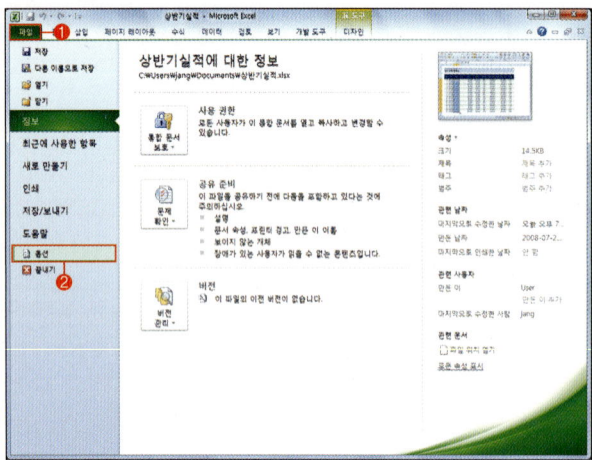

2. [Excel 옵션] 대화 상자가 나타나면 [고급] 항목을 선택한 다음 [사용자 지정 목록 편집]을 클릭합니다. [사용자 지정 목록] 대화 상자가 나타나면 [목록 항목]에 『부장』, 『차장』, 『과장』, 『대리』, 『주임』, 『사원』을 입력한 다음 [추가]를 클릭합니다. [사용자 지정 목록]에 입력한 목록이 추가되었는지 확인한 다음 [확인]을 클릭합니다. 다시 [Excel 옵션] 대화 상자가 나타나면 [확인]을 클릭합니다.

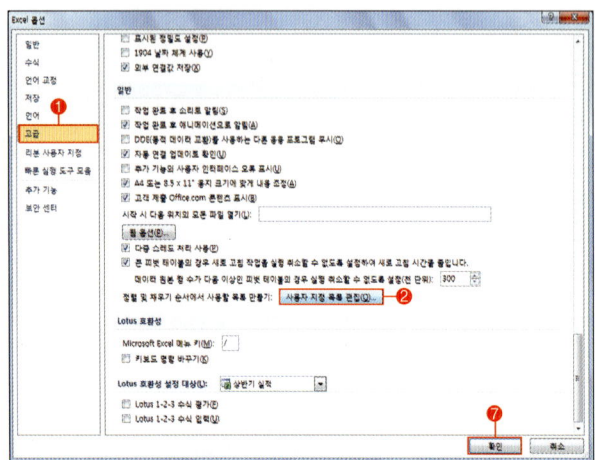

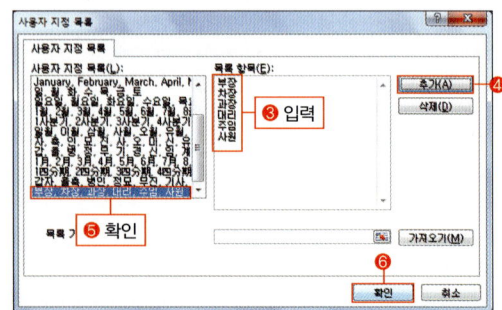

3. [E5] 셀에 『부장』을 입력한 다음 채우기 핸들(⊞)을 [E20] 셀까지 드래그합니다. 지정한 목록이 순서대로 나타납니다.

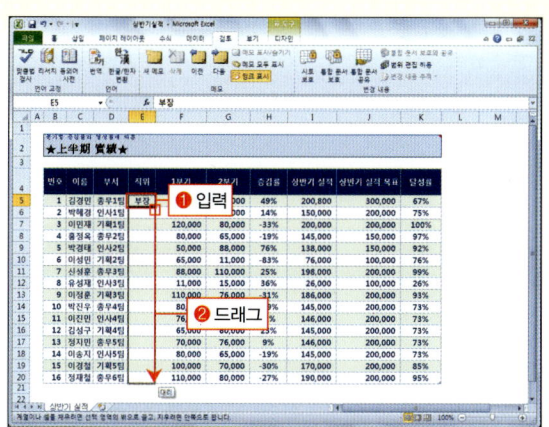 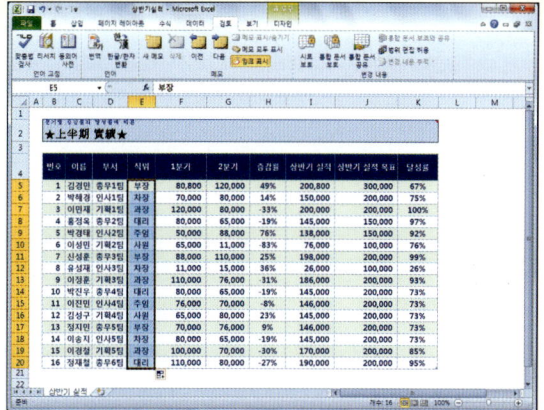

Tip [사용자 지정 목록]의 [목록 항목]에 『부장』, 『차장』, 『과장』, 『대리』, 『주임』, 『사원』을 추가하지 않고 『부장』을 입력하고 채우기 핸들(⊞)을 드래그하면 '부장' 이라는 문자만 연속해서 채워집니다.

● 준비파일 : Part01\Chapter01\Check\지출비용.xlsx
● 완성파일 : Part01\Chapter01\Check\지출비용_완성.xlsx

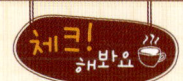

사용자 지정 목록을 이용하여 [B5:B9] 영역에 『콘서트』, 『연극』, 『영화』, 『뮤지컬』, 『오페라』를 차례대로 입력해 보세요.

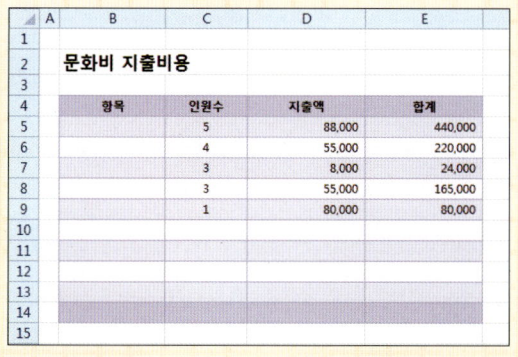

Hint

❶ [파일] 탭-[옵션]-[고급]-[사용자 지정 목록 편집] 클릭하여 사용자 지정 목록 추가

워크시트 편집하기

엑셀을 사용하면 셀과 워크시트라는 단어를 많이 접하게 됩니다. 여기서는 셀과 워크시트에 대한 전반적인 것들을 살펴보고 통합 문서나 시트를 누구나 접근할 수 없도록 보안 설정하는 방법과 시트를 숨기거나 틀을 고정하는 방법, 창을 나누는 방법 등을 함께 배워보도록 합니다.

Preview

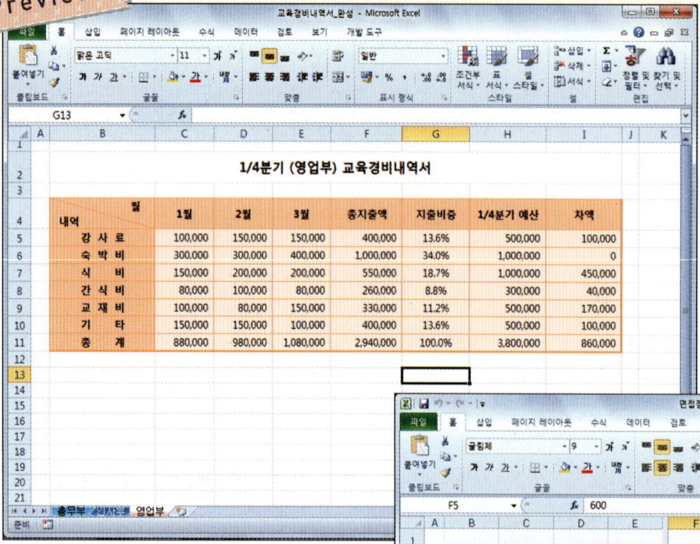

▲ 시트 삽입하여 교육 경비내역서 작성

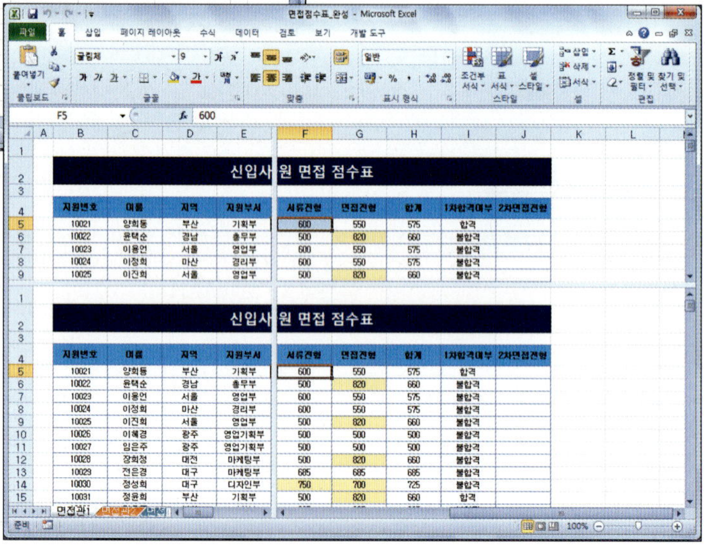

▲ 틀 고정과 창 나누기로 면접 점수표 비교

이번 섹션에서 배울 주요 내용!

01. 워크시트와 셀 범위 다루기
02. 범위 지정하기
03. 셀 복사 및 이동하기
04. 셀, 행, 열 삽입하고 삭제하기
05. 행과 열 숨기기와 취소
06. 시트 이름 변경 및 색 지정하기
07. 시트 삽입 및 삭제하기
08. 시트 숨기기와 취소
09. 틀 고정하기
10. 창 나누기
11. 워크시트를 다른 문서로 보내기

01 워크시트와 셀 범위 다루기

셀과 워크시트

가로 열과 세로 행이 교차하면서 이루어지는 사각형 영역을 셀이라고 부릅니다. 워크시트는 각각의 셀들이 모여서 이루어지게 되는 공간입니다.

범위 지정하기

셀 범위는 때에 따라 연속적으로 혹은 비연속적으로 지정할 수 있습니다. 행이나 열을 편집하기 위해서는 먼저 셀 범위를 지정해야 하는데 마우스로 원하는 범위를 지정하거나 키보드로 원하는 셀을 선택할 수 있습니다.

원하는 범위의 시작 셀을 클릭한 다음 Shift 를 누른 상태에서 마지막 셀을 클릭하면 연속적인 셀 범위를 선택할 수 있습니다. 떨어져 있는 셀 범위는 Ctrl 을 누른 상태에서 셀이나 셀 범위를 차례대로 클릭합니다.

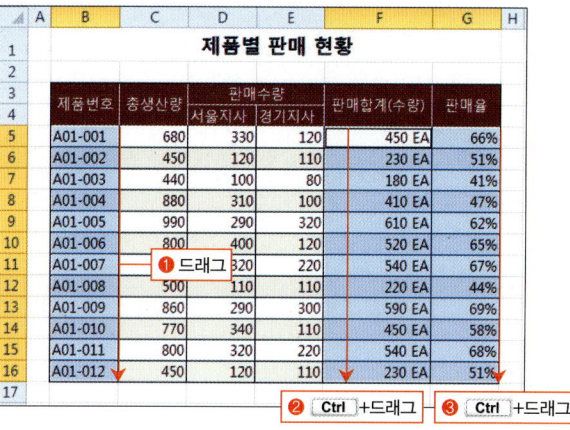

셀 범위 전체를 선택하기 위해서는 셀 범위 내의 임의의 셀을 선택한 상태에서 Ctrl + Shift + * 을 누릅니다. 워크시트에 있는 모든 셀을 선택하기 위해서는 Ctrl + A 를 누르거나 워크시트의 왼쪽 상단에 있는 [모두 선택](▢)을 클릭합니다. 참고로, 워크시트에 데이터가 존재하는 경우 데이터 내에서 Ctrl + A 를 누르면 현재 셀이 선택되어 있는 연속된 데이터들만 선택됩니다. 이럴 경우에는 Ctrl + A 를 다시 한번 누릅니다.

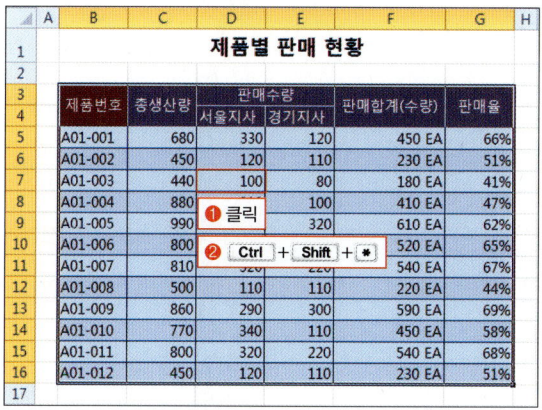
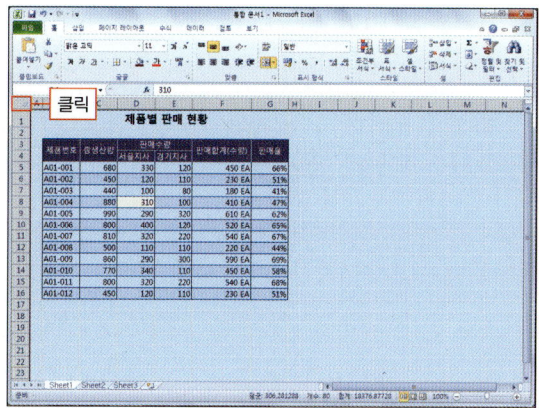

02 범위 지정하기

● **준비파일** : Part01\Chapter01\Section03\분기별거래내역서.xlsx

1. 범위를 지정하기 위해 [B4] 셀을 클릭한 다음 `Ctrl` + `Shift` + `↓`를 누릅니다. B열 전체가 한번에 선택됩니다.

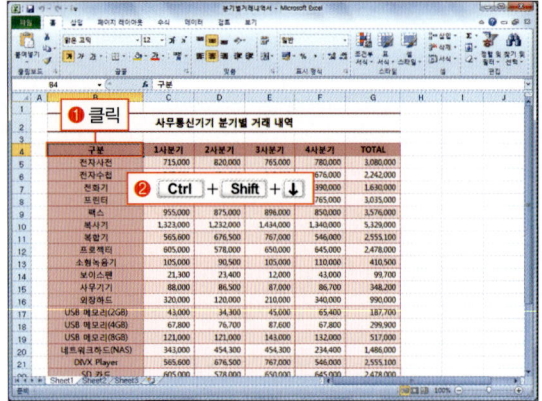 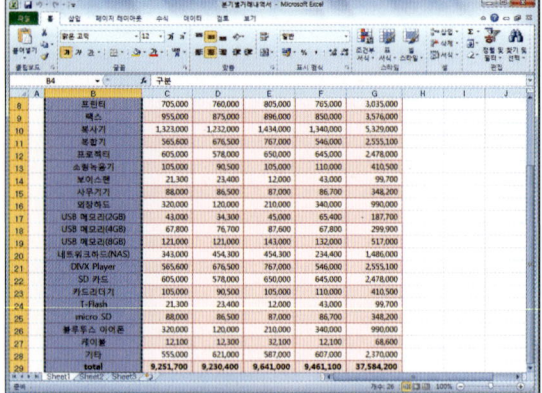

> **tip** [B4] 셀에서부터 [B29] 셀까지 마우스로 드래그하여 선택 범위를 지정할 수도 있지만, 범위가 많을 경우 마우스보다 키보드를 이용해서 지정하는 것이 편리합니다.

2. 이번에는 [B5] 셀을 클릭한 다음 `Ctrl` + `Shift` + `→`를 누릅니다. 5행 전체가 한번에 선택됩니다.

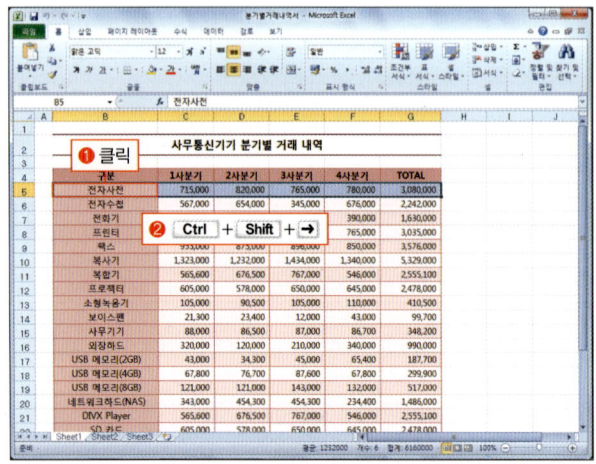

> **tip** `Shift` + `↓`를 누르면 한 열씩, `Shift` + `→`를 누르면 한 행씩 추가로 선택할 수 있습니다.

3. 전체 표를 선택하기 위해 [B4] 셀을 클릭한 다음 [Shift]를 누른 상태에서 [G29] 셀을 클릭합니다.

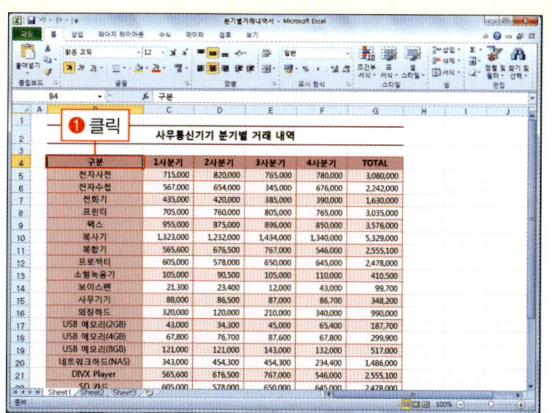 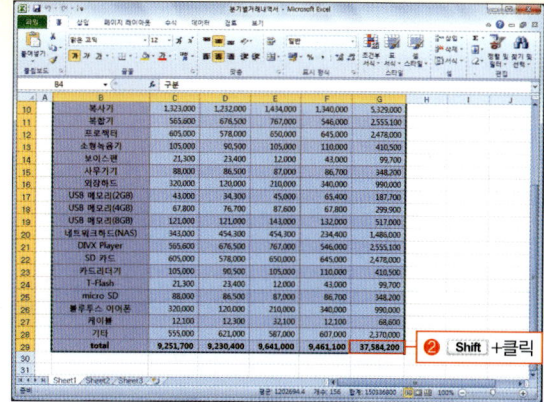

tip 전체 표를 선택하기 위해서는 표 안의 임의 셀을 선택한 다음 [Ctrl] + [A]를 누르거나, 표가 시작되는 첫 번째 셀을 클릭한 상태에서 [Ctrl] + [Shift] + [↓]를 눌러 전체 열을 선택한 다음 [Ctrl] + [Shift] + [→]를 눌러 전체 행을 선택하여 전체 표를 선택할 수도 있습니다.

4. [Ctrl]을 이용하여 떨어져 있는 셀을 선택할 수 있습니다. [B9:G11]을 드래그하여 선택한 다음 [Ctrl]을 누른 채 [B15:G16]을 드래그합니다.

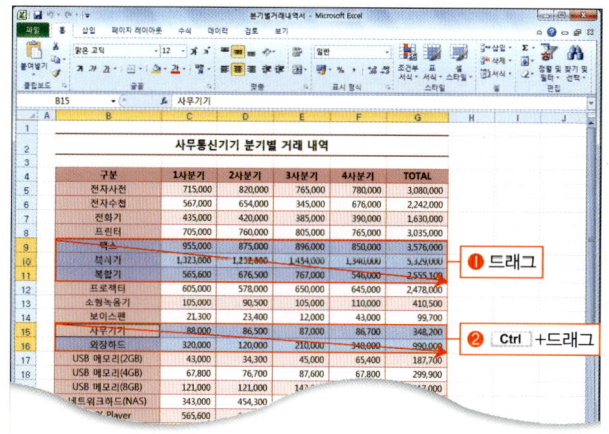

tip 셀 범위를 표시하기 위해서는 콜론(:) 혹은, 콤마(,)를 이용합니다. [B9] 셀에서부터 [G11] 셀까지를 선택하는 경우 [B9:G11]로 표현합니다.

5. 행 머리글이나 열 머리글을 클릭하면 행과 열 전체를 선택할 수 있습니다. [B] 열 머리글을 클릭하여 [B] 열 전체를 선택합니다. [Ctrl]을 누른 상태에서 [6] 행 머리글을 클릭합니다.

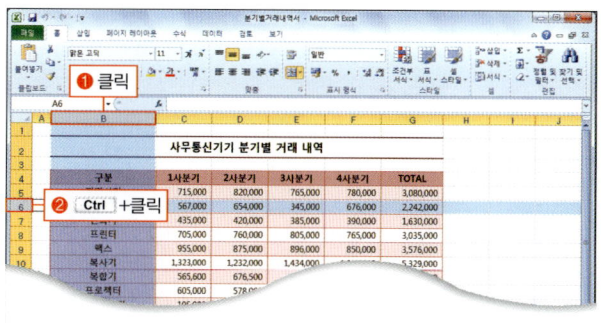

tip [Shift]나 [Ctrl]을 누른 상태에서 행 머리글이나 열 머리글을 선택하면 여러 범위를 지정할 수 있습니다.

03 셀 복사 및 이동하기

● **준비파일** : Part01\Chapter01\Section03\상반기_수출입현황.xlsx
● **완성파일** : Part01\Chapter01\Section03\상반기_수출입현황_완성.xlsx

1. 셀 복사를 위해 표 영역 안의 임의의 셀을 선택한 다음 `Ctrl` + `A` 를 누릅니다. 표 영역 전체가 선택됩니다. [홈] 탭-[클립보드] 그룹-[복사]를 클릭합니다.

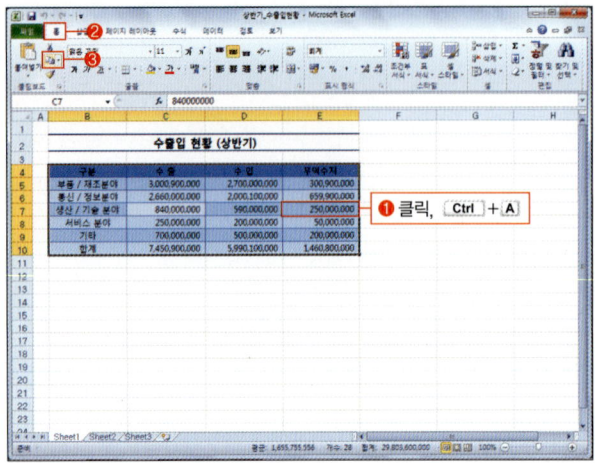

tip [복사] 기능을 수행하기 위해 `Ctrl` + `C` 를 눌러도 됩니다.

2. 셀을 붙여넣기 위해 [Sheet2] 시트를 클릭합니다. [A1] 셀을 선택하고 [홈] 탭-[클립보드] 그룹-[붙여넣기]의 윗부분을 클릭합니다.

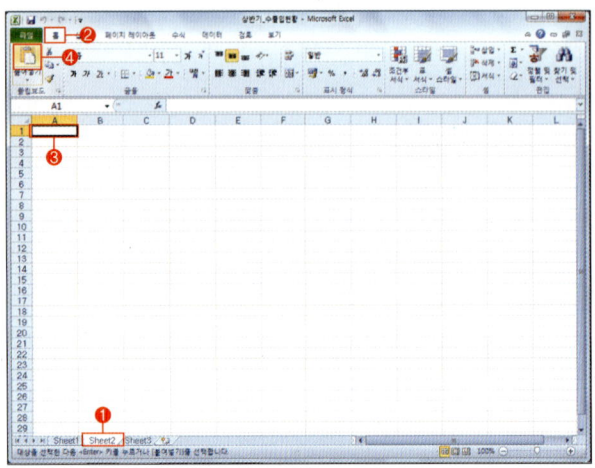

tip [붙여넣기] 기능을 수행하기 위해 `Ctrl` + `V` 를 눌러도 됩니다.

3. 셀에 적용된 서식은 함께 복사되지만 열의 너비는 복사되지 않습니다. 이럴 경우 [붙여넣기 옵션]([📋(Ctrl)▾])을 클릭한 다음 [원본 열 너비 유지]([📋])를 선택합니다.

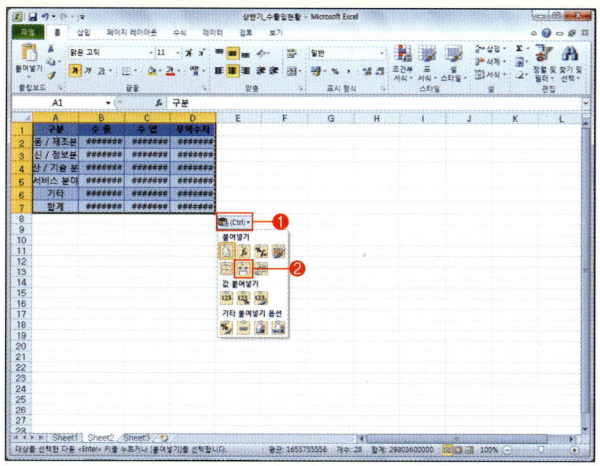

tip '####' 표시는 셀 너비보다 데이터가 길 경우 나타납니다. 가려진 글자를 표시하기 위해 행 머리글 사이로 마우스를 가져가 [➕] 표시가 나타날 때 경계선을 원하는 위치만큼 오른쪽으로 드래그하거나, [➕] 표시를 더블 클릭하여 셀의 너비를 조절합니다.

4. 이번에는 데이터를 이동해 보겠습니다. [A1] 셀을 선택한 다음 [Ctrl]+[Shift]+[→]을 누르고, [Ctrl]+[Shift]+[↓]를 누릅니다. 그런 다음 [홈] 탭-[클립보드] 그룹-[잘라내기]([✂])를 클릭합니다.

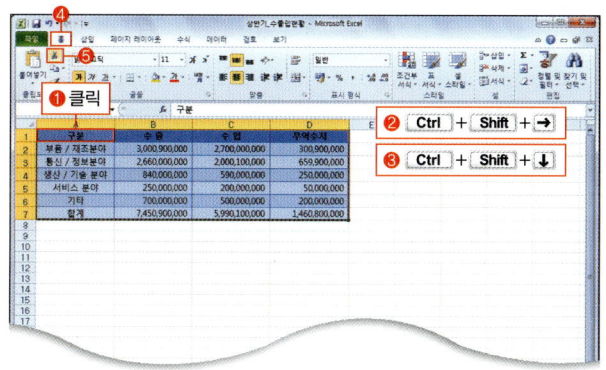

tip 표 전체를 선택하기 위해서는 [A1] 셀에서 [D7] 셀을 드래그하여 선택하거나, 표 영역 안의 임의의 셀을 선택한 다음 [Ctrl]+[A]를 누릅니다.

5. [A10] 셀을 선택한 다음 [홈] 탭-[클립보드] 그룹-[붙여넣기]의 아랫부분을 클릭합니다.

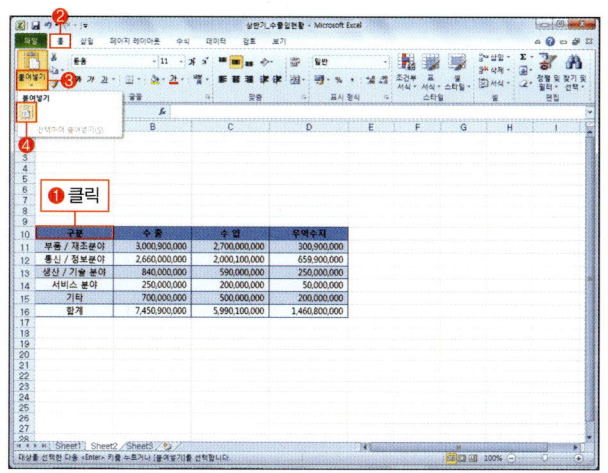

tip 붙여넣기 옵션 위에 마우스를 올려놓으면 미리보기 형식으로 셀에 적용될 모습을 미리볼 수 있습니다.

04 셀, 행, 열 삽입하고 삭제하기

● **준비파일** : Part01\Chapter01\Section03\상하반기_수출입현황.xlsx
● **완성파일** : Part01\Chapter01\Section03\상하반기_수출입현황_완성.xlsx

1. '수출'과 '수입' 항목 사이에 새로운 열을 삽입해 보겠습니다. [D] 열 머리글을 클릭한 상태에서 [홈] 탭-[셀] 그룹-[삽입]의 화살표를 클릭한 다음 [시트 열 삽입]을 선택합니다.

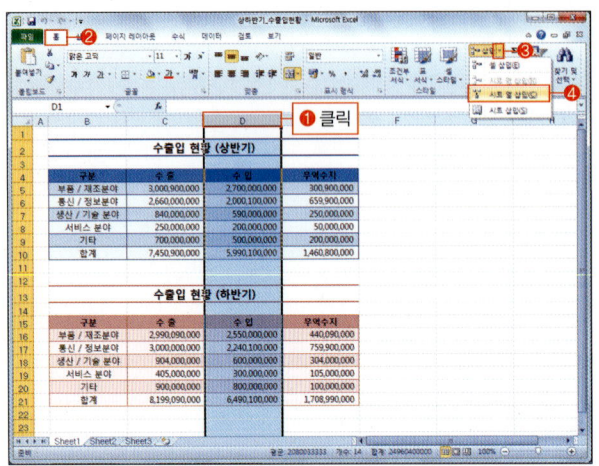

tip 열 머리글을 선택한 상태에서 마우스 오른쪽 단추를 클릭하여 [삽입]을 선택하여도 됩니다.

2. 새로운 열이 삽입됩니다. 이번에는 주위의 다른 표에는 영향을 주지 않고 새로운 셀을 삽입해 보겠습니다. [D4] 셀에서 [D10] 셀을 마우스로 드래그하여 선택한 다음 마우스 오른쪽 단추를 클릭하여 [삽입]을 선택합니다. [삽입] 대화 상자가 나타나면 [셀을 오른쪽으로 밀기]를 선택하고 [확인]을 클릭합니다.

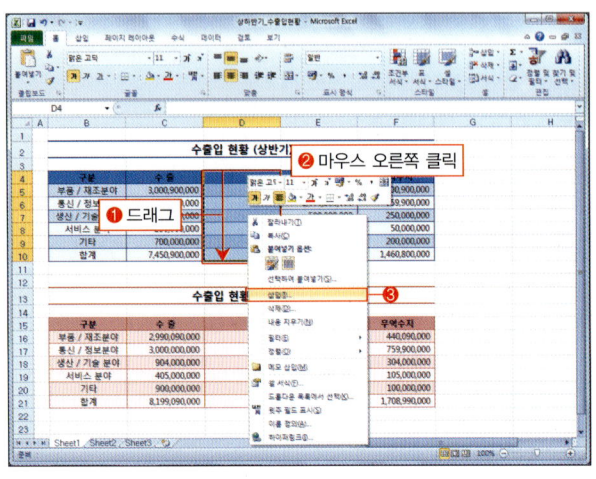

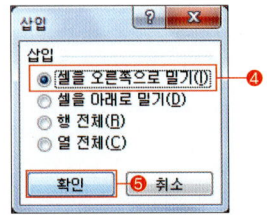

tip 주위의 다른 표에는 영향을 주지 않고 현재의 표에만 새로운 셀을 삽입하려면 위와 같이 셀 범위를 지정한 다음 셀을 삽입합니다.

3. 선택한 셀이 오른쪽으로 밀리면서 새로운 셀이 삽입됩니다. 이번에는 행을 삽입해 보겠습니다. [7] 행 머리글을 클릭한 다음 Ctrl 을 누른 상태에서 [8] 행 머리글을 클릭합니다. 마우스 오른쪽 단추를 클릭하여 [삽입]을 선택합니다.

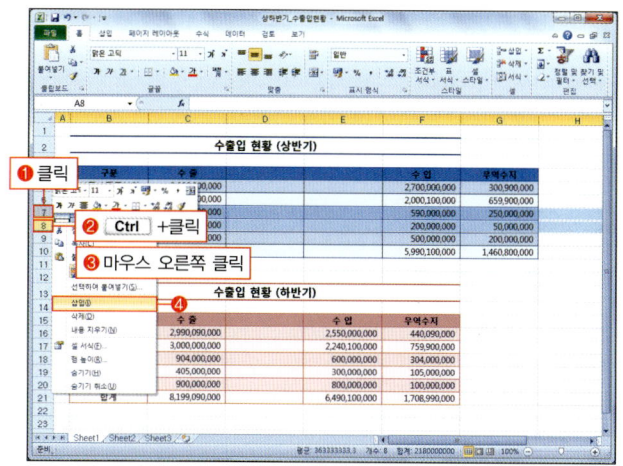

> **tip** 2개의 행을 연속으로 선택하면 선택한 행 바로 위에 2개의 행이 삽입됩니다. 지금처럼 Ctrl 을 누른 채 행을 각각 선택하면 선택한 행 각각의 바로 위에 2개의 행이 삽입됩니다.

4. [7] 행과 [8] 행 위에 각각 따로 행이 삽입됩니다. 이번에는 셀을 삭제해 보겠습니다. [E4] 셀에서 [E12] 셀을 마우스로 드래그하여 선택한 다음 [홈] 탭–[셀] 그룹에서 [삭제]의 화살표를 클릭하여 [셀 삭제]를 선택합니다. [삭제] 대화 상자가 나타나면 [셀을 왼쪽으로 밀기]를 선택하고 [확인]을 클릭합니다.

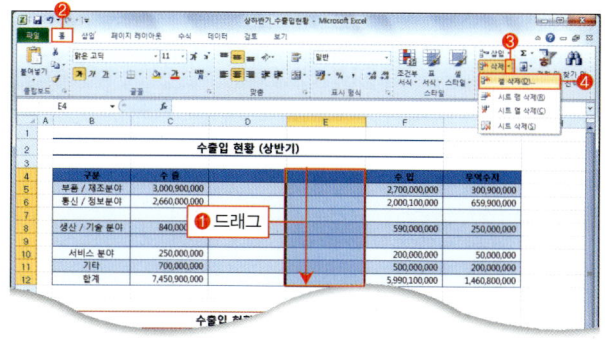
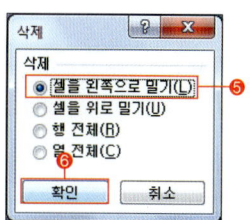

5. 이번에는 [D] 열의 머리글을 선택한 다음 마우스 오른쪽 단추를 클릭하여 [삭제]를 선택합니다.

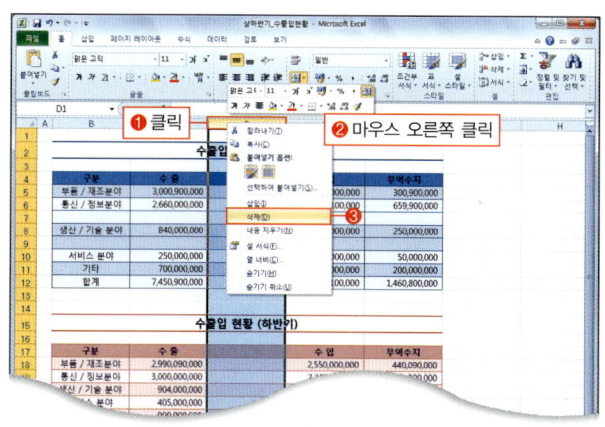

> **tip** 삭제도 삽입과 마찬가지로 행이나 열 머리글을 선택하여 삭제합니다. 워크시트에 여러 표가 있을 경우 셀 범위를 지정하여 삭제합니다.

05 행과 열 숨기기와 취소

1. [15] 행 머리글에서부터 [23] 행 머리글을 드래그하여 선택합니다. 마우스 오른쪽 단추를 클릭하여 [숨기기]를 선택합니다.

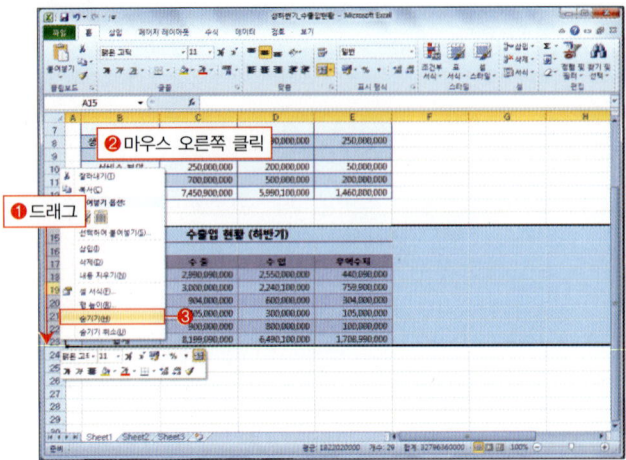

2. [15] 행에서 [23] 행까지 모두 숨기기가 적용되어 [14] 행 다음에 바로 [24] 행이 나타납니다. 숨기기를 취소하기 위해 [14] 행 머리글과 [24] 행 머리글을 선택한 다음 마우스 오른쪽 단추를 클릭하여 [숨기기 취소]를 선택합니다.

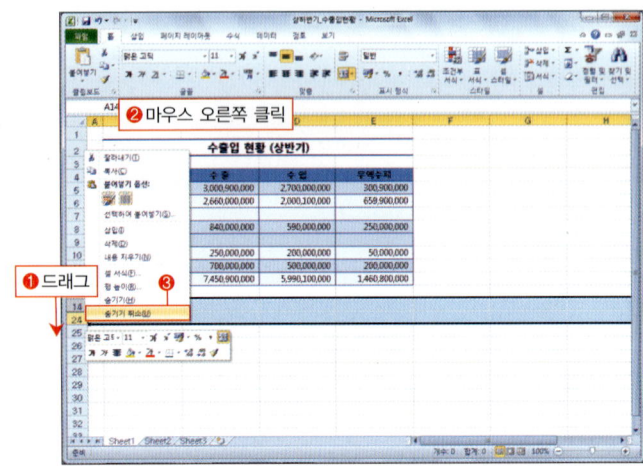

> **tip** 숨기기 명령을 사용하여 행이나 열을 숨길 수 있지만 행 높이나 열 너비를 '0'으로 변경하여 숨길 수도 있습니다.

06 시트 이름 변경 및 색 지정하기

● **준비파일** : Part01\Chapter01\Section03\교육경비내역서.xlsx
● **완성파일** : Part01\Chapter01\Section03\교육경비내역서_완성.xlsx

1. 워크시트의 이름을 변경하기 위해 [Sheet1] 시트 탭을 더블 클릭합니다. 시트명이 블록 설정되면 『영업부』를 입력한 다음 Enter 를 누릅니다.

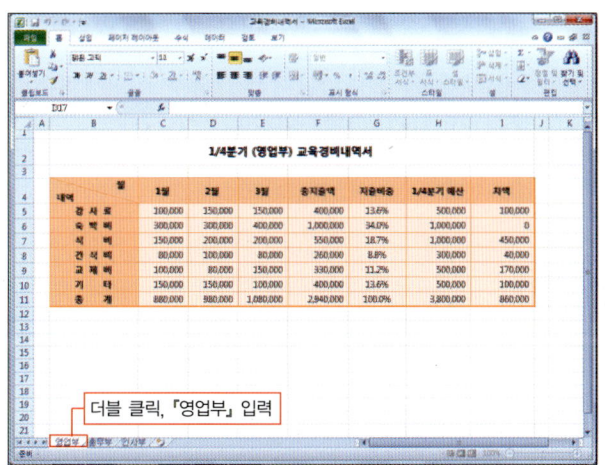

더블 클릭, 『영업부』 입력

tip [Sheet1] 시트 탭을 마우스 오른쪽 단추로 클릭하여 나타나는 목록 중 [이름 바꾸기]를 선택해도 됩니다.

2. 이번에는 시트 탭의 색상을 변경해 보겠습니다. [영업부] 시트 탭을 선택한 다음 마우스 오른쪽 단추를 클릭하여 [탭 색]-[빨강]을 선택합니다. 같은 방법으로 나머지 시트 탭도 색상을 변경해 봅니다.

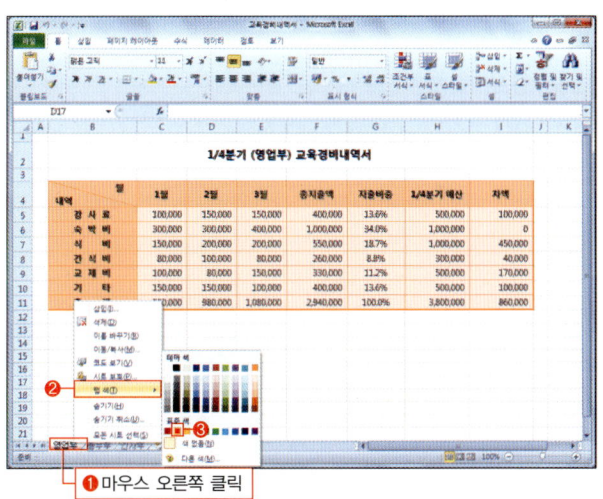

❶ 마우스 오른쪽 클릭

tip 시트 탭에 적용한 색상을 없애려면 시트 탭을 마우스 오른쪽 단추로 클릭한 후 [탭 색]-[색 없음]을 선택합니다.

1. 새로운 워크시트를 삽입하기 위해 **Shift** + **F11** 을 누르거나, [워크시트 삽입] 단추(⬚)를 클릭합니다.

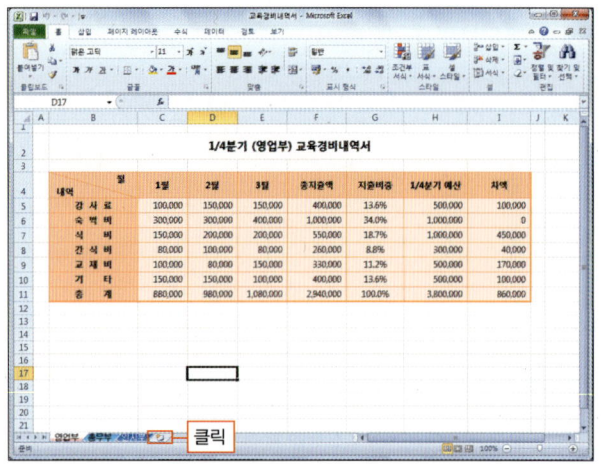

> **tip** 새로운 워크시트를 삽입하기 위해서 삽입을 원하는 시트 탭 사이를 마우스 오른쪽 단추로 클릭한 후 [삽입]을 선택하여도 됩니다.

2. 워크시트가 추가됩니다. 추가된 워크시트를 삭제하기 위해서 [Sheet1] 시트 탭을 마우스 오른쪽 단추로 클릭하여 [삭제]를 선택합니다.

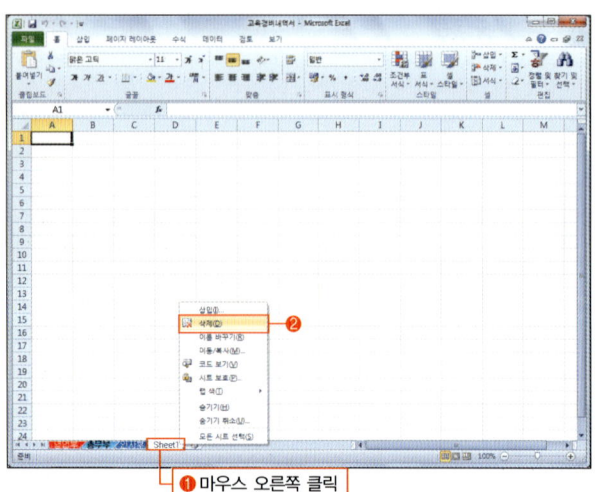

08 시트 숨기기와 취소

1. [영업부] 시트를 숨기기 위해 [영업부] 시트 탭을 마우스 오른쪽 단추로 클릭하여 [숨기기]를 선택합니다.

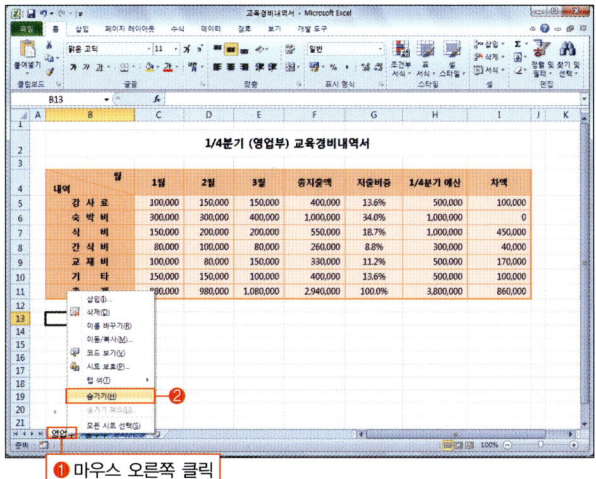

❶ 마우스 오른쪽 클릭

2. [영업부] 시트가 숨겨집니다. 숨긴 시트를 다시 표시하기 위해서 시트 탭에서 마우스 오른쪽 단추를 클릭하여 [숨기기 취소]를 선택합니다. [숨기기 취소] 대화 상자가 나타나면 [영업부]를 선택한 다음 [확인]을 클릭합니다.

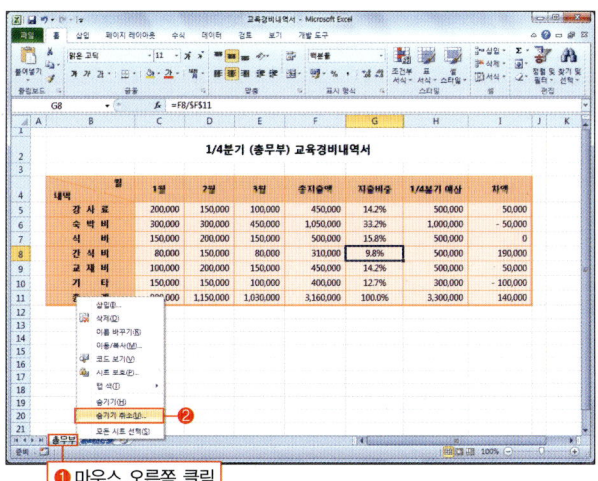

❶ 마우스 오른쪽 클릭

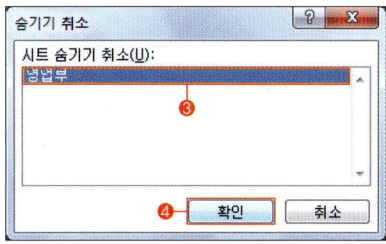

09 틀 고정하기

● **준비파일** : Part01\Chapter01\Section03\면접점수표.xlsx
● **완성파일** : Part01\Chapter01\Section03\면접점수표_틀고정.xlsx

1. 틀 고정을 원하는 [B5] 셀을 선택하고 [보기] 탭-[창] 그룹-[틀 고정]을 클릭하여 [틀 고정]을 선택합니다.

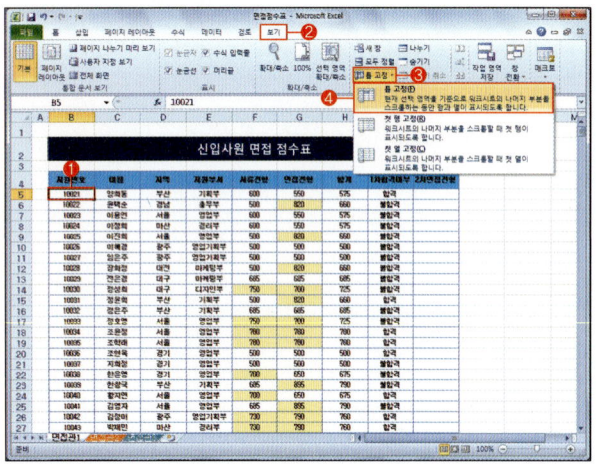

> **tip** 데이터의 양이 많은 시트는 한 화면에 전체 데이터를 모두 표시할 수 없기 때문에 한 화면에 대한 내용을 전반적으로 확인하기가 불편합니다. 이럴 경우 틀 고정을 해 놓으면 나머지 시트를 스크롤 하는 동안 시트 일부가 고정되어 데이터를 확인하기에 편리합니다.

2. [B5] 셀을 기준으로 고정선이 생깁니다. 스크롤 바를 이동해 보면 고정선을 기준으로 셀들이 고정되어 있는 것을 확인할 수 있습니다.

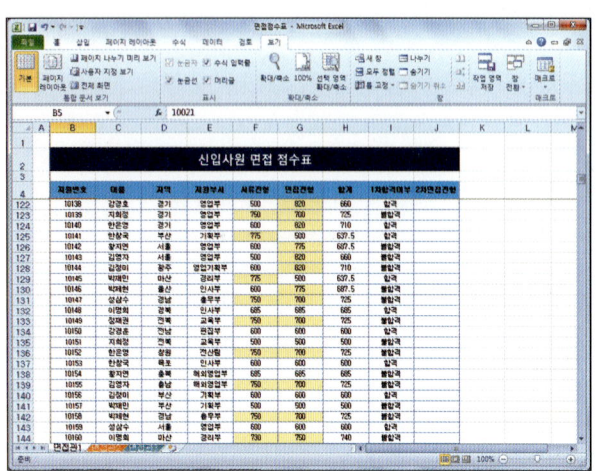

> **tip** 틀 고정을 해제하려면 [보기] 탭-[창] 그룹-[틀 고정]을 클릭하여 [틀 고정 취소]를 선택합니다.

> **tip** 하나의 행만 잠그려면 [보기] 탭-[창] 그룹-[틀 고정]을 클릭하여 [첫 행 고정]을 선택하고, 하나의 열만 잠그려면 [첫 열 고정]을 선택합니다.

10 창 나누기

◉ **준비파일** : Part01\Chapter01\Section03\면접점수표.xlsx
◉ **완성파일** : Part01\Chapter01\Section03\면접점수표_창나누기.xlsx

1. 창을 나누기 위해 [F10] 셀을 선택하고 [보기] 탭-[창] 그룹-[나누기]를 클릭합니다. 워크시트가 4개의 영역으로 분할됩니다. 각 영역별로 창이 나누어지면 경계선을 드래그하여 창 영역의 크기를 조절합니다.

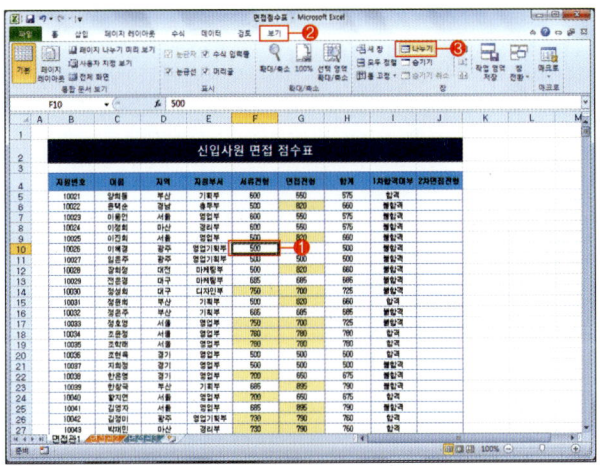

> **tip** 창 나누기는 틀 고정과 비슷하나 워크시트를 여러 창으로 분리하는 기능입니다. 특히, 워크시트 내에서 데이터를 서로 비교하고자 할 때 유용하게 사용됩니다.

2. 네 번째 창을 마우스로 드래그해 봅니다. 다른 창과의 셀 값을 서로 비교해 볼 수 있습니다.

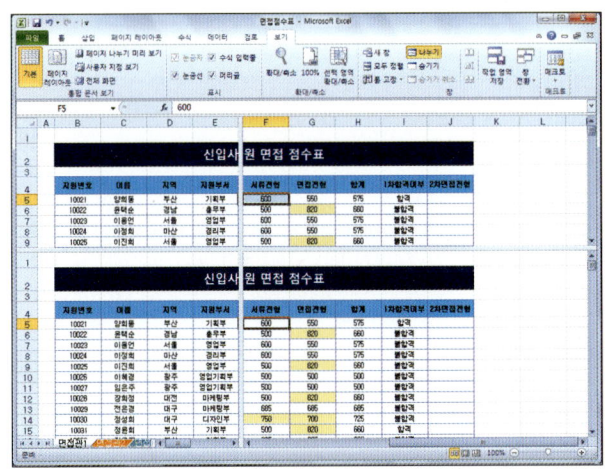

> **tip** 창 나누기를 취소하려면 창을 나누고 있는 분할 줄을 두 번 클릭하거나, [보기] 탭-[창] 그룹-[나누기]를 클릭합니다.

워크시트를 다른 문서로 보내기

● **준비파일** : Part01\Chapter01\Section03\면접점수표.xlsx
● **완성파일** : Part01\Chapter01\Section03\면접점수표_복사본.xlsx

1. [면접관 3] 시트 탭을 마우스 오른쪽 단추로 클릭한 후 [이동/복사]를 선택합니다.

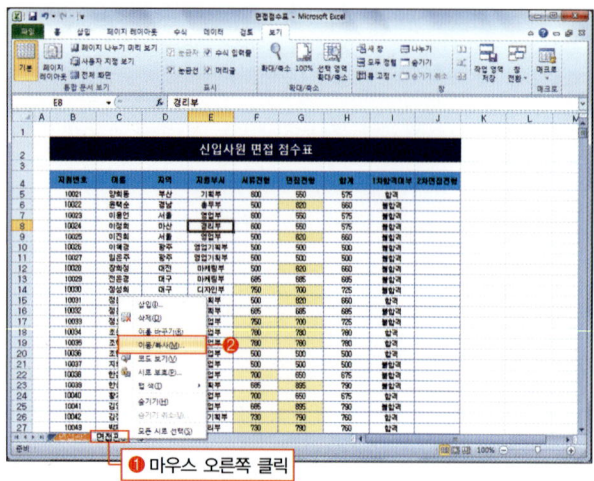

2. [이동/복사] 대화 상자가 나타나면 [대상 통합 문서]의 화살표를 클릭하여 [(새 통합 문서)]를 선택합니다. [복사본 만들기]에 체크한 다음 [확인]을 클릭합니다.

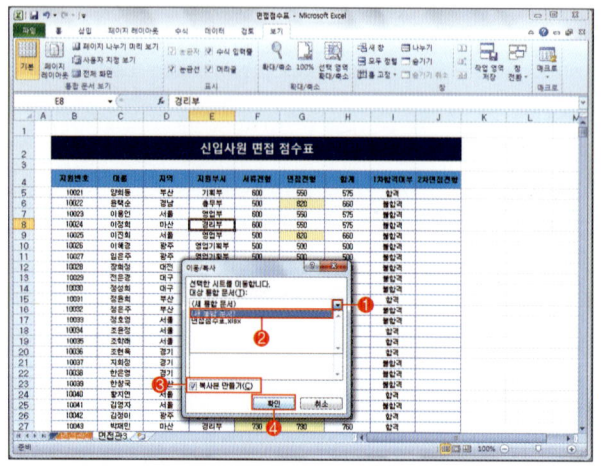

> **tip** [대상 통합 문서] 목록에는 현재 열려져 있는 문서 목록이 나타납니다. 만일 열려져 있는 문서 이외에 새로운 문서에 워크시트를 보내고 싶으면 [(새 통합 문서)]를 선택합니다.

> **tip** 복사본이 아닌 원본을 보내고 싶으면 [복사본 만들기]의 체크를 해제합니다.

3. 새 문서가 열리며 [면접관 3] 시트가 복사되어 삽입됩니다.

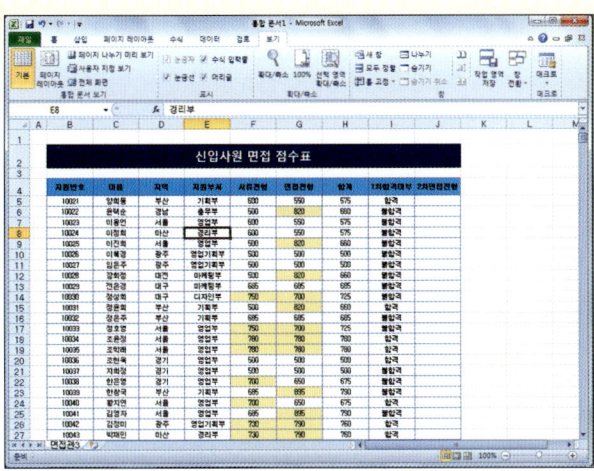

● **준비파일** : Part01\Chapter01\Check\제품별판매현황.xlsx
● **완성파일** : Part01\Chapter01\Check\제품별판매현황_완성.xlsx

'Sheet1'의 복사본을 'Sheet1' 바로 뒤에 만들어 보세요.

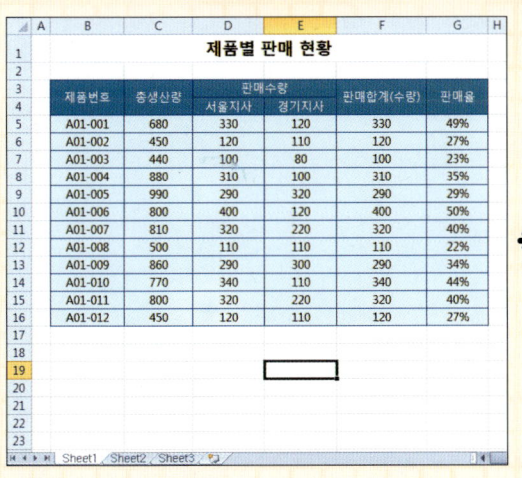

Hint

❶ [Sheet1] 시트 탭을 선택한 다음 마우스 오른쪽 단추를 클릭하여 [이동/복사] 선택
❷ 원하는 시트 선택한 다음 [복사본 만들기]에 체크

C·H·A·P·T·E·R
02

실무 기능으로
문서 편집하기

EXCEL 2010

엑셀의 문서는 다양한 표로 이루어집니다. 다양한 서식을 이용하여 스타일을 변경할 수 있으며, 조건부 서식을 이용하여 특징 데이터를 강조할 수도 있습니다. 또한, 멀티미디어와 개체를 활용하면 보다 멋진 문서를 완성할 수 있으며, 엑셀 2010에 새롭게 등장한 스파크라인을 활용하면 차트 안의 차트도 만들 수 있습니다. 문서 작성 후에는 페이지 설정을 비롯하여 다양한 문서 인쇄 기능을 실행할 수 있습니다.

통합 문서 꾸미기

상황에 따라 셀 범위를 연속적으로 지정하고 셀 크기나 서식을 다른 셀과는 다르게 변경하는 일이 발생합니다. 또한, 조건부 서식으로 데이터를 강조하거나 수식으로 조건부 서식을 만드는 일도 자주 발생합니다. 이런 작업들은 의외로 시간을 많이 소모하는 작업이므로 이를 좀 더 간편하고 빠르게 수행할 수 있는 다양한 문서 꾸미기 방법에 대해서 살펴보도록 합니다.

Preview

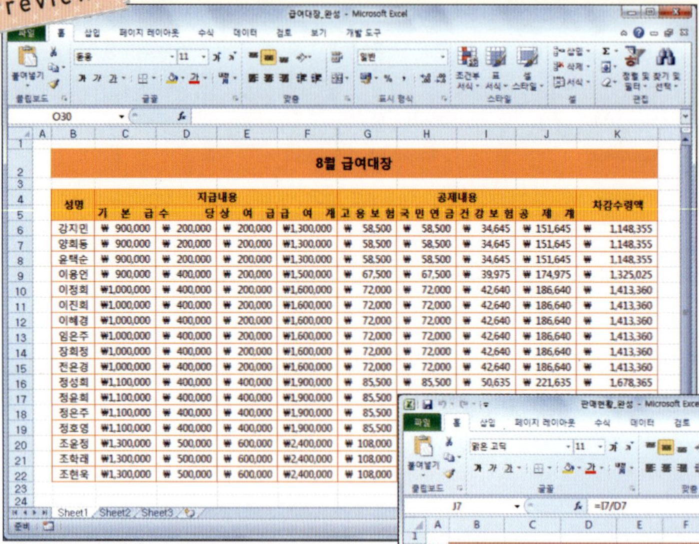

▲ 셀 병합하고 표시 형식, 맞춤 서식 변경한 급여 대장

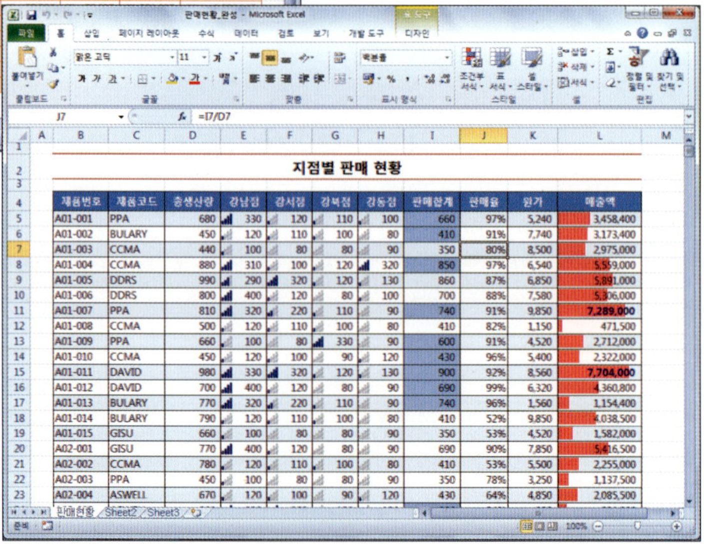

▲ 조건부 서식으로 지점별 판매 현황 완성

이번 섹션에서 배울 주요 내용!

01. 셀 병합하고 제목 꾸미기

02. 표시 형식 변경하기

03. 맞춤 서식 지정하기

04. 표 만들고 스타일 변경하기

05. 셀 스타일과 테마 적용하기

06. 표 서식을 일반 서식으로 변경하기

07. 조건부 서식을 이용하여 데이터 강조하기

08. 조건부 서식 규칙 지정하기

01 셀 병합하고 제목 꾸미기

◉ **준비파일** : Part01\Chapter02\Section01\급여대장.xlsx
◉ **완성파일** : Part01\Chapter02\Section01\급여대장_완성.xlsx

1. 제목 셀을 병합하기 위해 [B2:K2]를 선택한 다음 [홈] 탭-[맞춤] 그룹에서 [병합하고 가운데 맞춤]( )을 클릭합니다.

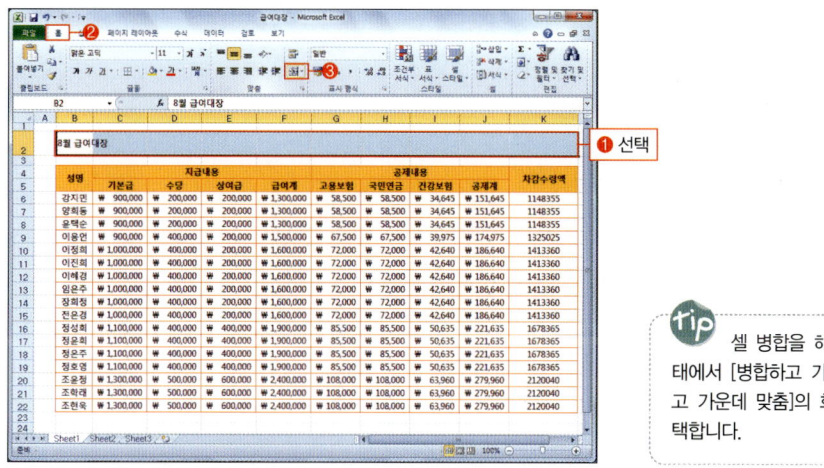

> **tip** 셀 병합을 해제하려면 병합한 셀을 선택한 상태에서 [병합하고 가운데 맞춤]을 클릭하거나 [병합하고 가운데 맞춤]의 화살표를 클릭하여 [셀 분할]을 선택합니다.

2. 셀이 병합됩니다. [홈] 탭-[글꼴] 그룹에서 [글꼴 크기]를 『14』로 설정하고, [굵게]( )를 클릭합니다. [채우기 색]( )의 화살표를 클릭하여 [주황, 강조 6]을 선택합니다.

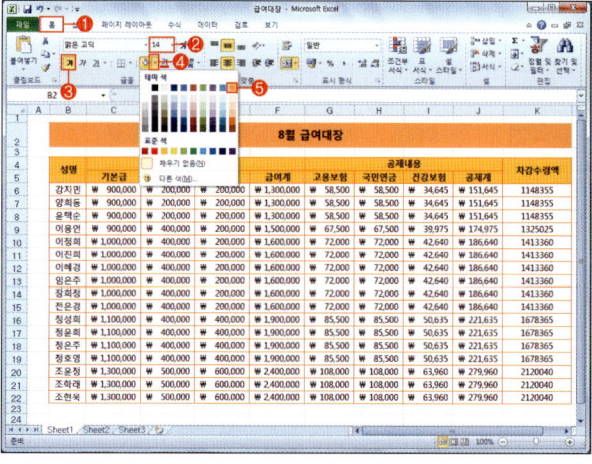

표시 형식 변경하기

1. 통화 기호를 나타내기 위해 [K6:K22]를 선택하고 [홈] 탭-[표시 형식] 그룹에서 [회계 표시 형식]의 화살표를 클릭하여 [₩ 한국어(대한민국)]을 선택합니다.

❶ 선택

2. [홈] 탭-[표시 형식] 그룹에서 [자리수 줄임]([↓.0])을 두 번 클릭하여 소수점 이하를 삭제합니다.

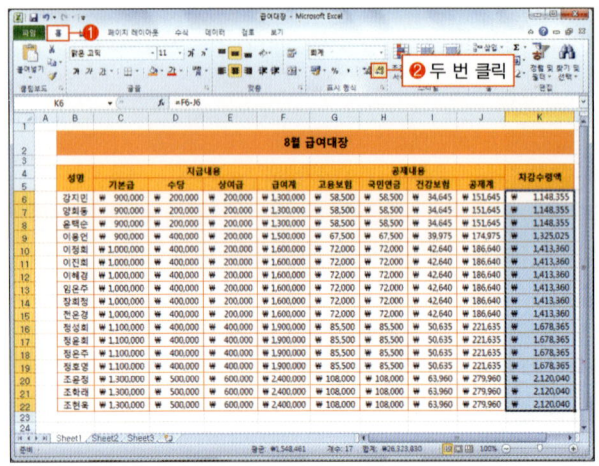

❷ 두 번 클릭

> **tip** 소수점 아래 자릿수를 더 많이 표시하거나 더 적게 표시하려면 [홈] 탭-[표시 형식] 그룹에서 [자릿수 늘림] 또는 [자릿수 줄임]을 클릭합니다.

맞춤 서식 지정하기

1. [C5:J5]를 선택한 다음 [홈] 탭-[맞춤] 그룹에서 [셀 서식: 맞춤] 대화 상자 표시 단추(⬚)를 클릭합니다. [셀 서식] 대화 상자의 [맞춤] 탭이 나타나면 [텍스트 맞춤]의 [가로] 화살표를 클릭하여 [균등 분할 (들여쓰기)]를 선택한 다음 [확인]을 클릭합니다.

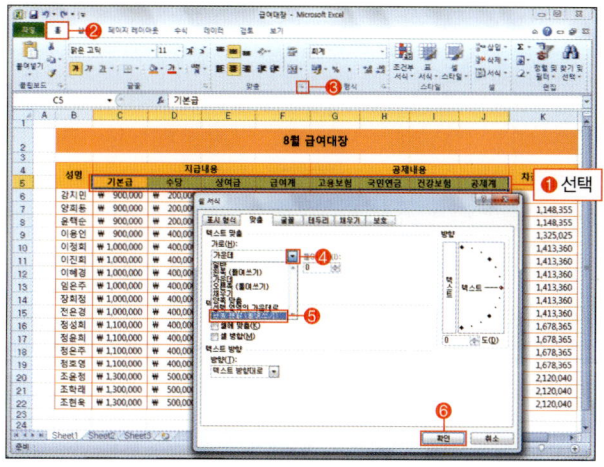

> **tip** [셀 서식] 대화 상자를 불러오기 위해서 `Ctrl` + `1`을 눌러도 됩니다.

2. 텍스트 너비가 균등하게 조절됩니다.

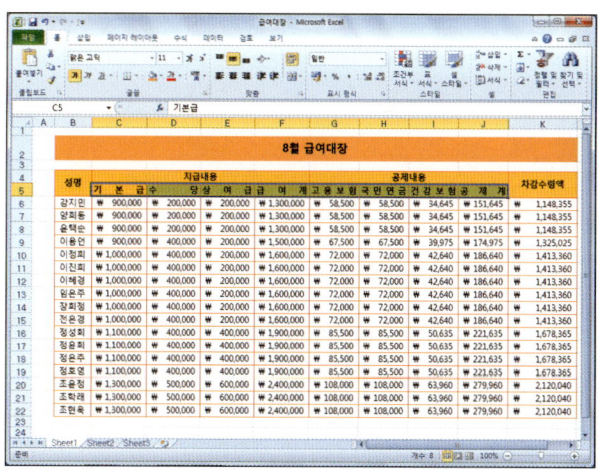

> **tip** 만일, 균등 분할을 히여도 균등 분할이 제대로 적용되지 않을 때에는 [셀 서식] 대화 상자의 [표시 형식] 탭에서 [범주]를 [일반]으로 변경합니다.

04 표 만들고 스타일 변경하기

◉ **준비파일** : Part01\Chapter02\Section01\체력검정.xlsx
◉ **완성파일** : Part01\Chapter02\Section01\체력검정_완성.xlsx

1. 표 안의 임의의 셀을 하나 선택합니다. [홈] 탭-[스타일] 그룹-[표 서식]을 클릭하여 [표 스타일 보통 6]을 선택합니다.

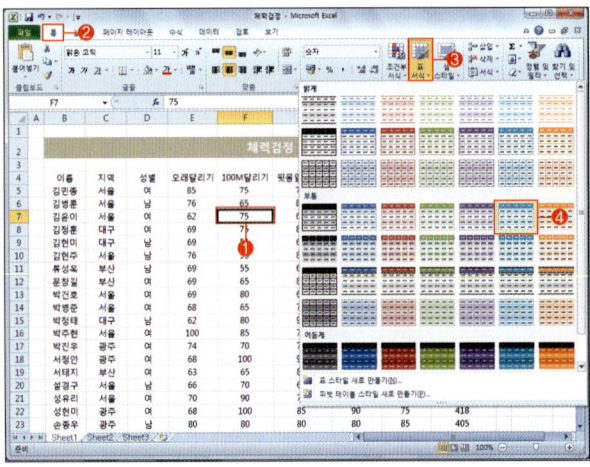

2. 선택한 셀이 연결된 범위 전체가 영역으로 지정됩니다. [표 서식] 대화 상자가 나타나면 [확인]을 클릭합니다.

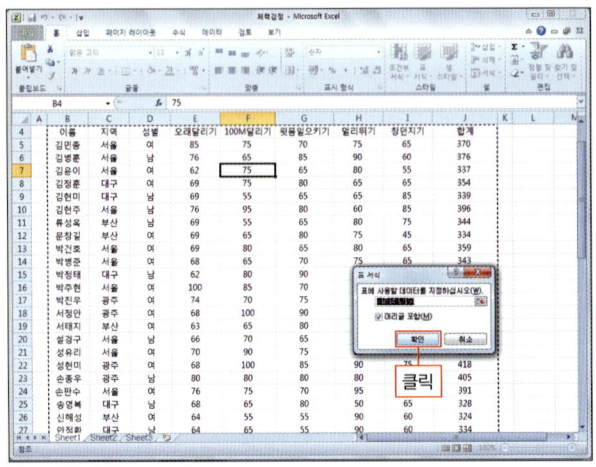

> **tip** [표 서식] 대화 상자에서 [머리글 포함]에 체크를 하면 선택된 표의 첫 번째 행이 머리글로 지정됩니다.

3. 영역이 표로 지정되면서 서식이 적용됩니다. 다른 서식으로 변경하기 위해 [표 도구]의 상황별 탭인 [디자인] 탭-[표 스타일] 그룹에서 [자세히](▼)를 클릭합니다.

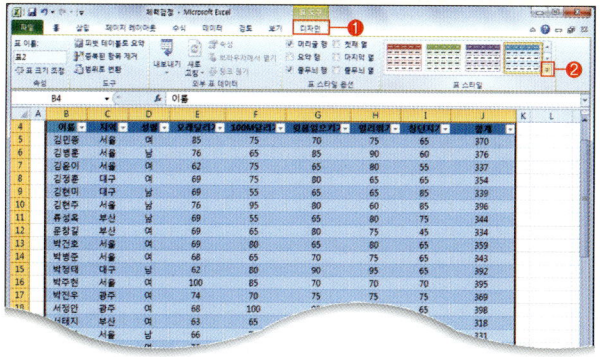

> **tip** 표 서식이 적용되면 [표 도구]의 상황별 탭인 [디자인] 탭이 나타납니다. [디자인] 탭에서는 보다 다양한 표 서식을 지정할 수 있습니다.

4. 표 스타일 목록이 나타나면 [표 스타일 보통 20]을 선택합니다.

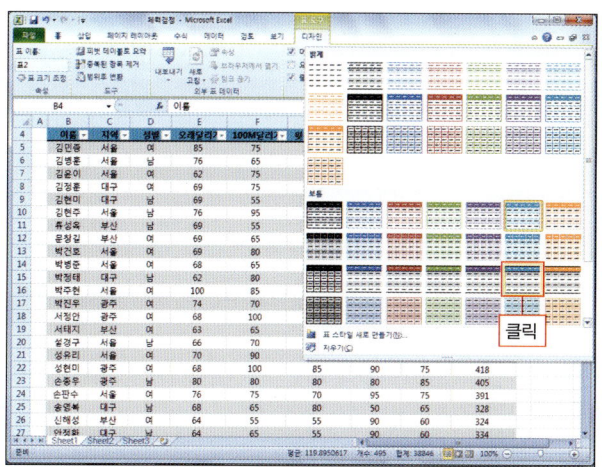

> **tip** 엑셀 2010은 표 스타일 목록에서 적용할 스타일 위에 마우스를 가져다 놓으면 결과를 미리 볼 수 있는 '실시간 미리 보기' 기능을 제공합니다.

5. 표의 머리글에 적용된 '필터'를 감추기 위해 [데이터] 탭-[정렬 및 필터] 그룹에서 [필터]를 클릭합니다.

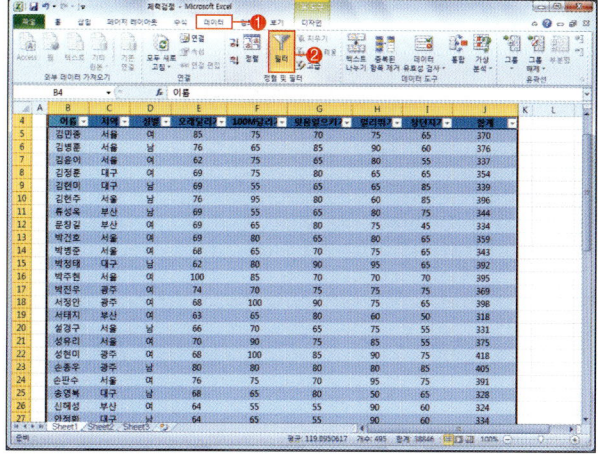

05 셀 스타일과 테마 적용하기

1. 셀 스타일을 변경하기 위해 [B2] 셀을 선택한 다음 [홈] 탭-[스타일] 그룹-[셀 스타일]을 클릭하여 [제목]을 선택합니다.

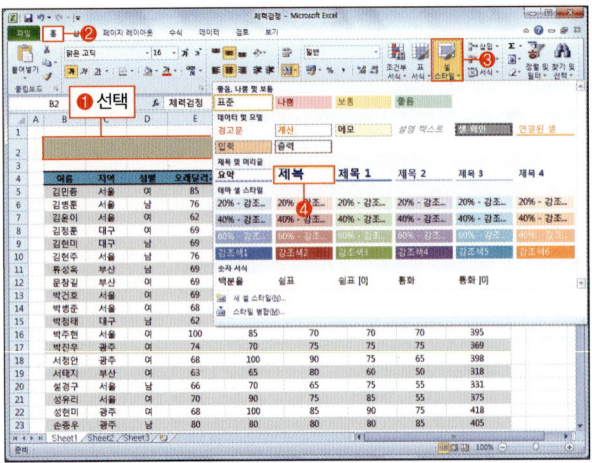

2. 테마를 적용하기 위해 [페이지 레이아웃] 탭-[테마] 그룹-[테마]를 클릭하여 [근접]을 선택합니다. 글꼴과 색 상 등 표의 모든 서식이 한번에 변경됩니다.

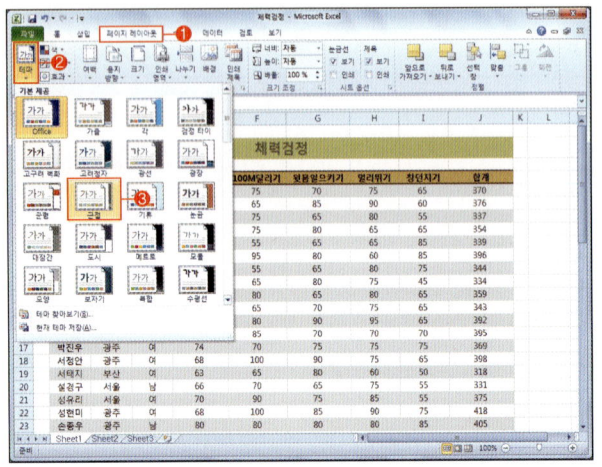

> **tip** [테마] 그룹에는 [테마] 이외에도 [색]과 [글꼴], [효과]를 선택할 수가 있습니다. [테마]를 적용하면 한 번에 전체 스타일을 변경할 수 있지만 [색], [글꼴], [효과]를 선택하면 각각의 서식을 개별적으로 지정할 수 있습니다.

06 표 서식을 일반 서식으로 변경하기

1. 표 서식이 지정된 임의의 셀을 선택한 다음 [표 도구]의 상황별 탭인 [디자인] 탭-[도구] 그룹에서 [범위로 변환]을 클릭합니다.

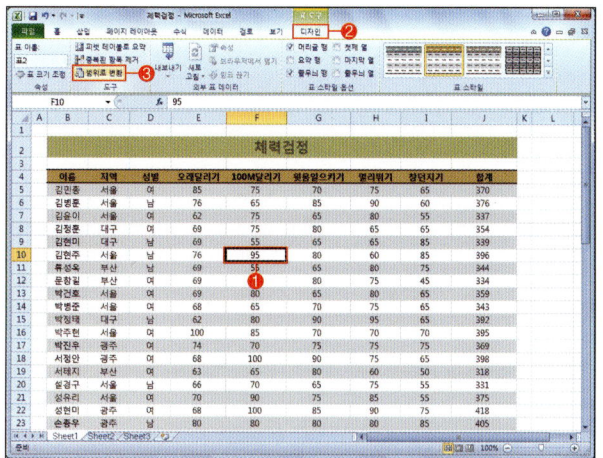

> **tip** 표 서식을 적용하면 표가 확장되어도 자동으로 서식이 적용되어 편리하지만 경우에 따라서는 일반 서식이 편리한 경우도 있습니다. 일반 서식으로 변경되어도 적용하였던 표 서식은 그대로 남아 있습니다.

2. [표를 정상 범위로 변환하시겠습니까?] 라는 경고 창이 나타나면 [예]를 클릭합니다.

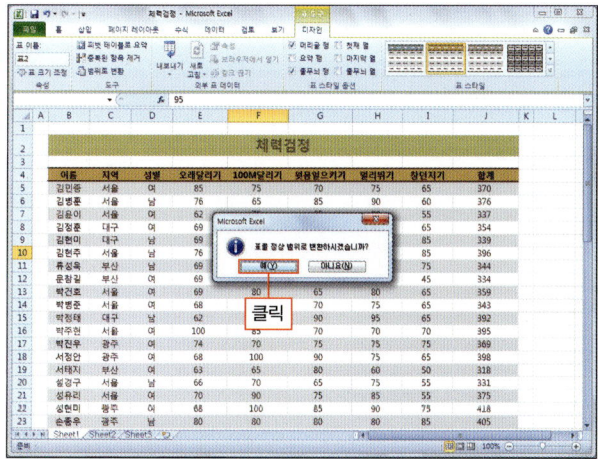

07 조건부 서식을 이용하여 데이터 강조하기

◉ **준비파일** : Part01\Chapter02\Section01\판매현황.xlsx
◉ **완성파일** : Part01\Chapter02\Section01\판매현황_완성.xlsx

1. 매출액을 강조하기 위해 [L5:L79]를 선택합니다. [홈] 탭-[스타일] 그룹에서 [조건부 서식]을 클릭한 다음 [데이터 막대]-[단색 채우기]-[빨강 데이터 막대]를 선택합니다. 각각의 셀에 데이터가 빨간색 막대로 표시됩니다.

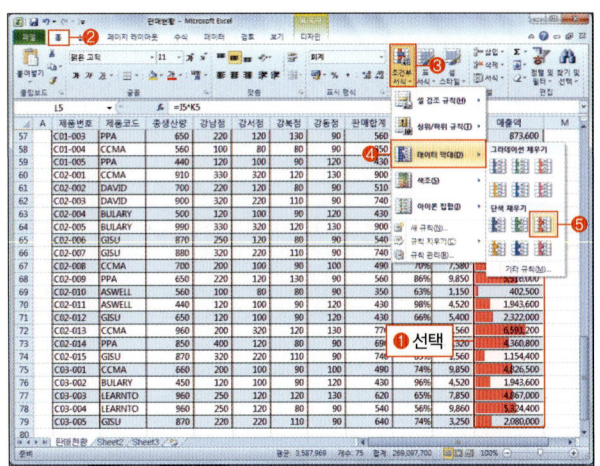

> **tip** 조건부 서식을 적용하면 특정 조건에 해당하는 셀이나 셀 범위가 시각적으로 표시되어 패턴을 분석하거나 원하는 사항을 쉽게 확인할 수 있습니다.

2. 새 규칙을 적용하여 특정 값에 다른 조건부 서식을 적용해 보도록 하겠습니다. [홈] 탭-[스타일] 그룹에서 [조건부 서식]을 클릭하여 [새 규칙]을 선택합니다.

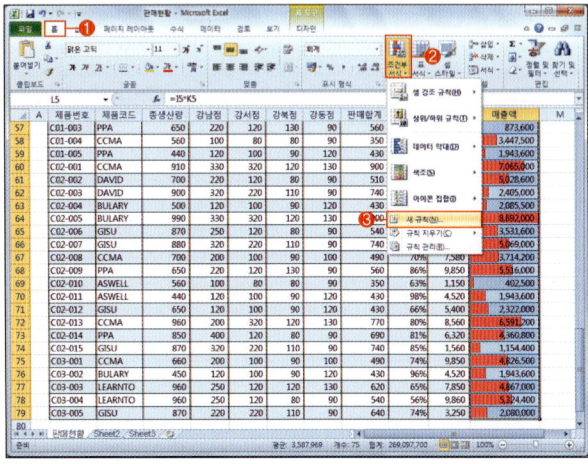

3. [새 서식 규칙] 대화 상자가 나타나면 [규칙 유형 선택]에서 [상위 또는 하위 값만 서식 지정]을 선택합니다. [규칙 설명 편집]에서 [상위]를 선택하고 『10』을 입력한 다음 [% 이내]에 체크 표시를 한 후 [서식]을 클릭합니다.

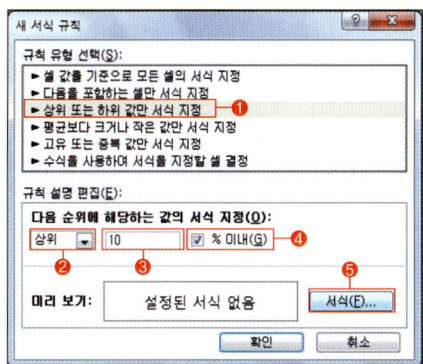

4. [셀 서식] 대화 상자가 나타나면 [글꼴] 탭에서 [글꼴 스타일]은 [굵게], [색]은 [진한 파랑]을 선택한 후 [확인]을 클릭합니다. 다시 [새 규칙 서식] 대화 상자가 나타나면 [확인]을 클릭합니다.

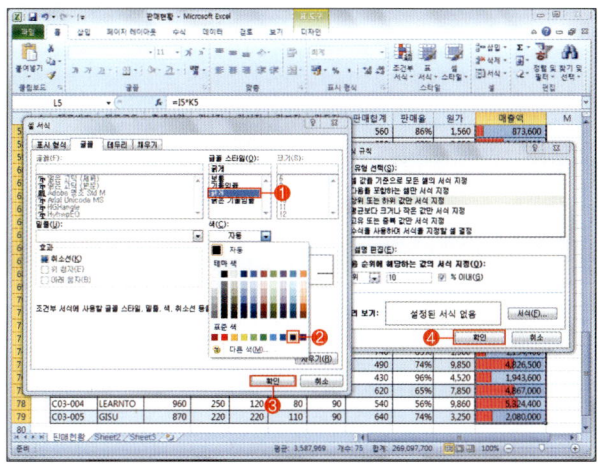

5. 상위 10% 안에 드는 숫자 데이터에 서식이 적용됩니다.

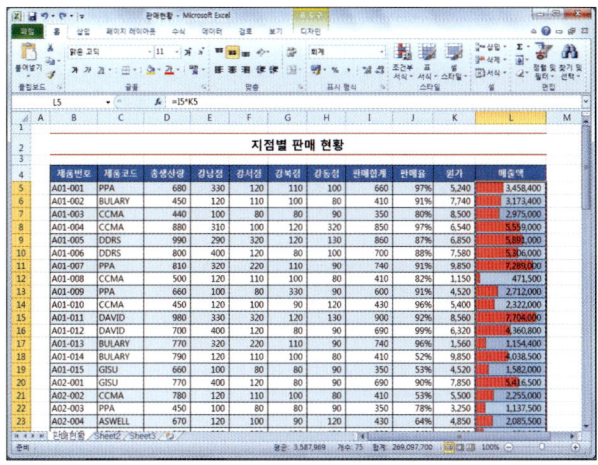

02 조건부 서식 규칙 지정하기

1. [E5:H79]를 선택한 다음 [홈] 탭-[스타일] 그룹-[조건부 서식]을 클릭하여 [아이콘 집합]-[추천]-[5등급]을 선택합니다.

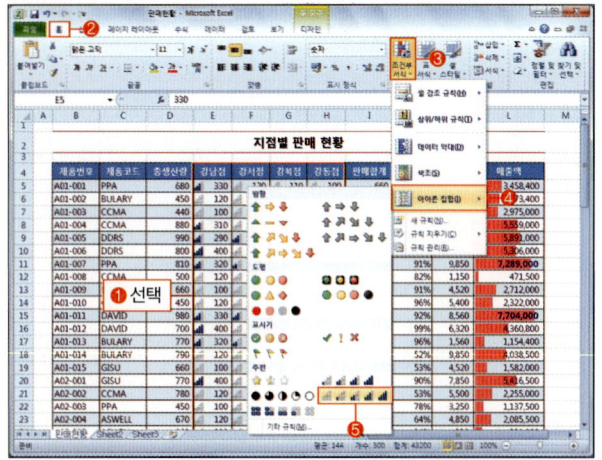

> **tip** 데이터를 임계 값으로 구분되는 3~5가지 범주로 분류하려면 아이콘 집합을 사용합니다. 각각의 아이콘은 값의 범위를 시각적으로 표시해 줍니다.

2. [홈] 탭-[스타일] 그룹-[조건부 서식]을 클릭하여 [규칙 관리]를 선택합니다.

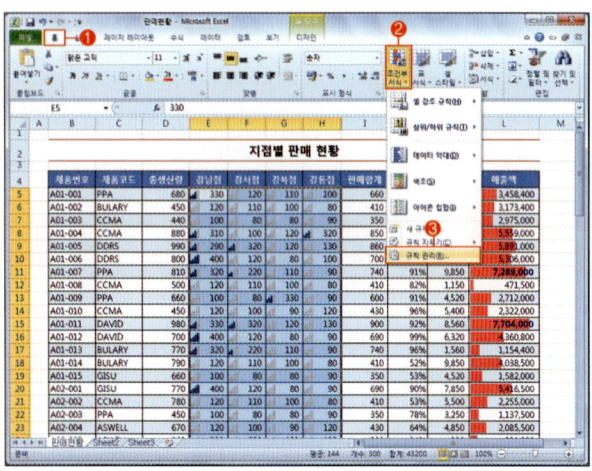

3. [조건부 서식 규칙 관리자] 대화 상자가 나타나면 [아이콘 집합]을 선택한 다음 [규칙 편집]을 클릭합니다.

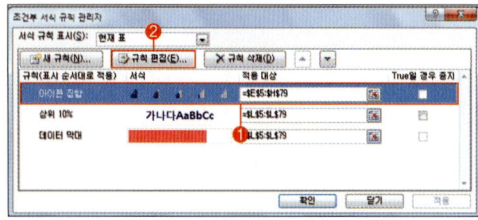

4. [서식 규칙 편집] 대화 상자에서 [종류]를 모두 '숫자'로 지정합니다. [값]을 차례대로 『300』, 『250』, 『200』, 『100』으로 입력한 다음 [확인]을 클릭합니다. [조건부 서식 규칙 관리자] 대화 상자가 다시 나타나면 [확인]을 클릭합니다.

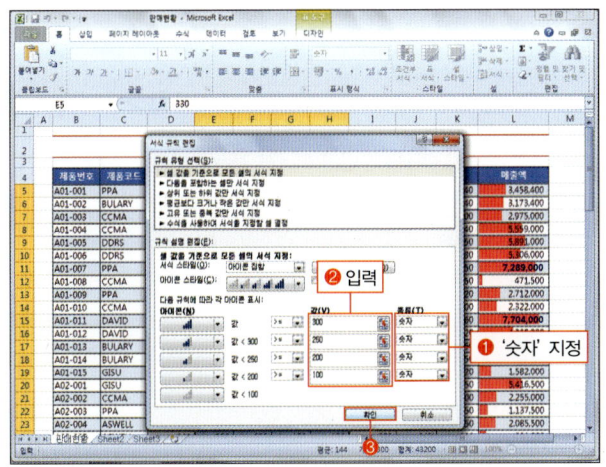
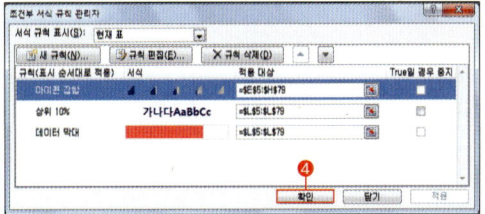

5. 새로운 규칙이 적용됩니다.

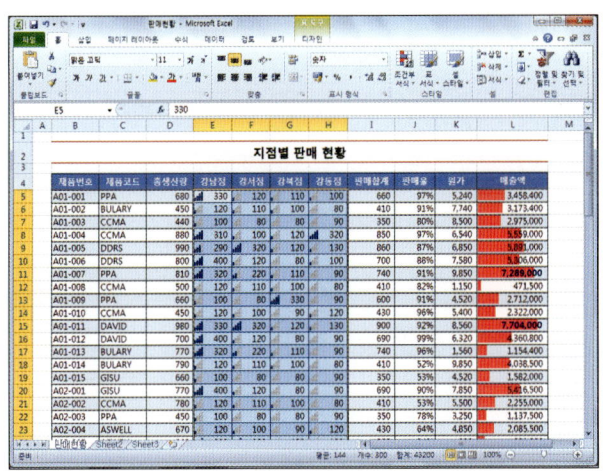

조건부 서식 규칙 지우기

조건부 서식이 지정된 영역을 선택한 후 [홈] 탭-[스타일] 그룹-[조건부 서식]을 클릭하여 [규칙 지우기]-[선택한 셀의 규칙 지우기]를 선택하면 조건부 서식 규칙이 삭제됩니다. 만일, 전체에 지정된 조건부 서식을 지우고 싶다면 [시트 전체에서 규칙 지우기]를 선택합니다.

문서 인쇄하기

엑셀은 워크시트라는 특이한 형식으로 작업이 진행되어 워드와 같은 문서 편집 프로그램과 달리 가로, 세로 인쇄 비율, 페이지 분할 등의 문제로 인쇄를 진행할 때 실수를 자주하게 됩니다. 이를 미연에 방지하기 위해 엑셀은 미리 보기, 여백 설정 등 다양한 인쇄 관련 기능을 제공하고 있습니다. 이번 섹션에서는 인쇄 미리 보기와 인쇄 방법, 용지의 크기나 여백 설정, 머리글, 바닥글과 같은 페이지 설정을 비롯하여 인쇄 영역을 지정하는 방법에 대해서 살펴보도록 합니다.

Preview

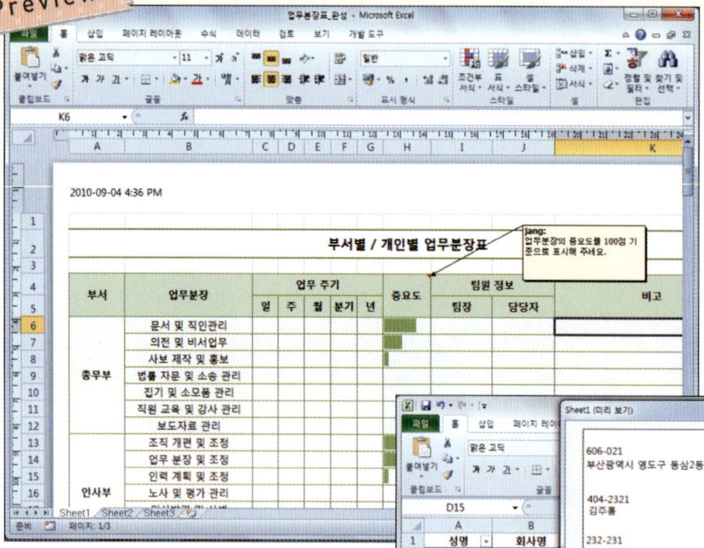

▲ 용지 설정 및 다양한 인쇄 기능으로 업무분장표 인쇄

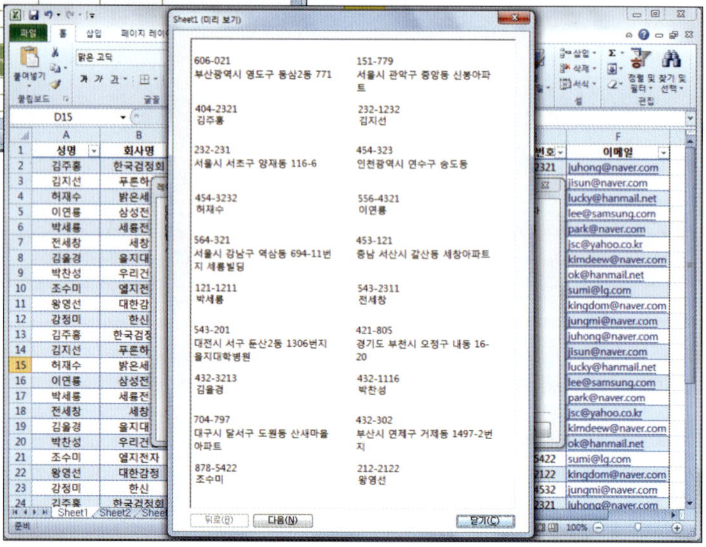

▲ 고객 명단을 편지 라벨로 인쇄

이번 섹션에서 배울 주요 내용!

01. 인쇄 용지 방향 설정과 페이지 가운데 맞추기
02. 머리글/바닥글 설정하기
03. 페이지마다 같은 행 반복 인쇄하기

04. 셀 안의 메모까지 인쇄하기
스페셜. 편지 라벨 인쇄하기

01 인쇄 용지 방향 설정과 페이지 가운데 맞추기

● **준비파일** : Part01\Chapter02\Section02\업무분장표.xlsx
● **완성파일** : Part01\Chapter02\Section02\업무분장표_완성.xlsx

1. [파일] 탭-[인쇄]를 클릭하면 인쇄될 워크시트 내용이 오른쪽 미리 보기 화면에 표시됩니다. 용지 방향을 변경하기 위해서 [세로 방향]을 클릭하여 [가로 방향]을 선택합니다.

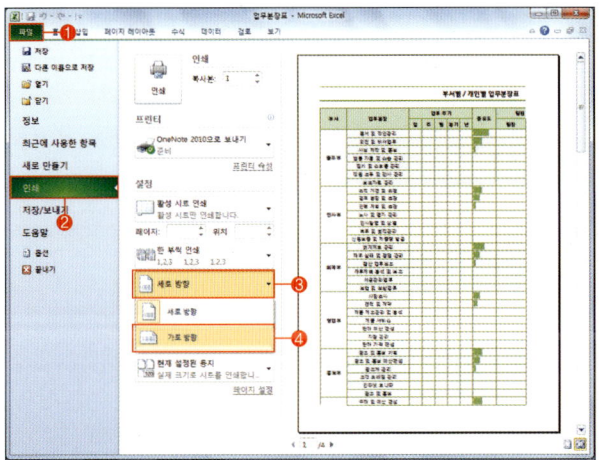

> **tip** 현재 입력된 데이터는 가로로 긴 형태이므로 용지 방향을 가로 방향으로 변경합니다.

2. 미리 보기 화면이 가로 방향으로 변경됩니다. 하단 부분의 페이지 숫자가 적힌 화살표를 클릭하여 페이지를 확인합니다. 페이지의 일부분이 잘려 나타납니다. 여백을 지정하여 페이지를 조절해 봅니다. [사용자 지정 여백]을 클릭하여 [좁게]를 선택합니다.

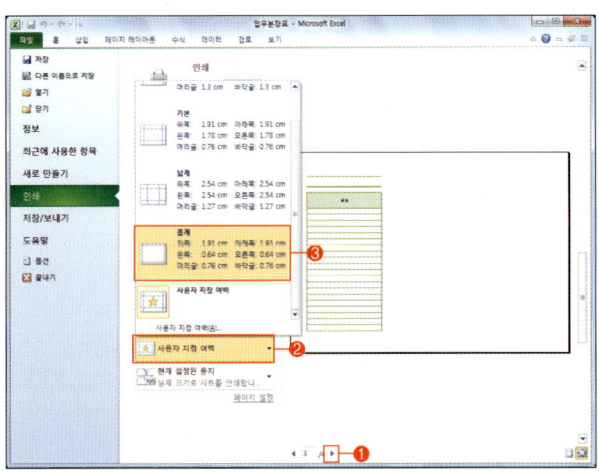

> **tip** 여백은 왼쪽, 오른쪽, 위쪽, 아래쪽뿐 아니라 머리글, 바닥글 여백도 설정할 수 있습니다. [사용자 지정 여백]을 클릭하면 사용자가 직접 여백 수치를 설정할 수 있습니다.

3. 하단 부분의 페이지 숫자가 적힌 화살표를 클릭해 봅니다. 4페이지에서 2페이지로 줄어들었으며 잘려나간 페이지의 일부분이 정상적으로 표시됩니다. 미리 보기 화면을 보면 인쇄될 내용이 왼쪽으로 조금 쏠려 있는 것을 확인할 수 있습니다. 인쇄될 내용을 중앙으로 맞추어 보도록 하겠습니다. [페이지 설정]을 클릭합니다. [페이지 설정] 대화 상자가 나타나면 [여백] 탭을 클릭하고 [페이지 가운데 맞춤]에서 [가로]를 선택한 후 [확인]을 클릭합니다.

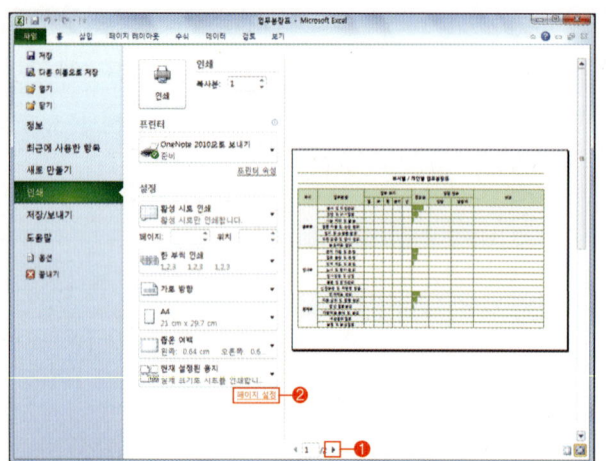 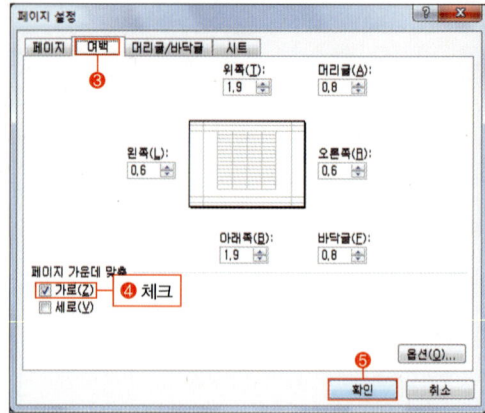

4. 미리 보기 화면을 통해 인쇄될 내용을 확인한 후 [프린터]를 클릭하여 원하는 프린트를 선택하고 [인쇄]를 클릭하여 인쇄합니다.

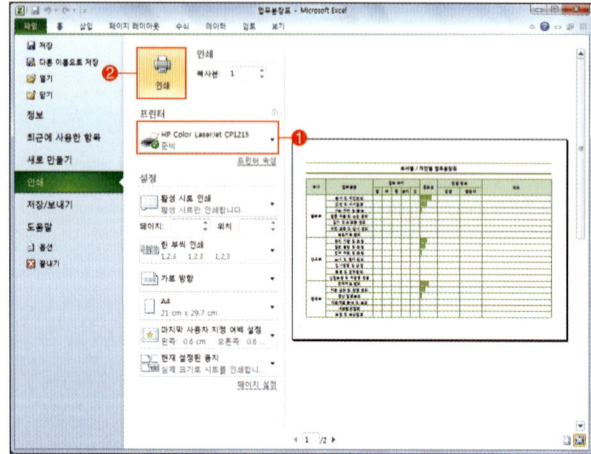

02 머리글/바닥글 설정하기

1. 머리글과 바닥글을 설정하기 위해 [삽입] 탭-[텍스트] 그룹-[머리글/바닥글]을 클릭합니다.

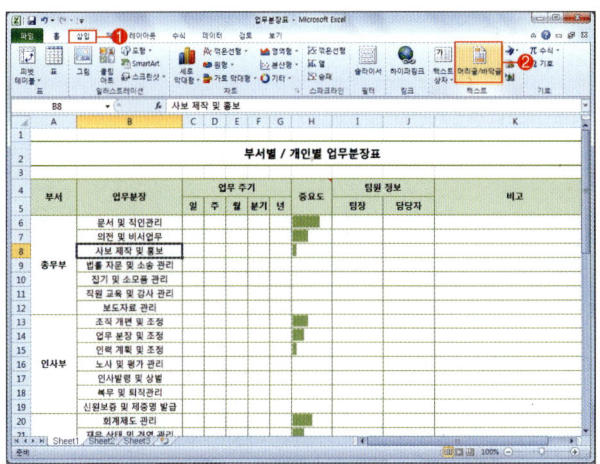

> **tip** 인쇄되는 페이지의 맨 위에 머리글을 추가하거나 맨 아래에 바닥글을 추가할 수 있습니다. 머리글과 바닥글을 보려면 [보기] 탭-[통합 문서 보기] 그룹-[페이지 레이아웃]을 클릭하거나, 상태 표시줄의 [페이지 레이아웃 보기]를 클릭합니다.

2. 머리글과 바닥글을 설정할 수 있는 화면으로 전환됩니다. 현재 날짜와 시간을 입력하기 위해 왼쪽 입력란을 클릭한 다음 [머리글/바닥글 도구]의 상황별 탭인 [디자인] 탭-[머리글/바닥글 요소] 그룹-[현재 날짜]를 클릭합니다. `Space Bar` 를 한번 눌러 띄어쓰기한 다음 [현재 시간]을 클릭합니다.

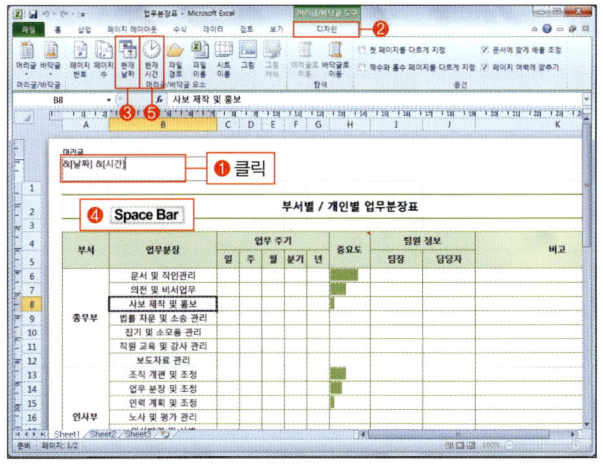

> **tip** 머리글이나 바닥글을 이용하면 문서 제목이나 페이지 번호, 작성 날짜, 이미지 등을 삽입할 수 있습니다.

3. 오른쪽 입력란을 클릭합니다. 방금 입력한 왼쪽 입력란에 현재 날짜와 시간이 표시됩니다. [머리글/바닥글 도구]의 상황별 탭인 [디자인] 탭-[머리글/바닥글 요소] 그룹-[파일 이름]을 클릭합니다. 이번에는 바닥글을 편집해 보겠습니다. [머리글/바닥글 도구]의 상황별 탭인 [디자인] 탭-[탐색] 그룹-[바닥글로 이동]을 클릭합니다.

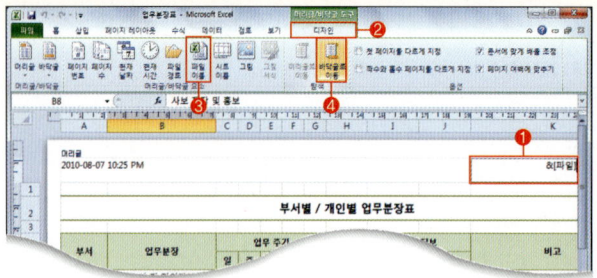

4. 바닥글 편집 화면으로 이동하면 가운데 입력란을 클릭합니다. [머리글/바닥글 도구]의 상황별 탭인 [디자인] 탭-[머리글/바닥글 요소] 그룹-[페이지 번호]를 클릭한 후 『/』를 입력하고 [페이지 수]를 클릭합니다.

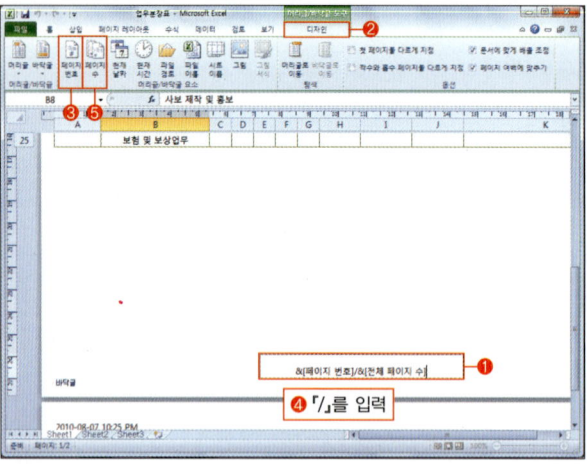

5. 워크시트의 임의의 셀을 클릭하면 바닥글에 페이지 번호가 표시됩니다.

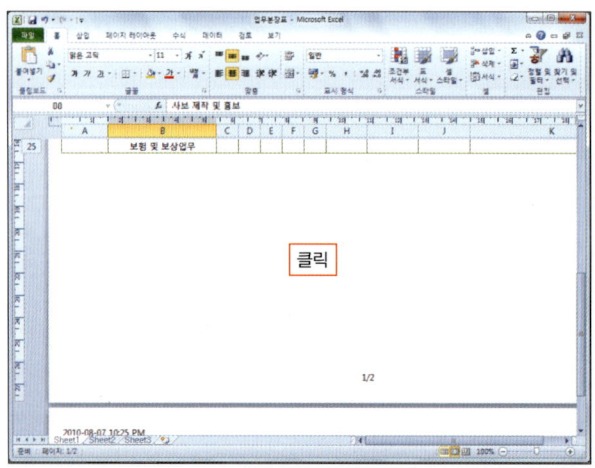

tip 상태 표시줄의 [기본]을 클릭하면 원래의 워크시트로 되돌아가며 머리글/바닥글은 보이지 않습니다.

03 페이지마다 같은 행 반복 인쇄하기

1. [페이지 레이아웃] 탭-[페이지 설정] 그룹-[인쇄 제목]을 클릭합니다.

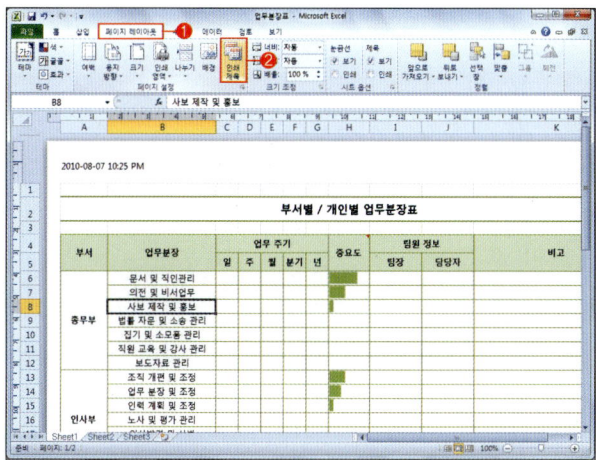

2. [페이지 설정] 대화 상자의 [시트] 탭이 나타나면 [반복할 행]의 오른쪽 끝에 있는 대화 상자 축소 단추를 클릭합니다.

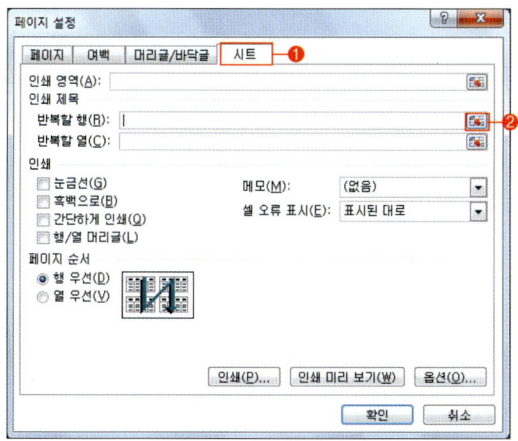

3. [1] 열 머리글에서부터 [5] 열 머리글까지 드래그하여 선택합니다. 다시 대화 상자 축소 단추를 클릭하여 대화 상자로 되돌아갑니다.

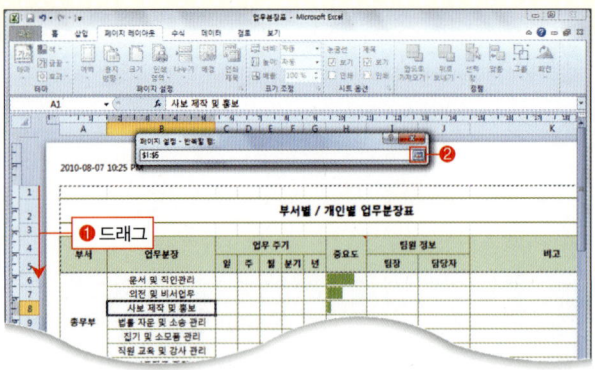

4. [인쇄 미리 보기]를 클릭합니다.

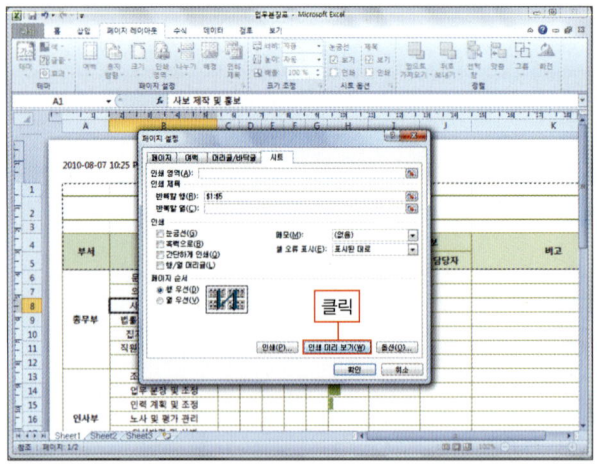

5. 하단 부분의 페이지 숫자가 적힌 화살표를 클릭해 봅니다. 각각의 페이지마다 설정한 행이 반복되어 표시됩니다.

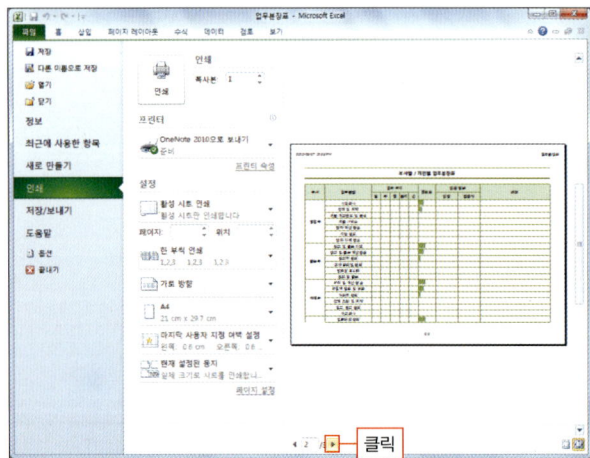

04 셀 안의 메모까지 인쇄하기

1. 현재 [H4] 셀에는 메모가 저장되어 있습니다. 문서를 인쇄할 때에는 메모가 함께 인쇄되지 않지만 간단한 설정으로 메모까지 함께 인쇄할 수 있습니다. [검토] 탭-[메모] 그룹-[메모 모두 표시]를 클릭합니다.

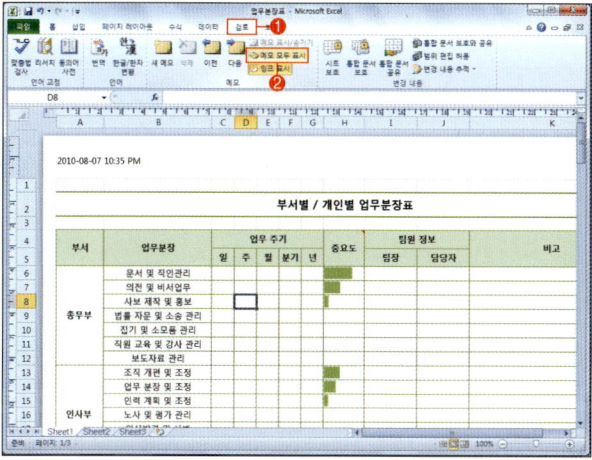

2. 삽입된 메모를 적당한 위치로 옮겨 놓습니다. [페이지 레이아웃] 탭-[페이지 설정] 그룹에서 [페이지 설정] 대화 상자 표시 단추(□)를 클릭합니다.

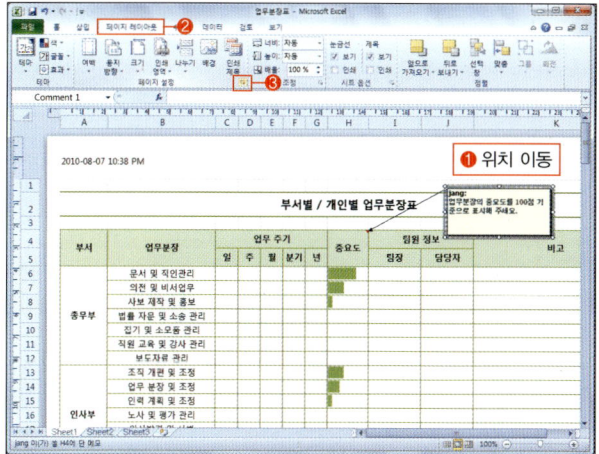

3. [페이지 설정] 대화 상자가 나타나면 [시트] 탭을 클릭하고 [메모]의 화살표를 클릭하여 [시트에 표시된 대로]를 선택합니다. [인쇄 미리 보기]를 클릭합니다.

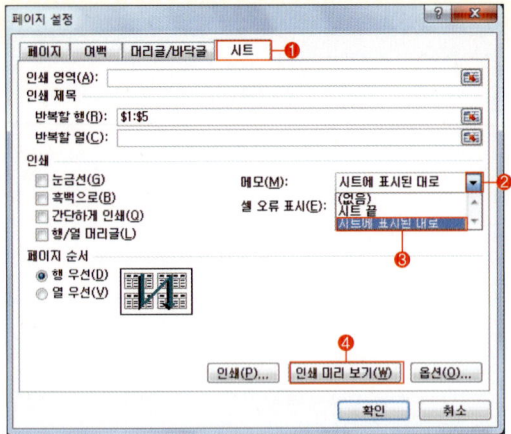

4. 인쇄 미리 보기 화면을 통해 워크시트에 삽입한 메모까지 인쇄가 되는지 확인합니다.

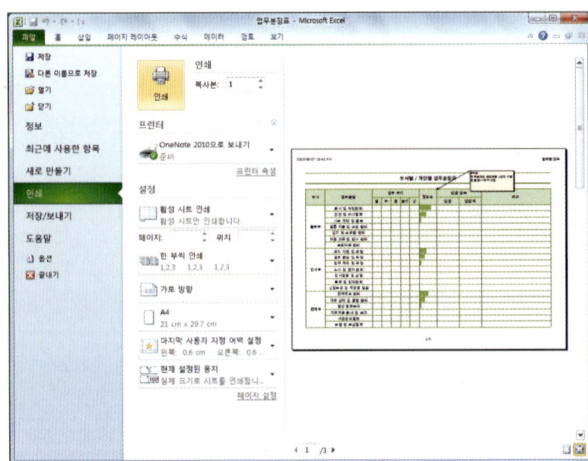

special Page

편지 라벨 인쇄하기

● 준비파일 : Part01\Chapter02\Section02\고객명단.xlsx

① [파일] 탭-[옵션]을 클릭합니다. [Excel 옵션] 대화
상자가 나타나면 [추가 기능]을 선택하고 [관리]에서
[Excel 추가 기능]을 선택한 후 [이동]을 클릭합니다.

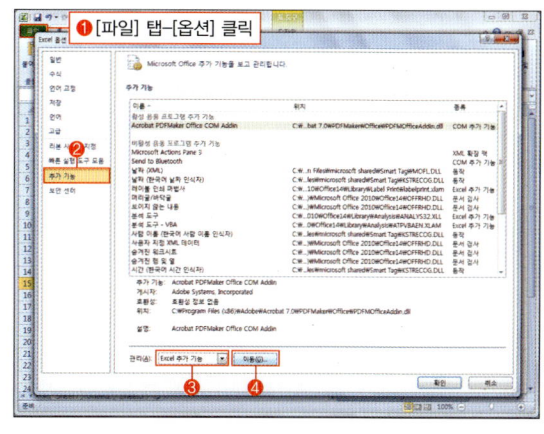

tip 레이블 인쇄 마법사를 이용하면 수백 명의 고객 주소를
한번에 인쇄하여 규격이 다양한 우편물 등에 활용할 수 있습니다.

② [추가 기능] 대화 상자가 나타나면 [사용 가능한 추
가 기능] 목록에서 [레이블 인쇄 마법사]에 체크 표시를
한 다음 [확인]을 클릭합니다.

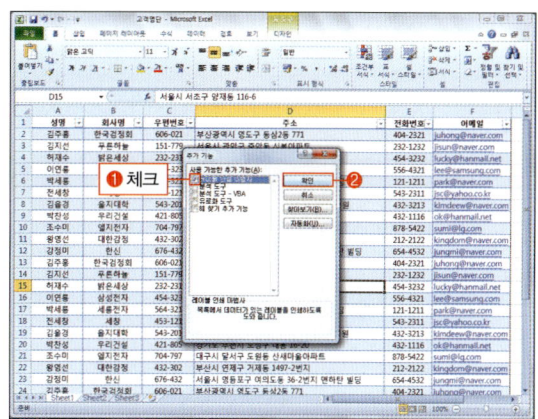

③ [파일] 탭-[인쇄]를 클릭한 다음 [레이블 인쇄 마법
사]를 클릭합니다.

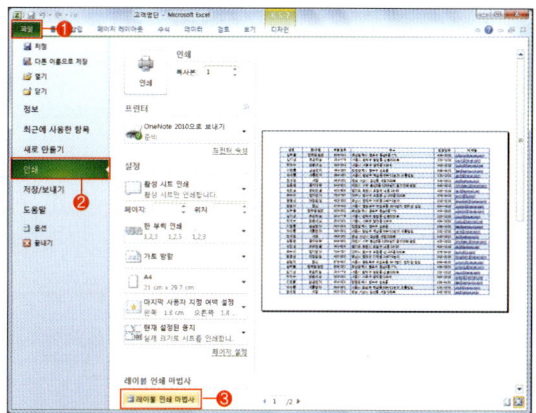

❹ [레이블 인쇄 마법사] 대화 상자가 나타나면 [A1:F34]를 드래그하여 고객 주소록을 지정한 후 [다음]을 클릭합니다.

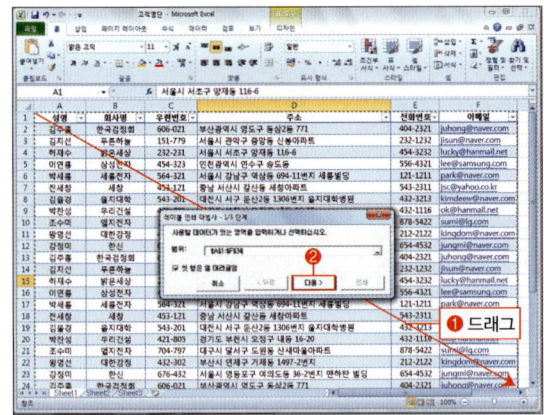

❺ 레이블 제조 회사와 제품 번호를 선택한 후 [다음]을 클릭합니다.

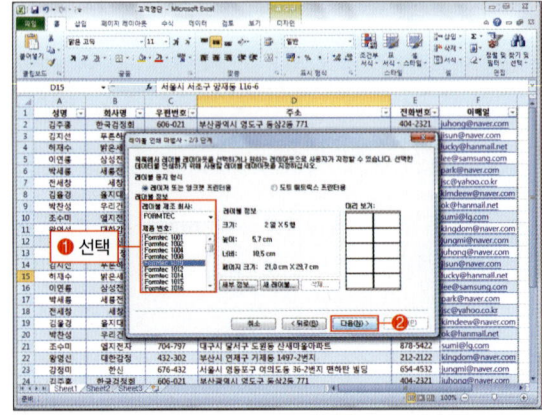

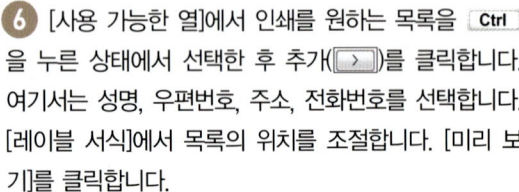
tip 레이블 정보는 각 레이블 제조 회사별로 다를 수 있으니 용지를 필히 확인해 주세요. [새 레이블]을 클릭하면 레이블의 여백이나 가로, 세로 등을 지정할 수 있습니다.

❻ [사용 가능한 열]에서 인쇄를 원하는 목록을 Ctrl 을 누른 상태에서 선택한 후 추가(→)를 클릭합니다. 여기서는 성명, 우편번호, 주소, 전화번호를 선택합니다. [레이블 서식]에서 목록의 위치를 조절합니다. [미리 보기]를 클릭합니다.

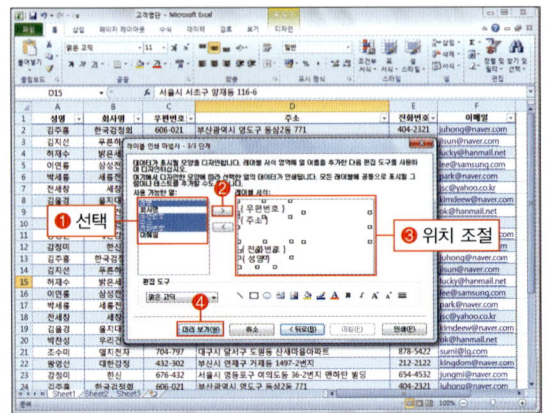

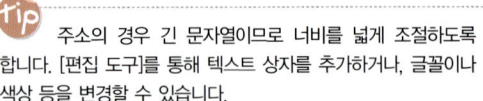
tip 주소의 경우 긴 문자열이므로 너비를 넓게 조절하도록 합니다. [편집 도구]를 통해 텍스트 상자를 추가하거나, 글꼴이나 색상 등을 변경할 수 있습니다.

7 [미리 보기] 창이 나타나면 이상이 없는지 확인한 후 [닫기]를 클릭합니다.

8 [레이블 인쇄 마법사] 대화 상자가 다시 나타나면 [인쇄]를 눌러 인쇄를 합니다.

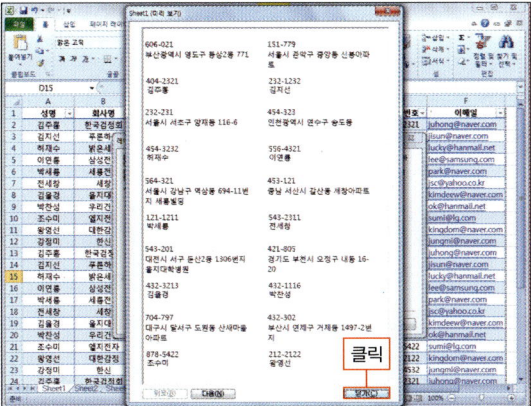

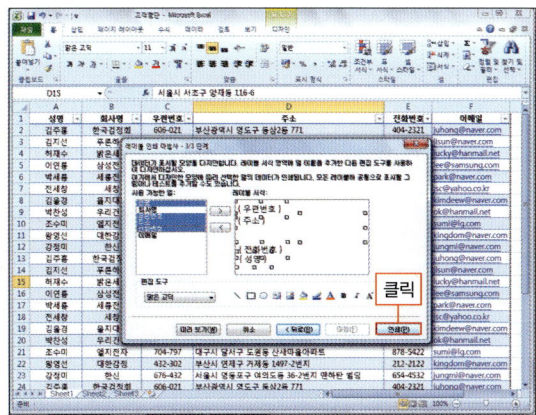

⦿ **준비파일** : Part01\Chapter02\Check\방문객수.xlsx
⦿ **완성파일** : Part01\Chapter02\Check\방문객수_완성.xlsx

페이지 설정을 이용하여 페이지 가운데 맞춤을 설정해 보세요.

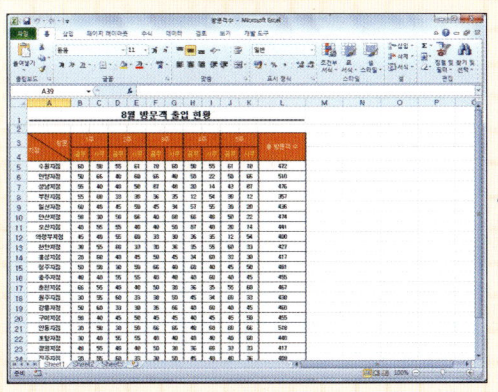 →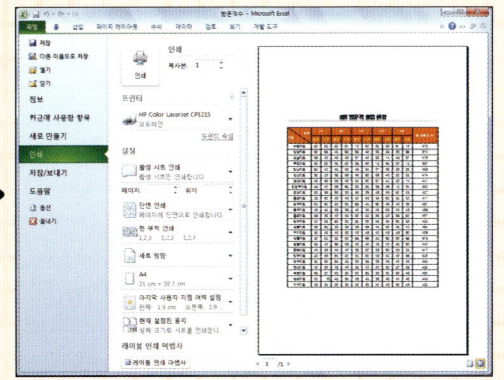

Hint
❶ [파일] 탭-[인쇄]-[페이지 설정] 클릭
❷ [페이지 설정] 대화 상자에서 [여백] 탭-[페이지 가운데 맞춤]에서 [가로], [세로] 체크

SECTION 03 멀티미디어 개체 활용하기

파워포인트에서 자주 접하게 되는 클립아트나 도형, 그리고 스마트아트 등을 엑셀에서도 사용할 수 있습니다. 이런 멀티미디어 개체를 활용하면 엑셀 문서도 보다 멋진 문서로 만들 수 있습니다. 또한 엑셀 2010에서 새롭게 등장한 스파크라인 기능을 이용하면 작은 셀 안에 멋진 차트도 만들 수 있습니다.

Preview

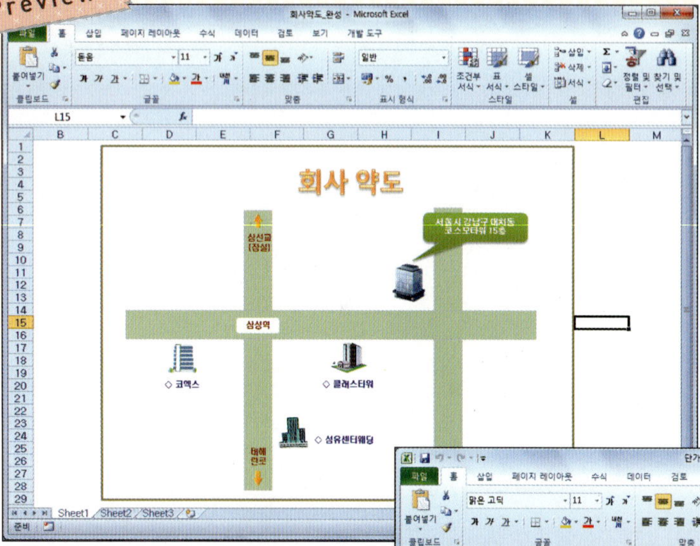

▲ 클립아트와 워드아트로 그린 회사 약도

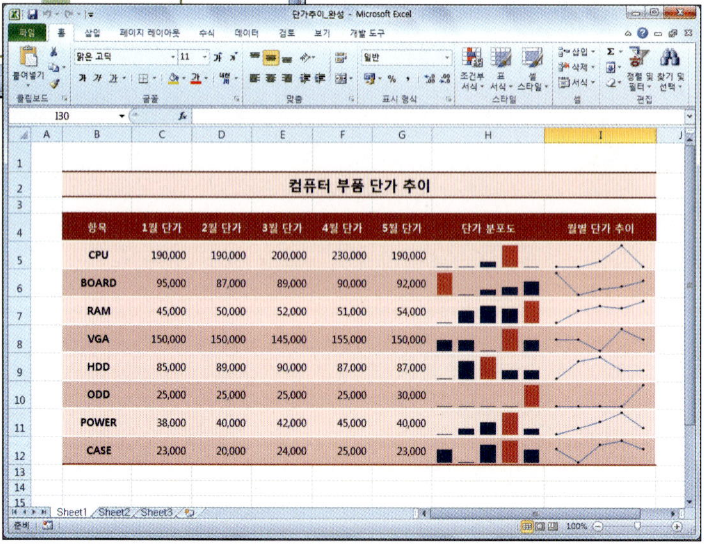

▲ 스파크라인으로 부품 단가 추이 작성

이번 섹션에서 배울 주요 내용!

01. 클립아트와 워드아트 삽입하기

02. 도형 삽입 및 효과 주기

03. SmartArt 삽입하기

04. 열 스파크라인 설정과 표식 색 설정하기

01 클립아트와 워드아트 삽입하기

◉ **준비파일** : Part01\Chapter02\Section03\회사약도.xlsx
◉ **완성파일** : Part01\Chapter02\Section03\회사약도_완성.xlsx

1. 워드아트를 삽입하기 위해 [삽입] 탭-[텍스트] 그룹-[WordArt]를 클릭한 후 [채우기 – 주황, 강조 6, 부드러운 무광택 입체]를 선택합니다.

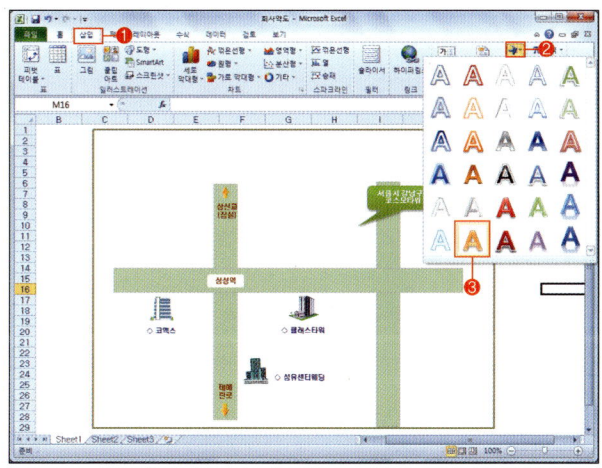

> **tip** 워드아트(WordArt)는 글자에 그림자나 반사, 네온, 입체 효과 등 다양한 효과를 줄 수 있어 워크시트의 제목 꾸미기에 주로 사용됩니다.

2. '필요한 내용을 적으십시오.' 라고 입력된 워드아트가 삽입됩니다. 텍스트 상자에 『회사약도』를 입력한 다음 `Esc`를 누릅니다. [홈] 탭-[글꼴] 그룹에서 [글꼴 크기]를 『28』로 지정합니다.

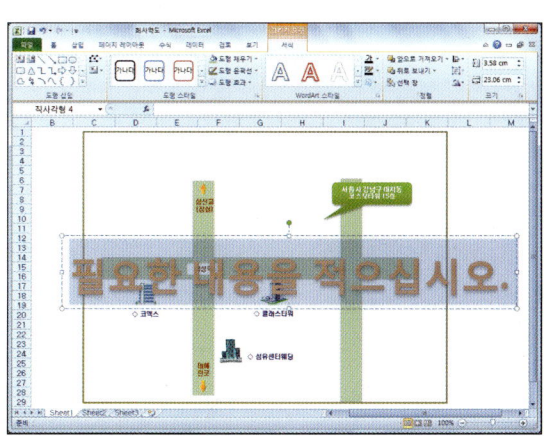
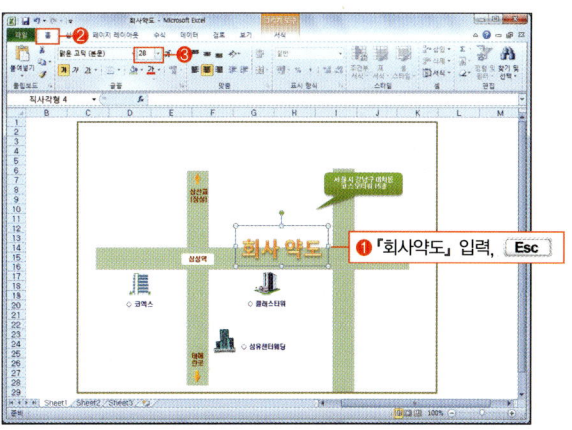

> **tip** [서식] 탭-[WordArt 스타일] 그룹-[텍스트 효과]를 클릭하면 반사나 네온, 입체 효과, 3차원 효과 등 다양한 워드아트 서식을 지정할 수 있습니다.

3. 워드아트의 위치를 다음과 같이 이동한 후 이번에는 클립아트를 삽입합니다. [삽입] 탭-[일러스트레이션] 그룹-[클립아트]를 클릭합니다. [클립아트] 작업 창이 나타나면 [검색 대상]에 『빌딩』을 입력하고 [검색할 형식]에서 [그림]을 체크한 후 [이동]을 클릭합니다.

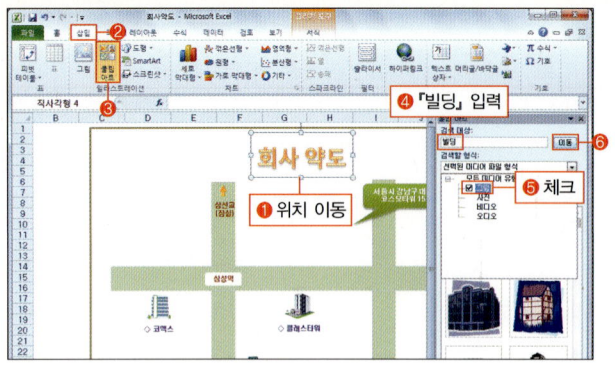

> **tip** [검색할 형식]에는 그림, 사진, 비디오, 오디오가 있습니다. 원하는 형식을 선택할 수 있으며, [모든 미디어 유형]을 클릭하여 모두 검색할 수도 있습니다.

4. 클립아트가 검색되면 원하는 클립아트의 화살표를 눌러 [삽입]을 클릭한 후 [클립아트] 작업 창을 닫습니다.

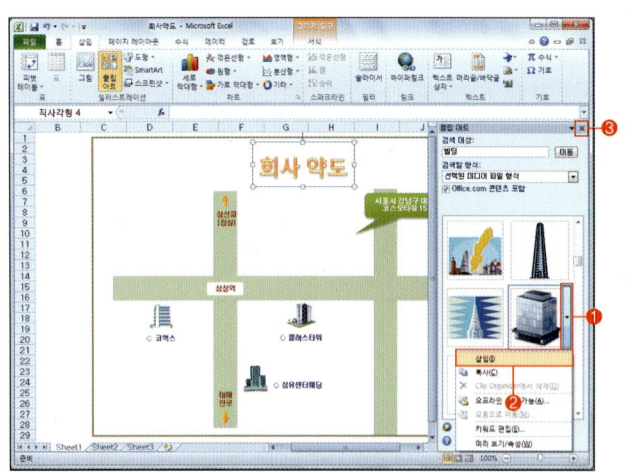

> **tip** 클립아트는 마이크로소프트 오피스 온라인에 접속하여 검색합니다. 원하는 스타일의 클립아트의 화살표를 클릭하여 [오프라인 사용 가능]을 선택하면 내 컴퓨터의 클립아트 모음에 추가되어 인터넷이 연결되어 있지 않아도 사용할 수 있습니다.

5. 클립아트를 선택한 후 테두리를 드래그하여 크기를 조절하고 위치를 이동합니다.

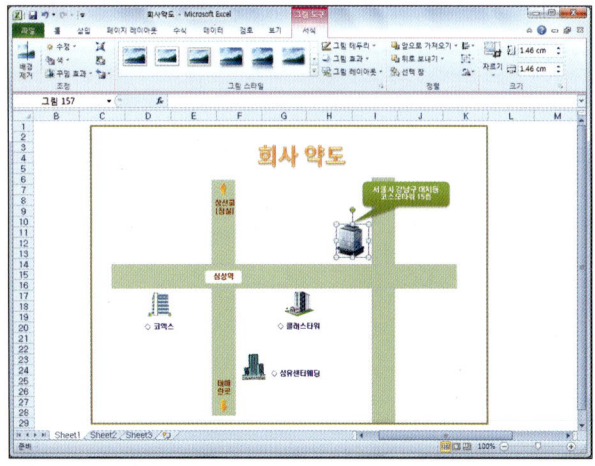

02 도형 삽입 및 효과 주기

◉ **완성파일** : Part01\Chapter02\Section03\조직도_완성.xlsx

1. 새 문서를 열고 도형을 삽입하기 위해 [삽입] 탭-[일러스트레이션] 그룹-[도형]을 클릭한 후 [기본 도형]-[모서리가 접힌 도형]을 선택합니다.

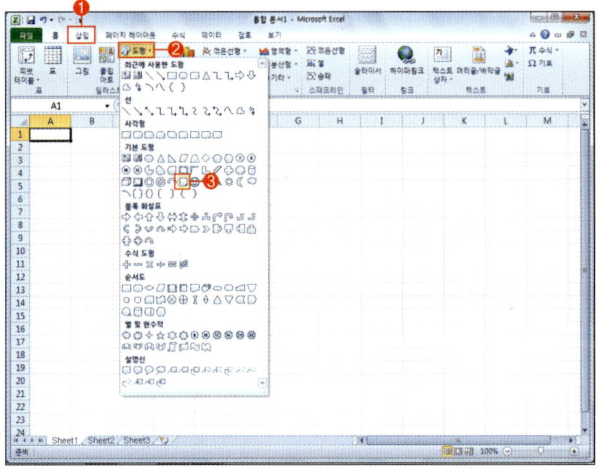

2. 마우스를 드래그하여 도형을 삽입하고 크기와 위치를 조절합니다. 도형에 효과를 주기 위해 [그리기 도구]의 상황별 탭인 [서식] 탭을 클릭한 다음 [도형 스타일] 그룹의 자세히(▾)를 클릭하여 [미세 효과 – 황록색, 강조 3]을 선택합니다.

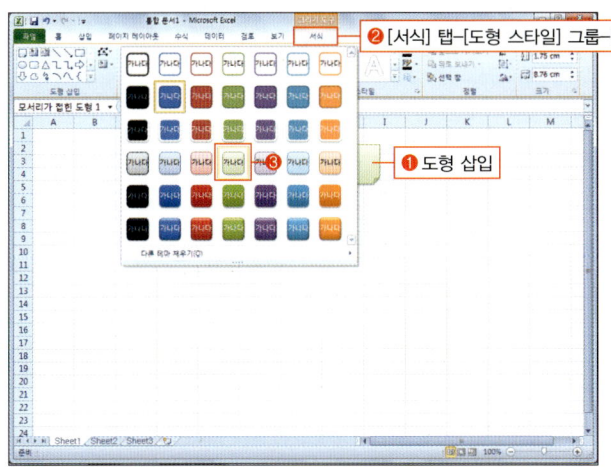

> **tip** 워크시트에 삽입되는 도형은 기본적으로 파란 바탕의 색상으로 채워집니다. 도형 스타일을 이용하여 채우기 색과 윤곽선 등을 변경할 수 있습니다.

3. 도형에서 마우스 오른쪽 단추를 클릭하여 [텍스트 편집]을 선택합니다.

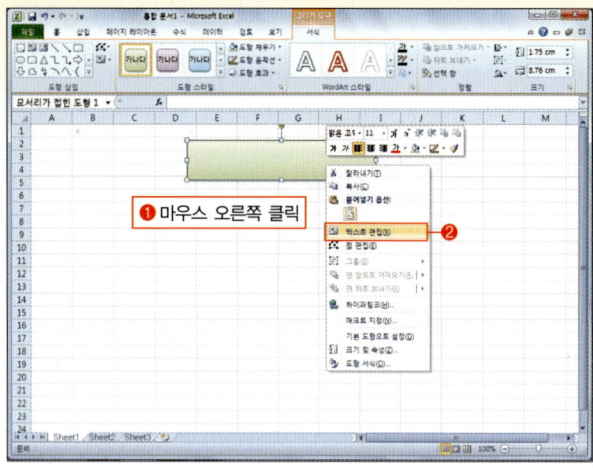

4. 도형에 텍스트를 입력하기 위한 커서가 나타나면 『Task Force Team』을 입력합니다. 입력한 글자를 드래그하여 선택한 후 [홈] 탭-[글꼴] 그룹에서 [글꼴 크기]를 『30』으로 지정하고, [맞춤] 그룹에서 [가운데 맞춤]을 클릭합니다. 모양 조절 핸들(⬦)을 드래그하여 크기를 조절합니다.

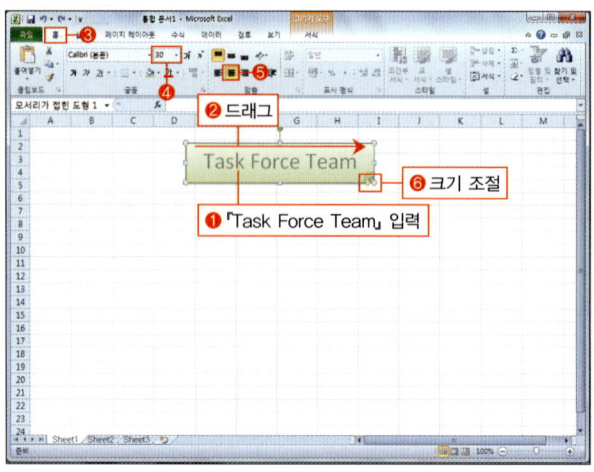

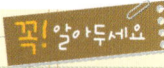

모양 조절 핸들 이용하기

모양 조절 핸들(⬦)은 삽입하는 도형의 종류에 따라서 나타나지 않을 수도 있습니다. 모양 조절 핸들(⬦)을 적절히 드래그하면 도형의 모양을 조절할 수 있습니다.

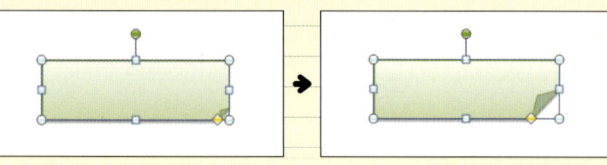

03 SmartArt 삽입하기

1. [삽입] 탭-[일러스트레이션] 그룹-[SmartArt]를 클릭합니다. [SmartArt 그래픽 선택] 대화 상자가 나타나면 [계층 구조형] 범주에서 [계층 구조형]을 선택한 다음 [확인]을 클릭합니다.

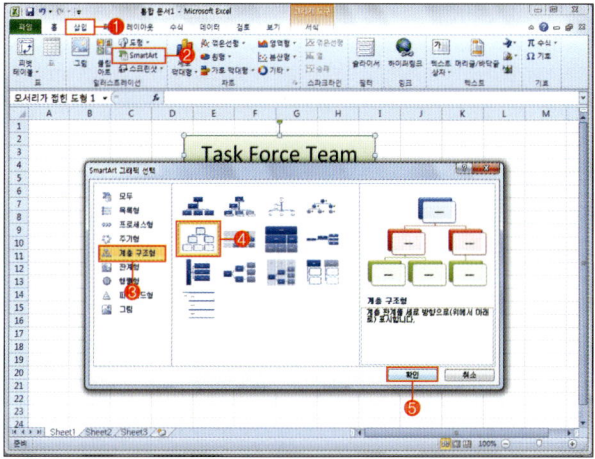

2. 텍스트 창이 나타나면 다음과 같이 차례대로 텍스트를 입력합니다.

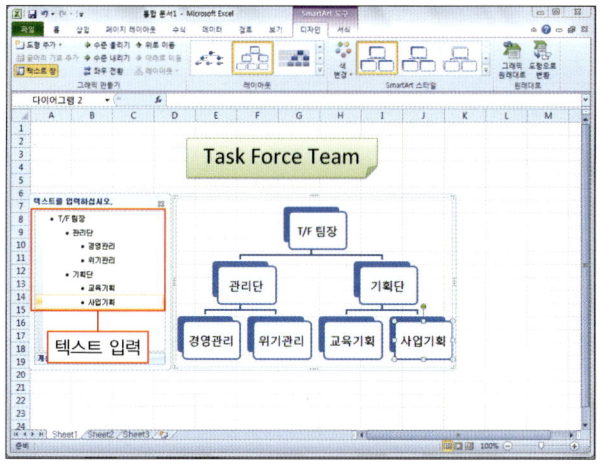

> **tip** SmartArt를 삽입하였지만 [텍스트 창]이 나타나지 않는다면 [SmartArt 도구]의 상황별 탭인 [디자인] 탭-[그래픽 만들기] 그룹-[텍스트 창]을 클릭합니다.

> **tip** SmartArt에 텍스트를 입력하는 방법에는 [텍스트 창]을 이용하는 방법과 SmartArt 도형에 직접 입력하는 방법이 있습니다.

3. 텍스트 입력이 완료되면 [텍스트 창]의 [닫기]를 클릭합니다. SmartArt의 모서리를 드래그하여 크기 및 위치를 조절합니다.

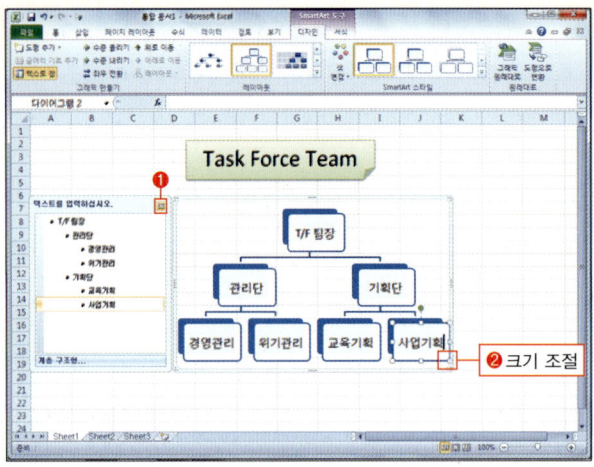

4. SmartArt의 스타일을 지정하기 위해 SmartArt가 선택된 상태에서 [SmartArt 도구]의 상황별 탭인 [디자인] 탭-[SmartArt 스타일] 그룹에서 [색 변경]을 클릭합니다. 나타나는 갤러리 중에서 [색상형]-[색상형 – 강조색]을 선택합니다.

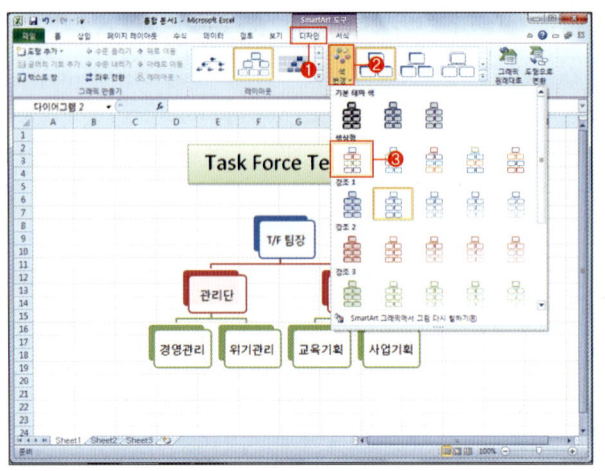

> **Tip** 미리 보기가 지원되기 때문에 해당 스타일을 선택하지 않고 마우스를 가져만 가도 슬라이드에 해당 스타일이 반영되어 나타납니다.

수준 올리기와 수준 내리기

[텍스트 창]을 이용하여 도형에 텍스트를 입력할 때 커서를 위치시키고 텍스트를 입력하거나 ↓ 나 Enter 를 눌러 아래 단락으로 이동하여 텍스트를 추가로 입력할 수 있습니다. 또한, Tab 과 Shift + Tab 을 적절히 이용하여 수준 올리기나 수준 내리기를 할 수 있습니다.

04 열 스파크라인 설정과 표식 색 설정하기

● **준비파일** : Part01\Chapter02\Section03\단가추이.xlsx
● **완성파일** : Part01\Chapter02\Section03\단가추이_완성.xlsx

1. 스파크라인을 작성하기 위해 [C5:G12]을 선택한 다음 [삽입] 탭-[스파크라인] 그룹-[열]을 클릭합니다. [스파크라인 만들기] 대화 상자가 나타나면 [H5:H12]를 드래그한 후 [확인]를 클릭합니다.

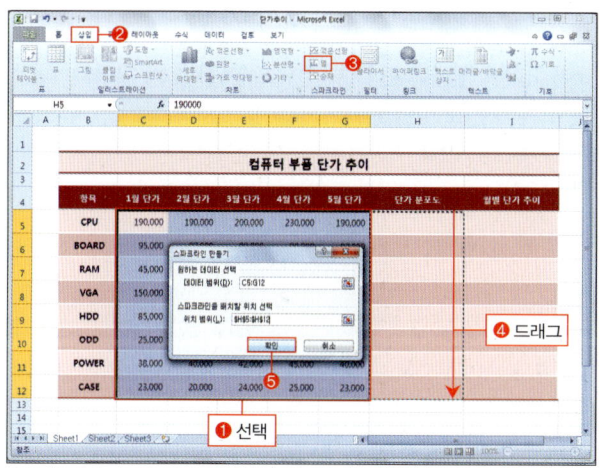

> **tip** 엑셀 2010의 새로운 기능인 스파크라인은 데이터를 시각적으로 표시하는 셀 안에 삽입하는 작은 차트입니다. 스파크라인을 사용하여 추이나 최대값, 최소값을 강조 표시할 수 있습니다.

2. [스파크라인 도구]의 상황별 탭인 [디자인] 탭-[스타일] 그룹에서 [표식 색]을 클릭합니다. [높은 점]-[빨강, 강조 2]를 선택합니다. 각 항목의 월별 단가 중 가장 높은 단가를 기록한 표식에 색상이 변경됩니다.

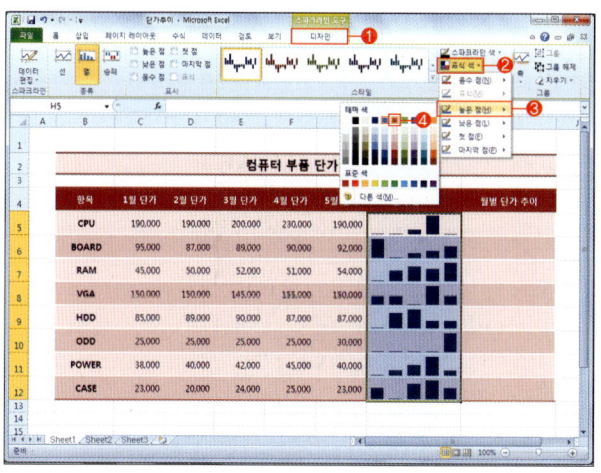

> **tip** 스파크라인이 포함된 셀을 선택하면 표나 차트처럼 스파크라인에도 색 구성표를 적용할 수 있습니다. 스파크라인 색 또는 강조 명령을 사용하여 고가, 저가, 시가, 종가에 대한 색이나 축 옵션을 사용하여 세로 축에 대한 최소값과 최대값을 설정할 수도 있습니다.

3. 단가 추이를 스파크라인을 이용하여 나타내기 위해 다시 [C5:G12]을 선택합니다. [삽입] 탭-[스파크라인] 그룹-[꺾은선형]을 클릭하고 [I5:I12]를 드래그하여 선택한 후 [확인]을 클릭합니다.

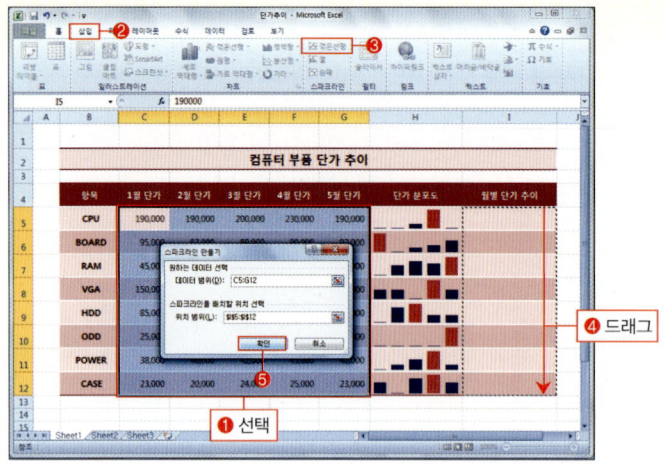

4. 추이를 보다 명확히 확인하기 위해 [스파크라인 도구]의 상황별 탭인 [디자인] 탭-[표시] 그룹에서 [표식]에 체크 표시를 합니다. 스파크라인의 스타일을 변경하기 위해 [디자인] 탭-[스타일] 그룹의 자세히([▼])를 클릭하여 [스파크라인 스타일 어둡게 #6]을 선택합니다.

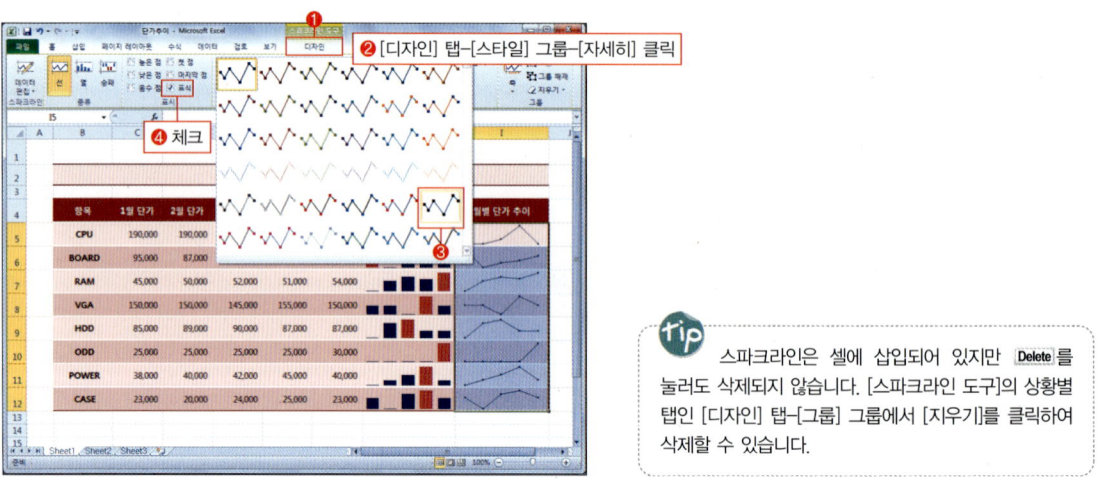

> **tip** 스파크라인은 셀에 삽입되어 있지만 Delete 를 눌러도 삭제되지 않습니다. [스파크라인 도구]의 상황별 탭인 [디자인] 탭-[그룹] 그룹에서 [지우기]를 클릭하여 삭제할 수 있습니다.

5. 다음과 같이 셀 안에 삽입하는 작은 차트인 스파크라인이 완성됩니다.

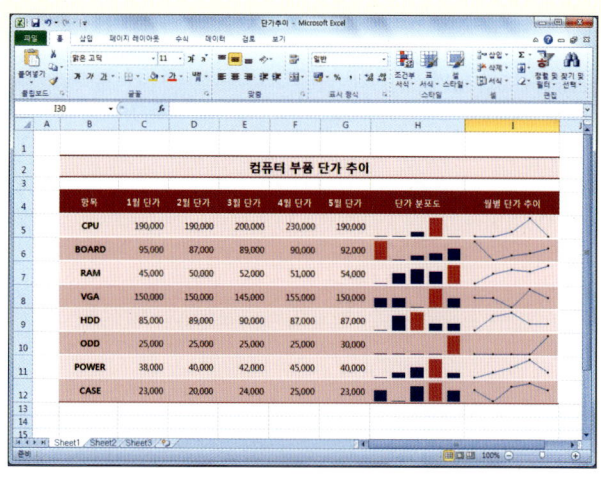

⦿ **준비파일** : Part01\Chapter02\Check\판매량.xlsx
⦿ **완성파일** : Part01\Chapter02\Check\판매량_완성.xlsx

1. 지역별 판매량 셀에 열 스파크라인을 표시하세요.

2. 스파크라인의 스타일을 변경하고 가장 높은 점의 색상만 다른 색상으로 변경해 보세요.

지역	1분기	2분기	3분기	4분기	지역별 판매량
동부	640,000	440,000	360,000	510,000	
남부	325,000	620,000	400,000	417,000	
북부	467,000	600,000	450,000	710,000	
서부	500,000	523,000	330,000	310,000	

Hint

❶ [G4] 셀 선택 후 [삽입] 탭-[스파크라인] 그룹-[열] 클릭
❷ [스파크라인 도구]의 상황별 탭인 [디자인] 탭-[표시] 그룹에서 [높은 점] 체크

C·H·A·P·T·E·R
03

수식과 함수 활용하기

EXCEL 2010

엑셀의 묘미는 바로 복잡한 수식도 간편하게 계산할 수 있다는 점입니다. 또한, 미리 만들어 놓은 수식이라 할 수 있는 함수를 이용하면 여러 복잡한 연산을 빠르고 정확하게 계산할 수 있습니다. 수많은 함수 중에서 주로 사용하는 함수 위주로 수식과 함수를 적용해 보고, 다양한 필수, 실무 함수를 사용하여 실무에서 바로 적용하는 방법을 알아보도록 합니다.

수식 사용하기

엑셀에서 사용하는 함수는 반복적이고 복잡한 계산을 정해진 수식에 따라 계산되도록 만들어져 있습니다. 셀의 양이 적으면 쉬운 계산도 셀의 양이 많아지거나 사칙 연산 외에 복잡한 계산이 포함된 경우 함수를 이용하면 쉽고 편리하게 작업을 수행할 수 있습니다. 이 모두에는 수식이 있기에 가능한 것인데 이번 섹션에서는 수식에 대한 전반적인 것들을 배워보도록 합니다.

Preview

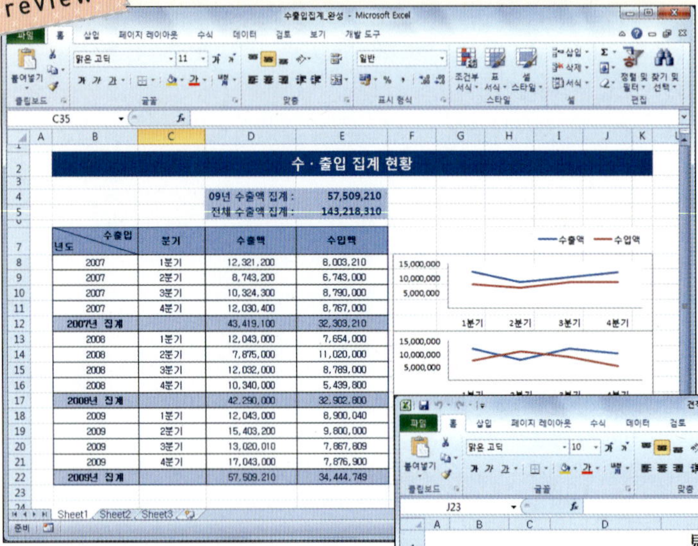

▲ 이름을 정의하여 완성한 수출입 집계 현황

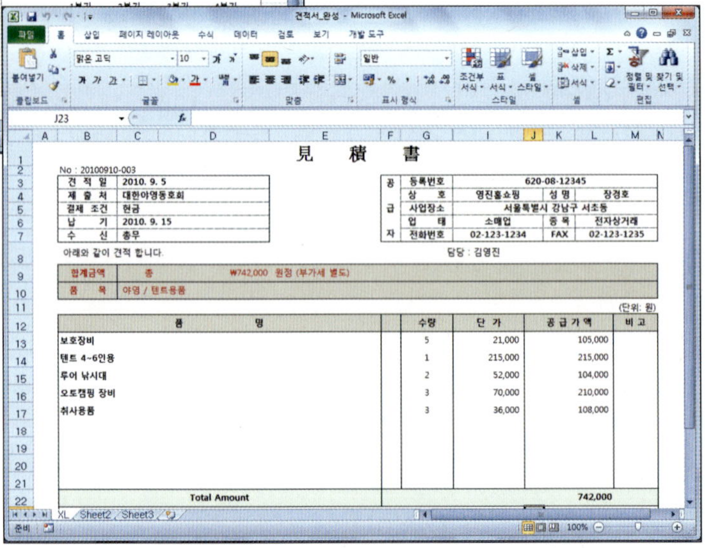

▲ 자동 합계 기능으로 완성한 견적서

이번 섹션에서 배울 주요 내용!

01. 엑셀 수식 구조 이해하기

02. 연산자를 이용하여 수식 작성하기

03. 상대 참조와 절대 참조를 이용해 수식 계산하기

04. 이름을 정의하여 수식 계산하기

05. 구조적 참조를 이용하여 한번에 계산하기

06. 데이터 추가하고 요약 행 설정하기

07. 자동 합계를 이용해 수식 계산하기

01 엑셀 수식 구조 이해하기

엑셀에서는 계산기를 이용하는 것과 동일한 수식을 사용하지만 한 가지 다른 점은 처음 수식을 입력할 때 꼭 등호(=)를 사용하여야 한다는 점입니다. 엑셀은 등호(=)를 수식으로 생각합니다.

수식의 조합

엑셀에서의 수식은 등호와 피연산자 그리고 연산자의 조합으로 구성됩니다.

등호	피연산자	연산자	피연산자
=	10	+	20
=	A1	+	B1
=	F4	−	150

❶ **등호** : 수식을 입력할 때 앞에 꼭 등호(=)를 입력해야 합니다.
❷ **피연산자** : 10과 같은 숫자나 A1이나 F4와 같은 셀 주소를 말합니다.
❸ **연산자** : 곱하기(*), 나누기(/), 더하기(+), 빼기(−) 등의 부호를 사용할 수 있습니다.

다음은 워크시트에서 입력할 수 있는 수식의 예입니다.

=10+5*3	5와 3의 곱에 10을 더합니다.
=A1+A2+A3	A1, A2, A3 셀의 값을 더합니다.
=TODAY( )	오늘 날짜를 구합니다.
=RANK.EQ(A1, $A$1:$A$10)	A1에서 A10 셀의 순위를 구합니다.

연산자의 종류

엑셀에서 사용하는 연산자에는 산술 연산자와 비교 연산자, 참조 연산자, 결합 연산자 등이 있습니다.

계산식에서 사용하는 연산자를 보통 '산술 연산자' 라고 합니다. 계산 시 산술 연산자가 가장 많이 사용됩니다.

연산자	의미	예
+	더하기	=3+2
−	빼기	=3−2
*	곱하기	=3*2
/	나누기	=3/2
%	백분율	=3%
^	제곱	=3^2

tip 엑셀에서 제곱(^) 연산자는 '3^2' 식으로 계산합니다. 즉 '3*3' 과 같은 의미로 연산됩니다.

비교 연산자는 두 값을 비교할 때 사용합니다. 비교 연산자는 보통 함수들과 사용되는데 대표적인 함수가 IF 함수입니다.

연산자	의미	예
=	같다	A1=A2
>	크다	A1>A2
<	작다	A1<A2
<>	같지 않다	A1<>A2
>=	크거나 같다	A1>=A2
<=	작거나 같다	A1<=A2

tip 비교 연산자의 결과값은 참(TRUE)과 거짓(FALSE)으로 나타냅니다.

결합 연산자는 여러 문자열을 연결하고 싶을 때 자주 사용됩니다. 결합 연산자는 &를 사용합니다.

연산자	의미	예
&	두 개 이상의 문자열를 연결하여 하나로 만듭니다.	="엑셀" & "2003"

참조 연산자는 연산자를 사용하여 계산에 필요한 셀 범위를 결정합니다.

연산자	의미	예
:(콜론)	그 사이의 모든 셀 범위를 지정합니다. 예의 결과는 A1, A2, A3 셀의 값을 모두 더합니다.	=SUM(A1:A3)
,(콤마)	각각의 셀 범위를 지정합니다. 예의 결과는 A1, A3 셀의 값을 더합니다.	=SUM(A1, A3)

연산자 우선 순위

하나의 수식에서 여러 개의 연산자를 사용하면 아래 표에 표시된 순서대로 연산이 수행됩니다.

순위	연산자	설명
1	( )	괄호
2	:	참조 연산자
3	,	참조 연산자
4	–	음수
5	%	백분율
6	^	거듭제곱
7	* 및 /	곱하기와 나누기
8	+ 및 –	더하기와 빼기
9	&	결합 연산자
10	= <> <= >= <>	비교 연산자

02 연산자를 이용하여 수식 작성하기

- ● **준비파일** : Part01\Chapter03\Section01\금전출납부.xlsx
- ● **완성파일** : Part01\Chapter03\Section01\금전출납부_완성.xlsx

1. 금전출납부에 이월액을 입력하기 위해 [G4] 셀을 선택한 후 『=E4』를 입력하고 **Enter** 를 누릅니다.

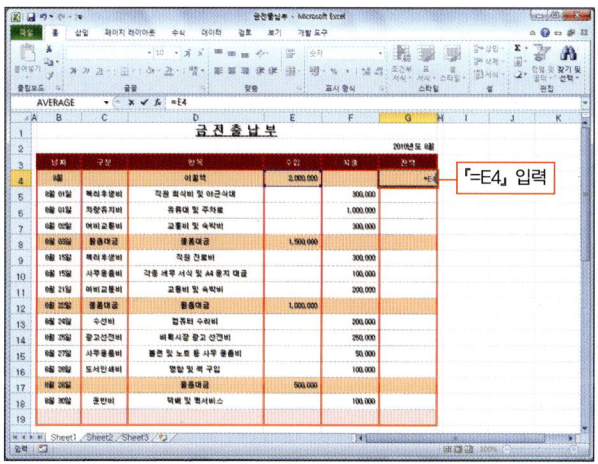

『=E4』 입력

> **tip** 이월액의 값은 셀을 참조하는 방식으로 수식을 사용하면 이월액이 변경되어도 선택한 셀에 그대로 반영됩니다.

2. 산술 연산자를 이용하여 잔액을 구해 보겠습니다. [G5] 셀에 『=G4+E5-F5』를 입력하고 **Enter** 를 누릅니다.

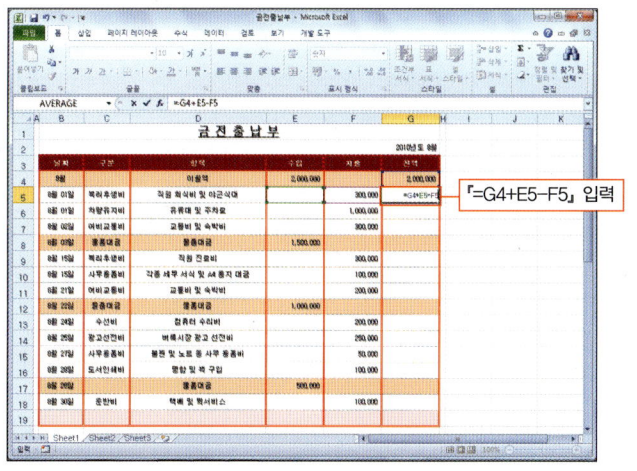

『=G4+E5-F5』 입력

> **tip** 수식을 입력할 때 해당하는 셀을 직접 클릭하여 수식을 완성할 수도 있습니다.

3. 채우기 핸들을 이용하여 수식을 복사해 보겠습니다. [G5] 셀을 선택한 후 채우기 핸들(⊞)을 [G19] 셀까지 드래그합니다. [자동 채우기 옵션(⊞)]을 클릭하여 [서식 없이 채우기]를 선택합니다. 수식이 복사되며 나머지 셀에도 잔액이 산출됩니다.

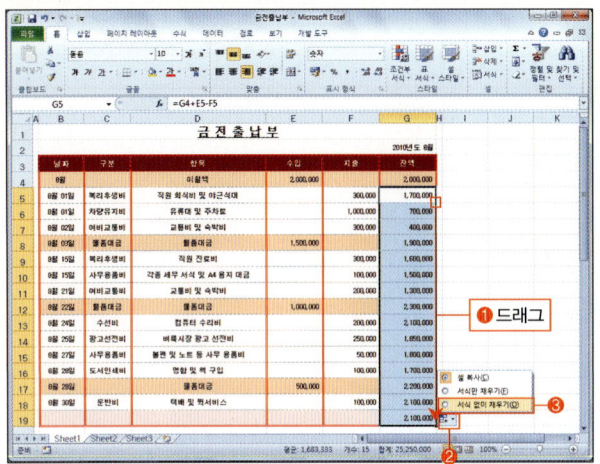

4. 이번에는 결합 연산자를 이용하여 문자열을 연결해 보겠습니다. [D19] 셀을 선택한 후 『="["&D4&"]"+"&B4』를 입력하고 Enter 를 누릅니다.

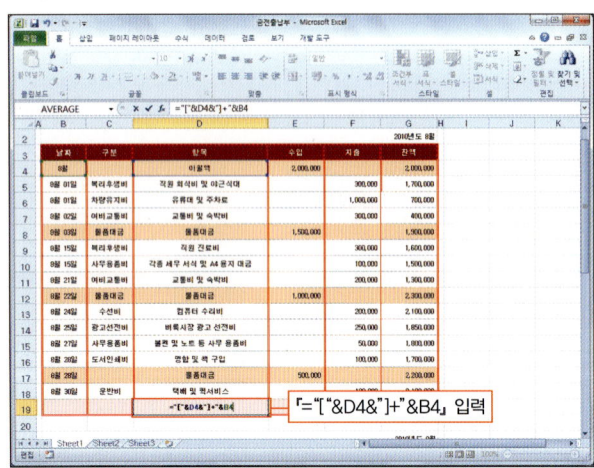

5. 결합 문자열을 의미하는 연산자 '&' 를 이용하여 [D4] 열과 [B4] 열을 하나의 문자열로 표시할 수 있습니다.

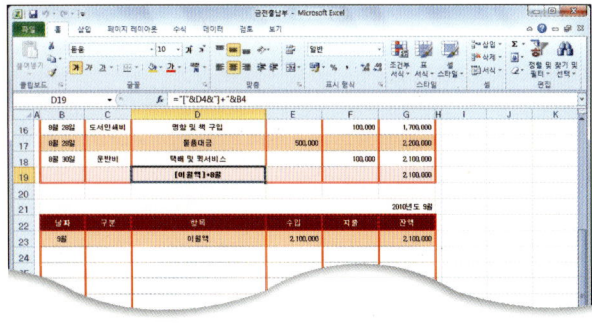

03 상대 참조와 절대 참조를 이용해 수식 계산하기

◎ **준비파일** : Part01\Chapter03\Section01\지점별공급액.xlsx
◎ **완성파일** : Part01\Chapter03\Section01\지점별공급액_완성.xlsx

1. 먼저 상대 참조 방식으로 수식을 입력해 봅니다. 상반기와 하반기 매출액 합계를 구하기 위해 [F5] 셀을 선택하고 `Shift` 를 누른 채 [F20] 셀을 클릭합니다. 수식 입력줄에 『=SUM(D5:E5)』를 입력하고 `Ctrl` + `Enter` 를 누릅니다.

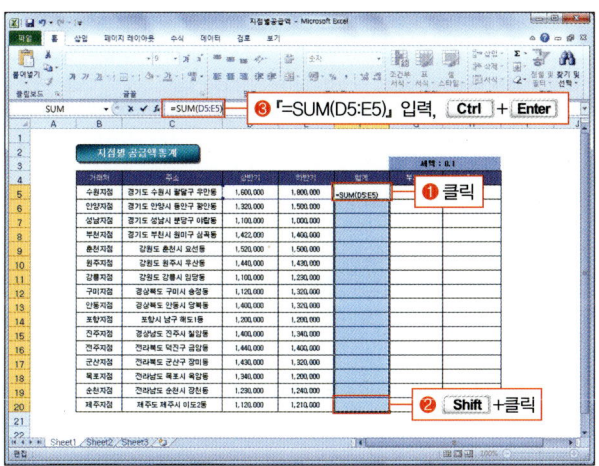

> **tip** 선택된 셀에 수식이나 데이터 등을 입력하기 위해 수식 입력줄을 이용할 수 있습니다. 수식 입력줄에서는 미리 입력한 데이터를 확인할 수 있고, 데이터를 수정할 수도 있습니다.

2. 지정한 셀에 수식이 입력됩니다.

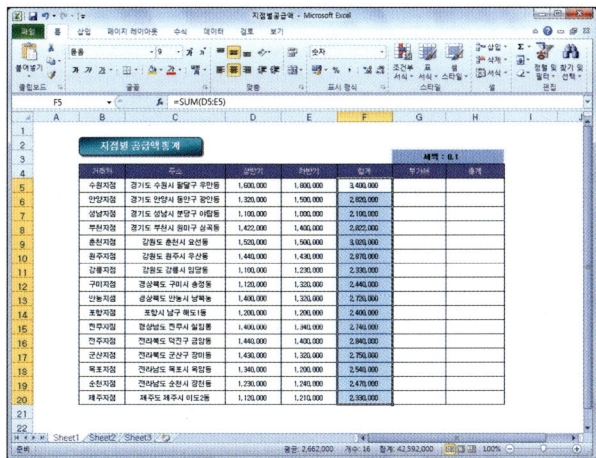

3. 이번에는 절대 참조를 이용해 봅니다. [G5] 셀을 선택한 다음 『=SUM(F5*$H$3)』을 입력하고 [Enter]를 누릅니다.

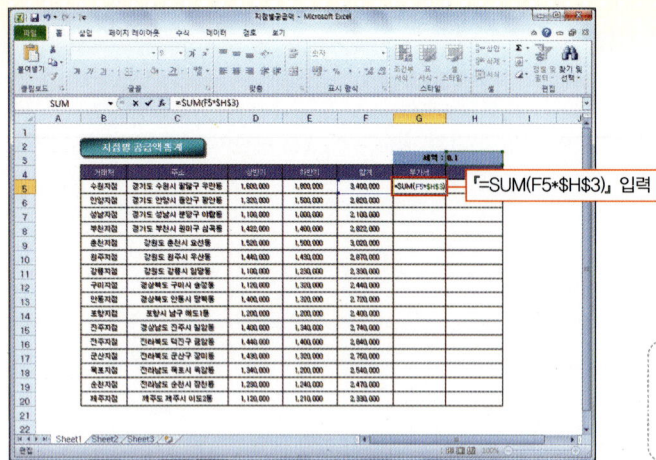

『=SUM(F5*$H$3)』 입력

> **tip** '$H$3'과 같이 절대 참조를 지정하면 다른 셀에도 [H3] 셀이 고정되어 수식이 적용됩니다. 셀 참조 방식을 변경할 때에는 F4를 이용합니다.

4. [G5] 셀을 선택한 다음 채우기 핸들(■)을 [G20] 셀까지 드래그합니다. [자동 채우기 옵션(■)]을 클릭하여 [서식 없이 채우기]를 선택합니다.

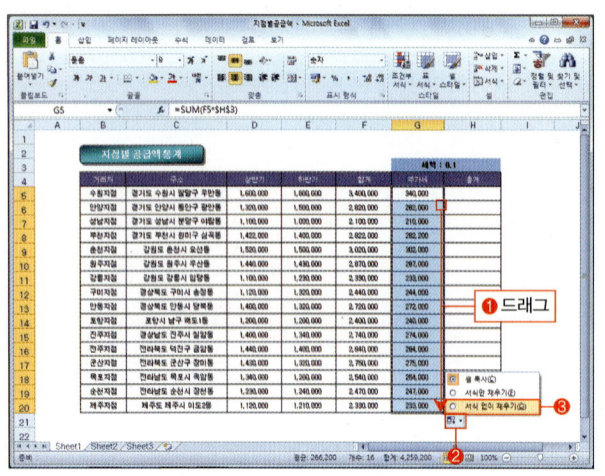

❶ 드래그

❷

❸

> **tip** 여러 셀에 수식을 입력하는 방법에는 직접 하나씩 입력하거나, 채우기 핸들(■)로 원하는 셀까지 드래그하여 입력하는 방법, 그리고 셀 영역을 지정한 다음 수식 입력줄에 수식을 입력 후 [Ctrl]+[Enter]를 누르는 방법이 있습니다.

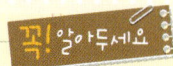

상대 참조와 절대 참조

엑셀에서 수식을 입력할 때 셀을 참조할 수 있는데 셀 주소를 이용하여 셀의 데이터를 연결하는 것을 셀 참조라고 합니다. 셀 참조에는 상대 참조, 절대 참조, 혼합 참조가 있습니다.

형식	설명
상대 참조	수식 입력 시 기본적으로 셀을 참조할 때 사용하는 형식으로 셀 주소의 열과 행에 $ 표시가 없는 주소를 말합니다. 예를 들어, [E1] 셀에 '=D1*0.1'이 입력되어 있는 상태에서 채우기 핸들을 [E4] 셀까지 드래그하면 [E4] 셀은 '=D4*0.1'로 셀 주소가 변경됩니다. E1의 값 : =D1*0.1 E2의 값 : =D2*0.1 E3의 값 : =D3*0.1 E4의 값 : =D4*0.1
절대 참조	셀 주소의 열과 행에 모두 $ 표시를 하는 것으로 상대 참조와는 달리 특정한 셀 하나만을 고정적으로 사용하는 방법입니다. F4 를 누르면 $ 표시가 생성되어 절대 참조가 만들어집니다. 예를 들어, [E1] 셀에 '=$D$1*0.1'이 입력되어 있는 상태에서 채우기 핸들을 [E4] 셀로 드래그하면 [E4] 셀은 '=$D$1*0.1'로 셀 주소가 변경되지 않습니다. E1의 값 : =$D$1*0.1 E2의 값 : =$D$1*0.1 E3의 값 : =$D$1*0.1 E4의 값 : =$D$1*0.1
혼합 참조	셀 주소의 열과 행 중 어느 한 쪽에만 $ 표시를 하는 것으로 $ 표시가 된 열 혹은 행을 고정적으로 사용할 때 적용합니다. 수식을 복사하거나 이동 시 '$' 기호가 붙은 열이나 행만 고정되며 '$' 기호가 붙지 않은 열이나 행은 이동되는 위치에 따라 값이 계속 변화하게 됩니다. 수식을 복사할 경우 절대 참조를 사용하면 되지만 양 방향으로 수식을 복사할 경우 혼합 참조를 사용하는 것이 편리합니다. **행이 고정된 혼합 참조** **열이 고정된 혼합 참조** E1의 값 : =D1*F$1 E1의 값 : =D1*$F1 E2의 값 : =D2*F$1 E2의 값 : =D2*$F2 E3의 값 : =D3*F$1 E3의 값 : =D3*$F3 E4의 값 : =D4*F$1 E4의 값 : =D4*$F4

셀 참조 방법 살펴보기

처음 셀을 선택하면 'A1'과 같이 상대 참조로 표시되지만 F4 를 누르면 '$A$1'과 같이 절대 참조로, 다시 F4 를 누르면 'A$1'과 같이 행 고정 혼합 참조, 다시 F4 를 누르면 '$A1'과 같이 열 고정 혼합 참조로 변경됩니다.

예를 들어 'A1' 셀을 '$A1'과 같이 열 고정 혼합 참조로 변경하려면 F4 를 3번 눌러 줍니다.

셀 참조 방법	형식	설명
상대 참조	A1	셀을 참조하는 위치에 따라 셀 주소가 자동으로 변경됩니다.
절대 참조	$A$1	셀을 참조하는 위치에 상관없이 셀 주소가 변경되지 않고 고정됩니다.
혼합 참조	$A1, A$1	상대 참조와 절대 참조를 혼합하여 사용됩니다. • $A1 : 행이 고정되는 혼합 참조 • A$1 : 열이 고정되는 혼합 참조

04 이름을 정의하여 수식 계산하기

● **준비파일** : Part01\Chapter03\Section01\수출입집계.xlsx
● **완성파일** : Part01\Chapter03\Section01\수출입집계_완성.xlsx

1. 이름을 정의하기 위해 [D18] 셀을 클릭한 후 [D21] 셀까지 드래그하여 선택합니다. [이름 상자]에 『수출액』을 입력하고 **Enter** 를 누릅니다.

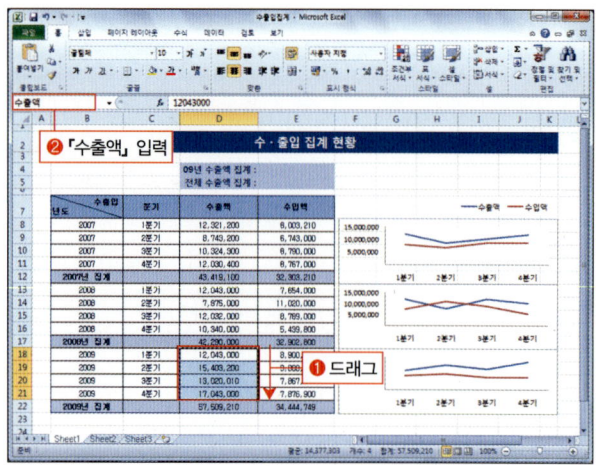

2. 각각의 셀들이 떨어져 있어도 하나의 이름으로 정의할 수 있습니다. [D12] 셀을 선택한 다음 **Ctrl** 을 누른 상태에서 [D17] 셀과 [D22] 셀을 클릭합니다. 이번에는 [새 이름] 대화 상자를 이용하여 이름을 정의해 봅니다. [수식] 탭-[정의된 이름] 그룹-[이름 정의]를 클릭합니다. [새 이름] 대화 상자가 나타나면 [이름]에 『전체수출액』을 입력한 후 [확인]을 누릅니다.

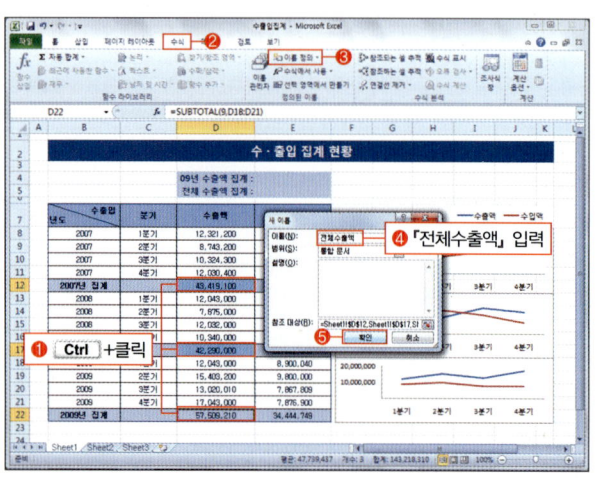

> **tip** 셀에 이름을 정의할 때 첫 글자는 반드시 한글이나 영문 등의 문자로 시작해야 하며, 특수 문자나 띄어쓰기는 사용할 수 없습니다.

3. 정의한 이름으로 수식을 계산해 봅니다. [E4] 셀을 선택한 후 수식 입력줄에 『=SUM(수출액)』을 입력한 다음 **Enter** 를 누릅니다.

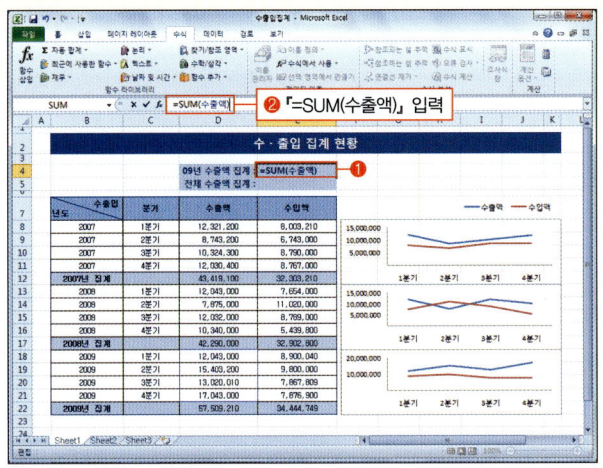

tip '수출액'이라는 이름을 정의하지 않았을 경우 '=SUM(D18:D21)'과 같이 셀 범위를 지정하여야 합니다.

4. 09년도 수출액이 집계됩니다. 이번에는 전체 수출액을 집계하기 위해 [E5] 셀을 선택한 후 『=SUM(전체수출액)』을 입력하고 **Enter** 를 누릅니다.

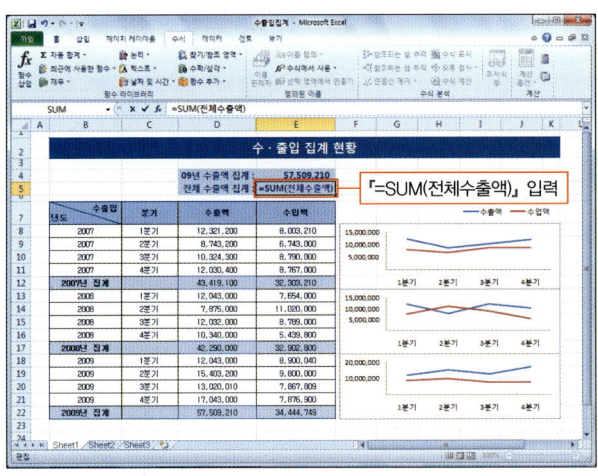

정의된 이름 삭제 및 변경하기

[이름 관리자] 대화 상자에서 정의한 이름의 셀 범위를 변경하거나 정의된 이름을 삭제할 수 있습니다. [수식] 탭-[정의된 이름] 그룹에서 [이름 관리자]를 클릭한 후 [이름 관리자] 대화 상자가 나타나면 편집할 이름이나 삭제할 이름을 선택하고 [편집] 혹은 [삭제]를 클릭합니다.

05 구조적 참조를 이용하여 한번에 계산하기

● **준비파일** : Part01\Chapter03\Section01\성과달성률.xlsx
● **완성파일** : Part01\Chapter03\Section01\성과달성률_완성.xlsx

1. 데이터 범위를 표로 지정하기 위해 임의의 셀을 선택하고 [삽입] 탭-[표] 그룹-[표]를 클릭합니다. [표 만들기]
대화 상자가 나타나면 표 범위가 맞는지 확인한 후 [확인]을 클릭합니다.

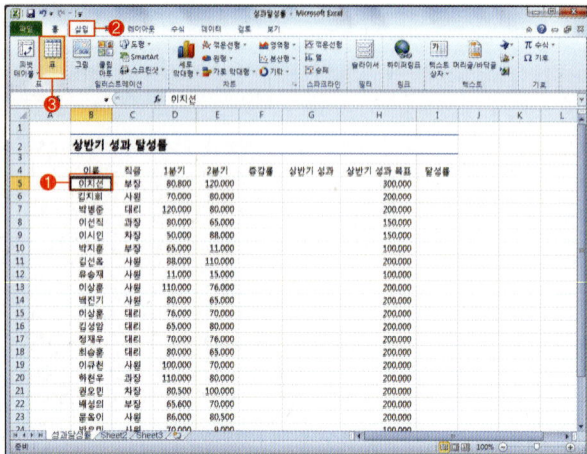

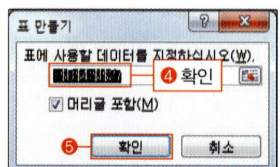

> **tip** 구조적 참조란 표의 이름과 표의 열 머리글 등을 활용하여 수식을 작성하는 것으로 이를 활용하면 행이나 열 등을 추가할 경우 구조
> 적 참조도 함께 확장되어 쉽게 수식을 작성할 수 있습니다.

2. 표가 만들어지면 [표 도구]의 상황별 탭인 [디자인] 탭-[속성] 그룹에서 [표 이름]에 『성과달성률』을 입력하고
`Enter`를 누릅니다.

> **tip** 표 이름을 정의해 주면 구조적 참조를 이용할
> 때 표현식을 보다 쉽게 구성할 수 있습니다.

3. 구조적 참조 표현식을 작성해 보겠습니다. [G5] 셀에 『=SUM(』을 입력하고 [D5] 셀에서 [E5] 셀까지 드래그하여 셀 범위를 지정한 후 『)』를 입력합니다.　Enter를 누릅니다.

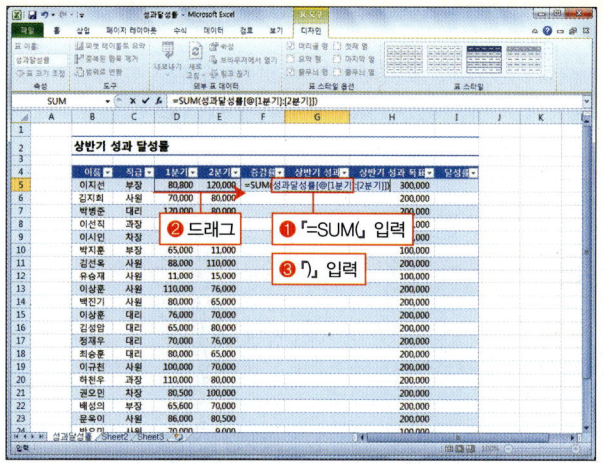

tip

　엑셀 2007과 엑셀 2010 모두 표를 참조하는 표현식은 동일하나 현재 행에 대한 표현이 [#이 행]에서 @로 보다 간편하게 변경되었습니다.

엑셀 2007 : =SUM(성과달성률[#이 행],[1분기]:[2분기])
엑셀 2010 : =SUM(성과달성률[@1분기]:[2분기]])

　　　　　　표 이름　열 머리글 이름

4. 상반기 성과가 자동으로 계산되어 표시됩니다. 이번에는 [F5] 셀에 『=([@2분기]−[@1분기])/[@1분기]』를 입력하여 증감률을 구합니다.

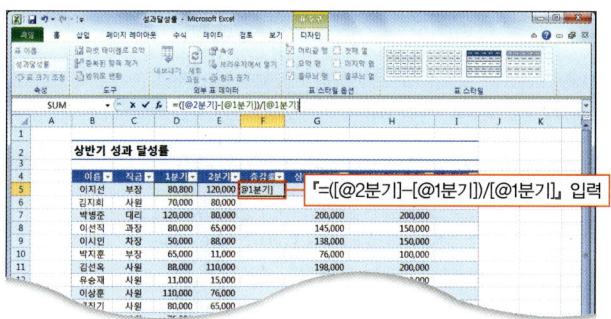

5. 이번에는 표의 구성 요소를 이용하여 구조적 참조를 표현해 보겠습니다. [I5] 셀에 『=[』를 입력하면 자동으로 열 머리글 목록이 나타납니다. '상반기 성과'를 선택한 후　Tab을 누르거나 더블 클릭합니다.

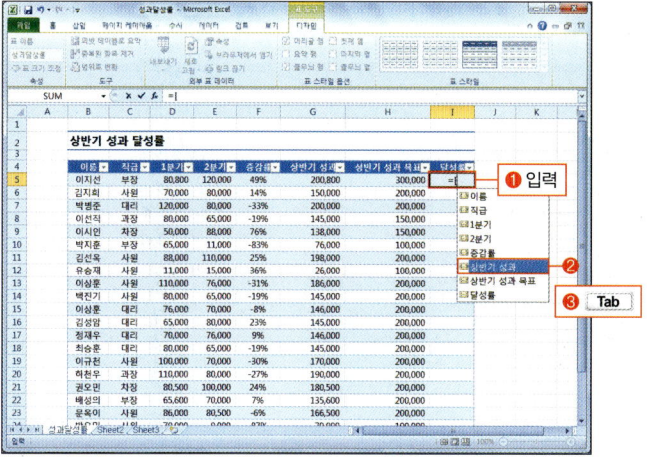

6. 이어서 『]/[』를 입력하고 나타나는 열 머리글 목록에서 '상반기 성과 목표'를 선택한 후 ⌐Tab⌐을 누르거나 더블 클릭합니다.

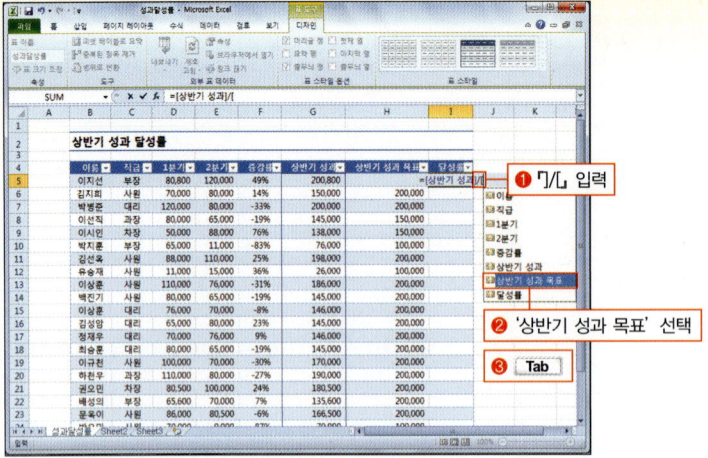

7. 『]』을 입력하고 ⌐Enter⌐를 누릅니다. 상반기 성과 달성률이 자동으로 계산됩니다.

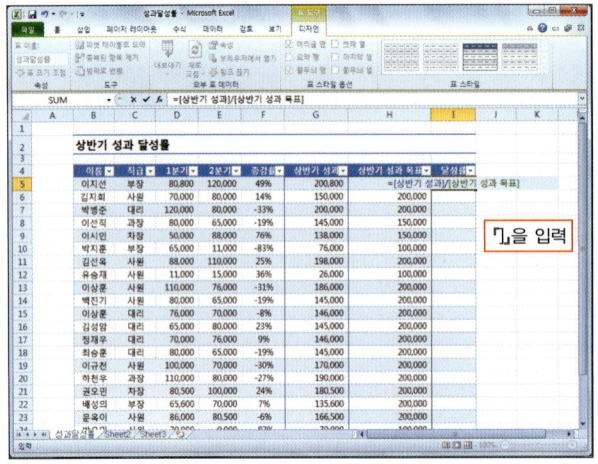

> **tip** 표의 일부 또는 전체를 참조하는 수식을 사용할 때 구조적 참조를 사용하면 간편하게 표 데이터 작업을 할 수 있습니다. 표의 데이터 범위가 자주 변경되고 표에서 행과 열을 추가 및 삭제할 때나 외부 데이터를 새로 고칠 때 수식을 다시 작성할 필요가 없어 편리합니다.

06 데이터 추가하고 요약 행 설정하기

1. 데이터를 추가하기 위해 [B28] 셀에 『장경호』를 입력하고 [Tab] 을 누릅니다. 자동으로 표가 확장되면서 행이 추가됩니다.

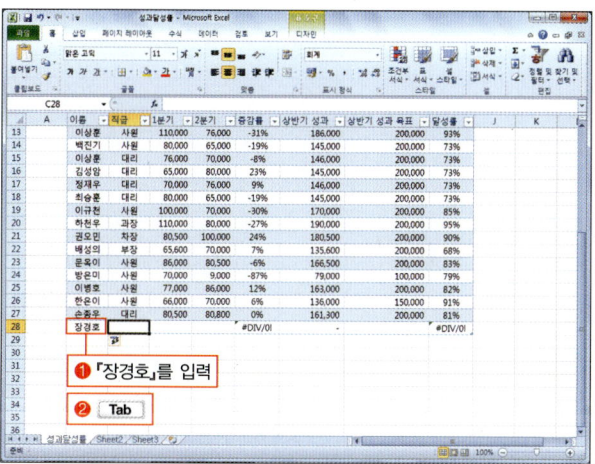

2. 나머지 '직급'과 '1분기', '2분기' 그리고 '상반기 성과 목표' 셀에 데이터를 입력하면 데이터가 자동으로 계산됩니다.

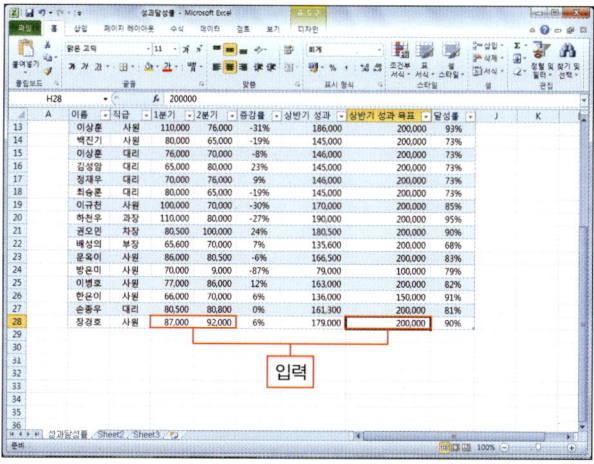

3. 요약 행을 설정하기 위해 [표 도구]의 상황별 탭인 [디자인] 탭-[표 스타일 옵션] 그룹에서 [요약 행]을 클릭하여 체크 표시합니다. 요약 행이 표의 맨 끝에 삽입됩니다. 요약 함수를 지정하기 위해 [D29] 셀을 클릭하여 나타나는 화살표를 눌러 [평균]을 선택합니다.

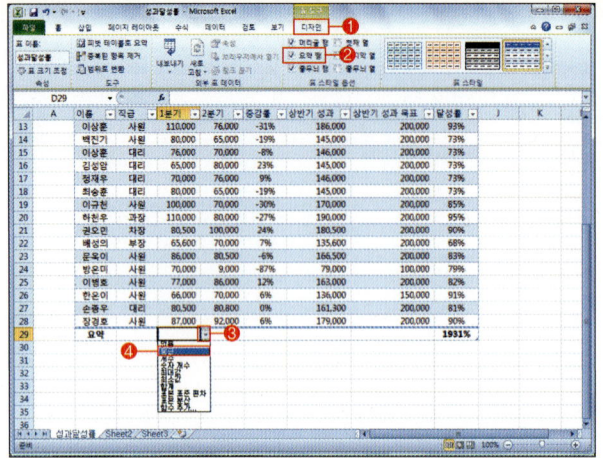

> **tip** 요약 행을 추가하면 별도로 합계나 평균 등의 수식을 지정하지 않아도 평균, 최대값, 최소값, 합계 등 표를 요약한 결과값을 표시할 수 있습니다.

4. 동일한 방법으로 나머지 항목에도 요약 행을 표시합니다.

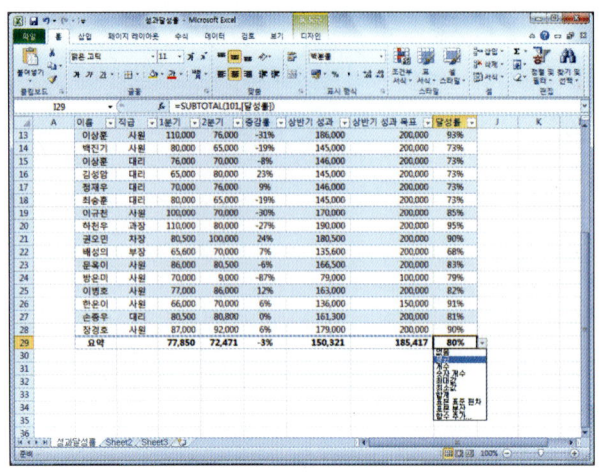

> **tip** 요약 행을 클릭하여 나타나는 화살표를 눌러 [함수 추가]를 선택하면 엑셀 2010이 제공하는 보다 다양한 함수를 사용할 수 있습니다.

07 자동 합계를 이용해 수식 계산하기

◉ **준비파일** : Part01\Chapter03\Section01\견적서.xlsx
◉ **완성파일** : Part01\Chapter03\Section01\견적서_완성.xlsx

1. 자동 합계를 이용해 수식을 입력해 보도록 하겠습니다. [J22] 셀을 선택하고 [홈] 탭-[편집] 그룹에서 [자동합계]의 화살표를 클릭하여 [합계]를 선택합니다.

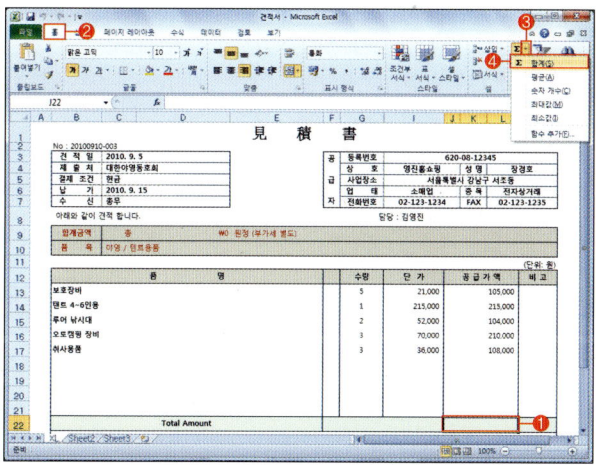

2. 자동으로 『=SUM(J13:L21)』가 입력되며 공급가액이 구해집니다. 확인 후 이상이 없다면 **Enter** 를 누릅니다.

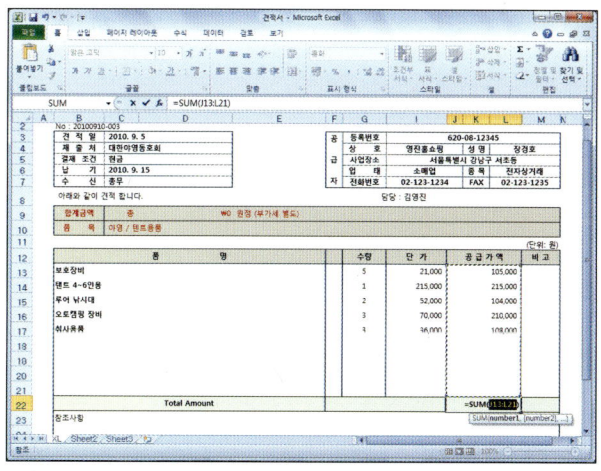

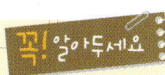 합계를 구하려는 셀 범위가 다르다면 셀 주소를 클릭하거나 드래그하여 셀 범위를 수정합니다.

자동 합계 단추

합계와 평균처럼 가장 많이 사용하는 함수를 이용하여 자동으로 계산하게 해주는 기능이 바로 자동 합계입니다. 자동 합계에는 합계, 평균, 개수, 최대값, 최소값을 이용할 수 있으며 이 외의 함수는 함수 추가를 통해 구할 수 있습니다.

SECTION 02 함수 이해하기

엑셀에서 제공하는 함수를 이용하면 어려운 수식도 빠르고 편리하게 사용할 수 있습니다. 즉, 함수는 필요한 인수를 지정하기만 해도 복잡한 계산을 쉽게 풀어낼 수가 있습니다. 이런 인수는 함수를 지정하면 엑셀이 자동으로 인수를 안내하기 때문에 간단하게 사용할 수 있습니다. 엑셀 함수는 각종 계산을 위해 단독으로 사용될 수도 있고, 여러 개의 함수가 동시에 사용될 수도 있습니다.

Preview

응시번호	직위	성명	엑셀	파포	워드	액세스	아웃룩	총점	평균	최저점수	과목별 표준편차
1	사원	김경수	90	68	89	76	80	403	80.6	68	8.236504113
2	주임	강정덕	70	58	88	77	77	370	74	58	9.859006035
3	대리	박윤석	80	89	88	68	80	405	81	68	7.536577473
4	대리	장주민	98	98	83	99	90	468	93.6	83	6.216108107
5	과장	서창덕	89	76	65	77	76	383	76.6	65	7.605261337
6	차장	오세민	90	78	30	87	88	373	74.6	30	22.67686045
7	부장	김정민	96	65	89	78	90	418	83.6	65	10.96540013
8	사원	박신우	76	87	88	67	90	408	81.6	67	8.777243303
9	사원	하주철	98	98	89	77	95	457	91.4	77	7.914543575
10	사원	박희호	68	90	78	87	76	399	79.8	68	7.909487973
11	사원	안진호	66	96	65	89	60	376	75.2	60	14.44160656
12	주임	김택국	89	76	90	90	70	415	83	70	8.390470785
13	대리	김영국	98	98	70	77	55	398	79.6	55	16.62046931
14	대리	이영진	55	68	80	76	66	345	69	55	8.671793355
15	사원	이영호	78	80	78	56	70	362	72.4	56	8.890444308
16	사원	심영경	65	68	89	65	80	367	73.4	65	9.56242647
17	사원	이우현	87	58	90	90	60	385	77	58	14.75127113

▲ 함수를 활용한 정보화 수준 결과표

이번 섹션에서 배울 주요 내용!

01. 함수의 기본 형식과 구성 요소
02. 함수 입력 방법과 수식의 오류
03. 함수 직접 입력하기

04. 자동 합계를 이용해 함수 입력하기
05. 함수 라이브러리를 이용해 함수 입력하기
06. 함수 마법사 이용하여 함수 입력하기

01 함수의 기본 형식과 구성 요소

아무리 복잡한 데이터라 하더라도 쉽고, 효율적으로 처리할 수 있는 것이 바로 엑셀의 함수 기능입니다. 엑셀에서 제공하는 함수는 아무리 복잡한 데이터도 쉽게 풀어낼 수 있습니다.

함수는 반복적이고 복잡한 계산을 정해진 수식에 따라 계산하도록 만든 기능입니다. 계산할 셀의 양이 적으면 함수를 사용하지 않더라도 쉽게 작업할 수 있지만 셀의 양이 많아지거나, 사칙 연산 외에 복잡한 계산이 포함된 경우 함수를 이용하여 쉽고 편리하게 작업을 할 수 있습니다.

함수의 기본 형식

예를 들어 대학교 중간고사의 3과목의 평균 점수를 구하기 위해서는 A과목, B과목, C과목 점수를 합하여 평균을 구해야 합니다. 이때, 평균을 구해주는 함수인 AVERAGE 함수를 이용하면 간편하게 계산을 할 수 있습니다. 즉 '=AVERAGE(A1:C1)' 혹은 '=AVERAGE(A1, B1, C1)' 으로 나타낼 수 있습니다.

❶ **등호(=)** : 수식을 입력할 때와 마찬가지로 함수를 입력할 때에도 함수 왼쪽 앞에 등호를 입력합니다.

❷ **함수명** : 엑셀에서 제공하는 함수명을 입력할 수 있습니다. 함수명에 따라 사용되는 함수식이 달라집니다.

❸ **괄호** : 사용된 함수의 인수를 괄호를 통해서 묶어주게 됩니다.

❹ **인수** : 함수명으로 사용된 함수식을 인수라고 합니다. 계산에 필요한 내용들은 함수에 따라 달라집니다.

❺ **콤마(,)** : 함수에서 인수와 인수를 구분할 때 사용하는 기호입니다.

대표적인 함수

함수는 필요한 인수를 지정하기만 해도 복잡한 계산을 쉽게 풀어낼 수가 있습니다. 이러한 엑셀 함수는 각종 계산을 위해 홀로 사용될 수도 있고, 함수의 인수로 숫자나 셀 주소 이외에 다른 함수를 입력하는 등 중첩 형식으로 사용할 수도 있습니다.

엑셀에서 사용하는 함수 중 특히 사용 빈도가 높은 함수는 다음과 같습니다.

NO	범주	대표 함수	대표적인 용도
1	수학 함수	SUM, SUMIF, ….	수학적인 계산을 할 때 사용합니다.
2	날짜/시간 함수	DAY, YEAR, ….	날짜와 시간을 구할 때 사용합니다.
3	통계 함수	AVERAGE, COUNT, ….	통계를 구할 때 사용합니다.
4	텍스트 함수	LEFT, RIGHT, MID, ….	문자열과 관련된 값을 구할 때 사용합니다.
5	논리 함수	IF, ….	값을 비교하여 참과 거짓을 판정합니다.
6	찾기/참조 함수	INDEX, HLOOKUP, ….	특정한 값을 추출합니다.
7	재무 함수	FV, PMT, ….	재무 관련 계산을 할 때 사용합니다.

엑셀 2010에서는 직접 함수식을 입력하거나 함수 마법사 또는 자동 합계, 함수 라이브러리 등 다양한 방법으로 함수를 사용할 수 있습니다. 특히, 직접 함수식을 입력할 때에도 수식 자동 완성 기능으로 함수를 쉽게 작성할 수 있습니다.

함수 입력 방법

❶ 직접 입력

함수의 종류와 입력되는 인수를 셀에 직접 입력하는 방법입니다. 함수의 사용 방법을 알면 가장 쉽게 입력할 수 있으며, 수식 자동 완성 기능으로 함수식을 완성할 수 있습니다.

❷ 자동 합계 이용

[수식] 탭-[함수 라이브러리] 그룹-[자동 합계]를 클릭하거나, [홈] 탭의 [합계] 단추(Σ)를 클릭하여 엑셀에서 가장 많이 사용되는 합계, 평균, 숫자 개수, 최대값, 최소값 등의 함수식을 삽입할 수 있습니다.

❸ 함수 라이브러리 사용

[수식] 탭-[함수 라이브러리] 그룹의 메뉴들을 이용하여 함수식을 삽입할 수 있습니다. 각각의 범주마다 사용되는 함수가 다르기 때문에 빠르게 찾아 입력할 수 있습니다.

❹ 함수 마법사 사용

수식 입력줄의 [함수 삽입] 단추(fx)를 클릭하거나, [수식] 탭-[함수 라이브러리] 그룹-[자동 합계]를 클릭한 다음 함수를 선택하는 방법으로 함수를 잘 모르더라도 마법사가 정해주는 구성 요소에 따라 쉽게 작성할 수 있습니다.

수식의 오류

엑셀에서 함수를 작성하다보면 가끔 의도와는 다르게 #DIV/0!, #N/A, #NAME?, #NULL!, #NUM!, #REF!, #VALUE! 와 같은 알 수 없는 오류 메시지가 나타날 경우가 있습니다. 엑셀이 표시하는 오류 메시지를 잘 파악하면 쉽게 수식을 수정할 수가 있습니다.

오류	설명
#####	열 너비가 좁아 셀의 일부 문자를 표시할 수 없거나 셀에 음수로 된 날짜 또는 시간 값이 포함된 경우 이 오류가 나타납니다.
#DIV/0!	값이 포함되지 않은 셀이나 어떤 값을 '0'으로 나눌 때 이 오류가 나타납니다.
#N/A	사용할 수 없는 함수나 수식에 값을 참조했을 때 이 오류가 나타납니다.
#NAME?	수식의 텍스트를 인식할 수 없는 경우 이 오류가 나타납니다. 즉, 범위 이름이나 함수 이름을 잘못 입력한 경우에 나타납니다.
#NULL!	존재하지 않는 값을 사용했을 때 이 오류가 나타납니다.
#NUM!	수식이나 함수에 잘못된 숫자 값이 포함되어 있을 경우 이 오류가 나타납니다.
#REF!	셀 참조가 유효하지 않으면 이 오류가 나타납니다. 즉, 수식에 참조된 셀이 없어졌을 때 나타납니다.
#VALUE!	수식에 여러 데이터 형식이 포함된 셀이 있는 경우 이 오류가 표시될 수 있습니다. 즉, 값이 잘못되었을 때 나타납니다.

03 함수 직접 입력하기

● **준비파일** : Part01\Chapter03\Section02\정보화수준평가.xlsx
● **완성파일** : Part01\Chapter03\Section02\정보화수준평가_완성.xlsx

1. 함수를 직접 입력하여 수식을 완성해 봅니다. [J5] 셀에 『=S』를 입력합니다. 해당 문자로 시작하는 함수 목록이 나타나면 [SUM]을 선택합니다.

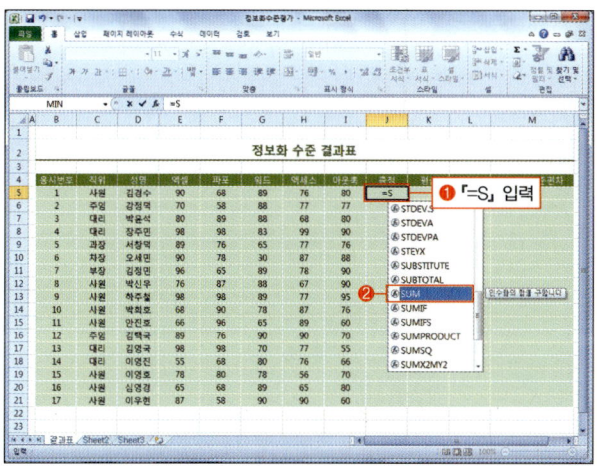

> **tip** 셀에 함수를 직접 입력할 경우 함수 이름을 정확히 알지 못해도 첫 글자만 입력하면 해당 문자로 시작하는 함수 목록이 나타나 원하는 함수를 쉽게 선택할 수 있습니다.

2. 『E5:I5)』를 연이어 입력한 다음 **Enter** 를 누릅니다. 채우기 핸들을 이용하여 [J21] 셀까지 드래그하고 [자동 채우기 옵션(📋)]을 클릭하여 [서식 없이 채우기]를 선택합니다. 수식이 복사되며 총점이 구해집니다.

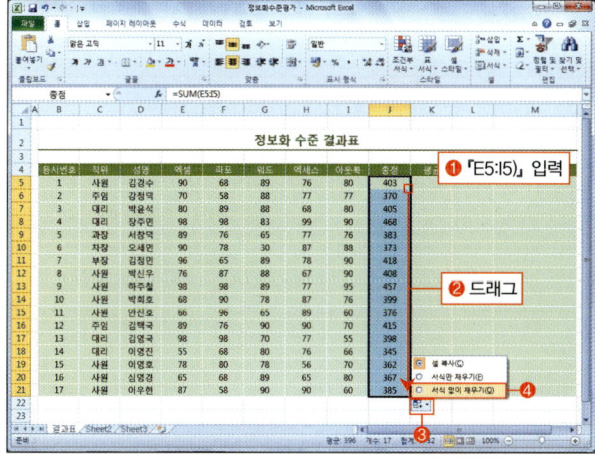

04 자동 합계를 이용해 함수 입력하기

1. 자동 합계 기능을 이용하여 평균을 구해봅니다. [K5] 셀을 선택하고 [수식] 탭–[함수 라이브러리] 그룹–[자동 합계]의 화살표를 클릭하여 [평균]을 선택합니다.

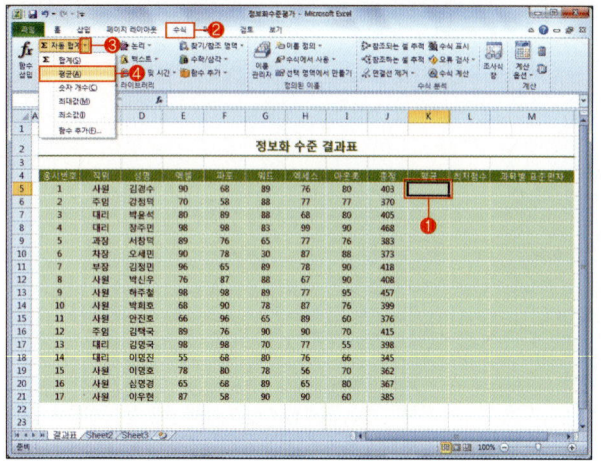

tip [홈] 탭–[편집] 그룹–[자동 합계]를 클릭한 후 [평균]을 선택해도 됩니다.

2. 마우스로 [E5] 셀부터 [I5] 셀까지 드래그하여 선택한 후 **Enter**를 누릅니다. 채우기 핸들을 이용하여 [K21] 셀까지 드래그하고 [자동 채우기 옵션(圉)]을 클릭하여 [서식 없이 채우기]를 선택합니다.

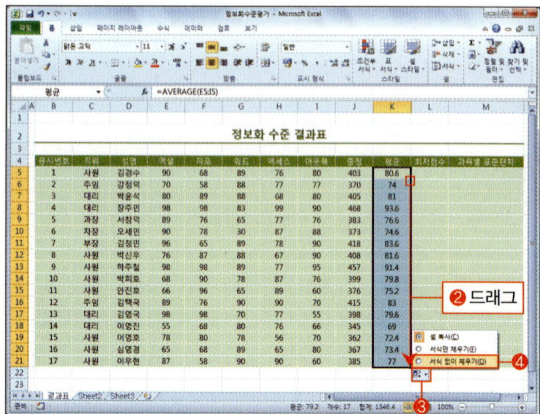

05 함수 라이브러리를 이용해 함수 입력하기

1. 이번에는 함수 라이브러리를 이용하여 수식을 완성해 봅니다. [L5] 셀을 선택하고 [수식] 탭-[함수 라이브러리] 그룹-[함수 추가]를 클릭한 후 [통계]-[MIN]을 선택합니다.

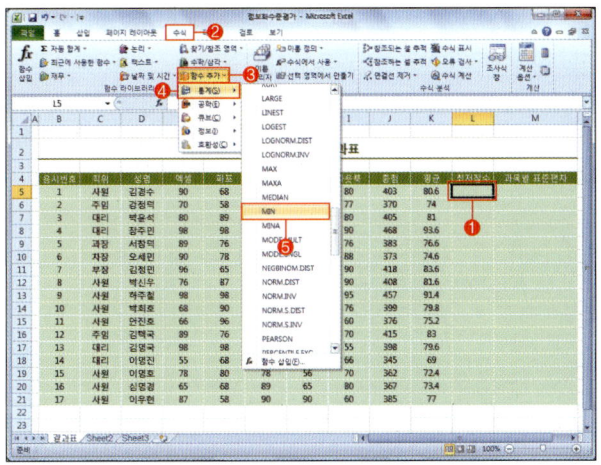

> **tip** MIN 함수는 지정한 셀 범위에서 최소값을 반환하며, MINA 함수는 숫자, 텍스트, 논리값 등이 포함된 셀 범위에서 최소값을 반환합니다.

2. [함수 인수] 대화 상자가 나타나면 'Number1'의 입력란을 클릭하고 [E5] 셀에서 [I5] 셀까지 드래그하여 선택한 후 [확인]을 클릭합니다. [L5] 셀의 채우기 핸들을 [L21] 셀까지 드래그한 후 [자동 채우기 옵션(🖳)]을 클릭하여 [서식 없이 채우기]를 선택합니다. 각 사원들의 최저 점수가 산출됩니다.

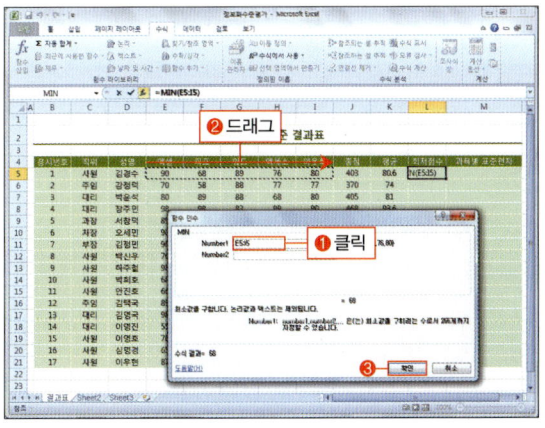

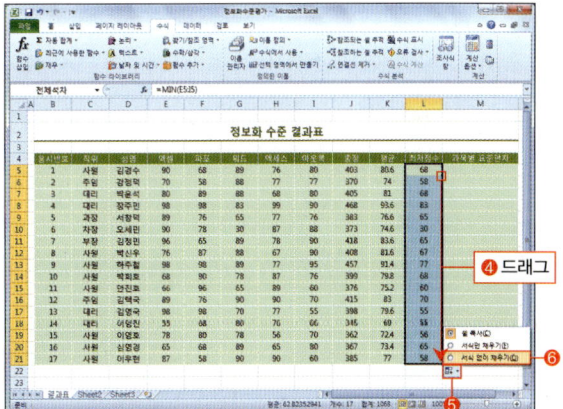

06 함수 마법사 이용하여 함수 입력하기

1. 함수 마법사를 이용하여 과목별 표준 편차를 구하기 위해 [M5] 셀을 선택하고 [수식] 탭-[함수 라이브러리] 그룹-[함수 삽입]을 클릭합니다.

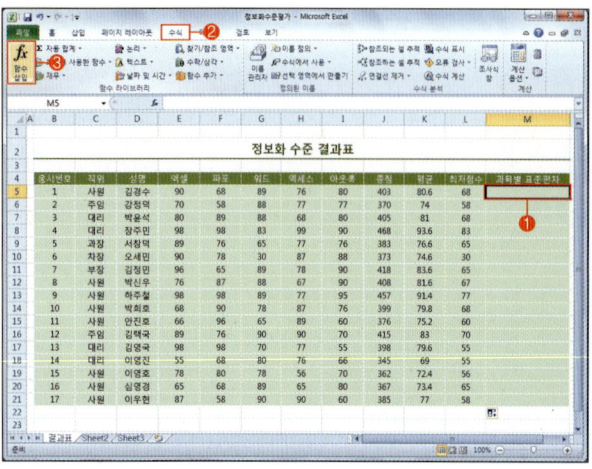

2. [함수 마법사] 대화 상자가 나타나면 [범주 선택]에서 [통계]를 선택하고 [함수 선택]에서 [STDEV.P]를 선택한 후 [확인]을 클릭합니다. [함수 인수] 대화 상자가 나타나면 [Number1] 입력란에 『E5:I5』을 입력한 후 [확인]을 클릭합니다.

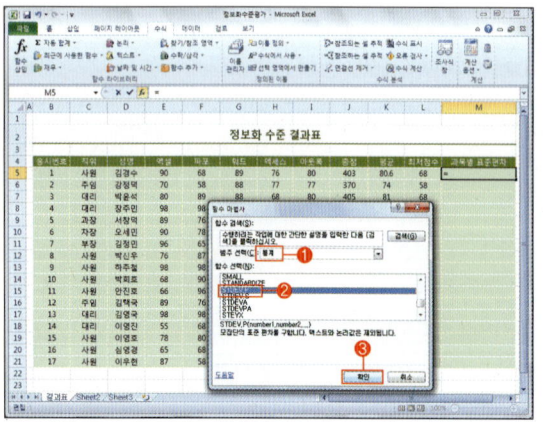 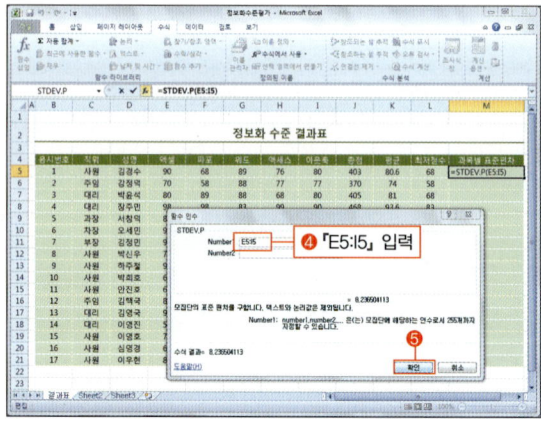

 해당하는 함수의 인수를 잘 모를 경우 [함수 인수] 대화 상자에 나타나는 '도움말'을 클릭하세요.

3. 응시번호 '1'에 해당하는 사원의 과목별 표준 편차가 구해집니다. [M5] 셀의 채우기 핸들을 [M21] 셀까지 드래그한 후 [자동 채우기 옵션(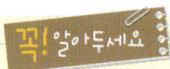)]을 클릭하여 [서식 없이 채우기]를 선택합니다.

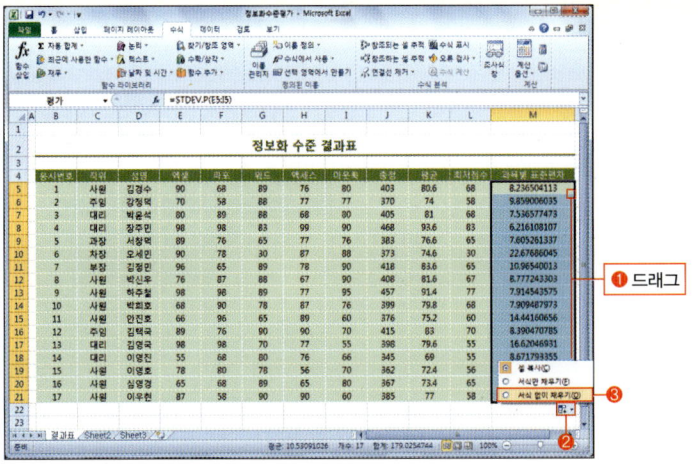

❶ 드래그

STDEV.P 함수

꼭! 알아두세요

표준 편차는 평균값에서 벗어나 있는 정도를 나타내는 것으로 엑셀에서는 STDEV.P 함수를 비롯하여 4가지 함수를 제공합니다.

=STDEV.P(number1,[number2],...)

❶ **number1** : 필수 요소로서 모집단에 해당하는 첫 번째 숫자 인수입니다
❷ **number2** : 모집단에 해당하는 숫자 인수로, 2~254까지 지정할 수 있습니다.

◉ **준비파일** : Part01\Chapter03\Check\금액산출.xlsx
◉ **완성파일** : Part01\Chapter03\Check\금액산출_완성.xlsx

체크! 해봐요

[D12] 셀을 선택한 다음 [함수 삽입]을 이용하여 금액의 평균을 구해보세요.

	A	B	C	D	E
1					
2			금액 산출		
3					
4		물건	부서명	금액	
5		프린터	A팀	100,000	
6		LCD	A팀	250,000	
7		CRT	B팀	200,000	
8		프린터	C팀	90,000	
9		본체	A팀	500,000	
10		본체	B팀	450,000	
11		LCD	B팀	220,000	
12		평균			
13					
14					
15					

➡

	A	B	C	D	E
1					
2			금액 산출		
3					
4		물건	부서명	금액	
5		프린터	A팀	100,000	
6		LCD	A팀	250,000	
7		CRT	B팀	200,000	
8		프린터	C팀	90,000	
9		본체	A팀	500,000	
10		본체	B팀	450,000	
11		LCD	B팀	220,000	
12		평균		258,571	
13					
14					
15					

Hint

❶ [D12] 셀을 선택한 다음 [수식] 탭-[함수 라이브러리] 그룹-[함수 삽입] 클릭
❷ [함수 마법사] 대화 상자에서 [범주 선택]-[통계], [함수 선택]-[AVERAGE] 선택

기초 함수 익히기

엑셀에서 자주 사용하는 함수 중 반드시 익혀야하는 기본적인 함수가 있습니다. 그 대표적인 것이 평균을 구하는 AVERAGE 함수, 인원을 구하는 COUNT 함수, 최고점과 최저점을 구하는 MAX 함수와 MIN 함수, 순위를 구하는 RANK.EQ 함수 등입니다. 반드시 익혀야하는 기초 함수를 배워보도록 합니다.

Preview

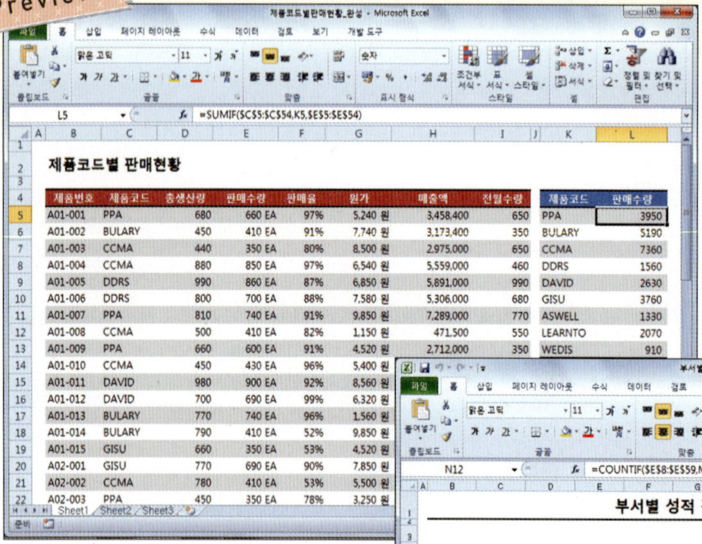

▲ SUMIF, SUMIFS 함수를 이용한 코드별 판매현황

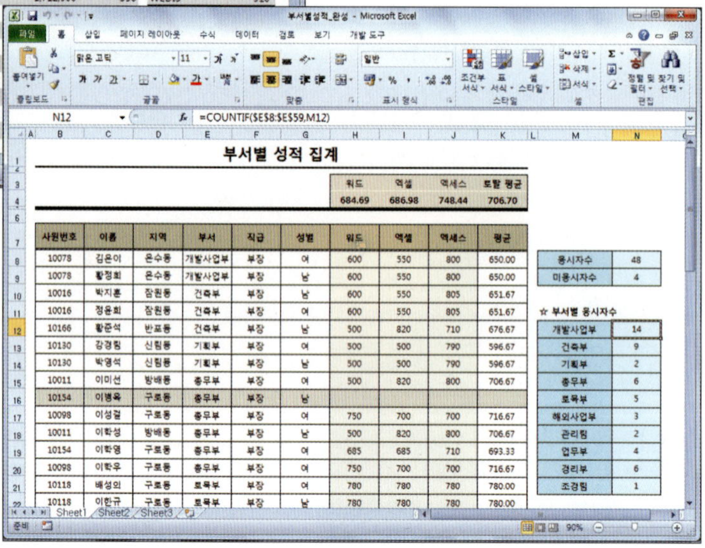

▲ COUNT, COUNTBLANK, COUNTIF, COUNTIFS 함수를 이용한 부서별 응시자 집계

이번 섹션에서 배울 주요 내용!

01. AVERAGE, AVERAGEA 함수로 진급 시험 평균 구하기

02. SUMIF, SUMIFS 함수로 조건 및 다중 조건의 합계 구하기

03. SUMTOTAL 함수로 합계 및 평균 구하기

04. COUNT, COUNTBLANK 함수로 시험 응시 인원 구하기

05. COUNTIF, COUNTIFS 함수로 조건에 맞는 개수 구하기

06. MAX, MIN 함수로 최고점과 최저점 구하기

07. TODAY, YEAR, MONTH 함수로 초과 근무 시간 구하기

08. RANK, RANK.EQ, RANK.AVG 함수로 영업 순위 구하기

01 AVERAGE, AVERAGEA 함수로 진급 시험 평균 구하기

● 준비파일 : Part01\Chapter03\Section03\진급시험결과표.xlsx
● 완성파일 : Part01\Chapter03\Section03\진급시험결과표_완성.xlsx

AVERAGE 함수 : =AVERAGE(number1, [number2], …)

설명	셀 범위에 있는 숫자를 모두 더하여 평균을 구합니다.
인수	Number1, Number2, … : 평균을 구하려는 숫자나 셀 범위로서 평균을 구할 대상을 최대 255까지 지정할 수 있습니다.

AVERAGEA 함수 : =AVERAGEA(value1, [value2], …)

설명	수치뿐만 아니라 문자열이나 논리값 등의 인수 목록에서 산술 평균값을 계산합니다. 즉 숫자 외에도 텍스트 등도 계산에 포함됩니다.
인수	value1, value2, … : 평균을 구하려는 셀, 셀 범위 또는 값으로, 1~255개까지 지정할 수 있습니다.

1. [I5] 셀을 선택하고 수식 입력줄에 있는 [함수 삽입]([*fx*])을 클릭합니다. [함수 마법사]가 나타나면 [범주 선택] 에서 [통계]를 선택하고, [함수 선택]에서 [AVERAGE]를 선택한 후 [확인]을 클릭합니다.

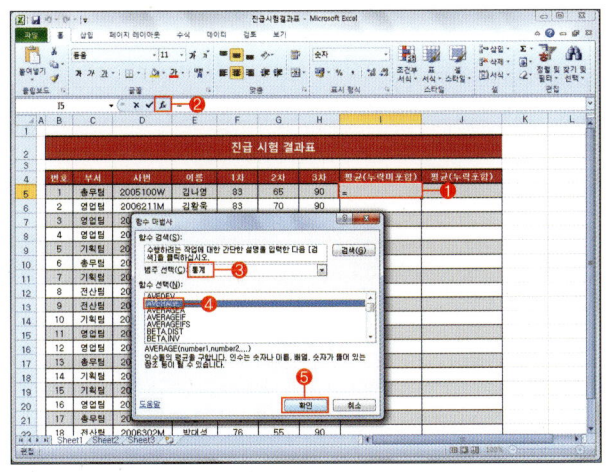

> **tip** [I5] 셀을 선택하고 [수식] 탭–[함수 라이브러리] 그룹–[함수 추가]를 클릭한 후 [통계]–[AVERAGE]를 선택하여도 됩니다.

2. [함수 인수] 대화 상자가 나타나면 [Number1] 입력란에 『F5:H5』를 입력하고 [확인]을 클릭합니다.

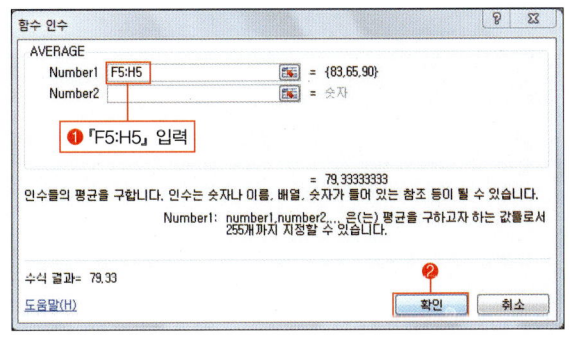

> **tip** [Number1] 입력란에 자동으로 『F5:H5』 셀이 지정되는 이유는 'AVERAGE' 함수가 숫자를 참조하는 함수이기 때문에 가장 가까운 영역의 숫자를 자동 인식하기 때문입니다.

3. 이번에는 [J5] 셀을 선택하고 수식 입력줄에 있는 [함수 삽입]([*fx*])을 클릭합니다. [함수 마법사]가 나타나면 [범주 선택]에서 [통계]를 선택하고 [함수 선택]에서 [AVERAGEA]를 선택한 다음 [확인]을 클릭합니다.

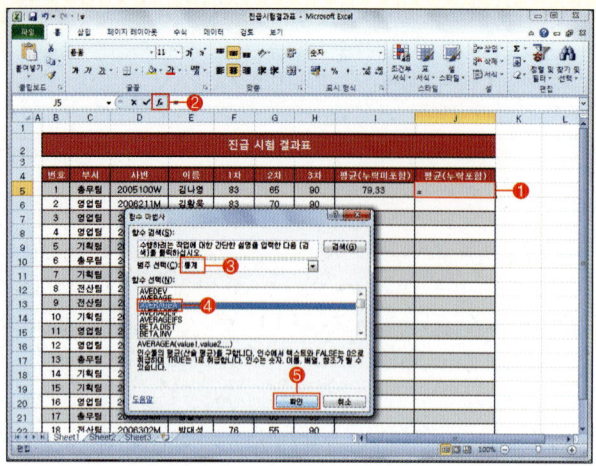

4. [함수 인수] 대화 상자가 나타나면 [Value1] 입력란에 『F5:H5』를 입력한 후 [확인]을 클릭합니다.

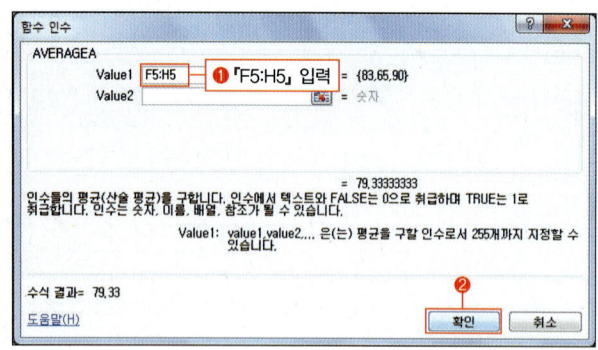

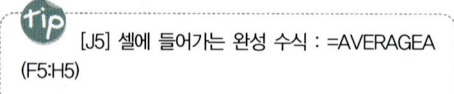
tip [J5] 셀에 들어가는 완성 수식 : =AVERAGEA (F5:H5)

5. [I5:J5]를 선택한 다음 채우기 핸들을 [J24] 셀까지 드래그합니다. [자동 채우기 옵션]을 클릭해 [서식 없이 채우기]를 선택합니다.

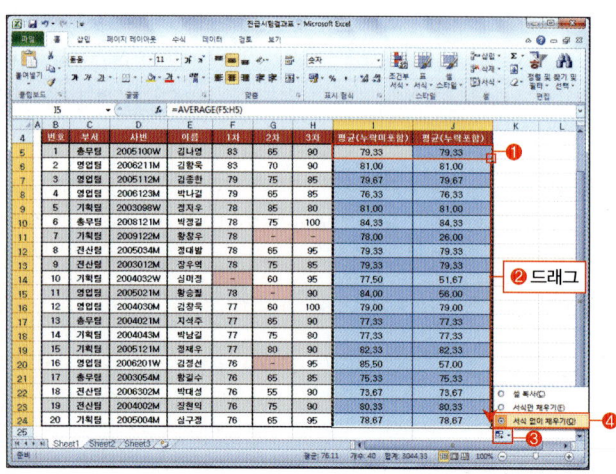

tip AVERAGE 함수와 AVERAGEA 함수는 평균을 구하는 함수이지만 AVERAGE 함수는 누락값을 포함하지 않으며, AVERAGEA 함수는 문자나 누락값까지 모두 포함하여 평균을 구하는 점이 다릅니다. 동일한 영역의 평균을 구했지만 [11] 행의 경우 AVERAGE 함수의 값은 '78' 점이지만 AVERAGEA 함수의 값은 '26' 점입니다.

02 SUMIF, SUMIFS 함수로 조건 및 다중 조건의 합계 구하기

◉ 준비파일 : Part01\Chapter03\Section03\제품코드별판매현황.xlsx
◉ 완성파일 : Part01\Chapter03\Section03\제품코드별판매현황_완성.xlsx

SUM 함수 : =SUM(number1,[number2],…)

설명	셀 범위에 있는 숫자를 모두 더합니다.
인수	number1, number2, … : 합계 값이나 합을 구할 인수입니다. 1~255개까지 지정할 수 있습니다.

SUMIF 함수 : =SUMIF(range, criteria, [sum_range])

설명	지정한 조건에 맞는 범위의 합계를 더합니다.
인수	rang : 셀 범위를 지정합니다. criteria : 숫자, 수식 또는 텍스트 형태로 된 찾을 조건을 지정합니다. sum_range : 합을 구하려는 실제 셀이나 셀 범위를 지정합니다.

SUMIFS 함수 : =SUMIFS(sum_range, criteria_range1, criteria1, [criteria_range2, criteria2], …)

설명	여러 조건을 충족하는 범위의 셀을 더합니다.
인수	sum_range : 합을 구하려는 실제 셀이나 셀 범위를 지정합니다. 빈 값이나 텍스트 값은 무시됩니다. criteria_range1, criteria_range2 : 지정할 범위 및 관련 조건으로서 최대 127개까지 지정할 수 있습니다. criteria1, criteria2, … : 숫자, 식, 셀 참조 또는 텍스트 형식의 조건입니다.

1. 제품 코드별 판매 수량을 구하기 위해 [L5] 셀을 선택합니다. [수식] 탭-[함수 라이브러리] 그룹-[수학/삼각]을 클릭한 후 [SUMIF]를 선택합니다.

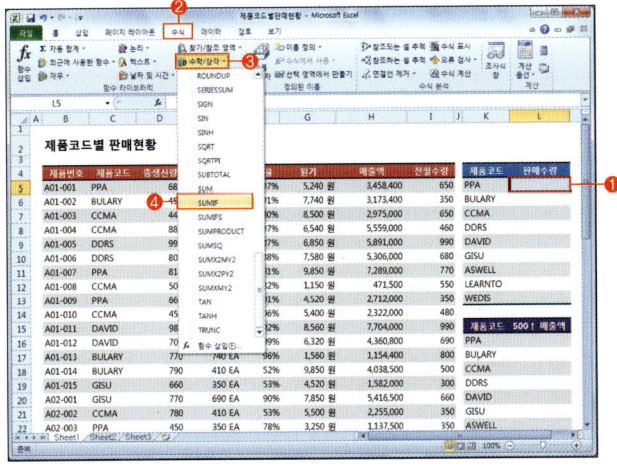

2. [함수 인수] 대화 상자가 나타나면 [Range] 입력란을 클릭한 다음 [C5:C54]를 드래그하여 입력한 후 F4 를 눌러 절대 참조로 변경합니다. [Criteria] 입력란을 클릭한 다음 [K5] 셀을 클릭합니다. 마지막으로 [Sum_range] 입력란을 클릭한 다음 [E5:E54]을 드래그하여 입력한 후 F4 를 눌러 절대 참조로 변경합니다. [확인]을 클릭합니다.

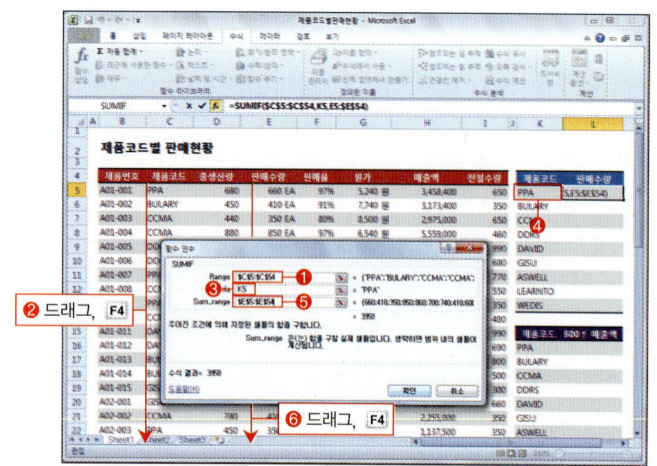

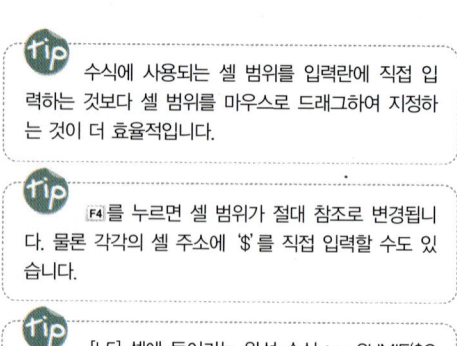

tip 수식에 사용되는 셀 범위를 입력란에 직접 입력하는 것보다 셀 범위를 마우스로 드래그하여 지정하는 것이 더 효율적입니다.

tip F4 를 누르면 셀 범위가 절대 참조로 변경됩니다. 물론 각각의 셀 주소에 '$'를 직접 입력할 수도 있습니다.

tip [L5] 셀에 들어가는 완성 수식 : = SUMIF($C$5:$C$54,K5,$E$5:$E$54)

3. [L5] 셀의 채우기 핸들을 [L13] 셀까지 드래그한 후 [자동 채우기 옵션]-[서식 없이 채우기]를 선택합니다. 이 번에는 제품코드별로 판매수량이 500 EA 이상인 제품의 매출액을 집계해 보겠습니다. [L16] 셀을 선택하고 수 식 입력줄에 있는 [함수 삽입]([fx])을 클릭합니다. [함수 마법사]가 나타나면 [범주 선택]에서 [수학/삼각]을 선택 하고 [함수 선택]에서 [SUMIFS]를 선택한 다음 [확인]을 클릭합니다.

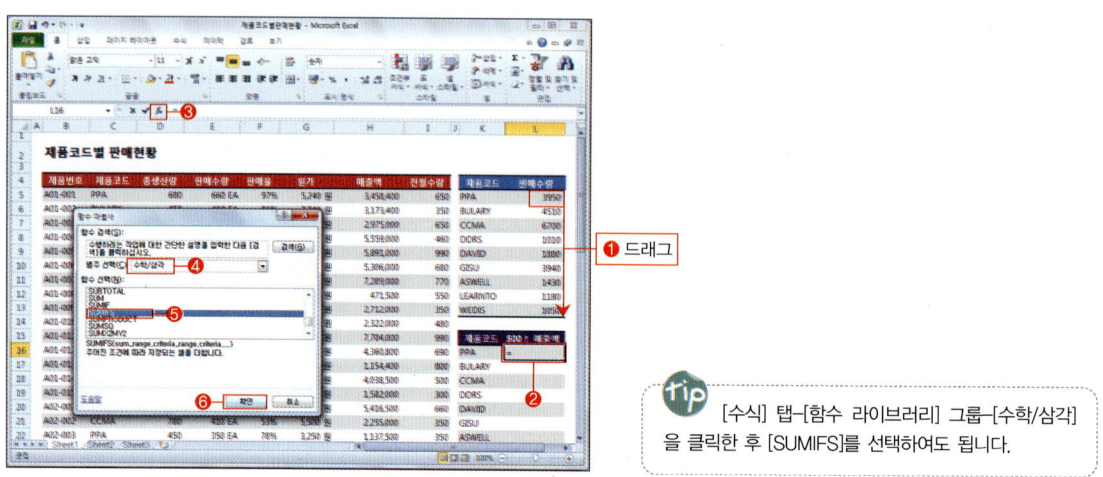

tip [수식] 탭-[함수 라이브러리] 그룹-[수학/삼각] 을 클릭한 후 [SUMIFS]를 선택하여도 됩니다.

4. [함수 인수] 대화 상자가 나타나면 [Sum_range] 입력란을 클릭한 다음 [H5:H54]를 드래그하여 입력한 후 **F4**를 눌러 절대 참조로 변경합니다. [Criteria_range1] 입력란을 클릭한 다음 [C5:C54]를 드래그하여 입력한 후 절대 참조로 변경합니다. [Criteria1] 입력란을 클릭한 다음 [K16] 셀을 클릭합니다. [Criteria_range2] 입력란을 클릭한 다음 [E5:E54]를 드래그하여 입력한 후 절대 참조로 변경합니다. [Criteria2] 입력란을 클릭한 다음 『>=500』을 입력하고 [확인]을 클릭합니다.

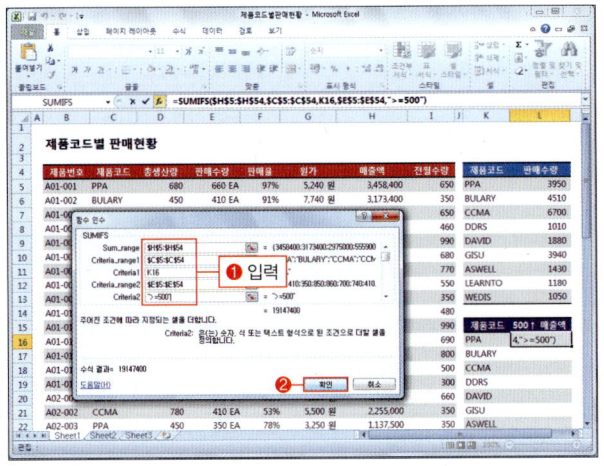

tip [L16] 셀에 들어가는 완성 수식 : =SUMIFS($H$5:$H$54,$C$5:$C$54,K16,$E$5:$E$54,">=500")

5. [L16] 셀의 채우기 핸들을 [L24] 셀까지 드래그한 후 [자동 채우기 옵션]-[서식 없이 채우기]를 선택합니다.

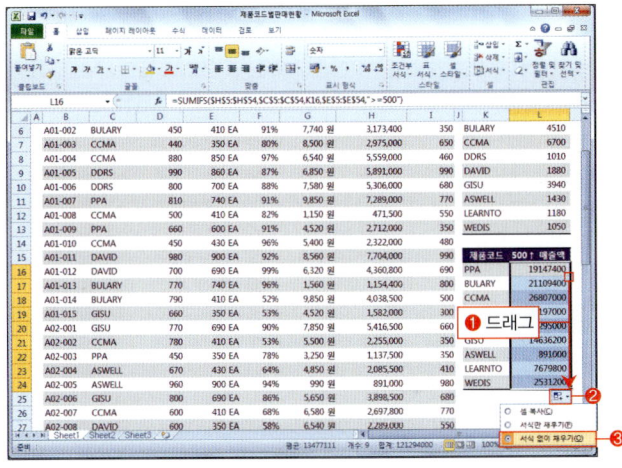

tip SUMIF 함수와 SUMIFS 함수는 인수 순서가 서로 다릅니다. 특히, sum_range 인수는 SUMIFS의 첫 번째 인수이지만 SUMIF에서는 세 번째 인수입니다.

tip SUMIFS 함수는 엑셀 2007부터 추가된 함수이므로 엑셀 2003 이하에서는 'NAME?' 오류가 발생합니다.

03 SUBTOTAL 함수로 합계 및 평균 구하기

● **준비파일** : Part01\Chapter03\Section03\생산량및판매수량.xlsx
● **완성파일** : Part01\Chapter03\Section03\생산량및판매수량_완성.xlsx

SUBTOTAL 함수 : SUBTOTAL(function_num,ref1,[ref2],...)

설명	목록이나 데이터베이스에서 부분합을 반환합니다. SUBTOTAL 함수 하나로 합계, 평균, 최대값, 최소값 등을 구할 수 있습니다.
인수	function_num : 부분합을 계산하는 데 사용할 함수를 지정하며 1~11까지 혹은 101~111까지의 숫자를 지정합니다. Ref1, Ref2, ... : 부분합을 계산할 범위 또는 참조를 지정합니다.

1. 총생산량 합계를 구하기 위해 [D57] 셀을 선택합니다. [수식] 탭–[함수 라이브러리] 그룹–[수학/삼각]을 클릭한 후 [SUBTOTAL]을 선택합니다.

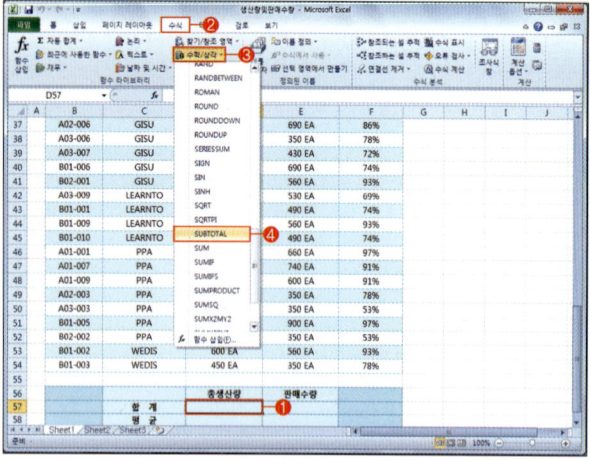

2. [함수 인수] 대화 상자가 나타나면 [Function_num] 입력란에 『9』를 입력하고 [Ref1] 입력란에 총 생산량 범위인 [D5:D54]를 드래그하여 입력한 후 [확인]을 클릭합니다.

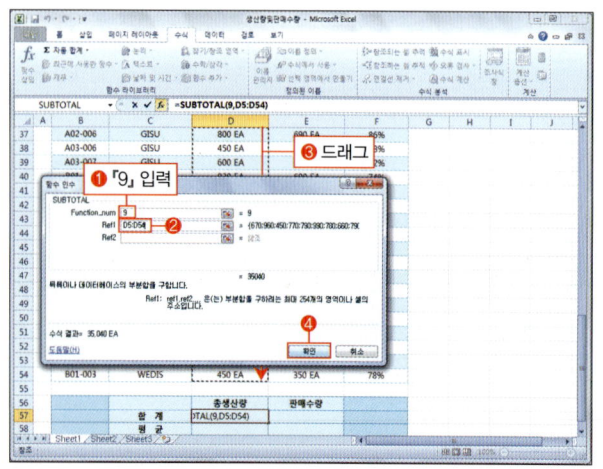

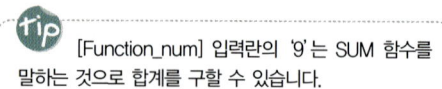
tip [Function_num] 입력란의 '9'는 SUM 함수를 말하는 것으로 합계를 구할 수 있습니다.

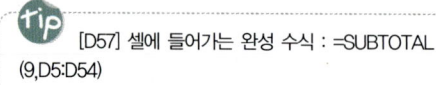
tip [D57] 셀에 들어가는 완성 수식 : =SUBTOTAL(9,D5:D54)

3. 총생산량 합계가 구해집니다. 이번에는 총생산량 평균을 구하기 위해 [D58] 셀을 선택합니다. [수식] 탭-[함수 라이브러리] 그룹-[수학/삼각]을 클릭한 후 [SUBTOTAL]을 선택합니다.

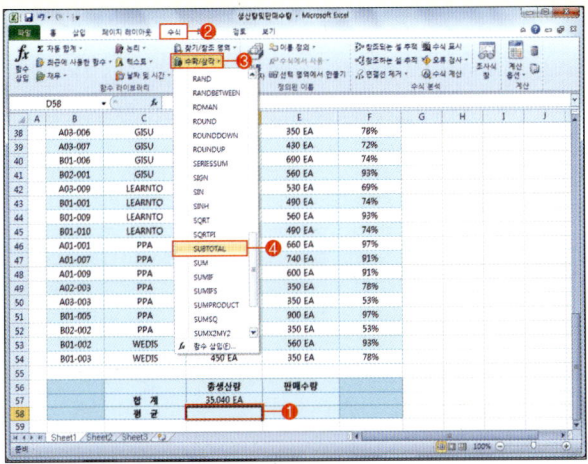

4. [함수 인수] 대화 상자가 나타나면 [Function_num] 입력란에 『1』를 입력하고, [Ref1] 입력란에 총 생산량 범위인 [D5:D54]를 드래그하여 입력한 후 [확인]을 클릭합니다.

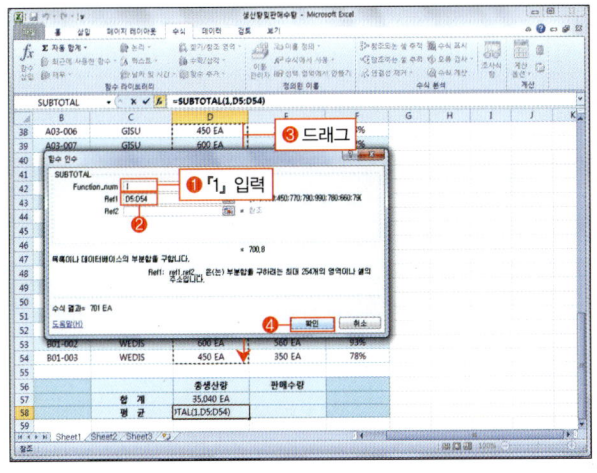

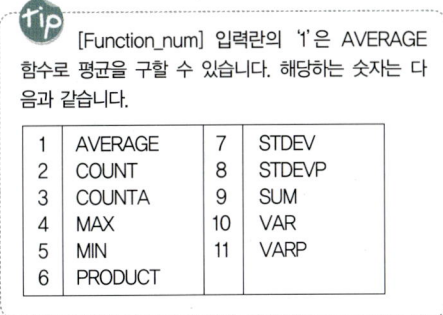

[Function_num] 입력란의 '1'은 AVERAGE 함수로 평균을 구할 수 있습니다. 해당하는 숫자는 다음과 같습니다.

1	AVERAGE	7	STDEV
2	COUNT	8	STDEVP
3	COUNTA	9	SUM
4	MAX	10	VAR
5	MIN	11	VARP
6	PRODUCT		

5. 총 생산량 평균이 구해집니다. 판매수량도 동일하게 구하기 위해 [D57:D58]을 선택하고 채우기 핸들을 [E58] 셀까지 드래그한 후 [자동 채우기 옵션]-[서식 없이 채우기]를 선택합니다.

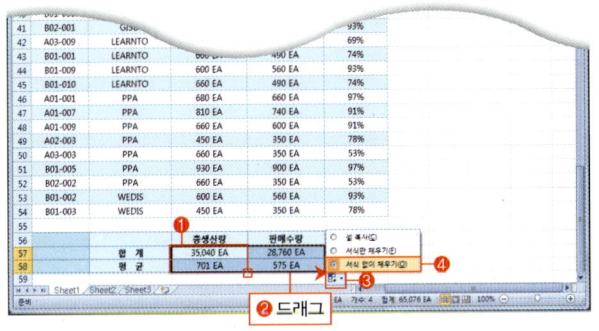

[D58] 셀에 들어가는 완성 수식 : =SUBTOTAL(1,D5:D54)

04 COUNT, COUNTBLANK 함수로 시험 응시 인원 구하기

- **준비파일** : Part01\Chapter03\Section03\부서별성적.xlsx
- **완성파일** : Part01\Chapter03\Section03\부서별성적_완성.xlsx

COUNT 함수 : COUNT(value1, [value2], …)

설명	인수 목록에서 숫자가 포함된 셀의 개수를 구합니다.
인수	value1, value2, … : 개수를 구하려는 항목이나 셀 참조 또는 범위입니다. 최대 255개까지 추가할 수 있습니다.

COUNTBLANK 함수 : COUNTBLANK(range)

설명	지정한 범위에 있는 빈 셀의 개수를 구합니다.
인수	range : 빈 셀의 개수를 계산할 범위를 지정합니다.

1. 시험에 응시한 응시자 수를 구하기 위해 [N8] 셀을 선택합니다. [수식] 탭-[함수 라이브러리] 그룹-[함수 추가]-[통계]를 클릭한 후 [COUNT]를 선택합니다.

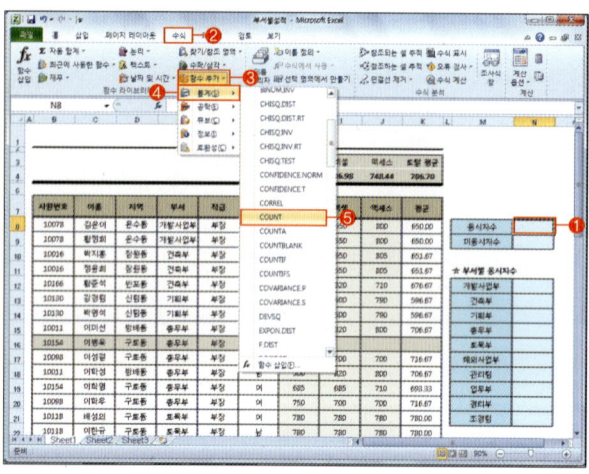

2. [함수 인수] 대화 상자가 나타나면 [Value1] 입력란을 클릭하고 [K8:K59]를 드래그하여 입력한 후 [확인]을 클릭합니다.

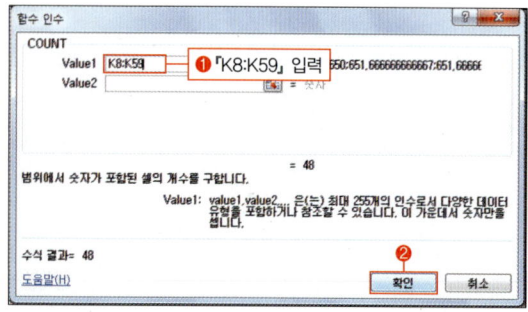

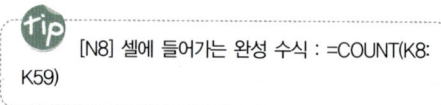

tip [N8] 셀에 들어가는 완성 수식 : =COUNT(K8:K59)

3. 응시자 수가 구해집니다. 미 응시자 수를 구하기 위해 [N9] 셀을 선택합니다. [수식] 탭–[함수 라이브러리] 그룹–[함수 추가]–[통계]를 클릭한 다음 [COUNTBLANK]를 선택합니다.

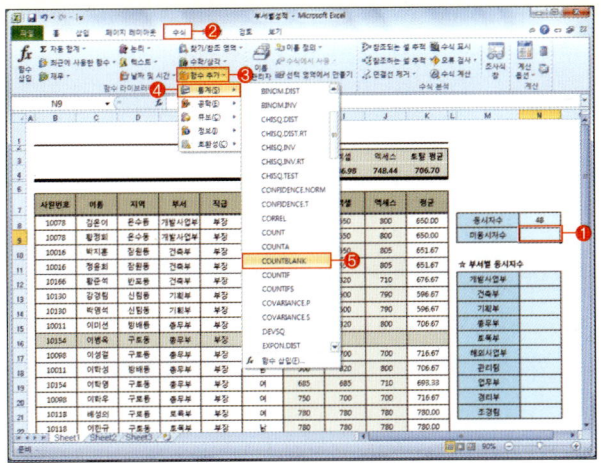

> **tip** COUNT 함수는 숫자가 포함된 셀의 개수를 계산하므로 [K16] 셀과 같이 비어있거나 문자가 포함된 셀은 제외됩니다.

4. [함수 인수] 대화 상자가 나타나면 [Range] 입력란을 클릭하고 [K8:K59]를 드래그하여 입력한 후 [확인]을 클릭합니다.

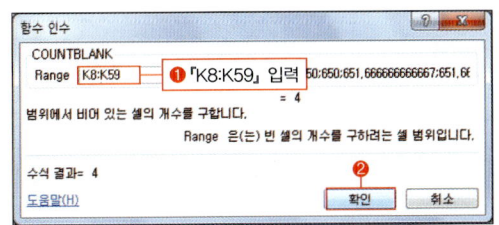

> **tip** [N9] 셀에 들어가는 완성 수식 : =COUNTBLANK (K8:K59)

5. 다음과 같이 응시자 수와 미 응시자 수가 구해집니다.

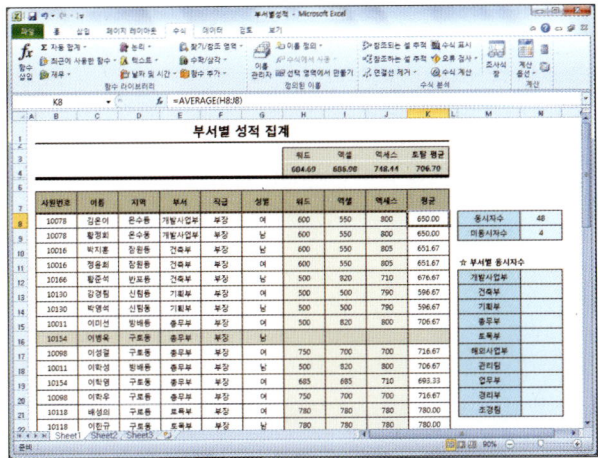

COUNTIF, COUNTIFS 함수로 조건에 맞는 개수 구하기

COUNTIF 함수 : COUNTIF(range, criteria)

설명	지정한 범위 내에서 조건에 맞는 셀의 개수를 구합니다.
인수	range : 조건에 맞는 셀 범위를 지정합니다. criteria : 개수를 구할 조건을 입력합니다.

COUNTIFS 함수 : COUNTIFS(criteria_range1, criteria1, ...)

설명	지정한 범위 내에서 여러 조건에 맞는 셀의 개수를 구합니다.
인수	criteria_range : 조건을 찾을 첫 번째 범위를 지정합니다. criteria : 개수를 구할 조건을 입력합니다.

1. 부서별 응시자 수를 구하기 위해 [N12] 셀을 선택합니다. [수식] 탭–[함수 라이브러리] 그룹–[함수 추가]–[통계]를 클릭한 다음 [COUNTIF]를 선택합니다.

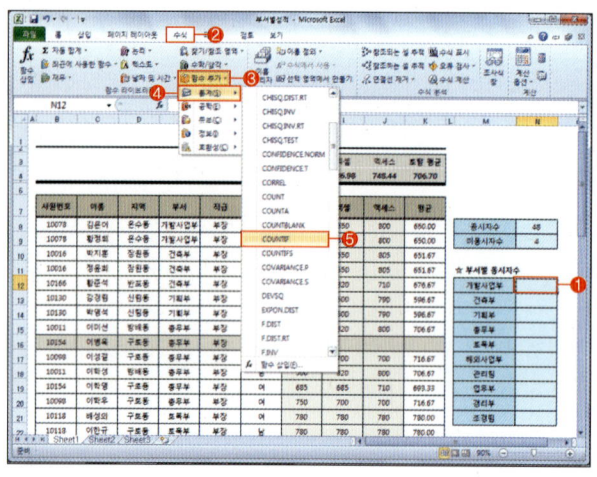

> **tip** COUNTIF 함수는 조건에 맞는 셀의 개수를 구하는 함수로서 여기서는 부서별로 응시자 수를 구합니다.

2. [함수 인수] 대화 상자가 나타나면 [Range] 입력란에 『$E$8:$E:$59』를 입력하여 부서가 입력되어 있는 영역을 지정합니다. [Criteria] 입력란에 『M12』를 입력한 후 [확인]을 클릭합니다.

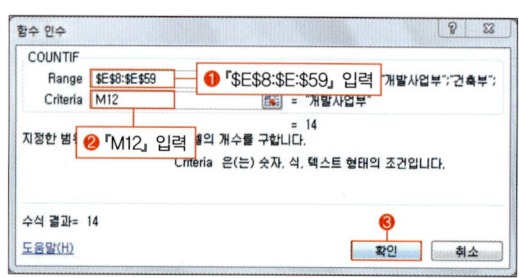

> **tip** [N12] 셀에 들어가는 완성 수식 : =COUNTIF($E$8:$E$59,M12)

3. [N12] 셀의 채우기 핸들을 [N21] 셀까지 드래그합니다. 부서별 응시자 수가 집계됩니다. 이번에는 평균이 700점 이상인 남성 응시자를 구해 보도록 하겠습니다. [N25] 셀을 선택합니다. [수식] 탭-[함수 라이브러리] 그룹-[함수 추가]-[통계]를 클릭한 후 [COUNTIFS]를 선택합니다. [함수 인수] 대화 상자가 나타나면 [Criteria_range1] 입력란에 토탈 평균 영역인 『K8:K59』를 입력하고, [Criteria1] 입력란에 700 이상이라는 조건이 지정되어 있는 『N23』을 입력합니다. [Criteria_range2] 입력란에 성별 영역인 『G8:G59』를 입력하고, [Criteria2] 입력란에 성별 조건이 지정되어 있는 [N24]를 입력한 후 [확인]을 클릭합니다.

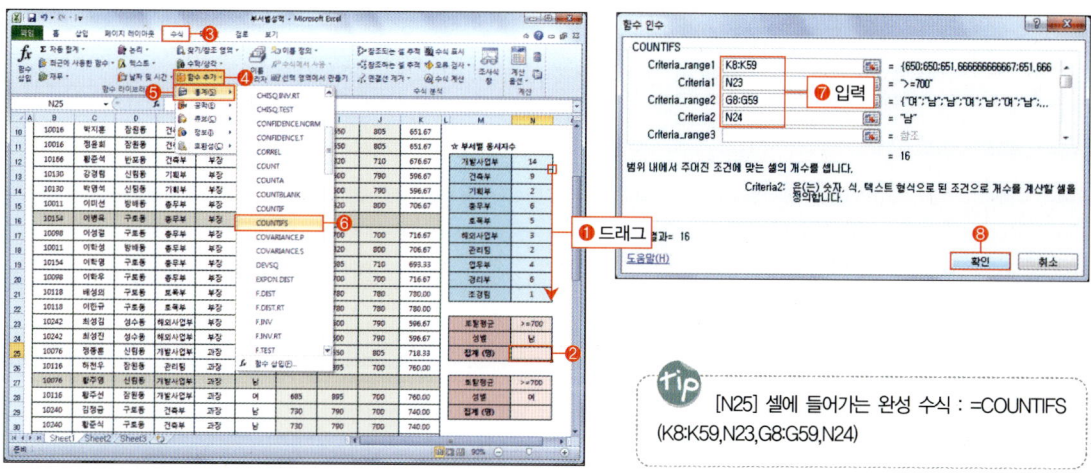

tip [N25] 셀에 들어가는 완성 수식 : =COUNTIFS (K8:K59,N23,G8:G59,N24)

tip COUNTIFS 함수는 COUNTIF 함수와 비슷하나 여러 개의 조건에 맞는 셀의 개수를 구할 때 사용합니다. 여기서는 평균 700점 이상과 성별에 따른 집계를 구합니다.

5. 같은 방법으로 [N29] 셀을 선택합니다. [수식] 탭-[함수 라이브러리] 그룹-[함수 추가]-[통계]를 클릭한 후 [COUNTIFS]를 선택합니다. [함수 인수] 대화 상자가 나타나면 [Criteria_range1] 입력란에 토탈 평균 영역인 [K8:K59]를 입력하고, [Criteria1] 입력란에 700 이상이라는 조건이 지정되어 있는 [N27]을 입력합니다. [Criteria_range2] 입력란엔 성별 영역인 [G8:G59]를 입력하고, [Criteria2] 입력란엔 성별 조건이 지정되어 있는 [N28]을 입력한 후 [확인]을 클릭합니다.

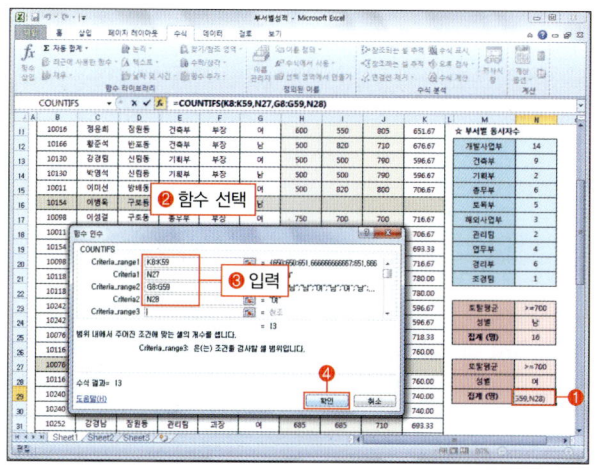

tip 범위를 지정할 수 있는 [Criteria_range]와 조건을 지정할 수 있는 [Criteria]은 최대 127개까지 지정할 수 있습니다.

tip [N29] 셀에 들어가는 완성 수식 : =COUNTIFS (K8:K59,N27,G8:G59,N28)

MAX, MIN 함수로 최고점과 최저점 구하기

◉ **준비파일** : Part01\Chapter03\Section03\영업부요약.xlsx
◉ **완성파일** : Part01\Chapter03\Section03\영업부요약_완성.xlsx

MAX 함수 : MAX(number1, [number2], ...)

설명	인수 중에서 최대값을 구합니다.
인수	number1, number2, ... : 최대값을 구할 숫자로, 1~255개까지 지정할 수 있습니다.

MIN 함수 : MIN(number1, [number2], ...)

설명	인수 중에서 최소값을 구합니다.
인수	number1, number2, ... : 최소값을 구할 숫자로, 1~255개까지 지정할 수 있습니다.

1. 최고판매량을 구하기 위해 [I5] 셀을 선택합니다. [수식] 탭-[함수 라이브러리] 그룹-[함수 추가]-[통계]를 클릭한 후 [MAX]를 선택합니다. [함수 인수] 대화 상자가 나타나면 [Number1] 입력란에 『E5:E44』를 입력하고 [확인]을 클릭합니다.

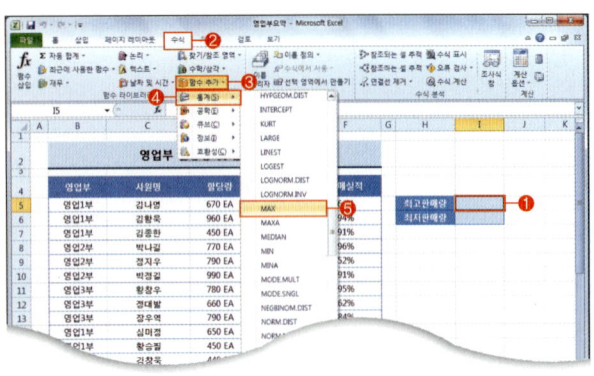

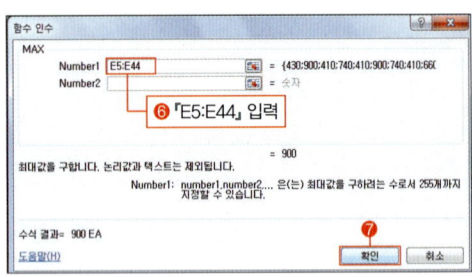

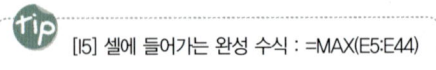

> **tip** [I5] 셀에 들어가는 완성 수식 : =MAX(E5:E44)

2. 최저판매량을 구하기 위해 [I6] 셀을 선택합니다. [수식] 탭-[함수 라이브러리] 그룹-[함수 추가]-[통계]를 클릭한 후 [MIN]를 선택합니다. [함수 인수] 대화 상자가 나타나면 [Number1] 입력란에 『E5:E44』를 입력하고 [확인]을 클릭합니다.

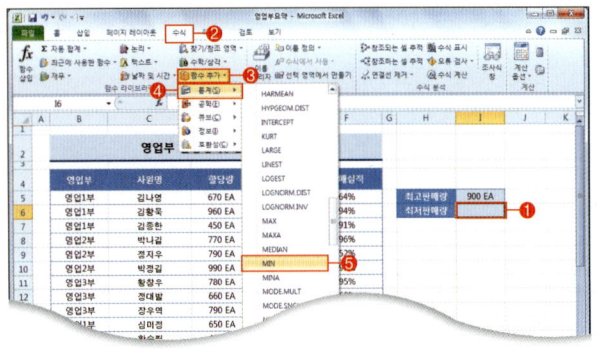

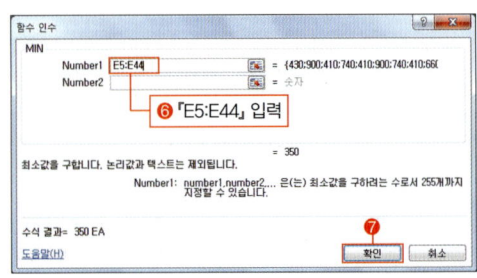

> **tip** [I6] 셀에 들어가는 완성 수식 : =MIN(E5:E44)

07 TODAY, YEAR, MONTH 함수로 초과 근무 시간 구하기

● **준비파일** : Part01\Chapter03\Section03\초과근무시간.xlsx
● **완성파일** : Part01\Chapter03\Section03\초과근무시간_완성.xlsx

TODAY 함수 : TODAY( )

설명	시스템의 현재 날짜를 구합니다.

YEAR 함수 : YEAR(serial_number)

설명	날짜에 해당하는 연도를 구합니다. 연도는 1900~9999 사이의 정수입니다.
인수	serial_number : 연도를 구할 날짜입니다

MONTH 함수 : MONTH(serial_number)

설명	날짜의 월을 구합니다. 월은 1(1월)~12(12월) 사이의 정수입니다.
인수	serial_number : 월을 구할 날짜입니다.

1. 오늘 날짜를 구하기 위해 [G2] 셀을 선택합니다. [수식] 탭-[함수 라이브러리] 그룹-[날짜 및 시간]을 클릭한 후 [TODAY]를 선택합니다. [함수 인수] 대화 상자가 나타나면 [확인]을 클릭합니다.

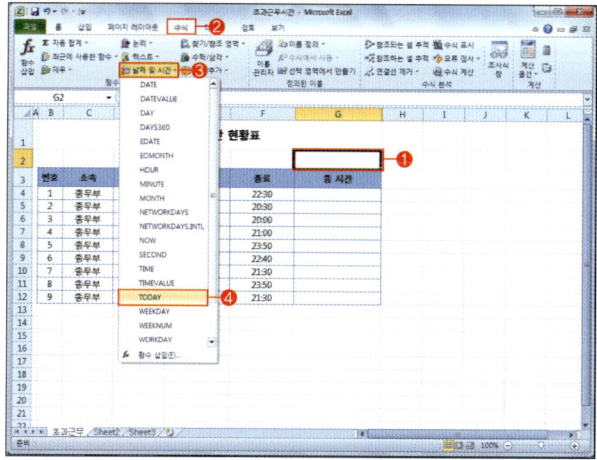

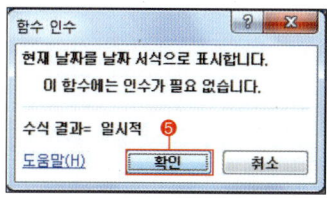

 [G2] 셀을 선택한 다음 『=TODAY( )』를 입력하고 Enter 를 눌러도 됩니다.

 [G2] 셀에 들어가는 완성 수식 : =TODAY()

2. 초과 근무 시간을 구하기 위해 [G4] 셀을 선택합니다. [수식] 탭-[함수 라이브러리] 그룹-[날짜 및 시간]을 클릭한 후 [HOUR]를 선택합니다. [함수 인수] 대화 상자가 나타나면 [Serial_number] 입력란에 『F4-E4』를 입력하고 [확인]을 클릭합니다.

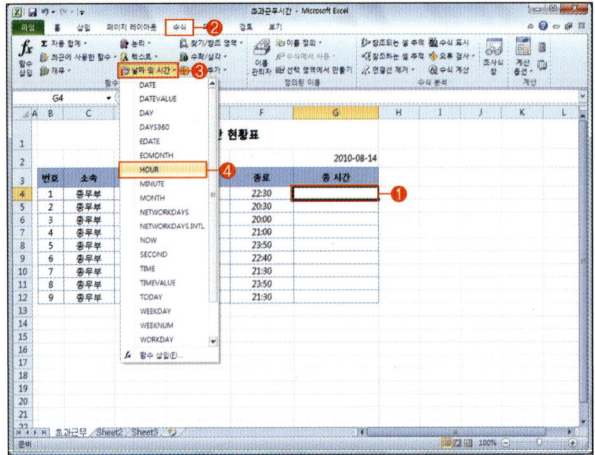

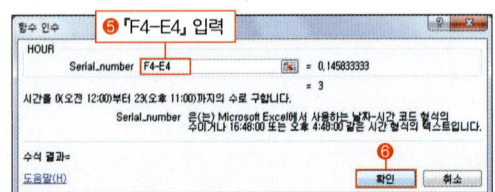

3. 수식 입력줄을 클릭하여 『& "시간" & MINUTE(F4-E4) & "분"』을 입력한 다음 Enter 를 누릅니다.

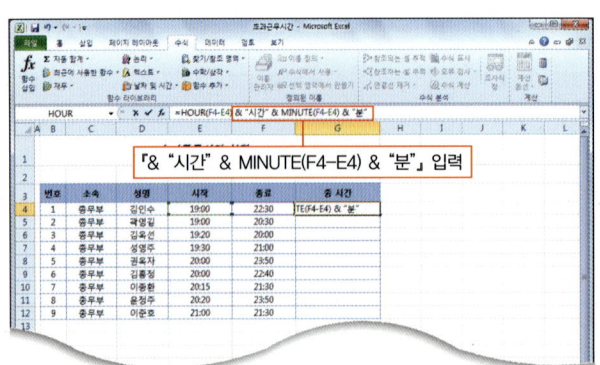

『& "시간" & MINUTE(F4-E4) & "분" 입력

> **tip** [수식 입력줄 확장](▾) 단추를 클릭하여 수식 입력줄을 확장하거나 수식 입력줄의 수식 상자를 마우스로 드래그하여 상자의 높이를 조정할 수 있습니다. 수식 입력줄의 수식 상자 크기를 조정하면 셀에 들어가는 긴 수식이나 텍스트를 한눈에 볼 수 있습니다.

4. [G4] 셀의 채우기 핸들을 [G12] 셀까지 드래그합니다.

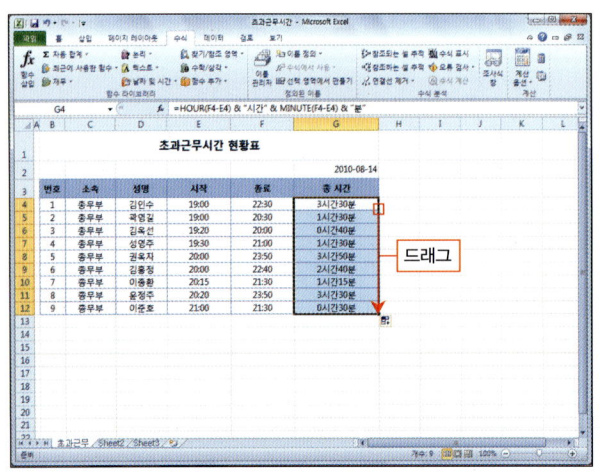

드래그

> **tip** [G4] 셀에 들어가는 완성 수식 : =HOUR(F4-E4) & "시간" & MINUTE(F4-E4) & "분"

08 RANK, RANK.EQ, RANK.AVG 함수로 영업 순위 구하기

● 준비파일 : Part01\Chapter03\Section03\영업실적.xlsx
● 완성파일 : Part01\Chapter03\Section03\영업실적_완성.xlsx

RANK 함수 : RANK(number,ref,[order])

설명	지정한 목록들의 순위를 구합니다. 엑셀 2010 이전 버전에서 사용하는 순위 함수로 엑셀 2010에서는 RANK.EQ, RANK.AVG 로 변경되었습니다.
인수	number : 순위를 구하려는 셀을 입력합니다. ref : 숫자 목록의 범위를 지정합니다. 숫자 이외의 값은 무시됩니다. order : 순위 결정 방법을 지정합니다. 0이거나 생략하면 내림차순으로, 0이 아니면 오름차순으로 정렬됩니다.

RANK.EQ 함수 : RANK.EQ(number,ref,[order])

설명	지정한 목록들의 순위를 구합니다. 동일한 순위가 여러 개이면 가장 높은 순위를 반환합니다.
인수	number : 순위를 구하려는 셀을 입력합니다. ref : 숫자 목록의 범위를 지정합니다. 숫자 이외의 값은 무시됩니다. order : 순위 결정 방법을 지정합니다.

RANK.AVG 함수 : RANK.AVG(number,ref,[order])

설명	지정한 목록들의 순위를 구합니다. 동일한 순위가 여러 개이면 평균 순위를 반환합니다.
인수	number : 순위를 구하려는 셀을 입력합니다. ref : 숫자 목록의 범위를 지정합니다. 숫자 이외의 값은 무시됩니다. order : 순위 결정 방법을 지정합니다.

1. [J4] 셀을 선택한 후 수식 입력줄에 『=RANK(I4,$I$4:$I$16)』을 입력하고 Enter 를 누릅니다.

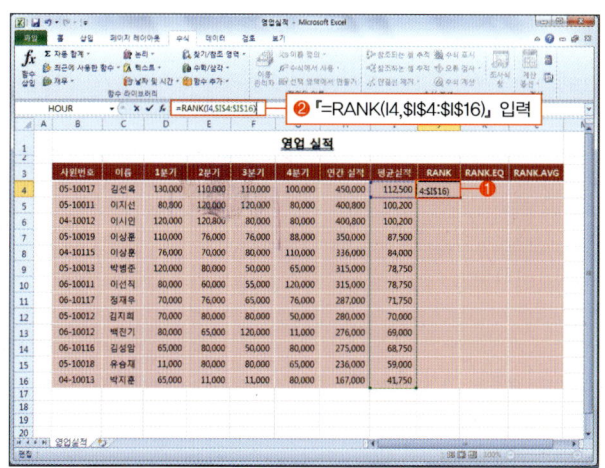

tip [수식] 탭–[함수 라이브러리] 그룹–[함수 추가]–[통계]를 클릭하면 이전 버전에 존재던 RANK 함수를 찾을 수 없고, RANK.EQ 함수와 RANK.AVG 함수를 찾을 수 있습니다. 앞으로는 RANK.EQ, RANK.AVG 함수에 적응하도록 합니다.

tip [I4] 셀에 들어가는 완성 수식 : =RANK(I4, $I$4:$I$16)

2. RANK.EQ 함수를 이용하여 순위를 구해봅니다. [K4] 셀을 선택하고 [수식] 탭-[함수 라이브러리] 그룹-[함수 추가]-[통계]를 클릭하여 [RANK.EQ]를 선택합니다. [함수 인수] 대화 상자가 나타나면 [Number] 입력란에 『I4』, [Ref] 입력란에 『$I$4:$I$16』을 입력한 후 [확인]을 클릭합니다.

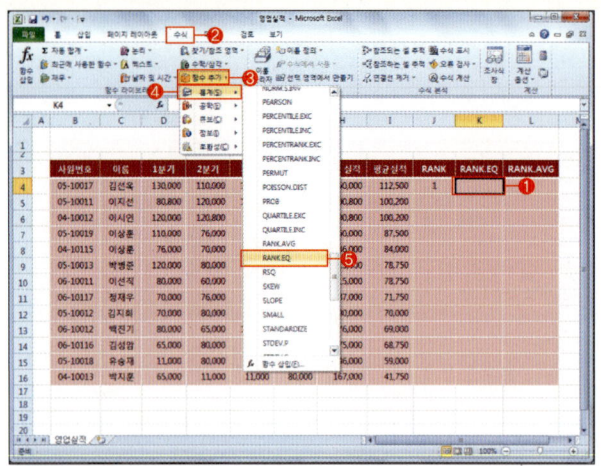

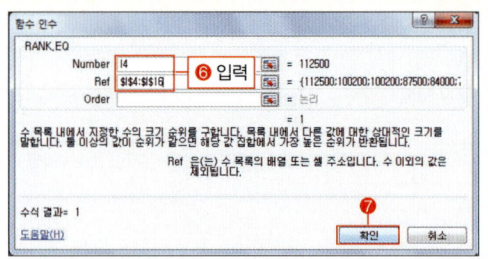

tip [KI4] 셀에 들어가는 완성 수식 : =RANK.EQ (I4,$I$4:$I$16)

tip [Order] 입력란에는 순위 결정 방법을 지정하는 수를 입력합니다. 0이거나 생략하면 내림차순으로, 0이 아니면 오름차순으로 정렬됩니다.

3. 이번에는 RANK.AVG 함수를 이용하여 순위를 구해봅니다. [L4] 셀을 클릭하고 [수식] 탭-[함수 라이브러리] 그룹-[함수 추가]-[통계]를 클릭하여 [RANK.AVG]를 선택합니다. [함수 인수] 대화 상자가 나타나면 [Number] 입력란에 『I4』, [Ref] 입력란에 『$I$4:$I$16』을 입력한 후 [확인]을 클릭합니다.

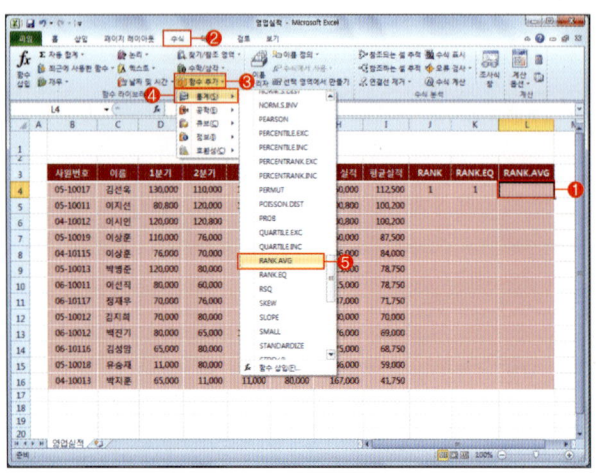

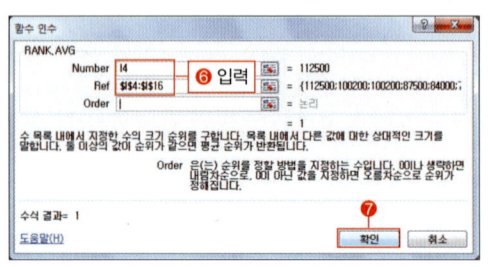

tip [L4] 셀에 들어가는 완성 수식 : =RANK.AVG (I4,$I$4:$I$16)

4. [J4:L4] 셀을 채우기 핸들로 [J16:L16] 셀까지 드래그합니다. [자동 채우기 옵션]-[서식 없이 채우기]를 선택합니다.

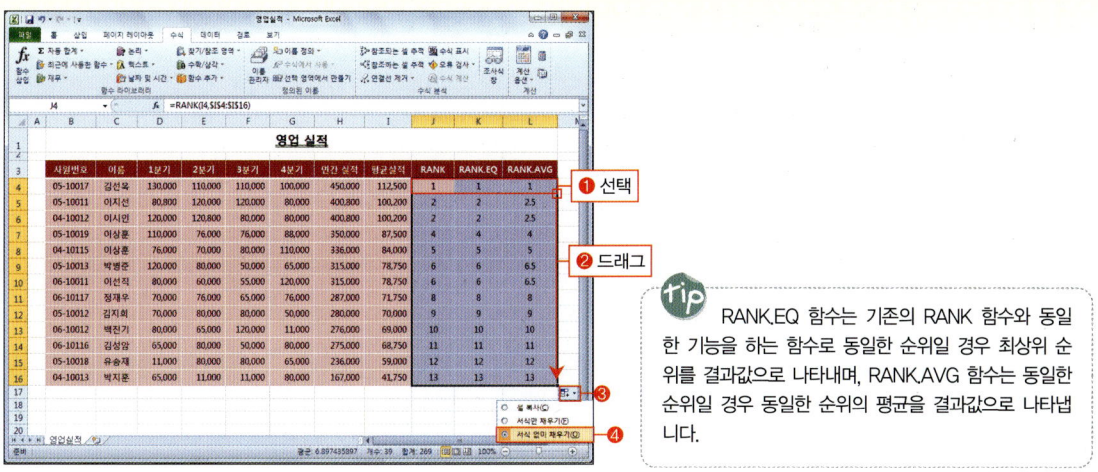

① 선택

② 드래그

③

④

> **tip** RANK.EQ 함수는 기존의 RANK 함수와 동일한 기능을 하는 함수로 동일한 순위일 경우 최상위 순위를 결과값으로 나타내며, RANK.AVG 함수는 동일한 순위일 경우 동일한 순위의 평균을 결과값으로 나타냅니다.

● **준비파일** : Part01\Chapter03\Check\인원수.xlsx
● **완성파일** : Part01\Chapter03\Check\인원수_완성.xlsx

체크! 해봐요

COUNTA 함수와 COUNT 함수로 모의고사 총 인원과 응시생 수를 구해보세요.

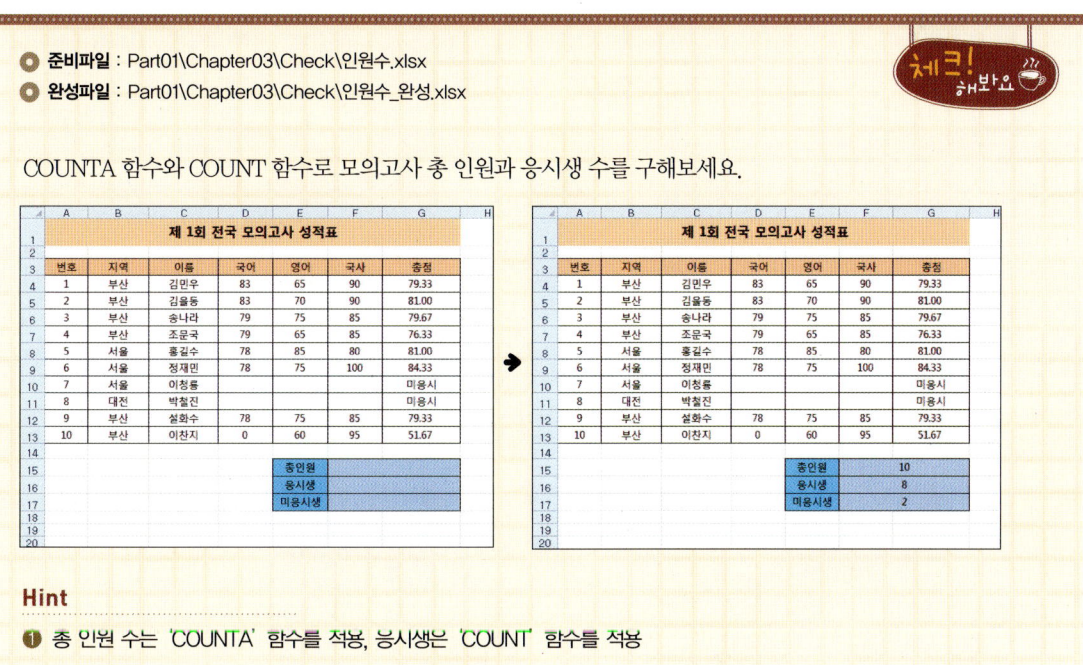

Hint

❶ 총 인원 수는 'COUNTA' 함수를 적용, 응시생은 'COUNT' 함수를 적용

필수 함수 익히기

필수 함수는 기초 함수와 마찬가지로 자주 활용되지만 인수 사용에 다소 신경을 써야하는 함수로 IF, INDEX, LOOKUP, VLOOKUP 함수 등이 여기에 포함됩니다. 이번 섹션에서는 중첩 함수를 사용하여 주민 등록번호로 성별을 분류할 수 있는 IF, LEFT, MIN, RIGHT 함수와 근무년수 데이터에서 각자의 연봉을 구할 수 있는 INDEX 함수, 세금계산서의 거래처를 한번에 가져올 수 있는 VLOOKUP 함수 등에 대해 알아보도록 합니다.

Preview

▲ INDEX 함수를 이용한 근무년수에 따른 연봉 산출

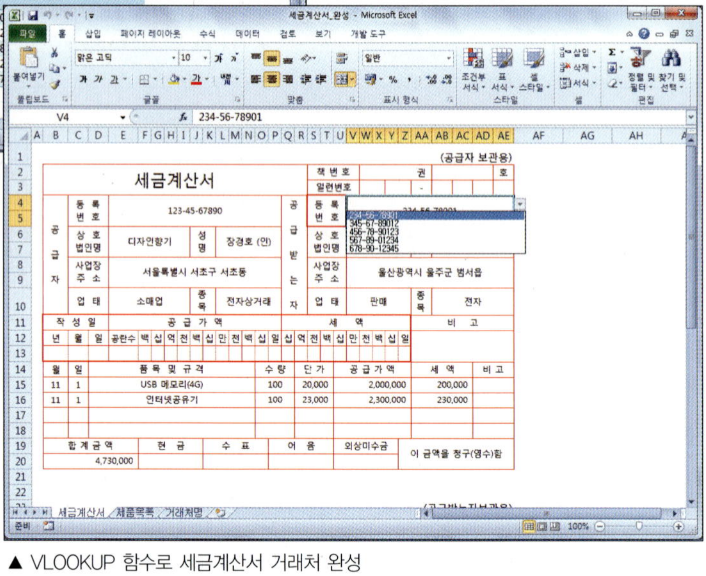

▲ VLOOKUP 함수로 세금계산서 거래처 완성

이번 섹션에서 배울 주요 내용!

01. IF, LEFT, MID, RIGHT 함수를 이용해 주민등록번호로 성별 분류하기

02. 중첩 IF 함수로 매출 실적 평가하기

03. INDEX 함수로 근무년수에 따른 연봉 구하기

04. VLOOKUP 함수로 세금계산서 거래처 만들기

05. INT 함수로 부가세 구하기

01 IF, LEFT, MID, RIGHT 함수를 이용해 주민등록번호로 성별 분류하기

◉ **준비파일** : Part01\Chapter03\Section04\사원연명부.xlsx
◉ **완성파일** : Part01\Chapter03\Section04\사원연명부_완성.xlsx

IF 함수 : IF(logical_test, [value_if_true], [value_if_false])

설명	지정된 조건이 참 또는 거짓에 따라 각각 다른 값을 반환합니다.
인수	criteria : 숫자, 수식 또는 텍스트 형태로 된 찾을 조건을 지정합니다. value_if_true : 조건식의 결과가 참일 경우 나타낼 값입니다. value_if_false : 조건식의 결과가 거짓일 경우 나타낼 값입니다.

LEFT 함수 : LEFT(text, [num_chars]), RIGHT 함수 : RIGHT(text, [num_chars])

설명	LEFT 함수는 문자열의 왼쪽부터 지정한 개수만큼의 글자를 표시하고, RIGHT 함수는 문자열의 오른쪽부터 지정한 개수만큼의 글자를 표시합니다.
인수	text : 추출할 문자가 들어있는 텍스트 문자열입니다. num_chars : 추출할 문자 수를 지정합니다.

MID 함수 : MID(text, start_num, num_chars)

설명	문자열의 지정한 위치를 기준으로 지정한 개수만큼의 글자를 표시합니다.
인수	text : 추출할 문자가 들어있는 텍스트 문자열을 지정합니다. Start_num : 추출할 첫 문자의 위치를 지정합니다. Num_chars : 문자의 개수를 지정합니다.

1. 주소를 활용하여 지역을 추출하기 위해 [G4] 셀을 선택합니다. [수식] 탭–[함수 라이브러리] 그룹–[텍스트]를 클릭한 후 [LEFT]를 선택합니다. [함수 인수] 대화 상자가 나타나면 [Text] 입력란에 주소 셀이 있는 [F4] 셀을 클릭하여 입력하고, [Num_chars] 입력란에는 3자리의 문자를 추출하기 위해 『3』을 입력합니다. [확인]을 클릭합니다.

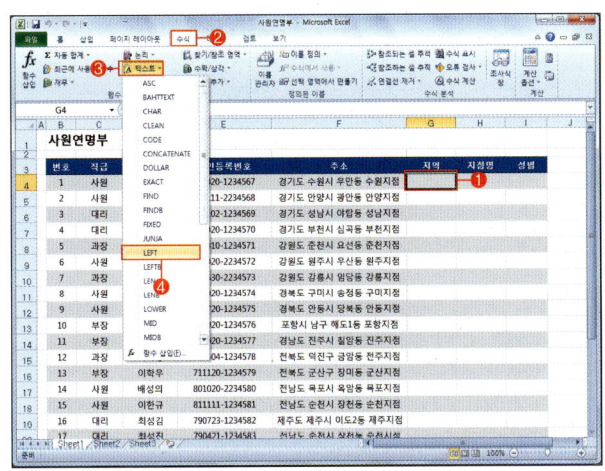

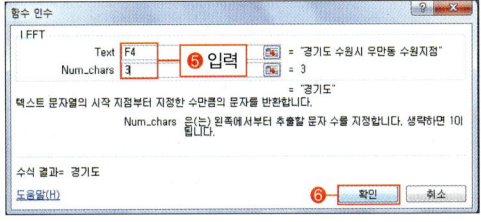

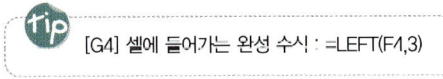

> **tip** [G4] 셀에 들어가는 완성 수식 : =LEFT(F4,3)

2. 지점명을 추출하기 위해 [H4] 셀을 선택합니다. [수식] 탭-[함수 라이브러리] 그룹-[텍스트]를 클릭한 후 [RIGHT]를 선택합니다. [함수 인수] 대화 상자가 나타나면 [Text] 입력란에 주소 셀이 있는 [F4] 셀을 클릭하여 입력하고 [Num_chars] 입력란엔 4자리의 문자를 추출하기 위해 『4』를 입력합니다. [확인]을 클릭합니다.

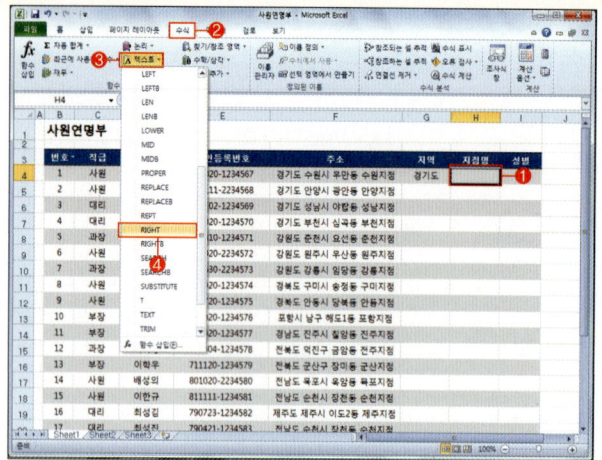

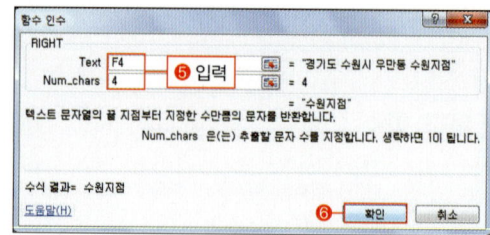

[H4] 셀에 들어가는 완성 수식 : =RIGHT(F4,4)

3. 주민등록번호를 이용하여 성별을 추출하기 위해 [I4] 셀을 선택합니다. [수식] 탭-[함수 라이브러리] 그룹-[논리]를 클릭한 후 [IF]를 선택합니다.

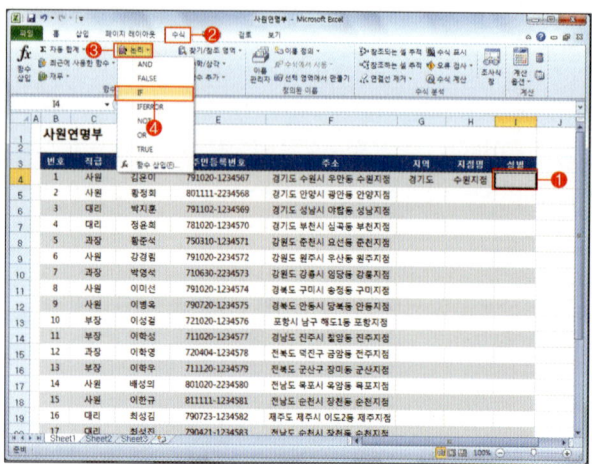

4. 주민등록번호 뒷자리의 첫 번째 숫자가 1이면 "남자", 2이면 "여자"로 표시하기 위해 [함수 인수] 대화 상자가 나타나면 [Logical_test] 입력란에 『MID(E4, 8, 1)="1"』을 입력하고, [Value_if_true] 입력란에 『"남자"』를 입력합니다. 마지막으로 [Value_if_false] 입력란에 『"여자"』를 입력한 후 [확인]을 클릭합니다.

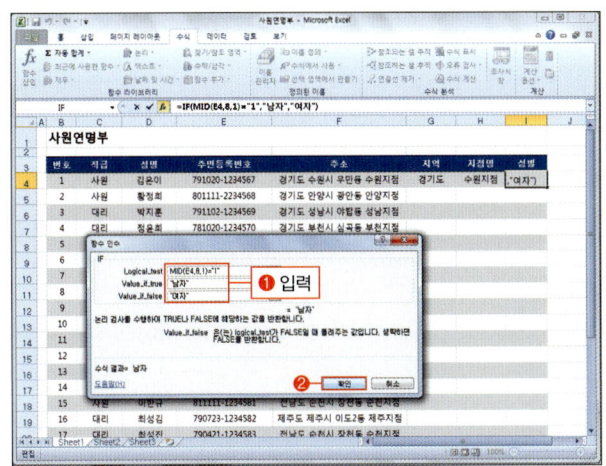

5. [G4:I4] 셀의 채우기 핸들을 [G27:I27] 셀까지 드래그한 후 [자동 채우기 옵션]-[서식 없이 채우기]를 선택합니다.

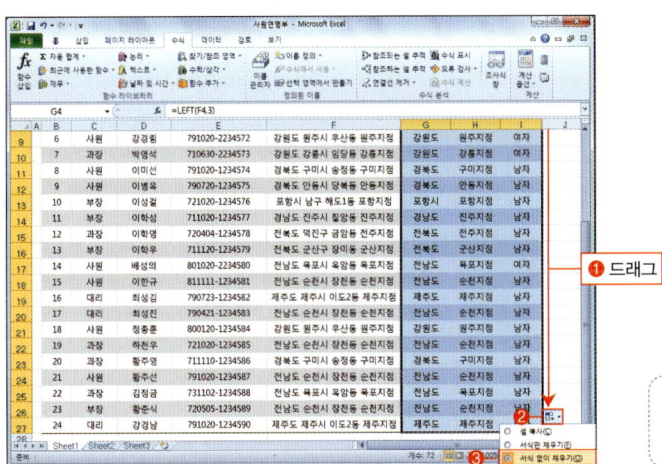

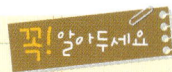

나머지를 구하는 MOD 함수로 성별 구분하기

꼭! 알아두세요

주민등록번호의 일곱 번째 숫자가 9, 1, 3이면 남자, 0, 2, 4이면 여자로 주민등록번호에서 남과 여를 구분하기 위해서는 MOD 함수를 이용할 수 있습니다.

=IF(MOD(VALUE(MID(A1, 8, 1)), 2)=1, "남", "여")

MOD 함수는 나머지를 구하는 함수인데 주민등록번호에서 8번째 자리의 숫자를 가져와 2로 나누어 나머지가 홀수이면 1, 짝수이면 0을 반환합니다. 이때 1이면 "남", 1이 아니면 "여"라고 생각할 수 있습니다.

02 중첩 IF 함수로 매출 실적 평가하기

◉ **준비파일** : Part01\Chapter03\Section04\실적점수.xlsx
◉ **완성파일** : Part01\Chapter03\Section04\실적점수_완성.xlsx

1. 중첩 IF 함수를 이용하여 실적점수를 '상', '중', '하'로 나누기 위해 [J4] 셀을 선택합니다. [수식] 탭-[함수 라이브러리] 그룹-[논리]을 클릭한 후 [IF]를 선택합니다. [함수 인수] 대화 상자가 나타나면 [Logical_test] 입력란에 『I4>=100000』을 입력하고, [Value_if_true] 입력란에 『"상"』을 입력합니다. [Value_if_false] 입력란을 클릭한 다음 [함수 상자]에서 [IF]를 선택합니다.

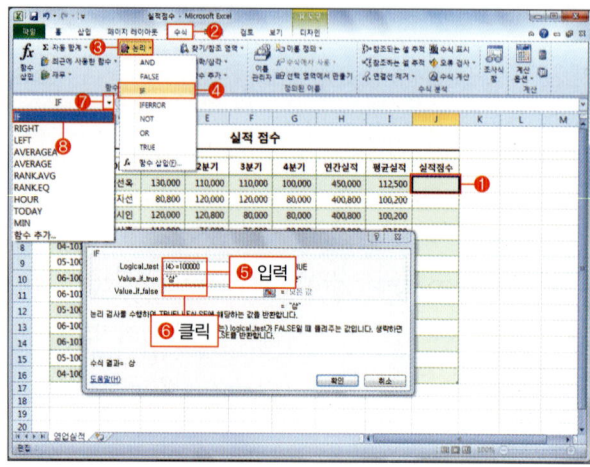

> **tip** 중첩 함수를 사용할 경우 [함수 상자]를 클릭하여 또 다른 함수를 중첩하여 사용할 수 있습니다.

2. [함수 인수] 대화 상자가 다시 나타나면 [Logical_test] 입력란에 『I4>=70000』을 입력하고 [Value_if_true] 입력란에 『"중"』을 입력합니다. [Value_if_false] 입력란에 『"하"』를 입력한 후 [확인]을 클릭합니다.

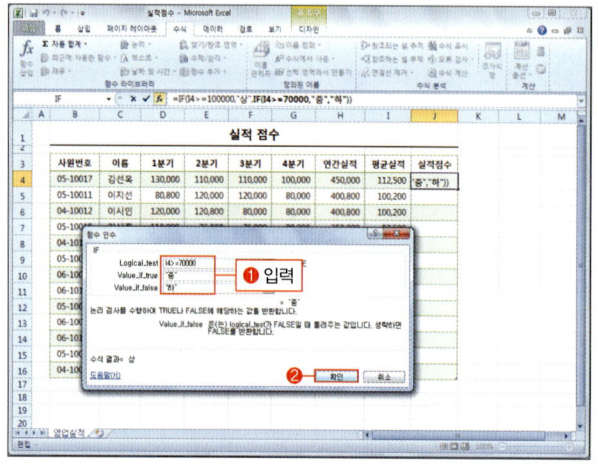

> **tip** [J4] 셀에 들어가는 완성 수식 :
> =IF(I4>=100000,"상",IF(I4>=70000,"중","하"))

03 INDEX 함수로 근무년수에 따른 연봉 구하기

◉ 준비파일 : Part01\Chapter03\Section04\연봉표.xlsx
◉ 완성파일 : Part01\Chapter03\Section04\연봉표_완성.xlsx

INDEX 함수 : INDEX(array, row_num, [column_num])

설명	표나 범위 내에서 입력된 값을 찾아서 표시합니다.
인수	array : 셀 범위나 배열 상수를 입력합니다. row_num : 값을 반환할 배열의 행을 선택합니다. column_num : 값을 반환할 배열의 열을 선택합니다.

1. 봉급 및 연봉표의 계급 및 호봉에 따른 연봉을 구하기 위해 [I4] 셀을 선택합니다. [수식] 탭-[함수 라이브러리] 그룹-[찾기/참조 영역]을 클릭한 후 [INDEX]를 선택합니다. [인수 선택] 대화 상자에서 [array,row_num, column_num]을 선택한 후 [확인]을 클릭합니다. [함수 인수] 대화 상자가 나타나면 [Array] 입력란에 『$C$16:$I$20』, [Row_num] 입력란에 『H4』, [Column-num] 입력란에 『D4』를 입력한 후 [확인]을 클릭합니다.

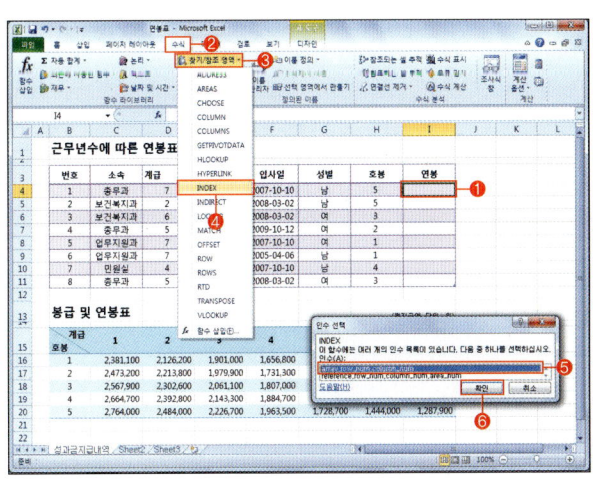

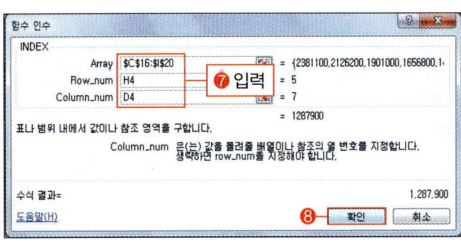

tip [I4] 셀에 들어가는 완성 수식 : =INDEX($C$16:
$I$20,H4,D4)

tip 예를 들어, '=INDEX(A1:B10,2,2)' 이라고 지정
하면 [A1:B10]의 범위 중에서 두 번째 행과 두 번째 열
이 교차하는 위치인 [B2] 셀의 값이 반환됩니다.

2. 채우기 핸들로 수식을 복사하지 않아도 자동 표 서식을 사용하였기 때문에 [I11] 셀까지 자동으로 수식이 채워집니다.

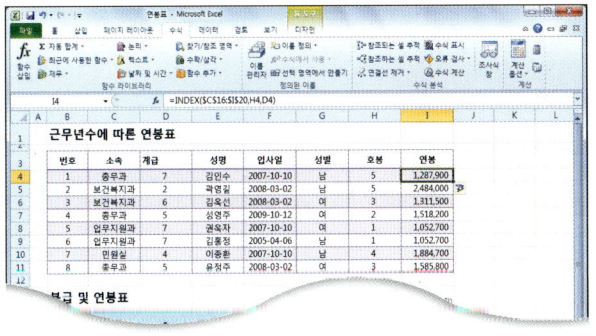

tip 찾기/참조 함수에는 INDEX, HLOOKUP,
VLOOKUP, MATCH 함수 등이 있습니다. 찾기/참조
함수는 특정한 값을 찾아서 보여주거나 위치를 구하는
등 주로 찾기 기능에 적합한 함수입니다.

04 VLOOKUP 함수로 세금계산서 거래처 만들기

● **준비파일** : Part01\Chapter03\Section04\세금계산서.xlsx
● **완성파일** : Part01\Chapter03\Section04\세금계산서_완성.xlsx

VLOOKUP 함수 : VLOOKUP(lookup_value, table_array, col_index_num, [range_lookup])

설명	배열의 첫 열에서 값을 검색하여, 지정한 열의 같은 행에서 데이터를 산출합니다.
인수	**lookup_value** : 테이블의 첫 열에서 찾을 값입니다. 검색할 값이나 셀 주소를 입력합니다. **table_array** : 데이터를 찾을 정보 테이블입니다. 찾을 데이터가 있는 범위를 지정합니다. **col_index_num** : 구하려는 값이 있는 table_array의 열 번호를 입력합니다. **range_lookup** : VLOOKUP이 정확하게 일치하는 값을 찾을 것인지 근사값을 찾을 것인지를 지정하는 논리값으로 FALSE를 입력하면 정확한 값을, TRUE를 입력하거나 생략하면 비슷한 범위 값을 산출합니다.

1. 참조 테이블의 범위를 이름으로 지정하기 위해 [거래처명] 시트를 클릭합니다. [A4:F8]을 선택한 후 [이름 상자]에 『거래처』를 입력합니다.

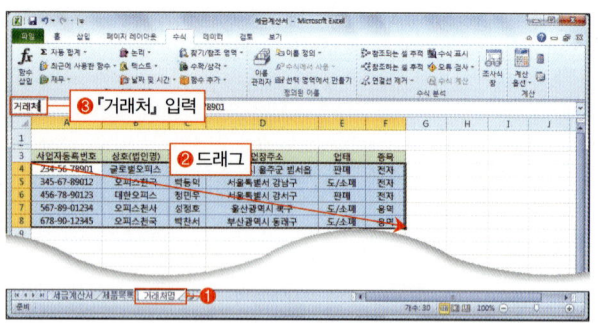

> **tip** 셀이나 셀 범위에 이름을 정의해 두면 셀 범위를 대신하여 이름을 사용할 수 있어 편리합니다. 셀 이름을 정의하려면 [이름 상자]를 이용하거나 [수식] 탭의 [정의된 이름] 그룹에서 지정할 수 있습니다.

2. [세금계산서] 시트를 클릭한 후 상호명을 찾기 위해 [V6] 셀을 선택합니다. [수식] 탭-[함수 라이브러리] 그룹-[찾기/참조 영역]을 클릭한 후 [VLOOKUP]을 선택합니다. [함수 인수] 대화 상자가 나타나면 [Lookup_value] 입력란에 『V4』를 입력하고 [Table_array] 입력란에 『거래처』를 입력합니다. [Col_index_num] 입력란에 『2』를 입력하고, [Range_lookup] 입력란에 『FALSE』를 입력한 후 [확인]을 클릭합니다.

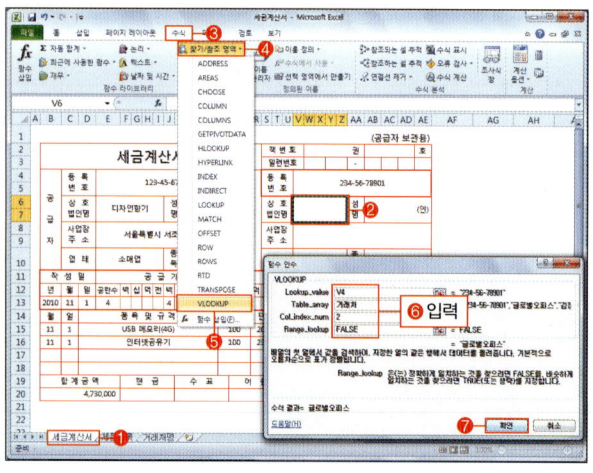

> **tip** [V6] 셀에 들어가는 완성 수식 : =VLOOKUP (V4,거래처,2,FALSE)

3. 동일한 방법으로 성명을 구할 [AB6] 셀과 사업장 주소를 구할 [V8] 셀, 업태를 구할 [V10] 셀, 종목을 구할 [AB10] 셀도 VLOOKUP 함수를 이용해 구합니다.

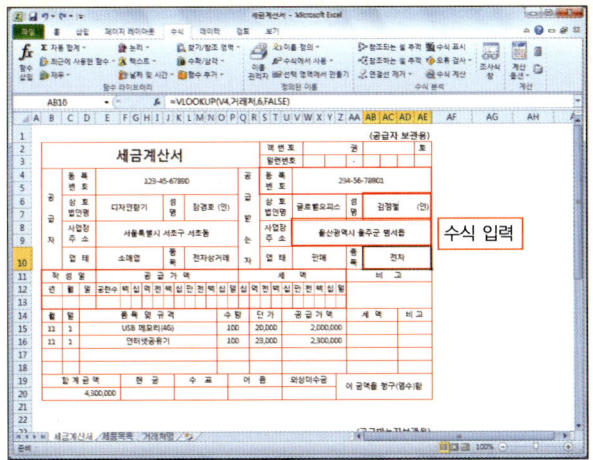

수식 입력

> **tip**
> • [AB6] 셀에 들어가는 완성 수식 : =VLOOKUP (V4, 거래처,3,FALSE)
> • [V8] 셀에 들어가는 완성 수식 : =VLOOKUP(V4,거래처,4,FALSE)
> • [V10] 셀에 들어가는 완성 수식 : =VLOOKUP(V4, 거래처,5,FALSE)
> • [AB10] 셀에 들어가는 완성 수식 : =VLOOKUP(V4, 거래처,6,FALSE)

4. [V4] 셀의 화살표를 클릭하여 사업자등록번호 중 하나를 선택합니다.

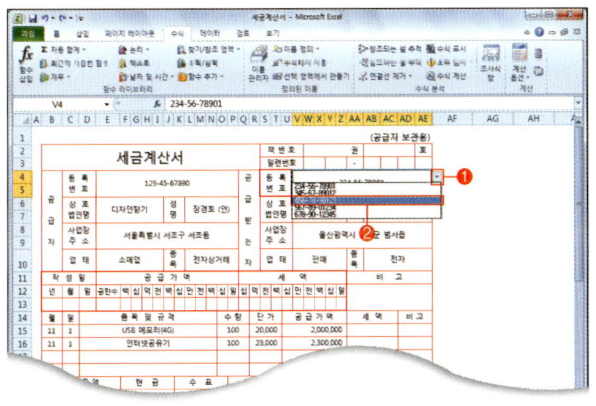

> **tip**
> 유효성 검사를 설정하여 정수, 목록, 날짜, 텍스트, 목록 등으로 입력 값을 제한하여 특정한 셀이나 범위에 유효한 데이터 형식을 지정할 수 있습니다.

5. 사업자등록번호에 해당하는 상호 및 성명, 사업장 주소와 업태, 종목 등이 나타납니다.

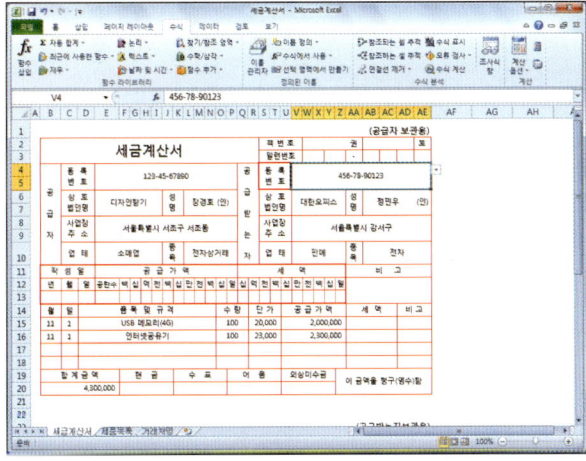

05 INT 함수로 부가세 구하기

INT 함수 : INT(number)

설명	가장 가까운 정수로 내림합니다.
인수	number : 정수로 내림할 실수입니다.

1. 부가세를 구하기 위해 [AA15] 셀을 선택합니다. [수식] 탭–[함수 라이브러리] 그룹–[수학/삼각]을 클릭한 후 [INT]를 선택합니다. [함수 인수] 대화 상자가 나타나면 [Number] 입력란에 『U15*0.1』을 입력하고 [확인]을 클릭합니다.

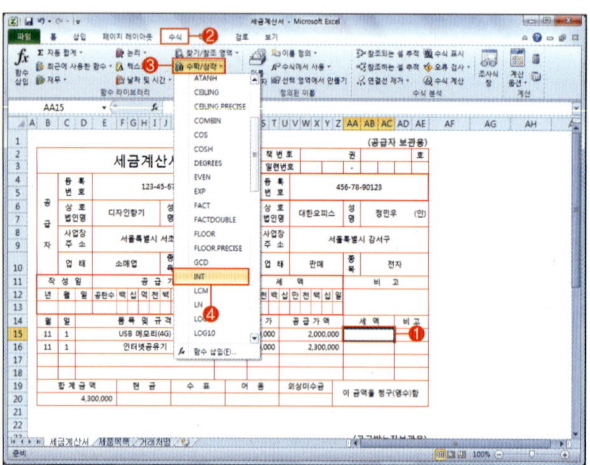

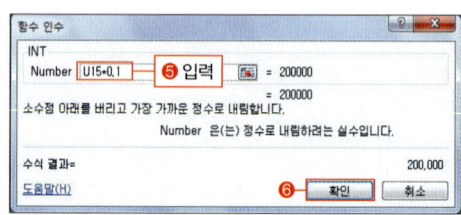

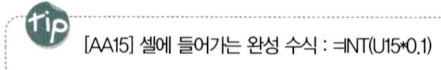

tip [AA15] 셀에 들어가는 완성 수식 : =INT(U15*0.1)

2. [AA15] 셀의 채우기 핸들을 [AA16] 셀까지 드래그합니다.

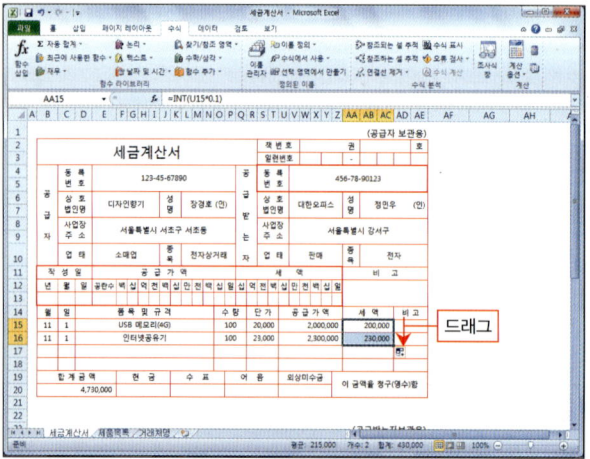

INT 함수

INT 함수는 입력된 수치에 소수점이 포함되어 있을 경우 소수점 없이 정수값만을 출력하고자 할 때 사용합니다. 만약, 반올림한 값이 필요할 경우에는 입력한 수치에 '0.5'를 더해주어 반올림 값을 구할 수도 있습니다.

예 =INT(123.45) 결과값 : 123

예 =INT(123.45 + 0.5) 결과값 : 124

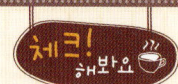

● 준비파일 : Part01\Chapter03\Check\1학기성적표.xlsx
● 완성파일 : Part01\Chapter03\Check\1학기성적표_완성.xlsx

IF 함수 대신 VLOOKUP 함수를 이용하여 1학기 학점을 구해보세요.

학번	이름	과제물	1차 시험	2차 시험	점수	학점		점수	학점
200211001	강미정	30	29	40	99			0	F
200211002	김지수	23	20	40	83			60	D
200211003	김황욱	24	29	38	91			70	C
200211004	나경은	28	30	38	96			80	B
200211005	박지영	28	27	39	94			90	A
200211006	박차호	29	20	30	79			95	A+
200211007	박황경	30	26	38	94				
200211008	이은경	28	28	39	95				
200211009	이지호	27	0	0	27				
200211010	장정민	26	30	40	96				
200211011	황기수	27	30	30	87				
200211012	황시현	29	28	30	87				

→

학번	이름	과제물	1차 시험	2차 시험	점수	학점		점수	학점
200211001	강미정	30	29	40	99	A+		0	F
200211002	김지수	23	20	40	83	B		60	D
200211003	김황욱	24	29	38	91	A		70	C
200211004	나경은	28	30	38	96	A+		80	B
200211005	박지영	28	27	39	94	A		90	A
200211006	박차호	29	20	30	79	C		95	A+
200211007	박황경	30	26	38	94	A			
200211008	이은경	28	28	39	95	A+			
200211009	이지호	27	0	0	27	F			
200211010	장정민	26	30	40	96	A+			
200211011	황기수	27	30	30	87	B			
200211012	황시현	29	28	30	87	B			

Hint

❶ [H4] 셀에서 [수식] 탭-[함수 라이브러리] 그룹-[찾기/참조 영역]-[VLOOKUP] 클릭
❷ [함수 인수] 대화 상자에서 [Lookup_value] 입력란에 「G4」 입력, [Table_array] 입력란에 「$J$4:$K$9」 입력, [Col_index_num] 입력란에 「2」 입력, [Range_lookup] 입력란에 「1」 입력

실무 함수 익히기

실무 함수는 자주 사용하지는 않지만 익혀두면 실무에서 유용하게 사용할 수 있는 함수입니다. 이번 섹션에서는 대소문자를 자동으로 변환하여 주는 LOWER, UPPER, PROPER 함수와 셀에 포함된 공백을 제거해주는 TRIM 함수를 비롯하여 오류값을 감추어주는 ISBLACK 함수 등에 대해 배워보도록 합니다.

Preview

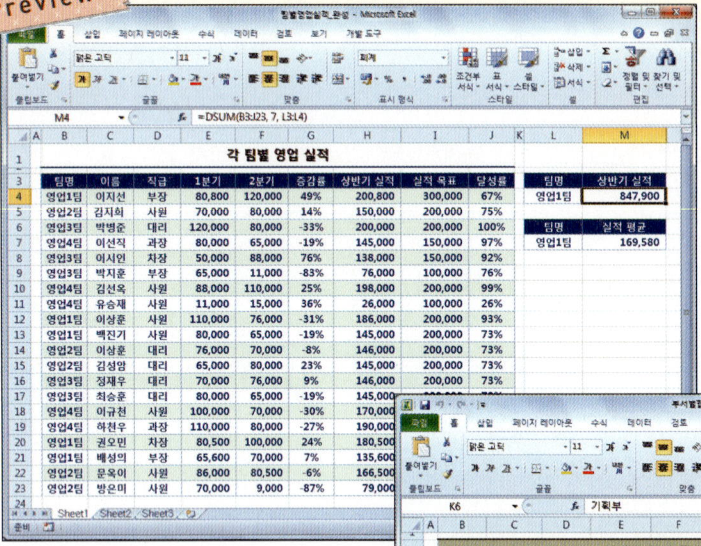

▲ DSUM 함수로 팀별 상반기 실적 산출

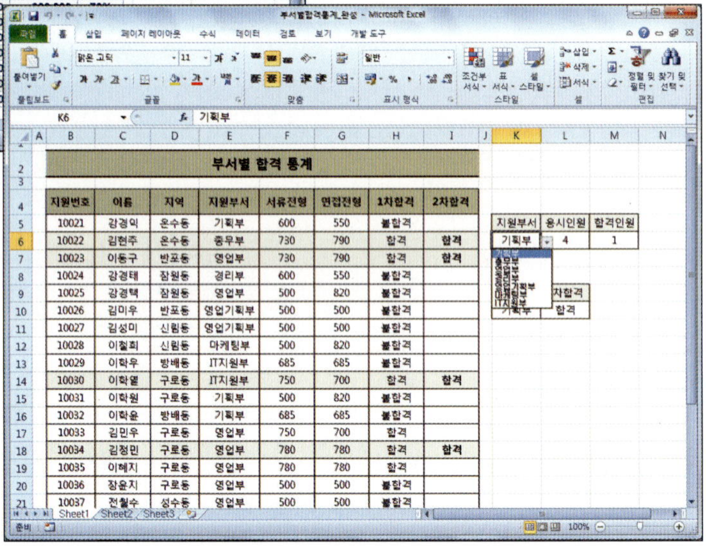

▲ DCOUNT 함수로 지원부서별 응시자, 합격자 산출

이번 섹션에서 배울 주요 내용!

01. FREQUENCY 함수로 빈도수 구하기
02. LOWER, UPPER, PROPER 함수로 대소문자 변환하기
03. TRIM 함수로 주소 공백 제거하기
04. ISBLANK 함수로 오류값 표시 감추기

05. DSUM 함수로 각 팀별 상반기 실적 구하기
06. DAVERAGE 함수로 각 팀별 상반기 실적 평균 구하기
07. DCOUNT 함수로 조건에 맞는 응시자, 합격자 구하기
08. FV 함수를 이용해 정기적금 만기 시 받을 금액 산출하기

01 FREQUENCY 함수로 빈도수 구하기

● **준비파일** : Part01\Chapter03\Section05\이벤트당첨자현황.xlsx
● **완성파일** : Part01\Chapter03\Section05\이벤트당첨자현황_완성.xlsx

FREQUENCY 함수 : FREQUENCY(data_array, bins_array)

설명	데이터 범위에서 값의 빈도를 계산하여 세로 배열 형태로 반환합니다.
인수	data_array : 데이터 범위로서 빈도를 계산할 값 집합의 참조 또는 배열을 지정합니다. bins_array : 구간 범위로서 data_array에서 값을 분류할 간격의 참조 또는 배열을 지정합니다.

1. 배열 수식을 이용해 이벤트 당첨 빈도수를 구하기 위해 [I5:I9] 셀을 선택합니다. 수식 입력줄에 『=FREQUENCY (E5:E54,H5:H9)』를 입력한 후 `Ctrl` + `Shift` + `Enter` 를 누릅니다.

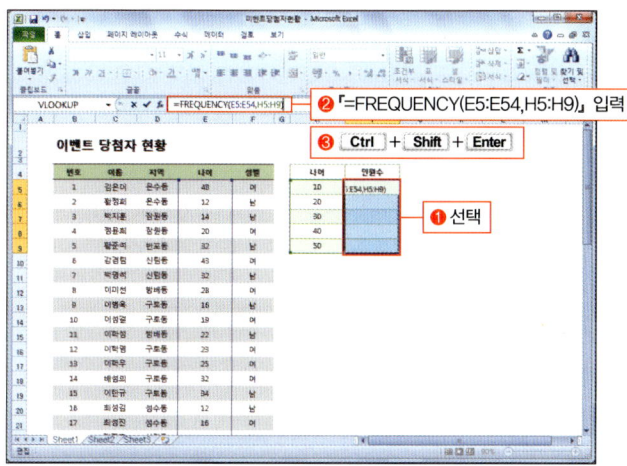

> **tip**
> [I5:I9] 영역에 들어가는 완성 수식 :
> {=FREQUENCY(E5:E54,H5:H9)}

2. 수식에 자동으로 중괄호({ })가 삽입되어 배열 수식으로 변경됩니다. 데이터 범위에서 값의 발생 빈도가 산출됩니다.

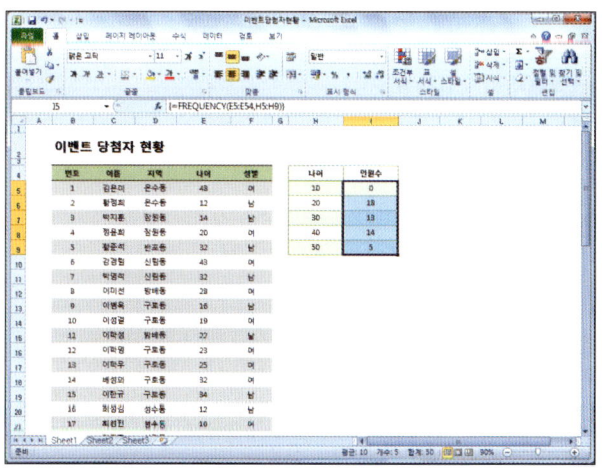

> **tip**
> 배열 수식이란, 배열에 있는 하나 이상의 항목에서 여러 계산을 수행할 수 있는 수식을 말합니다. 배열 수식을 이용하면 셀 범위에 포함된 문자 수 계산이나 특정 조건을 만족하는 숫자의 합계, 혹은 값 범위에서 n번째 값의 합계 등 보다 정교한 연산을 수행할 수 있습니다.

> **tip**
> 배열 수식은 `Ctrl` + `Shift` + `Enter` 를 눌러 입력합니다. 배열 수식을 입력하면 선제 수식이 중괄호({ })로 묶여 배열 수식으로 인식됩니다.

02 LOWER, UPPER, PROPER 함수로 대소문자 변환하기

● 준비파일 : Part01\Chapter03\Section05\고객명부변환.xlsx
● 완성파일 : Part01\Chapter03\Section05\고객명부변환_완성.xlsx

LOWER 함수 : LOWER(text), **UPPER 함수 :** UPPER(text), **PROPER 함수 :** PROPER(text)

설명	LOWER 함수 : 문자를 모두 소문자로 변환합니다.
	UPPER 함수 : 문자를 모두 대문자로 변환합니다.
	PROPER 함수 : 첫째 문자와 영문자가 아닌 문자 다음에 오는 영문자를 대문자로 변환하고 나머지를 모두 소문자로 변환합니다.
인수	text : 문자를 변환할 텍스트가 들어 있는 셀의 참조입니다.

1. [H4:H23] 영역을 선택한 후 수식 입력줄에 『=UPPER(C4)』를 입력하고 **Ctrl** + **Enter** 를 누릅니다.

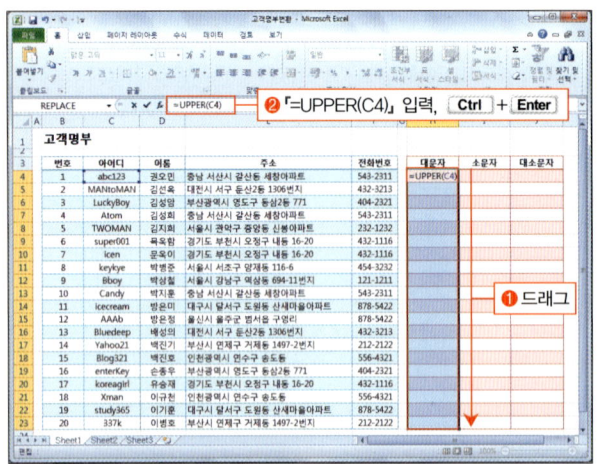

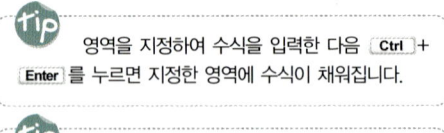

> tip 영역을 지정하여 수식을 입력한 다음 **Ctrl** + **Enter** 를 누르면 지정한 영역에 수식이 채워집니다.

> tip [H4] 셀에 들어가는 완성 수식 : =UPPER(C4)

2. 지정한 영역에 수식이 채워집니다. [I4:I23] 영역을 선택한 후 수식 입력줄에 『=LOWER(C4)』를 입력하고 **Ctrl** + **Enter** 를 누릅니다.

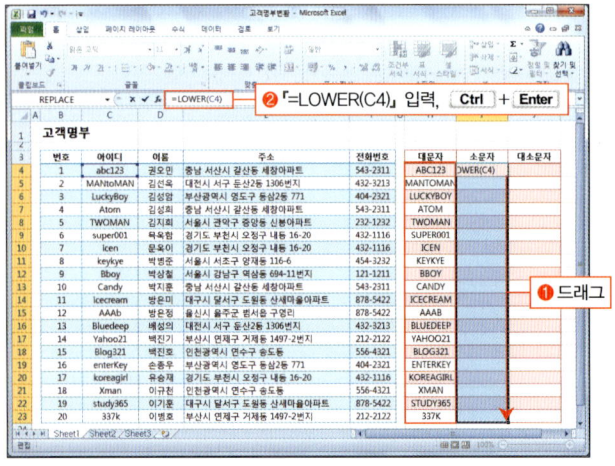

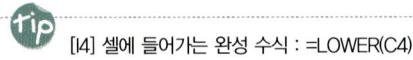

> tip [I4] 셀에 들어가는 완성 수식 : =LOWER(C4)

3. 이번에는 [J4:J23] 영역을 선택하고 [수식 입력줄]에 『=PROPER(C4)』를 입력한 후 `Ctrl` + `Enter` 를 누릅니다.

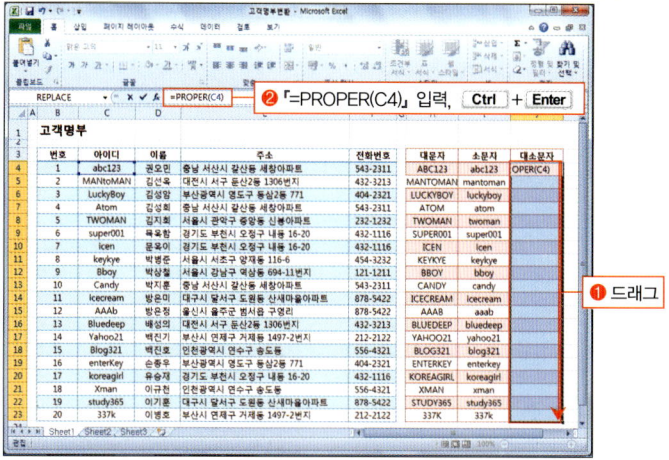

4. 다음과 같이 UPPER 함수를 이용한 영역은 대문자로, LOWER 함수를 이용한 영역은 소문자로 변환됩니다. 또한 PROPER 함수를 이용한 영역은 첫 글자만 대문자로 변환되고 나머지는 모두 소문자로 변환됩니다.

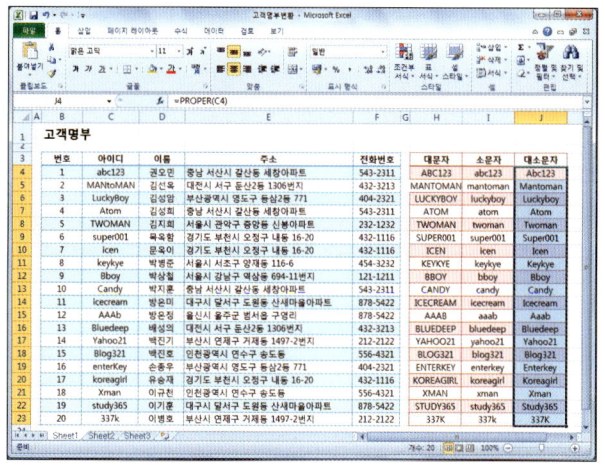

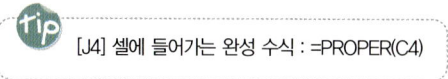

[J4] 셀에 들어가는 완성 수식 : =PROPER(C4)

03 TRIM 함수로 주소 공백 제거하기

● **준비파일** : Part01\Chapter03\Section05\회원주소록.xlsx
● **완성파일** : Part01\Chapter03\Section05\회원주소록_완성.xlsx

TRIM 함수 : TRIM(text)

설명	단어 사이에 있는 공백 하나를 제외하고 텍스트의 공백을 모두 삭제합니다.
인수	text : 공백을 제거할 텍스트입니다.

1. [E14:E21] 영역을 선택한 후 수식 입력줄에 『=TRIM(E4)』를 입력하고 `Ctrl` + `Enter` 를 누릅니다.

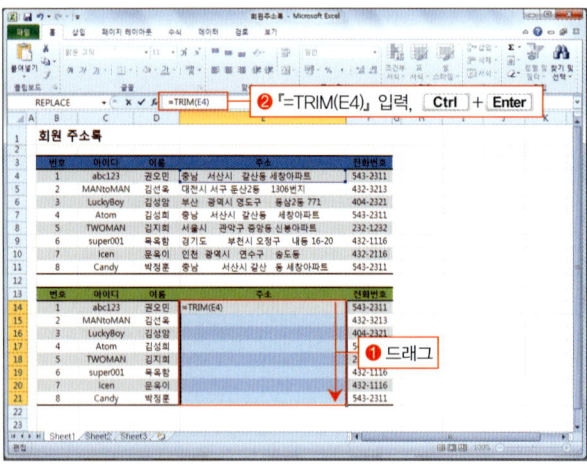

2. 단어 사이 사이에 있던 공백이 하나를 제외하고 모두 제거됩니다.

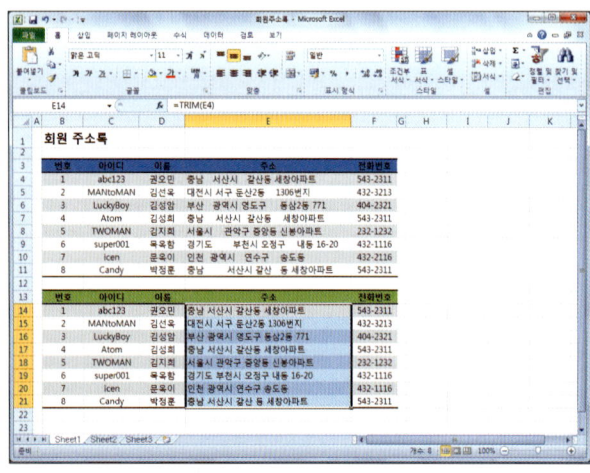

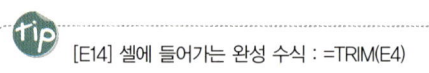
[E14] 셀에 들어가는 완성 수식 : =TRIM(E4)

04 ISBLANK 함수로 오류값 표시 감추기

◉ **준비파일** : Part01\Chapter03\Section05\제품코드별재고분석.xlsx
◉ **완성파일** : Part01\Chapter03\Section05\제품코드별재고분석_완성.xlsx

ISBLANK 함수 : ISBLANK(value, value_if_error)

설명	오류 조건이 있는지 여부를 확인합니다.
인수	value : 빈 셀, 오류, 논리값, 텍스트, 숫자, 참조값 등의 범위입니다.
	value_if_error : 오류를 원하는 내용으로 변경합니다.

1. 생산량이 입력되지 않아 재고량을 표시하는 [Q5] 셀에 '#VALUE!' 오류 메시지가 나타납니다. 오류 메시지 대신 '재고없음'이라는 글자를 나타내기 위해 [Q4:Q13] 영역을 선택하고 수식 입력줄에 『=IFERROR(C4-P4, "재고없음")』을 입력한 후 Ctrl + Enter 를 누릅니다.

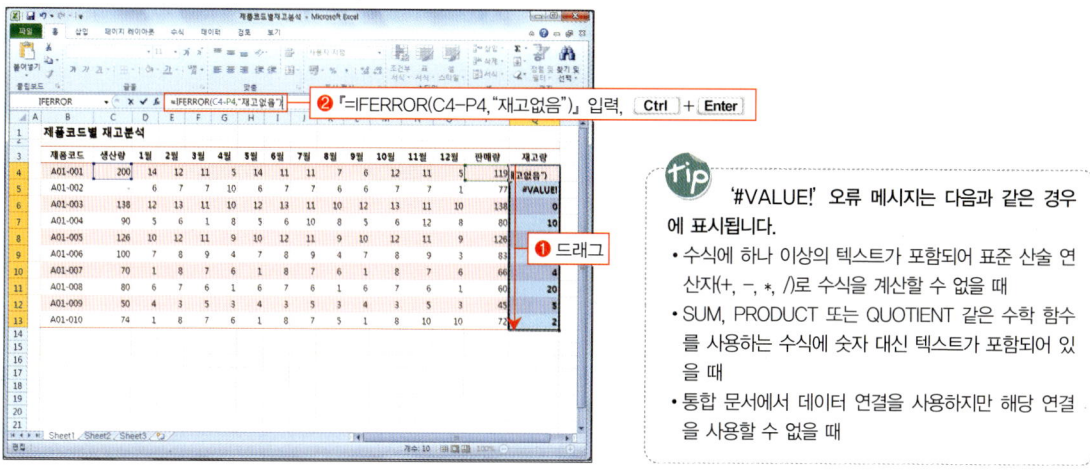

> **tip**
> '#VALUE!' 오류 메시지는 다음과 같은 경우에 표시됩니다.
> • 수식에 하나 이상의 텍스트가 포함되어 표준 산술 연산자(+, −, *, /)로 수식을 계산할 수 없을 때
> • SUM, PRODUCT 또는 QUOTIENT 같은 수학 함수를 사용하는 수식에 숫자 대신 텍스트가 포함되어 있을 때
> • 통합 문서에서 데이터 연결을 사용하지만 해당 연결을 사용할 수 없을 때

2. [Q5] 셀에 '#VALUE!' 에러 메시지 대신 '재고없음'이 표시됩니다.

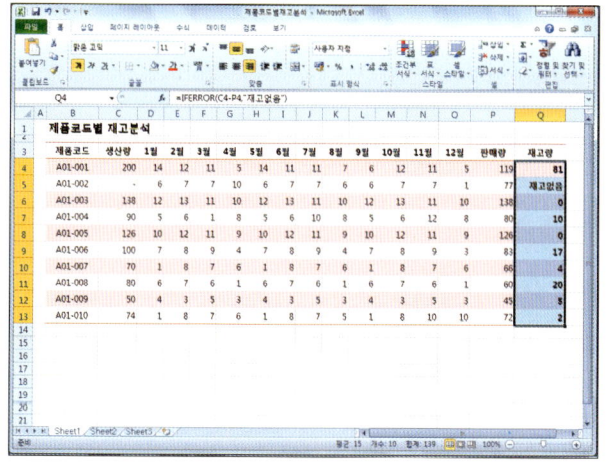

> **tip**
> [Q4] 셀에 들어가는 완성 수식 : =IFERROR (C4-P4, "재고없음")

05 DSUM 함수로 각 팀별 상반기 실적 구하기

◉ **준비파일** : Part01\Chapter03\Section05\팀별영업실적.xlsx
◉ **완성파일** : Part01\Chapter03\Section05\팀별영업실적_완성.xlsx

DSUM 함수 : DSUM(database, field, criteria)

설명	목록이나 데이터베이스의 레코드 필드(열)에서 지정한 조건에 맞는 값들의 합계를 구합니다.
인수	database : 데이터베이스나 목록으로 지정할 셀 범위입니다. field : 합계를 구할 열의 번호입니다. criteria : 지정한 조건이 있는 셀 범위입니다.

1. '영업 1팀' 의 상반기 실적을 구하기 위해 [M4] 셀을 선택하고 수식 입력줄의 [함수 삽입]([fx])을 클릭합니다. [함수 마법사] 대화 상자가 나타나면 [범주 선택]에서 [데이터베이스]를 선택하고, [함수 선택]에서 [DSUM]을 선택한 후 [확인]을 클릭합니다. [함수 인수] 대화 상자가 나타나면 [Database] 입력란에 『B3:J23』, [Field] 입력란에 『7』, [Criteria] 입력란에 『L3:L4』를 입력하고 [확인]을 클릭합니다.

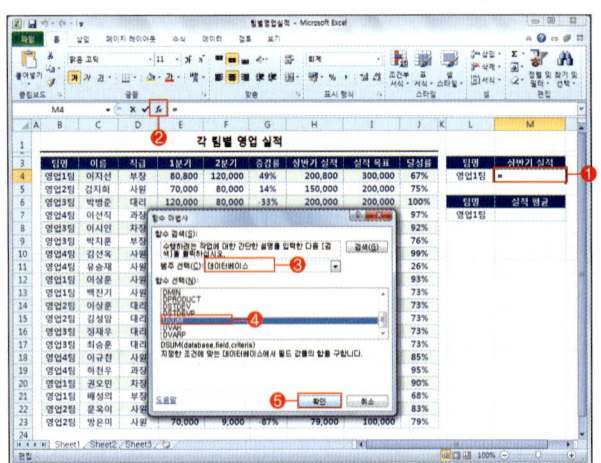

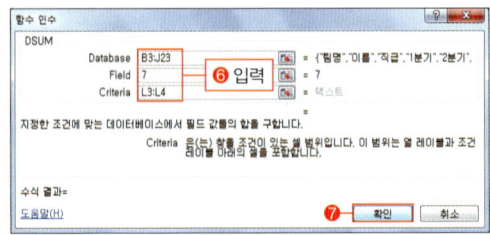

2. [M4] 셀에 상반기 실적이 구해집니다. [L4] 셀의 드롭다운 단추를 클릭하여 다른 영업팀의 실적도 확인합니다.

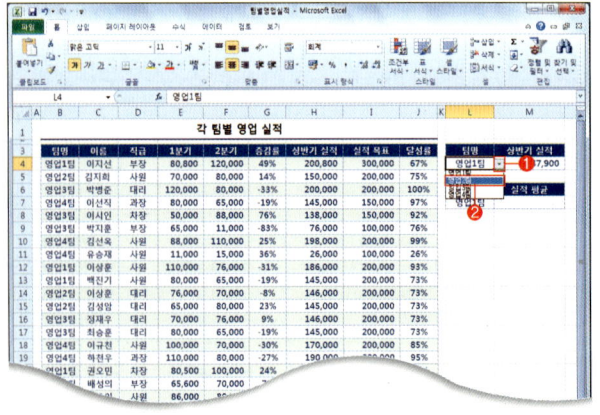

> tip [M4] 셀에 들어가는 완성 수식 : =DSUM(B3:J23,7,L3:L4)

06 DAVERAGE 함수로 각 팀별 상반기 실적 평균 구하기

DAVERAGE 함수 : DAVERAGE(database, field, criteria)

설명	목록이나 데이터베이스의 레코드 필드(열)에서 지정한 조건에 맞는 값들의 평균을 구합니다.
인수	database : 데이터베이스나 목록으로 지정할 셀 범위입니다. field : 평균을 구할 열의 번호입니다. criteria : 지정한 조건이 있는 셀 범위입니다.

1. '영업 1팀'의 상반기 실적 평균을 구하기 위해 [M7] 셀을 선택하고 수식 입력줄의 [함수 삽입](![fx])을 클릭합니다. [함수 마법사] 대화 상자가 나타나면 [범주 선택]에서 [데이터베이스]를 선택하고, [함수 선택]에서 [DAVERAGE]를 선택한 후 [확인]을 클릭합니다. [함수 인수] 대화 상자가 나타나면 [Database] 입력란에 『B3:J23』, [Field] 입력란에 『7』, [Criteria] 입력란에 『L6:L7』를 입력하고 [확인]을 클릭합니다.

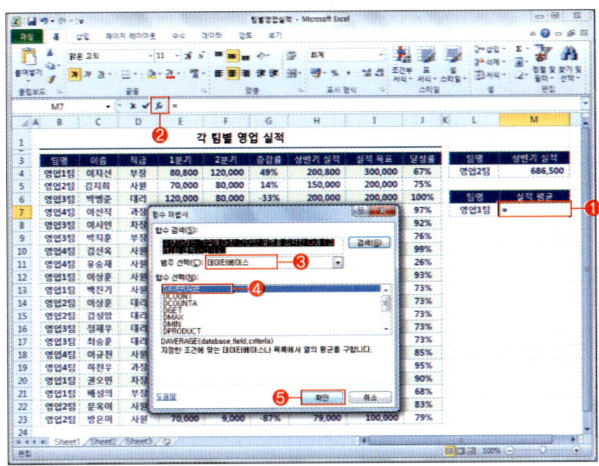
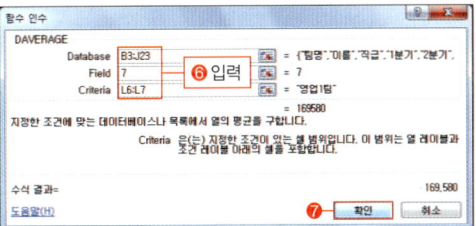

2. [M7] 셀에 상반기 실적 평균이 구해집니다. [L7] 셀의 드롭다운 단추를 클릭하여 다른 영업팀의 실적 평균도 확인합니다.

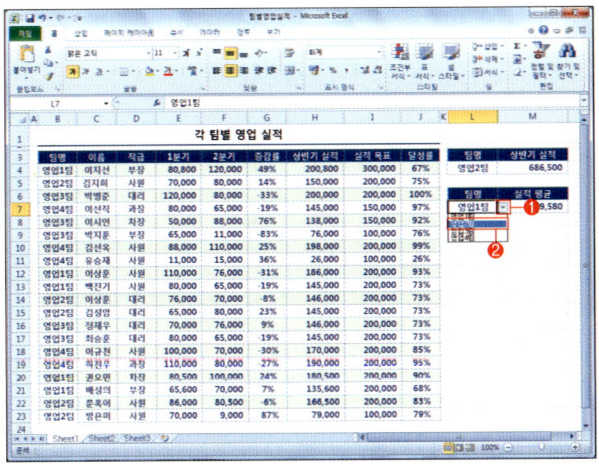

> **tip** [M7] 셀에 들어가는 완성 수식 : =DAVERAGE (B3:J23,7,L6:L7)

DCOUNT 함수로 조건에 맞는 응시자, 합격자 구하기

◉ **준비파일** : Part01\Chapter03\Section05\부서별합격통계.xlsx
◉ **완성파일** : Part01\Chapter03\Section05\부서별합격통계_완성.xlsx

DCOUNT 함수 : DCOUNT(database, field, criteria)

설명	목록이나 데이터베이스의 레코드 필드(열)에서 지정한 조건에 맞는 숫자가 들어 있는 셀의 개수를 구합니다.
인수	database : 데이터베이스나 목록으로 지정할 셀 범위입니다. field : 합계를 구할 열의 번호입니다. field 인수를 생략하면 데이터베이스에서 조건에 맞는 모든 레코드 개수가 구해집니다. criteria : 지정한 조건이 있는 셀 범위입니다.

1. 지원부서별로 응시인원과 합격인원을 구해 보겠습니다. 먼저 응시인원을 구하기 위해 [L6] 셀을 선택하고 수식 입력줄의 [함수 삽입]([fx])을 클릭합니다. [함수 마법사] 대화 상자가 나타나면 [범주 선택]에서 [데이터베이스]를 선택하고, [함수 선택]에서 [DCOUNT]를 선택한 다음 [확인]을 클릭합니다.

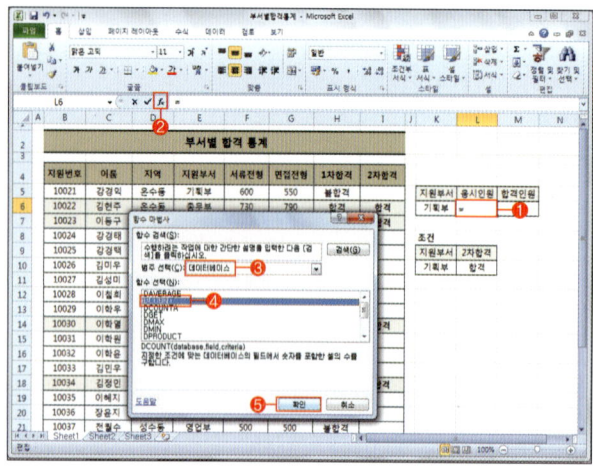

2. [함수 인수] 대화 상자가 나타나면 [Database] 입력란에 『B4:I27』, [Field] 입력란에 『B4』, [Criteria] 입력란에 『K9:K10』을 입력하고 [확인]을 클릭합니다.

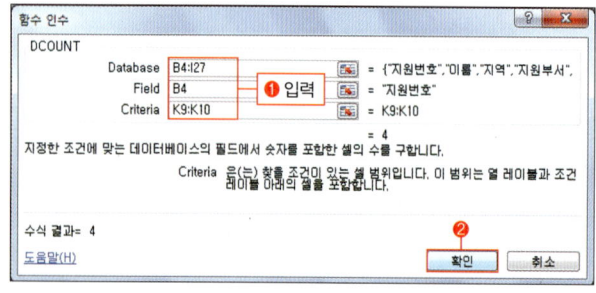

> **tip**
> [L6] 셀에 들어가는 완성 수식 : =DCOUNT
> (B4:I27, B4, K9:K10)

3. 이번에는 합격인원을 구하기 위해 [M6] 셀을 선택하고 수식 입력줄의 [함수 삽입]([f_x])을 클릭합니다. [함수 마법사] 대화 상자가 나타나면 [범주 선택]에서 [데이터베이스]를 선택하고, [함수 선택]에서 [DCOUNT]를 선택한 다음 [확인]을 클릭합니다.

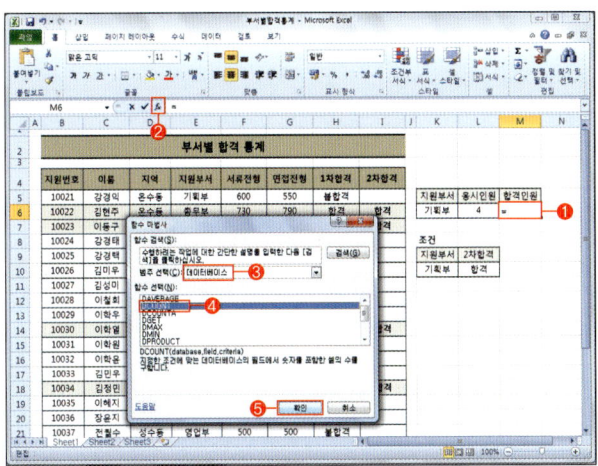

4. [함수 인수] 대화 상자가 나타나면 [Database] 입력란에 『B4:I27』, [Field] 입력란에 『B4』, [Criteria] 입력란에 『K9:L10』을 입력한 다음 [확인]을 클릭합니다.

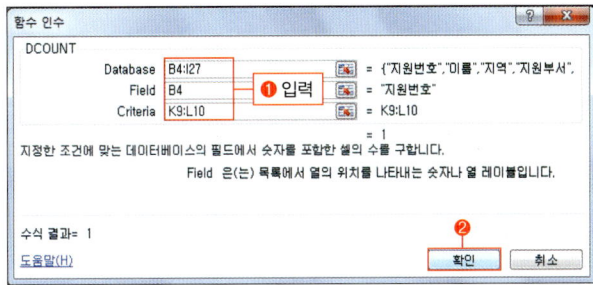

5. 지원부서별로 응시인원과 합격인원이 구해집니다. [K6] 셀의 드롭다운 단추를 클릭하여 다른 지원부서의 응시인원과 합격인원도 제대로 구해지는지 확인합니다.

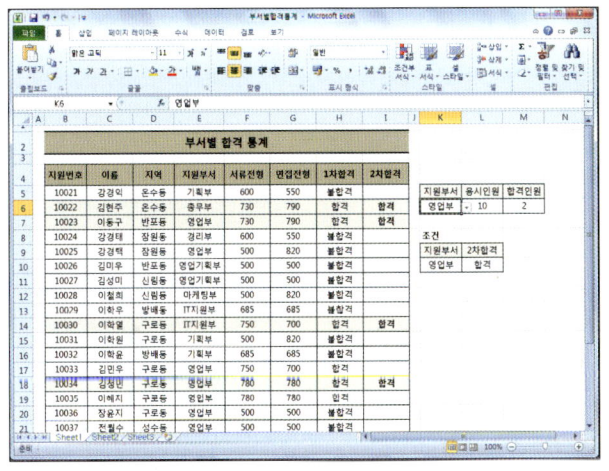

> **tip**
> [M6] 셀에 들어가는 완성 수식 : =DCOUNT
> (B4:I27, B4, K9:L10)

02 FV 함수를 이용해 정기적금 만기 시 받을 금액 산출하기

● **준비파일** : Part01\Chapter03\Section05\정기적금.xlsx
● **완성파일** : Part01\Chapter03\Section05\정기적금_완성.xlsx

FV 함수 : FV(rate,nper,pmt,[pv],[type])

설명	일정 금액을 정기적으로 불입하고 일정한 이율을 적용하는 투자의 미래 가치를 계산하는 함수입니다.
인수	rate : 기간당 이율입니다. 이율은 적립 기간 동안 일정해야 합니다. nper : 연간 총 납입 횟수입니다. pmt : 정기적으로 적립하는 금액입니다. '-'를 붙여야 합니다. pv : 현재 가치 또는 앞으로 지불할 납입금의 현재 가치를 나타내는 총액을 표시합니다. pv를 생략하면 0으로 간주합니다. type : 0 또는 1로 납입 시점을 나타냅니다. type을 생략하면 0으로 간주합니다.

1. 만기지급액을 구하기 위해 [G4] 셀을 선택합니다. [수식] 탭-[함수 라이브러리] 그룹-[재무]를 클릭한 후 [FV]를 선택합니다. [함수 인수] 대화 상자가 나타나면 [Rate] 입력란에 『F4/12』, [Nper] 입력란에 『D4』, [Pmt] 입력란에 『-E4』, [Type] 입력란에 『1』을 입력하고 [확인]을 클릭합니다. [Pv] 입력란은 비워둡니다.

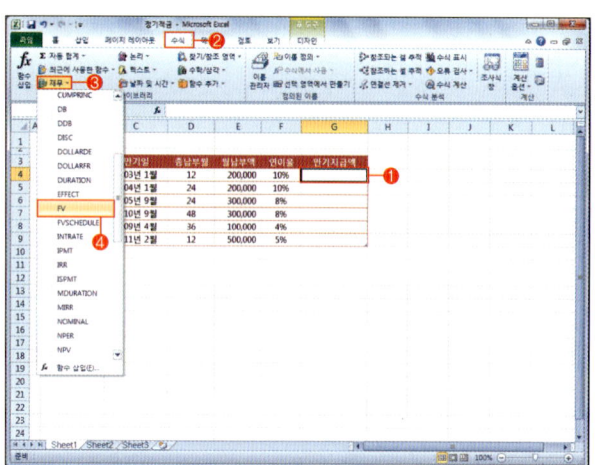

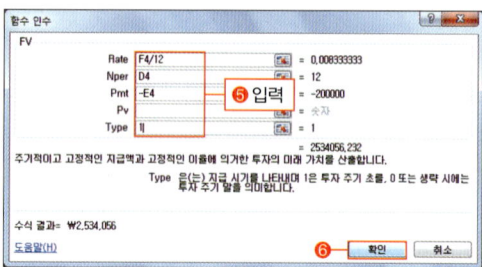

2. 채우기 핸들로 수식을 복사하지 않아도 자동 표 서식을 사용하였기 때문에 [G9] 셀까지 자동으로 수식이 채워집니다.

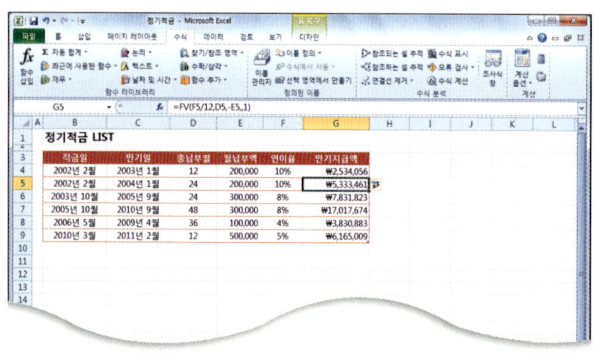

> tip
> [G4] 셀에 들어가는 완성 수식 : =FV(F4/12, D4,-E4,,1)

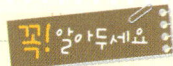

재무함수(FV, PMT, PV, NPER, RATE)

재무 함수에는 FV, PMT, PV, NPER, RATE 함수 등이 있으며, 감가상각액이라든지 미래 가치, 상환액 등을 구할 수 있습니다.

FV 함수	일정 금액을 정기적으로 불입하고 일정한 이율을 적용하는 투자의 미래 가치를 계산할 수 있는 함수입니다. 즉, 미래 가치를 구할 때 사용합니다. **예** =FV(A2/12, A3, A4, A5, A6) [A2] 셀에 연이율이 나와 있다면 납입 횟수, 납입 금액, 현재 가치 등을 따져서 조건의 투자에 대한 미래 가치를 나타냅니다.
PMT 함수	주기적이고 고정적인 지급액과 이율에 의한 대출금을 구할 때 자주 사용됩니다. **예** =PMT(A1/12, A2*12, 0, A4) [A1] 셀에 연이율이 들어있고 [A2] 셀에 적립 년수가 들어있습니다. 그리고 [A4] 셀에 적립된 금액이 들어있다면 [A4] 셀의 값을 만들기 위해 매월 적립해야할 금액이 본 수식을 통해서 산출됩니다.
PV 함수	투자액의 미래 가치를 구하기 위해서는 FV 함수를 이용하지만 투자액의 현재 가치를 구하기 위해서는 PV 함수를 이용합니다. 예를 들어 돈을 빌릴 때 대출금은 대출자에게 현재 가치가 됩니다. **예** =PV(A1/12, A2*12, A4, A3, 0) [A1] 셀에 연이율이 들어있고 [A2] 셀에 적립 년수가 들어있습니다. 그리고 [A4] 셀에 매월 납입금액, [A3] 셀에 미래 가치가 들어있다고 가정한다면 본 수식을 통해서 산출됩니다.

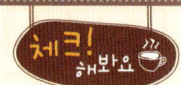

● **준비파일** : Part01\Chapter03\Check\판매내역.xlsx
● **완성파일** : Part01\Chapter03\Check\판매내역_완성.xlsx

DSUM 함수를 이용하여 A팀의 판매금액을 산출해 보세요.

Hint

❶ [G5] 셀을 선택한 다음 수식 입력줄의 [함수 삽입] 클릭
❷ [함수 마법사] 대화 상자에서 [함수 선택]에서 [DSUM] 선택 후 수식 입력

CHAPTER
04

데이터 관리하고 분석하기

EXCEL 2010

워크시트에 작성된 데이터는 다양한 방법으로 관리하고 분석할 수 있습니다. 내용이 복잡하거나 한눈에 들어오지 않을 경우 차트를 이용하여 보다 쉽게 표현할 수 있고, 수 천 행의 데이터를 한눈에 정리할 수 있는 데이터 관리 기법을 활용하여 정확한 분석 결과를 도출할 수도 있습니다. 또한, 매크로 기능을 이용하여 단순 작업을 보다 빠르게 처리할 수도 있습니다.

차트 만들기

엑셀에는 데이터를 효과적으로 분석할 수 있는 차트라는 기능이 제공됩니다. 다양한 차트와 레이아웃을 제공하여 초보자도 쉽게 차트를 만들 수 있습니다. 이번 섹션에서는 엑셀에서 작성하는 차트를 이해하고 가장 빠르고 편하게 차트 만드는 방법에 대해서 살펴보도록 합니다.

Preview

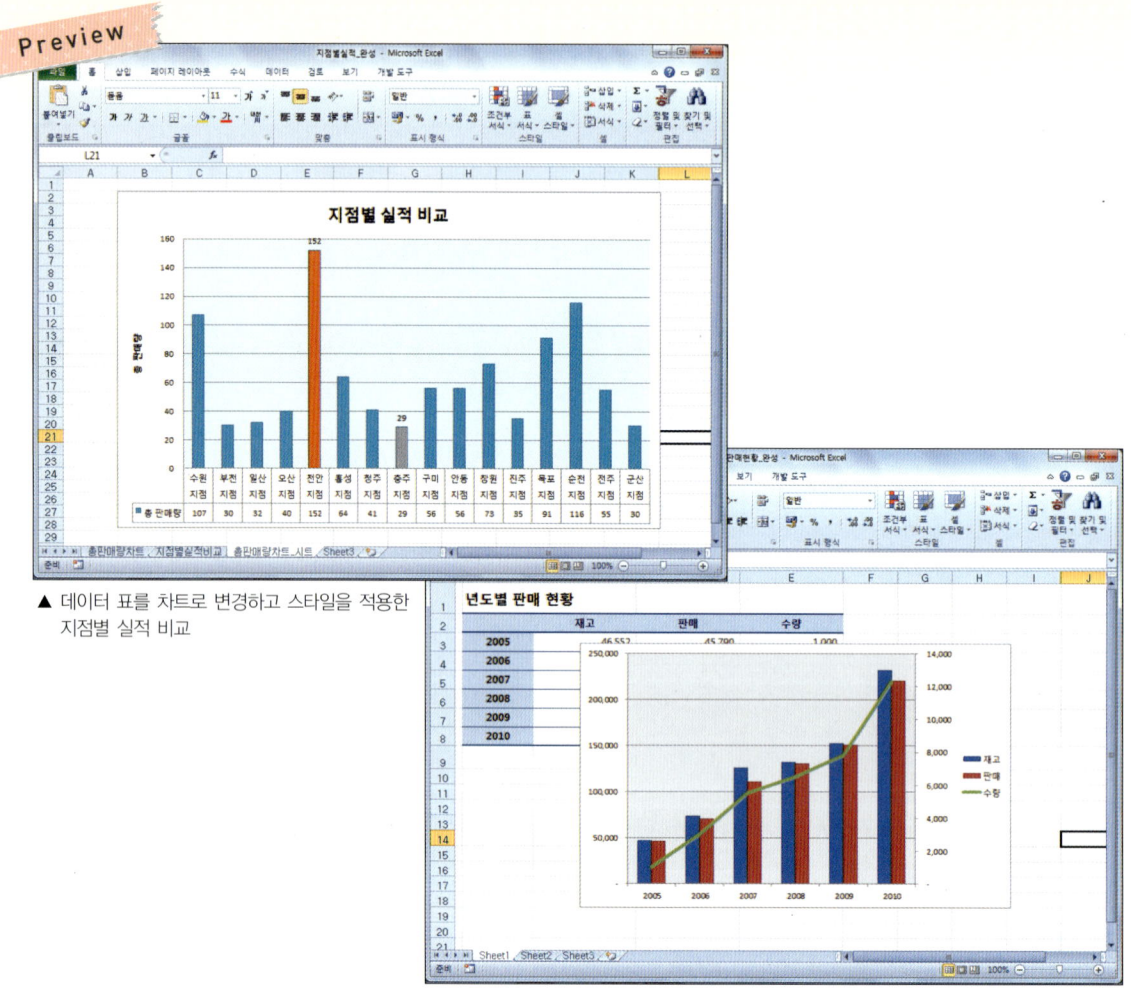

▲ 데이터 표를 차트로 변경하고 스타일을 적용한 지점별 실적 비교

▲ 이중 축 차트로 완성한 재고와 판매량과 수량별 현황

이번 섹션에서 배울 주요 내용!

01. 차트 기초 다지기
02. 차트 삽입하고 이동하기
03. 차트의 스타일과 레이아웃 변경하기
04. 차트의 행/열 변경하기
05. 차트 종류 변경하기
06. 축 옵션과 눈금선, 주 눈금 설정하기
07. 차트 배경 편집하기
스페셜. 이중 축 차트 만들기

01 차트 기초 다지기

차트의 구성 요소

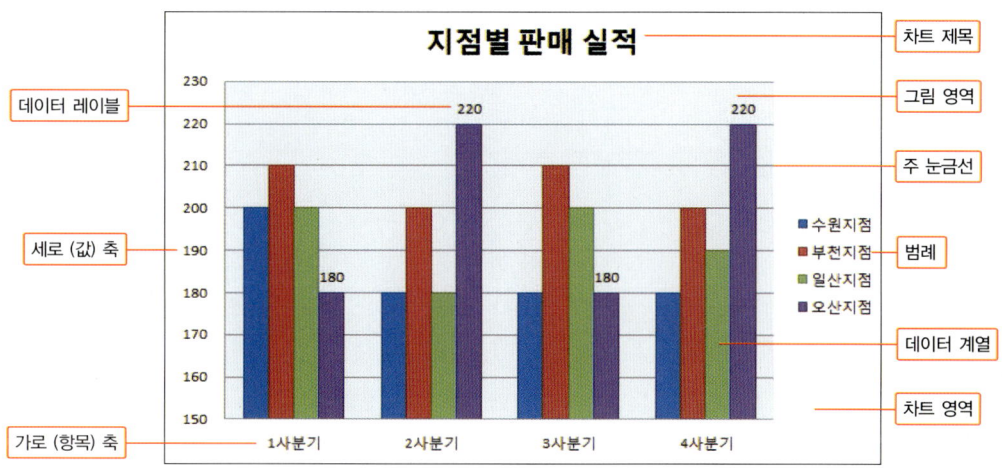

차트의 종류 및 용도

차트 종류	용도	유형
세로 막대형	시간의 경과에 따른 데이터 변동을 표시하거나 항목별 비교를 할 때 사용합니다.	
꺾은선형	연속적인 데이터를 표시하거나 일정 간격에 따라 데이터의 추세를 표시할 때 사용합니다.	
원형	열이나 행에 있는 데이터를 원형으로 나타내며, 데이터 요소는 원형 전체에 대한 백분율로 표시합니다.	
가로 막대형	여러 열이나 행에 있는 데이터를 가로 막대형 차트로 나타낼 때 사용합니다.	
영역형	여러 열이나 행에 있는 데이터를 나타내며, 시간에 따른 변동의 크기나 합계 값을 추세와 함께 살펴볼 때 사용합니다.	
분산형	여러 데이터 계열에 있는 숫자 값 사이의 관계를 표시할 때 사용합니다.	
주식형	주가 변동을 나타낼 때 사용합니다.	
표면형	두 데이터 집합 간의 최적 조합을 찾을 때 사용합니다.	
도넛형	원형 차트와 비슷하게 전체에 대한 각 부분의 관계를 보여 주지만 데이터 계열이 두 개 이상 포함합니다.	
거품형	거품의 크기로 데이터 값을 표현할 때 사용합니다.	
방사형	여러 데이터 계열의 집계 값을 비교할 때 사용합니다.	

02 차트 삽입하고 이동하기

● 준비파일 : Part01\Chapter04\Section01\지점별실적.xlsx
● 완성파일 : Part01\Chapter04\Section01\지점별실적_완성.xlsx

1. 지점별 총 판매량을 차트로 작성하기 위해 차트에 들어갈 [B4:B20]을 드래그하여 선택한 다음 **Ctrl** 을 누른 상태에서 [G4:G20]을 드래그합니다. [삽입] 탭-[차트] 그룹-[세로 막대형]-[묶은 세로 막대형]을 클릭합니다.

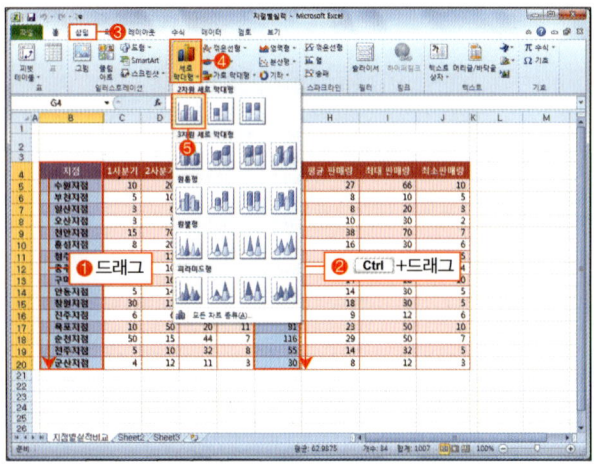

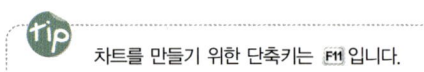

> tip 차트를 만들기 위한 단축키는 **F11** 입니다.

> tip 지금처럼 데이터 영역을 선택한 상태에서 단축키인 **F11** 을 누르면 'Chart1' 이라는 새로운 시트에 차트가 삽입됩니다.

2. 워크시트에 차트가 삽입됩니다. 차트를 새 시트에 옮겨보겠습니다. [차트 도구]의 상황별 탭인 [디자인] 탭-[위치] 그룹에서 [차트 이동]을 클릭합니다. [차트 이동] 대화 상자가 나타나면 [새 시트]를 선택한 후 입력란에 『총판매량차트』를 입력하고 [확인]을 클릭합니다.

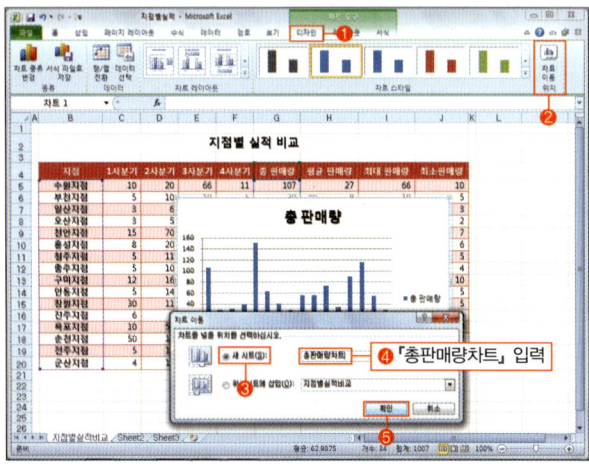

3. 새 시트가 생성되며 차트가 나타납니다.

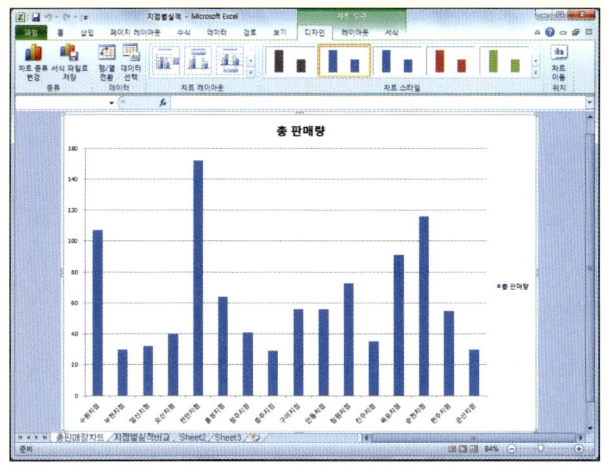

tip [차트 이동] 대화 상자에서 [새 시트]를 클릭하면 새로운 시트가 현재 시트 앞에 삽입되면서 차트가 나타납니다.

4. [차트 도구]의 상황별 탭인 [디자인] 탭-[위치] 그룹에서 [차트 이동]을 클립합니다. [차트 이동] 대화 상자에서 [워크시트에 삽입]을 선택하면 현재 만들어져 있는 시트가 목록에 나타납니다. [Sheet2]를 선택한 다음 [확인]을 클릭합니다. [Sheet2] 시트에 차트가 삽입됩니다. 시트 이름을 변경하고 차트의 위치와 크기를 조절합니다.

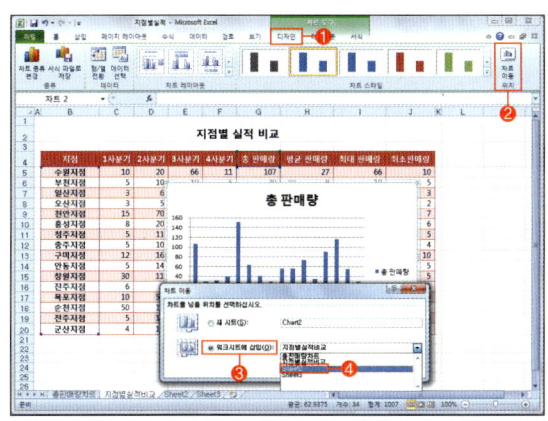

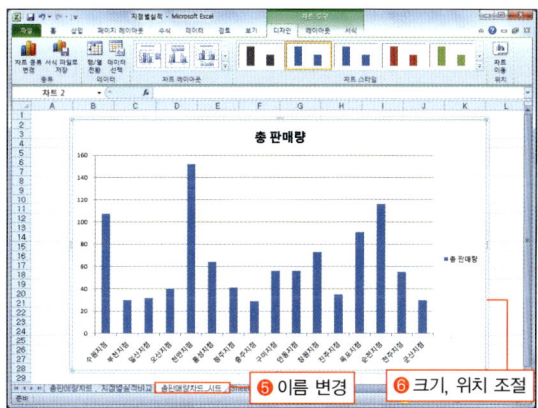

tip Alt 를 누른 채 치트를 드래그하면 셀의 눈금선에 맞게 위치나 크기를 조절할 수 있습니다.

1. 차트의 스타일을 변경하기 위해 차트를 선택한 상태에서 [차트 도구]의 상황별 탭인 [디자인] 탭-[차트 스타일] 그룹에서 [자세히](▼)를 클릭한 후 [스타일 39]를 선택합니다.

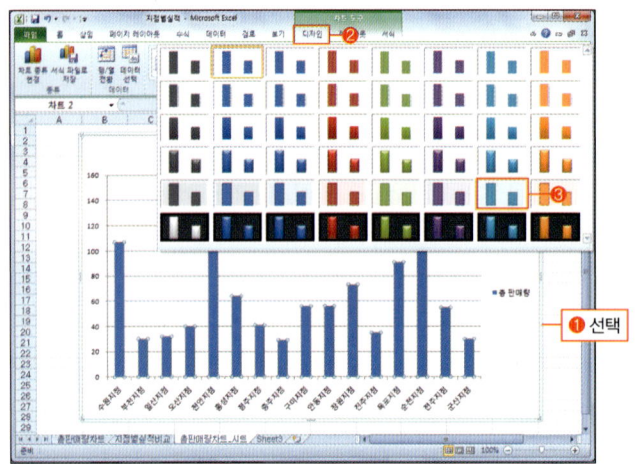

tip [차트 도구]의 상황별 탭인 [디자인], [레이아웃], [서식] 탭은 차트를 선택하였을 때에만 나타납니다.

2. 차트 스타일이 변경되면 이번에는 차트 레이아웃을 변경해 봅니다. [차트 도구]의 상황별 탭인 [디자인] 탭-[차트 레이아웃] 그룹에서 [자세히](▼)를 클릭한 후 [레이아웃 5]를 선택합니다. 차트 레이아웃이 '레이아웃 5'로 변경되며 세로 (값) 축 제목과 데이터 표가 나타납니다. 차트 제목을 선택하여 텍스트를 『지점별 실적 비교』로 변경합니다. '세로 (값) 축 제목'을 선택하여 텍스트를 『총 판매량』으로 변경합니다.

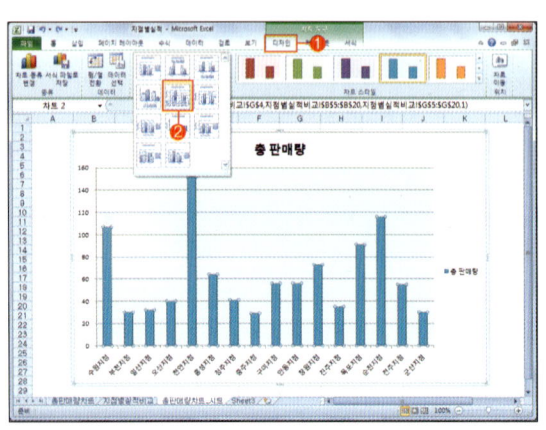
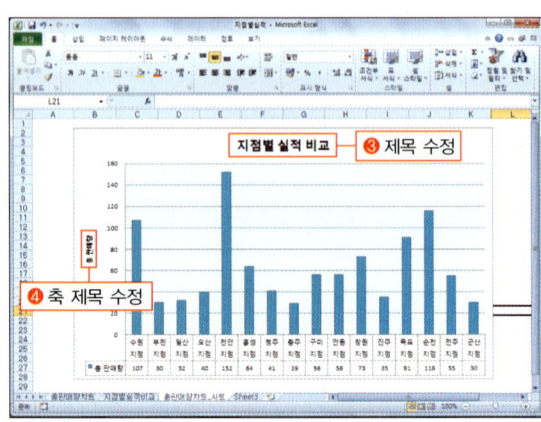

tip [차트 레이아웃] 그룹의 다양한 레이아웃을 이용하여 차트 제목이나 축, 범례 등을 한번에 설정할 수 있습니다.

04 차트의 행/열 변경하기

◉ 준비파일 : Part01\Chapter04\Section01\년도별성별.xlsx
◉ 완성파일 : Part01\Chapter04\Section01\년도별성별_완성.xlsx

1. 삽입한 차트의 행과 열을 변경하기 위해서 차트를 선택한 후 [차트 도구]의 상황별 탭인 [디자인] 탭-[데이터] 그룹에서 [행/열 전환]을 클릭합니다.

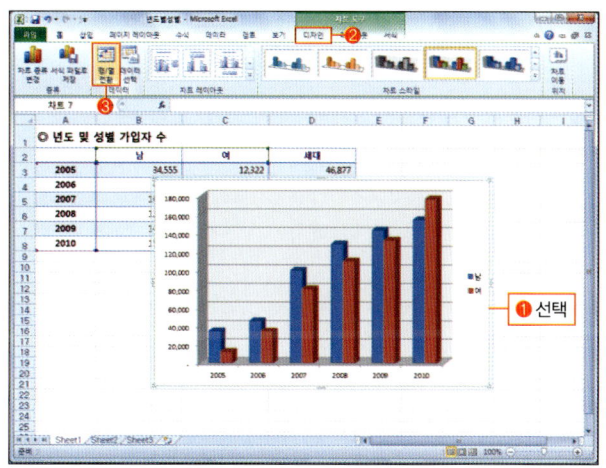

tip

[차트 도구]의 상황별 탭인 [디자인] 탭-[데이터] 그룹에서 [데이터 선택]을 클릭하여 [데이터 원본 선택] 대화 상자의 [행/열 전환]을 클릭하여도 행과 열을 전환할 수 있습니다.

2. 다음과 같이 행과 열이 서로 변경됩니다.

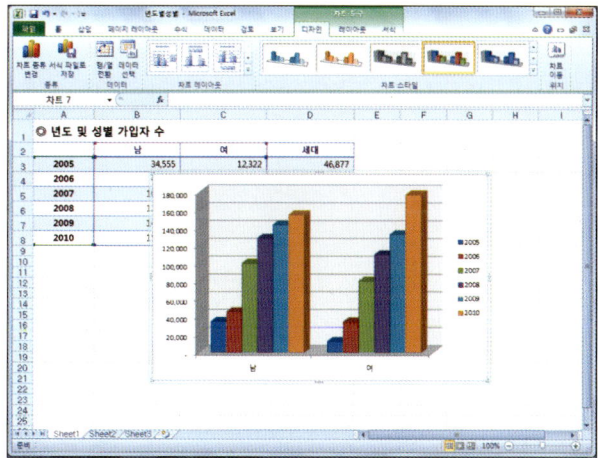

05 차트 종류 변경하기

● **준비파일** : Part01\Chapter04\Section01\판매실적.xlsx
● **완성파일** : Part01\Chapter04\Section01\판매실적_완성.xlsx

1. 차트의 종류를 변경하기 위해 차트를 선택한 후 [차트 도구]의 상황별 탭인 [디자인] 탭-[종류] 그룹에서 [차트 종류 변경]을 클릭합니다. [차트 종류 변경] 대화 상자가 나타나면 [원형] 범주에서 [원형]을 선택한 후 [확인]을 클릭합니다.

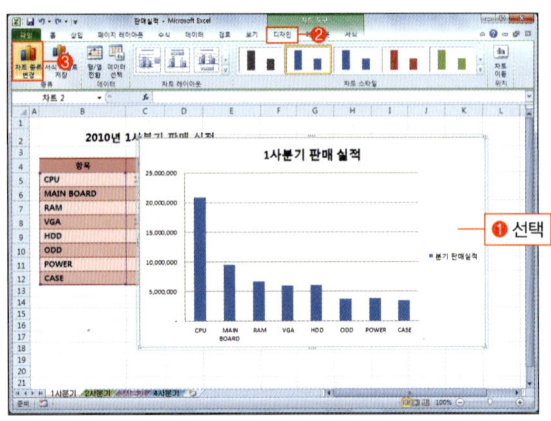
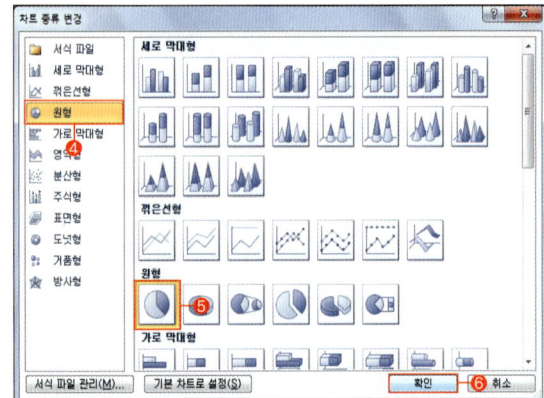

2. 차트의 종류가 변경되면 [차트 도구]의 상황별 탭인 [디자인] 탭-[차트 스타일] 그룹에서 [스타일 26]을 선택하여 차트의 스타일을 변경합니다.

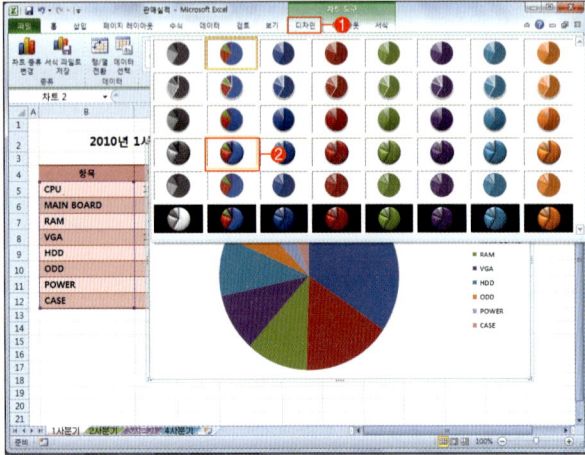

06 축 옵션과 눈금선, 주 눈금 설정하기

◉ **준비파일** : Part01\Chapter04\Section01\판매현황.xlsx
◉ **완성파일** : Part01\Chapter04\Section01\판매현황_완성.xlsx

1. [판매현황_차트] 시트를 선택합니다. 축 서식을 설정하기 위해 차트를 선택한 후 [차트 도구]의 상황별 탭인 [레이아웃] 탭-[축] 그룹에서 [축]을 클릭하여 [기본 가로 축]-[기타 기본 가로 축 옵션]을 선택합니다. [축 서식] 대화 상자가 나타나면 [축 옵션]에서 [최소값]을 [고정]으로 선택한 다음 『20』을 입력하고 [닫기]를 클릭합니다.

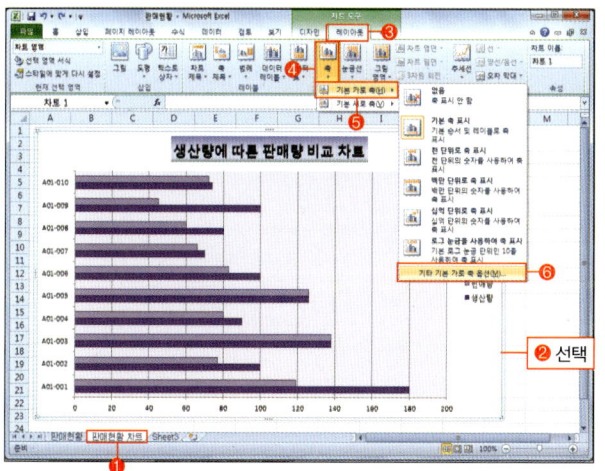 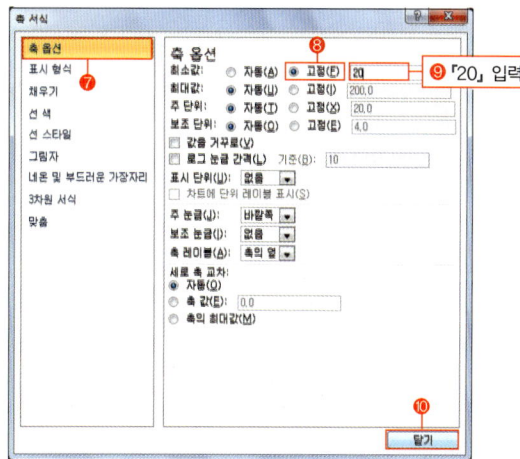

> **Tip** 차트의 대략적인 레이아웃은 [차트 도구]의 상황별 탭인 [디자인] 탭-[차트 레이아웃] 그룹에서 한번에 지정이 가능하지만 [레이아웃] 탭-[레이블] 그룹과 [축] 그룹에서 보다 자세하게 설정할 수 있습니다.

2. 차트의 눈금선을 변경하기 위해 [차트 도구]의 상황별 탭인 [레이아웃] 탭-[축] 그룹에서 [눈금선]을 클릭한 후 [기본 세로 눈금선]-[없음]을 선택합니다.

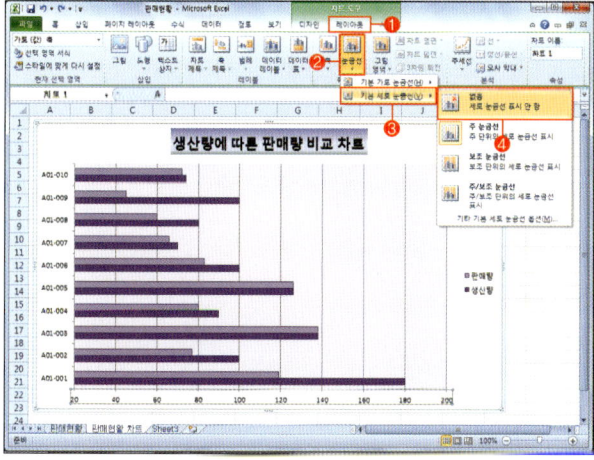

3. 차트에서 눈금선이 없어집니다. [차트 도구]의 상황별 탭인 [레이아웃] 탭-[축] 그룹에서 [눈금선]을 클릭한 후 [기본 가로 눈금선]-[주 눈금선]을 선택합니다.

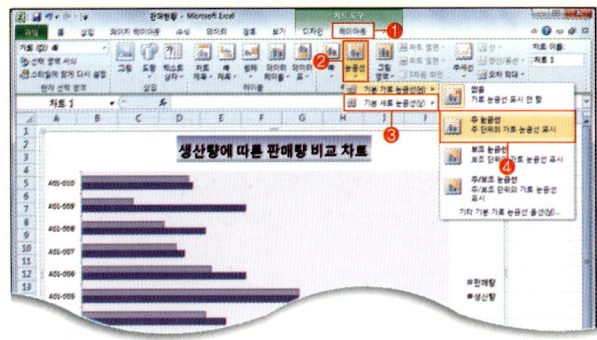

4. 가로 눈금선이 생깁니다. 축 제목을 삽입하기 위해 [차트 도구]의 상황별 탭인 [레이아웃] 탭-[레이블] 그룹에서 [축 제목]을 클릭한 후 [기본 가로 축 제목]-[축 아래 제목]을 선택합니다.

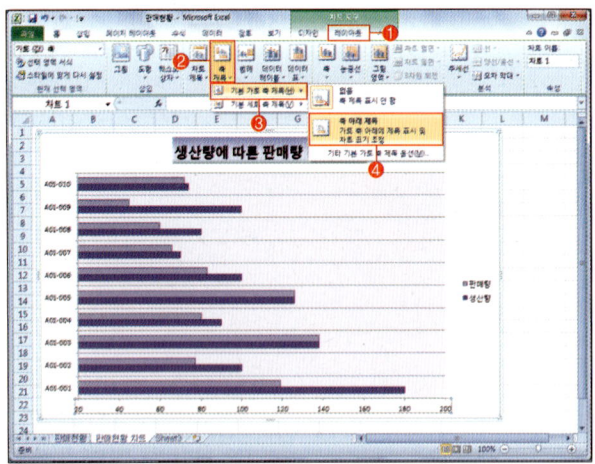

5. 축 제목이 삽입되면 『수량(개)』를 입력합니다.

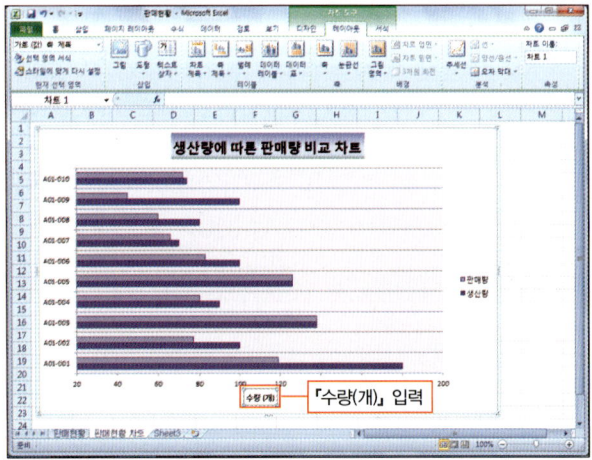

차트 배경 편집하기

1. 차트에 배경을 넣기 위해 차트 영역을 더블 클릭합니다. [차트 영역 서식] 대화 상자가 나타나면 [채우기]에서 [그림 또는 질감 채우기]를 선택하고 [파일]을 클릭합니다. [그림 삽입] 대화 상자가 나타나면 부록 CD의 'Part01\Chapter04\Section01' 폴더에서 'pic.png' 파일을 선택한 후 [삽입]을 클릭합니다. 다시 [차트 영역 서식] 대화 상자가 나타나면 [닫기]를 클릭합니다.

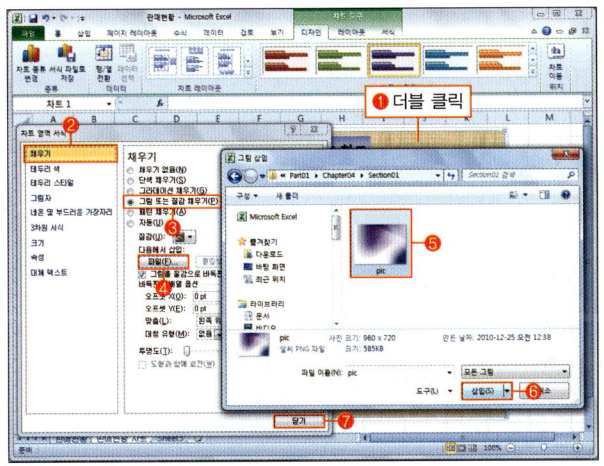

> **tip** [차트 영역 서식] 대화 상자의 [채우기] 항목에는 차트의 배경에 색상이나 그라데이션, 그림, 패턴 등을 삽입할 수 있습니다.

2. 차트의 배경으로 그림이 삽입됩니다.

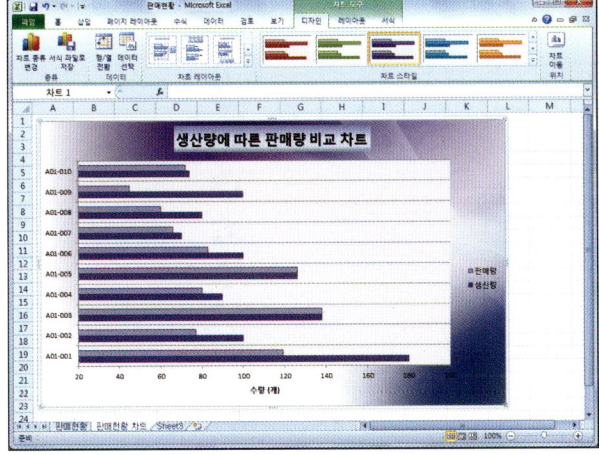

special Page

이중 축 차트 만들기

◉ **준비파일** : Part01\Chapter04\Section01\년도별판매현황.xlsx
◉ **완성파일** : Part01\Chapter04\Section01\년도별판매현황_완성.xlsx

1 이중 축 차트는 차트에 사용되는 두 개의 데이터 계열의 단위가 다르거나 데이터 값의 차이가 클 경우 사용합니다. 차트에서 수량 데이터 항목을 선택한 후 마우스 오른쪽 단추를 클릭하여 [계열 차트 종류 변경]을 선택합니다.

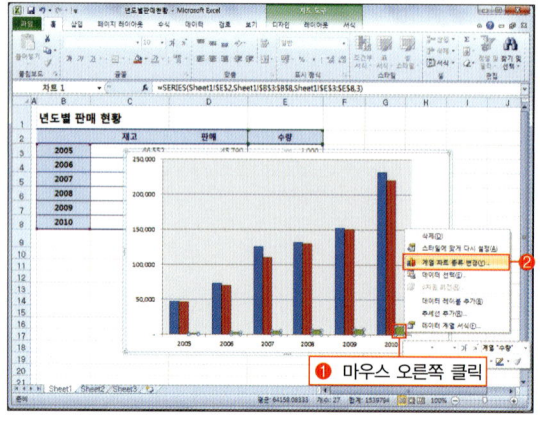

tip 이중 축 차트의 보조 축은 3차원 차트는 지원하지 않습니다. 2차원 차트로 차트를 만든 후 이중 축 차트를 적용해야 합니다.

2 [차트 종류 변경] 대화 상자가 나타나면 [꺾은선형]–[꺾은선형]을 선택하고 [확인]을 클릭합니다.

3 수량 데이터 항목이 꺾은선형으로 변경됩니다. 이데이터 항목에 축을 표시하기 위해 수량 데이터 항목을 마우스 오른쪽 단추로 클릭한 후 [데이터 계열 서식]을 선택합니다.

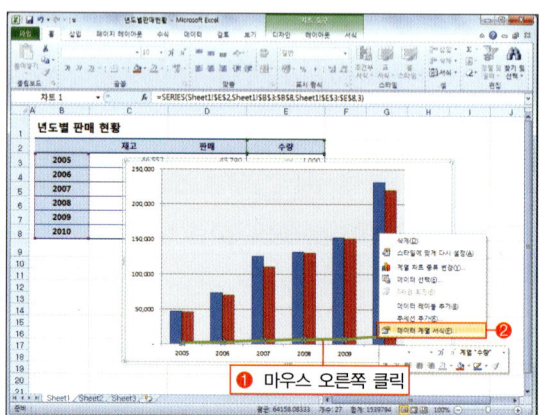

4 [데이터 계열 서식] 대화 상자가 나타나면 [계열 옵션]에서 [보조 축]을 선택한 후 [닫기]를 클릭합니다.

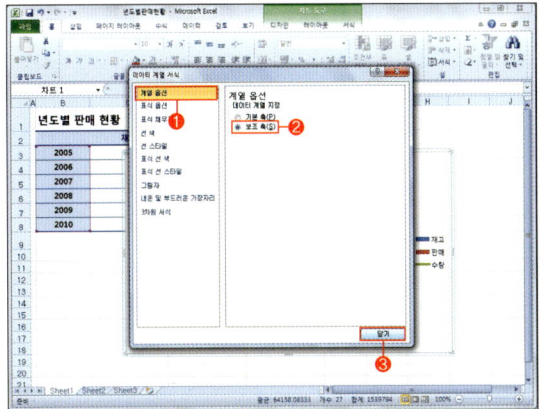

5 보조 세로(값) 축이 표시되는 이중 축 차트가 완성됩니다.

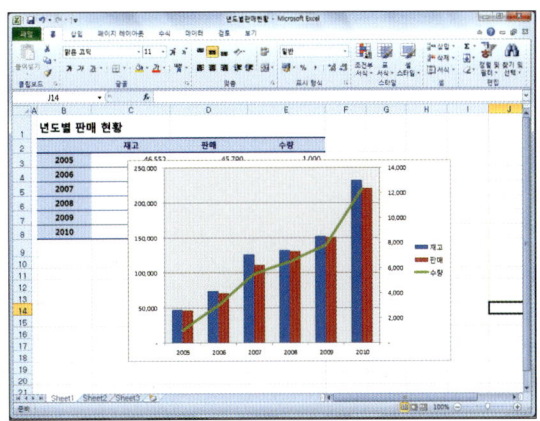

● **준비파일** : Part01\Chapter04\Check\년도별매출액현황.xlsx
● **완성파일** : Part01\Chapter04\Check\년도별매출액현황_완성.xlsx

삽입된 표의 '합계' 데이터 영역을 삭제한 다음 차트의 행과 열을 변경해 보세요.

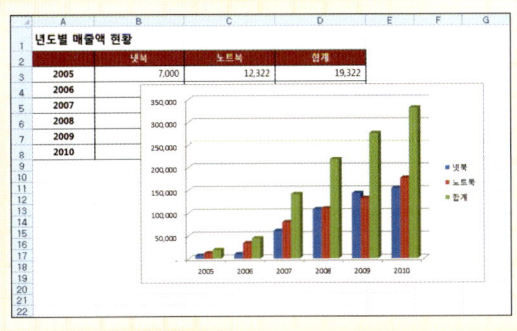

→

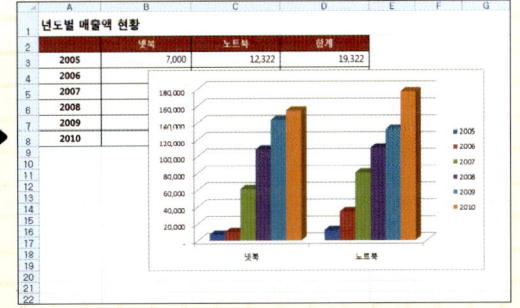

Hint

❶ '합계' 데이터 영역을 선택한 다음 Delete
❷ [차트 도구]의 상황별 탭–[디자인] 탭–[데이터] 그룹–[행/열 전환] 클릭

복잡한 데이터 관리하기

대용량의 데이터베이스를 처리하기에는 엑셀보다 전문화된 프로그램을 사용하는 것이 좋겠지만 엑셀도 데이터를 관리하기 위한 강력한 기능을 제공합니다. 이번 섹션에서는 데이터 관리 기능에 대해서 전반적으로 살펴보고, 데이터 정렬을 비롯한 필터 사용 방법에 대해 알아보도록 합니다.

Preview

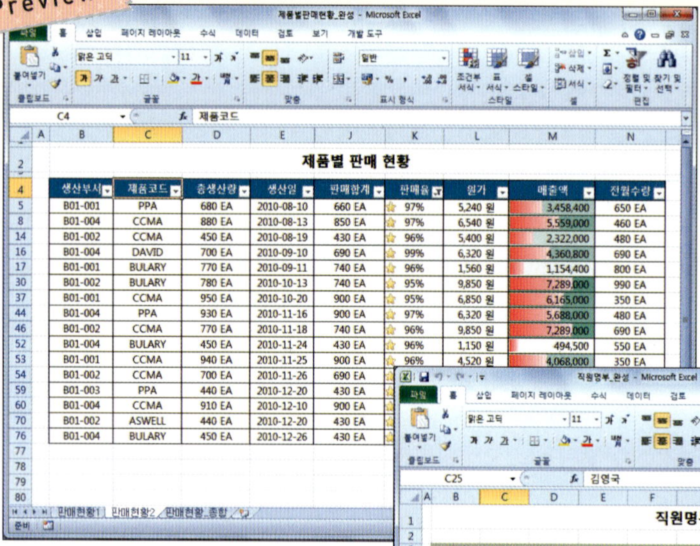

▲ 자동 필터와 색상으로 매출액별 데이터 추출

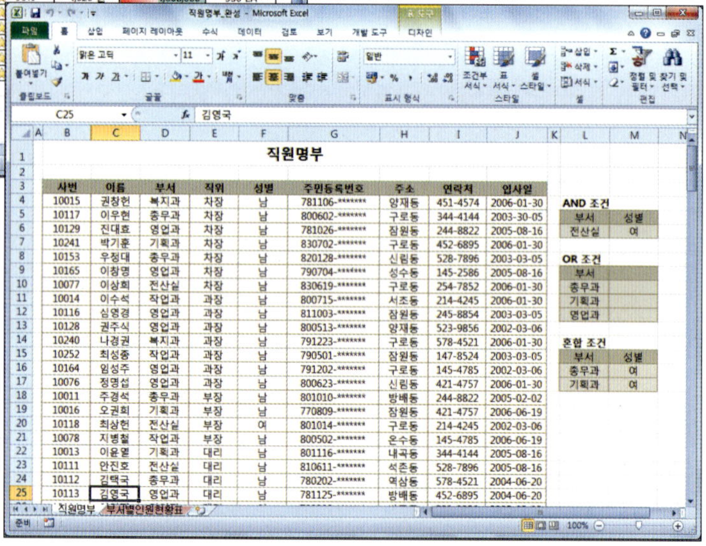

▲ 고급 필터로 각 부서별 레코드 추출

이번 섹션에서 배울 주요 내용!

01. 데이터 관리 기능 살펴보기
02. 오름차순으로 데이터 정렬하기
03. 중복 조건으로 정렬하기
04. 사용자 지정 목록으로 데이터 정렬하기
05. 자동 필터를 이용하여 데이터 추출하기

06. 색 기준 필터로 데이터 추출하기
07. 고급 필터로 현재 위치에 레코드 추출하기
08. 고급 필터로 다른 위치에 레코드 추출하기
스페셜. 고급 필터 지정 조건 살펴보기

01 데이터 관리 기능 살펴보기

데이터베이스 구성 요소

데이터베이스는 방대한 분량의 데이터들을 효과적으로 관리하기 위해서 체계적으로 정리하여 작업을 수월하게 할 수 있는 정보들의 집합이라 할 수 있습니다. 이러한 데이터베이스 기능을 이용하기 위해서는 먼저 기본적인 구성 요소에 대한 이해가 필요합니다.

데이터베이스를 구성하는 요소에는 필드명(Field Name), 레코드(Record), 필드(Field)가 있습니다.

사원번호	이름	지역	부서	직급	성별	주민번호	입사일	연사점수
10078	김은이	온수동	개발사업부	부장	남	800502-*******	2006-06-19	700
10248	김정훈	반포동	개발사업부	대리	남	790911-*******	2004-06-20	770
10175	김현미	잠원동	개발사업부	사원	남	830709-*******	2005-08-16	805
10084	김효지	내곡동	개발사업부	사원	남	830626-*******	2004-06-20	685
10100	류성욱	성수동	개발사업부	대리	남	790215-*******	2002-03-06	730
10237	문창길	반포동	개발사업부	대리	남	730330-*******	2005-02-02	700
10083	박건호	반포동	개발사업부	사원	남	800201-*******	2005-08-16	790
10013	박병준	내곡동	개발사업부	대리	남	801116-*******	2005-08-16	710
10134	송영복	석촌동	개발사업부	사원	남	800420-*******	2003-03-05	700
10247	이문조	방배동	개발사업부	대리	남	810116-*******	2005-08-16	775
10163	이주호	구로동	개발사업부	사원	남	780719-*******	2005-02-02	725
10076	정종훈	신림동	개발사업부	과장	남	800623-*******	2006-01-30	805
10077	조현숙	구로동	개발사업부	차장	남	830619-*******	2006-01-30	700

사원 기록표

❶ **필드명(Field Name)** : 필드의 가장 상단에 필드의 속성을 표시한 것을 '필드명'이라고 합니다. 즉, 필드의 이름을 말합니다.

❷ **레코드(Record)** : 데이터베이스를 구성하는 행 방향의 데이터를 '레코드'라고 합니다.

❸ **필드(Field)** : 데이터베이스를 구성하는 열 방향의 데이터를 '필드'라고 합니다.

데이터베이스 작성 시 유의사항

데이터베이스로 사용할 데이터는 작성 시 지켜야하는 규칙이 있습니다. 데이터베이스를 작성하기 위해서는 다음의 사항에 주의해야 합니다.

1) 필드명은 최상단에 한 줄로 작성하되 두 줄을 병합하여 필드명을 작성해서는 안 됩니다.

2) 하나의 필드에는 동일한 속성을 지닌 데이터만을 입력해야 합니다.

3) 데이터베이스를 구성할 때 중간 중간에 빈 행이나 빈 열이 있어서는 안 됩니다.

02 오름차순으로 데이터 정렬하기

● **준비파일** : Part01\Chapter04\Section02\사원기록표.xlsx
● **완성파일** : Part01\Chapter04\Section02\사원기록표_완성.xlsx

1. '이름순'으로 데이터를 정렬하기 위해 '이름' 필드 중 임의의 셀을 선택한 후 [데이터] 탭-[정렬 및 필터] 그룹에서 [텍스트 오름차순 정렬](圉)을 클릭합니다.

2. '이름'을 기준으로 데이터가 오름차순으로 정렬됩니다.

03 중복 조건으로 정렬하기

1. 여러 조건으로 데이터를 정렬하기 위해 [데이터] 탭-[정렬 및 필터] 그룹에서 [정렬]을 클릭합니다. [정렬] 대화 상자가 나타나면 [정렬 기준]에서 [지역]을 선택하고 [정렬]을 [오름차순]으로 선택한 후 [기준 추가]를 클릭합니다. [다음 기준]에서 [부서]를 선택하고 [정렬]을 [오름차순]으로 선택한 다음 후 [기준 추가]를 클릭합니다. [다음 기준]에 [이름]을 선택하고 [정렬]을 [오름차순]으로 선택한 후 [확인]을 클릭합니다.

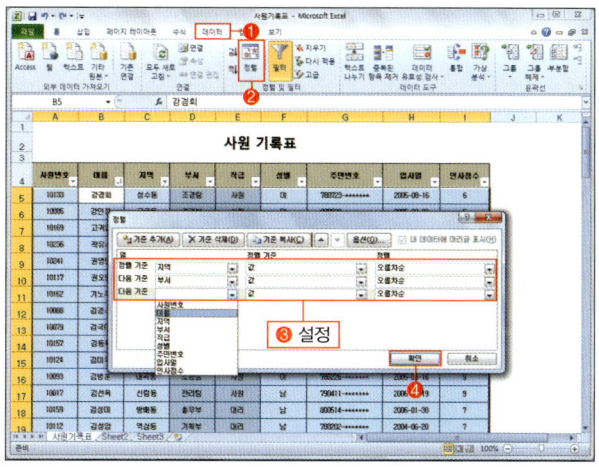

2. 데이터가 먼저 지역을 기준으로 오름차순으로 정렬되고, 같은 지역일 경우 부서를 기준으로 오름차순으로 정렬됩니다. 또한, 지역과 부서가 같을 경우 이름을 기준으로 오름차순으로 정렬됩니다.

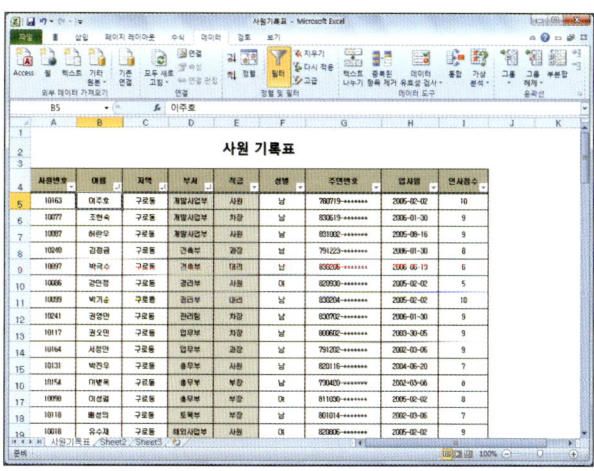

정렬 조건 및 기준 필드

엑셀 2010에서는 데이터를 정렬할 때 정렬 기준을 64개까지 사용할 수 있습니다. 또한, 오름차순 혹은 내림차순으로 정렬이 되면 필드명에 정렬 표시가 나타납니다.

사원변호	이름	지역
10163	이주호	구로동

04 사용자 지정 목록으로 데이터 정렬하기

● 준비파일 : Part03\Chapter04\Section02\상반기성과.xlsx
● 완성파일 : Part03\Chapter04\Section02\상반기성과_완성.xlsx

1. 데이터를 정렬하기 위해 임의의 셀을 선택한 후 [데이터] 탭-[정렬 및 필터] 그룹에서 [정렬]을 클릭합니다.
[정렬] 대화 상자가 나타나면 [정렬 기준]에서 [이름]을 선택하고 [정렬]에서 [오름차순]을 클릭합니다. [기준 추
가]를 클릭한 다음 [정렬 기준]에 [직급], [정렬]에 [오름차순]을 선택합니다. 다시 [기준 추가]를 클릭한 다음 [정
렬 기준]에 [성별], [정렬]에 [오름차순]을 선택합니다.

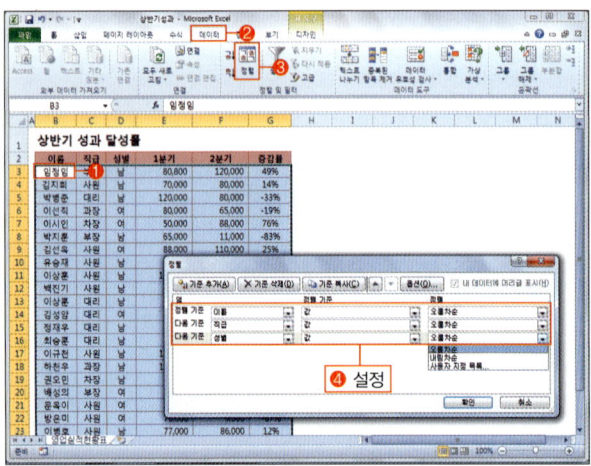

2. 두 번째 정렬 기준을 선택한 다음 [위로 이동[▲]]을 클릭합니다.

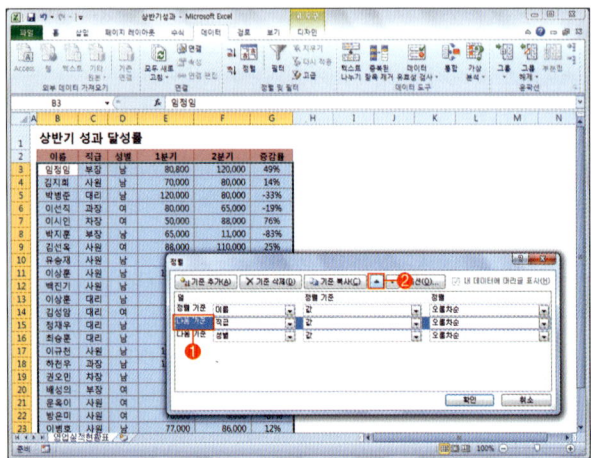

3. 순서가 변경된 첫 번째 정렬 기준에서 [정렬]의 화살표를 클릭한 다음 [사용자 지정 목록]을 선택합니다.

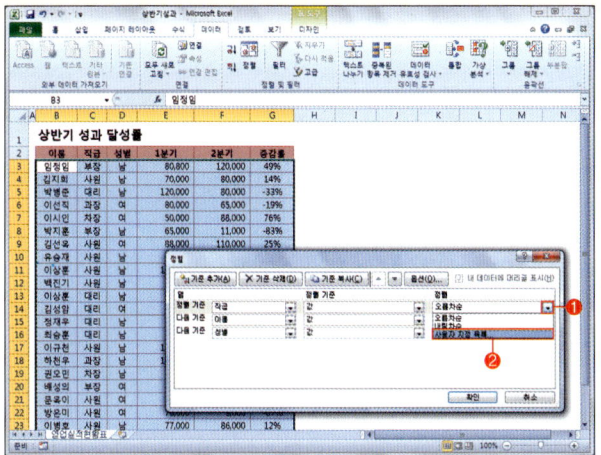

4. [사용자 지정 목록] 대화 상자가 나타나면 [목록 항목]에 『사원』, 『대리』, 『과장』, 『부장』, 『차장』을 차례대로 입력한 다음 [추가]를 클릭합니다. [사용자 지정 목록]에 목록이 추가되면 [확인]을 클릭합니다. [정렬] 대화 상자 에서 [확인]을 클릭합니다.

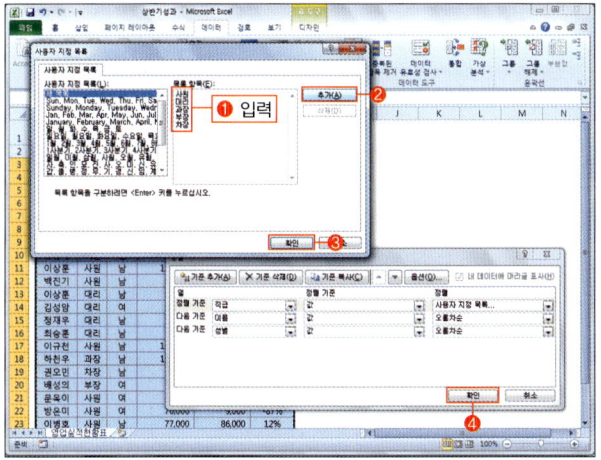

5. 사용자 지정 목록에 맞게 데이터가 정렬됩니다.

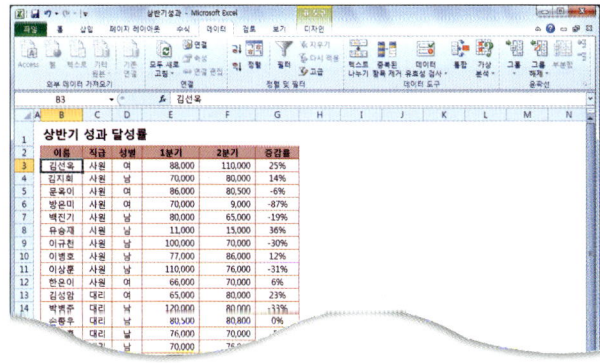

05 자동 필터를 이용하여 데이터 추출하기

● **준비파일** : Part01\Chapter04\Section02\제품별판매현황.xlsx
● **완성파일** : Part01\Chapter04\Section02\제품별판매현황_완성.xlsx

1. 제품코드가 'CCMA' 인 레코드만 추출하기 위해 [제품코드] 필드의 필터 단추를 클릭합니다. [(모두 선택)]을 클릭하여 체크 표시를 모두 없앤 후 [CCMA]만 체크 표시를 하고 [확인]을 클릭합니다.

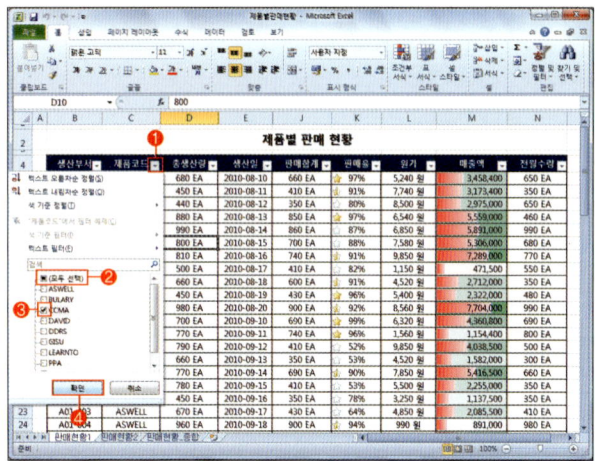

2. 판매합계가 '600 EA' 이상인 레코드만 추출하기 위해 [판매합계] 필드의 필터 단추를 클릭한 후 [숫자 필터]-[크거나 같음]을 선택합니다.

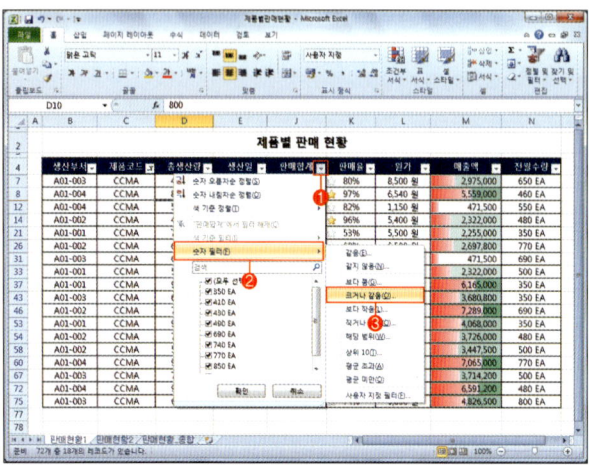

3. [사용자 지정 자동 필터] 대화 상자가 나타나면 [판매합계]의 입력란에 『600』을 입력하고 [확인]을 클릭합니다.

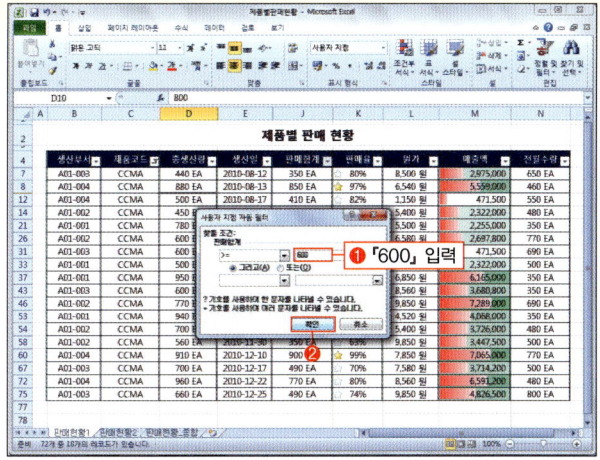

4. 마지막으로 11월에 생산된 내용만 추출하기 위해 [생산일] 필드의 필터 단추를 클릭합니다. [날짜 필터]-[해당 기간의 모든 날짜]를 클릭한 후 [11월]을 선택합니다.

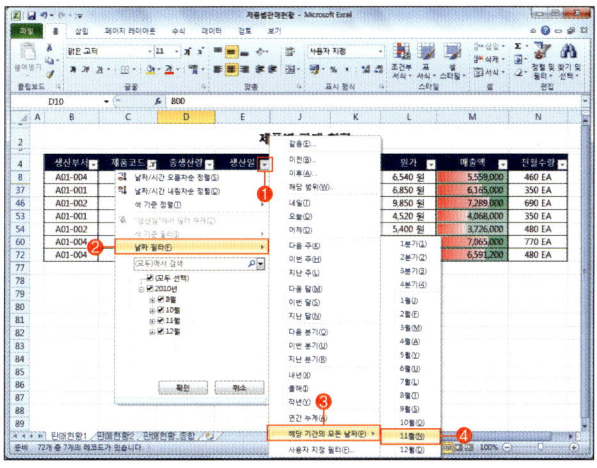

5. 제품코드가 'CCMA' 이고 판매합계가 '600' 이상, 그리고 생산일이 '11월' 인 데이터가 추출됩니다.

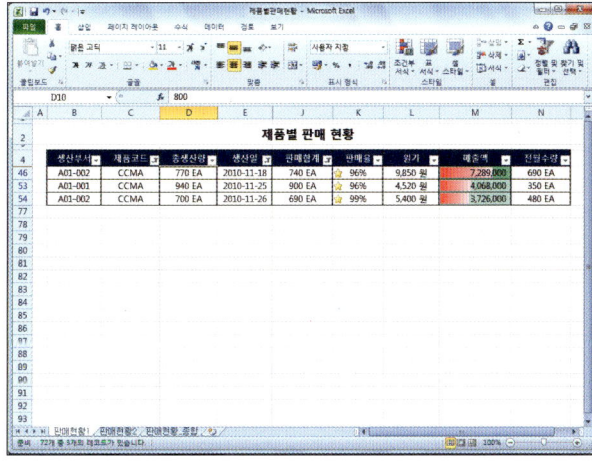

색 기준 필터로 데이터 추출하기

● **준비파일** : Part01\Chapter04\Section02\제품별판매현황(2).xlsx
● **완성파일** : Part01\Chapter04\Section02\제품별판매현황(2)_완성.xlsx

1. [판매율] 필드의 필터 단추를 클릭한 후 [색 기준 필터]-[셀 아이콘 기준 필터]에서 [⭐]을 선택합니다.

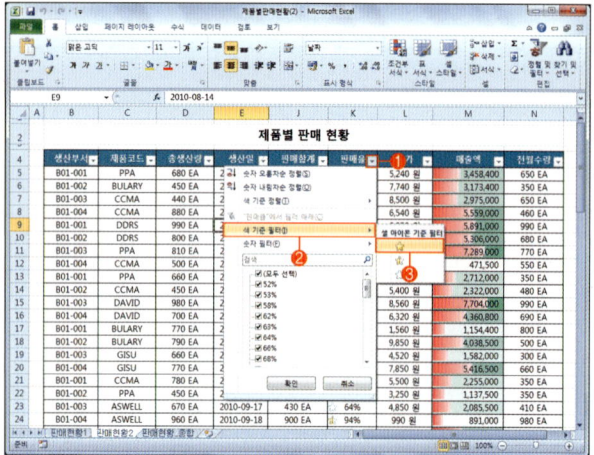

2. 셀 아이콘 중 [⭐]을 가진 레코드만 필터링 됩니다.

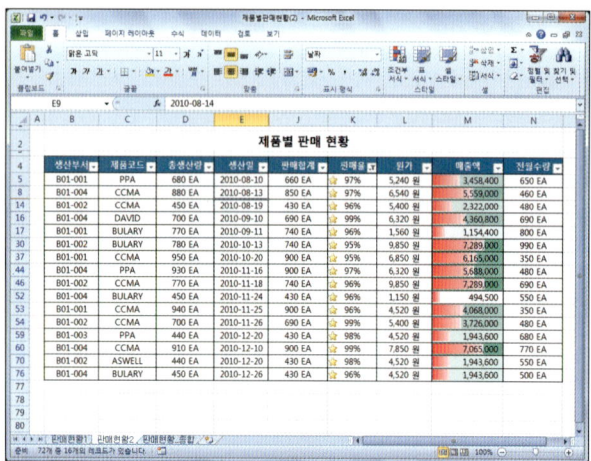

07 고급 필터로 현재 위치에 레코드 추출하기

● **준비파일** : Part01\Chapter04\Section02\직원명부.xlsx
● **완성파일** : Part01\Chapter04\Section02\직원명부_완성.xlsx

1. '부서' 가 '전산실' 이고, '성별' 이 '여' 인 레코드를 추출하기 위해 임의의 셀을 클릭한 다음 [데이터] 탭-[정렬 및 필터] 그룹에서 [고급]을 클릭합니다. [고급 필터] 대화 상자가 나타나면 [결과]에서 [현재 위치에 필터]를 선택하고, [조건 범위]를 클릭한 다음 [L5:M6] 영역을 드래그하여 입력하고 [확인]을 클릭합니다.

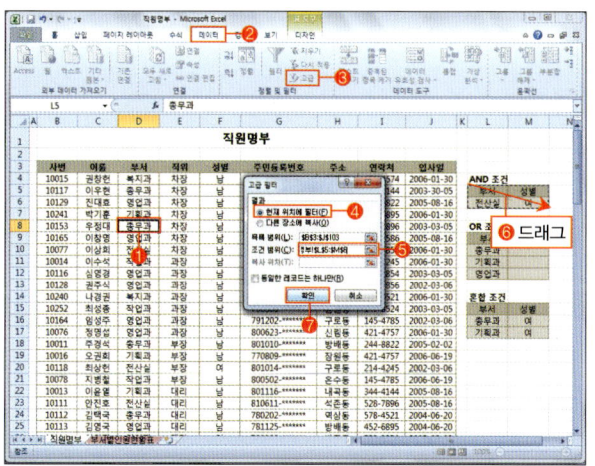

> **tip** 자동 필터는 하나의 필드에 2개 이상의 조건을 설정할 수 없지만 고급 필터를 사용하면 AND, OR, 혼합 조건을 이용하여 보다 복잡하고 다양한 조건으로 데이터를 검색할 수 있습니다.

> **tip** 모든 조건을 만족하는 레코드를 추출하기 위해서는 AND 조건으로 고급 필터를 지정합니다. AND 조건을 설정하려면 첫 행에는 데이터베이스의 필드명, 그리고 아래에는 조건 값을 입력합니다.

2. '부서' 가 '전산실' 이고 '성별' 이 '여' 인 조건에 만족하는 필드가 추출됩니다.

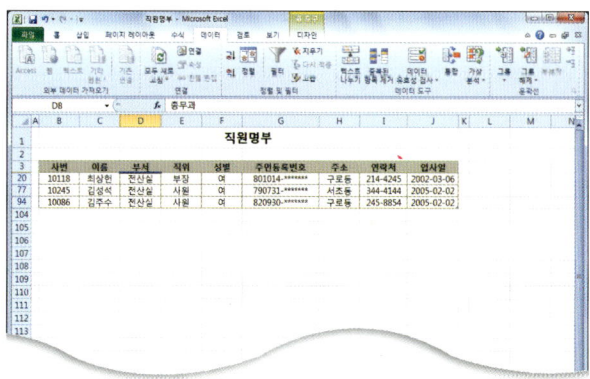

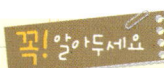

[고급 필터] 대화 상자 살펴보기

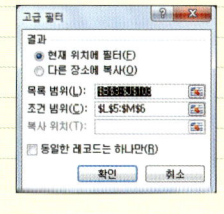

- **현재 위치에 필터** : 자동 필터처럼 추출된 결과를 현재의 위치에 표시합니다.
- **다른 장소에 복사** : 추출된 결과를 다른 장소에 복사하여 표시합니다.
- **목록 범위** : 추출한 데이터의 범위를 지정합니다.
- **조건 범위** : 조건이 입력된 범위를 지정합니다.
- **복사 위치** : '다른 장소에 복사'를 선택하였을 때 복사 위치를 지정합니다.
- **동일한 레코드는 하나만** : 동일한 내용을 가지는 레코드가 여러 개 있을 경우 하나만 표시합니다.

08 고급 필터로 다른 위치에 레코드 추출하기

● 준비파일 : Part01\Chapter04\Section02\직원명부(2).xlsx
● 완성파일 : Part01\Chapter04\Section02\직원명부(2)_완성.xlsx

1. 이번에는 총무과, 기획과, 영업과 중 하나라도 만족하는 조건에 대해서 추출해 보겠습니다. 임의의 셀을 클릭한 다음 [데이터] 탭-[정렬 및 필터] 그룹에서 [고급]을 클릭합니다. [고급 필터] 대화 상자가 나타나면 [결과]에서 [다른 장소에 복사]를 선택하고, [조건 범위]를 클릭한 다음 [L9:M12] 영역을 드래그하여 입력하고 [복사 위치]의 입력란을 클릭합니다.

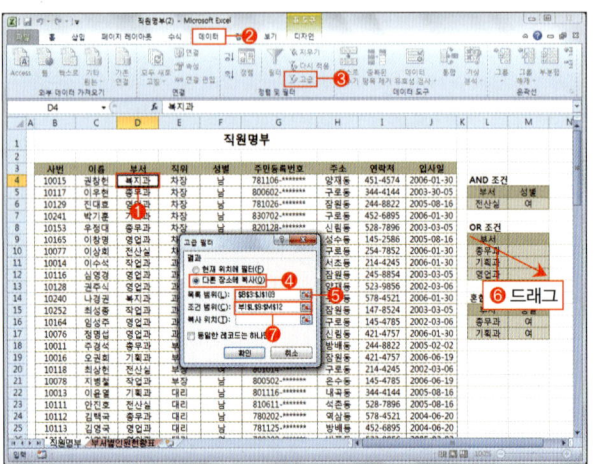

> **tip** 전체 필드에 적용된 필터링을 해제하기 위해서는 [데이터] 탭-[정렬 및 필터] 그룹에서 [지우기]를 클릭합니다.

> **tip** 여러 개의 조건 중 하나의 조건이라도 만족하는 레코드를 추출하고자 할 때에는 OR 조건을 이용합니다.

2. [B105] 셀을 클릭하여 입력한 다음 [확인]을 클릭합니다. [B105] 셀부터 필터 결과가 나타납니다.

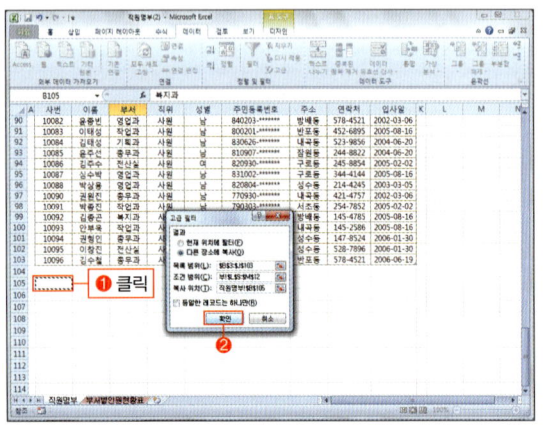 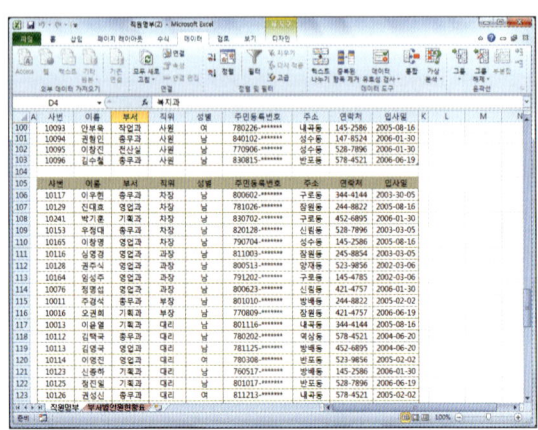

> **tip** 복사 위치는 첫 시작 셀 주소만 설정하면 됩니다.

3. 이번에는 혼합 조건을 이용하여 데이터를 추출해 보겠습니다. [데이터] 탭–[정렬 및 필터] 그룹에서 [고급]을 클릭합니다. [고급 필터] 대화 상자가 나타나면 [결과]에서 [다른 위치에 복사]를 선택합니다. [조건 범위]를 클릭하여 내용을 삭제한 다음 [L15:M17] 영역을 드래그하여 입력하고 [복사 위치]의 입력란을 클릭한 다음 내용을 삭제합니다.

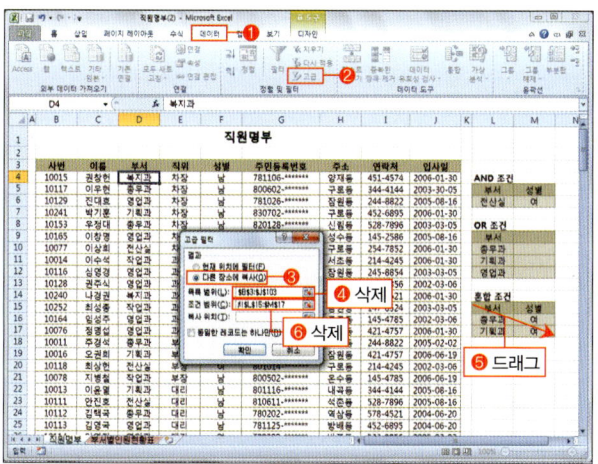

4. [B164] 클릭하여 입력한 후 [확인]을 클릭합니다. [B164] 셀부터 필터 결과가 나타납니다.

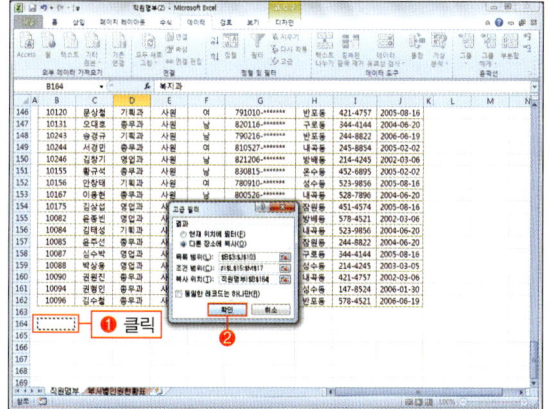
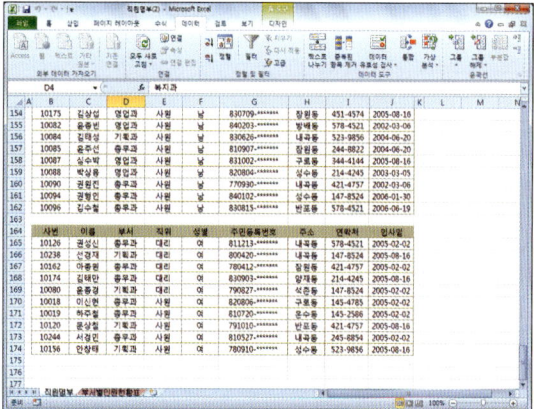

고급 필터 지정 조건 살펴보기

조건을 입력할 때에는 조건을 같은 행에 입력하느냐, 다른 행에 입력하느냐에 따라서 결과값이 달라집니다. 조건을 지정할 때 아래의 설명을 참조하면서 지정하시기 바랍니다.

❶ AND(그리고) 조건

조건을 입력할 때 동일한 행 방향으로 입력된 조건들은 AND 조건으로 추출됩니다. 예를 들어 '부서'가 '총무부'이고(AND) '성별'이 '남'이라면 아래의 그림처럼 조건표를 만듭니다.

부서	성별
총무부	남

❷ OR(또는) 조건

조건을 입력할 때 열 방향 혹은 다른 열 방향으로 입력된 조건들은 OR 조건으로 추출됩니다. 예를 들어 '부서'가 '총무부'이거나(OR), '기획부', 또는(OR) '경리부'를 추출하고 싶다면 아래의 그림처럼 조건표를 만듭니다.

부서	성별
총무부	
기획부	
경리부	

부서	부서	부서
총무부		
	기획부	
		경리부

❸ AND(그리고)와 OR(또는) 조건

행과 열 방향에 모두 조건을 입력하면 AND(그리고)와 OR(또는)가 혼합된 조건을 추출할 수 있습니다. 예를 들어 '부서'가 '총무부'이고(AND), '성별'이 '여'이거나(OR), '부서'가 '기획부'이고(AND), '성별'이 '여'인 사람을 추출하고 싶다면 아래의 그림처럼 조건표를 만듭니다.

부서	성별
총무부	여
기획부	여

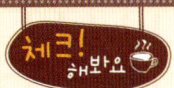

● **준비파일** : Part01\Chapter04\Check\교육출석부.xlsx
● **완성파일** : Part01\Chapter04\Check\교육출석부_완성.xlsx

출석부에서 부서가 '인사부'이고, 직급이 '대리'인 목록을 고급 필터로 추출해 보세요.

Hint

❶ [데이터] 탭–[정렬 및 필터] 그룹–[고급] 클릭
❷ [고급 필터] 대화 상자에서 목록 범위와 조건 범위, 복사 위치를 지정

03 데이터 통계 및 요약하기

엑셀의 방대한 데이터를 다루다보면 데이터별로 통계를 내거나 보고서 작성을 위해 데이터를 요약해야 할 경우가 발생합니다. 이러한 작업을 위한 대표적인 기능이 부분합과 피벗 테이블, 슬라이서입니다. 부분합을 이용하면 데이터를 특성에 맞게 분류하여 분석할 수 있고, 피벗 테이블은 부분합 보다 좀 더 발전한 기능으로 복잡한 데이터베이스를 효과적으로 관리할 수 있습니다. 또한, 슬라이서를 이용하면 피벗 테이블 보고서의 데이터를 보다 간편하게 분류할 수 있습니다.

Preview

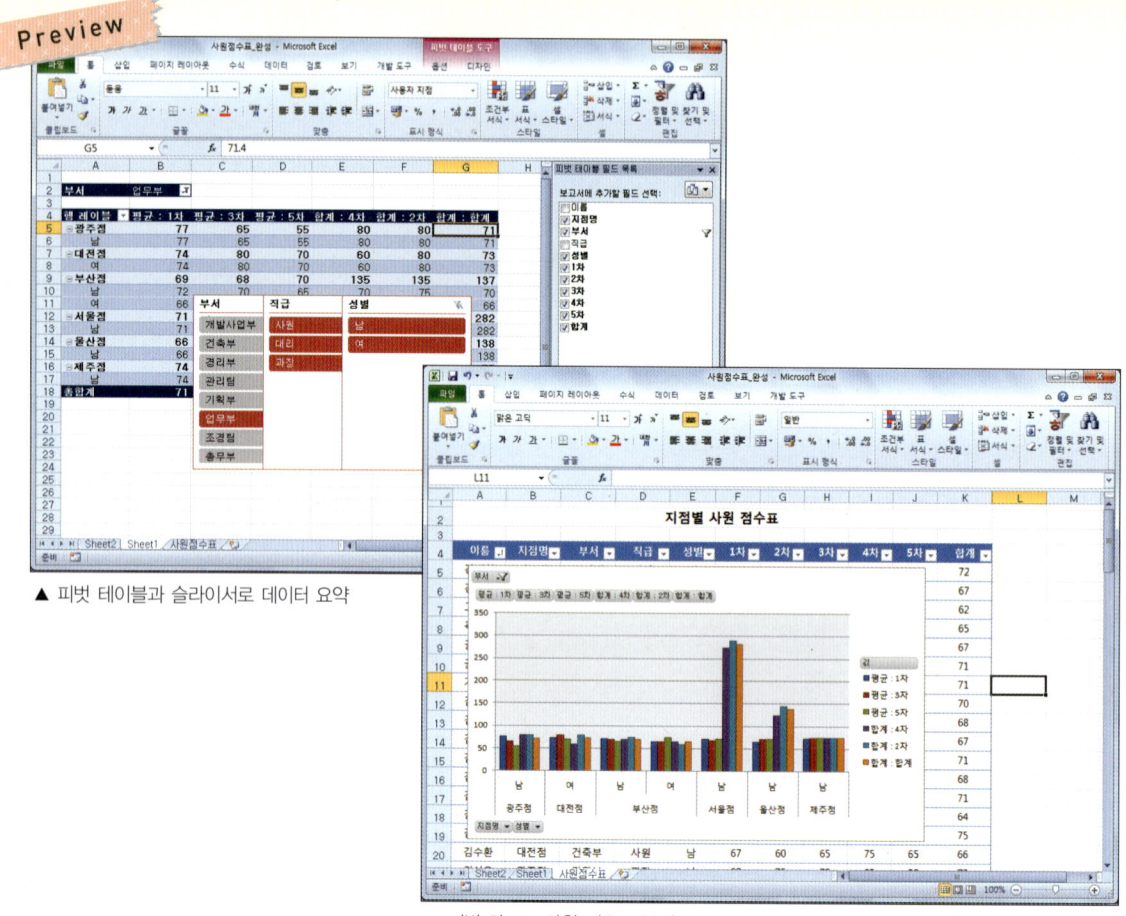

▲ 피벗 테이블과 슬라이서로 데이터 요약

▲ 피벗 차트로 사원 점수표 분석

이번 섹션에서 배울 주요 내용!

01. 데이터 요약 기능 살펴보기
02. 부분합 이용하여 데이터 요약하기
03. 부분합 윤곽 조정하기
04. 다중 부분합 작성하고 관리하기
05. 부분합 요약 부분 복사하기

06. 피벗 테이블 작성하기
07. 피벗 테이블 구성 변경하기
08. 피벗 테이블 스타일 지정과 필터 지정하기
09. 슬라이드서로 필터 적용하기
10. 피벗 차트 만들기

01 데이터 요약 기능 살펴보기

부분합

부분합은 데이터 범위 중에서 열 방향의 특정 필드로 분류하고 부분별로 합계, 평균, 개수, 최대값, 최소값, 표준 편차, 분산 등을 자동 계산한 후 요약해 주는 기능입니다. 부분합 기능을 이용하면 부분별로 소개와 총계를 쉽게 알 수 있습니다. 또한, 부분합 실행 시 왼편에 나타나는 윤곽 기호(1 2 3)를 이용하면 그룹별로 데이터를 축소/확대할 수 있습니다. 부분합은 실행하기 전에 부분합의 기준이 되는 필드를 반드시 정렬한 후 실행해야 합니다.

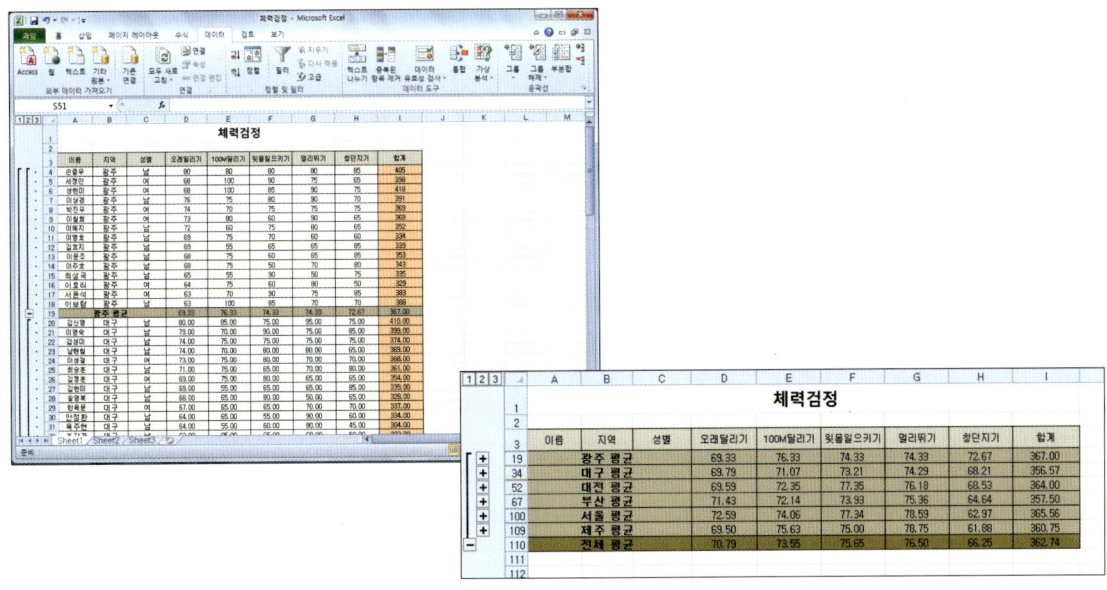

[부분합] 대화 상자 살펴보기

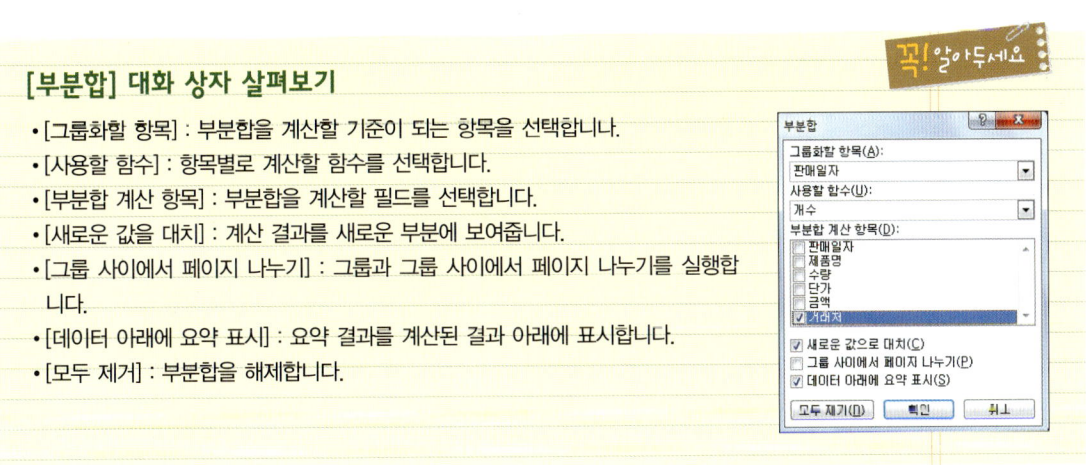

- [그룹화할 항목] : 부분합을 계산할 기준이 되는 항목을 선택합니다.
- [사용할 함수] : 항목별로 계산할 함수를 선택합니다.
- [부분합 계산 항목] : 부분합을 계산할 필드를 선택합니다.
- [새로운 값을 대치] : 계산 결과를 새로운 부분에 보여줍니다.
- [그룹 사이에서 페이지 나누기] : 그룹과 그룹 사이에서 페이지 나누기를 실행합니다.
- [데이터 아래에 요약 표시] : 요약 결과를 계산된 결과 아래에 표시합니다.
- [모두 제거] : 부분합을 해제합니다.

피벗 테이블과 피벗 차트

피벗 테이블은 한 개의 필드가 아니라 여러 개의 필드를 그룹별로 요약해 주는 기능으로 목적에 맞게 테이블을 재구성할 수 있어 원하는 정보를 쉽게 분석할 수 있습니다. 또한, 피벗 차트는 피벗 테이블의 데이터를 차트화한 것으로 시각적으로 보다 빠른 분석이 가능하게 합니다.

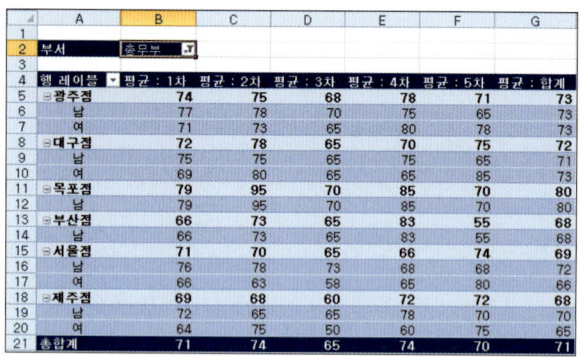
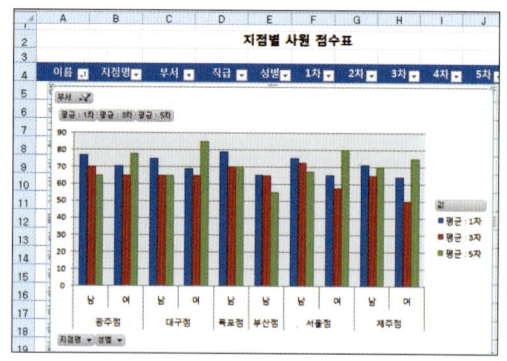

슬라이서

슬라이서는 피벗 테이블 보고서의 데이터를 보다 편리하게 분석할 수 있도록 엑셀 2010에서 새롭게 추가된 기능입니다. 만들어진 슬라이서는 피벗 테이블과 함께 워크시트에 표시되며 슬라이서가 둘 이상인 경우 겹쳐서 표시됩니다. 필요한 경우 슬라이서를 워크시트의 다른 위치로 이동하거나 크기 및 색상을 조절할 수 있습니다. 무엇보다 슬라이서는 필터링 속도를 늘릴 뿐 아니라 현재 필터링 상태를 표시하여 필터링된 피벗 테이블에 정확히 무엇이 표시되는지 쉽게 알 수 있습니다.

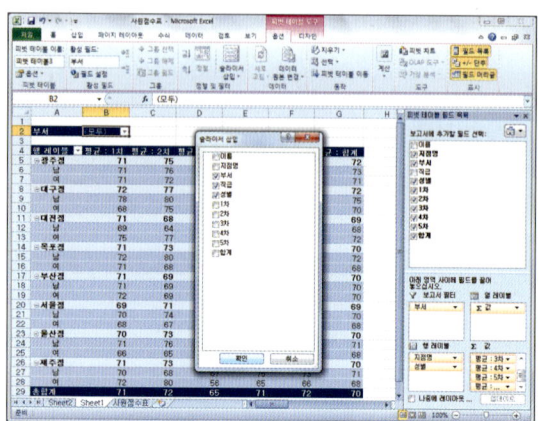
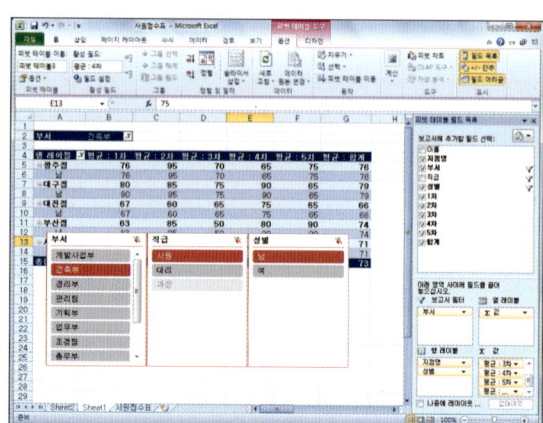

02 부분합 이용하여 데이터 요약하기

◉ **준비파일** : Part01\Chapter04\Section03\거래처판매.xlsx
◉ **완성파일** : Part01\Chapter04\Section03\거래처판매_완성.xlsx

1. 거래처별로 판매 현황에 대한 데이터를 요약하기 위해 [F5] 셀을 선택한 후 먼저 [데이터] 탭–[정렬 및 필터] 그룹에서 [텍스트 오름차순 정렬](📊)을 클릭합니다. 데이터가 정렬되면 [데이터] 탭–[윤곽선] 그룹–[부분합]을 클릭합니다. [부분합] 대화 상자가 나타나면 [그룹화할 항목]에서 [거래처]를 선택하고, [사용할 함수]는 [합계]를 선택합니다. [부분합 계산 항목]에서 [금액]에 체크 표시를 한 후 [확인]을 클릭합니다.

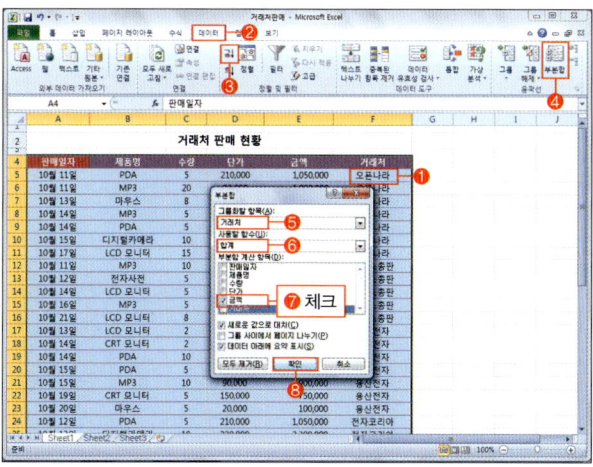

2. 거래처별로 판매 금액이 구해집니다.

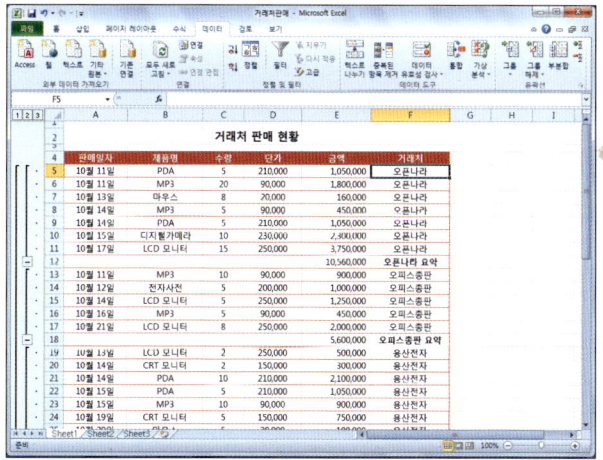

> **tip** 부분합은 특정 필드를 기준으로 합계나 평균 등의 소계를 자동으로 계산하여 워크시트에 요약하여 표시해 줍니다. 부분합을 구하기 위해서는 먼저 필드가 정렬되어 있어야 합니다.

03 부분합 윤곽 조정하기

1. 윤곽 조절 단추 중에서 [2]를 클릭합니다. 요약 데이터만 표시됩니다. '오픈나라'의 [+]를 클릭합니다.

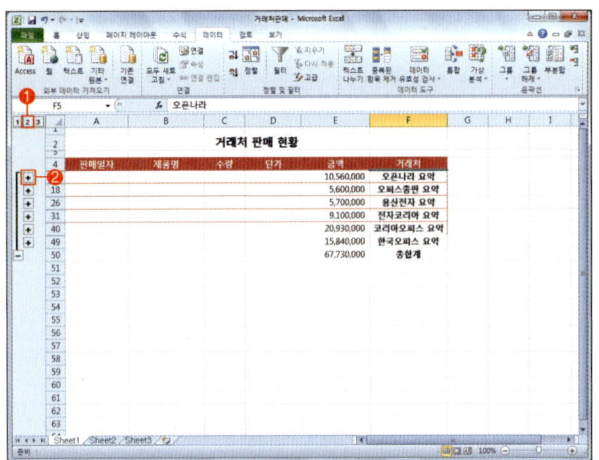

> **tip** 윤곽 조절 단추를 통해 총합계, 부분 합계, 그리고 전체 레코드를 표시하여 데이터를 좀 더 쉽게 요약 및 분석할 수 있습니다.

> **tip** 부분합 데이터를 확장 또는 축소하려면 [+] 및 [-] 기호를 클릭합니다.

2. '오픈나라'의 레코드가 확장되어 데이터가 표시됩니다. 동일한 방식으로 각각의 거래처별로 데이터를 요약 및 정리할 수 있습니다.

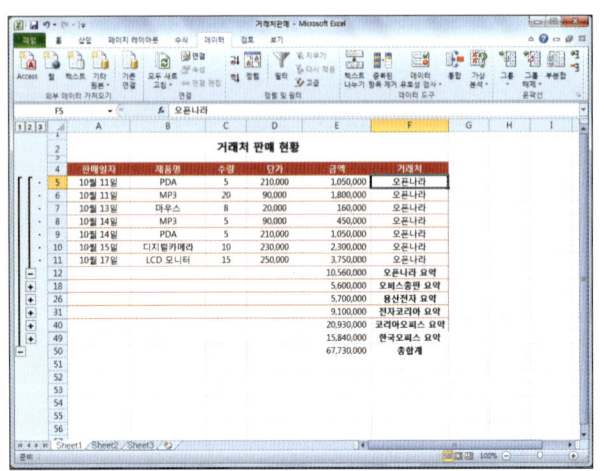

> **tip** 윤곽 조절 단추 중 [1]을 클릭하면 총합계만 표시되고, [2]를 클릭하면 요약 데이터만 표시되며, [3]을 클릭하면 모든 레코드가 표시됩니다.

꼭! 알아두세요

부분합 제거하기

부분합을 제거하려면 [데이터] 탭-[윤곽선] 그룹에서 [부분합]을 클릭한 다음 [부분합] 대화상자에서 [모두 제거]를 클릭합니다.

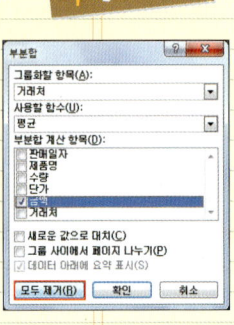

04 다중 부분합 작성하고 관리하기

1. 윤곽 조절 단추 중 3 을 클릭하여 부분합과 관련된 모든 레코드를 표시합니다. [데이터] 탭-[윤곽선] 그룹-[부분합]을 클릭합니다. [부분합] 대화 상자가 나타나면 [그룹화할 항목]에서 [거래처]를 선택하고, [사용할 함수]는 [평균], [부분합 계산 항목]에는 [금액]에 체크 표시를 합니다. [새로운 값으로 대치]에 체크 표시를 해제한 다음 [확인]을 클릭합니다.

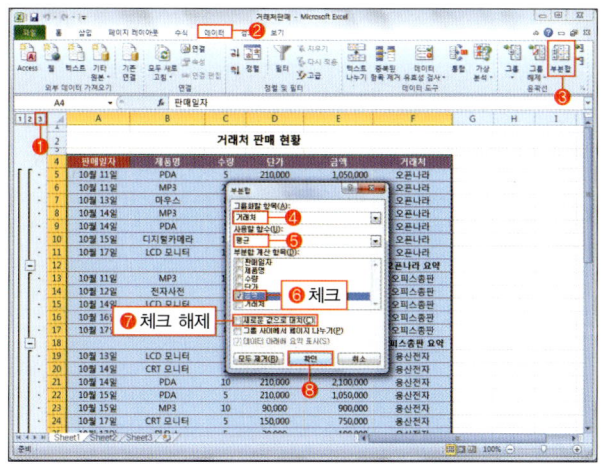

tip 다중 부분합은 합계를 구한 상태에서 다른 함수를 추가로 구할 때 사용합니다.

2. 거래처별 요약과 평균이 동시에 구해집니다.

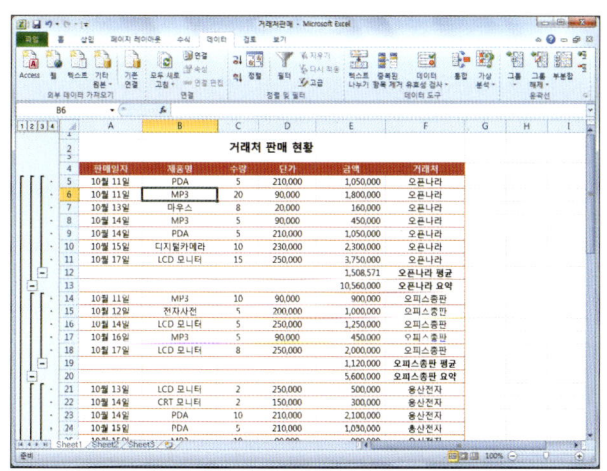

tip 부분합 결과에 따라 윤곽 기호의 번호는 변경됩니다.

05 부분합 요약 부분 복사하기

1. 부분합의 요약 결과를 다른 시트에 복사하기 위해 윤곽 조절 단추 중 3 을 클릭합니다. [E4:F57] 영역을 선택하고 [홈] 탭-[편집] 그룹에서 [찾기 및 선택]을 클릭하여 [이동 옵션]을 선택합니다.

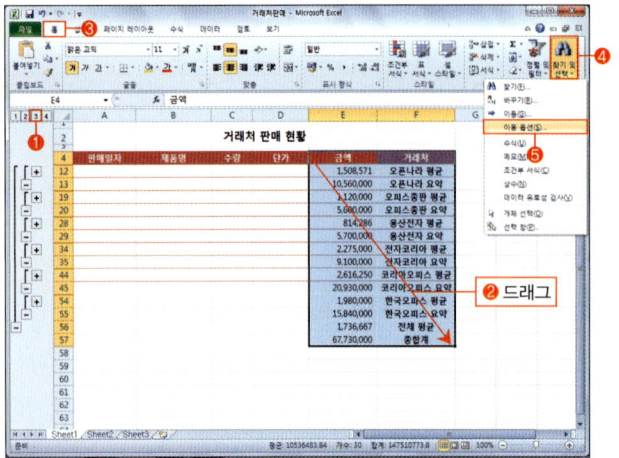

2. [이동 옵션] 대화 상자가 나타나면 [화면에 보이는 셀만]을 선택한 후 [확인]을 클릭합니다.

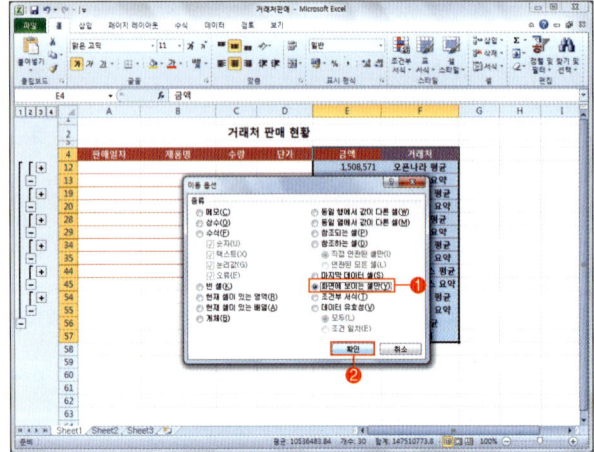

3. ⌨Ctrl + ⌨C 를 눌러 복사합니다.

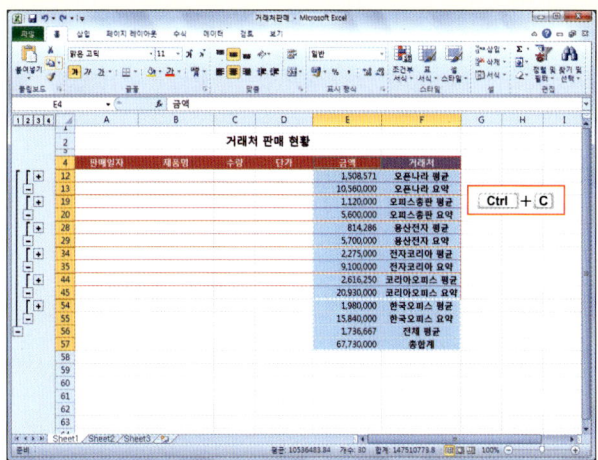

4. [Sheet2] 시트를 클릭한 다음 [A1] 셀을 선택하고 ⌨Ctrl + ⌨V 를 눌러 붙여넣기를 실행합니다. 요약된 데이터가 복사됩니다. 셀 간격을 조절하여 완성합니다.

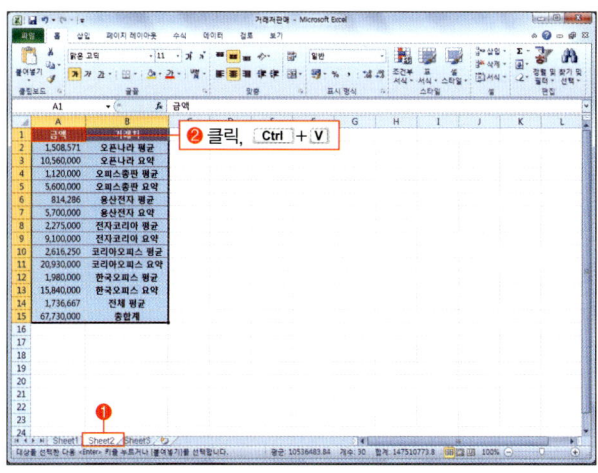

부분합 요약 결과의 복사와 붙여넣기

[홈] 탭-[편집] 그룹에서 [찾기 및 선택]을 클릭한 후 [이동 옵션]을 선택하지 않고 ⌨Ctrl + ⌨C 를 눌러 복사 및 ⌨Ctrl + ⌨V 를 눌러 붙여넣기를 실행하면 전체 레코드가 복사됩니다. 요약 결과만 시트에 복사하려면 반드시 [이동 옵션] 대화 상자의 [화면에 보이는 셀만]을 선택해야 합니다.

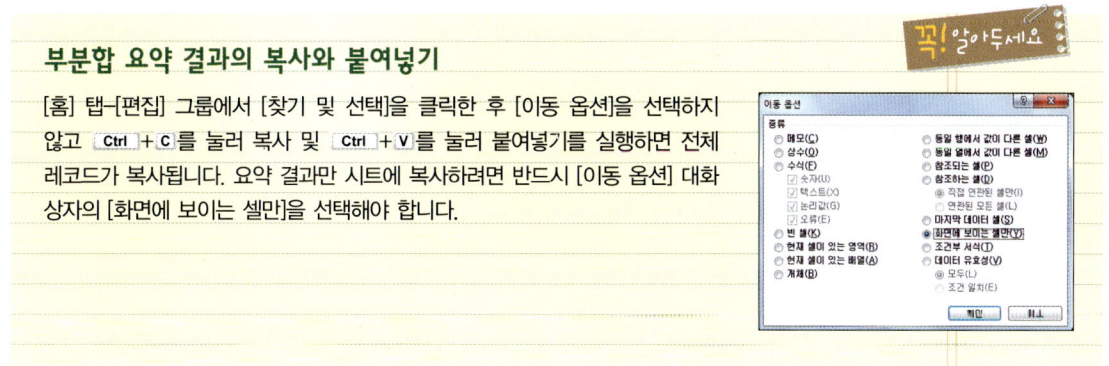

06 피벗 테이블 작성하기

● **준비파일** : Part01\Chapter04\Section03\사원점수표.xlsx
● **완성파일** : Part01\Chapter04\Section03\사원점수표_완성.xlsx

1. 피벗 테이블을 작성하기 위해 [삽입] 탭–[표] 그룹에서 [피벗 테이블]의 윗부분을 클릭합니다. [피벗 테이블 만들기] 대화 상자가 나타나면 [표/범위]에서 [표1]을 확인한 후 [확인]을 클릭합니다.

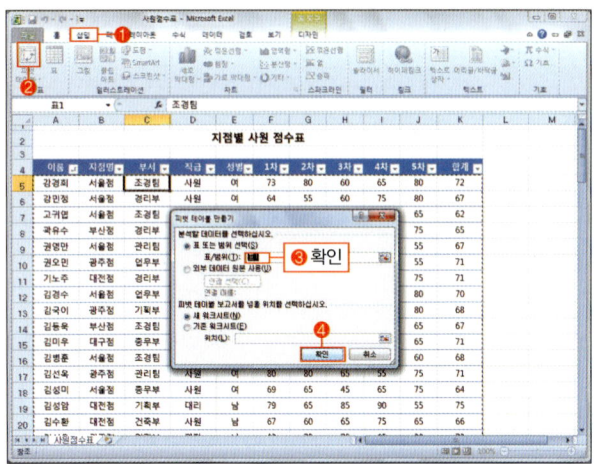

tip 피벗 테이블은 데이터를 요약 및 분석하고 탐색하며 요약 데이터를 제공하는 데 유용한 도구입니다.

tip [피벗 테이블 만들기] 대화 상자에서는 데이터 범위와 테이블 보고서가 나타날 위치를 지정할 수 있습니다.

2. 새로운 시트가 삽입되며 [피벗 테이블 필드 목록] 작업 창이 나타납니다. [보고서 필터] 영역에 [부서] 필드를 드래그합니다. [행 레이블] 영역에 [지점명] 필드를 드래그한 후 [값] 영역에 [1차], [2차], [3차], [4차], [5차], [합계] 필드를 드래그합니다. 마지막으로 [열 레이블] 영역에 [성별] 필드를 드래그합니다.

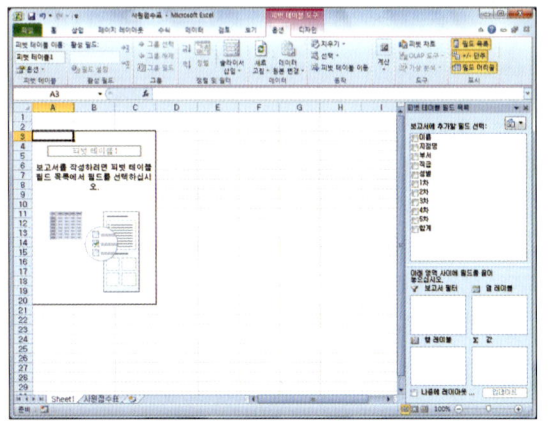
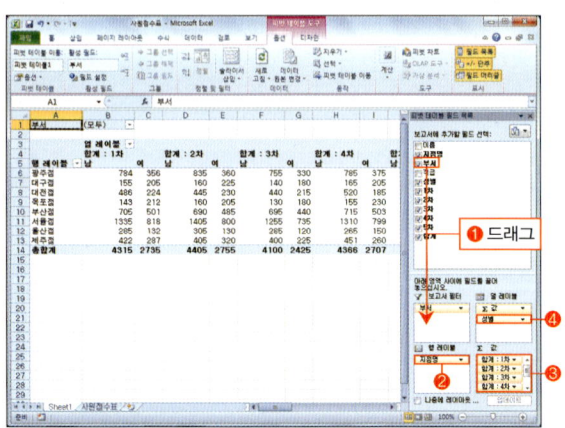

tip [피벗 테이블 필드 목록] 작업 창에서는 보고서에 추가할 필드를 보고서 필터, 열 레이블, 행 레이블, 값 목록 상자로 드래그하여 피벗 테이블의 레이아웃을 작성합니다.

07 피벗 테이블 구성 변경하기

1. [피벗 테이블 필드 목록] 작업 창의 [열 레이블] 영역에서 [성별]을 클릭한 후 [행 레이블로 이동]을 선택합니다.

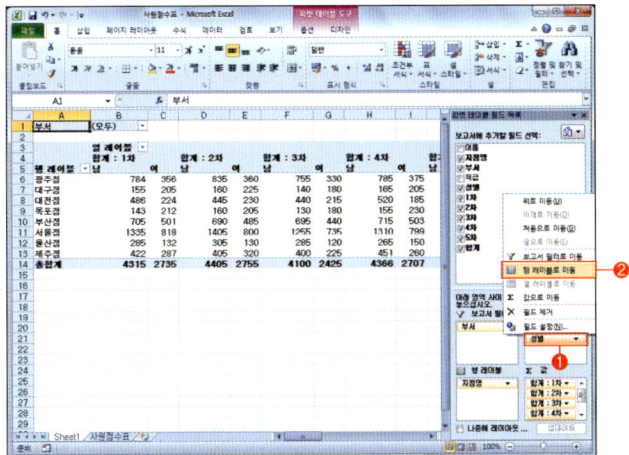

2. [값] 영역에서 [합계 : 1차]를 클릭한 후 [값 필드 설정]을 선택합니다.

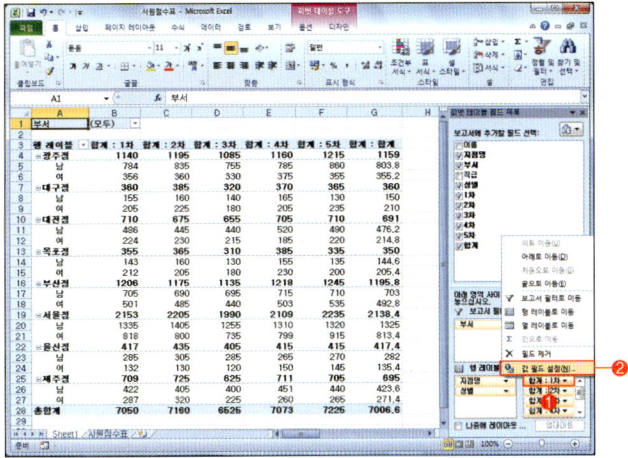

3. [값 필드 설정] 대화 상자가 나타나면 [선택한 필드의 데이터]에서 [평균]을 선택하고 [확인]을 클릭합니다. 같은 방법으로 [값] 영역에서 [합계 : 2차], [합계 : 3차], [합계 : 4차], [합계 : 5차], [합계 : 합계]도 클릭한 다음 [값 필드 설정]을 선택하여 [선택한 필드의 데이터]에서 [평균]을 선택합니다.

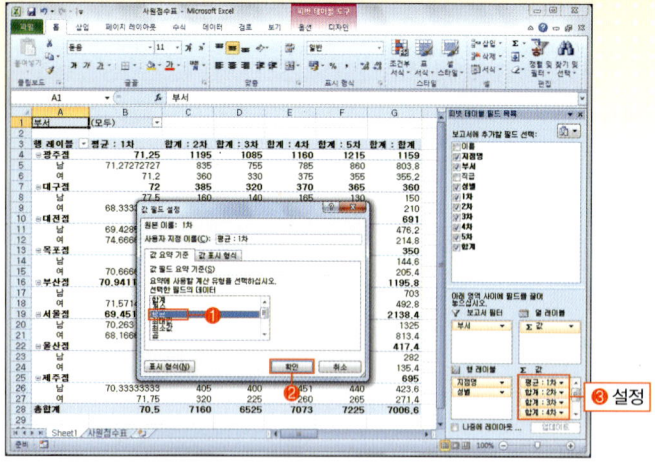

4. 데이터 값이 표시됩니다. 데이터 값을 모두 선택한 후 [홈] 탭-[표시 형식] 그룹에서 [자릿수 줄임]( )을 두 번 클릭합니다.

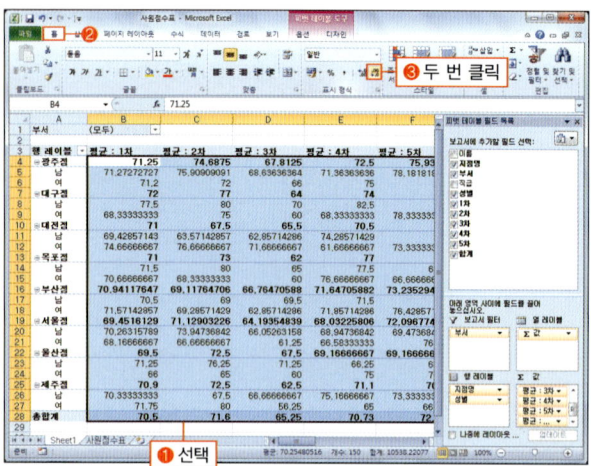

5. 열 너비 간격을 줄이기 위해 [B] 열 머리글에서 [G] 열 머리글의 경계선을 드래그하여 선택한 후 너비를 줄입니다.

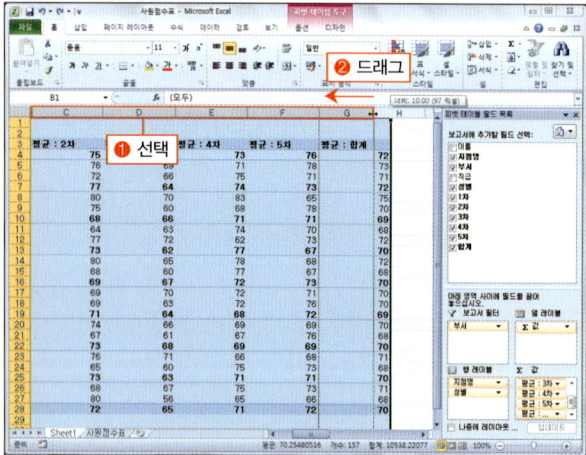

08 피벗 테이블 스타일 지정과 필터 지정하기

1. 피벗 테이블에도 스타일을 지정할 수 있습니다. [피벗 테이블 도구]의 상황별 탭인 [디자인] 탭-[피벗 테이블 스타일] 그룹에서 [자세히]( )를 클릭한 후 [피벗 스타일 어둡게 2]를 선택합니다.

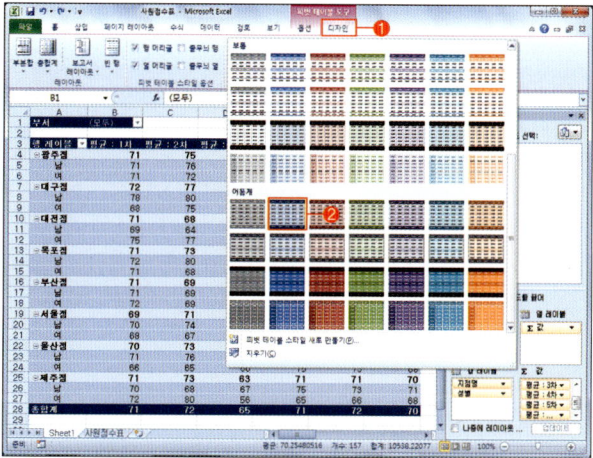

2. 각 부서별로 사원점수표를 검색하기 위해 [B1] 셀의 화살표를 클릭하여 [개발사업부]를 선택한 후 [확인]을 클릭합니다.

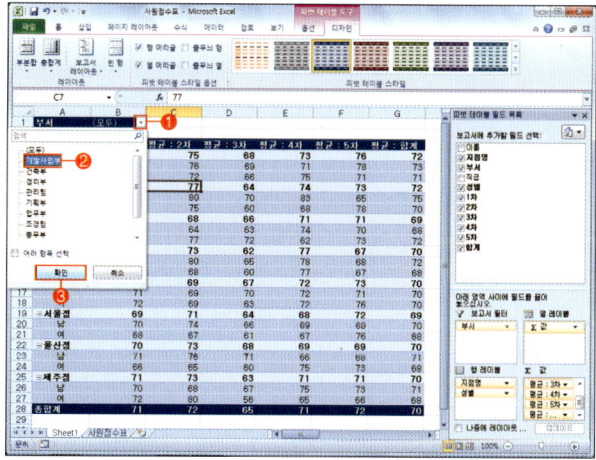

3. 개발사업부의 데이터가 요약됩니다. 개발사업부 중에서 대전점에 해당하는 데이터를 요약하기 위해 [B8] 셀을 더블 클릭합니다.

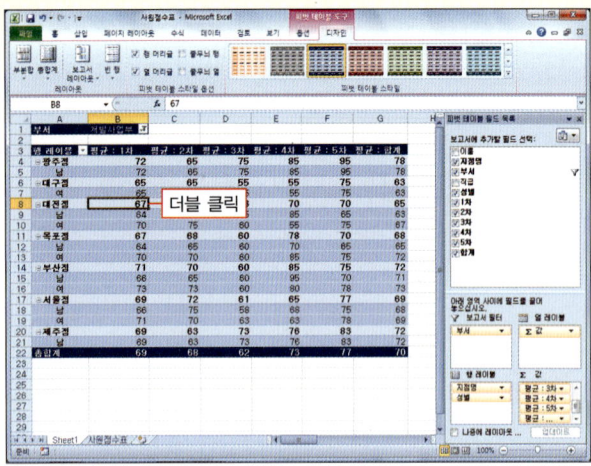

4. 부서가 개발사업부이면서 지점이 대전점인 데이터가 요약됩니다.

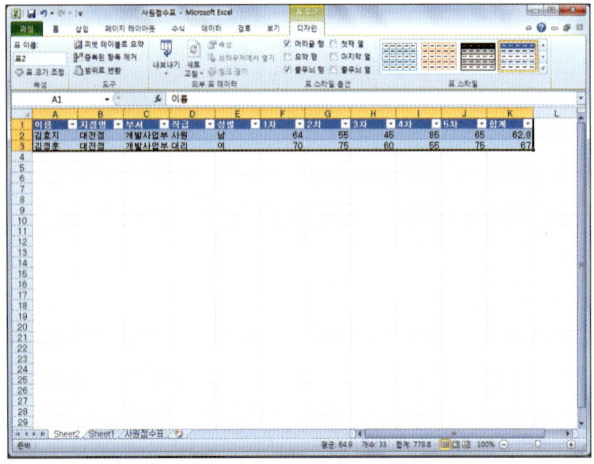

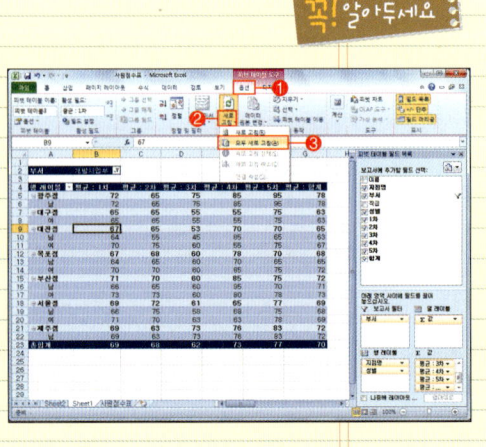

슬라이서로 필터 적용하기

● **준비파일** : Part01\Chapter04\Section03\사원점수표_슬라이서.xlsx
● **완성파일** : Part01\Chapter04\Section03\사원점수표_슬라이서_완성.xlsx

1. 슬라이서로 필터를 적용하기 위해 [피벗 테이블 도구]의 상황별 탭인 [옵션] 탭-[정렬 및 필터] 그룹에서 [슬라이서 삽입]을 클릭합니다. [슬라이서 삽입] 대화 상자가 나타나면 슬라이서를 원하는 필드를 선택합니다. 여기서는 [부서], [직급], [성별]에 체크 표시를 한 후 [확인]을 클릭합니다.

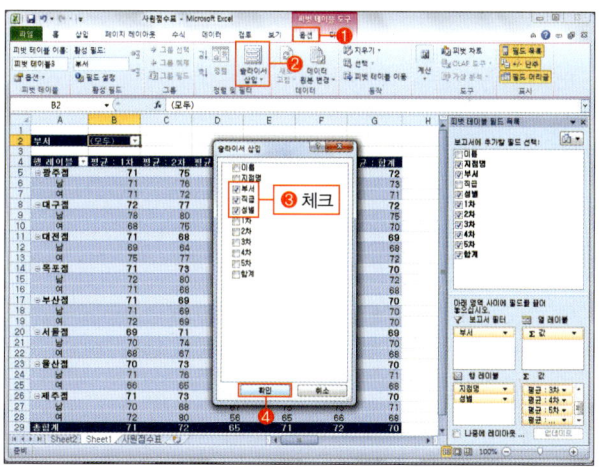

> **tip** 슬라이서는 사용하기 쉬운 필터링 구성 요소로 구성되어 있는 선택형 도구로서 필터링할 항목을 찾지 않고도 피벗 테이블 보고서의 데이터를 빠르게 필터링하는 데 사용할 수 있습니다.

2. 만들어진 슬라이서는 피벗 테이블과 함께 워크시트에 표시됩니다. 슬라이서는 워크시트의 다른 위치로 이동하거나 크기를 조정할 수 있습니다. 슬라이서가 삽입되면 다음과 같이 슬라이서를 원하는 위치로 이동합니다. [부서] 슬라이서에서 [총무부]를 클릭합니다.

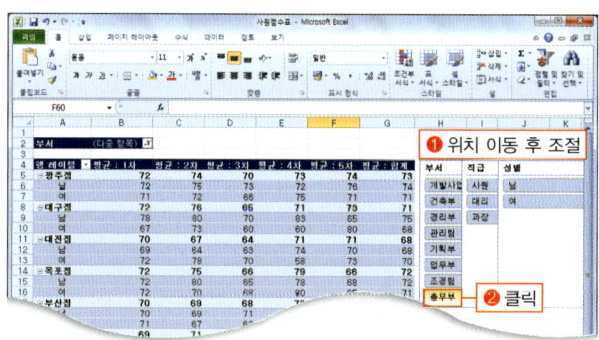

슬라이스 구성 요소 살펴보기

꼭! 알아두세요

- **슬라이서 머리글** : 슬라이서에 있는 항목의 범주를 나타냅니다.
- **선택되지 않은 필터링 단추** : 항목이 필터에 포함되지 않는다는 것을 나타냅니다.
- **선택된 필터링 단추** : 항목이 필터에 포함된다는 것을 나타냅니다.
- **필터 해제 단추** : 슬라이서의 항목이 모두 선택되어 필터가 제거됩니다.
- **테두리 이동 및 크기 조정 컨트롤** : 슬라이서의 크기와 위치를 변경할 수 있습니다.

3. [직급] 슬라이서에서 [사원]을 선택하고, [성별] 슬라이서에서 Ctrl 을 누른 채 [남], [여]를 클릭합니다. 피벗 테이블이 변경됩니다.

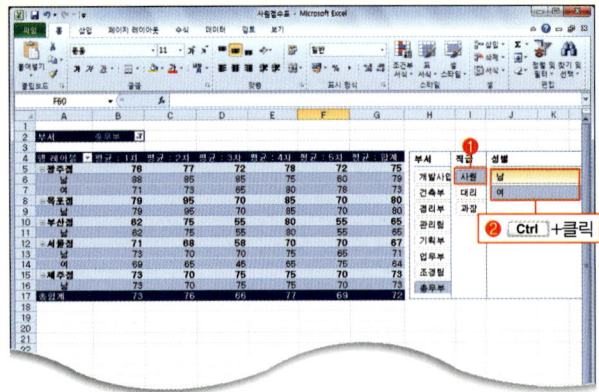

4. 이번에는 [부서] 슬라이서에서 Ctrl 을 누른채 [건축부], [관리팀], [업무부]를 선택합니다. [직급] 슬라이서에서 [사원]을 선택하고, [성별] 슬라이서에서 [남]을 선택합니다. 피벗 테이블이 변경됩니다. 슬라이서 3개를 Ctrl 을 누른채 모두 선택한 후 [슬라이서 도구]의 상황별 탭인 [옵션] 탭-[슬라이서 스타일] 그룹에서 [자세히]( )를 클릭한 후 [슬라이서 스타일 어둡게 2]를 선택합니다.

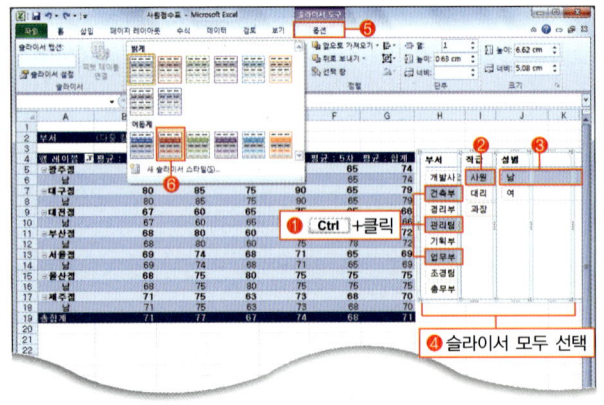

> **tip** 슬라이서 스타일을 변경하여 세련된 모양의 보고서를 만들거나 피벗 테이블 서식과 비슷한 스타일로 만들 수 있습니다.

5. 슬라이서의 스타일이 변경됩니다.

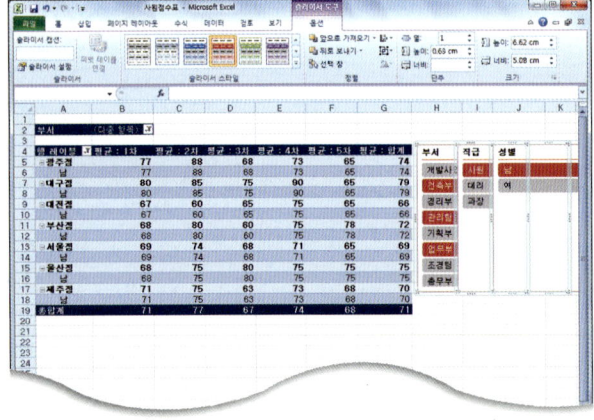

10 피벗 차트 만들기

● **준비파일** : Part01\Chapter04\Section03\사원점수표_피벗차트.xlsx
● **완성파일** : Part01\Chapter04\Section03\사원점수표_피벗차트_완성.xlsx

1. 피벗 테이블의 데이터를 차트로 만들기 위해 [피벗 테이블 도구]의 상황별 탭인 [옵션] 탭-[도구] 그룹에서 [피벗 차트]를 클릭합니다. [차트 삽입] 대화 상자가 나타나면 [세로 막대형]-[묶은 세로 막대형]을 선택하고 [확인]을 클릭합니다.

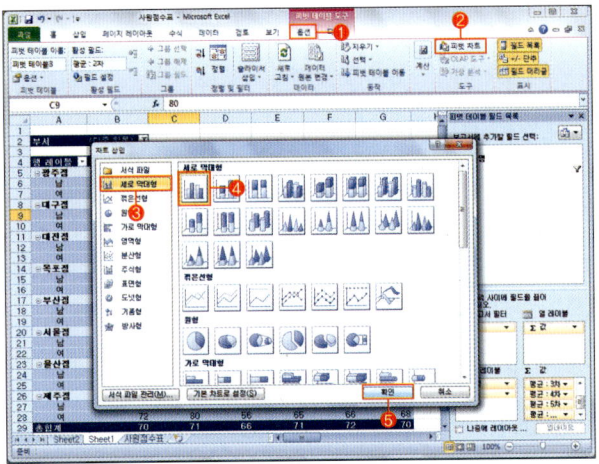

> **tip** 피벗 차트를 사용하면 피벗 테이블의 요약 데이터를 시각화하여 데이터를 간편하게 비교할 수 있으며 데이터의 패턴과 추세를 볼 수 있습니다.

2. 차트가 삽입됩니다. 차트에서도 필드를 삭제할 수 있습니다. [평균 : 2차]를 마우스 오른쪽 단추로 클릭한 다음 [필드 제거]를 선택합니다. 동일한 방법으로 [평균 : 4차], [평균 : 합계]를 마우스 오른쪽 단추로 클릭한 후 [필드 제거]를 선택합니다.

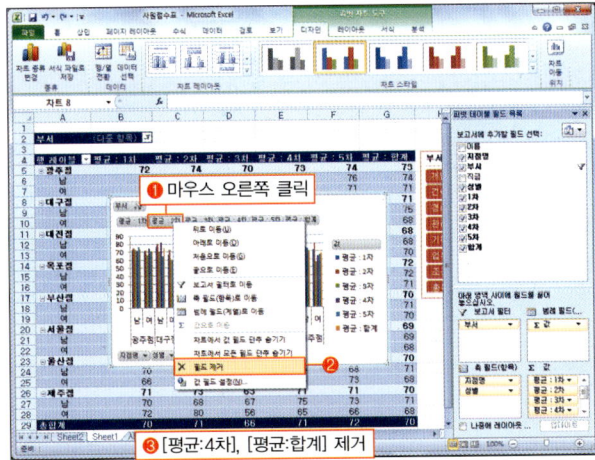

3. [피벗 차트 도구]의 상황별 탭인 [디자인] 탭-[위치] 그룹에서 [차트 이동]를 클릭합니다. [차트 이동] 대화 상자가 나타나면 [워크 시트에 삽입]을 클릭하여 [사원점수표]를 선택하고 [확인]을 클릭합니다.

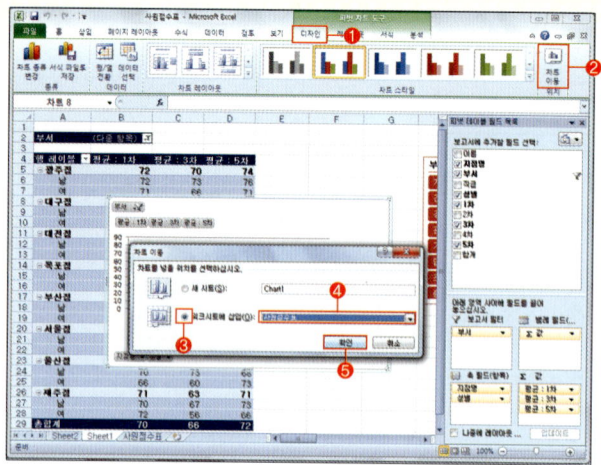

4. [사원점수표] 시트로 피벗 차트가 이동됩니다. 차트를 선택한 다음 [피벗 차트 도구]의 상황별 탭인 [디자인] 탭-[차트 스타일] 그룹에서 [자세히](▼)를 클릭하여 [스타일 34]를 선택합니다. 차트의 위치를 이동하고 크기를 조절합니다. 피벗 차트에서 [부서] 필드를 클릭한 다음 [모두]를 선택하여 체크를 모두 해제하고 다시 [총무부]를 선택한 후 [확인]을 클릭합니다.

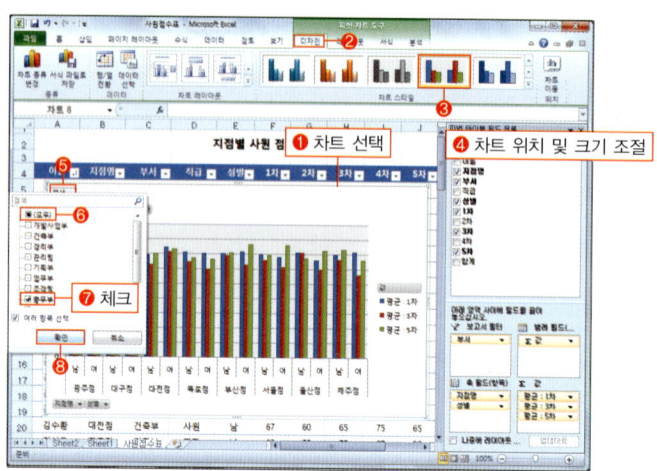

5. 피벗 차트가 완성되면 [피벗 테이블 필드 목록] 작업 창의 [닫기]를 클릭하여 작업 창을 닫습니다.

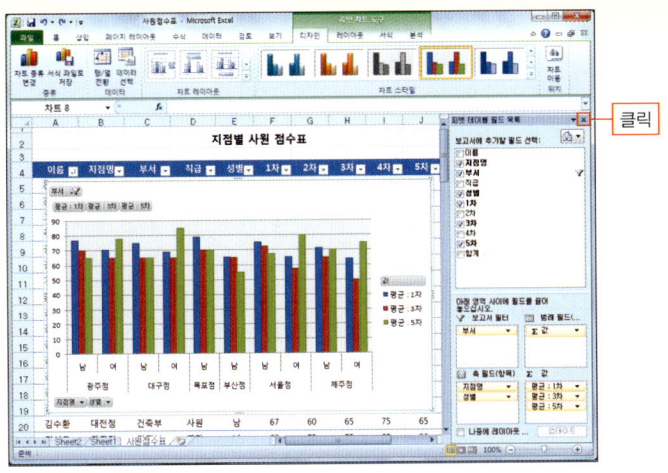
클릭

● **준비파일** : Part01\Chapter04\Check\판매현황.xlsx
● **완성파일** : Part01\Chapter04\Check\판매현황_완성.xlsx

1. 판매현황 시트에서 제품번호, 제품명, 판매수량과 관련된 슬라이서를 삽입해 보세요.

2. 슬라이서 스타일을 변경하고 'DAVID'를 필터링해 보세요.

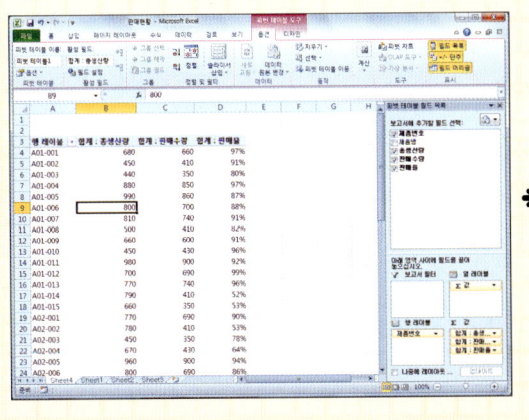
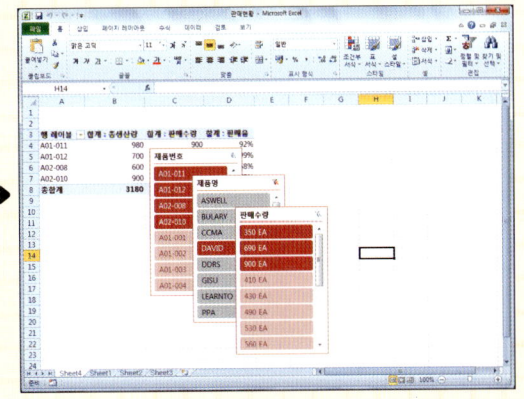

Hint
❶ [피벗 테이블 도구] 상황별 탭-[옵션] 탭-[정렬 및 필터] 그룹에서 [슬라이서 삽입] 클릭
❷ 슬라이서를 선택한 후 노구 선택, [슬라이서 노구] 상황별 탭-[옵션] 탭-[슬라이서 스타일] 그룹에서 스타일 변경

가상 분석과 매크로

엑셀에서는 반복되는 작업이 자주 일어납니다. 이런 작업들은 매크로를 이용하면 쉽게 해결할 수 있습니다. 반복되는 작업을 기록으로 남겨 이를 자동적으로 반복해서 실행해주는 기능이 바로 매크로입니다. 이번 섹션에서는 목표값 찾기나 시나리오 등 가상 분석 기능을 사용하는 방법과 단 몇 번의 클릭으로 반복되는 작업을 수월하게 진행할 수 있는 매크로 기능에 대해서 살펴보도록 합니다.

Preview

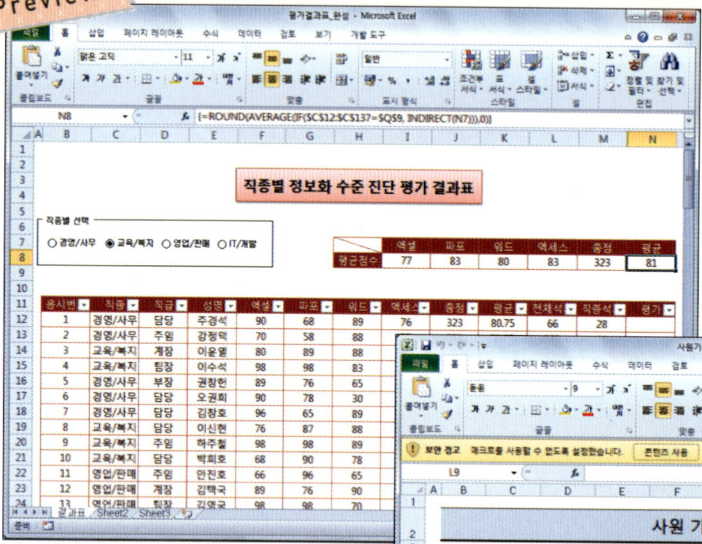

▲ 옵션 단추 그룹 상자로 직종별 평균 점수 요약

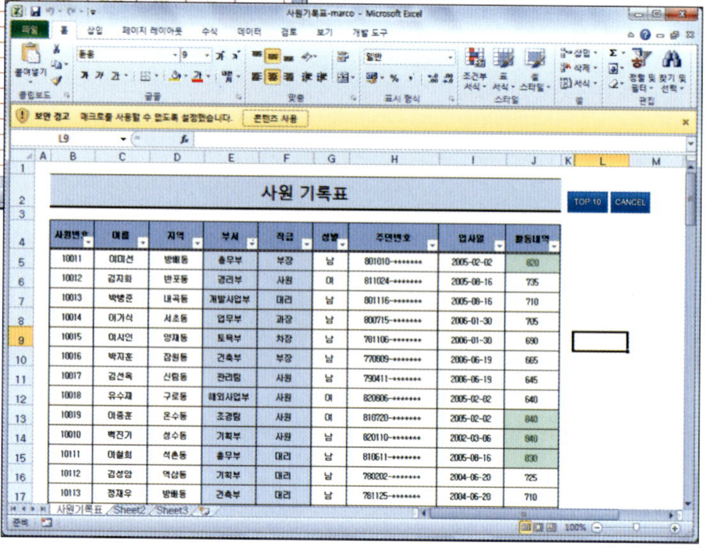

▲ 바로 가기 키를 이용한 매크로 실행

이번 섹션에서 배울 주요 내용!

01. 목표값 찾기를 이용하여 제품 발주 예상하기
02. 시나리오 관리자에 시나리오 추가하기
03. 옵션 단추와 그룹 상자 설정하기
04. 컨트롤 서식에 셀 연결하기
05. 자동 매크로 작성하기

06. 바로 가기 키를 이용하여 매크로 실행하기
07. 도형에 매크로 단추 만들기
08. 매크로 삭제하기
스페셜. 매크로 문서 저장하고 열기

01 목표값 찾기를 이용하여 제품 발주 예상하기

◉ **준비파일** : Part01\Chapter04\Section04\제품발주현황.xlsx
◉ **완성파일** : Part01\Chapter04\Section04\제품발주현황_완성.xlsx

1. 2분기에 예상하는 발주 총액을 3,000,000원으로 조정하기 위해서 가죽케이스를 얼마나 판매해야 하는지 알아보겠습니다. [J16] 셀을 선택한 다음 [데이터] 탭-[데이터 도구] 그룹에서 [가상 분석]을 클릭한 후 [목표값 찾기]를 선택합니다. [목표값 찾기] 대화 상자가 나타나면 [수식 셀]에는 [J16], [찾는 값]에는 『3000000』, [값을 바꿀 셀]에는 [H6] 셀을 지정하고 [확인]을 클릭합니다.

> **tip** 목표값 찾기는 하나의 값을 기준으로 하여 셀에 대한 특정 값을 찾는 기능입니다. 즉, 수식이 입력되어 있는 셀의 결과를 원하는 값으로 찾기 위해 사용됩니다. [목표값 찾기] 대화 상자의 [값을 바꿀 셀]에 워크시트에서 영역을 지정하면 자동으로 절대 참조가 나타납니다.

2. [목표값 찾기 상태] 대화 상자가 나타나면 [확인]을 클릭합니다. 목표값 결과가 워크시트에 반영됩니다. 2분기에 예상하는 발주 총액을 3,000,000원으로 조정하기 위해서는 가죽케이스를 41개 판매해야 함을 알 수 있습니다.

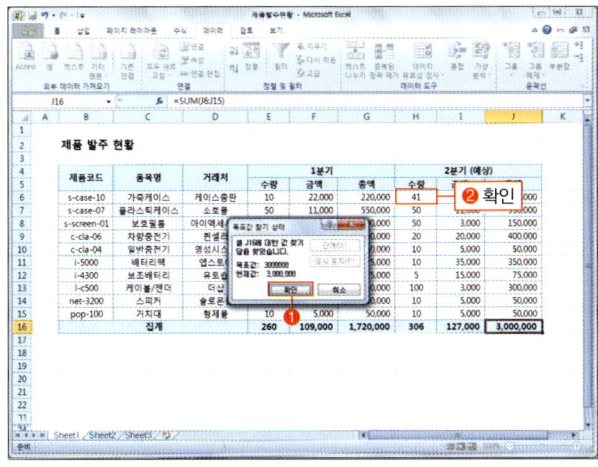

02 시나리오 관리자에 시나리오 추가하기

● **준비파일** : Part01\Chapter04\Section04\제품발주현황_시나리오.xlsx
● **완성파일** : Part01\Chapter04\Section04\제품발주현황_시나리오_완성.xlsx

1. 2분기에 예상하는 제품 판매 금액을 여러 각도에서 다르게 분석하기 위해 [데이터] 탭-[데이터 도구] 그룹에서 [가상 분석]을 클릭한 후 [시나리오 관리자]를 선택합니다.

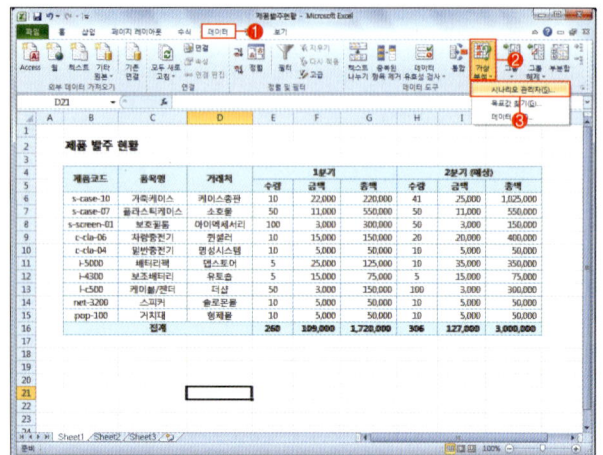

> tip 시나리오는 입력한 데이터를 바탕으로 여러 변수에 대해 다양한 결과를 미리 예측해 보는 기능입니다.

2. [시나리오 관리자] 대화 상자가 나타나면 [추가]를 클릭합니다.

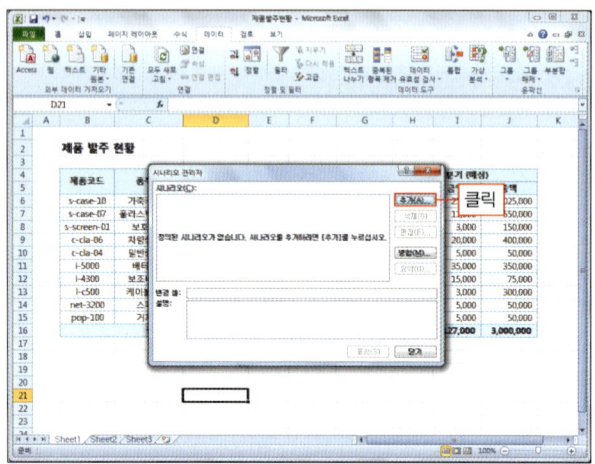

3. [시나리오 편집] 대화 상자가 나타나면 [시나리오 이름]에 『현재가』를 입력하고, [변경 셀]에는 [I6:I15] 영역을 드래그하여 입력한 후 [확인]을 클릭합니다. [시나리오 값] 대화 상자가 나타나면 각 셀에 해당하는 값이 나타납니다. 원래 값을 그대로 사용하기 위해 [추가]를 클릭합니다.

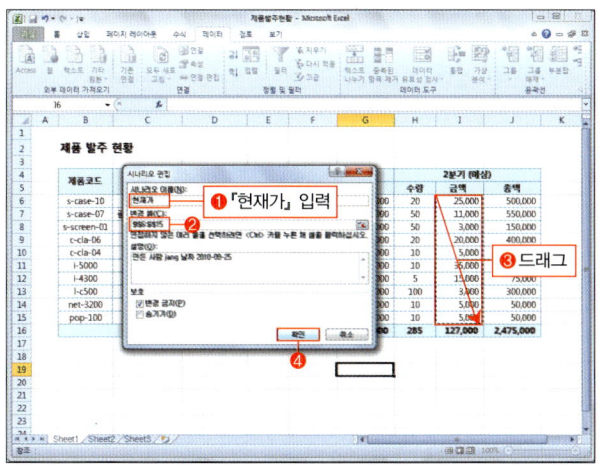

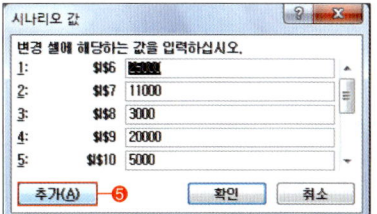

4. [시나리오 추가] 대화 상자가 나타나면 [시나리오 이름]에 『이벤트가』를 입력하고, [변경 셀]에 [I6:I15] 영역이 입력되어 있는지 확인한 후 [확인]을 클릭합니다. [시나리오 값] 대화 상자가 나타나면 각 셀에 해당하는 값을 다음과 같이 변경하고 [확인]을 클릭합니다.

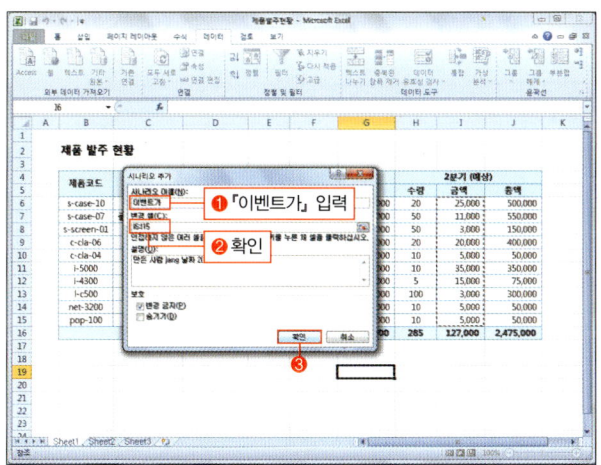

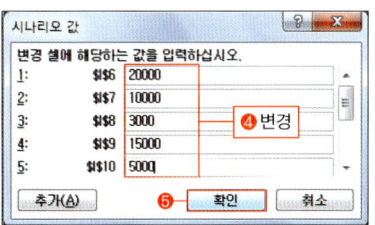

> **tip** 시나리오를 더 추가하고 싶으면 [시나리오 값] 대화 상자에서 [추가]를 클릭합니다.

5. [시나리오 관리자] 대화 상자가 나타나면 [요약]을 클릭합니다.

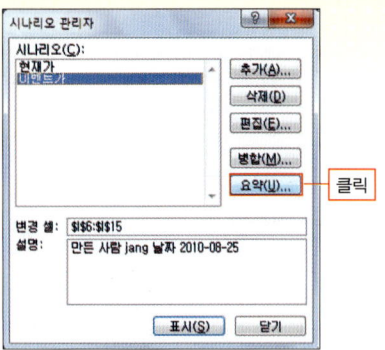

클릭

6. [시나리오 요약] 대화 상자가 나타나면 [시나리오 요약]을 클릭하고 [결과 셀]에는 [I16:J16] 영역을 드래그하여 입력한 후 [확인]을 클릭합니다.

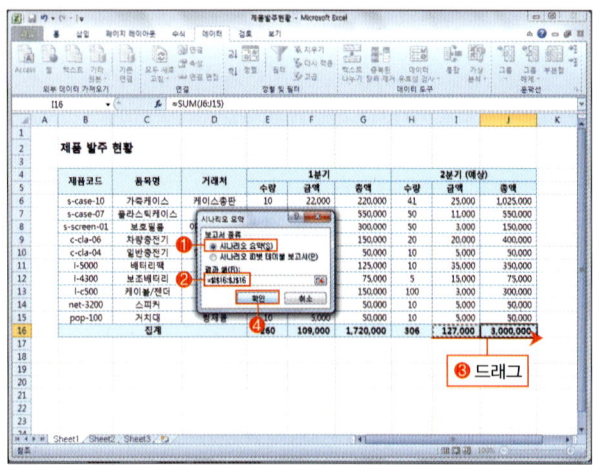

❸ 드래그

7. [시나리오 요약] 시트가 추가되면서 시나리오 요약 보고서가 완성됩니다.

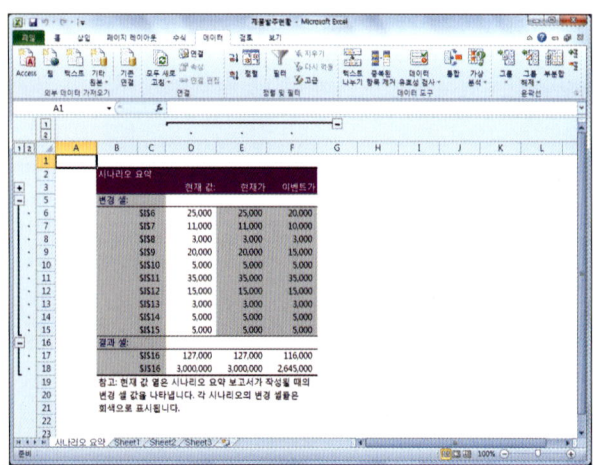

03 옵션 단추와 그룹 상자 설정하기

● **준비파일** : Part01\Chapter04\Section04\평가결과표.xlsx
● **완성파일** : Part01\Chapter04\Section04\평가결과표_완성.xlsx

1. [개발 도구] 탭-[컨트롤] 그룹에서 [삽입]을 클릭합니다. 나타나는 다양한 양식 컨트롤 중 [옵션 단추(양식 컨트롤)]을 선택합니다.

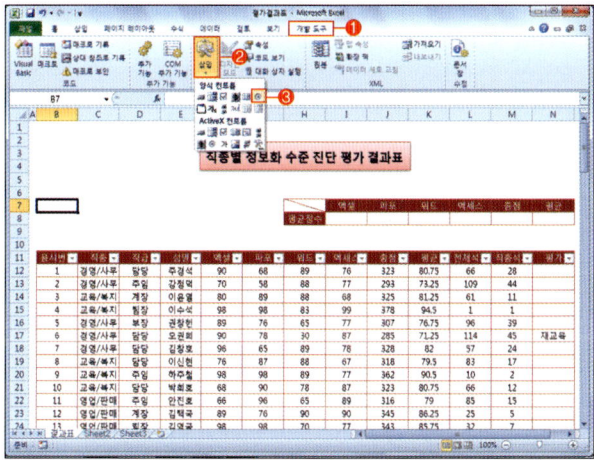

2. 워크시트의 특정 부분을 드래그하여 옵션 단추를 추가합니다. 마우스 오른쪽 단추를 클릭하여 텍스트 편집을 선택합니다. '옵션 단추 1'을 삭제하고 『경영/사무』를 입력합니다.

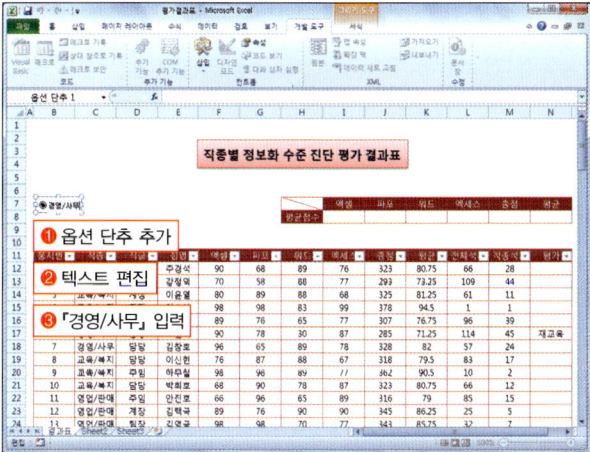

3. 나머지 옵션 단추도 동일한 방법으로 추가하고, 『교육/복지』, 『영업/판매』, 『IT/개발』을 입력합니다. 그런 다음 [개발 도구] 탭-[컨트롤] 그룹에서 [삽입]을 클릭하여 [그룹 상자(양식 컨트롤)]을 선택합니다.

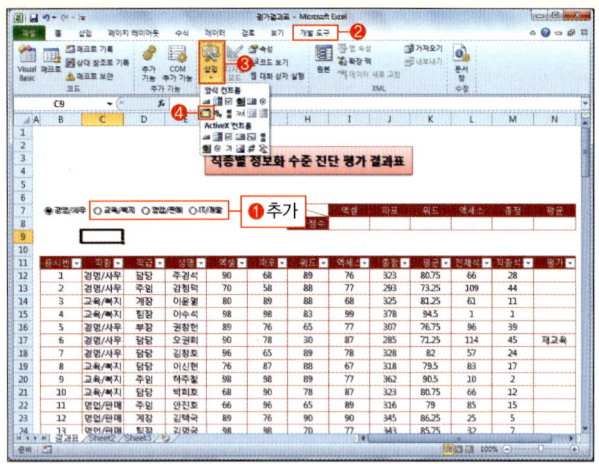

> **tip** 옵션 단추가 선택되지 않을 경우에는 마우스 오른쪽 단추를 클릭하여 선택합니다.

4. 옵션 단추가 그룹 상자에 모두 포함될 수 있게 드래그하여 선택합니다. 그룹 상자의 이름을 『직종별 선택』으로 변경합니다.

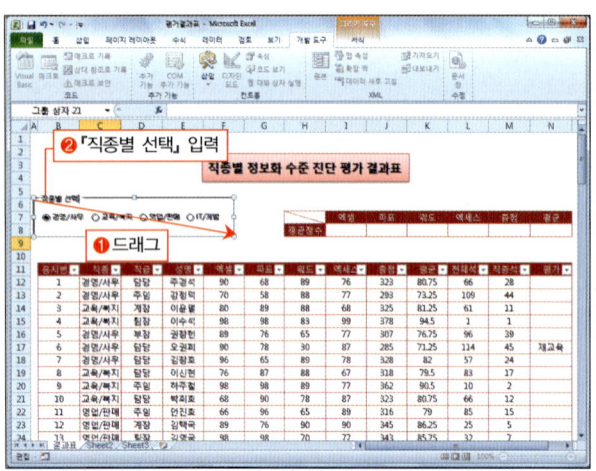

[개발 도구] 탭 추가하기

[파일] 탭을 클릭한 다음 [옵션]을 클릭합니다. [Excel 옵션] 대화 상자가 나타나면 [리본 사용자 지정]을 클릭한 다음 [리본 메뉴 사용자 지정]에서 [개발 도구]에 체크 표시를 하고 [확인]을 클릭합니다.

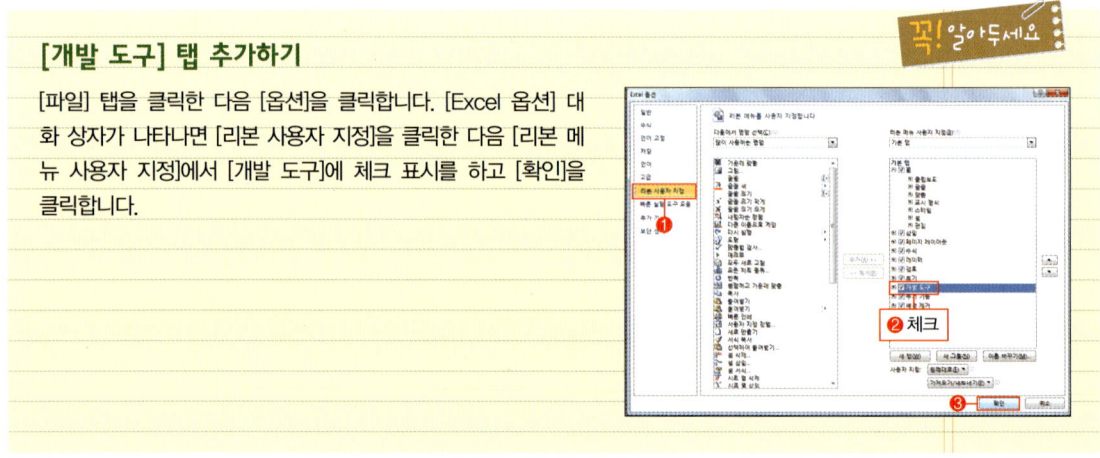

04 컨트롤 서식에 셀 연결하기

1. [경영/사무]라고 적힌 옵션 단추를 마우스 오른쪽 단추로 클릭한 후 [컨트롤 서식]을 선택합니다.

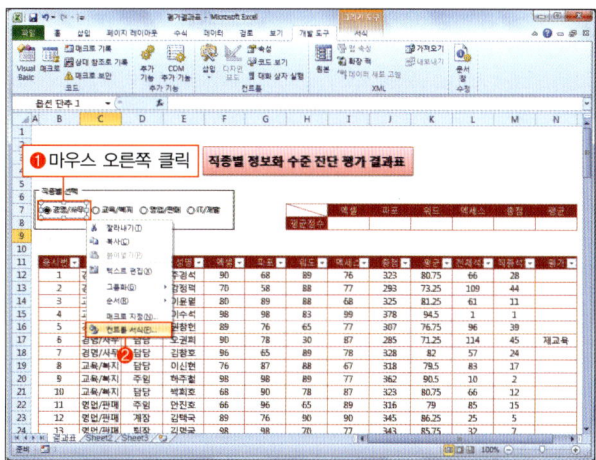

2. [컨트롤 서식] 대화 상자가 나타나면 [컨트롤] 탭에서 [값]을 [선택한 상태]로 선택하고, [셀 연결]에 『$P$9』를 입력한 후 [확인]을 클릭합니다.

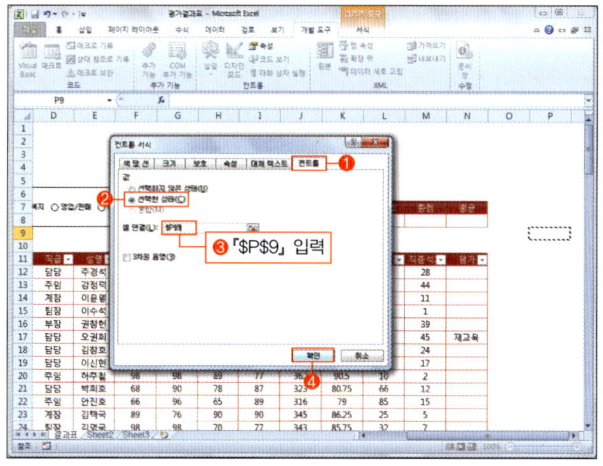

tip [셀 연결]에 『$P$9』를 입력한 후 [P9] 셀을 보면 '1' 이라는 번호가 생성되어 있는 것을 확인할 수 있습니다. 이는 생성한 옵션 도구 4개 중 첫 번째 옵션이 선택되었음을 뜻합니다.

3. 옵션에 해당하는 값을 불러오기 위하여 [Q9] 셀을 선택하고 『=CHOOSE(P9, "경영/사무", "교육/복지", "영업/판매", "IT/개발")』을 입력합니다.

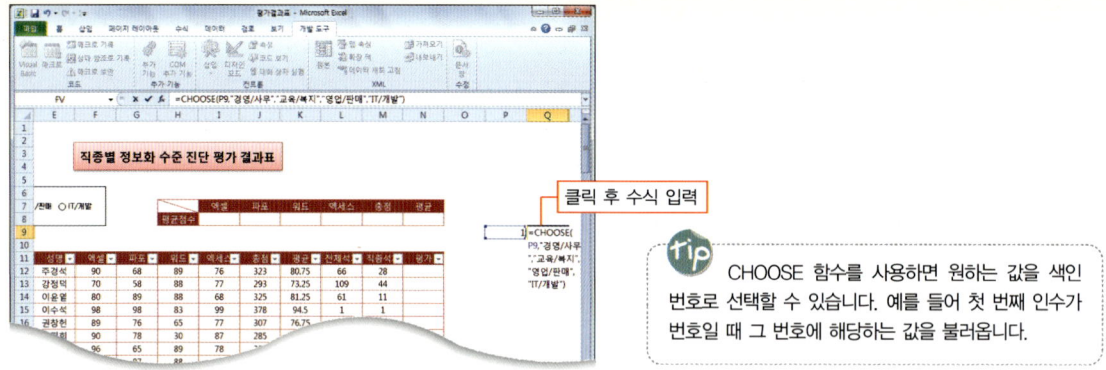

클릭 후 수식 입력

tip CHOOSE 함수를 사용하면 원하는 값을 색인 번호로 선택할 수 있습니다. 예를 들어 첫 번째 인수가 번호일 때 그 번호에 해당하는 값을 불러옵니다.

4. [I8] 셀을 클릭하여 『=ROUND(AVERAGE(IF($C$12:$C$137=$Q$9, INDIRECT(I7))),0)』을 입력한 후 **Ctrl** + **Shift** + **Enter** 를 눌러 배열 수식으로 입력합니다. [I8] 셀의 채우기 핸들을 [N8] 셀까지 드래그하여 수식을 복사합니다.

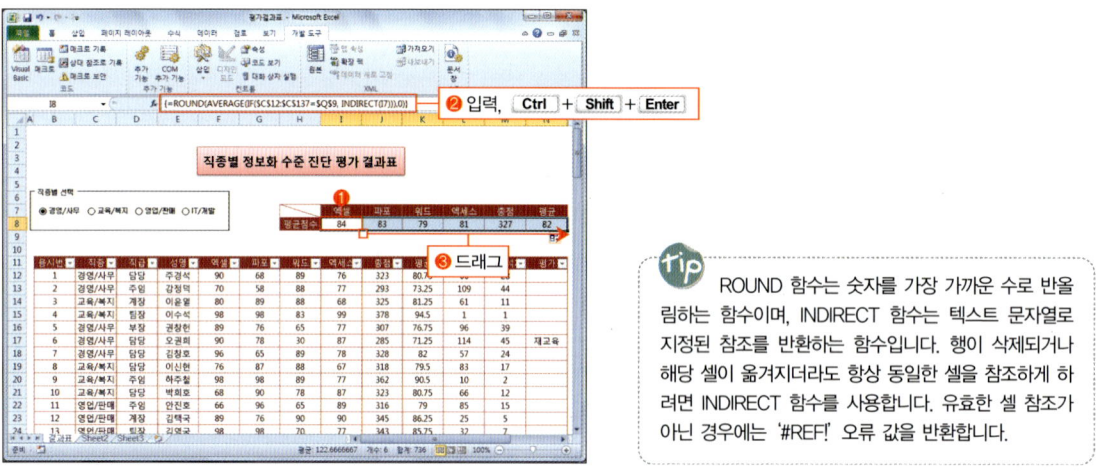

tip ROUND 함수는 숫자를 가장 가까운 수로 반올림하는 함수이며, INDIRECT 함수는 텍스트 문자열로 지정된 참조를 반환하는 함수입니다. 행이 삭제되거나 해당 셀이 옮겨지더라도 항상 동일한 셀을 참조하게 하려면 INDIRECT 함수를 사용합니다. 유효한 셀 참조가 아닌 경우에는 '#REF!' 오류 값을 반환합니다.

5. 옵션 단추를 하나하나 클릭해 봅니다. [I8] 셀에서 [N8] 셀까지의 값이 다르게 나타나는 것을 알 수 있습니다.

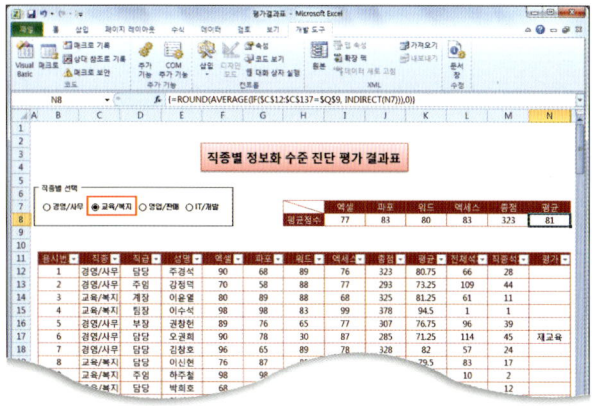

05 자동 매크로 작성하기

◉ **준비파일** : Part01\Chapter04\Section04\사원기록표.xlsx
◉ **완성파일** : Part01\Chapter04\Section04\사원기록표_macro.xlsx

1. [개발 도구] 탭-[코드] 그룹에서 [매크로 기록]을 클릭합니다. [매크로 기록] 대화 상자가 나타나면 [매크로 이름] 입력란에 『상위10』을 입력한 후 [확인]을 클릭합니다.

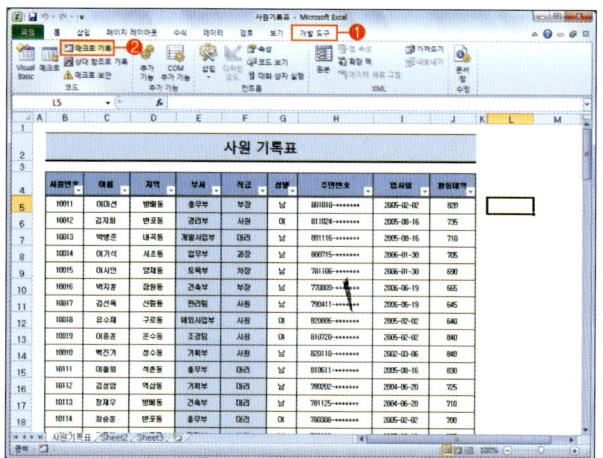
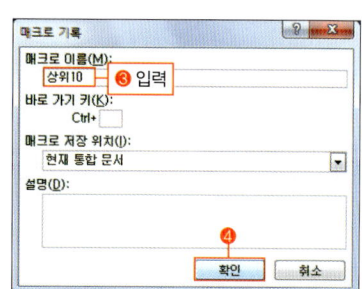

 자동 매크로를 이용하면 녹화하듯 엑셀의 기능을 반복적으로 실행할 수 있습니다.

 [매크로 기록] 대화 상자에서 [매크로 이름]을 입력할 때 경고 창이 나타난다면 이름을 잘못 입력한 것입니다. 매크로 이름에는 공백이 들어갈 수 없기 때문에 공백을 넣고 싶으면 밑줄로 대신합니다.

2. 매크로 기록이 시작됩니다. 지금부터 사용하는 기능은 매크로에 차례대로 기록됩니다. [J5:J104] 영역을 드래그하여 선택하고 [홈] 탭-[스타일] 그룹에서 [조건부 서식]을 클릭한 후 [상위/하위 규칙]-[상위 10개 항목]을 선택합니다.

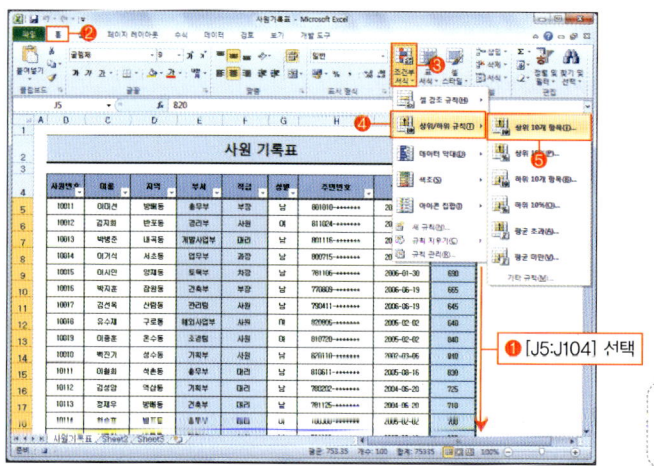

 매크로 기록이 시작되면 [매크로 기록] 단추가 [기록 중지]로 변경됩니다.

3. [상위 10개 항목] 대화 상자가 나타나면 [적용할 서식]에서 [진한 녹색 텍스트가 있는 녹색 채우기]를 선택한 후 [확인]을 클릭합니다.

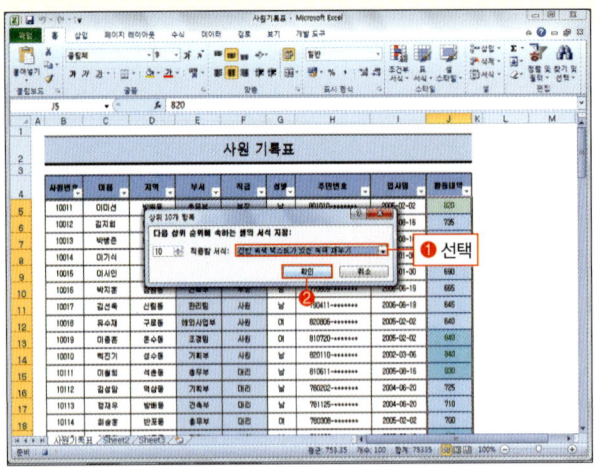

4. [개발 도구] 탭-[코드] 그룹에서 [기록 중지]를 클릭하여 매크로 기록을 마칩니다.

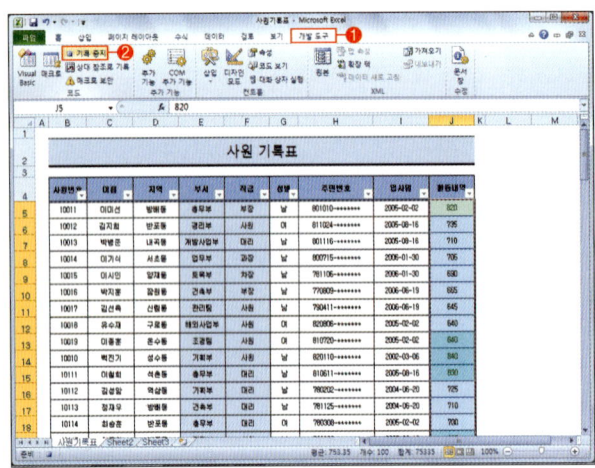

상태 표시줄의 [기록 중지] 단추

매크로 기록이 시작되면 [매크로 기록] 단추가 [기록 중지]로 변경됩니다. 기록을 중지할 때에는 [개발 도구] 탭-[코드] 그룹에서 [기록 중지]를 클릭해도 되지만 상태 표시줄의 [기록 중지] 단추를 클릭해도 됩니다.

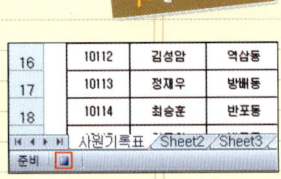

06 바로 가기 키를 이용하여 매크로 실행하기

1. 작성한 매크로를 빠르게 실행시키려면 바로 가기 키를 지정하는 것이 좋습니다. [개발 도구] 탭-[코드] 그룹-[매크로 기록]을 클릭한 후 [매크로 기록] 대화 상자가 나타나면 [매크로 이름] 입력란에 『상위10단축키』를 입력하고, [바로 가기 키]의 입력란에 『t』를 입력한 다음 [확인]을 클릭합니다.

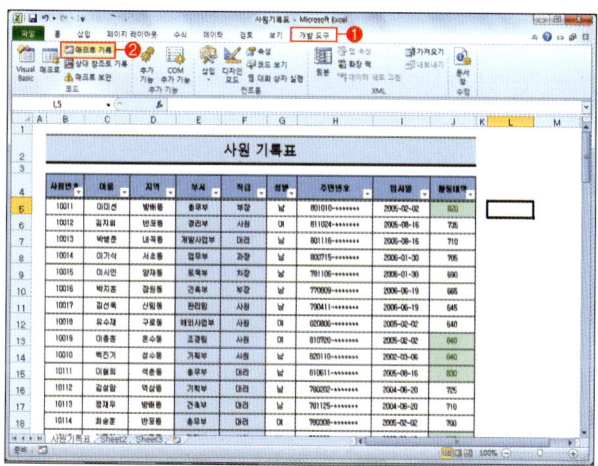

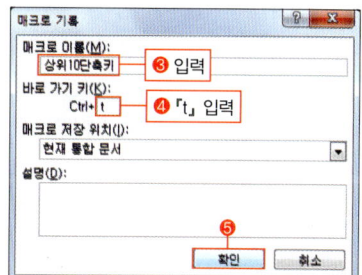

2. 자동 필터 기능으로 상위 10개의 데이터를 추출하기 위해 [활동내역] 필드의 필터 단추를 클릭한 다음 [숫자 필터]-[상위 10]을 선택합니다.

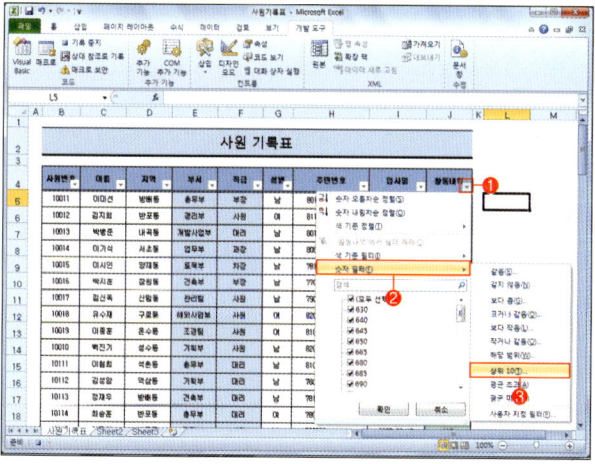

3. [상위 10 자동 필터] 대화 상자가 나타나면 [확인]을 클릭합니다.

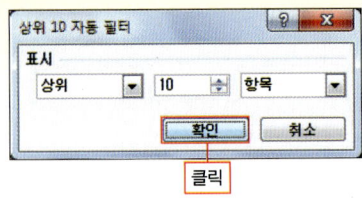

클릭

4. [활동 내역] 필드에서 상위 10개의 데이터가 추출됩니다. [개발 도구] 탭-[코드] 그룹-[기록 중지]를 클릭합니다.

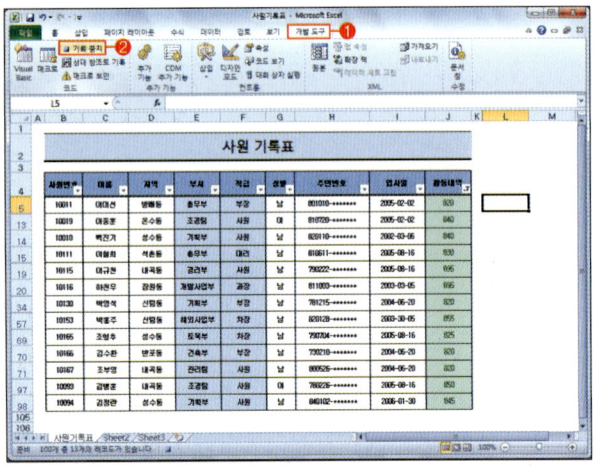

5. 바로 가기 키로 자동 필터를 적용할 수 있는지 확인해 봅니다. [활동내역] 필드의 필터 단추를 클릭한 다음 ["활동내역"에서 필터 해제]를 선택합니다. Ctrl + T 를 눌러 자동 필터를 적용합니다.

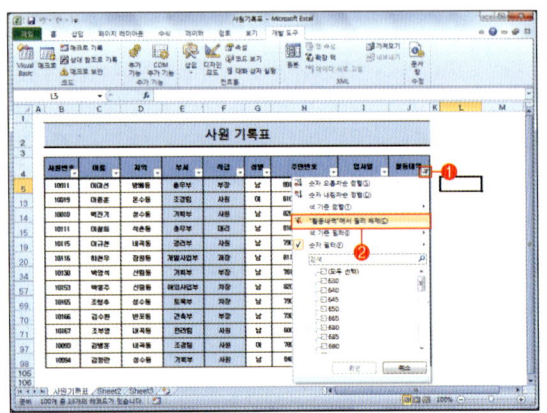
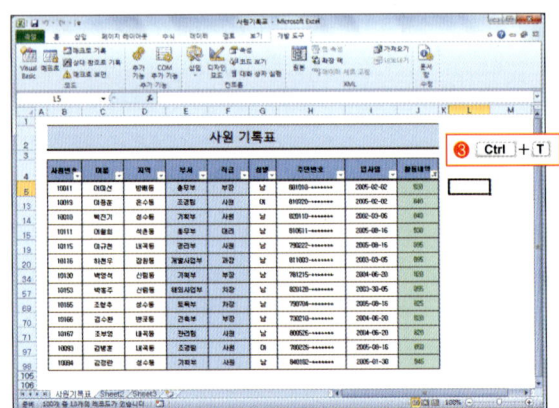

07 도형에 매크로 단추 만들기

1. 도형을 삽입하여 매크로를 연결하면 보다 깔끔하게 매크로 기능을 이용할 수 있습니다. [삽입] 탭–[일러스트 레이션] 그룹에서 [그림]을 클릭합니다. [그림 삽입] 대화 상자가 나타나면 부록 CD의 'Part01\Chapter04 \Section04' 폴더에서 'bar_01.png'와 'bar_02.png'를 선택한 후 [삽입]을 클릭합니다.

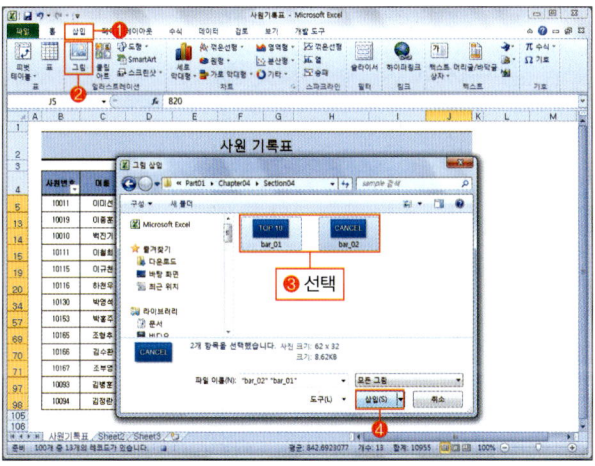

2. 삽입한 도형의 위치와 크기를 조절한 다음 'TOP 10'이라고 적힌 도형을 마우스 오른쪽 단추로 클릭하여 [매 크로 지정]을 선택합니다. [매크로 지정] 대화 상자가 나타나면 [매크로 이름]에서 [상위10단축키]를 선택하고 [확인]을 클릭합니다.

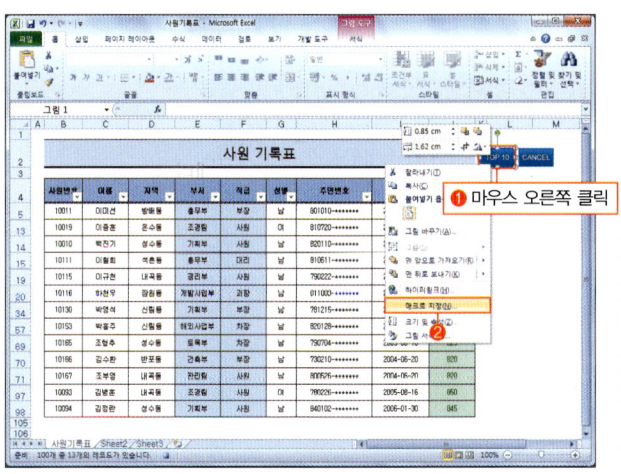

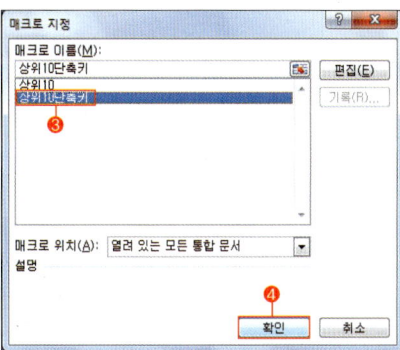

3. 'CANCEL' 이라고 적힌 도형을 마우스 오른쪽 단추로 클릭하여 [매크로 지정]을 선택합니다.

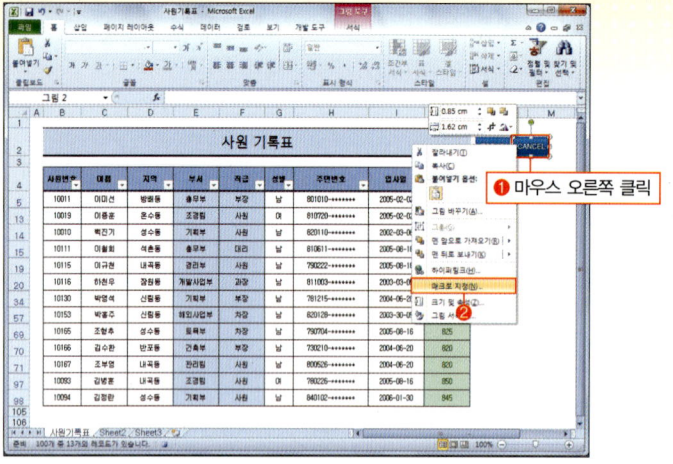

4. [매크로 지정] 대화 상자가 나타나면 [기록]을 클릭합니다. [매크로 기록] 대화 상자가 나타나면 [매크로 이름] 입력란에 『취소하기』를 입력한 후 [확인]을 클릭합니다.

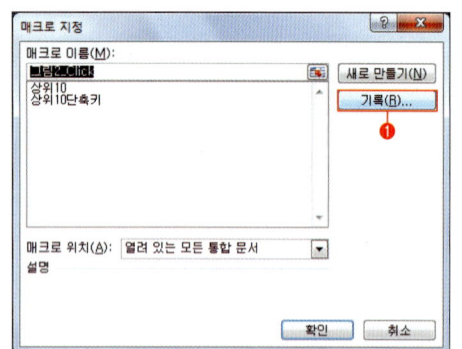 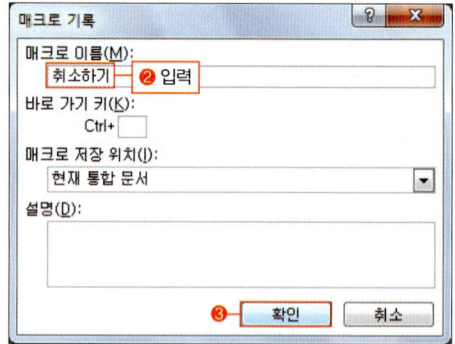

5. [활동내역] 필드의 필터 단추를 클릭한 후 ["활동내역"에서 필터 해제]를 선택합니다. [개발 도구] 탭-[코드] 그룹-[기록 중지]를 클릭하여 매크로 기록을 종료합니다.

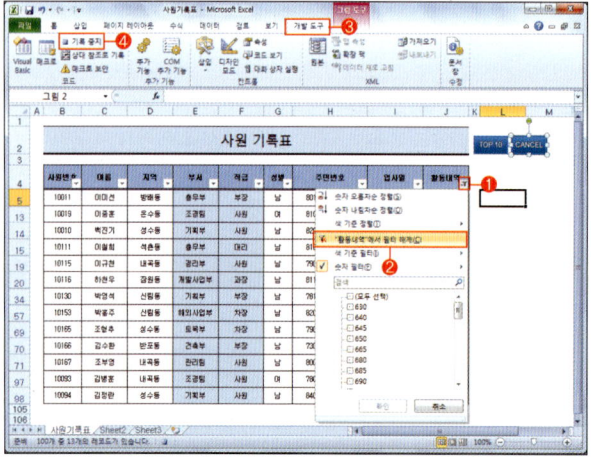

6. 매크로가 제대로 기록되었는지 살펴봅니다. 'TOP 10'이라고 적힌 도형을 클릭합니다. [활동내역] 필드에서 상위 10개의 데이터가 추출됩니다.

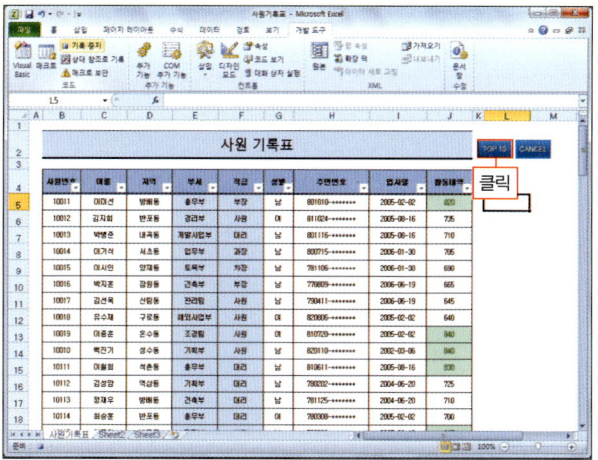

7. 'CANCEL'이라고 적힌 도형을 클릭합니다.

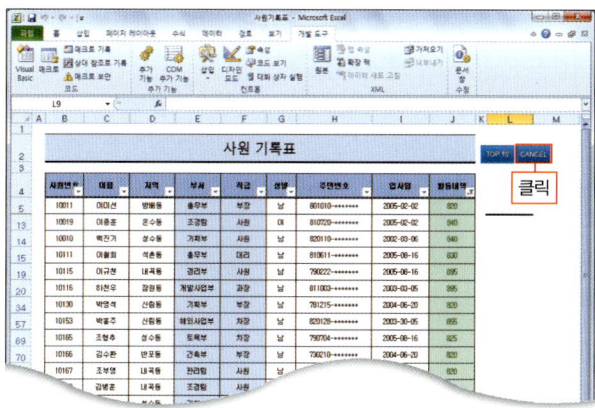

8. 다시 처음으로 되돌아갑니다.

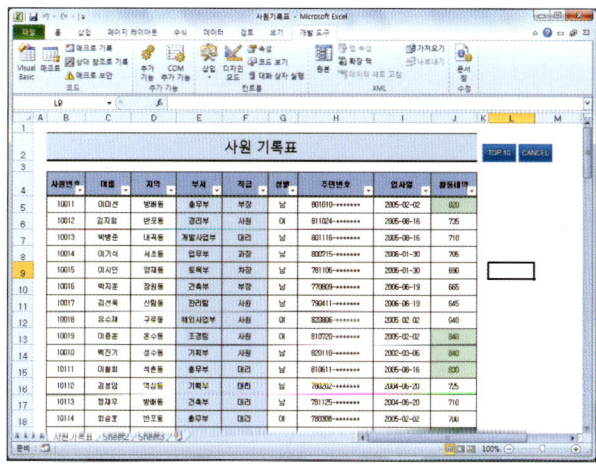

08 매크로 삭제하기

1. [개발 도구] 탭-[코드] 그룹-[매크로]를 클릭합니다.

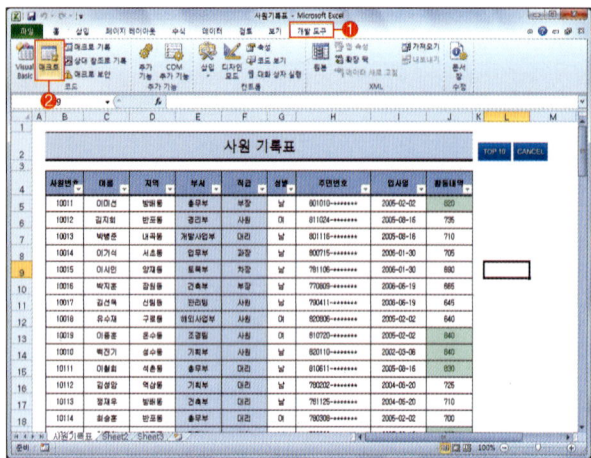

2. [매크로] 대화 상자가 나타나면 [매크로 이름] 목록에서 [상위10]을 선택하고 [삭제]를 클릭합니다. 경고 창이 나타나면 [예]를 클릭합니다.

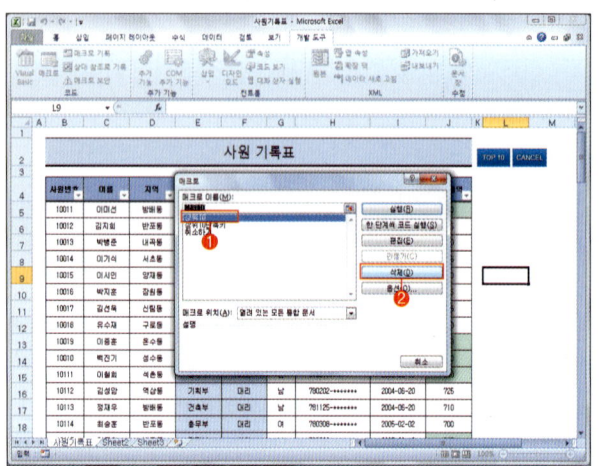

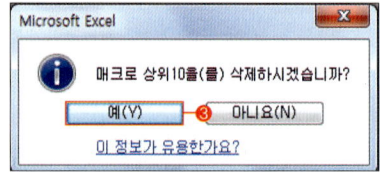

 매크로가 포함된 문서는 기본적으로 매크로가 차단되었음을 알리는 [보안 경고] 창이 자동으로 표시됩니다.

SPECIAL PAGE

매크로 문서 저장하고 열기

1 매크로가 기록된 문서는 'Excel 통합 문서'로 저장할 수 없습니다. 따라서 매크로 문서를 저장하기 위해서는 'Excel 매크로 사용 통합 문서'로 저장해야 합니다. [파일] 탭-[다른 이름으로 저장]을 클릭한 후 [다른 이름으로 저장] 대화 상자가 나타나면 [파일 이름]에 『사원기록표_macro』를 입력하고 [파일 형식]에서 [Excel 매크로 사용 통합 문서]를 선택한 후 [저장]을 클릭합니다.

2 매크로가 포함된 문서를 열기 위해 엑셀을 종료한 후 다시 실행합니다. '사원기록표_macro'를 불러 옵니다. [보안 경고] 창이 나타나면 [콘텐츠 사용]을 클릭합니다.

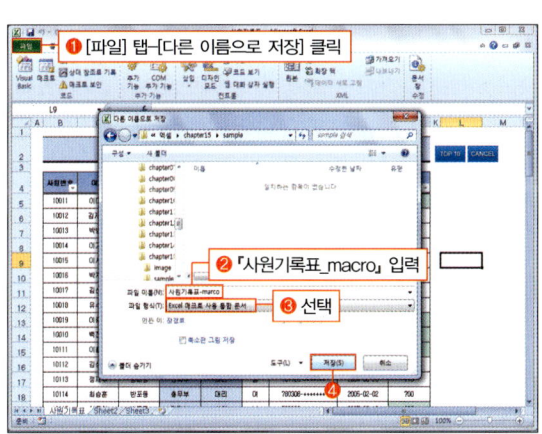

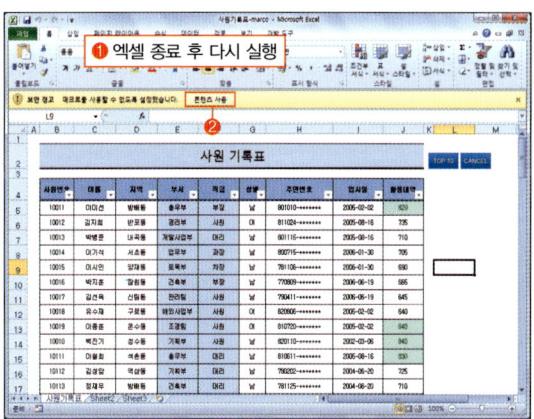

[보안 경고] 창 표시 없애기

[개발 도구] 탭-[코드] 그룹에서 [매크로 보안]을 클릭합니다. [보안 센터] 대화 상자가 나타나면 [매크로 설정]을 클릭한 후 [매크로 설정]-[모든 매크로 포함]을 선택하고 [확인]을 클릭합니다.

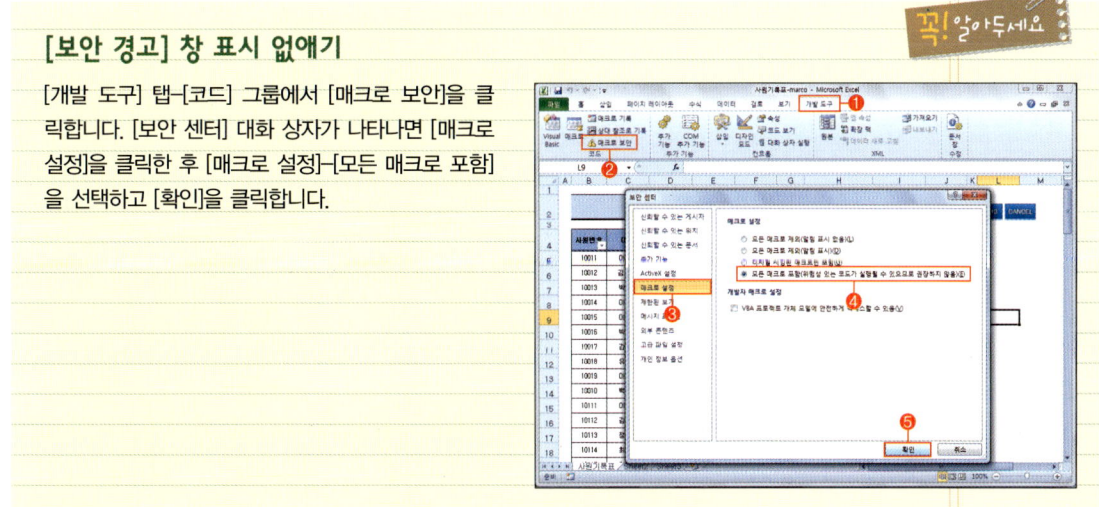

> **tip** 매크로에는 컴퓨터의 취약점을 이용하여 신뢰할 수 없는 코드 등이 포함될 수 있으므로 될 수 있으면 [모든 매크로 제외(알림 표시)]를 선택하는 것이 좋습니다.

INDEX

영문

한 권으로 완성하는
환상의 콤비 엑셀&파워포인트&워드!

기초부터 응용까지 실전 문서 제작 비법을 공개하였습니다.
다양한 업무에 응용할 수 있는 풍부한 실용 예제를 통해 전문가로 거듭나세요!

엑셀 2010

파워포인트 2010

워드 2010

다양한 실무 예제로 배우는

엑셀&
파워포인트&
워드 2010

오피스 | 값 19,000원

13000

9 788931 440539
ISBN 978-89-314-4053-9

YoungJin.com Y.
영진닷컴

환상의 콤비

다양한 실무 예제로 배우는

엑셀 &
파워포인트
워드

2010

파워포인트 2010

장경호 지음

YoungJin.com Y.
영진닷컴

환상의 콤비 Excel & PowerPoint & Word

★ PART 02 ★

POWER POINT 2010

C·H·A·P·T·E·R
01

파워포인트 2010 슬라이드 디자인하기

P O W E R   P O I N T   2 0 1 0

파워포인트, 키노트, 한쇼 등 프레젠테이션을 가능하게 해 주는 도구는 많지만 강력한 기능과 호환을 겸비한 파워포인트를 따라올 슬라이드웨어는 현재로서 없습니다. 여기서는 프레젠테이션과 파워포인드라는 용어에서부터 프레젠테이션의 단계, 슬라이드 디자인 구성 요소 등 파워포인트 기능을 배우기에 앞서 중요한 요소들에 대해서 살펴보도록 합니다.

파워포인트 2010 시작하기

파워포인트 기능을 배우기에 앞서 먼저 프레젠테이션에 대해서 살펴볼 필요가 있습니다. 이번 섹션에서는 프레젠테이션이라는 용어와 각각의 단계, 반드시 알아야 하는 슬라이드 디자인에 대해서 알아봅니다. 또한 많은 변화가 있는 파워포인트 2010의 여러 기능에 대해서도 함께 살펴봅니다.

Preview

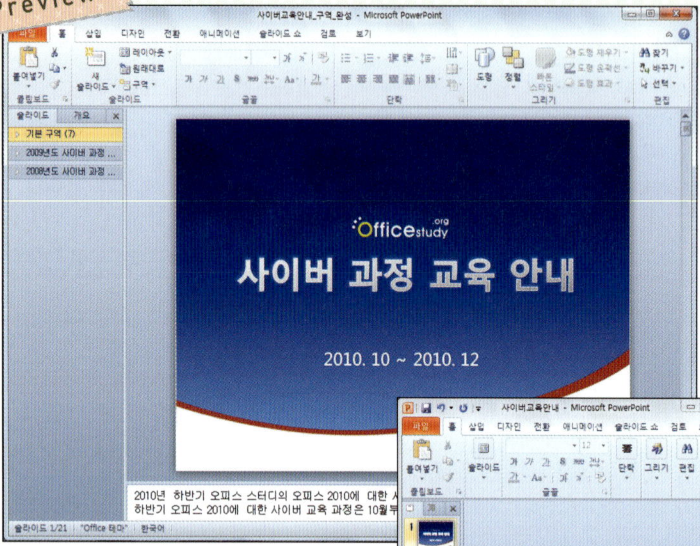

▲ 구역 설정을 적용한 사이버 교육 안내 슬라이드

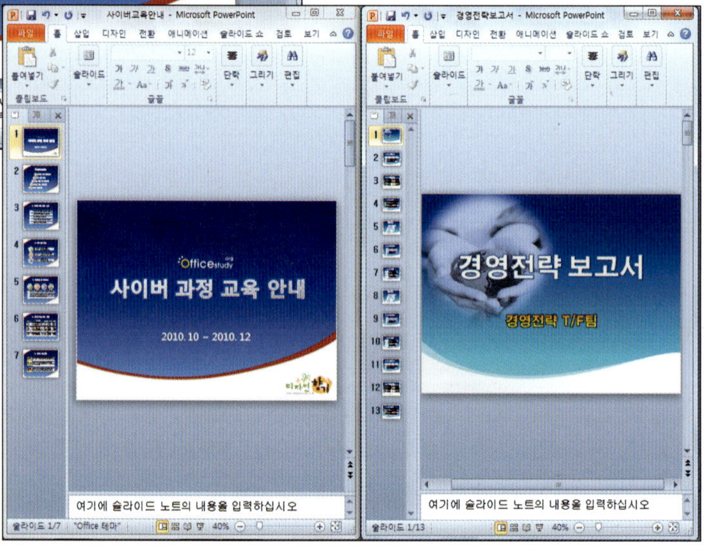

▲ 슬라이드 다중 실행하여 프레젠테이션 비교

이번 섹션에서 배울 주요 내용!

01. 프레젠테이션과 파워포인트
02. 프레젠테이션의 4단계
03. 반드시 알아야 하는 슬라이드 디자인
04. 파워포인트 2010 화면 구성 살펴보기
05. 여러 가지 방법으로 슬라이드 보기

06. 원하는 배율로 슬라이드 화면 확대 및 축소하기
07. 구역으로 슬라이드 구성하기
08. 구역 모두 축소 또는 확장하기
09. 구역 전체 이동하기

01　프레젠테이션과 파워포인트

프레젠테이션이란 무엇인가?

프레젠테이션이란, 자신이 전달하고자 하는 바를 효과적인 매체를 이용하여 청중들에게 전달함으로써 원하는 목적을 달성하는 커뮤니케이션 방법을 의미합니다. 발표자의 의견이 청중들에게 효과적으로 전달되면 최상의 프레젠테이션이라 할 수 있습니다.

특히, 요즘에는 제품 설명이나 투자 상담, 신제품 출시, 매출 실적 보고, 업무 회의, 논문 발표, 세미나 등에도 프레젠테이션이라는 용어가 사용되고 있습니다. 이런 프레젠테이션을 성공적으로 이끌어내기 위해서는 객관적인 통계나 수치를 정확한 자료로 제시해야하고 청중을 나의 것으로 만들 수 있는 주장이나 설득이 필요하며, 청중과의 호흡, 그리고 정서 등에도 많은 신경을 써야합니다.

파워포인트의 용도

프레젠테이션을 가장 효과적으로 이끌어낼 수 있는 프로그램이 바로 '파워포인트' 입니다. 마이크로소프트사에서 만든 파워포인트라는 프로그램은 텍스트나 도형, 차트 등으로 슬라이드를 만들어 프레젠테이션을 가능하게 하는 프로그램입니다. 프레젠테이션을 가능하게 해 주는 도구는 많지만 전 세계적으로 가장 많이 사용하는 프로그램이 바로 파워포인트라 할 수 있습니다.

❶ 발표용

제품 소개, 사업 계획, 투자 설명 등 일련의 프레젠테이션을 하기 위한 용도로 파워포인트를 이용하는 것입니다. 이럴 경우 파워포인트는 보통 전달자의 입장에서 최대한 보기 좋은 슬라이드를 작성할 필요가 있습니다. 고급스런 느낌의 슬라이드를 작성하기 위해 포토샵 등의 이미지 제작 프로그램의 힘을 빌리기도 하며, 멋진 차트를 작성하기 위해 Swiff chart 등의 차트 제작 프로그램의 힘을 빌리기도 합니다.

❷ 보고용

회사 내에서 기안이나 업무 보고 등을 위해 슬라이드에 최대한 글로 표현하여 쉽고 빠르게 읽어 내려갈 수 있도록 작성하는 것입니다. 예전에는 이런 보고 형식을 워드프로세서가 담당했지만 최근에는 파워포인트로 그 추세가 변하고 있습니다. 보고용 문서를 파워포인트로 작성하면 향후 발표용으로 대처가 가능합니다.

02 프레젠테이션의 4단계

프레젠테이션의 과정은 기획, 준비, 실시, 평가 총 4단계로 나누어볼 수 있습니다.

기획 단계

프레젠테이션을 하는 목적을 수립하는 기획 단계는 프레젠테이션을 통해 우리가 이뤄내야 하는 달성 내용을 먼저 인식하는 것이 중요합니다. 프레젠테이션의 컨셉을 확정하거나 접근 방법도 다양화할 필요가 있습니다. 이 때 유사하게 진행된 프레젠테이션 자료가 있다면 이를 분석하는 과정이 필요하며, 혹시 경쟁 프레젠테이션이라면 경쟁사의 과거 프레젠테이션도 면밀히 살펴보아야 합니다. 우수 사례를 점검한다든지 경쟁 대상을 분석하는 것도 좋습니다.

기획 단계
01 Presentation Concept 확정
02 발표 계획 수립
03 자료 및 정보 수집

발표 계획이 수립되었다면 자료나 정보를 수집합니다. 기획 단계에서 자료나 정보는 많으면 많을수록 좋습니다. 기획 단계에서 수집되는 자료나 정보는 준비 단계에서 중요한 자료나 정보만 추려질 것입니다. 인터넷이나 신문, 잡지, 인맥 등 수집할 수 있는 내용은 모두 수집합니다. 참고로 기획 단계에서는 자유롭게 의견을 제시하는 브레인스토밍 기법을 통해 프레젠테이션의 컨셉을 확정하거나 발표 계획을 수립할 수 있습니다.

준비 단계

기획 단계에서 나온 내용을 토대로 프레젠테이션의 준비 단계로 넘어갑니다. 준비 단계에서는 먼저 사전 점검 사항을 확인합니다. 프레젠테이션의 청중이 누구인지를 분석하고 발표할 장소와 시간, 일자 등을 확인합니다. 이 분석이 먼저 이루어지는 이유는 청중과 장소, 시간이나 일자에 따라 프레젠테이션의 시나리오 작성이 달라질 수 있기 때문입니다. 이런 분석이 끝나면 프레젠테이션의 예산 및 스케줄 등을 미리 점검하여 계획에 차질이 없도록 준비합니다.

준비 단계
01 청중, 장소 분석 및 시간 확인
02 스토리보드 및 발표 시나리오 작성
03 자료 작성 및 시각화

스토리보드를 통해 지금까지 나온 일련의 준비 과정을 모두 모아 구성원들의 역할 및 프레젠테이션 과정을 설계합니다. 스토리보드는 실질적인 프레젠테이션 작성에 앞서 모든 과정을 미리 예상해 보고 작성해 봄으로서 질적인 작성 시간과 비용을 절감할 수 있습니다. 이를 통해 발표 시나리오를 미리 예상해 볼 수 있습니다.

그런 다음 프레젠테이션 자료를 작성하고 이를 토대로 시각화 작업을 진행합니다. 이러한 시각화 과정은 파워포인트, 키노트 등으로 작업합니다.

실시 단계

프레젠테이션의 자료를 작성하고 시각화 과정을 끝나면 이제 발표를 하기 전 리허설 과정을 거칩니다. 리허설은 특히 프레젠테이션 경험이 많이 없는 사람에게는 매우 중요한데 리허설을 거치면서 잘못된 부분을 고칠 수 있으며 자신감도 얻을 수 있습니다. 리허설을 통해 예상 질의서를 작성해 보는 것도 자신감을 얻는데 도움이 됩니다.

실시 단계

01 리허설
02 예상 질의서 작성
03 참석 명단 및 최종 장비, 장소 점검
04 프레젠테이션 발표
05 질의 및 응답

프레젠테이션 발표를 앞두고 마지막으로 점검해야할 부분이 있다면 그것은 프레젠테이션에 참석할 명단을 점검하는 일입니다. 당연히 발표 장소를 최종 점검하는 것도 중요합니다. 실시 단계의 핵심은 물론 발표입니다. 프레젠테이션 발표는 그 분야의 전문가나 실무자가 하는 것이 보통이나 프레젠테이션 상황에 따라서 전문 프레젠터를 영입하여 진행하기도 합니다.

평가 단계

프레젠테이션의 발표가 무사히 끝났다고 프레젠테이션이 끝난 것은 아닙니다. 피드백을 통해 향후 발생할 프레젠테이션 시 개선안을 도출해 낼 수 있습니다. 또한 자체 평가는 냉정할 필요가 있습니다. 왜 프레젠테이션을 전문으로 하는 기업이 우수한 성과를 내는지는 평가 단계의 피드백 과정을 통해 알 수 있습니다. 특히, 경험이 많이 없는 업체일수록 피드백 과정은 중요합니다.

평가 단계

01 개선안 도출
02 자체 평가 및 개선 사항 점검
03 각 단계의 유형, 무형 자료 관리

마지막으로 개선 사항을 최종 점검하고 각 단계에서 나온 여러 자료나 정보는 따로 모아두어 다음 프레젠테이션에 대비하도록 합니다. 여기서는 유형적인 자료나 정보뿐 아니라 무형의 인적 자산과 시행착오 등의 과정도 자료로 따로 정리하여 모아두는 것이 중요합니다.

반드시 알아야 하는 슬라이드 디자인

슬라이드 디자인은 그 성격에 따라 6가지의 유형별 슬라이드 디자인으로 나누어 볼 수 있습니다. 물론 파워포인트 2010에는 다양한 슬라이드 레이아웃이 존재하고 사용자에 따라 다양한 유형을 따로 만들 수 있지만 보편적으로 사용하는 슬라이드 디자인은 다음과 같습니다.

오프닝 슬라이드 디자인

프레젠테이션을 시작할 때 가장 먼저 나오는 슬라이드로 제목 슬라이드보다 먼저 나와 청중들의 관심을 유발하고자 할 때 사용합니다. 보통 그림이나 영상을 한 장의 이미지로 만들어 청중들의 시선을 유도하게 됩니다. 오프닝 슬라이드와 제목 슬라이드는 프레젠테이션의 첫 인상을 좌우할 만큼 중요한 부분이기에 다른 슬라이드와는 다른 차별화가 필요합니다.

표지 슬라이드 디자인

파워포인트에서 제목 슬라이드라고 불리는 표지 슬라이드는 프레젠테이션의 주제나 목적이 한눈에 알 수 있도록 디자인되어야 합니다. 표지 슬라이드 한 장을 보고 프레젠테이션을 미리 파악하고 관심을 유도할 수 있기에 오프닝 슬라이드와 마찬가지로 다른 슬라이드와는 다른 차별화가 필요합니다.

목차 슬라이드 디자인

목차 슬라이드를 통해 프레젠테이션의 전체 윤곽을 미리 살펴볼 수 있습니다. 한눈에 들어올 수 있도록 디자인하되 너무 많은 내용을 목차 슬라이드에 넣을 필요는 없습니다. 목차 슬라이드에 들어갈 내용이 많다면 간지 슬라이드를 만들어 이를 나누어서 나타내도록 합니다.

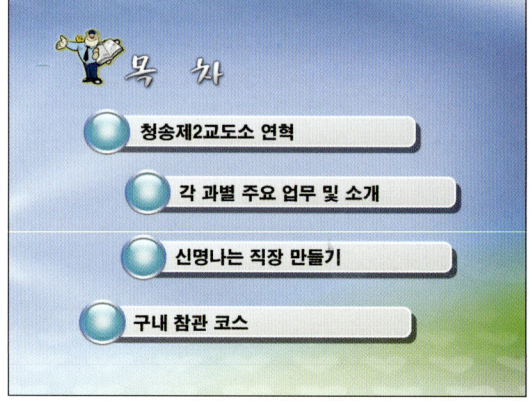

간지 슬라이드 디자인

목차 슬라이드에서 세부적인 목차를 구성하고 싶을 때 사용하는 슬라이드입니다. 간지 슬라이드는 목차 슬라이드와 마찬가지로 한눈에 쏙 들어올 수 있도록 디자인하되 목차 슬라이드보다는 간결해야 합니다. 내용이 많지 않은 프레젠테이션일 경우는 간지 슬라이드를 사용하지 않는 것이 좋습니다.

내용 슬라이드 디자인

프레젠테이션에서 70~80%를 차지할 정도로 많은 부분이 내용 슬라이드로 구성됩니다. 텍스트 슬라이드나 이미지, 도표, 그래프 등의 슬라이드로 구성될 수 있기에 각각의 슬라이드를 서로 통일성 있게 구성합니다. 특히 가장 많이 보여지는 화면이므로 슬라이드의 배경이나 색상에 특히 신경 쓰도록 합니다.

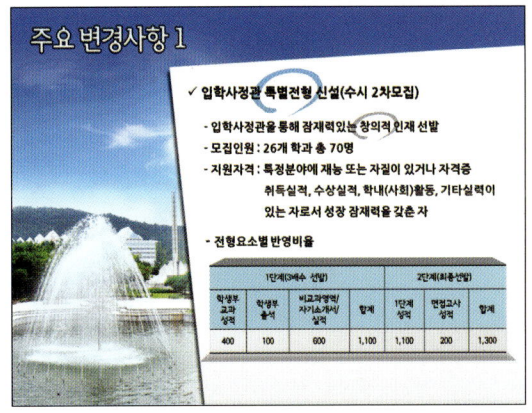

엔딩 슬라이드 디자인

엔딩 슬라이드는 가장 마지막에 나오는 화면으로 청중에게 강한 인상을 남길 수 있도록 구성합니다. 전체 슬라이드를 하나로 표현할 수 있는 내용이 있으면 좋지만 그렇지 못할 경우에는 회사 로고나 이번 프레젠테이션의 목적을 명확히 나타낼 수 있는 내용으로 구성합니다.

○4 파워포인트 2010 화면 구성 살펴보기

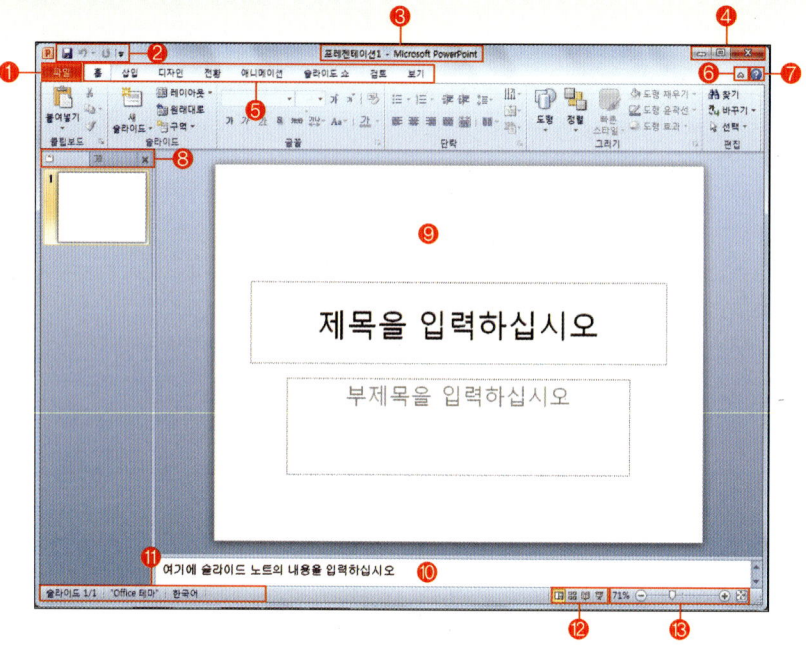

❶ Microsoft Backstage 단추 : 파워포인트 2007의 [Office 단추]를 대체하는 [파일] 탭으로 새로 만들기, 열기, 저장, 인쇄 등의 메뉴와 옵션을 지정할 수 있는 [PowerPoint 옵션]을 제공합니다.

❷ 빠른 실행 도구 모음 : 자주 사용하는 기능을 묶어 사용자가 직접 편집하여 사용할 수 있습니다.

❸ 제목 표시줄 : 현재 작업 중인 프레젠테이션의 파일명을 표시합니다.

❹ 화면 조절 버튼 : 작업 화면의 크기를 조절하거나 파워포인트 프로그램을 종료할 수 있습니다.

❺ 리본 메뉴 : [홈], [삽입], [디자인] 등 기능별로 메뉴가 구성되어 있습니다.

❻ 리본 메뉴 확장/최소화 단추 : 리본 메뉴를 확대하거나 축소할 수 있습니다.

❼ 도움말 : 파워포인트의 기능이나 사용법 등을 찾아 해결할 수 있습니다.

❽ 미리 보기 창 및 [개요] 탭 : 미리 보기 창을 통해 섬네일 화면을 표시합니다. [개요] 탭은 슬라이드의 개요를 텍스트로 표시합니다.

❾ 슬라이드 작업 화면 : 슬라이드 작업을 하는 공간으로서 프레젠테이션의 제작이 이뤄지는 공간입니다.

❿ 슬라이드 노트 창 : 슬라이드에 대한 시나리오나 간단한 설명 등을 텍스트로 입력할 수 있습니다. 또한, 슬라이드 노트 창을 따로 출력할 수도 있습니다.

⓫ 상태 표시줄 : 현재 작업 중인 슬라이드의 번호, 디자인 테마, 언어를 표시합니다.

⓬ 보기 버튼 : 기본, 여러 슬라이드, 읽기용 보기, 슬라이드 쇼로 슬라이드를 보는 방법을 선택합니다.

⓭ 화면 확대 / 축소 및 창 맞춤 : 슬라이드의 화면을 확대하거나 축소, 또는 슬라이드를 현재 창 크기로 맞출 수 있습니다.

05 여러 가지 방법으로 슬라이드 보기

기본 보기

파워포인트를 실행했을 때 나타나는 기본 화면으로 [기본 보기]는 슬라이드 미리 보기 창, [개요] 탭, 슬라이드 작업 화면, 슬라이드 노트 창으로 구성되어 있습니다.

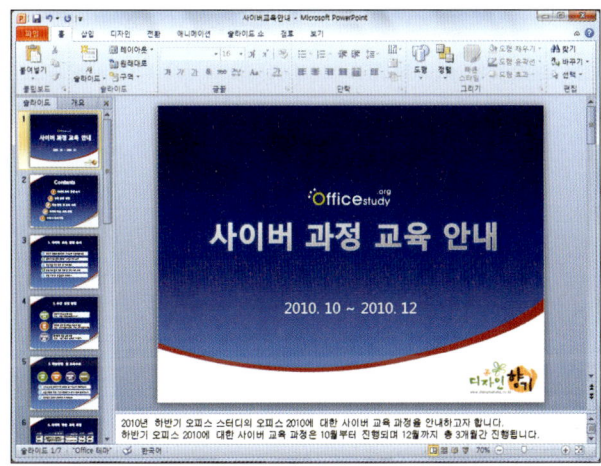

> **tip** [기본 보기]에서는 눈금자, 눈금선 혹은 안내선을 표시할 수 있습니다. [보기] 탭-[표시] 그룹에서 [눈금자], [눈금선], [안내선]을 선택합니다.

여러 슬라이드 보기

[여러 슬라이드 보기]는 여러 슬라이드가 존재하는 경우 한 번에 모든 슬라이드를 보여주고자 할 때 사용하는 슬라이드 보기로 전체적인 흐름이나 위치 변경, 슬라이 쇼 설정 등을 할 때 주로 사용합니다.

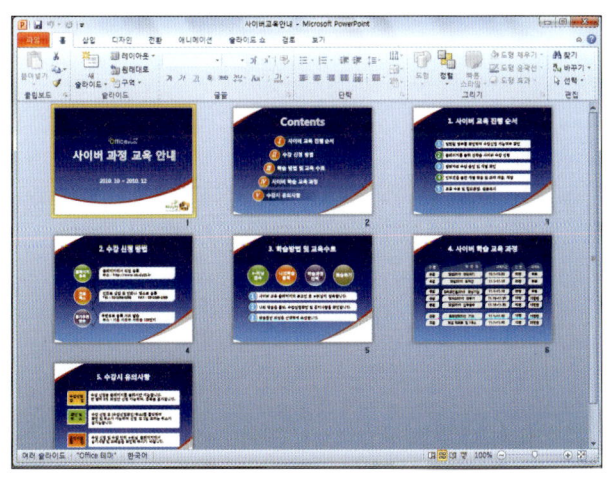

> **tip** [보기] 탭-[프레젠테이션 보기] 그룹에서 [여러 슬라이드 보기]를 클릭하거나, 상태 표시줄의 [여러 슬라이드](▦)를 클릭합니다.

읽기용 보기

파워포인트 2010에서 추가된 기능으로 프레젠테이션을 진행하는 것이 아니라 내 컴퓨터에서 슬라이드를 간단히 확인하고 싶을 때 사용합니다. 특히 읽기용 보기는 화면을 줄이거나 늘릴 수 있기에 여러 개의 슬라이드를 비교할 수 있으며, 읽기용 보기를 보며 화면을 편집할 수도 있습니다.

 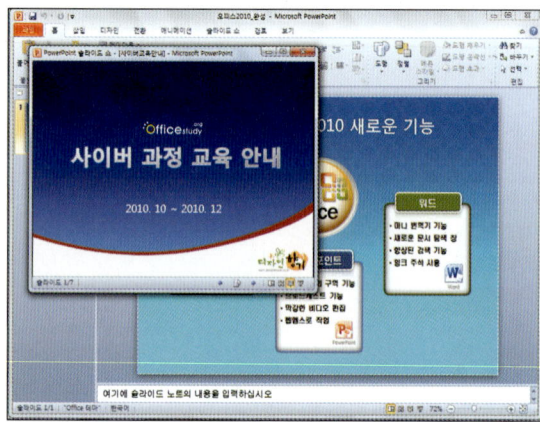

 [보기] 탭-[프레젠테이션 보기] 그룹에서 [읽기용 보기]를 클릭하거나, 상태 표시줄의 [읽기용 보기](▦)를 클릭합니다.

슬라이드 쇼

[슬라이드 쇼]는 프레젠테이션 진행을 위해 발표를 할 때 사용합니다. 슬라이드 쇼에서는 애니메이션이나 화면 전환 효과까지 모두 보여줍니다.

tip [보기] 탭-[프레젠테이션 보기] 그룹에서 [슬라이드 쇼]를 클릭하거나, 상태 표시줄의 [슬라이드 쇼](▭)를 클릭합니다. [슬라이드 쇼]의 경우 종료를 원하면 Esc 를 누릅니다.

06 원하는 배율로 슬라이드 화면 확대 및 축소하기

● **준비파일** : Part02\Chapter01\Section01\사이버교육안내.pptx

1. 6번 슬라이드를 선택한 후 확대를 원하는 개체를 클릭합니다. 여기서는 '구분' 이라고 적힌 텍스트를 선택합니다. [보기] 탭-[확대/축소] 그룹에서 [확대/축소]를 클릭한 후 [확대/축소] 대화 상자가 나타나면 [200%]를 선택하고 [확인]을 클릭합니다.

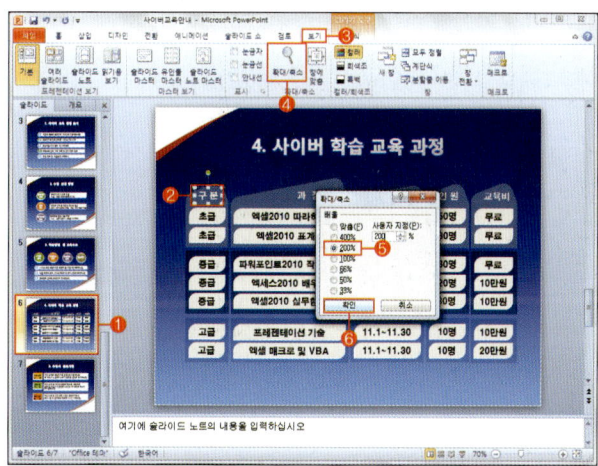

> **Tip** 하단의 상태 표시줄에 있는 [확대/축소] 도구를 이용해서도 슬라이드 편집 화면의 크기를 조절할 수 있습니다.

2. 슬라이드 창이 200%로 확대됩니다. 슬라이드 편집 화면에 맞게 화면 크기를 조정하기 위해 [보기] 탭-[확대/축소] 그룹에서 [창에 맞춤]을 클릭합니다.

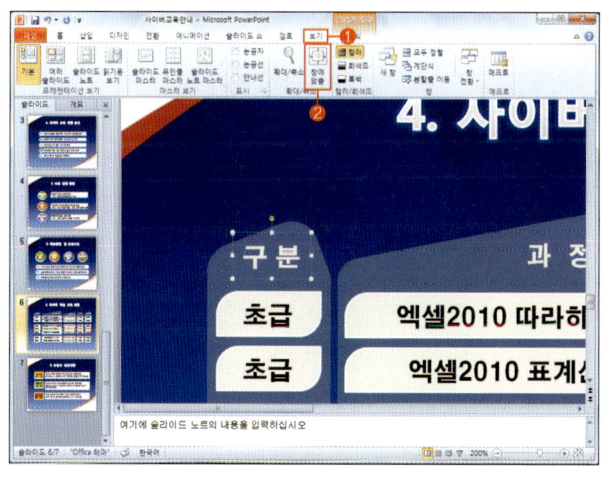

> **Tip** 상태 표시줄의 창 크기 맞춤(⊠)을 클릭하여도 확대, 축소된 슬라이드의 크기를 슬라이드 편집 화면에 맞게 조정할 수 있습니다.

● **준비파일** : Part02\Chapter01\Section01\사이버교육안내_구역.pptx
● **완성파일** : Part02\Chapter01\Section01\사이버교육안내_구역_완성.pptx

1. [기본 보기]의 [슬라이드] 탭에서 7번 슬라이드와 8번 슬라이드 사이를 마우스 오른쪽 단추로 클릭한 후 [구역 추가]를 선택합니다.

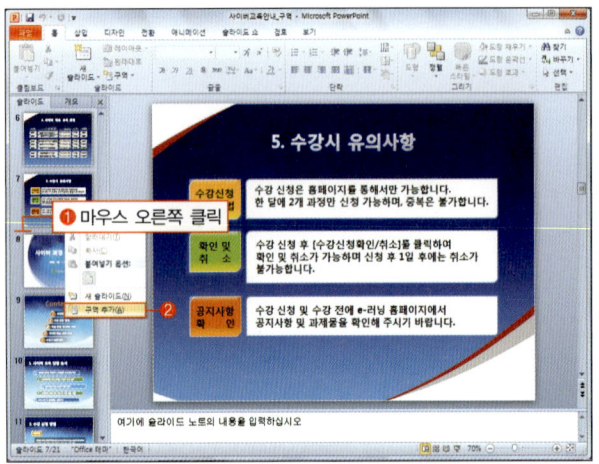

> tip
> 구역 기능은 폴더를 사용하여 파일을 분류하는 것과 유사한 기능입니다. 이름이 지정된 구역을 사용하여 슬라이드 그룹을 지정할 수 있고, 공동 작업을 진행할 때 동료별로 구역을 할당하여 슬라이드 구성을 진행할 수도 있습니다. 또한, 다른 성격의 슬라이드 파일 여러 개를 구역을 이용하여 하나로 통합하여 활용할 수도 있습니다.

2. [제목 없는 구역]이 추가됩니다. 마우스 오른쪽 단추를 클릭하여 [구역 이름 바꾸기]를 선택합니다. [구역 이름 바꾸기] 대화 상자가 나타나면 『2009년도 사이버 과정 교육 안내』라고 입력한 후 [이름 바꾸기]를 클릭합니다.

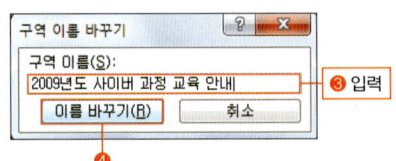

3. 이번에는 [여러 슬라이드 보기](▦)를 클릭한 후 14번 슬라이드와 15번 슬라이드 사이를 마우스 오른쪽 단추로 클릭하여 [구역 추가]를 선택합니다.

4. 구역이 추가되면 마우스 오른쪽 단추를 클릭하여 [구역 이름 바꾸기]를 선택합니다. [구역 이름 바꾸기] 대화 상자가 나타나면 『2008년도 사이버 과정 교육 안내』를 입력한 후 [이름 바꾸기]를 클릭합니다.

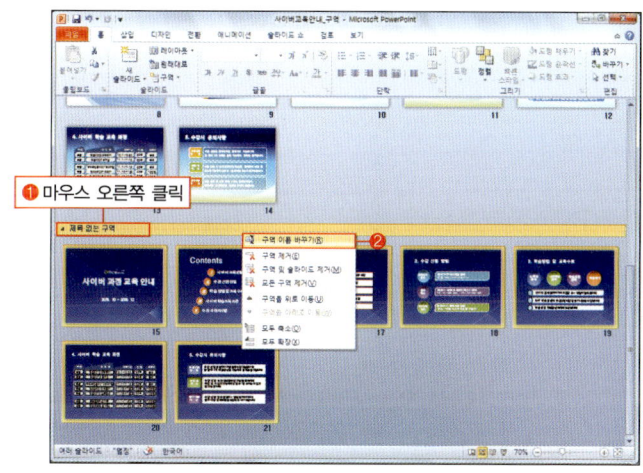

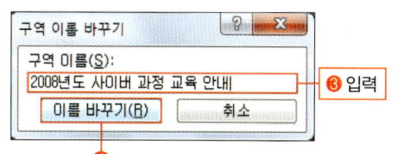

프레젠테이션 다중 실행하기

파워포인트 2010에서는 두 개 이상의 파일을 화면에 띄울 수 있습니다. 여러 개의 파워포인트 파일을 동시에 실행하면 하나의 슬라이드 작업을 하면서 다른 슬라이드 작업을 병행해서 할 수 있습니다. 참고로 파워포인트 2010 이하 버전에서는 파워포인트를 다중 실행할 수 없습니다.

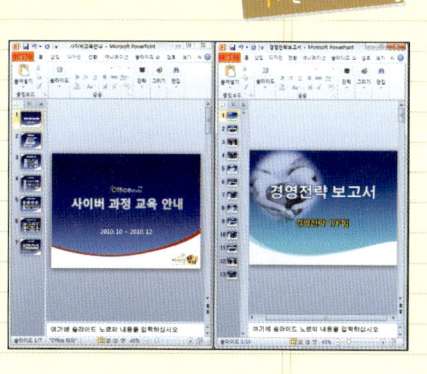

08 구역 모두 축소 또는 확장하기

1. '2008년도 사이버 과정 교육 안내' 의 구역 단추(▱)를 클릭합니다.

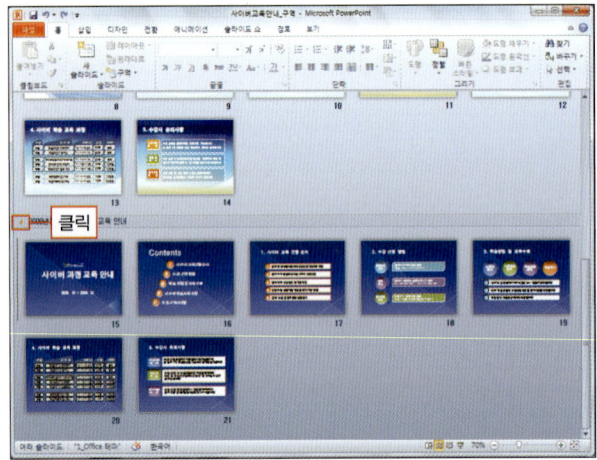

2. '2008년도 사이버 과정 교육 안내' 구역이 축소되어 표시됩니다. 구역에서 마우스 오른쪽 단추를 클릭하여 [모두 축소]를 선택하면 구역이 모두 축소됩니다.

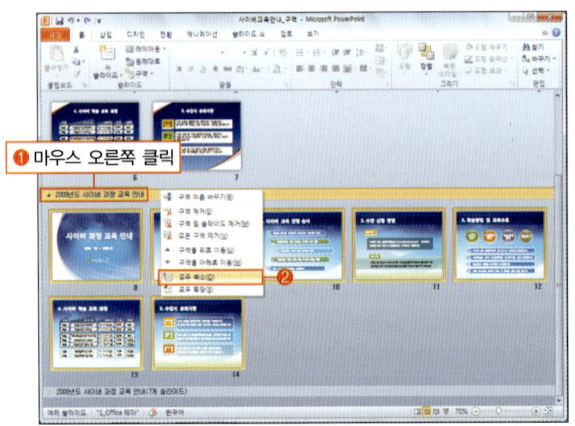
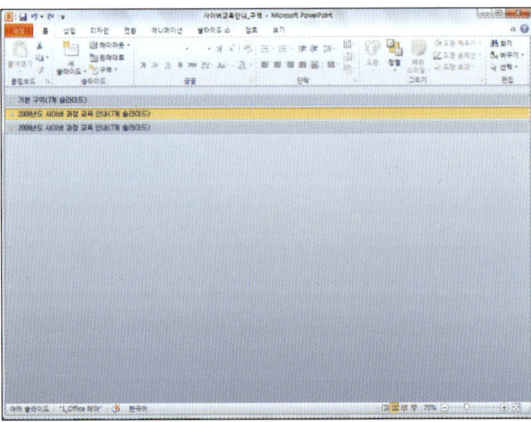

> **tip** [모두 확장]을 클릭하면 축소된 영역이 다시 확장되며, 구역 모두 축소, 확장하기를 통해 슬라이드를 폴더처럼 정리하여 사용할 수 있습니다.

09 구역 전체 이동하기

1. 이동할 구역을 마우스 오른쪽 단추로 클릭한 후 [구역을 아래로 이동]을 선택합니다.

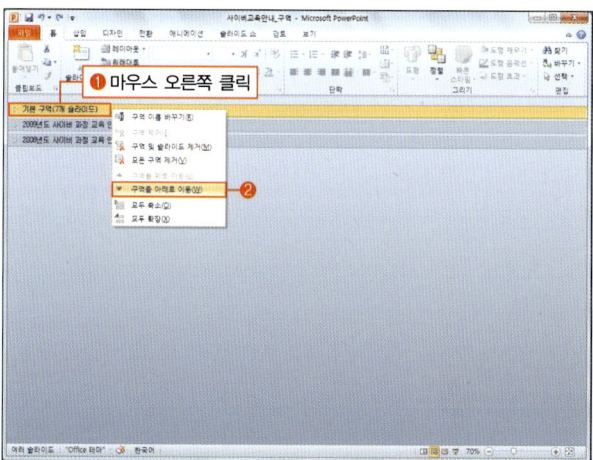

2. 선택한 구역이 이동됩니다. 마우스로 드래그하여 원하는 위치로 이동할 수도 있습니다.

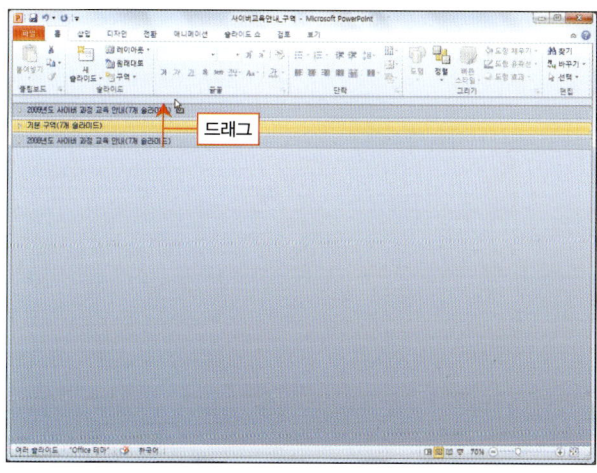

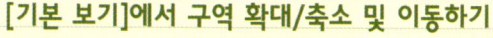

[기본 보기]에서 구역 확대/축소 및 이동하기

[기본 보기]에서도 [여러 슬라이드 보기]와 마찬가지로 구역을 확대/축소할 수 있으며, 원하는 구역을 원하는 위치로 이동할 수도 있습니다.

기본 슬라이드 디자인하기

파워포인트는 쉬운 작성법과 강력한 기능으로 프레젠테이션 문서 작성을 위한 최적의 도구입니다. 슬라이드를 만드는 방법에는 새로운 프레젠테이션 열기를 이용한 방법부터 기존에 만들어진 프레젠테이션 열기, 서식 파일을 이용하여 열기 등 다양한 방법이 있습니다. 이번 섹션에서는 다양한 슬라이드 작성 방법에 대해서 알아봅니다.

Preview

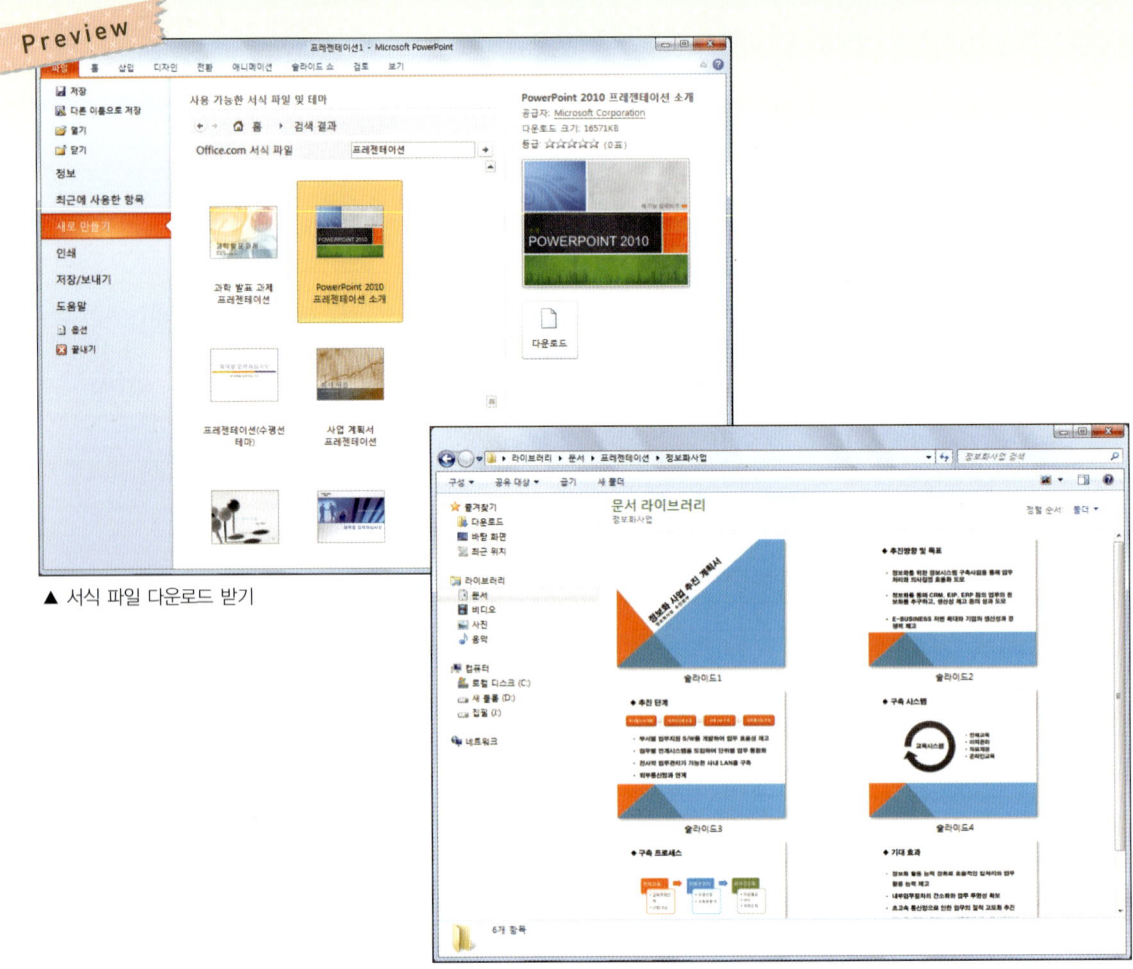

▲ 서식 파일 다운로드 받기

▲ 이미지 파일로 추진 계획서 저장하기

이번 섹션에서 배울 **주요 내용!**

01. 새 프레젠테이션 만들기
02. 서식 파일로 새 프레젠테이션 만들기
03. 검색어를 이용하여 새 프레젠테이션 만들기
04. 프레젠테이션 저장하기
05. 새 슬라이드 추가하기

06. 슬라이드 레이아웃 변경하기
07. 슬라이드 이동 및 복사하기
08. 파워포인트 2003 버전에서 열리게 저장하기
스페셜. 자동 재생 CD로 저장하기
스페셜. 슬라이드를 그림 파일로 저장하기

01 새 프레젠테이션 만들기

1. 새 프레젠테이션을 만들기 위해 [파일] 탭을 클릭한 후 [새로 만들기]를 클릭합니다. [사용 가능한 서식 파일 및 테마]가 열리면 [새 프레젠테이션]을 선택한 후 [만들기]를 클릭하거나 [새 프레젠테이션]을 더블 클릭합니다.

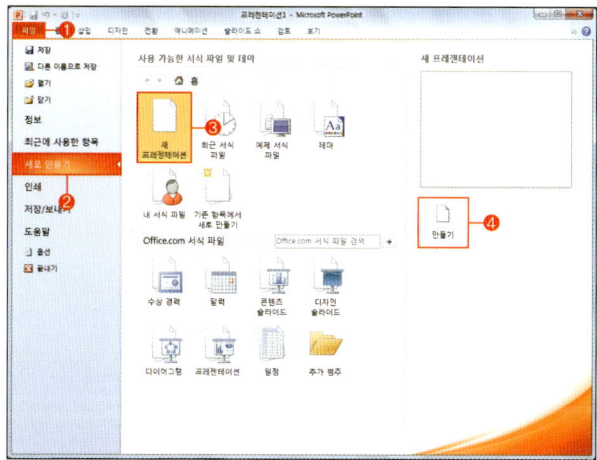

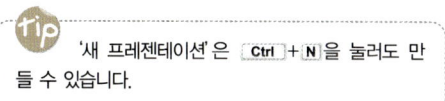
'새 프레젠테이션'은 Ctrl + N 을 눌러도 만들 수 있습니다.

2. 새로운 문서가 열리며, 제목 표시줄에 '프레젠테이션2' 라고 표시됩니다.

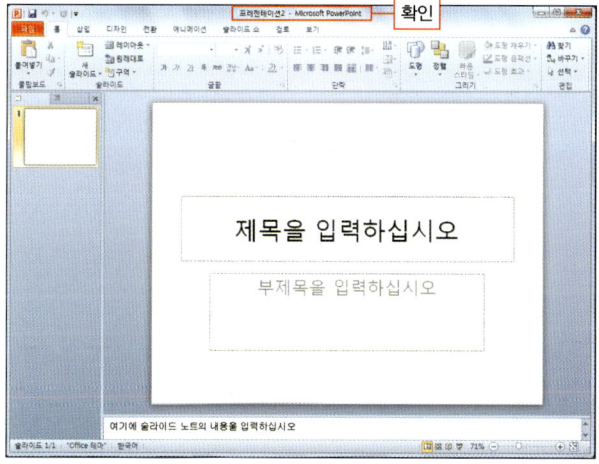

1. 서식 파일을 불러와 새 프레젠테이션을 만들기 위해 [파일] 탭-[새로 만들기]를 클릭합니다. [사용 가능한 서식 파일 및 테마]가 열리면 [Office.com 서식 파일]에서 [디자인 슬라이드]를 선택합니다.

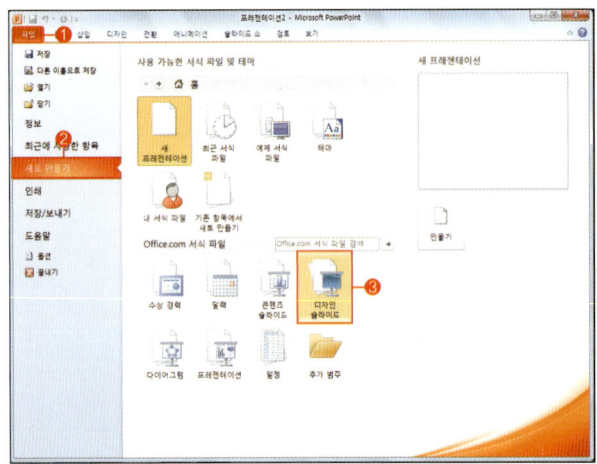

> **tip** [Office.com 서식 파일]은 인터넷이 연결되어 있을 때 사용 가능하며, 텍스트나 도형 등 다양한 서식이 포함된 문서를 말합니다.

2. [디자인 슬라이드] 폴더가 열립니다. 다양한 종류의 서식 파일이 열리는데 이 중 원하는 서식 종류를 클릭합니다. 여기서는 [아키텍처]를 클릭합니다.

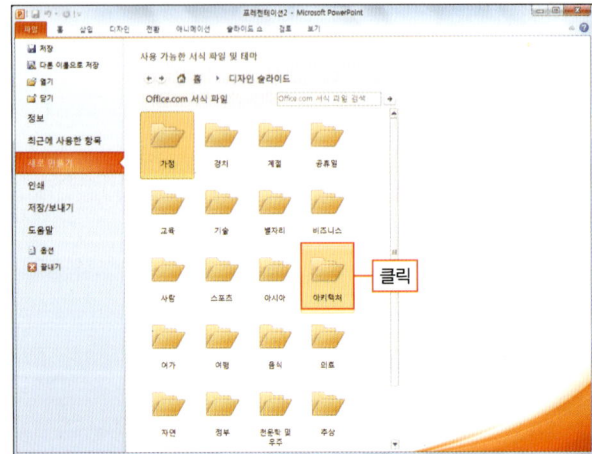

3. [아키텍처] 폴더가 열리면 [아키텍처]와 관련된 다양한 디자인 슬라이드가 나타납니다. 서식 파일을 클릭하면 오른쪽에 공급자와 용량 크기, 등급, 슬라이드 미리 보기 등이 표시됩니다. 여기서는 [고층 건물의 도시 디자인 서식 파일(영어)]을 선택한 후 [다운로드]를 클릭합니다.

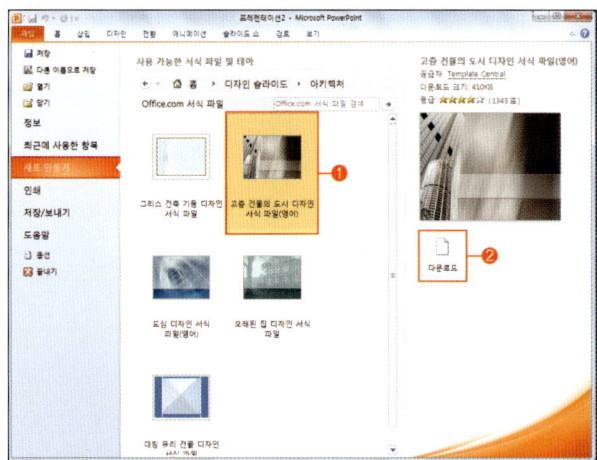

4. 멋진 디자인이 적용된 서식 파일이 열립니다.

Office Online에서 서식 파일 다운로드하기

보다 다양한 서식 파일을 다운로드 받고 싶다면 인터넷 익스플로러를 실행한 후 'http://www.office.com'로 이동하여 [서식 파일]을 클릭하고 원하는 범주를 선택한 후 다운로드합니다.

03 검색어를 이용하여 새 프레젠테이션 만들기

1. [파일] 탭을 클릭한 후 [새로 만들기]를 클릭합니다. [Office.com 서식 파일]의 검색 창에 『프레젠테이션』을 입력한 후 [검색 시작](☞)을 클릭합니다.

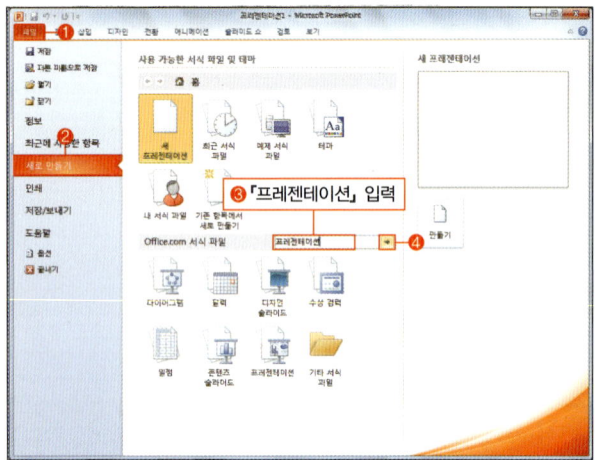

2. '프레젠테이션'과 관련된 다양한 서식 파일이 나타납니다. 원하는 서식 파일을 선택한 후 [다운로드]를 클릭하거나 해당 서식 파일을 더블 클릭합니다. 여기서는 [PowerPoint 2010 프레젠테이션 소개]라는 서식 파일을 선택합니다.

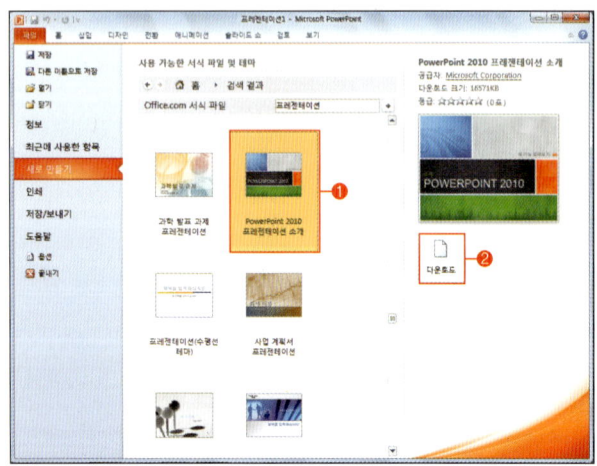

> **tip** 본 서식 파일을 찾기 어려우면 검색 창에 [PowerPoint 2010 프레젠테이션 소개]를 입력하여 찾을 수도 있습니다.

04 프레젠테이션 저장하기

1. 프레젠테이션을 저장하기 위해 [파일] 탭을 클릭한 후 [다른 이름으로 저장]을 클릭합니다.

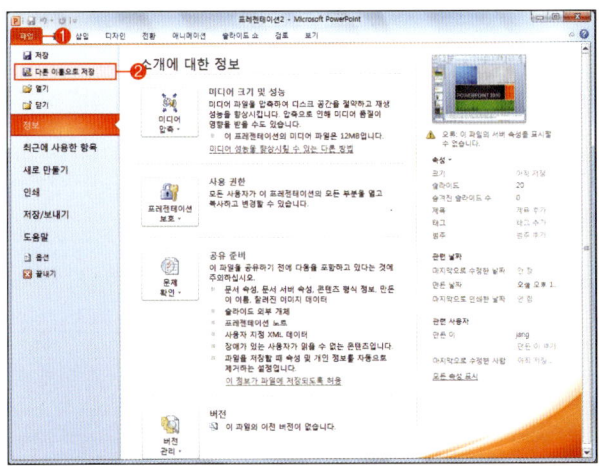

> **tip** Ctrl + S 를 누르거나, [빠른 실행 도구 모음]
> 에서 [저장](🖫)을 클릭해도 됩니다.

2. [다른 이름으로 저장] 대화 상자가 나타나면 저장하고 싶은 폴더를 선택하고 [파일 이름]에 『프레젠테이션』을 입력한 후 [저장]을 클릭합니다.

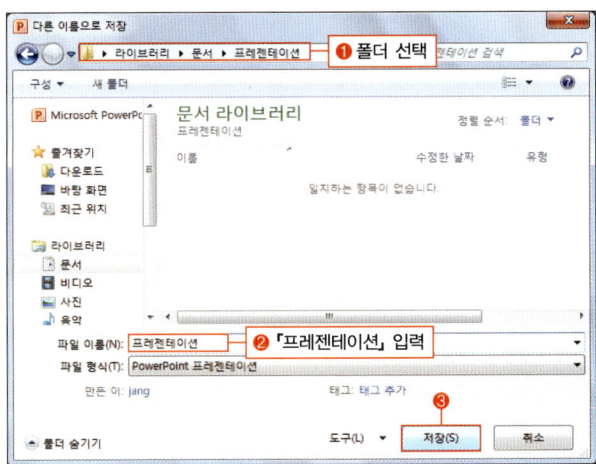

MS 오피스 제품군의 파일 형식 살펴보기

꼭! 알아두세요

파워포인트 이외의 MS 오피스 제품군의 저장 파일 형식은 다음과 같습니다.

	2003 이전 버전	2007 이후 버전		2003 이전 버전	2007 이후 버전
파워포인트	ppt	pptx	워드	doc	docx
엑셀	xls	xlsx	액세스	mdb	accdb

05 새 슬라이드 추가하기

1. 슬라이드 편집 화면이 과도하게 크게 나타난다면 [슬라이드를 현재 창 크기에 맞춥니다.](▦)를 클릭하여 현재 창 크기에 맞게 조절합니다. 새 슬라이드를 삽입하기 위해 [슬라이드] 탭에서 6번 슬라이드를 선택하고 [홈] 탭-[슬라이드] 그룹에서 [새 슬라이드]의 아랫부분을 클릭합니다. 다양한 슬라이드 레이아웃이 나타나면 원하는 형식의 슬라이드 레이아웃을 선택할 수 있습니다. 여기서는 [제목(텍스트 포함)] 슬라이드 레이아웃을 선택합니다.

❶ 선택

> **tip** [슬라이드] 그룹의 [새 슬라이드]에 마우스를 가져가면 [새 슬라이드]가 윗부분과 아랫부분으로 나눠집니다. 이 때 윗부분을 클릭하면 자주 사용하는 슬라이드 레이아웃이 삽입됩니다.

2. 새로운 슬라이드가 6번 슬라이드 아래에 추가됩니다.

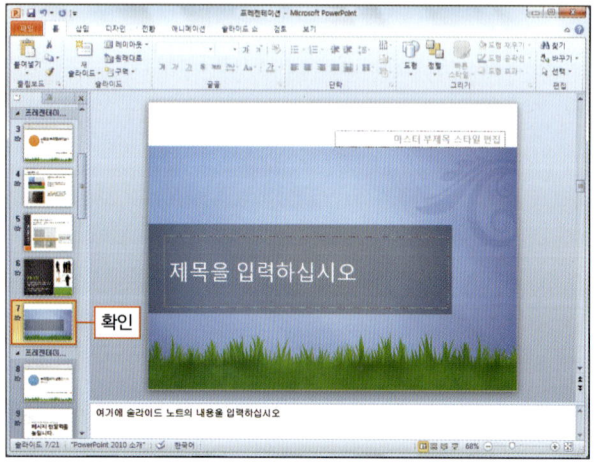

확인

3. 이번에는 2번 슬라이드를 선택한 후 Ctrl + M 을 누릅니다. 2번 슬라이드 아래에 새로운 슬라이드가 추가됩니다. 또한, 마우스 오른쪽 단추를 클릭한 후 [새 슬라이드]를 선택하여도 새 슬라이드가 삽입됩니다.

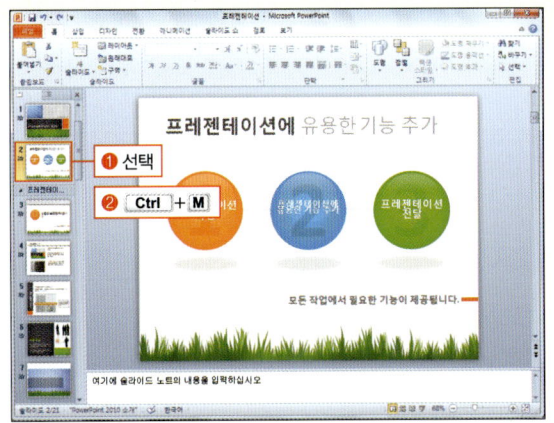

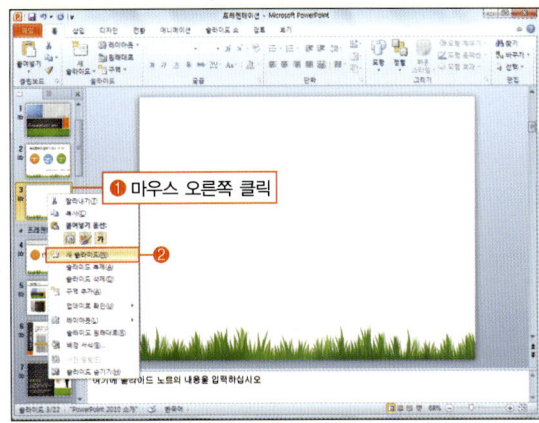

4. 마지막으로 7번 슬라이드를 선택한 후 Enter 를 누릅니다. 새 슬라이드가 추가됩니다.

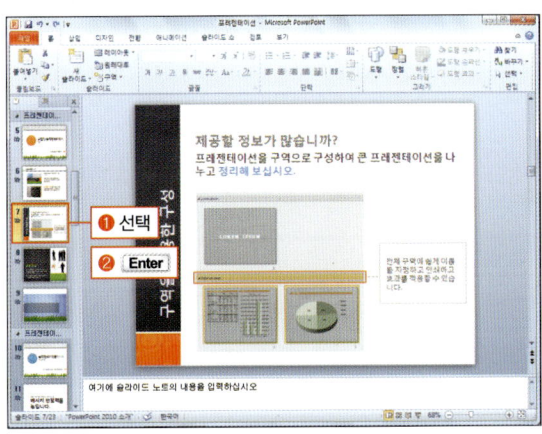

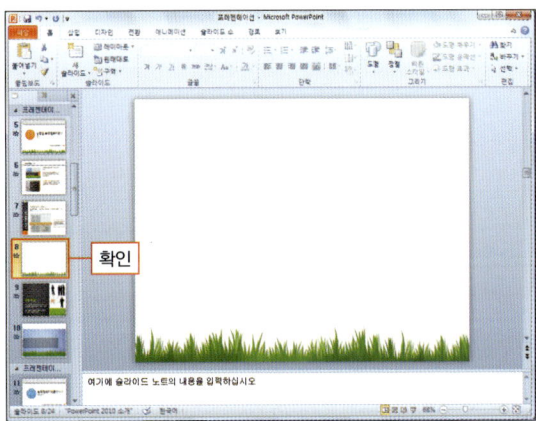

슬라이드 삭제와 실행 취소

삭제를 원하는 슬라이드에서 Delete 를 누르거나, 마우스 오른쪽 단추를 클릭하여 [슬라이드 삭제]를 선택하면 슬라이드 삭제됩니다. 실행했던 바로 전 단계로 가기 위해서는 빠른 실행 도구 모음에서 [실행 취소](↩)를 클릭하거나 Ctrl + Z 를 눌러 실행 취소를 할 수 있습니다. 또한, [실행 취소](↩)의 화살표(▾)를 클릭하면 실행 취소가 가능한 목록이 나타납니다.

06 슬라이드 레이아웃 변경하기

1. 8번 슬라이드를 선택합니다. [홈] 탭–[슬라이드] 그룹에서 [레이아웃]을 클릭한 후 [제목 및 내용] 슬라이드 레이아웃을 선택합니다.

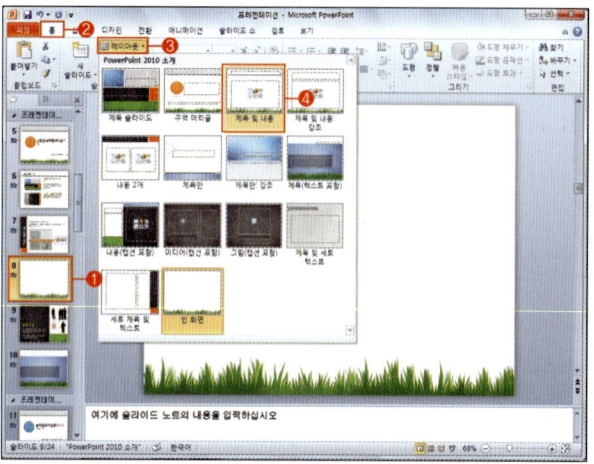

> **tip** 각각의 슬라이드 레이아웃은 [빈 화면] 슬라이드 레이아웃만을 제외하고 여러 가지 성격의 개체 틀로 구성되어 있습니다. 용도에 따라 적절한 레이아웃을 선택하여 사용합니다.

> **tip** [빈 화면] 슬라이드 레이아웃은 다양한 개체 틀에 상관없이 자유로운 형식으로 슬라이드를 작성할 때 주로 사용합니다.

2. [제목 및 내용] 슬라이드 레이아웃으로 변경됩니다.

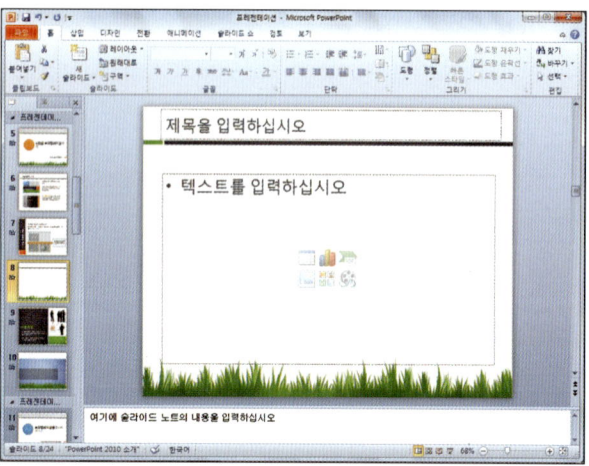

슬라이드 이동 및 복사하기

1. 슬라이드를 이동하기 위해 5번 슬라이드를 선택한 상태에서 2번 슬라이드 아래로 드래그합니다. 슬라이드가 이동됩니다.

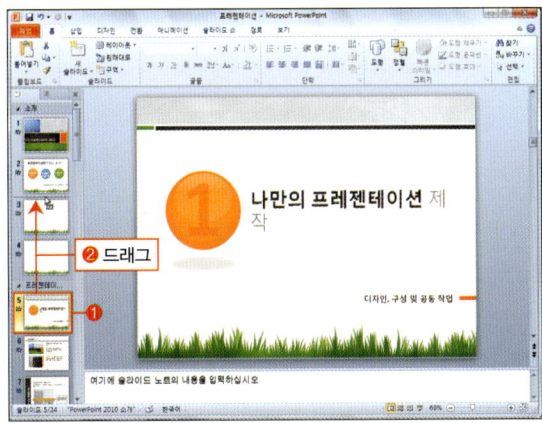
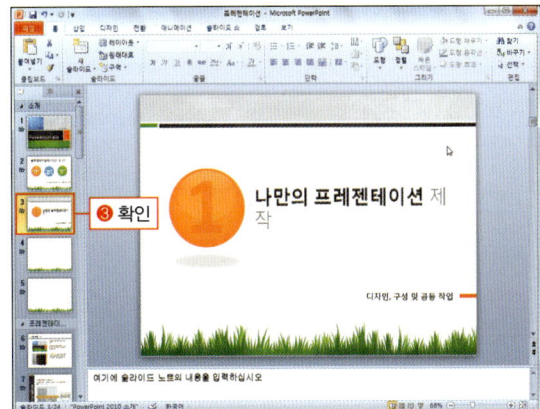

2. 3번 슬라이드를 마우스 오른쪽 단추로 클릭한 후 [슬라이드 복제]를 선택합니다. 3번 슬라이드와 동일한 슬라이드가 복제됩니다.

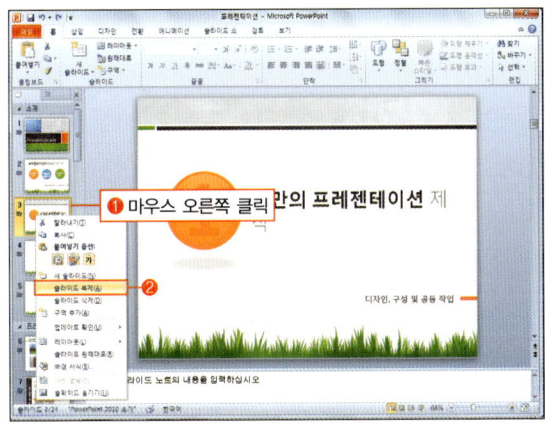
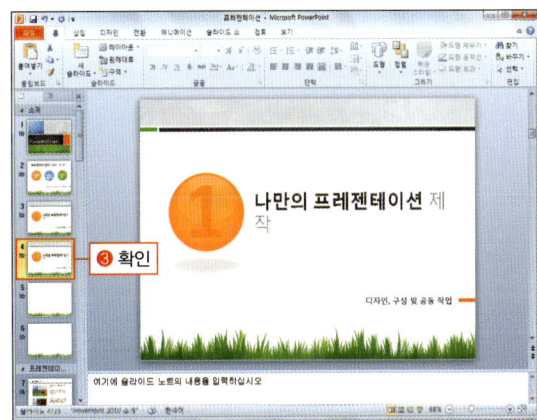

파워포인트 2003 버전에서 열리게 저장하기

1. PowerPoint 2003 버전에서 열리게 하려면 [파일] 탭-[다른 이름으로 저장]을 클릭합니다. [다른 이름으로 저장] 대화 상자가 나타나면 [파일 형식]의 화살표를 클릭하여 [PowerPoint 97-2003 프레젠테이션]을 선택한 후 [저장]을 클릭합니다.

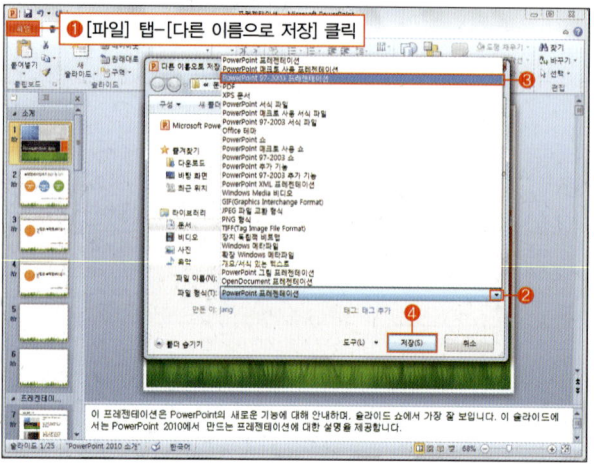

2. [Microsoft PowerPoint 호환성 검사] 대화 상자가 나타나면 [계속]을 클릭합니다.

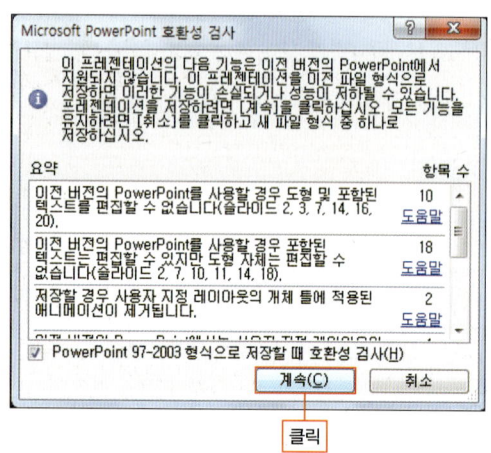

> **tip** [PowerPoint 97-2003 프레젠테이션]으로 저장하면 제목 표시줄에 '호환 모드'라는 문구가 나타납니다.

자동 재생 CD로 저장하기

● 준비파일 : Part02\Chapter01\Section02\정보화사업.pptx

① [파일] 탭-[저장/보내기]를 클릭합니다. [파일 형식]에서 [CD용 패키지 프레젠테이션]을 선택하고 [CD용 패키지]를 클릭합니다.

② [CD용 패키지] 대화 상자가 나타나면 CD 이름에 『정보화사업』을 입력한 후 [옵션]을 클릭합니다. [옵션] 대화 상자가 나타나면 [연결된 파일]과 [포함된 트루타입 글꼴]에 체크 표시를 한 후 [확인]을 클릭합니다. 다시 [CD용 패키지] 대화 상자에서 [CD로 복사]를 클릭합니다.

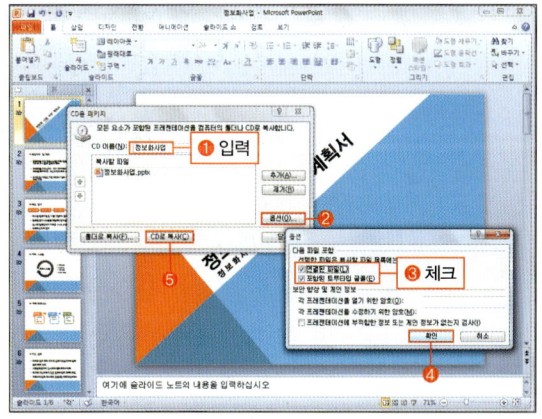

tip [옵션] 대화 상자에서 글꼴을 포함하거나 암호 등을 설정할 수 있습니다. 또한 [CD용 패키지] 대화 상자에서 [파일 추가]를 클릭하여 CD에 저장할 다른 파일도 함께 추가할 수 있습니다.

③ 경고 창이 나타나면 [아니오]을 클릭한 다음 CD 복사를 시작합니다.

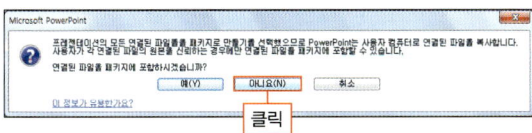

클릭

tip 최종 완성된 문서를 자동 재생이 가능한 CD로 제작해 놓으면 별도의 프로그램 없이 CD만으로 프레젠테이션을 진행할 수 있기에 편리합니다.

④ 만들어진 CD를 CD-ROM에 넣어 실행이 잘 되는지 확인합니다.

special Page

슬라이드를 그림 파일로 저장하기

● **준비파일** : Part02\Chapter01\Section02\정보화사업.pptx
● **완성파일** : Part02\Chapter01\Section02\정보화사업\슬라이드1~6.jpg

① [파일] 탭-[다른 이름으로 저장]을 클릭합니다. [다른 이름으로 저장] 대화 상자가 나타나면 [파일 형식]을 클릭하여 [JPEG 파일 교환 형식]을 선택한 후 [저장]을 클릭합니다.

② [모든 슬라이드]를 저장할 것인지 [현재 슬라이드만]을 저장할 것인지를 묻는 경고 창이 나타나면 [모든 슬라이드]를 클릭합니다.

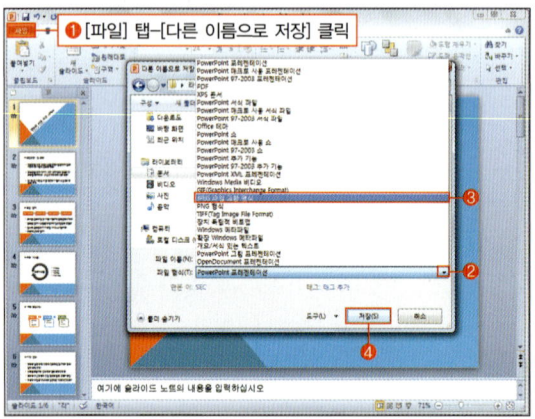

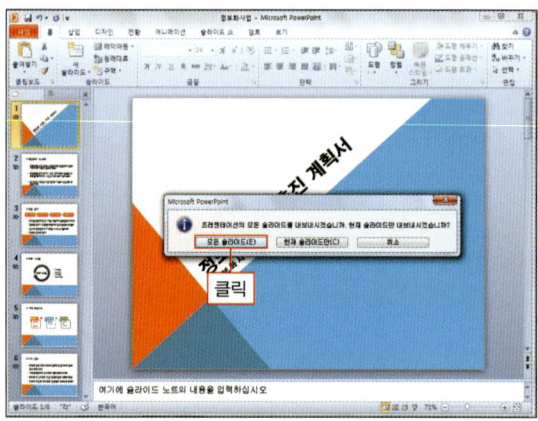

tip 슬라이드를 그림 파일로 저장할 수 있습니다. 전체 슬라이드를 그림으로 저장할 수 있으며, 원하는 슬라이드만을 저장할 수도 있습니다.

tip 현재 슬라이드만을 그림 파일로 저장하기 위해서는 [현재 슬라이드]를 선택합니다.

③ 경고 창이 나타나면 [확인]을 클릭합니다.

④ 내 컴퓨터를 열어 [다른 이름으로 저장] 대화 상자에서 저장한 폴더를 엽니다. 슬라이드 파일이 JPG 그림 파일로 저장되었는지 확인합니다.

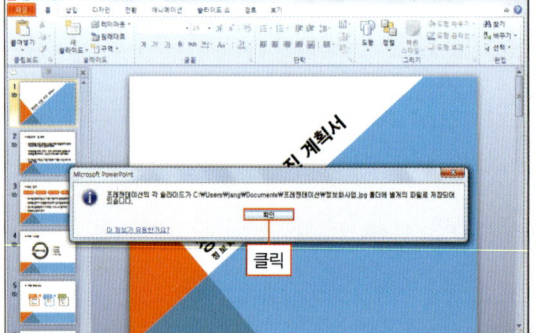

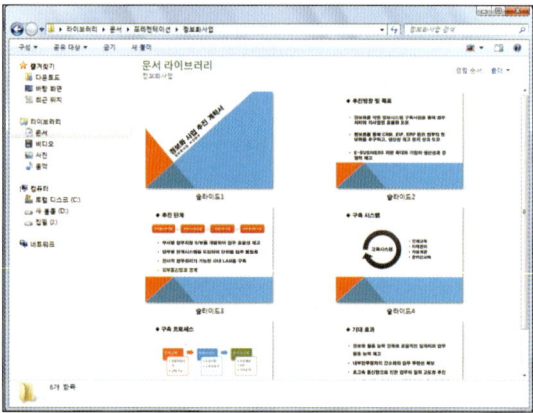

파워포인트 2010에서 지원하는 파일 형식 살펴보기

파워포인트 2007 이전 버전에서는 'ppt'라는 저장 형식을 사용했지만 그 이상의 버전에서는 'pptx'라는 저장 형식을 사용합니다. 아래에 나열되어 있는 파일 형식 중 하나로 프레젠테이션을 저장할 수 있습니다.

저장 파일 형식	확장자명	용도
PowerPoint 프레젠테이션	.pptx	기본적으로 사용하는 파일 저장 형식입니다.
PowerPoint 매크로 사용 프레젠테이션	.pptm	VBA(Visual Basic for Applications) 코드가 포함되어 있는 프레젠테이션을 저장할 때 사용합니다.
PowerPoint 97~2003 프레젠테이션	.ppt	파워포인트 2010 이전 버전에서 열 수 있는 파일 저장 형식입니다.
PDF / XPS 문서 형식	.pdf, .xps	PDF 또는 XPS 파일로 저장할 수 있습니다.
PowerPoint 서식 파일	.potx	프레젠테이션 서식을 지정하여 서식 파일로 저장합니다.
PowerPoint 쇼	.pps, .ppsx	슬라이드 쇼 보기로 프레젠테이션을 열 수 있습니다.
웹 보관 파일	.mht, .mhtml	이미지, 소리, CSS 스타일시트, 스크립트 등을 포함한 하나의 파일로 된 웹 페이지로 저장합니다. 프레젠테이션 파일을 전자 메일로 보낼 때에도 사용합니다.
웹 페이지	.htm, .html	이미지, 소리, CSS 스타일시트, 스크립트 등을 포함한 폴더로 구성된 웹 페이지로 저장합니다. 웹 사이트에 게시할 수 있습니다.
GIF / JPEG / PNG / TIFF 이미지 파일 형식	.gif, .jpg, .png, .tif	GIF, JPEG, PNG, TIFF 등 다양한 이미지 파일 형식으로 저장합니다.

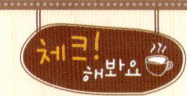

- ◉ **준비파일** : Part02\Chapter01\Check\회사조직도.pptx
- ◉ **완성파일** : Part02\Chapter01\Check\회사조직도_완성.pptx

1. 회사 조직도 슬라이드를 열어 슬라이드 레이아웃을 '제목 및 세로 텍스트'로 변경해 보세요.

Hint
❶ [홈] 탭-[슬라이드] 그룹-[레이아웃] 클릭
❷ [제목 및 세로 텍스트] 레이아웃 선택

SECTION 03

내용 입력하고 편집하기

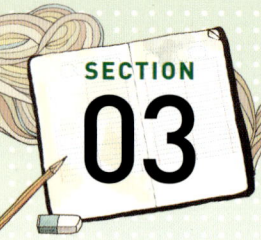

파워포인트 작성의 기본은 슬라이드에 텍스트를 입력하는 것이라 할 수 있습니다. 텍스트를 입력하는 방법은 개체 틀을 이용하는 방법에서부터 도형이나 도형 상자, [개요] 탭을 이용하는 방법까지 다양합니다. 이번 섹션에서는 텍스트 입력부터 한자, 특수 문자 입력, 글꼴 서식 수정과 글머리 기호 설정 등 파워포인트에서 제공하는 다양한 텍스트 관련 기능에 대해 알아보도록 합니다.

Preview

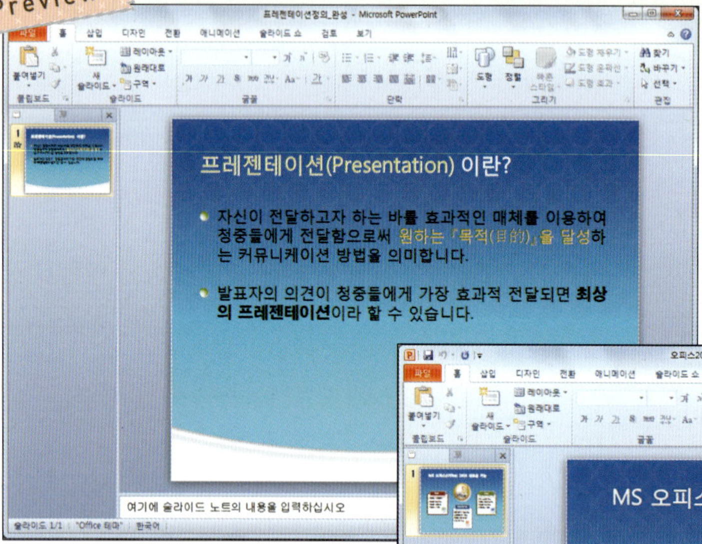

▲ 개체 틀에 텍스트 입력하고 글꼴 서식 수정하기

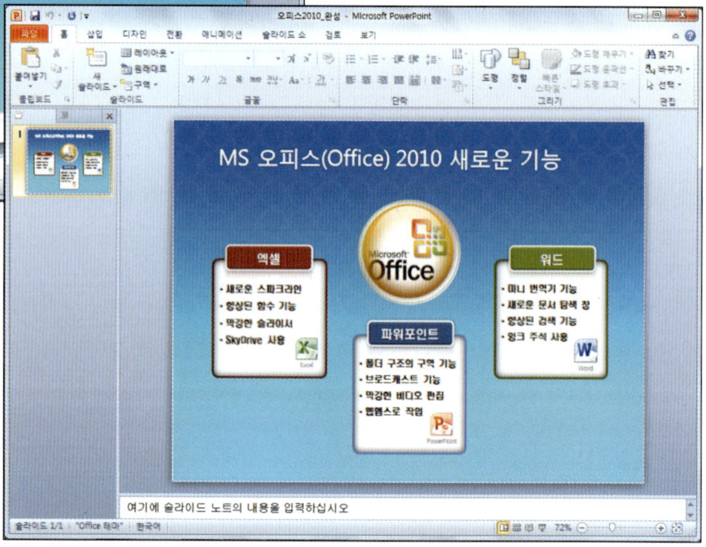

▲ 텍스트 상자와 도형에 텍스트 입력하기

이번 섹션에서 배울 **주요 내용!**

01. 글꼴 서식을 수정하는 다양한 방법
02. 텍스트 입력하기
03. 글꼴 서식 수정하기
04. 한자와 특수 문자 입력하기
05. 글머리 기호 설정하기
06. 글머리 기호를 그림으로 변경하기
07. 텍스트 상자와 도형에 텍스트 입력하기
08. 텍스트 정렬과 줄 간격 조절하기
스페셜. 슬라이드를 2단 구성으로 디자인하기
스페셜. 프레젠테이션 파일 복구 저장 간격 조절하기

01 글꼴 서식을 수정하는 다양한 방법

[글꼴] 그룹 살펴보기

[홈] 탭-[글꼴] 그룹에서 다양한 글꼴 관련 서식을 설정할 수 있습니다.

❶ **글꼴** : 다양한 파워포인트 글꼴을 지정할 수 있습니다.

❷ **글꼴 크기** : 글꼴의 크기를 변경할 수 있습니다.

❸ **글꼴 크기 크게, 작게** : 글꼴 크기를 일정한 비율로 확대 및 축소할 수 있습니다.

❹ **모든 서식 지우기** : 적용되었던 모든 서식을 지웁니다.

❺ **굵게** : 텍스트를 굵게 지정합니다.

❻ **기울임꼴** : 텍스트에 기울임꼴을 지정합니다.

❼ **밑줄** : 텍스트에 밑줄을 표시합니다.

❽ **텍스트 그림자** : 텍스트에 그림자를 표시합니다.

❾ **취소선** : 텍스트에 취소선을 표시합니다.

❿ **문자 간격** : 문자와 문자 사이의 간격을 조절합니다.

⓫ **대/소문자 바꾸기** : 선택한 모든 텍스트를 대문자, 소문자로 변경합니다.

⓬ **글꼴 색** : 텍스트의 글꼴 색상을 변경합니다.

⓭ **[글꼴] 대화 상자 표시 단추** : [글꼴] 대화 상자를 표시합니다.

[미니 도구 모음] 이용하기

[미니 도구 모음]을 이용하면 좀 더 빠르게 글꼴과 관련된 서식을 변경할 수 있습니다. [미니 도구 모음]은 서식 변경을 원하는 텍스트를 마우스로 드래그하면 자동으로 나타나게 됩니다.

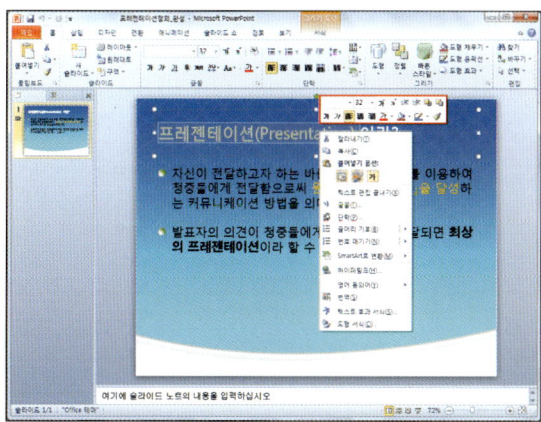

[글꼴] 대화 상자 이용하기

[홈] 탭-[글꼴] 그룹에서 [글꼴] 대화 상자 표시 단추(▣)를 클릭하여 [글꼴] 대화 상자가 나타나면 다양한 글꼴 관련 서식을 설정할 수 있습니다.

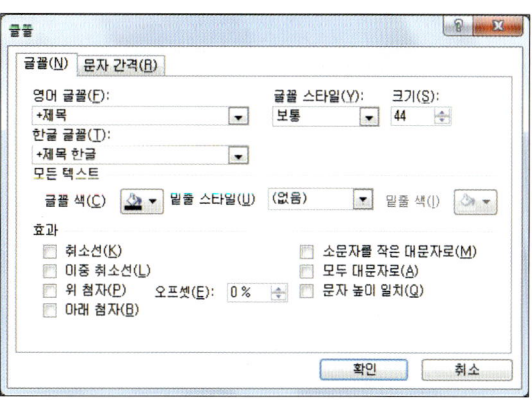

02 텍스트 입력하기

● 준비파일 : Part02\Chapter01\Section03\프레젠테이션정의.pptx
● 완성파일 : Part02\Chapter01\Section03\프레젠테이션정의_완성.pptx

1. 슬라이드는 기본적으로 제목 개체 틀과 본문 개체 틀로 나누어져 있습니다. 먼저 '제목을 입력하십시오' 라고 적혀 있는 제목 개체 틀을 클릭하고 『프레젠테이션(Presentation) 이란?』을 입력합니다. Esc 를 누릅니다.

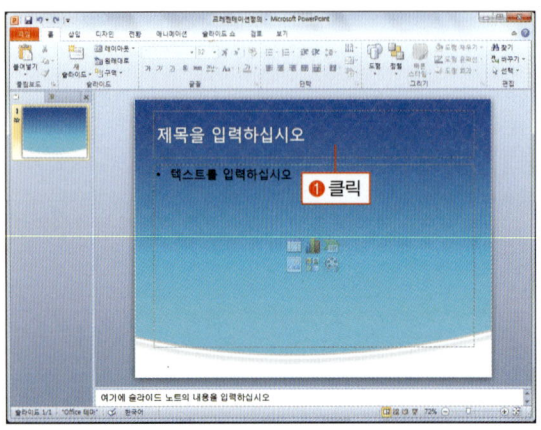 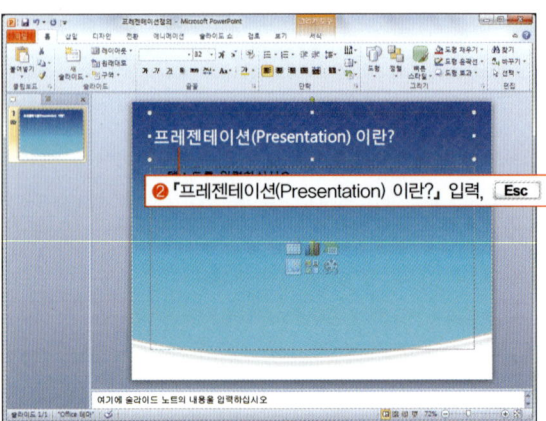

2. 이번에는 '텍스트를 입력하십시오' 라고 적힌 내용 개체 틀을 클릭합니다. 다음과 같이 텍스트를 입력한 후 Enter 를 눌러 단락을 변경합니다. 같은 방법으로 나머지 단락에도 내용을 입력한 다음 Esc 를 누릅니다.

첫째 단락	자신이 전달하고자 하는 바를 효과적인 매체를 이용하여 청중들에게 전달함으로써 원하는 목적을 달성하는 커뮤니케이션 방법을 의미합니다.
둘째 단락	발표자의 의견이 청중들에게 가장 효과적 전달되면 최상의 프레젠테이션이라 할 수 있습니다.

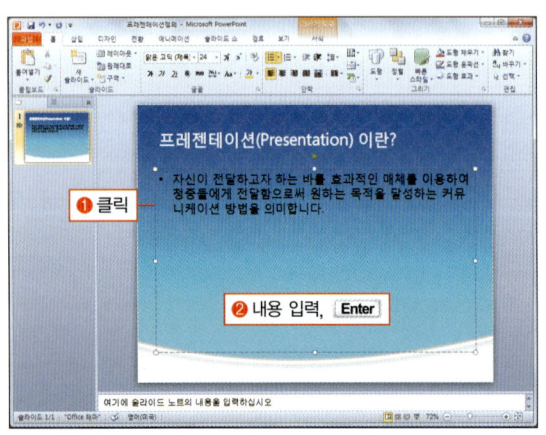 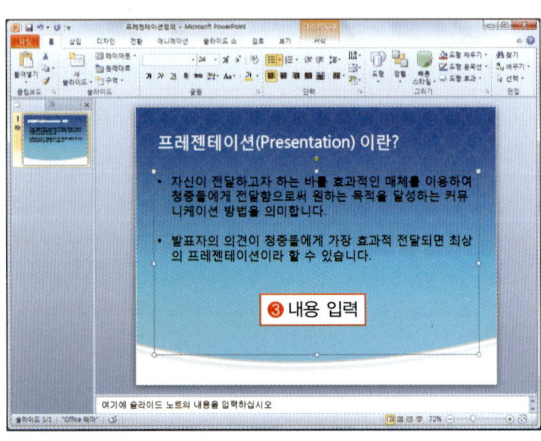

> **tip** Enter 를 누르면 단락을 변경할 수 있고, Shift + Enter 를 누르면 줄 바꿈을 할 수 있습니다.

03 글꼴 서식 수정하기

1. '원하는 목적을 달성' 을 마우스로 드래그하여 선택합니다. [홈] 탭-[글꼴] 그룹에서 [글꼴 색]의 화살표를 클릭하여 나타나는 다양한 색상 중 [다른 색]을 클릭합니다. [색] 대화 상자가 나타나면 원하는 색상을 선택하고 [확인]을 클릭합니다. 계속해서 [홈] 탭-[글꼴] 그룹에서 [굵게]를 클릭합니다.

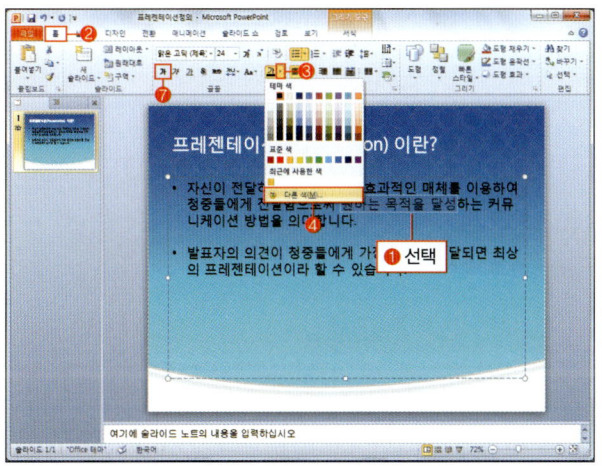 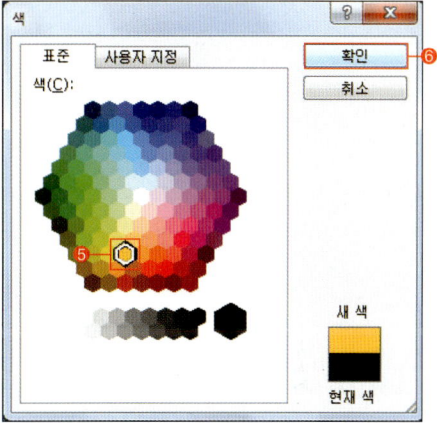

2. 이번에는 '최상의 프레젠테이션' 을 드래그하여 선택합니다. [홈] 탭-[글꼴] 그룹에서 [글꼴]의 화살표를 클릭하여 [HY견고딕]을 선택합니다.

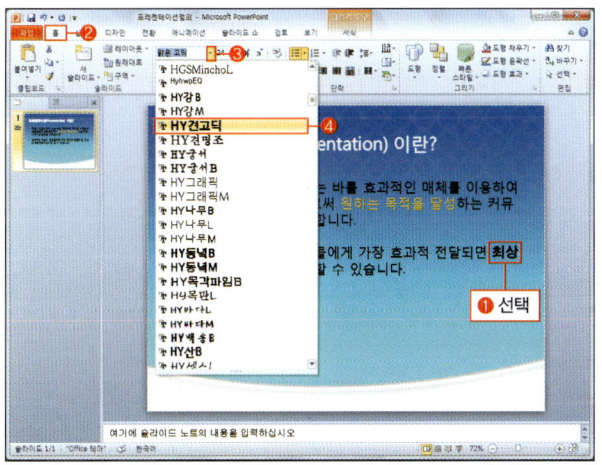

> **tip** 글꼴 목록 위에 마우스 포인터를 올려놓으면 수정된 글꼴이 미리 보기로 나타납니다.

3. '프레젠테이션(Presentation)'을 마우스로 드래그하여 선택하면 [미니 도구 모음]이 나타납니다. [글꼴 색] 의 화살표를 클릭한 후 [표준 색]-[노랑]을 선택합니다. `Esc` 를 누릅니다.

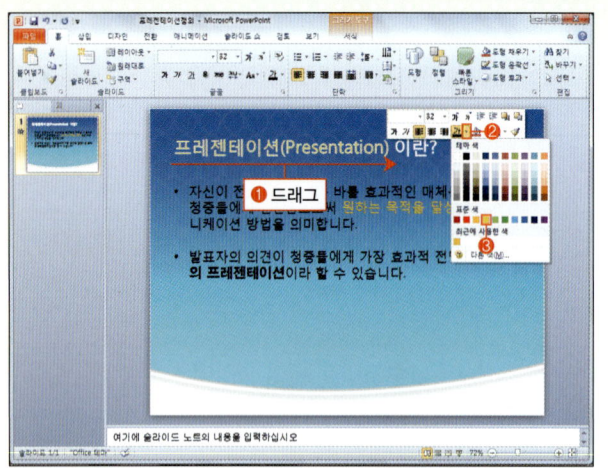

tip 텍스트를 입력할 때 [미니 도구 모음]이라고 불 리는 반투명의 도구 모음이 텍스트 오른쪽 바로 옆에 표시되며, 마우스를 움직이면 바로 사라집니다. [미니 도구 모음]에서는 글꼴이나 글꼴 스타일, 색상, 글머리 기호 등을 선택할 수 있습니다. 만약 [미니 도구 모음] 이 나타났다가 바로 사라져버린다면 변경을 원하는 텍 스트를 드래그한 후 마우스 오른쪽 단추를 클릭하면 단 축 메뉴에 [미니 도구 모음]이 함께 나타납니다.

최근에 사용한 글꼴

[홈] 탭-[글꼴] 그룹에서 [글꼴]의 화살표를 클릭하여 원하는 글꼴을 선택한 후 다시 [글꼴]의 화살표를 클릭하면 [최근에 사용한 글꼴]에 선택한 글꼴이 다시 나타납니다. 편하게 자주 사용하는 글꼴을 다시 선택할 수 있습니다.

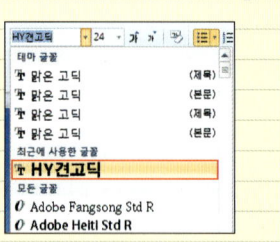

[개요] 탭을 이용하여 텍스트 입력하기

파워포인트 왼쪽 상단에 위치하고 있는 [개요] 탭(　　　)을 클릭하 면 텍스트를 빠르게 입력할 수 있습니다. 특히, 시나리오 작성을 위 해 슬라이드에 제목을 먼저 입력하거나 슬라이드에 내용을 빠르게 입력하고자 할 때 유용하게 사용됩니다.

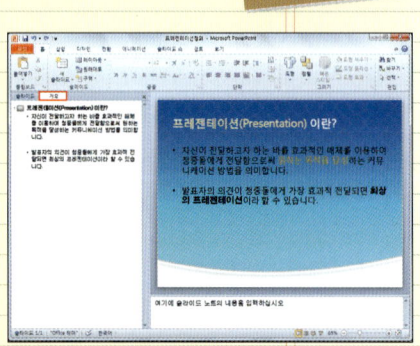

[개요] 탭에서 사용하는 단축키

`Ctrl` + `Enter` : 다른 개체 틀로 이동 또는 새 슬라이드 생성

`Enter` : 새 슬라이드 생성

`Alt` + `Shift` + `→` : 수준 낮추기

`Alt` + `Shift` + `←` : 수준 높이기

1. '목적' 이라고 적혀있는 글자를 드래그하여 선택한 후 [한자]를 누릅니다. [한글/한자 변환] 대화 상자가 나타나면 변환할 한자를 선택하고 [입력 형태]에서 [한글(漢字)]을 선택한 후 [변환]을 클릭합니다.

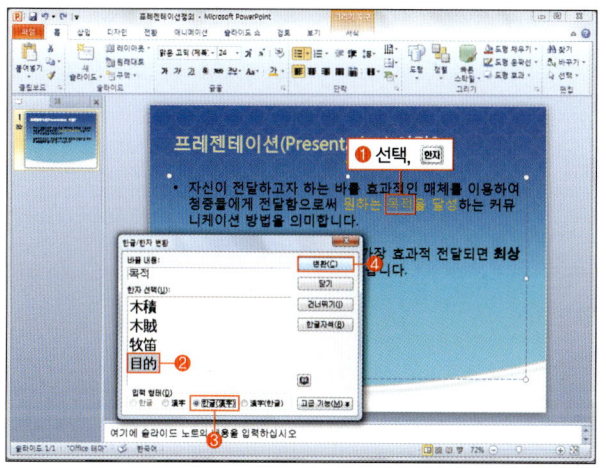

> **tip** [검토] 탭-[언어 교정] 그룹에서 [한글/한자 변환]을 클릭하여도 [한글/한자 변환] 대화 상자가 나타납니다.

2. 첫 번째 단락의 '목적' 이라고 적힌 글자 앞에 커서를 위치시킨 후 [삽입] 탭-[기호] 그룹에서 [기호]를 클릭합니다.

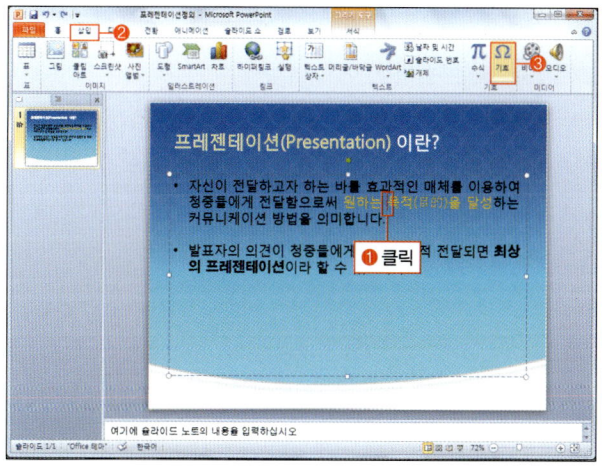

한자를 한글로 변환하기

삽입한 한자를 마우스로 드래그한 후 [한자]를 누르면 반대로 한자를 한글로 변환할 수 있습니다. 또한, 한자 사전([사전])을 클릭하면 드래그한 한글이나 한자의 음과 뜻을 확인할 수 있습니다.

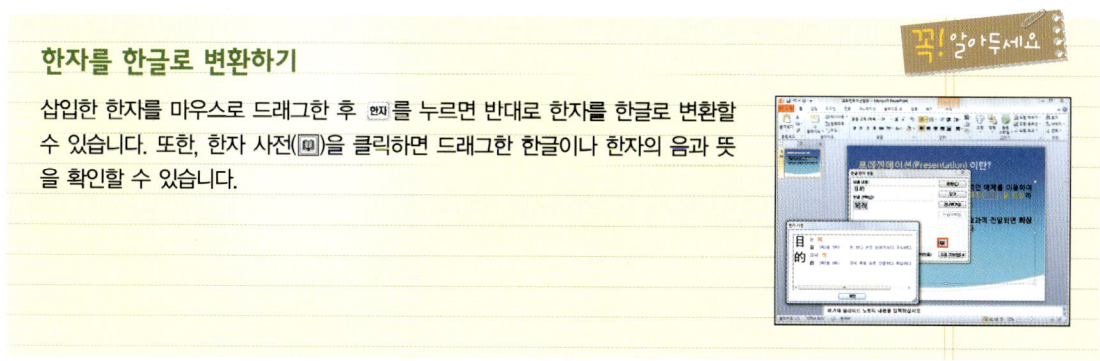

3. [기호] 대화 상자가 나타나면 [글꼴]에서 [현재 글꼴], [하위 집합]에서 [한중일 기호 및 문장 부호]를 선택하여 '「'를 선택한 후 [삽입]과 [닫기]를 차례대로 클릭합니다.

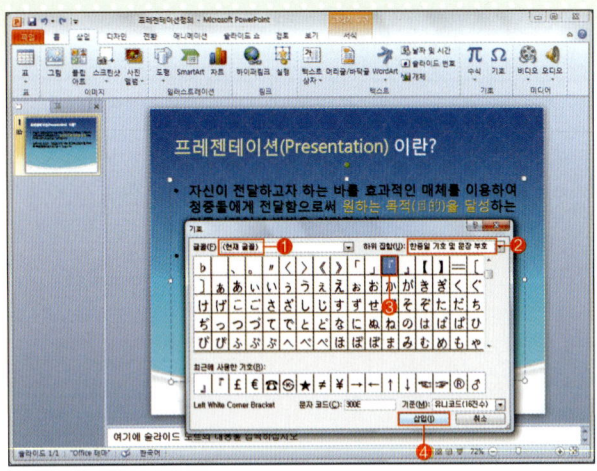

4. '(目的)'이라고 적힌 글자 뒤에 커서를 위치시킨 후 [삽입] 탭-[기호] 그룹에서 [기호]를 클릭합니다. [기호] 대화 상자가 나타나면 '」'를 선택한 후 [삽입]과 [닫기]를 차례대로 클릭합니다.

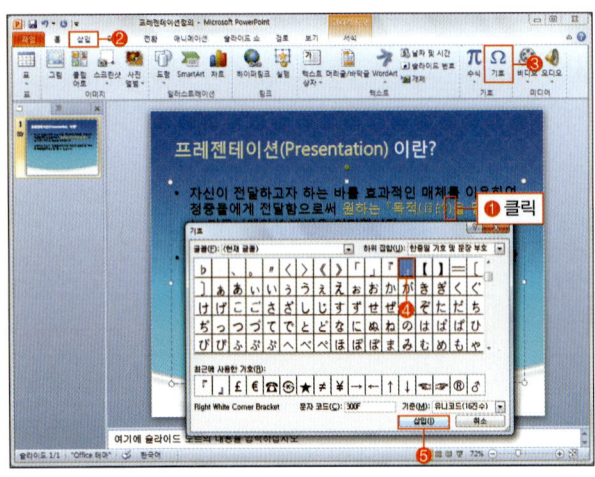

꼭! 알아두세요

[ㅁ]+ 한자 , [ㄴ]+ 한자 , [ㅇ]+ 한자

한글 자음을 입력한 상태에서 한자 를 누르면 특수 문자를 입력할 수 있습니다. 예를 들어 [ㅁ]+ 한자 , [ㄴ]+ 한자 , [ㅇ]+ 한자 를 누르면 특수 문자가 나타납니다. ≫를 누르면 더 많은 특수 문자를 열 수 있습니다.

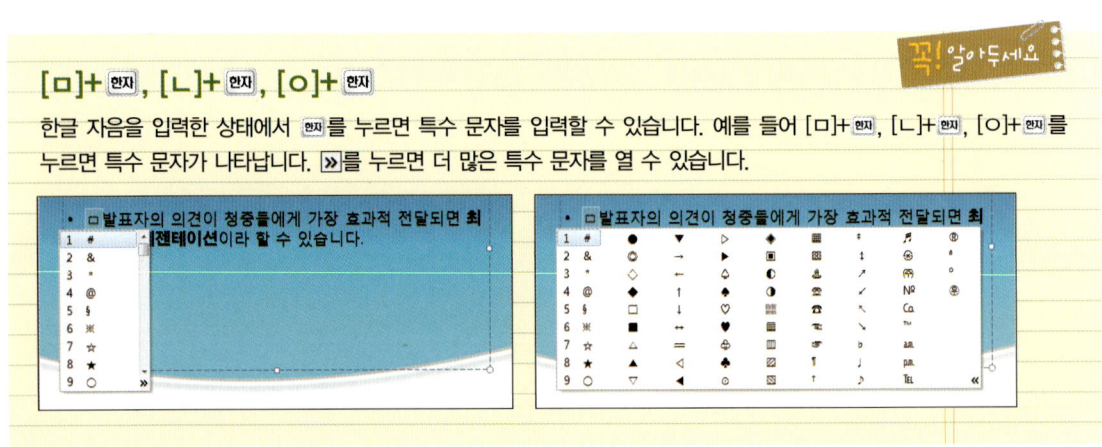

05 글머리 기호 설정하기

1. 내용 개체 틀을 선택합니다. [홈] 탭-[단락] 그룹에서 [글머리 기호]의 화살표를 클릭하여 [별표 글머리 기호]를 선택합니다.

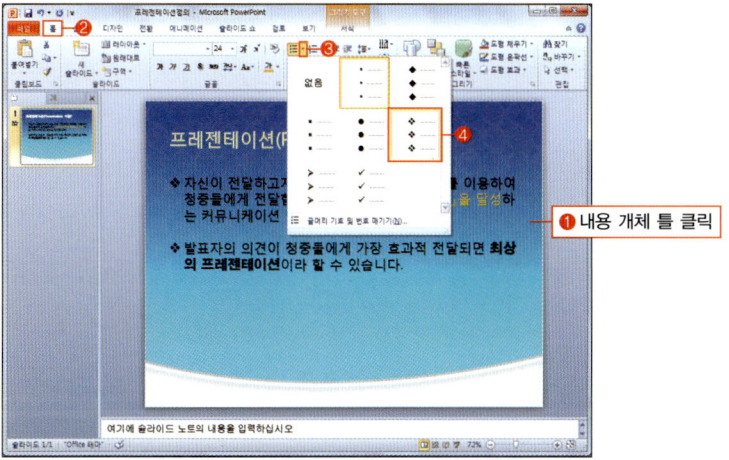

2. 더 다양한 글머리 기호를 선택하고자 한다면 [홈] 탭-[단락] 그룹에서 [글머리 기호]의 화살표를 클릭하여 [글머리 기호 및 번호 매기기]를 선택합니다.

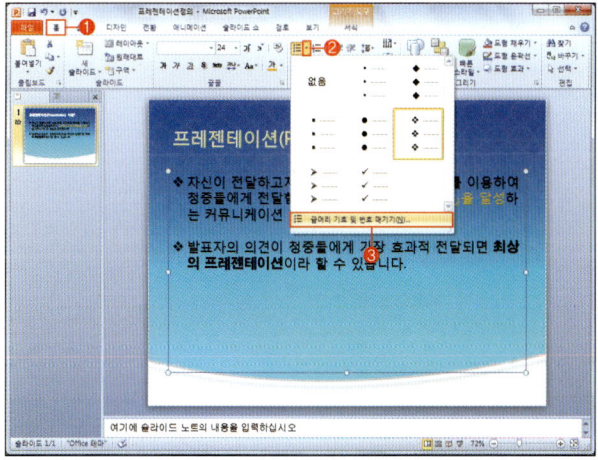

3. [글머리 기호 및 번호 매기기] 대화 상자가 나타나면 [글머리 기호] 탭에서 [사용자 지정]을 클릭합니다. [기호] 대화 상자가 나타나면 [글꼴]에서 [Wingdings]를 선택한 후 다음과 같은 기호를 선택하고 [확인]을 클릭합니다.

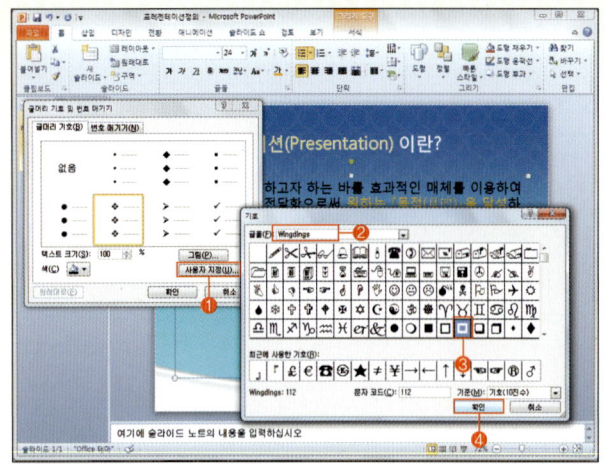

tip [글꼴]에서 [Wingdings]이나 [Wingdings 2], [Wingdings 3]을 선택하면 다양한 기호가 나타납니다.

4. [글머리 기호 및 번호 매기기] 대화 상자에서 [색]을 [표준 색]-[주황]으로 선택한 후 [확인]을 클릭합니다.

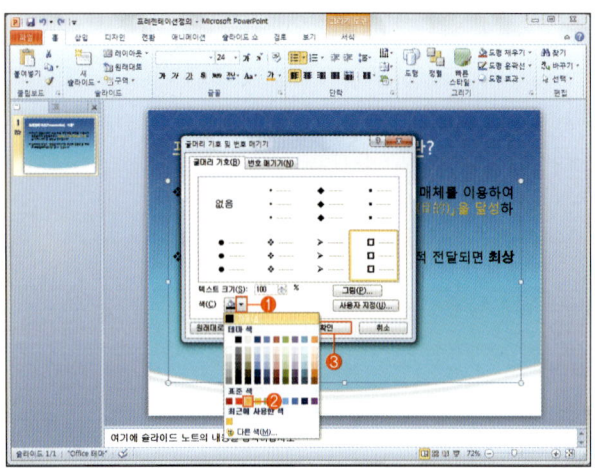

5. 다음과 같이 글머리 기호가 변경됩니다.

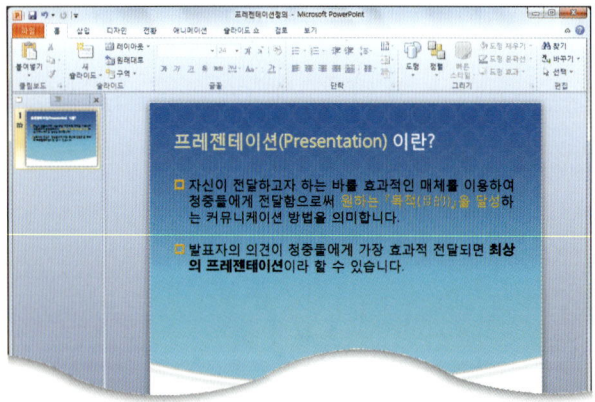

06 글머리 기호를 그림으로 변경하기

1. [홈] 탭-[단락] 그룹에서 [글머리 기호]의 화살표를 클릭하여 [글머리 기호 및 번호 매기기]를 선택합니다. [글머리 기호 및 번호 매기기] 대화 상자가 나타나면 [그림]을 클릭합니다. [그림 글머리 기호] 대화 상자가 나타납니다. 원하는 그림 글머리 기호를 선택한 후 [확인]을 클릭합니다.

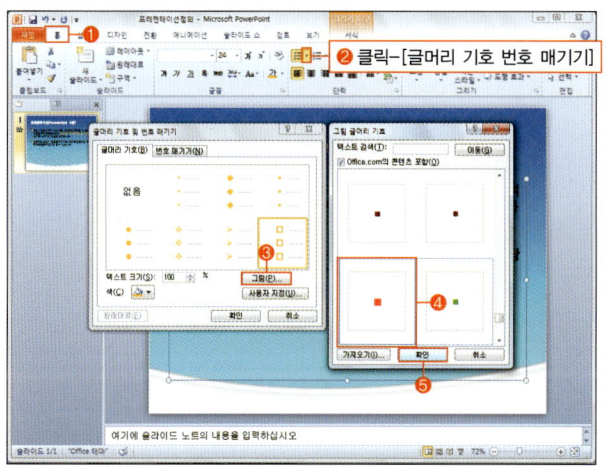

> **tip** [그림 글머리 기호] 대화 상자에서는 많은 글머리 기호를 검색할 수 있습니다. [텍스트 검색]에 원하는 글머리 기호를 입력해 보세요.

2. 이번에는 내 컴퓨터에서 글머리 기호를 직접 가져오겠습니다. [홈] 탭-[단락] 그룹에서 [글머리 기호]의 화살표를 클릭하여 [글머리 기호 및 번호 매기기]를 선택합니다. [글머리 기호 및 번호 매기기] 대화 상자가 나타나면 [그림]을 클릭합니다. [그림 글머리 기호] 대화 상자가 나타나면 [가져오기]를 클릭합니다.

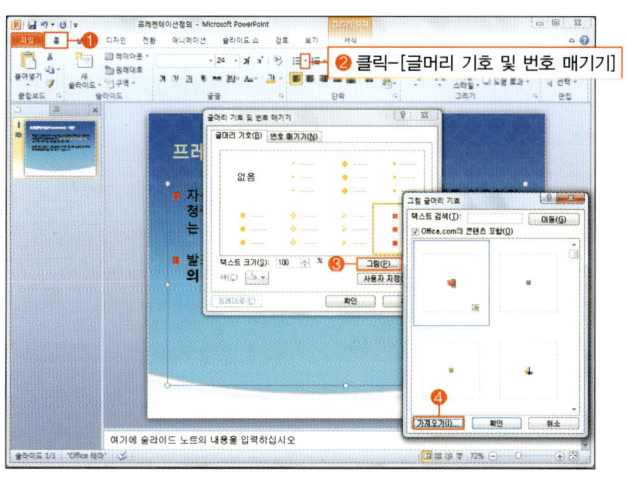

> **tip** [글머리 기호 및 번호 매기기] 대화 상자에서 [텍스트 크기]의 수치를 조절하면 크기가 조절됩니다.

3. [클립 추가] 대화 상자가 나타나면 부록 CD에서 'Part02\Chapter01\Section03\icon_01.png'를 선택한 후 [추가]를 클릭합니다. 다시 [그림 글머리 기호] 대화 상자가 나타나면 [확인]을 클릭합니다.

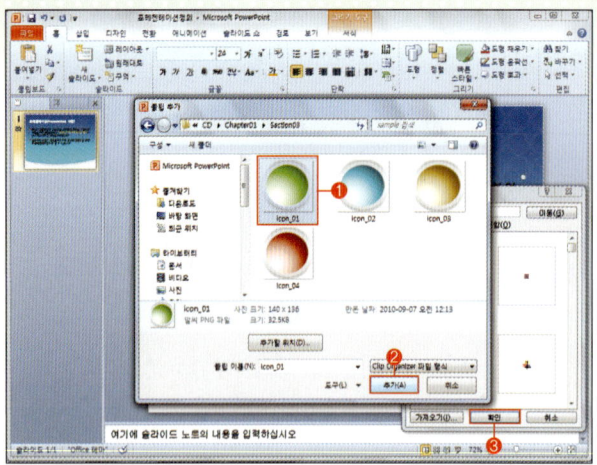

4. [그림 글머리 기호]에 글머리 기호가 추가됩니다.

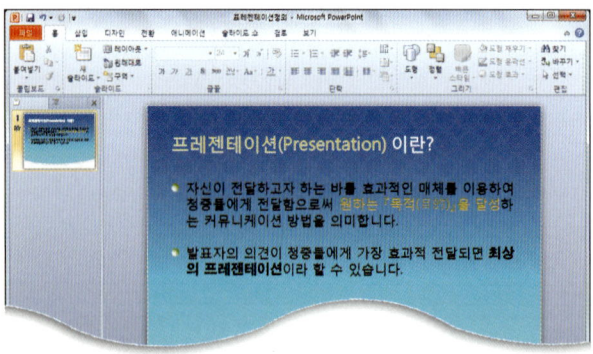

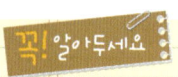

글머리 번호 매기기

텍스트에 삽입한 글머리 기호를 아라비아 숫자나 영어 알파벳 순의 번호 매기기로 변경할 수 있습니다. [홈] 탭-[단락] 그룹에서 [번호 매기기]의 화살표를 클릭하여 다양한 글머리 번호를 매길 수 있습니다. 또한, [글머리 기호 및 번호 매기기] 대화 상자에서는 번호 매기기의 번호 크기와 시작 번호를 변경할 수 있습니다. 1), 2), 3)의 번호가 아닌 101), 102), 103) 순서로 시작 번호를 수정하고 싶다면 시작 번호에 원하는 번호를 입력합니다.

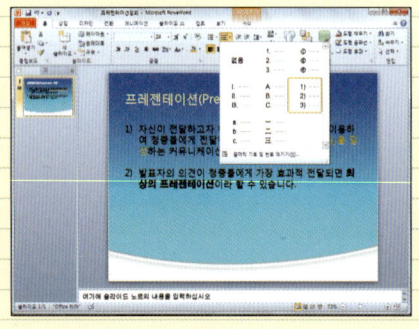

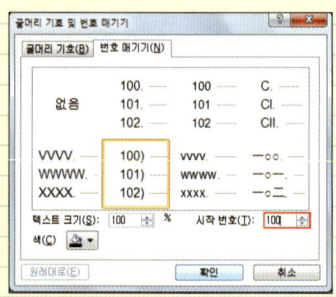

텍스트 상자와 도형에 텍스트 입력하기

● **준비파일** : Part02\Chapter01\Section03\오피스2010.pptx
● **완성파일** : Part02\Chapter01\Section03\오피스2010_완성.pptx

1. [홈] 탭-[그리기] 그룹에서 [도형]을 클릭하여 [텍스트 상자]를 선택합니다.

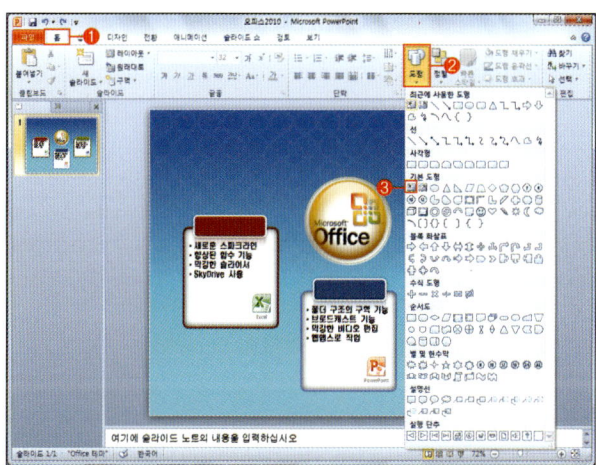

> **tip** 형식에 구애받지 않고 자유로운 방식으로 텍스트를 입력하고 싶을 때 텍스트 상자를 이용합니다.

2. 슬라이드 편집 화면을 마우스로 클릭한 후 『MS 오피스(Office) 2010 새로운 기능』을 입력합니다.

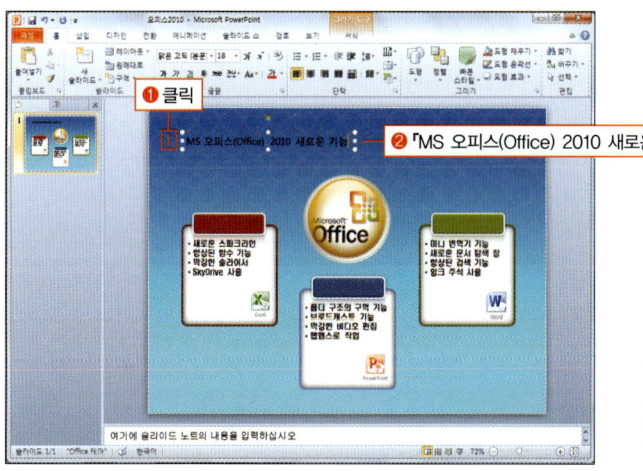

> **tip** [삽입] 탭-[텍스트] 그룹에서 [텍스트 상자] 아랫부분을 클릭한 후 [가로 텍스트 상자]를 선택해도 텍스트 상자를 삽입할 수 있습니다.

3. 삽입한 텍스트 상자의 색상과 글꼴 크기를 조절합니다. 이번에는 슬라이드 편집 화면에 삽입한 도형 개체에
텍스트를 입력해 보겠습니다. 빨간색의 도형을 마우스 오른쪽 단추로 클릭한 후 [텍스트 편집]을 선택합니다.

4. 도형이 텍스트를 입력할 수 있게 활성화가 되면 『엑셀』을 입력합니다. 이번에는 좀 더 빠르게 도형에 텍스트
를 입력해 보겠습니다. 파란색의 도형을 선택한 후 바로 『파워포인트』를 입력합니다.

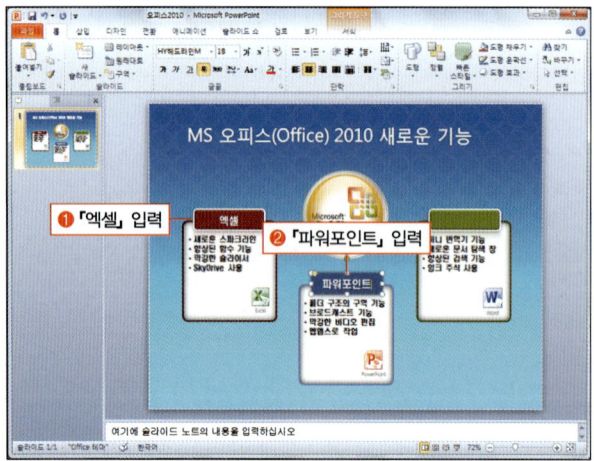

5. 마지막으로 초록색의 도형을 선택한 후 바로 『워드』를 입력합니다.

텍스트 정렬과 줄 간격 조절하기

1. 줄 간격을 조절하기 위해 첫 번째 도형을 선택합니다. [홈] 탭-[단락] 그룹에서 [줄 간격]을 클릭한 후 [1.5]를 선택합니다.

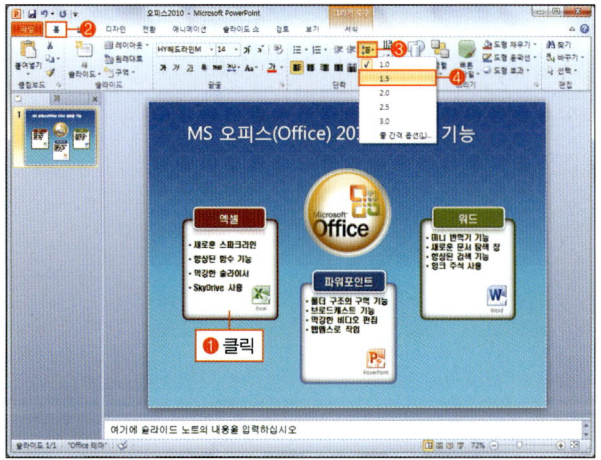

2. 이번에는 좀 더 세밀하게 줄 간격을 조절해 봅니다. 두 번째 도형을 선택한 후 ⌨Ctrl 을 누른 채 세 번째 도형을 클릭합니다. [홈] 탭-[단락] 그룹에서 [줄 간격]을 클릭한 후 [줄 간격 옵션]을 선택합니다. [단락] 대화 상자가 나타나면 [들여쓰기 및 간격] 탭에서 [간격]-[줄 간격]에 [고정]을 선택하고 [값]에 『24』를 입력한 후 [확인]을 클릭합니다.

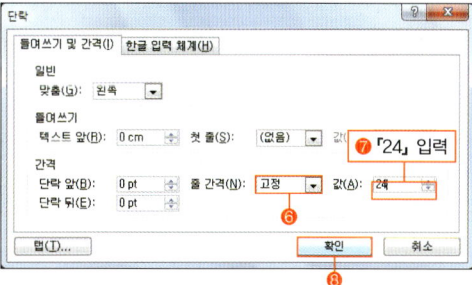

슬라이드를 2단 구성으로 디자인하기

● **준비파일** : Part02\Chapter01\Section03\국가공무원법.pptx
● **완성파일** : Part02\Chapter01\Section03\국가공무원법_완성.pptx

① 준비 파일을 열면 1단으로 구성된 슬라이드 문서가 나타납니다. 2단 구성으로 디자인하기 위해 텍스트가 입력된 개체 틀을 선택합니다. [홈] 탭-[단락] 그룹에서 [단]을 클릭하여 [2단]을 선택합니다.

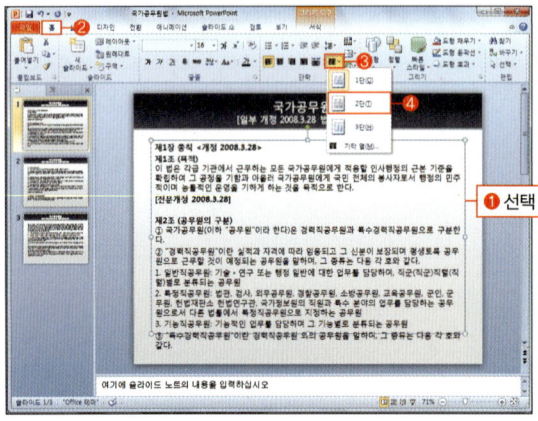

② 1단으로 구성된 슬라이드의 텍스트가 2단으로 변경됩니다. 좀 더 세밀한 단 조절을 위해 [홈] 탭-[단락] 그룹에서 [단]을 클릭하여 [기타 열]을 선택합니다. [열] 대화 상자가 나타나면 [간격]에 『1.5』를 입력한 다음 [확인]을 클릭합니다. 나머지 슬라이드에도 단을 나누고 간격을 조절하여 2단 구성을 완성합니다.

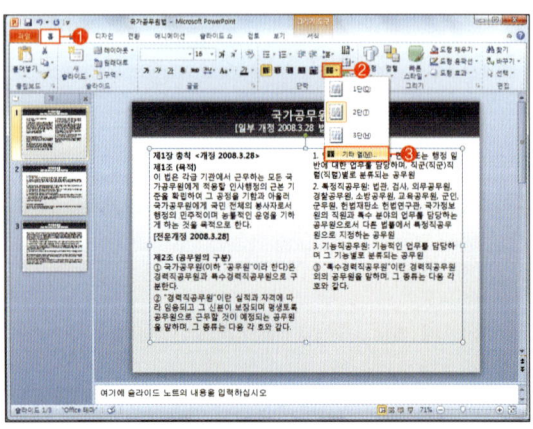

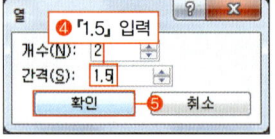

tip [기타 열]을 이용하여 단을 나누면 단의 개수, 간격을 일정한 비율로 조절할 수 있습니다.

Special Page

프레젠테이션 파일 복구 저장 간격 조절하기

1 혹시나 모를 시스템상의 오류나 Microsoft Office 프로그램상의 문제로 작업 중인 파일이 한순간에 날아가 버릴 경우가 있습니다. 이를 방지하기 위해 파일 복구 저장 간격을 조절해 봅니다. [파일] 탭-[옵션]을 클릭합니다.

2 [PowerPoint 옵션] 대화 상자가 나타나면 [저장] 메뉴를 클릭한 다음 '자동 복구 정보 저장 간격'에 자동으로 저장할 시간을 입력합니다. 여기서는 『5』를 입력한 후 [확인]을 클릭합니다.

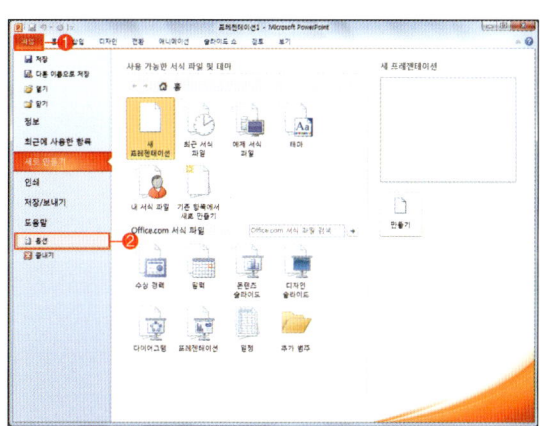

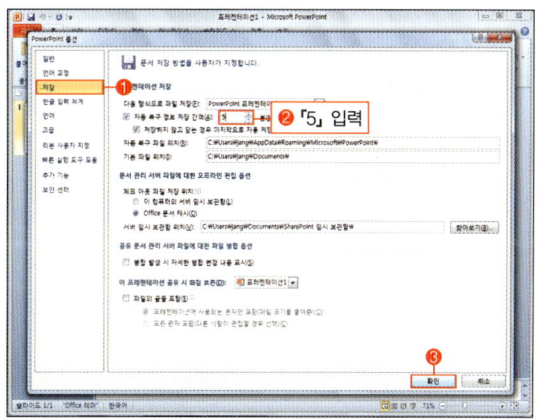

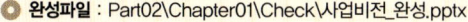

◉ **준비파일** : Part02\Chapter01\Check\사업비전.pptx
◉ **완성파일** : Part02\Chapter01\Check\사업비전_완성.pptx

사업 비전 슬라이드를 열어 '왼쪽 맞춤'으로 되어 있는 단락을 '균등 분할'로 변경해 보세요.

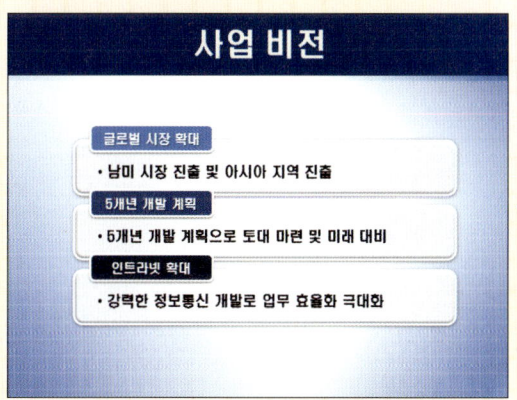

Hint
❶ '균등 분할'을 지정할 텍스트 개체 틀을 모두 선택
❷ [홈] 탭-[단락] 그룹-[균등 분할] 클릭

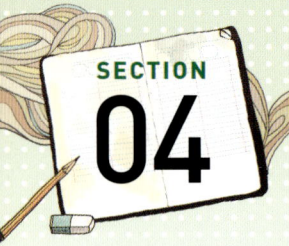

SECTION

04 슬라이드 테마와 마스터 설정하기

슬라이드 마스터를 이용하거나 테마를 이용하면 손쉽게 슬라이드에 배경을 삽입하고 서식을 적용할 수 있습니다. 이번 섹션에서는 다양한 예제 서식과 디자인 서식을 만나보고 스타일을 지정하는 방법에 대해 알아봅니다. 또한, 파워포인트에 설치되어 있지 않는 여러 서체를 다운로드 받아 슬라이드에 적용하는 방법도 살펴보도록 합니다.

Preview

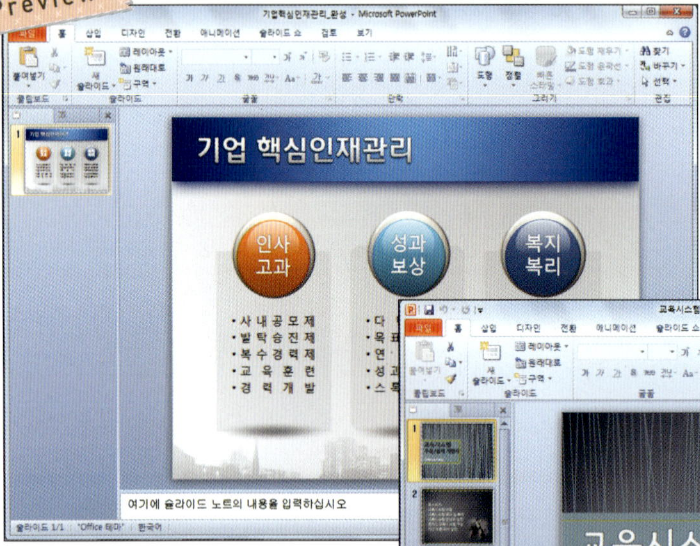

▲ 기업 핵심 인재관리 슬라이드에 그림 배경 설정하기

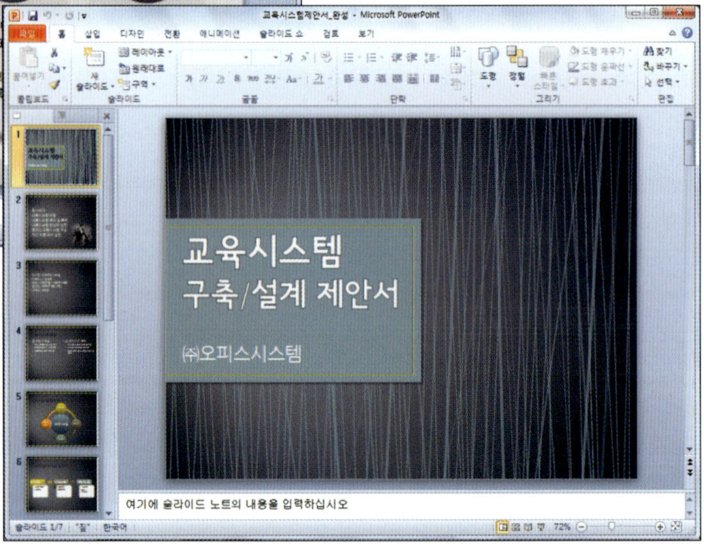

▲ 다양한 서체 지정하여 제안서 완성하기

이번 섹션에서 배울 주요 내용!

01. 그림 배경 설정하기
02. 테마 적용하기
03. 테마 색, 글꼴 및 효과 변경하기
04. 적용한 테마 저장하기
05. 특정 구역에 테마 적용하기
06. 슬라이드 마스터에 배경 서식 지정하기
07. 제목 슬라이드 레이아웃 작성하기
08. 슬라이드 마스터에 스타일 지정하기
스페셜. 다양한 무료 서체 설치하기
스페셜. 새 테마 글꼴 일괄적으로 적용하기

01 그림 배경 설정하기

● **준비파일** : Part02\Chapter01\Section04\기업핵심인재관리.pptx
● **완성파일** : Part02\Chapter01\Section04\기업핵심인재관리_완성.pptx

1. [디자인] 탭-[배경] 그룹에서 [배경 스타일]을 클릭하여 [배경 서식]을 선택합니다.

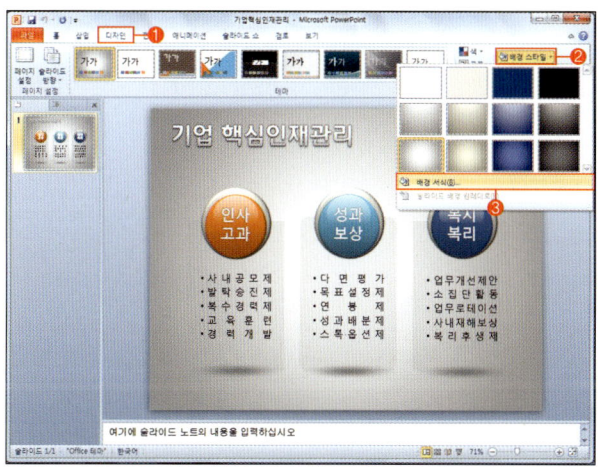

> **tip** 슬라이드 편집 화면에서 마우스 오른쪽 단추를 클릭하여 [배경 서식]을 선택해도 됩니다.

2. [배경 서식] 대화 상자가 나타나면 [그림 또는 질감 채우기]를 선택한 후 [파일]을 클릭합니다. [그림 삽입] 대화 상자가 나타나면 부록 CD에서 'Part02\Chapter01\Section04\background.png'를 선택한 후 [삽입]을 클릭합니다. [배경 서식] 대화 상자가 다시 나타나면 [모두 적용]을 클릭한 후 [닫기]를 클릭합니다.

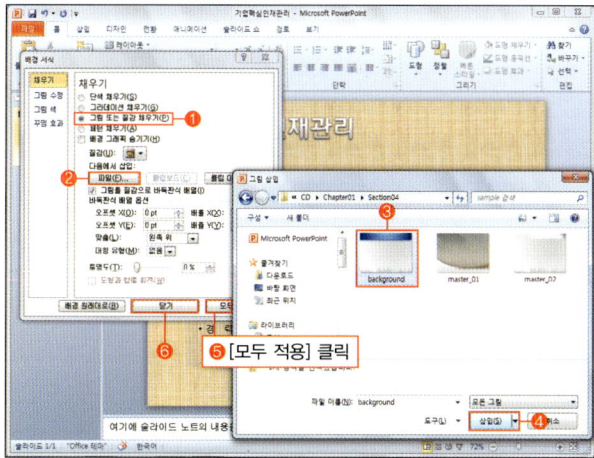

3. 슬라이드에 그림 배경이 설정됩니다.

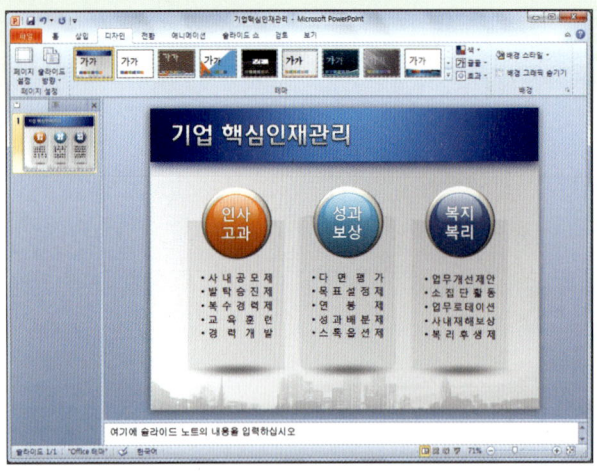

단색 및 그라데이션 배경 스타일 설정하기

[디자인] 탭–[배경] 그룹에서 [배경 스타일]을 클릭하여 [배경 서식]
을 선택합니다. [배경 서식] 대화 상자가 나타나면 [단색 채우기]를
클릭하거나 [그라데이션 채우기]를 클릭하여 원하는 색상 또는 그라
데이션으로 배경을 설정할 수 있습니다.

포토샵을 이용하여 배경 제작하기

파워포인트에 삽입하는 슬라이드 배경 이미지는 파워포인트에서 만들 수 있지만 포토샵이라는 프로그램을 이용하기도
합니다. 포토샵에서 파워포인트 슬라이드 화면에 딱 맞는 배경을 만들기 위해서는 960 ＊ 720 픽셀로 작업해야 하며 해
상도는 96dpi, 컬러는 RGB 모드로 설정해야 합니다.

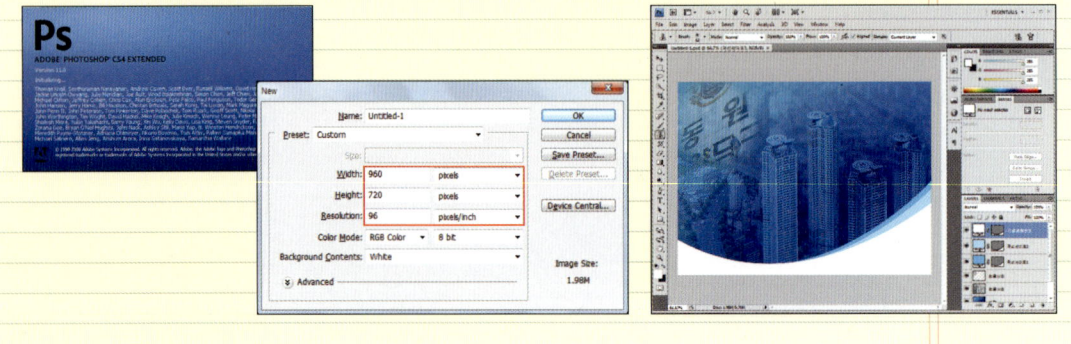

02 테마 적용하기

● **준비파일** : Part02\Chapter01\Section04\광고전략및분석.pptx
● **완성파일** : Part02\Chapter01\Section04\광고전략및분석_완성.pptx

1. 준비 파일을 엽니다. 준비 파일에는 텍스트로 구성된 슬라이드 문서가 나타납니다. [디자인] 탭-[테마] 그룹에서 [자세히](▼)를 클릭합니다.

> **tip** [디자인] 탭-[테마] 그룹에서 [자세히](▼)를 클릭하면 전문가 수준의 다양한 테마 파일이 나타납니다. 이를 이용하면 누구나 쉽게 슬라이드를 디자인할 수 있습니다.

2. 테마 갤러리가 나타납니다. 테마 갤러리 위에 마우스를 위치시키면 슬라이드 편집 화면에 선택한 테마가 미리 보기로 보여집니다. 여기서는 [첨단]을 선택합니다. [첨단] 테마가 전체 슬라이드에 적용됩니다.

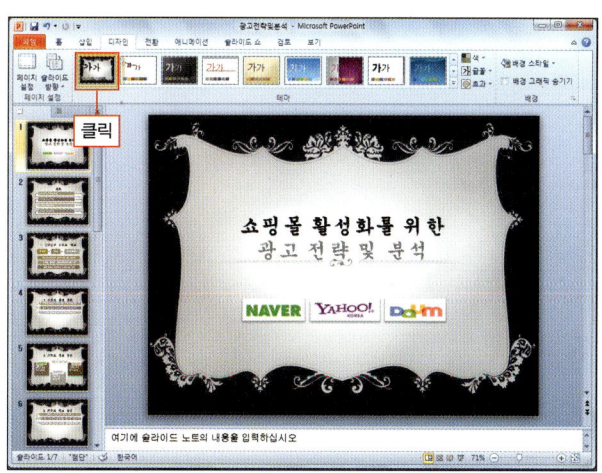

> **tip** 테마 갤러리에 나타나는 다양한 테마는 배경과 색상, 그리고 글꼴 등에 서로 다른 서식이 적용되어 있습니다. 슬라이드에 테마를 적용하면 모든 레이아웃에 동일한 테마가 적용되며, 선택한 테마 스타일에 따라서 텍스트, 도형 등의 서식에도 변화가 생깁니다.

03 테마 색, 글꼴 및 효과 변경하기

1. 적용한 테마는 배경 스타일을 비롯하여 색상, 글꼴, 효과 등 다양한 서식을 변경할 수 있습니다. 테마 색을 변경하기 위해 [디자인] 탭-[테마] 그룹에서 [색]을 클릭한 후 [요소]를 선택합니다.

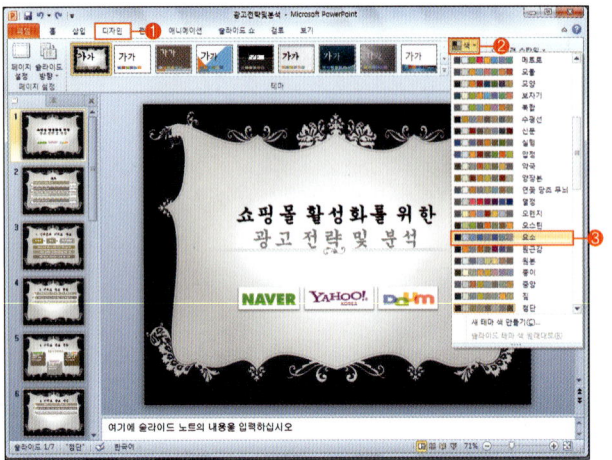

2. 테마 글꼴을 변경하기 위해 [디자인] 탭-[테마] 그룹에서 [글꼴]을 클릭한 후 [카니발 테마]를 선택합니다.

04 적용한 테마 저장하기

1. 적용한 테마를 저장하기 위해 [디자인] 탭-[테마] 그룹에서 [자세히]([▼])를 클릭한 후 [현재 테마 저장]을 선택합니다.

> **Tip**
> [현재 테마 저장]을 선택하면 다양한 서식을 설정한 나만의 테마를 계속 활용할 수 있습니다.

2. [현재 테마 저장] 대화 상자가 나타나면 [파일 이름]에 『광고전략및분석』을 입력한 후 [저장]을 클릭합니다.

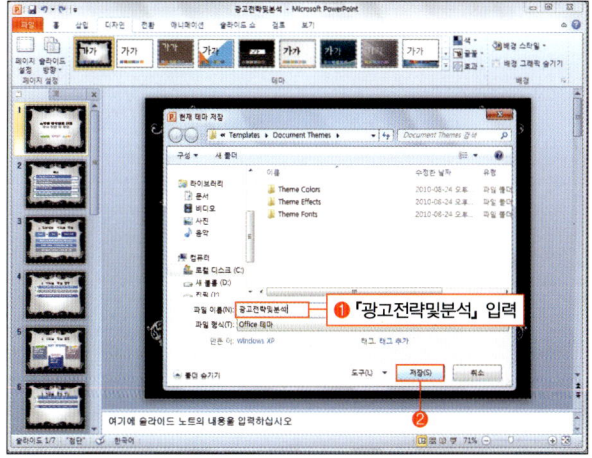

3. 저장된 테마를 불러오기 위해 [디자인] 탭-[테마] 그룹에서 [자세히]([⏷])를 클릭합니다. [사용자 지정]에 새로운 테마가 저장되어 있습니다. 마우스를 올리면 '광고전략및분석' 이라는 나만의 테마를 확인할 수 있습니다.

새 테마 색 만들기

자주 사용하는 테마 색을 등록해 놓으면 자신만의 테마 색을 필요할 때마다 불러올 수 있습니다. [디자인] 탭-[테마] 그룹-[색]을 클릭한 후 [새 테마 색 만들기]를 선택하면 원하는 색상으로 테마 색을 구성할 수 있습니다. 저장된 테마는 [테마] 그룹에 있는 [색] 목록에 저장됩니다.

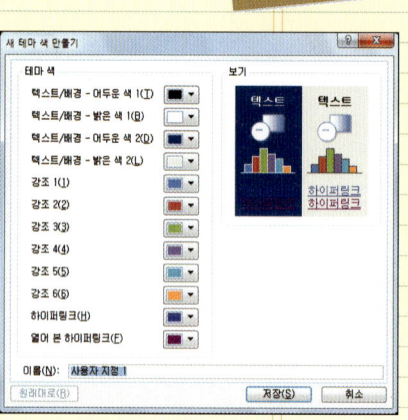

테마 효과 살펴보기

테마 효과는 테마의 다양한 스타일을 변경하는 기능입니다. 원하는 테마 효과를 선택하면 테마 효과에 해당하는 도형 스타일이나 선 효과가 다양하게 변경됩니다.

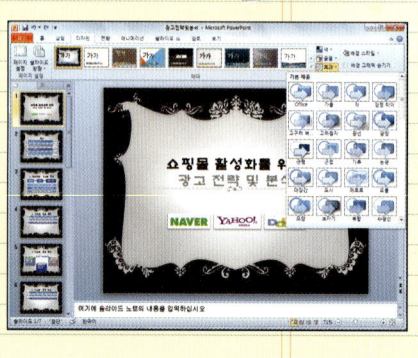

05 특정 구역에 테마 적용하기

◉ **준비파일** : Part02\Chapter01\Section04\사이버교육안내_테마.pptx
◉ **완성파일** : Part02\Chapter01\Section04\사이버교육안내_테마_완성.pptx

1. 준비 파일을 엽니다. 구역으로 슬라이드가 구성되어 있는 문서가 열리면 [여러 슬라이드 보기](▦)를 클릭한 후 '2008년 교육안내' 구역을 선택합니다. 선택한 구역에만 테마를 변경하기 위해 [디자인] 탭-[테마] 그룹에서 [자세히](▾)를 클릭합니다.

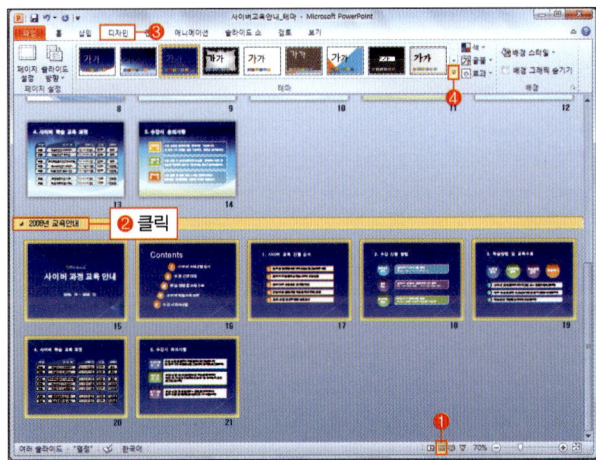

2. 나타나는 갤러리 중 [각] 테마를 클릭합니다. 선택한 구역에만 테마가 변경됩니다.

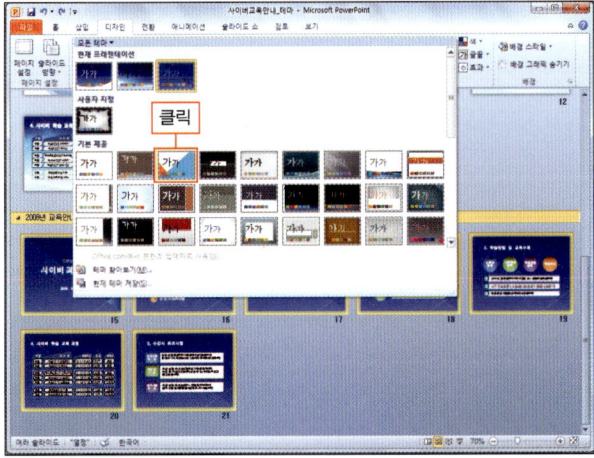

06 슬라이드 마스터에 배경 서식 지정하기

● **완성파일** : Part02\Chapter01\Section04\교육자료_완성.pptx

1. 슬라이드 마스터에서 배경 서식을 지정하기 위해 [보기] 탭–[마스터 보기] 그룹에서 [슬라이드 마스터]를 클릭합니다.

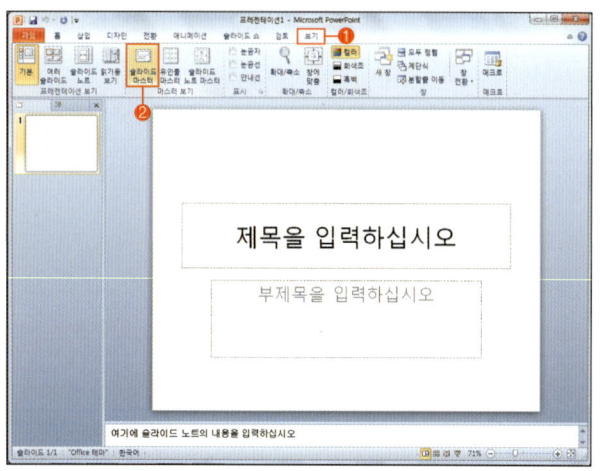

> **tip** 슬라이드 마스터에서 배경 서식을 지정하면 모든 슬라이드에 동일한 배경이 지정되기 때문에 빠르고 편리하게 배경 서식을 지정할 수 있습니다.

2. 슬라이드 마스터 화면이 열리면 슬라이드 마스터를 선택하고 [슬라이드 마스터] 탭–[배경] 그룹에서 [배경 스타일]을 클릭한 후 [스타일 10]를 선택합니다. 슬라이드 마스터뿐만 아니라 모든 슬라이드 레이아웃에 배경이 지정됩니다.

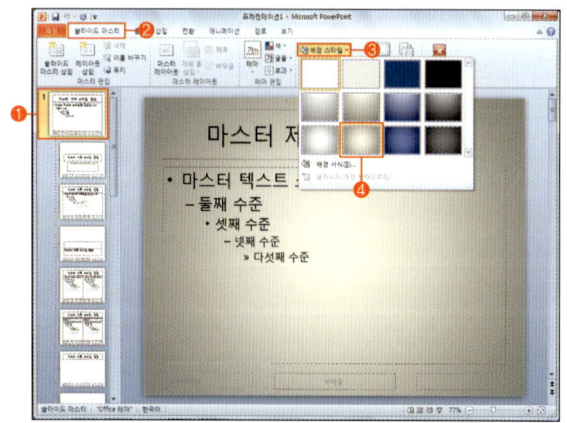 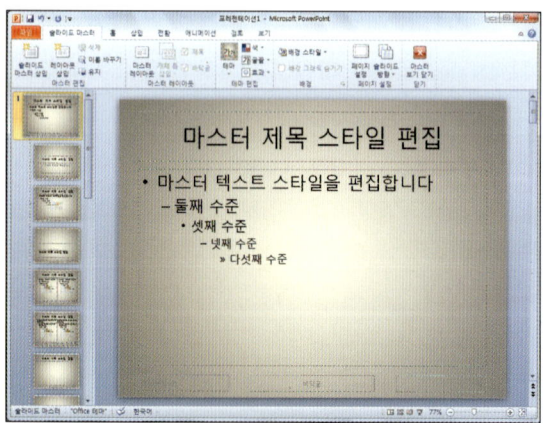

> **tip** 슬라이드 미리 보기 화면에 다양한 레이아웃이 나타납니다. 각각의 레이아웃에 다른 서식을 지정할 수도 있지만 가장 위에 있는 슬라이드 마스터에서 한번에 동일한 서식을 지정하는 것이 가장 효율적입니다. 특정 레이아웃만 서식을 변경하려면 원하는 슬라이드 레이아웃을 선택한 후 서식을 지정하도록 합니다.

3. 배경 서식을 가져와 슬라이드 마스터의 배경으로 지정할 수도 있습니다. [슬라이드 마스터]를 선택하고 [슬라이드 마스터] 탭-[배경] 그룹에서 [배경 스타일]을 클릭한 후 [배경 서식]을 선택합니다.

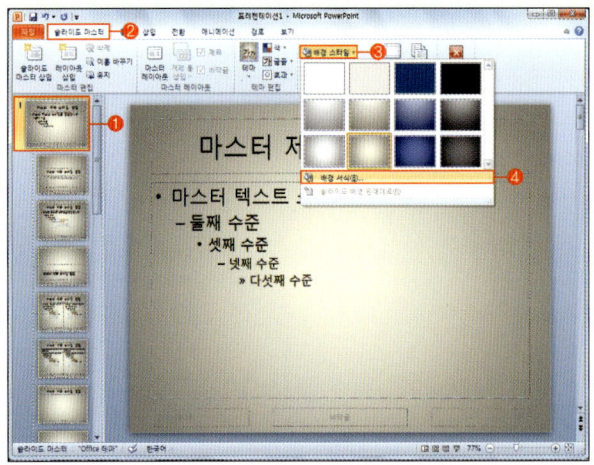

4. [배경 서식] 대화 상자가 나타나면 [채우기] 항목에서 [그림 또는 질감 채우기]를 선택한 후 [파일]을 클릭합니다. [그림 삽입] 대화 상자가 나타나면 부록 CD에서 'Part02\Chapter01\Section04\master_02.png' 파일을 선택한 후 [삽입]을 클릭합니다. [배경 서식] 대화 상자의 [모두 적용]을 클릭한 후 [닫기]를 클릭합니다.

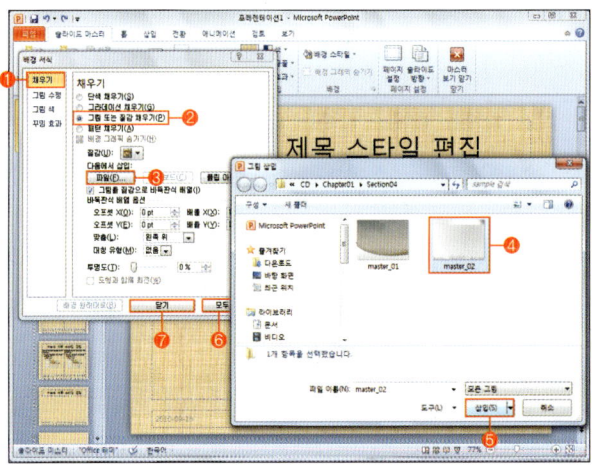

5. 슬라이드 마스터 편집 화면에 배경 그림이 삽입됩니다.

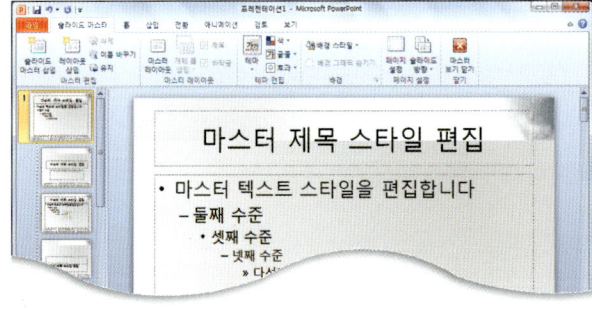

슬라이드 마스터 살펴보기

슬라이드 마스터는 주로 본문과 제목 슬라이드의 서식을 지정할 때 사용됩니다. 모든 프레젠테이션에는 슬라이드 마스터가 하나 이상 포함되어 있으며, 다양한 레이아웃으로 구성되어 있습니다. 필요에 따라서 슬라이드 마스터를 변경할 수 있는데, 슬라이드 마스터를 수정하면 프레젠테이션의 모든 슬라이드의 스타일이 일괄적으로 수정되어 편리하게 프레젠테이션을 관리할 수 있습니다.

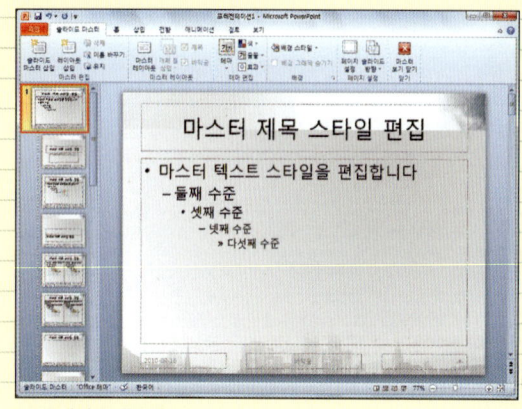

▲ 슬라이드 마스터

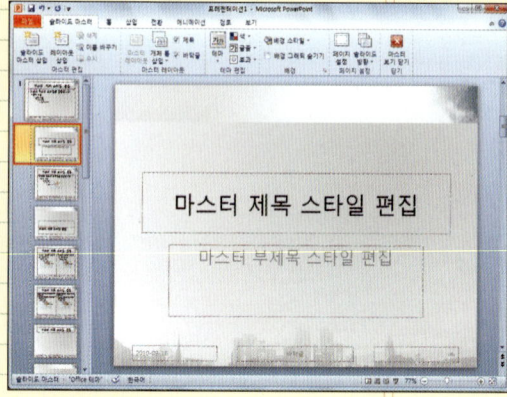

▲ 제목 슬라이드 레이아웃

유인물 마스터와 슬라이드 노트 마스터

마스터는 그 기능에 따라 슬라이드 마스터, 유인물 마스터, 슬라이드 노트 마스터 등 3가지 종류로 나누어집니다. 슬라이드 마스터는 일반적으로 슬라이드의 배경과 서식, 머리글과 바닥글, 페이지 번호 등을 설정할 수 있으며, 슬라이드 레이아웃과 모든 테마 정보를 저장하는 슬라이드입니다. 유인물 마스터는 프레젠테이션 인쇄 시 유인물로 인쇄할 경우에 유인물의 배경 등을 지정할 때 사용합니다. 슬라이드 노트 마스터는 프레젠테이션을 슬라이드 노트로 인쇄할 경우 슬라이드 노트의 머리글이나 날짜 등의 서식을 지정할 때 사용합니다.

▲ 유인물 마스터

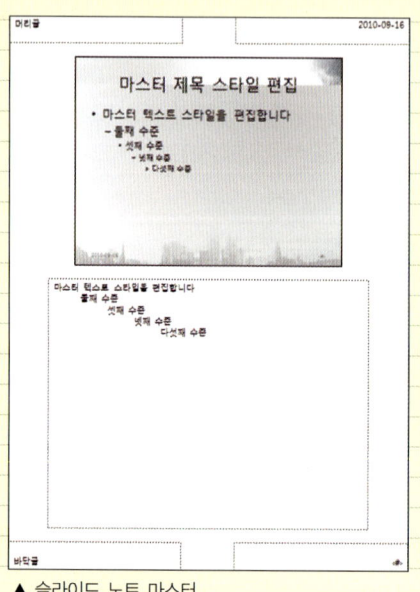

▲ 슬라이드 노트 마스터

07 제목 슬라이드 레이아웃 작성하기

1. 슬라이드 마스터를 통해 배경 및 서식을 지정하더라도 제목 슬라이드 레이아웃은 다른 배경을 사용하는 것이 좋습니다. 슬라이드 마스터 바로 아래에 있는 [제목 슬라이드 레이아웃]을 선택합니다. [슬라이드 마스터] 탭-[배경] 그룹에서 [배경 스타일]을 클릭한 후 [배경 서식]을 선택합니다.

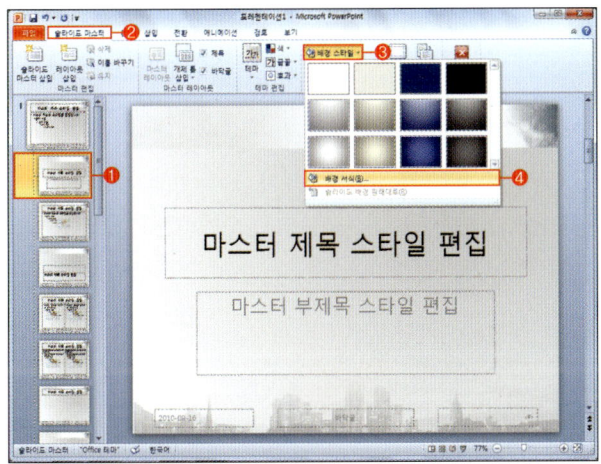

2. [배경 서식] 대화 상자가 나타나면 [그림 또는 질감 채우기]를 선택한 후 [파일]을 클릭합니다. [그림 삽입] 대화 상자가 나타나면 부록 CD에서 'Part02\Chapter01\Section04\master_01.png' 파일을 선택한 후 [삽입]을 클릭합니다. 다시 [배경 서식] 대화 상자가 나타나면 [닫기]를 클릭합니다. 제목 슬라이드 레이아웃에만 다른 배경이 적용되었습니다.

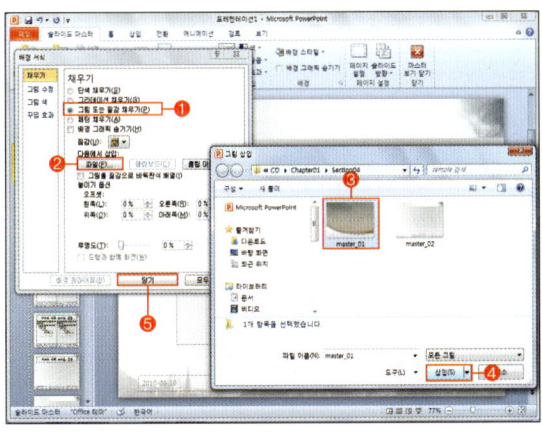 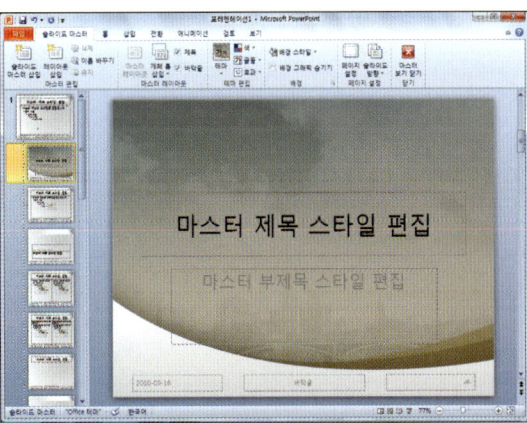

> **tip** [그림 삽입] 대화 상자에서 그림을 찾아 삽입한 후 [배경 서식] 대화 상자의 [모두 적용]을 클릭하면 제목 슬라이드 마스터뿐만 아니라 전체 슬라이드 마스터에 삽입한 배경이 적용되므로 주의합니다.

슬라이드 마스터에 스타일 지정하기

1. 제목 슬라이드 레이아웃의 제목 개체 틀을 선택합니다. [서식] 탭-[WordArt 스타일] 그룹에서 [자세히]를 클릭한 후 [채우기 – 빨강, 강조 2, 무광택 입체]를 선택합니다.

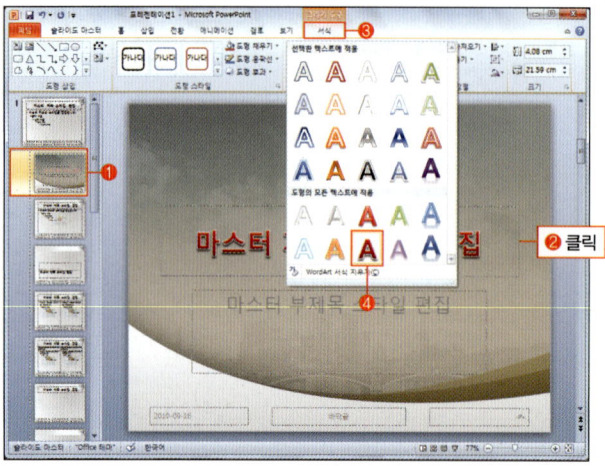

2. 슬라이드 마스터를 선택한 후 제목 개체 틀을 선택합니다. [서식] 탭-[WordArt 스타일] 그룹에서 [자세히]를 클릭한 후 [그라데이션 채우기 – 검정, 윤곽선 – 흰색, 바깥쪽 그림자]를 선택합니다.

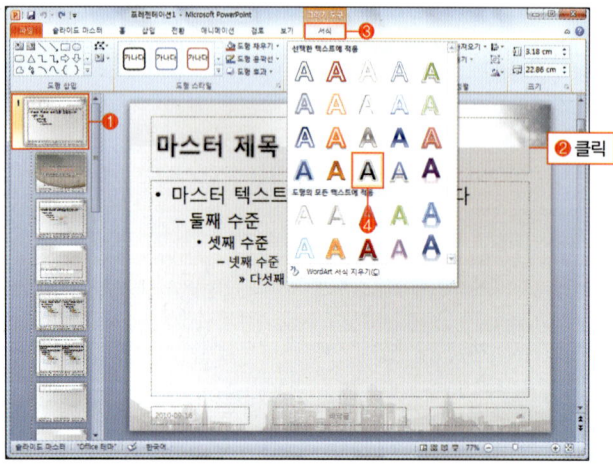

3. 제목 개체 틀을 선택하여 글자 크기 및 위치를 조절합니다. 본문 개체 틀의 글자 크기 및 위치도 조절합니다.

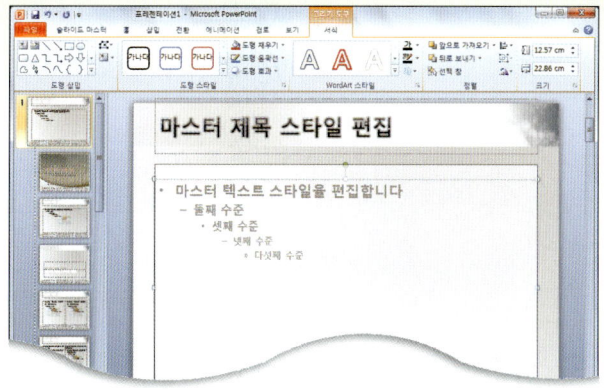

4. [슬라이드 마스터] 탭-[닫기] 그룹-[마스터 보기 닫기]를 클릭하여 슬라이드 편집 화면으로 되돌아옵니다.

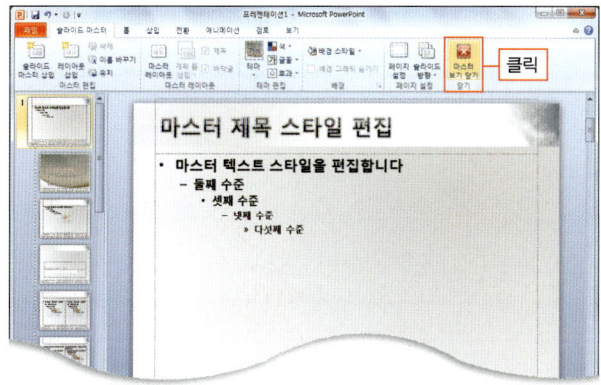

5. 슬라이드 마스터를 통해 새로운 서식이 적용된 슬라이드가 나타납니다. 제목 개체 틀을 클릭하여 『신입사원을 위한 교육자료』를 입력합니다. 두 번째 슬라이드를 만들기 위해 [홈] 탭-[슬라이드] 그룹에서 [새 슬라이드]의 아랫부분을 클릭하여 [제목 및 내용]을 선택합니다. 슬라이드 마스터에서 만들었던 [제목 및 내용] 슬라이드가 삽입됩니다.

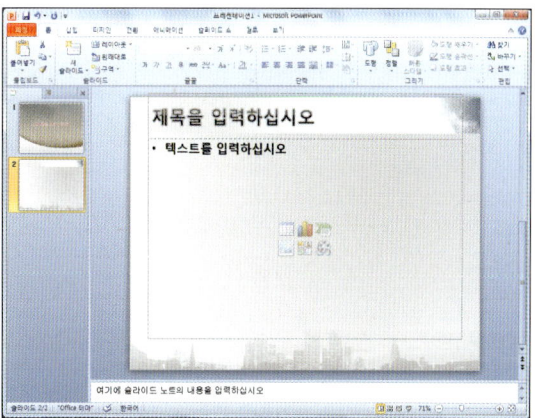

다양한 무료 서체 설치하기

1 웹상에서 무료로 제공되는 서체를 내 컴퓨터에 설치하여 프레젠테이션에 적용해 보도록 합니다. 웹 브라우저를 열어 검색 창에 『서울서체』를 입력한 후 [검색]을 클릭합니다. '서울서체'가 검색되면 해당 링크를 클릭합니다.

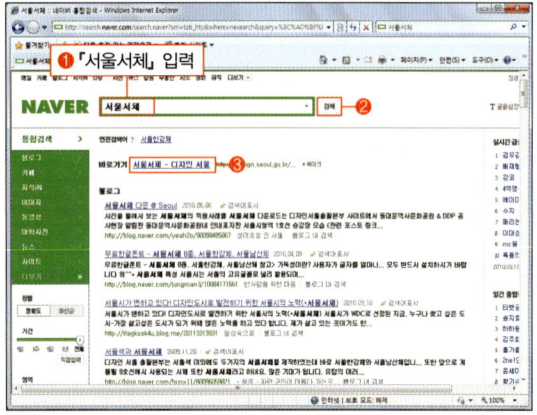

> **tip** 프레젠테이션에서는 'HY견고딕' 혹은 '맑은 고딕' 서체를 주로 사용하지만 최근에는 프레젠테이션에 적용할 수 있는 다양한 무료 서체가 많이 나왔기에 이를 사용하면 보다 멋진 슬라이드를 만들 수 있습니다.

2 '서울특별시 디자인서울총괄본부' 홈페이지에 접속이 되면 [서울서체 WINDOW용 다운로드]를 클릭하여 [내 컴퓨터]에 '서울서체'를 저장합니다.

③ 저장된 파일을 열어 내 컴퓨터에 서체를 설치합니다.

④ '서울서체' 외에도 '네이버 나눔체', '다음체' 등 다양한 무료 서체를 [내 컴퓨터]에 설치하여 프레젠테이션에
적용해 보도록 합니다.

네이버 나눔체	http://hangeul.naver.com/share.nhn
다음체	http://info.daum.net/Daum/info/introduceOfCI.do
조선일보 서체	http://font.chosun.com/
아리따 글꼴	http://corp.amorepacific.co.kr/company/ci/font.jsp

'다음체'와 같이 서체만 제공할 경우 폰트 설치하기

'다음체'와 같이 설치 프로그램 없이 '*.TTF' 글꼴만 제공할 경우 내
컴퓨터의 [Fonts] 폴더에 직접 설치해야 합니다. 다운로드 받은 서체
를 [내 컴퓨터]를 열어 [Windows]-[Fonts] 폴더에 넣으면 됩니다.

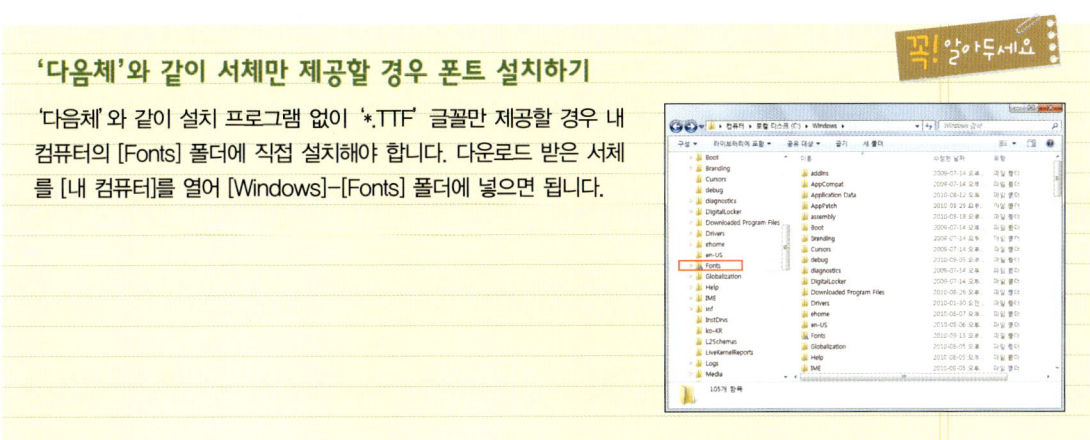

새 테마 글꼴 일괄적으로 적용하기

● **준비파일** : Part02\Chapter01\Section04\교육시스템제안서.pptx
● **완성파일** : Part02\Chapter01\Section04\교육시스템제안서_완성.pptx

1 [가을] 테마와 '테마 글꼴'이 적용된 준비 파일을 엽니다. 새 테마 글꼴을 만들어 일괄적으로 적용해 보되 앞에서 설치한 '서울서체'를 적용해 보겠습니다. [디자인] 탭–[테마] 그룹에서 [글꼴]을 클릭한 후 [새 테마 글꼴 만들기]를 선택합니다.

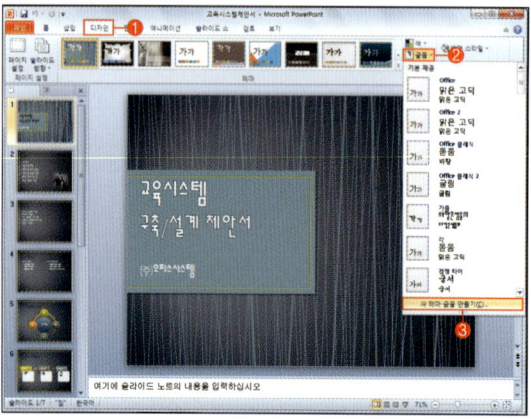

2 [새 테마 글꼴 만들기] 대화 상자가 나타나면 [한글 글꼴]–[제목 글꼴(한글)]을 클릭하여 '08서울남산체 EB'를 선택합니다. [본문 글꼴(한글)]을 클릭하여 '나눔고딕'을 선택합니다. [이름]에 『무료글꼴』을 입력한 후 [저장]을 클릭합니다.

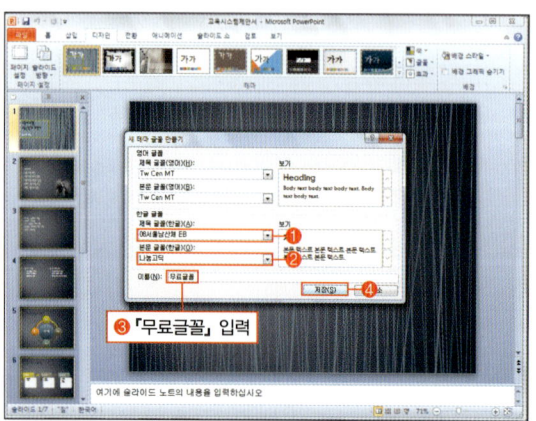

tip '서울서체'와 '나눔고딕' 등은 내 컴퓨터에 설치하지 않으면 사용할 수 없습니다. 다양한 무료 서체를 컴퓨터에 설치해 보도록 합니다.

③ 슬라이드에 새로 지정한 글꼴이 나타납니다. [디자인] 탭–[테마] 그룹에서 [글꼴]을 클릭하면 [사용자 지정]에 새로 만든 글꼴 테마가 나타납니다.

● **준비파일** : Part02\Chapter01\Check\베트남마케팅.pptx
● **완성파일** : Part02\Chapter01\Check\베트남마케팅_완성.pptx

베트남 마케팅 슬라이드를 열어 배경을 부록 CD의 'Part02\Chapter01\Check\베트남마케팅_bg.png'로 변경해 보세요.

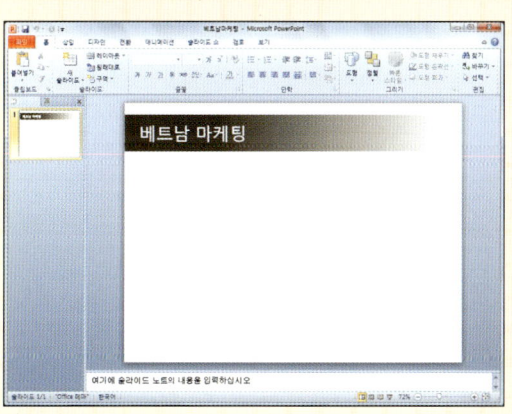 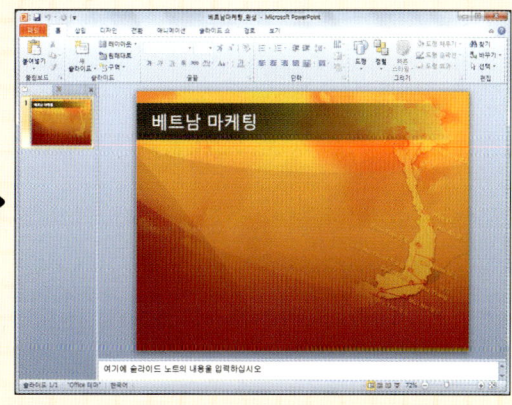

Hint

❶ 슬라이드 편집 화면에서 마우스 오른쪽 단추를 클릭하여 [배경 서식] 선택
❷ [배경 서식] 대화 상자에서 [채우기]–[그림 또는 질감 채우기]–[파일] 클릭
❸ [그림 삽입] 대화 상자에서 'Part02\Chapter01\Check\베트남마케팅_bg.png' 선택

CHAPTER

02

도형과 그래픽 개체로 슬라이드 꾸미기

POWER POINT 2010

파워포인트를 잘 사용하기 위해서는 무엇보다 도형을 잘 활용해야 합니다. 하나의 도형으로도 다양한 느낌의 슬라이드를 작성할 수 있습니다. 도형과 마찬가지로 클립 아트와 그림 개체, SmartArt 그래픽도 파워포인트의 빼놓을 수 없는 기능입니다. 여기서는 도형과 SmartArt , 클립 아트 등을 이용하여 보다 세련된 슬라이드를 만드는 방법에 대해서 알아봅니다. 또한 표와 차트를 이용해 복잡한 데이터를 분석하는 방법에 대해서도 살펴봅니다.

도형으로 입체감 있는
슬라이드 만들기

파워포인트에서는 누구나 도형을 쉽게 삽입할 수 있습니다. 하지만 도형 작성을 위한 드로잉 기본기나 입체
감 있게 꾸미는 방법은 제대로 알지 못합니다. 프레젠테이션은 시각적인 효과를 중요시하므로 도형을 적절
히 활용하는 방법에 대해서 살펴보도록 합니다.

Preview

▲ 도형 삽입하고 꾸며 조직도 완성하기

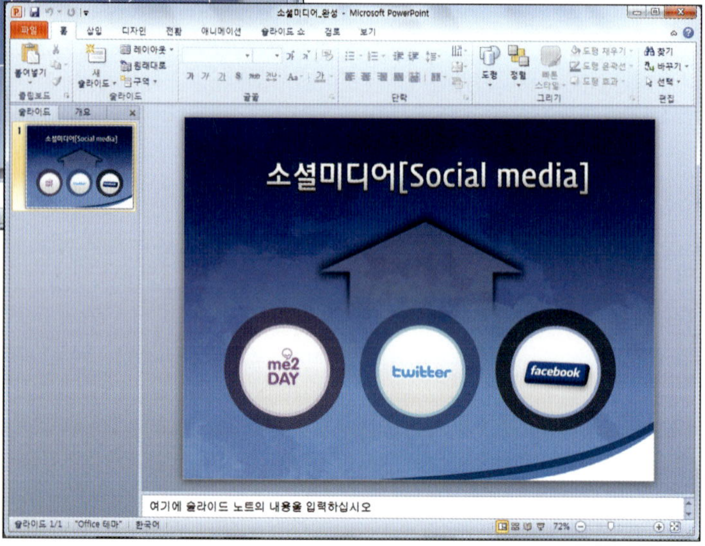

▲ 맞춤과 배분 활용하여 슬라이드 완성하기

이번 섹션에서 배울 주요 내용!

01. 드로잉 기본기 익히기
02. 도형 삽입하고 이동하기
03. 도형 복제하기
04. 도형에 텍스트 입력하고 문자 간격 조절하기
05. 도형에 투명도 설정하기
06. 선 개체 삽입하고 색상 지정하기

07. 도형에 그라데이션 적용하기
08. 도형 효과 적용하고 위치 변경하기
09. 그룹 지정하고 해제하기
10. 맞춤과 배분 이용하여 정렬하기
스페셜. 볼륨감이 살아있는 입체 도형 만들기
스페셜. 세이프 결합, 교차, 병합, 빼기

01 드로잉 기본기 익히기

도형 그리기

선, 사각형, 기본 도형, 블록 화살표, 별 및 현수막 등 다양한 도형을 그릴 수 있으며, 곡선이나 자유형을 이용하여 도형을 직접 만들 수도 있습니다. 슬라이드 편집 화면에서 원하는 크기만큼 마우스로 드래그하여 그립니다. 정사각형이나 정원을 삽입할 때는 Shift 를 누른 채 드래그합니다.

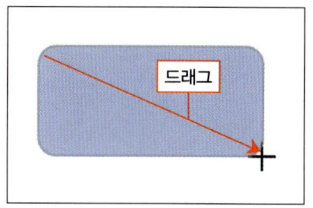 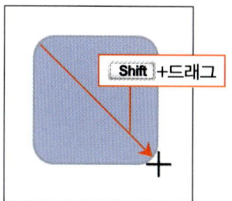

▲ 원하는 크기만큼 드래그(자유롭게 도형 삽입)　　　▲ Shift 를 누른 채 드래그(정사각형이나 정원 삽입)

도형 이동하기

도형을 선택한 상태에서 방향키(↓, ↑, ←, →)를 누르거나 마우스로 도형을 드래그하여 원하는 위치로 이동할 수 있습니다. Shift 를 누른 채 도형을 드래그하면 수직/수평으로 도형이 이동되고, Ctrl 을 누른 채 도형을 드래그하면 도형이 복사되어 이동됩니다.

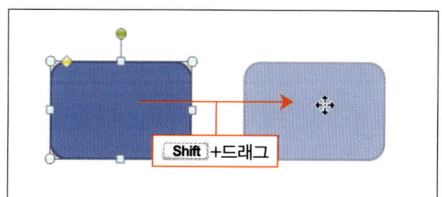 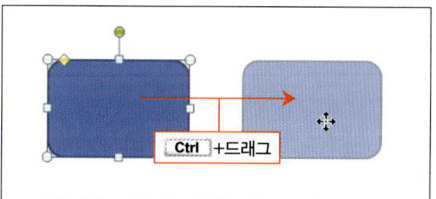

▲ Shift 를 누른 채 드래그(수직, 수평으로 이동)　　　▲ Ctrl 를 누른 채 드래그(도형 복사되어 이동)

도형 크기 조정하기

도형을 선택하면 도형 테두리에 [크기 조정 핸들]이 나타납니다. [크기 조정 핸들]이란 도형의 모서리에 나타나는 흰색 원(○)과 흰색 사각형(□)을 말합니다. 마우스로 [크기 조정 핸들]을 드래그하면 원하는 크기로 변경할 수 있습니다. Shift 를 누른 채 [크기 조정 핸들]을 드래그하면 가로/세로 비율이 유지되면서 크기가 조절되고, Ctrl 을 누른 채 [크기 조정 핸들]을 드래그하면 도형의 중심 위치를 그대로 유지한 채 크기가 조절됩니다.

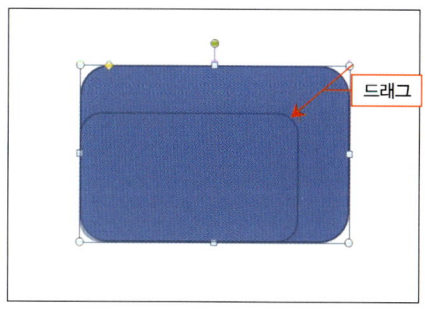

도형 모양 변경하기

도형을 선택하면 도형 주위에 노란색 다이아몬드 형태인 [모양 조정 핸들]()이 나타납니다. [모양 조정 핸들]을 원하는 위치로 드래그하면 도형의 모양이 변경됩니다.

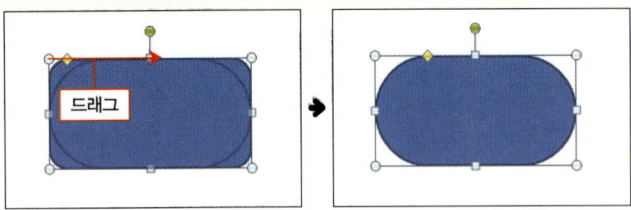

tip [모양 조정 핸들]은 도형에 따라 나타나지 않을 수도 있고, 두 개 또는 세 개가 나타날 수도 있습니다.

도형 회전하기

[회전 핸들](🟢)은 삽입한 도형의 위쪽에 있는 녹색 원으로, [회전 핸들]을 회전시킬 방향으로 드래그하면 도형이 회전됩니다.

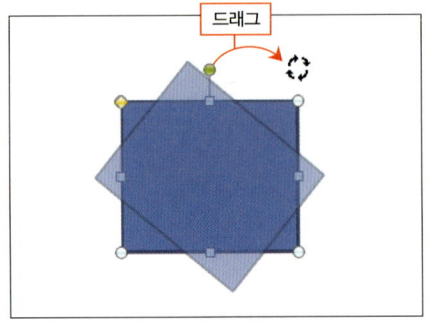

도형 스타일 및 도형 효과 지정하기

도형을 선택한 후 [그리기 도구]의 상황별 탭인 [서식] 탭-[도형 스타일] 그룹에서 [자세히](▾)를 클릭하여 도형 스타일을 선택하면 다양한 도형 스타일을 지정할 수 있습니다. 또한, [도형 스타일] 그룹에서 [도형 효과]를 클릭하여 다양한 도형 효과를 지정할 수도 있습니다.

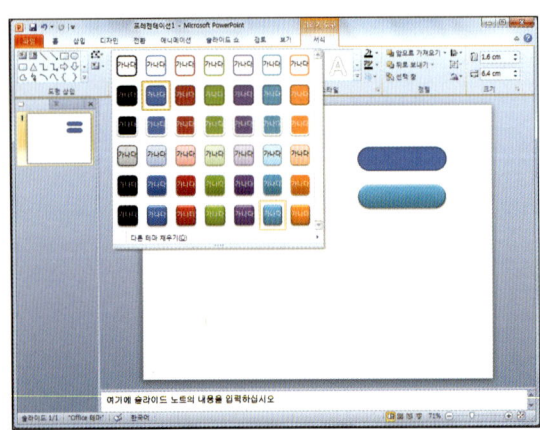

▲ 다양한 도형 스타일을 지정

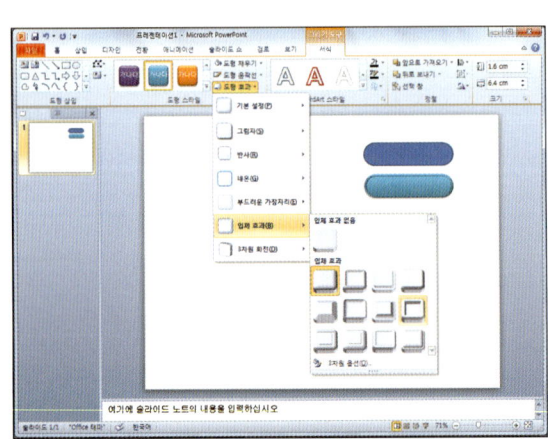

▲ 다양한 도형 효과 지정

02 도형 삽입하고 이동하기

◉ **준비파일** : Part02\Chapter02\Section01\회사조직도.pptx
◉ **완성파일** : Part02\Chapter02\Section01\회사조직도_완성.pptx

1. 도형을 삽입하기 위해 [홈] 탭-[그리기] 그룹-[도형]을 클릭하여 [모서리가 둥근 직사각형]을 선택합니다.

2. 마우스로 드래그하여 도형을 다음과 같이 삽입합니다. 같은 방법으로 [대각선 방향의 모서리가 둥근 사각형] 도형을 하나 더 삽입합니다.

 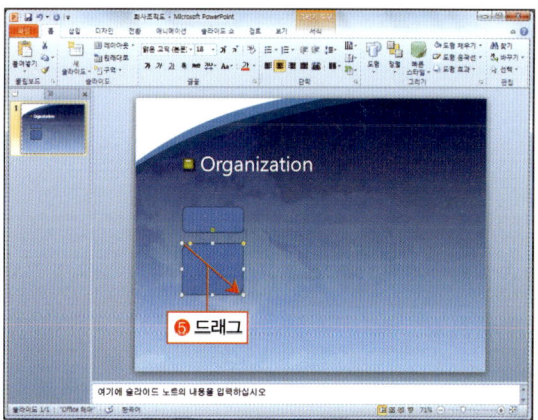

> **tip** [도형] 목록 중 [최근에 사용한 도형]에는 최근에 사용했던 도형 목록이 나타나게 되어 평소에 즐겨 사용하는 도형을 빠르게 선택해서 슬라이드에 추가할 수 있습니다.

> **tip** [서식] 탭-[크기] 그룹의 [도형 높이]와 [도형 너비]에서 세로/가로 크기를 직접 입력해 도형의 크기를 조절할 수도 있습니다.

1. 도형을 복제하기 위해 복제할 도형을 모두 선택한 후 `Ctrl` + `D` 를 누릅니다. 복제한 도형을 기존 도형에서 오른쪽으로 일정한 간격만큼 띄워놓습니다.

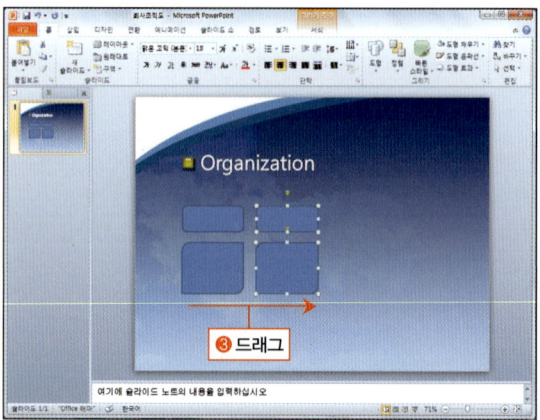

> **tip**
> `Ctrl` + `C` 로 복사하고 `Ctrl` + `V` 로 붙여넣어도 되지만 복제 기능은 단순히 도형을 복사한다는 개념보다는 도형에 적용되어 있는 여러 서식까지도 함께 복제할 수 있다는 장점이 있습니다. 또한, 이 기능은 기존 도형의 모든 속성과 개체 사이의 간격까지도 일정하게 유지하면서 복사되어 빠르게 도형을 복제할 수 있습니다.

2. 다시 `Ctrl` + `D` 를 누르면 일정한 간격만큼 띄워져서 복제됩니다. `Ctrl` + `D` 를 반복해서 다음과 같이 만듭니다.

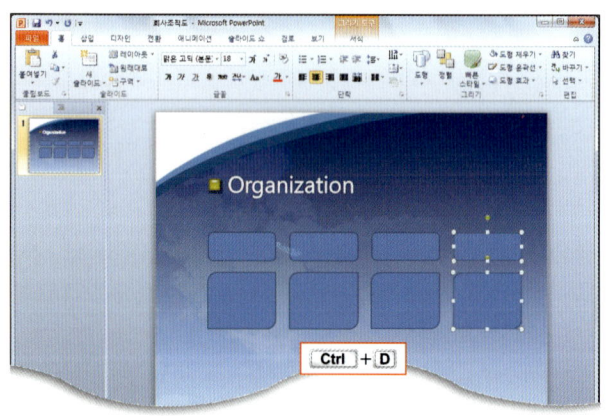

자주 사용하는 단축키 🔖 꼭! 알아두세요

단축키	설명	단축키	설명
`Ctrl` + `C`	선택한 개체를 복사합니다.	`Ctrl` + `V`	선택한 개체를 붙여넣습니다.
`Ctrl` + `D`	선택한 개체를 복제합니다.	`Ctrl` + `A`	모든 개체를 선택합니다.
`Ctrl` + `Z`	실행 취소 명령으로 이전 명령으로 작업을 되돌립니다.		
`Ctrl` + `Y`	실행 취소한 명령을 다시 되돌립니다.		

04 도형에 텍스트 입력하고 문자 간격 조절하기

1. 첫 번째 도형에 『경영지원본부』라고 입력한 후 [홈] 탭-[글꼴] 그룹에서 글꼴을 [HY견고딕]으로 선택하고 글꼴 크기를 [18]로 지정합니다. 그런 다음 [문자 간격]을 클릭하여 [좁게]를 선택합니다.

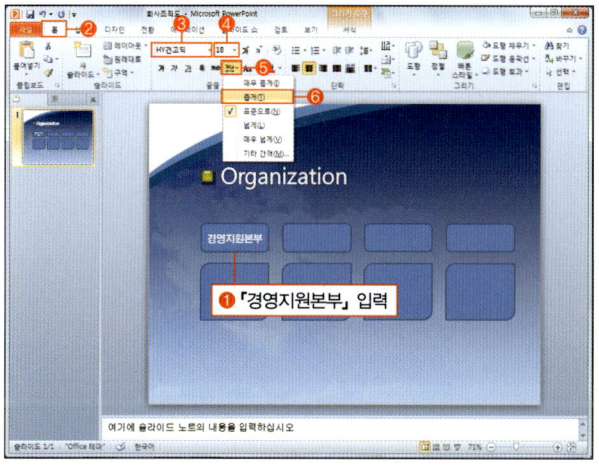

> **tip** [홈] 탭-[글꼴] 그룹에서 [문자 간격]을 클릭하여 텍스트 분량에 따라 문자 간격을 적절히 조절할 수 있습니다.

2. 같은 방법으로 모든 도형에 다음과 같이 내용을 추가합니다. 7번째 도형을 선택한 후 크기 조정 핸들인 흰색 사각형( )을 드래그하여 도형의 크기를 조절합니다. 마찬가지로 8번째 도형도 크기를 조절합니다.

1. 마우스를 드래그하여 도형을 모두 선택합니다.

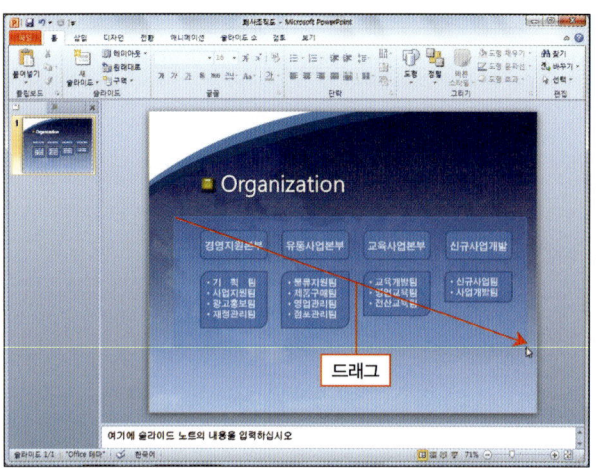

2. [그리기 도구]의 상황별 탭인 [서식] 탭-[도형 스타일] 그룹에서 [도형 채우기]를 클릭한 후 [다른 채우기 색]을 선택합니다. [색] 대화 상자가 나타나면 [투명도]에 『50』을 입력하여 투명도를 조절합니다.

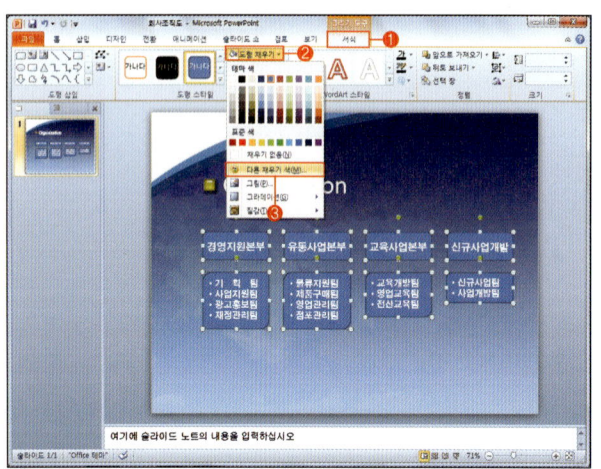

> 투명도란 개체를 투시하여 설정할 수 있는 기능으로 개체가 배경을 투과하여 보여줄 수 있기에 색다른 도형을 만들 수 있습니다. 투명도가 100%일 경우 완전히 투명한 도형이 되며, 1~100%까지 투명도를 설정할 수 있습니다. 도형에 투명도를 주어 도형 위에 겹쳐 있는 텍스트를 명확히 표시할 수도 있으며, 여러 도형 중 일부에 투명도를 주어 도형을 강조할 수도 있습니다.

3. [그리기 도구]의 상황별 탭인 [서식] 탭-[도형 스타일] 그룹에서 [도형 윤곽선]을 클릭한 후 [테마 색]에서 [흰색, 배경 1]을 선택합니다.

4. 위의 4개의 도형을 모두 선택한 후 [그리기 도구]의 상황별 탭인 [서식] 탭-[도형 스타일] 그룹에서 [도형 윤곽선]을 클릭한 다음 [두께]에서 [3pt]를 선택합니다.

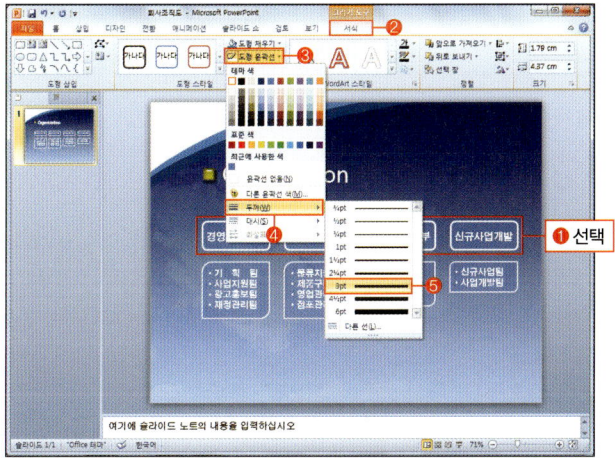

5. 도형의 윤곽선 두께가 조절됩니다.

선 개체 삽입하고 색상 지정하기

1. [홈] 탭-[그리기] 그룹에서 [도형]을 클릭하여 [선]-[선]을 선택합니다. 첫 번째 도형에 마우스를 가져가면 빨간 영역이 설정됩니다. 하단의 빨간 영역에서 마우스를 드래그하여 아래로 선을 그려 넣습니다.

 선 개체를 그릴 때 나타나는 빨간 영역은 각 도형의 중앙에 표시되기 때문에 보다 정밀하게 선을 그려 넣을 수 있습니다.

2. [그리기 도구]의 상황별 탭인 [서식] 탭-[도형 스타일] 그룹에서 [도형 윤곽선]을 클릭한 후 [테마 색]에서 [흰색, 배경 1]을 선택합니다. 나머지 도형에도 선을 그려 넣습니다.

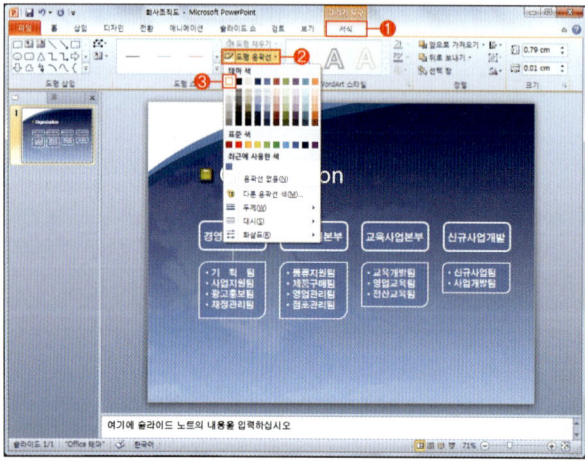

도형에 그라데이션 적용하기

1. [홈] 탭-[그리기] 그룹-[도형]을 클릭한 후 [사각형]-[모서리가 둥근 직사각형]을 선택합니다. 슬라이드 편집 화면에서 마우스를 드래그하여 모서리가 둥근 직사각형을 삽입합니다.

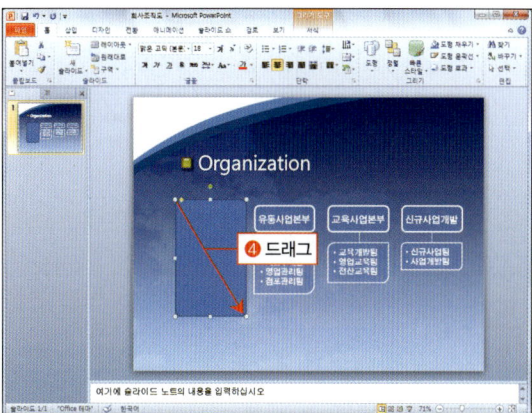

2. [그리기 도구]의 상황별 탭인 [서식] 탭-[도형 스타일] 그룹에서 [도형 서식] 대화 상자 단추(⬚)를 클릭합니다. [도형 서식] 대화 상자가 나타나면 [채우기]에서 [그라데이션 채우기]를 선택한 후 [기본 설정 색]을 클릭하여 [늦은 해질녘]을 선택합니다.

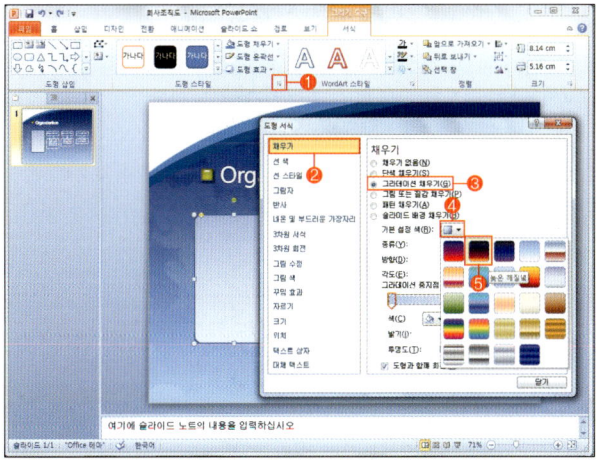

3. [방향]에서 가장 마지막에 있는 [선형 대각선]을 선택합니다.

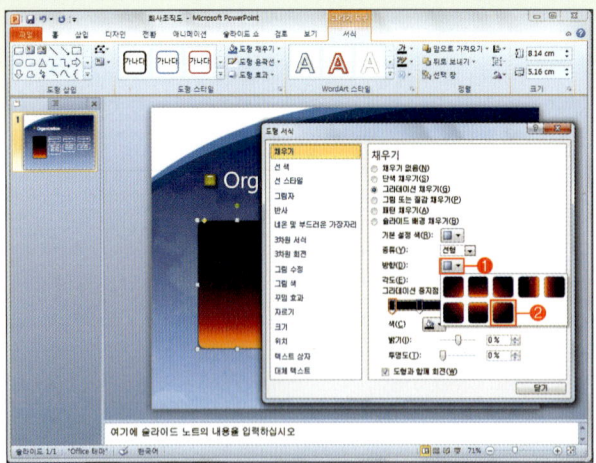

4. [그라데이션 중지점]에서 [중지점 3/6]과 [중지점 4/6]을 왼쪽으로 조금씩 이동하여 중지점 위치를 조절한 후 [닫기]를 클릭합니다.

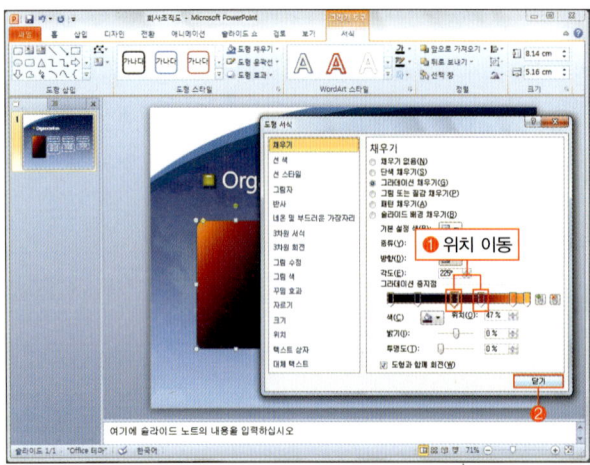

> **tip** 그라데이션이란 한 색에서 다른 색으로 색 및 음영이 점진적으로 변화하는 효과를 말합니다. [도형 서식] 대화 상자에서 그라데이션 효과를 적용하면 기본 설정 색 및 방향을 변경할 수 있으며, 중지점에 따라 색상을 변경할 수도 있습니다.

도형 효과 적용하고 위치 변경하기

1. 그라데이션이 적용된 도형을 선택한 후 마우스 오른쪽 단추를 클릭하여 [맨 뒤로 보내기]-[맨 뒤로 보내기] 를 선택합니다.

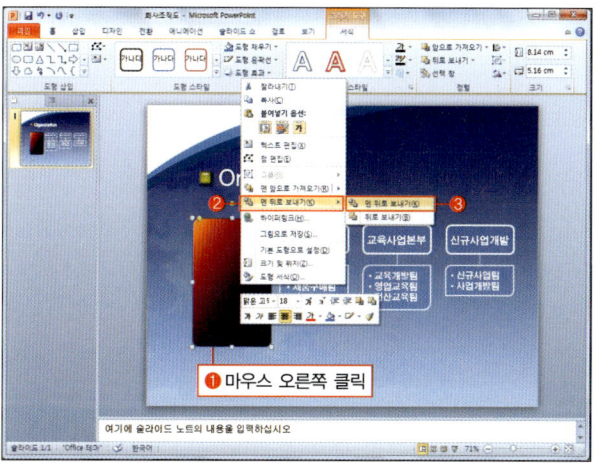

2. [그리기 도구]의 상황별 탭인 [서식] 탭-[도형 스타일] 그룹에서 [도형 효과]를 클릭한 후 [반사]-[근접 반사, 터치]를 선택합니다.

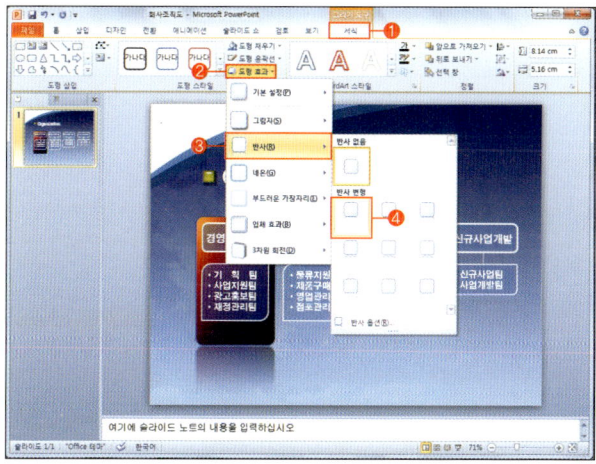

그룹 지정하고 해제하기

○ 준비파일 : Part02\Chapter02\Section01\소셜미디어.pptx
○ 완성파일 : Part02\Chapter02\Section01\소셜미디어_완성.pptx

1. 'twitter'라고 적힌 도형을 클릭하면 'me2DAY'라고 적힌 도형과 그룹으로 지정되어 있는 것을 확인할 수 있습니다. 그룹 해제를 위해 [그리기 도구]의 상황별 탭인 [서식] 탭-[정렬] 그룹에서 [그룹]([\icon])을 클릭하여 [그룹 해제]를 선택합니다. 도형의 그룹이 해제됩니다.

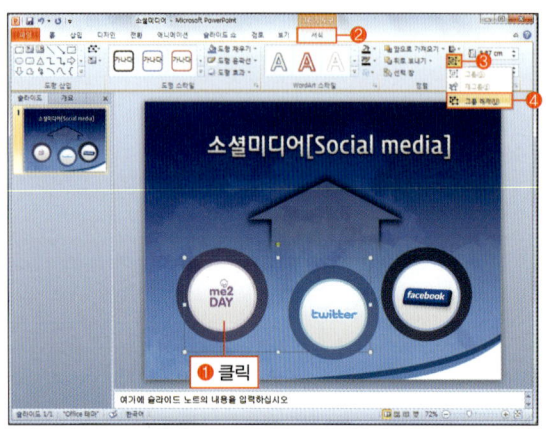 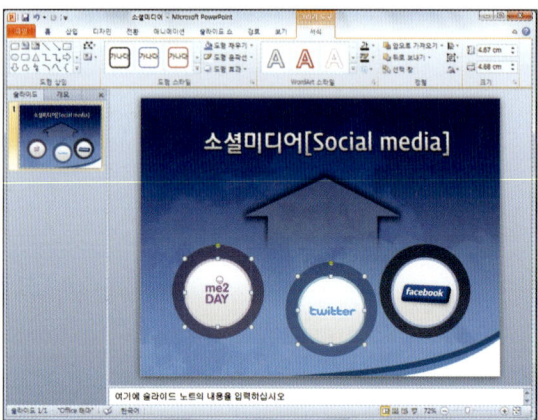

> **tip** 도형 등의 개체를 슬라이드에 삽입한 후 이를 그룹으로 지정해 놓으면 차후 복제를 하거나 정렬 등 여러 가지 설정을 할 때 편리하게 사용할 수 있습니다. 도형 등의 개체에 그룹을 설정하려면 [서식] 탭-[정렬] 그룹에서 [그룹]([\icon])을 클릭하거나, 마우스 오른쪽 단추를 클릭하여 [그룹]-[그룹]을 선택합니다. 해제 역시 동일한 방법으로 [그룹 해제]를 선택합니다.

2. 새롭게 그룹을 지정하기 위해 다음과 같이 그룹으로 지정할 영역을 마우스로 드래그하여 선택한 후 [그림 도구]의 상황별 탭인 [서식] 탭-[정렬] 그룹에서 [그룹]([\icon])을 클릭하여 [그룹]을 선택합니다. 나머지 영역도 각각 그룹을 지정해 줍니다.

맞춤과 배분 이용하여 정렬하기

1. 일정 방향으로 간격을 맞추기 위해 도형을 모두 선택한 후 [그림 도구]의 상황별 탭인 [서식] 탭-[정렬] 그룹에서 [맞춤](📊)을 클릭하여 [가로 간격을 동일하게]를 선택합니다.

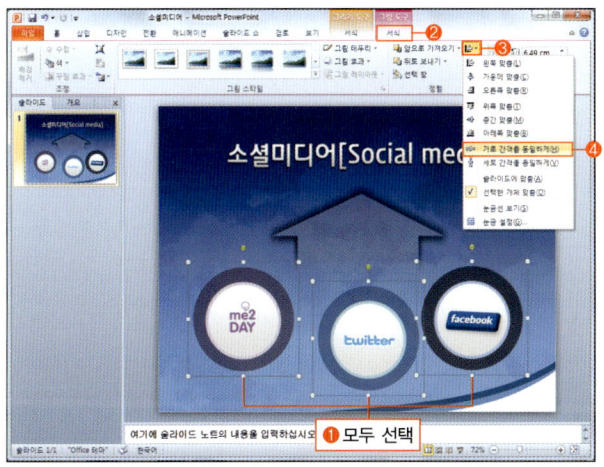

> **Tip** 맞춤 기능을 이용하면 정렬되어 있지 않은 그림이나 도형, 텍스트 상자 등의 개체를 일직선 상이나 동일한 간격으로 정렬할 수 있습니다.

2. 가로 간격이 동일하게 정렬됩니다. 다시 [서식] 탭-[정렬] 그룹에서 [맞춤](📊)을 클릭하여 [위쪽 맞춤]을 선택합니다. 도형의 간격이 일정하게 정렬됩니다.

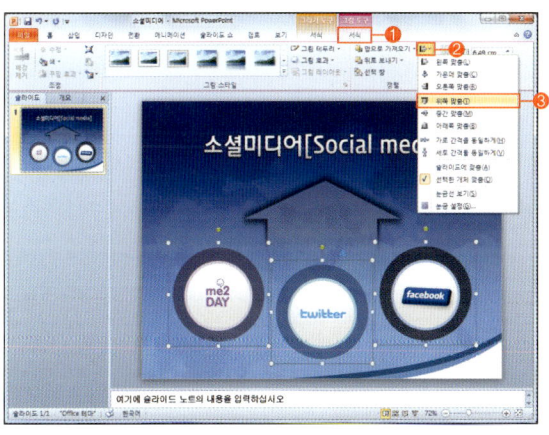

> **Tip** 개체의 중심을 세로로 맞추려면 [가운데 맞춤]을 선택하고, 개체의 중심을 가로로 맞추려면 [중간 맞춤]을 선택합니다.

> **Tip** [맞춤](📊)에 있는 [눈금 설정]을 선택하면 [눈금 및 안내선] 대화 상자가 열립니다. 여기서 [화면에 그리기 안내선 표시]에 체크를 하고 [확인]을 클릭하면 슬라이드에 안내선이 표시되며 이를 드래그하여 안내선에 개체를 맞추어 정렬할 수도 있습니다.

볼륨감이 살아있는 입체 도형 만들기

● 준비파일 : Part02\Chapter02\Section01\사이버교육학습과정.pptx
● 완성파일 : Part02\Chapter02\Section01\사이버교육학습과정_완성.pptx

1 첫 번째 도형을 클릭한 후 [그리기 도구]의 상황별 탭인 [서식] 탭-[도형 스타일] 그룹에서 [도형 서식] 대화 상자(⬚)를 클릭합니다. [도형 서식] 대화 상자가 나타나면 [채우기]-[그라데이션 채우기]를 선택하고 [그라데이션 중지점]의 처음 지점을 클릭한 후 [색]-[표준 색]-[연한 녹색]을 선택합니다.

2 계속해서 [그라데이션 중지점]의 중간 지점을 클릭한 후 [색]-[표준 색]-[연한 녹색]을 선택합니다.

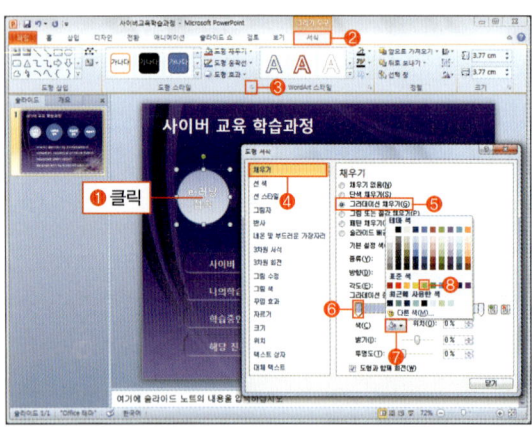

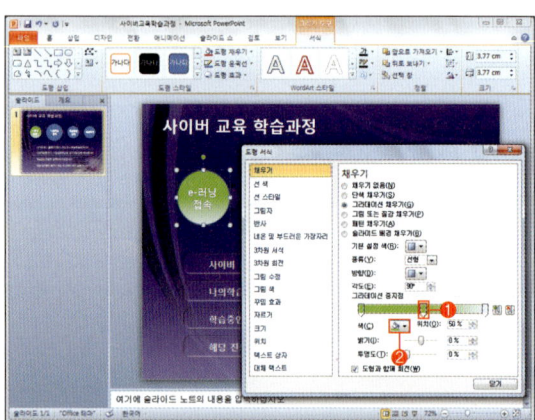

3 이번에는 [그라데이션 중지점]의 마지막 지점을 클릭한 후 [색]-[표준 색]-[노랑]을 선택합니다. [닫기]를 클릭합니다.

4 [도형 스타일] 그룹-[도형 윤곽선]-[테마색]-[흰색, 배경 1]을 클릭합니다. [도형 스타일] 그룹-[도형 윤곽선]-[두께]-[1/4pt]를 차례대로 클릭합니다.

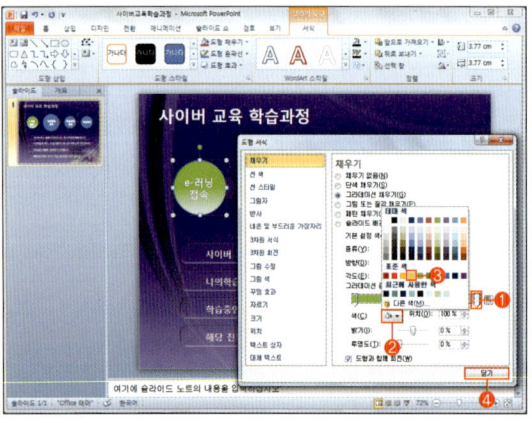

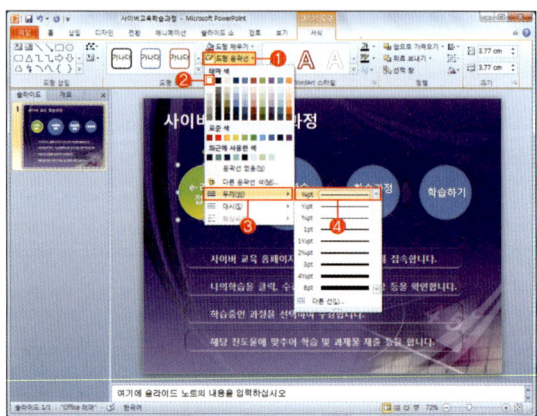

5 동일한 방법으로 두 번째, 세 번째, 네 번째 도형도 [도형 서식] 대화 상자를 열어 그라데이션을 조절하고 원하는 색상으로 지정합니다. [그리기 도구]의 상황별 탭인 [서식] 탭-[도형 삽입] 그룹에서 [타원]을 클릭하여 슬라이드 편집 화면에 타원을 삽입하고 크기를 조절합니다.

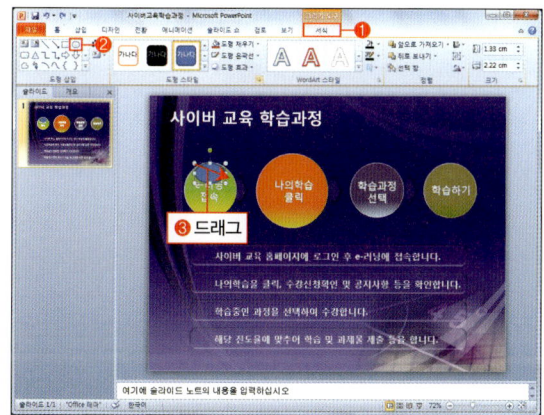

6 볼륨감을 주기 위해 [도형 서식] 대화 상자 단추(▣)를 클릭한 후 [채우기]-[그라데이션 채우기]에서 [그라데이션 중지점]의 처음을 클릭한 후 [색]-[흰색, 배경 1]을 선택합니다. [그라데이션 중지점]의 마지막을 클릭한 후 [색]-[흰색, 배경 1]을 선택하고 [투명도]에 『49』를 입력합니다.

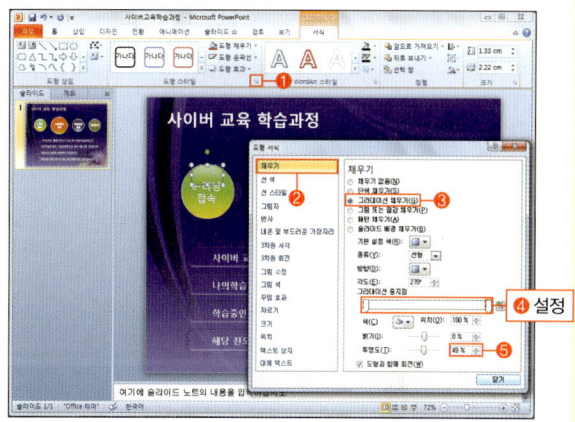

7 마지막으로 [선 색]을 클릭하여 [선 없음]을 선택한 후 [닫기]를 클릭합니다.

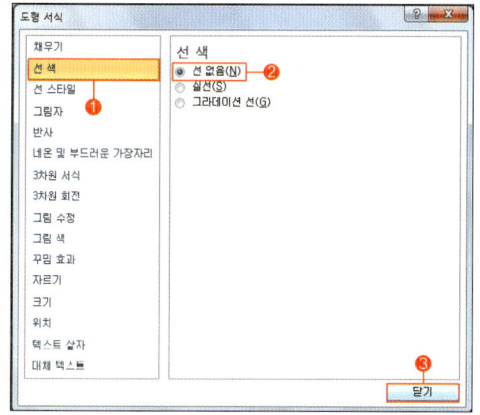

8 나머지 도형에도 동일한 방법으로 볼륨감을 주어 슬라이드를 완성합니다.

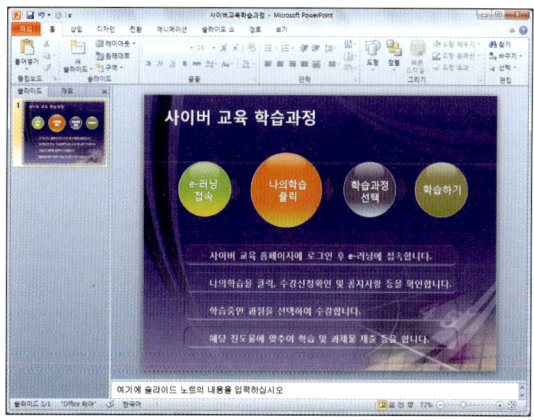

세이프 결합, 교차, 병합, 빼기

● **준비파일** : Part02\Chapter02\Section01\세이프.pptx
● **완성파일** : Part02\Chapter02\Section01\세이프_완성.pptx

1 [파일] 탭-[옵션]을 클릭하여 [PowerPoint 옵션] 대화 상자가 나타나면 [빠른 실행 도구 모음]을 클릭하고 [다음에서 명령 선택]의 화살표를 클릭하여 [리본 메뉴에 없는 명령]을 선택합니다. [세이브 결합], [세이프 교차], [세이프 병합], [세이프 빼기]를 각각 선택한 후 [추가]를 클릭해 [빠른 실행 도구 모음 사용자 지정]에 추가합니다. [확인]을 클릭합니다.

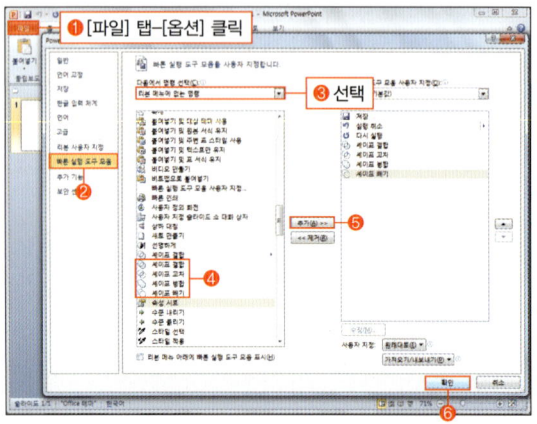

> **tip** 파워포인트 2010에서는 도형을 결합하거나 병합하여 또 다른 도형을 만들 수 있습니다. 이 기능을 사용하기 위해서는 먼저 빠른 실행 도구 모음에 도형 결합 명령을 추가해야 합니다.

2 준비 파일을 불러온 다음 도형을 모두 선택한 후 [빠른 실행 도구 모음 사용자 지정]에서 [세이프 결합](⬚)을 클릭합니다. 서로 교차되는 부분이 사라집니다.

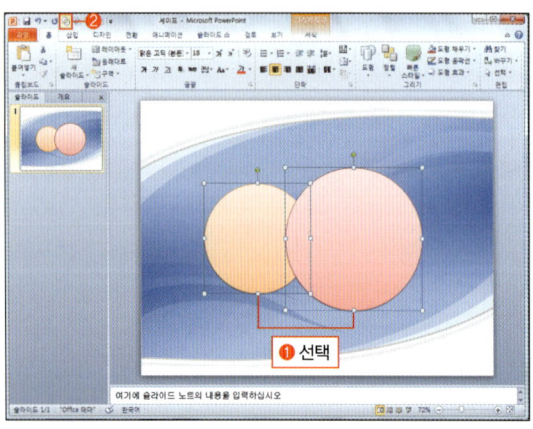
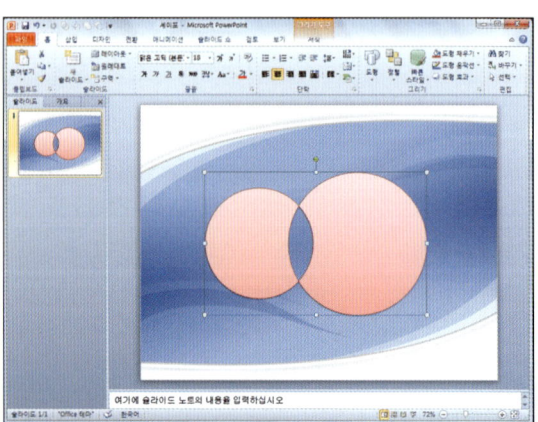

3 [빠른 실행 도구 모음 사용자 지정]에서 [작업 취소](⤺)를 눌러 도형을 처음으로 되돌린 다음 [빠른 실행 도구 모음 사용자 지정]에서 [세이프 병합](⬤)을 클릭합니다. 도형이 하나로 병합됩니다.

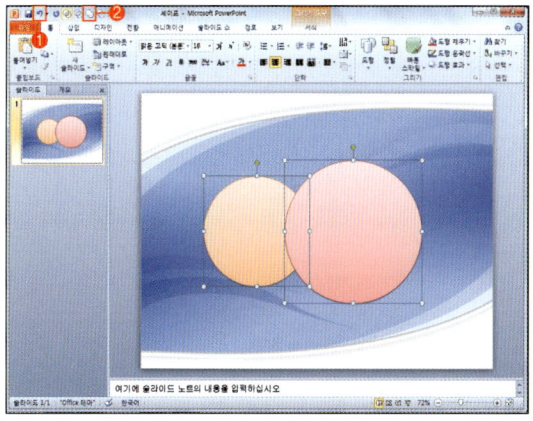 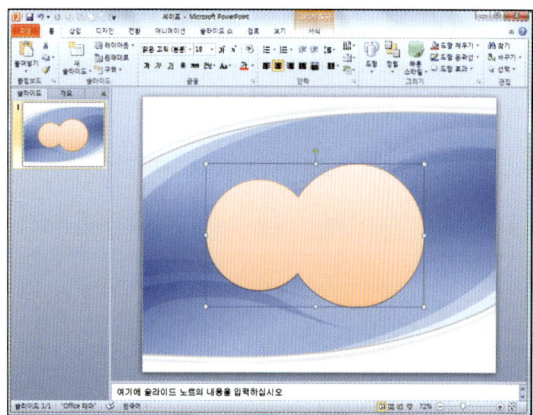

- ● **준비파일** : Part02\Chapter02\Check\추진계획.pptx
- ● **완성파일** : Part02\Chapter02\Check\추진계획_완성.pptx

추진 계획 슬라이드를 열어 도형의 스타일을 변경해 보세요.

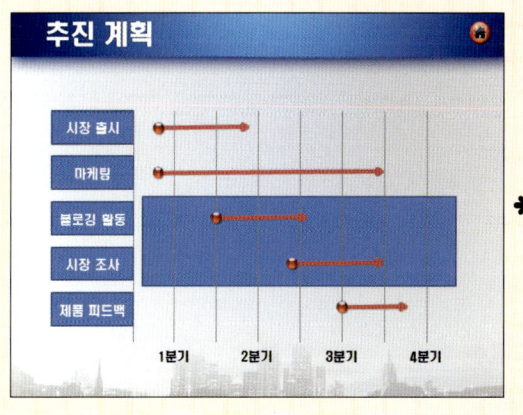 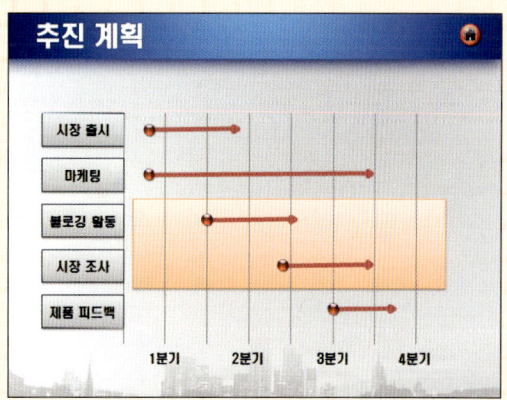

Hint
❶ 스타일을 변경할 도형을 `Ctrl` 을 누른 채 선택
❷ [서식] 탭-[도형 스타일] 그룹-[자세히(▼)]를 클릭하여 원하는 스타일 선택

SECTION 02

클립 아트와 그림 개체로 감각있는 슬라이드 만들기

클립 아트란 파워포인트에서 제공하는 다양한 그림 개체를 말하는 것으로 비트맵이나 여러 가지 도형의 조합으로 이루어져 있으며, 그 종류는 셀 수 없을 정도로 많습니다. 또한, 클립 아트 못지 않게 그림도 파워포인트에서 자주 삽입하게 되는데 시각적인 효과를 중요시하는 추세에 걸맞게 목적에 맞는 그림을 적절히 삽입하여 청중의 이해와 설득이라는 목적을 달성하도록 하는 것이 중요합니다.

Preview

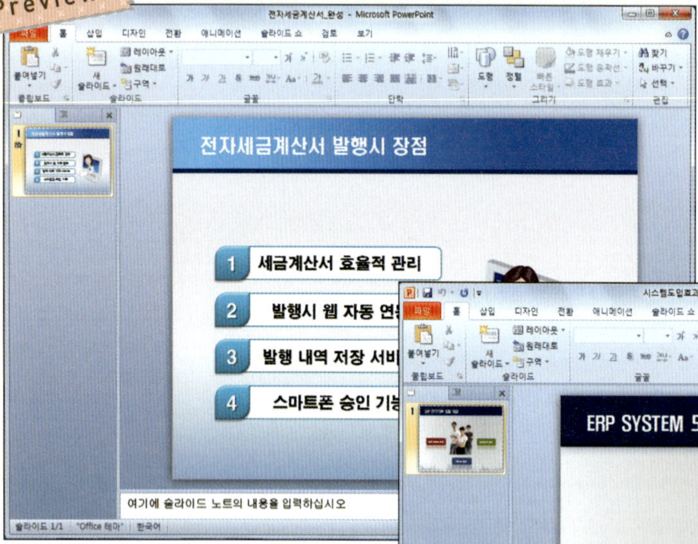

▲ 새로운 클립 아트 만들기

▲ 그림 투명 색 지정과 그림 배경 제거하기

이번 섹션에서 배울 주요 내용!

01. 클립 아트 삽입하기
02. 클립 아트 그룹 해제하고 편집하기
03. 새로운 클립 아트 그림으로 저장하기
04. 그림 삽입하기
05. 그림 효과와 스타일 지정하기
06. 밝기 및 대비, 색상 톤 조정하기

07. 그림 자르기와 압축하기
08. 그림 투명하게 만들기
09. 그림 배경 제거하기
스페셜. 스크린 샷으로 빠르고 간편하게 화면 캡처하기
스페셜. 사진 앨범을 이용하여 요리 슬라이드 만들기

01 클립 아트 삽입하기

◉ **준비파일** : Part02\Chapter02\Section02\전자세금계산서.pptx
◉ **완성파일** : Part02\Chapter02\Section02\전자세금계산서_완성.pptx

1. [삽입] 탭–[이미지] 그룹에서 [클립 아트]를 클릭합니다. [클립 아트] 작업 창이 나타나면 [검색 대상]에 『직장인』을 입력한 후 [이동]을 클릭합니다. [검색할 형식]의 화살표를 클릭하여 [그림]에 체크 표시를 한 후 나머지 항목은 모두 체크 표시를 없앱니다.

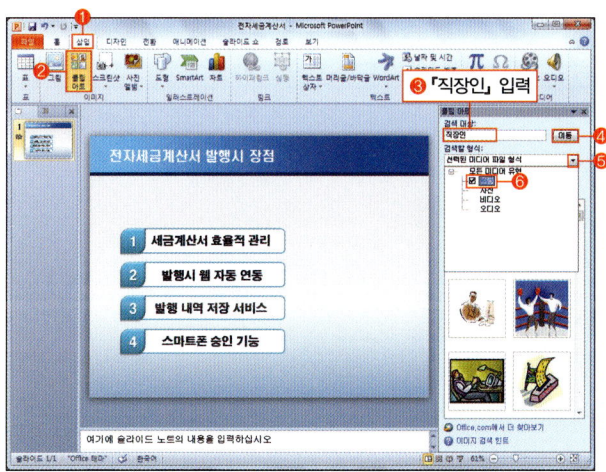

> **tip** 파워포인트나 Office Online에서 제공하는 클립 아트의 개수는 9만여 개가 넘습니다. [클립 아트] 작업 창에서 검색할 대상을 입력하고 검색 위치나 형식 등을 지정하면 효율적으로 클립 아트를 검색할 수 있습니다.

2. 원하는 클립 아트를 클릭하거나 클립 아트 오른쪽에 있는 화살표를 눌러 [삽입]을 클릭하면 슬라이드 편집 화면에 클립 아트가 삽입되어 나타납니다. 클립 아트가 삽입되면 크기를 조정한 다음 원하는 위치로 이동합니다. [클립 아트] 작업 창의 [닫기]를 클릭합니다.

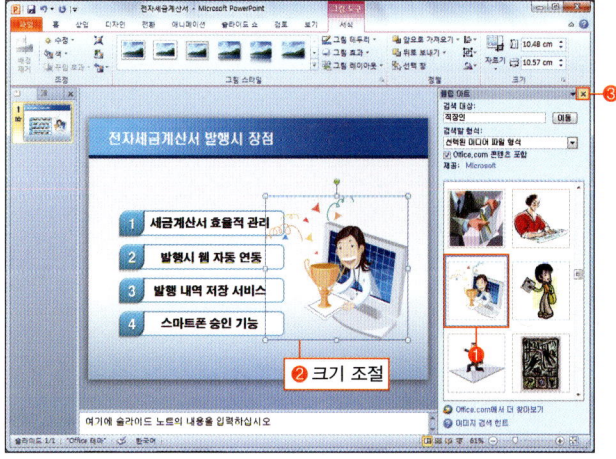

클립 아트 그룹 해제하고 편집하기

1. 클립 아트의 그룹을 해제하기 위해 클립 아트를 선택하고 마우스 오른쪽 단추를 클릭하여 [그룹]-[그룹 해제]를 선택합니다.

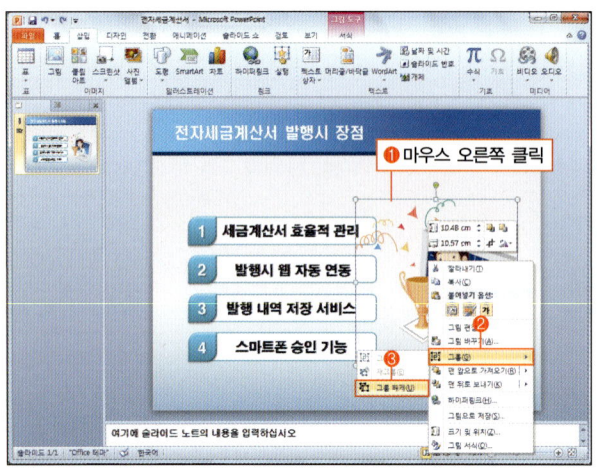

tip 클립 아트는 파워포인트에서 제공하는 모양 외에도 본인의 취향대로 변경해서 사용할 수 있습니다. 먼저 클립 아트의 그룹을 해제하여 자유롭게 편집할 수 있는 상태로 만듭니다.

2. 다음과 같은 경고 창이 나타나면 [예]를 클릭합니다.

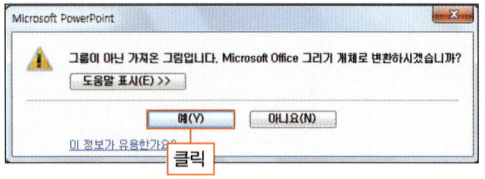

3. 다시 마우스 오른쪽 단추를 클릭하여 [그룹]-[그룹 해제]를 선택합니다.

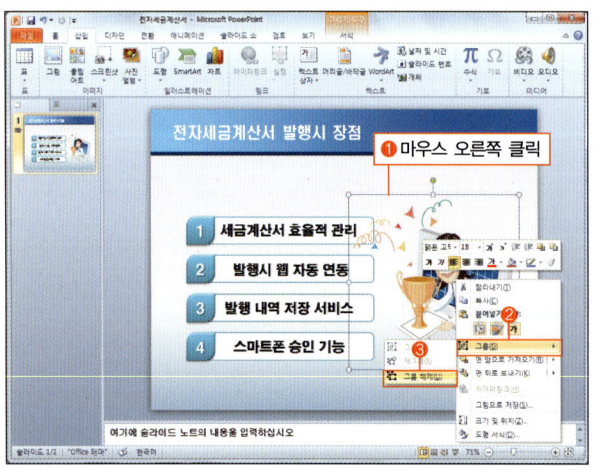

tip 클립 아트의 그룹을 해제할 경우, 때에 따라서 그룹 해제를 두 번 해야 할 경우도 있습니다. 그룹이 해제가 되지 않을 때에는 마우스 오른쪽 단추를 클릭하여 [그룹]-[그룹 해제]를 다시 한번 실행합니다.

4. 클립 아트가 그룹 해제됩니다. 슬라이드의 빈 곳을 클릭하여 클립 아트 선택을 해제한 후 다음과 같이 그룹 해제된 영역을 선택합니다. 그런 다음 **Delete** 를 눌러 영역을 삭제합니다. 같은 방법으로 나머지 불필요한 부분들도 **Delete** 를 눌러 삭제합니다.

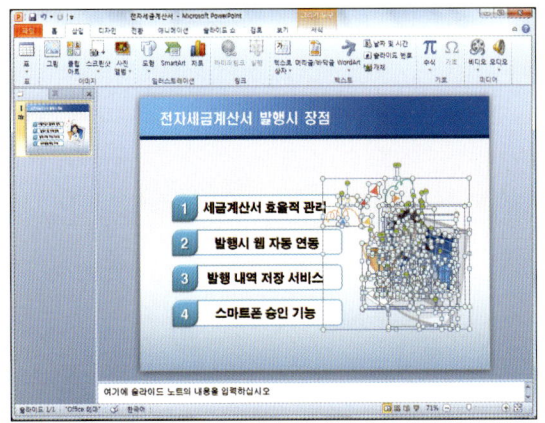
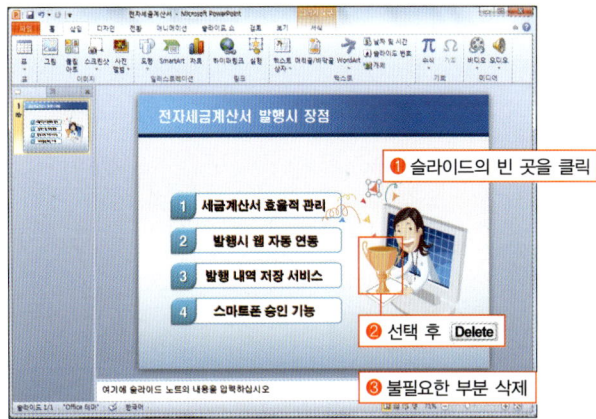

5. 불필요한 부분을 모두 삭제하였으면 클립 아트를 다음과 같이 드래그하여 선택한 후 다시 그룹으로 지정하기 위해 마우스 오른쪽 단추를 클릭하여 [그룹]-[그룹]을 선택합니다.

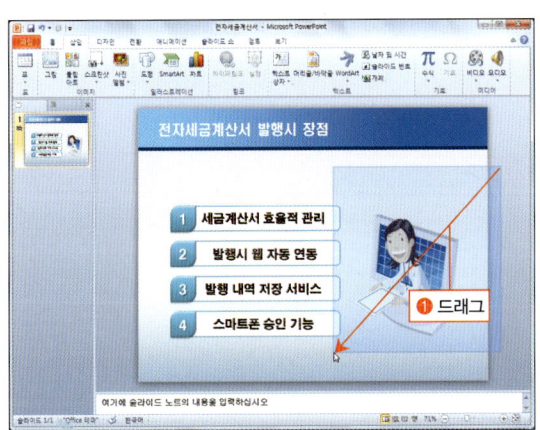
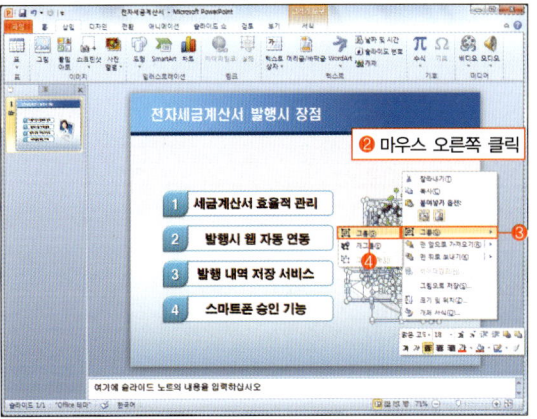

6. 클립 아트가 다시 하나의 그룹으로 완성됩니다.

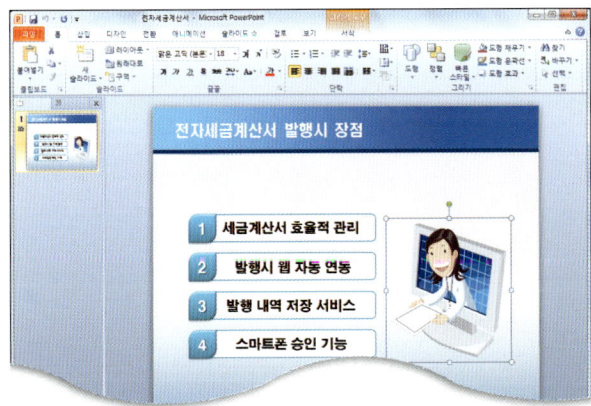

1. 새로 수정된 클립 아트를 선택하고 마우스 오른쪽 단추를 클릭하여 [그림으로 저장]을 선택합니다.

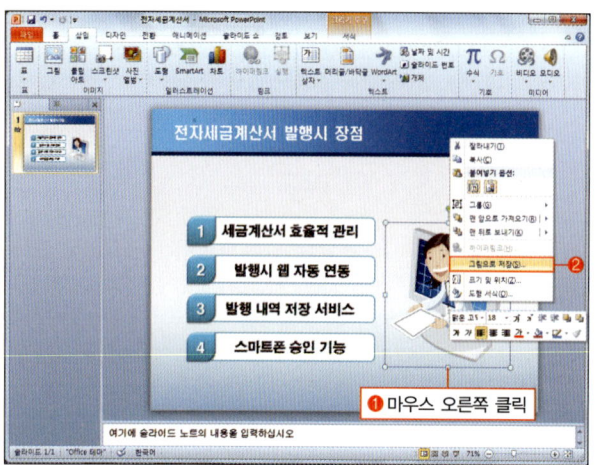

> **tip** [클립 아트] 작업 창에서 클립 아트를 찾아서 불러와 다시 편집할 수도 있지만 매번 그런 과정을 거치기엔 시간이 많이 소요됩니다. 새로 편집된 클립 아트를 저장하는 이유는 차후 수정 작업 없이 간편하게 사용하기 위함입니다.

2. [그림으로 저장] 대화 상자가 나타나면 원하는 저장 위치를 선택하고 [파일 이름]에 『새로만든클립아트』를 입력한 후 [저장]을 클릭합니다.

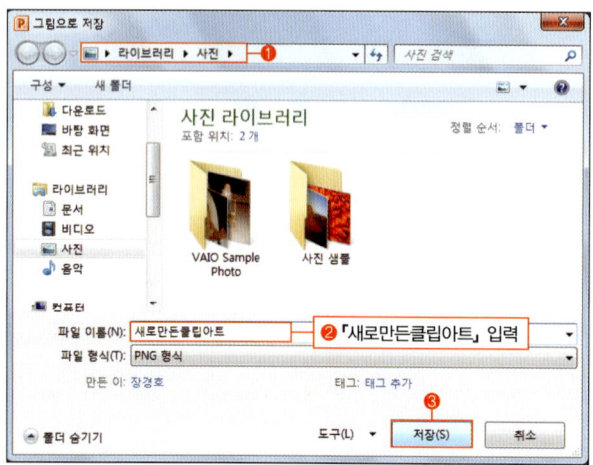

> **tip** 클립 아트는 보통 메타 파일인 .wmf로 구성되어 있습니다. 그림으로 저장할 경우에는 .bmp, .jpg, .gif 또는 .png 파일로 저장할 수 있습니다.

04 그림 삽입하기

- ● **준비파일** : Part02\Chapter02\Section02\Europe_Travel.pptx
- ● **완성파일** : Part02\Chapter02\Section02\Europe_Travel_완성.pptx

1. [삽입] 탭-[이미지] 그룹에서 [그림]을 클릭합니다. [그림 삽입] 대화 상자가 나타나면 부록 CD의 'Part02\Chapter02\Section02' 폴더에서 'pic_01.jpg', 'pic_02.jpg', 'pic_03.jpg' 파일을 찾아 선택하고 [삽입]을 클릭합니다.

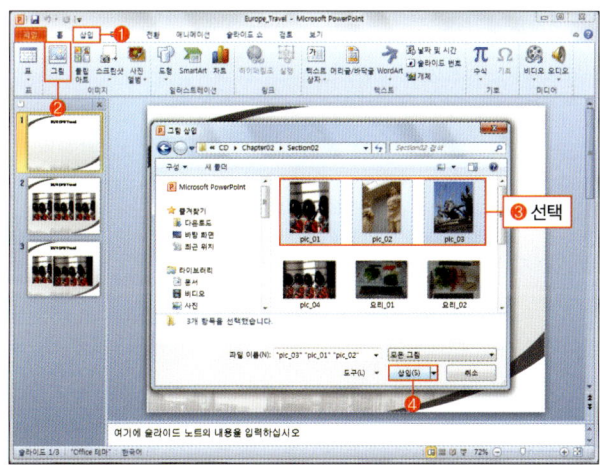

> **tip** 슬라이드에 그림이나 사진과 같은 이미지를 삽입하면 프레젠테이션의 사실감이나 청중의 이해도를 높일 수 있습니다.

2. 그림이 삽입되면 크기를 조절하고 위치를 이동합니다.

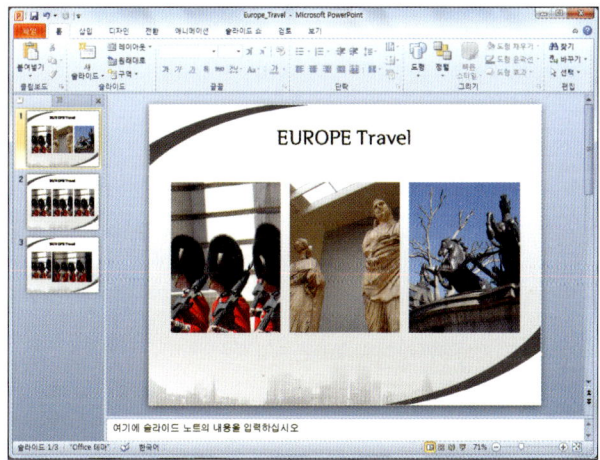

꼭! 알아두세요

[그림 삽입] 대화 상자의 [삽입] 옵션

[그림 삽입] 대화 상자에서 [삽입]의 화살표를 클릭하면 다양한 옵션이 나타납니다. [파일에 연결]은 슬라이드에 그림을 연결만 하는 것으로, 원본 그림을 수정하면 슬라이드에 연결된 그림도 함께 수정됩니다. [삽입 및 연결]은 슬라이드에 그림을 삽입함과 동시에 연결합니다.

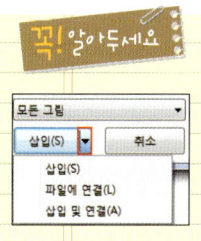

그림 효과와 스타일 지정하기

1. 그림에 반사 효과를 주기 위해 `Ctrl`을 눌러 세 개의 그림을 선택합니다. [서식] 탭-[그림 스타일] 그룹에서 [그림 효과]를 클릭한 후 [반사]-[근접 반사, 터치]를 선택합니다.

> **tip** [그림 효과]에서 그림자, 네온, 입체 효과, 3차원 회전 등 다양한 효과를 적용할 수 있습니다.

2. 그림 스타일을 변경하기 위해 [서식] 탭-[그림 스타일] 그룹에서 [자세히](▼)를 클릭합니다. 스타일 갤러리가 나타나면 [반사형 원금감(오른쪽)]을 선택합니다.

> **tip** 삽입한 그림은 그림자, 네온, 반사, 부드러운 가장자리, 입체 효과, 3차원 회전 등 그림 스타일을 지정하여 다양한 효과를 추가할 수 있습니다. 효과를 추가하여 그림의 화질을 높일 수 있습니다.

06 밝기 및 대비, 색상 톤 조정하기

1. 두 번째 슬라이드의 두 번째 그림을 선택합니다. [그림 도구]의 상황별 탭인 [서식] 탭-[조정] 그룹에서 [수정]을 클릭하여 [밝기: +40%, 대비: +40%]를 선택합니다.

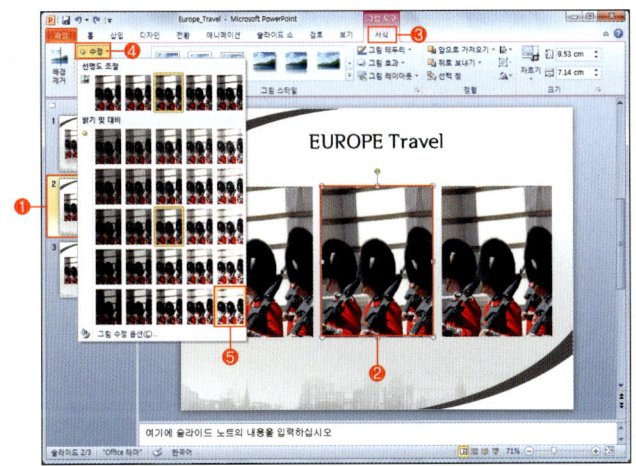

> **tip** [조정] 그룹에서 선명도, 밝기 및 대비를 적용하면 포토샵에서 작업한 것 같은 다양한 그림 효과를 파워포인트에서도 적용할 수 있습니다.

2. 이번에는 세 번째 그림을 선택한 후 [그림 도구]의 상황별 탭인 [서식] 탭-[조정] 그룹에서 [꾸밈 효과]를 클릭하여 [밝은 화면]을 선택합니다.

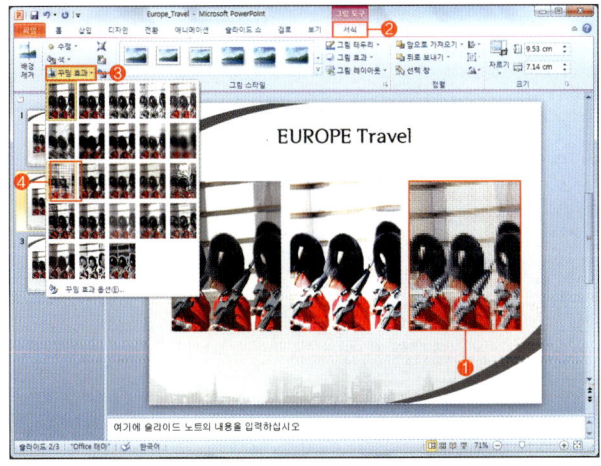

07 그림 자르기와 압축하기

1. 그림의 불필요한 부분을 제거하기 위해 세 번째 슬라이드의 두 번째 그림을 선택한 후 [그림 도구]의 상황별 탭인 [서식] 탭-[크기] 그룹에서 [자르기] 윗부분을 클릭합니다. 자르기 핸들이 나타나면 마우스로 드래그하여 원하는 부분만 표시되도록 크기를 조정합니다.

> **tip** 파워포인트 2010에서는 자르기 핸들을 이용하여 원하는 영역만큼 표시하거나 자를 수 있습니다. 또한, 도형에 맞게 자를 수 있는 기능이 업그레이드 되었습니다.

2. 마우스로 그림을 드래그합니다. 그림에서 자르기 원하는 부분을 지정할 수 있습니다. 지정이 되었으면 [서식] 탭-[크기] 그룹에서 [자르기] 윗부분을 다시 클릭합니다.

> **tip** 자르기 핸들을 마우스로 드래그하여 선택한 후 Esc 를 눌러도 자르기가 실행됩니다.

3. 원하는 부분만큼 자르기가 됩니다. 이번에는 도형에 맞춰 자르기 위해 [그림 도구]의 상황별 탭인 [서식] 탭-[크기] 그룹에서 [자르기] 아랫부분을 클릭한 후 [도형에 맞춰 자르기]를 선택합니다. 원하는 도형 모양을 선택합니다. 여기서는 [정육면체]를 클릭합니다. 다음과 같이 정육면체에 맞게 그림이 잘라집니다.

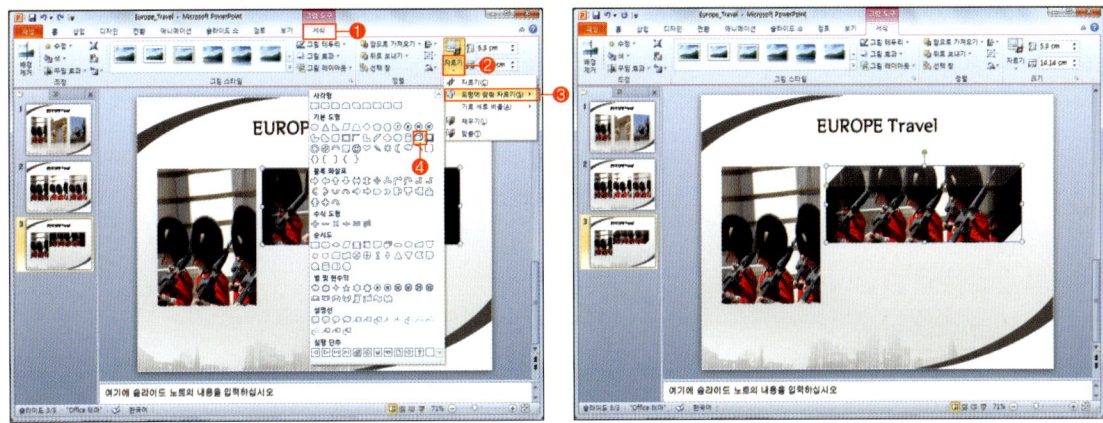

4. 슬라이드에 삽입한 그림을 압축하기 위해 [그림 도구]의 상황별 탭인 [서식] 탭-[조정] 그룹에서 [그림 압축]([🖼])을 클릭합니다. [그림 압축] 대화 상자가 나타나면 [압축 옵션]에서 [이 그림에만 적용]의 체크 표시를 해제한 후 [확인]을 클릭합니다.

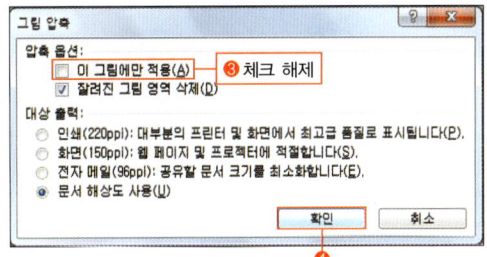

> **Tip**
> [그림 압축] 대화 상자에서 [이 그림에만 적용]의 체크 표시를 해제하면 전체 슬라이드의 그림을 압축할 수 있어 프레젠테이션 전체 문서 용량을 많이 줄일 수 있습니다.

그림 투명하게 만들기

○ **준비파일** : Part02\Chapter02\Section02\시스템도입효과.pptx
○ **완성파일** : Part02\Chapter02\Section02\시스템도입효과_완성.pptx

1. 그림을 투명하게 만들기 위해 그림을 선택하고 [서식] 탭–[조정] 그룹에서 [색]을 클릭한 후 [투명한 색 설정] 을 선택합니다.

2. 마우스 포인터의 모양이 [아이콘]로 변하면 투명하게 만들고 싶은 부분을 클릭합니다.

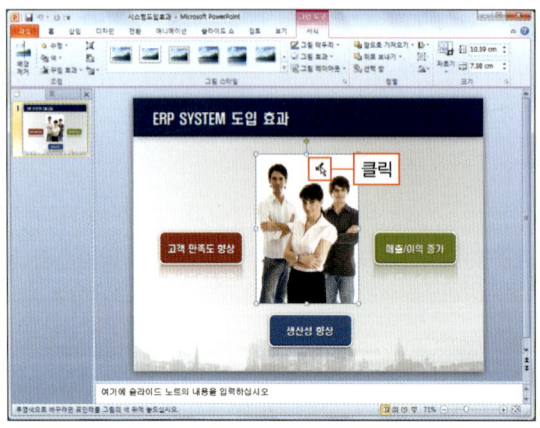
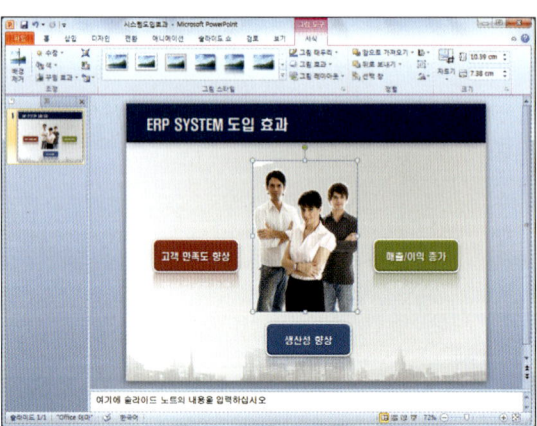

> **Tip**
> [투명한 색 설정] 기능을 이용하면 그림에서 쉽게 배경 등의 부분을 없앨 수 있다는 장점이 있지만 보다 정밀하게 투명한 색으로 설 정하지 못한다는 단점이 있습니다. 이를 보완해 주는 기능이 파워포인트 2010에서 새롭게 등장한 [그림 배경 제거하기] 기능입니다.

09 그림 배경 제거하기

◉ **준비파일** : Part02\Chapter02\Section02\시스템도입효과_배경제거.pptx
◉ **완성파일** : Part02\Chapter02\Section02\시스템도입효과_배경제거_완성.pptx

1. 그림의 배경을 제거하기 위해 그림을 선택하고 [서식] 탭-[조정] 그룹에서 [배경 제거]를 클릭합니다.

> **Tip** 그림을 투명하게 만들거나 그림 스타일 등을 지정하였으나 마음에 안 들어 다시 조정하고 싶을 경우 [서식] 탭-[조정] 그룹에서 [그림 원래대로](🖼)를 클릭하면 원래 이미지로 되돌릴 수 있습니다.

2. 그림에 영역이 표시되면 그림 전체가 포함될 수 있도록 영역을 조정합니다.

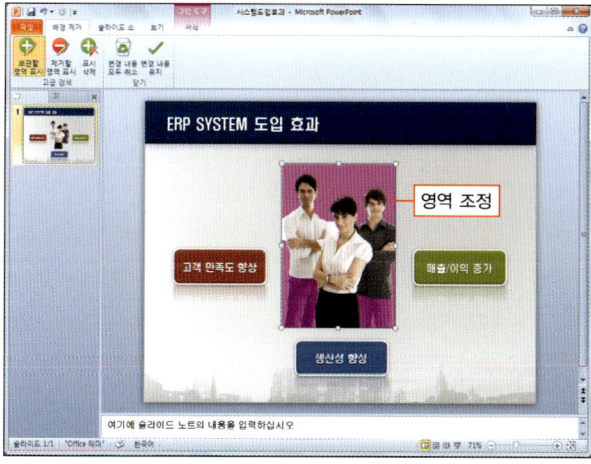

3. [배경 제거] 탭-[고급 검색] 그룹에서 [보관할 영역 표시]를 클릭한 후 마우스로 보관할 영역을 드래그하여 지정합니다.

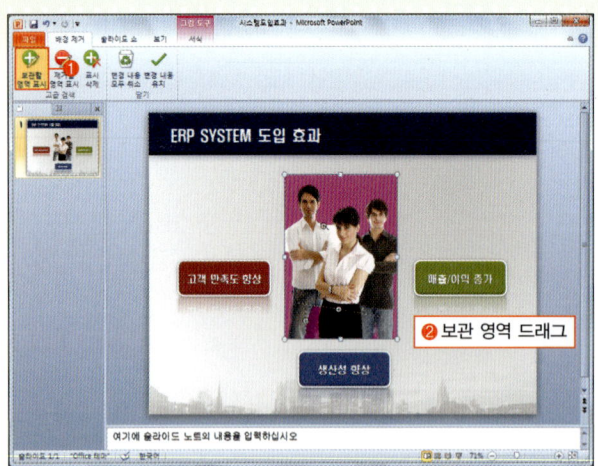

4. 보관할 영역이 지정되었으면 이번에는 제거할 부분을 지정하기 위해 [배경 제거] 탭-[고급 검색] 그룹에서 [제거할 영역 표시]를 클릭한 후 제거할 배경이 포함되어 있는 부분을 드래그하여 지정합니다. [닫기] 그룹의 [변경 내용 유지]를 클릭합니다.

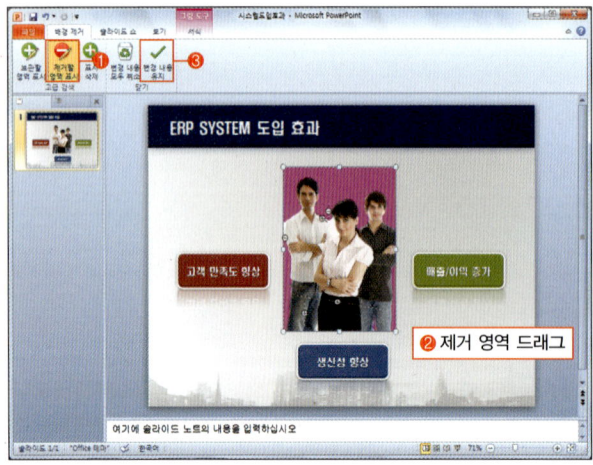

5. 다음과 같이 배경이 제거됩니다.

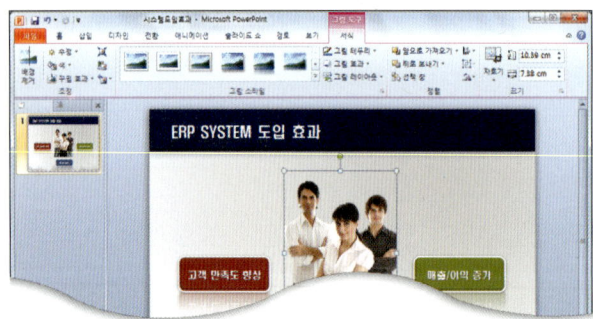

Special Page

스크린 샷으로 빠르고 간편하게 화면 캡처하기

● **준비파일** : Part02\Chapter02\Section02\실무형카페소개.pptx
● **완성파일** : Part02\Chapter02\Section02\실무형카페소개_완성.pptx

1 파워포인트 2010에서 새롭게 추가된 스크린 샷 기능을 이용하면 빠르고 간편하게 화면을 캡처하여 파워포인트에 바로 삽입할 수 있습니다. [삽입] 탭-[스크린 샷]을 클릭하면 내 컴퓨터에 현재 띄워져 있는 창이 나타납니다. 이 중 하나의 창을 선택합니다.

2 선택한 화면이 바로 캡처됩니다. [그림 도구]의 상황별 탭인 [서식] 탭-[크기] 그룹에서 [자르기] 윗부분을 클릭하여 그림을 원하는 크기만큼 자른 후 Esc 를 누릅니다.

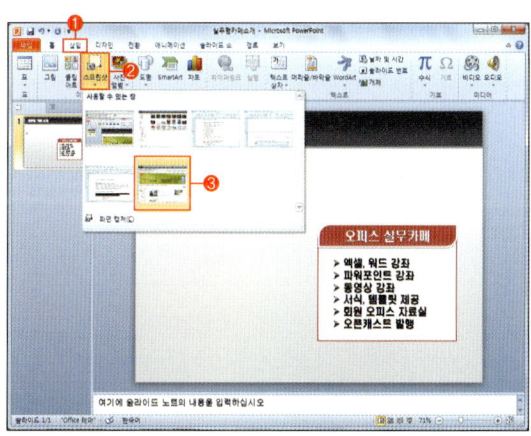

> **tip** 내 컴퓨터에 현재 띄워져 있는 창에 따라 화면이 달리 보일 수 있습니다.

3 [그림 스타일] 그룹에서 자세히(▾)를 클릭하여 원하는 그림 스타일을 선택합니다. 그림을 마우스 오른쪽 단추로 클릭한 후 [맨 뒤로 보내기]를 선택합니다.

4 크기 및 위치를 조절하여 슬라이드를 완성합니다.

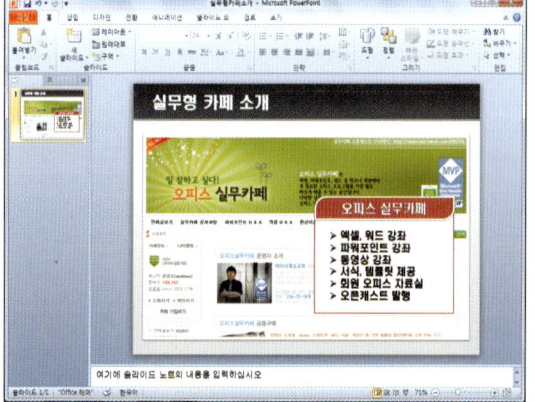

사진 앨범을 이용하여 요리 슬라이드 만들기

사진 앨범은 여러 장의 사진을 한꺼번에 슬라이드에 추가할 수 있는 기능입니다. 하드 디스크나 스캐너, 디지털 카메라에 담겨 있는 사진을 슬라이드에 삽입하여 캡션을 추가하고, 순서와 레이아웃을 조정한 후 테마를 적용하여 멋진 앨범을 만들어 봅니다.

◉ **완성파일** : Part02\Chapter02\Section02\간단요리만들기_완성.pptx

1 [삽입] 탭–[이미지] 그룹에서 [사진 앨범] 윗부분을 클릭합니다. [사진 앨범] 대화 상자가 나타나면 [파일/디스크]를 클릭합니다. [새 그림 삽입] 대화 상자가 나타나면 부록 CD의 'Part02\Chapter02\Section02' 폴더에서 '요리_01.jpg', '요리_02.jpg', '요리_03.jpg', '요리_04.jpg', '요리_05.jpg', '요리_06.jpg' 파일을 선택하고 [삽입]을 클릭합니다.

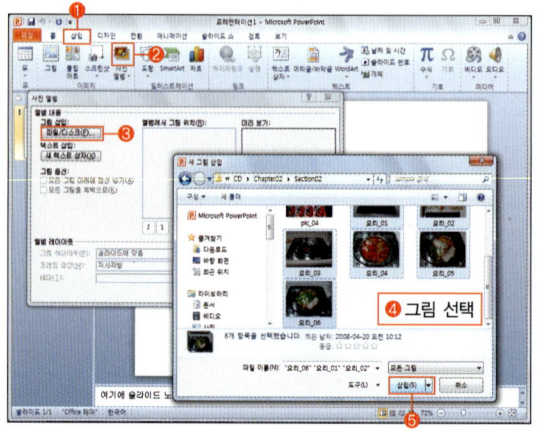

2 [사진 앨범] 대화 상자가 다시 나타나면 [앨범에서 그림 위치]에서 그림의 순서를 조절합니다. [그림 레이아웃]에서 [그림 2개], [프레임 모양]에서 [단순형 프레임, 흰색]을 선택합니다. [테마]에서 [찾아보기]를 클릭하여 [테마 선택] 대화 상자가 나타나면 원하는 테마를 선택한 후 [선택]을 클릭합니다. 다시 [사진 앨범] 대화 상자가 나타나면 [만들기]를 클릭합니다.

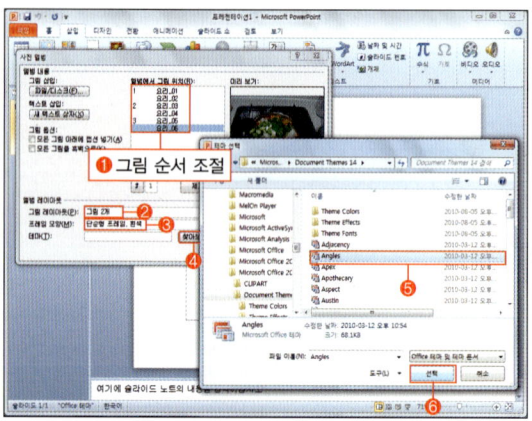

tip 표시되는 그림의 순서를 변경하려면 [앨범에서 그림 위치] 항목의 [화살표](↑↓)를 이용하여 위, 아래로 순서를 조정합니다. 또한, 삽입한 그림 파일을 미리 보려면 [앨범에서 그림 위치]에 있는 그림 항목 중 하나를 클릭합니다. 사진 앨범으로 삽입하는 사진들도 대비나 밝기 등 여러 그림 효과를 적용할 수 있습니다. [미리 보기] 아래에 있는 회전, 대비, 밝기 단추를 이용하여 그림 모양을 변경합니다.

3 테마가 적용되면서 사진 앨범이 완성됩니다. 앞에서 배운 클립 아트 등을 삽입하여 슬라이드를 완성합니다.

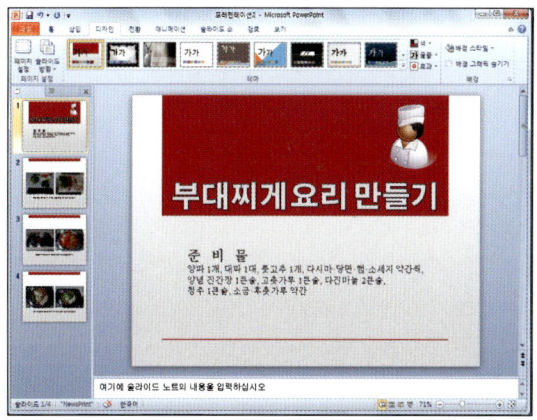

Microsoft Clip Organizer(클립 오거나이저)에 저장하기

[시작]([🏁])–[모든 프로그램]–[Microsoft Office]–[Microsoft Office 2010 도구]–[Microsoft Clip Organizer]를 클릭하면 클립 아트를 클립 오거나이저에 저장할 수 있습니다. [즐겨찾기] 대화 상자가 나타나면 [파일]–[클립 추가]–[직접]을 선택합니다. [즐겨찾기–클립 추가] 대화 상자가 나타나면 저장한 클립 아트를 선택한 후 [추가]를 클릭합니다.

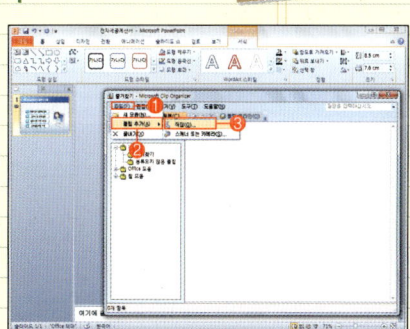

● **준비파일** : Part02\Chapter02\Check\웨딩.pptx
● **완성파일** : Part02\Chapter02\Check\웨딩_완성.pptx

체크! 해봐요

웨딩 슬라이드를 열어 삽입한 사진을 [그림 도구]의 상황별 탭인 [서식] 탭을 이용하여 조정해 보세요.

Hint

❶ 조정할 그림을 선택한 후 [그림 도구]의 상황별 탭인 [서식] 탭–[조정] 그룹–[색] 클릭
❷ 동일하게 [꾸밈 효과]를 클릭하여 꾸밈 효과를 지정

SmartArt와 WordArt로 슬라이드 디자인하기

SmartArt에는 목록형, 프로세스형, 주기형, 관계형 등 다양한 종류의 그래픽이 80개 이상 마련되어 있습니다. SmartArt를 이용해 다양하고 세련된 문서를 만들어보고 텍스트를 WordArt로 변경하여 슬라이드 디자인을 완성해 보도록 합니다.

Preview

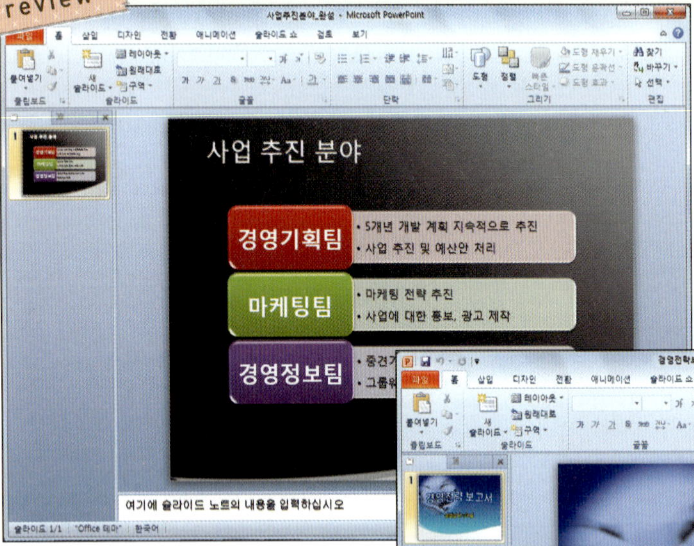

▲ 텍스트 문서를 SmartArt로 변환하기

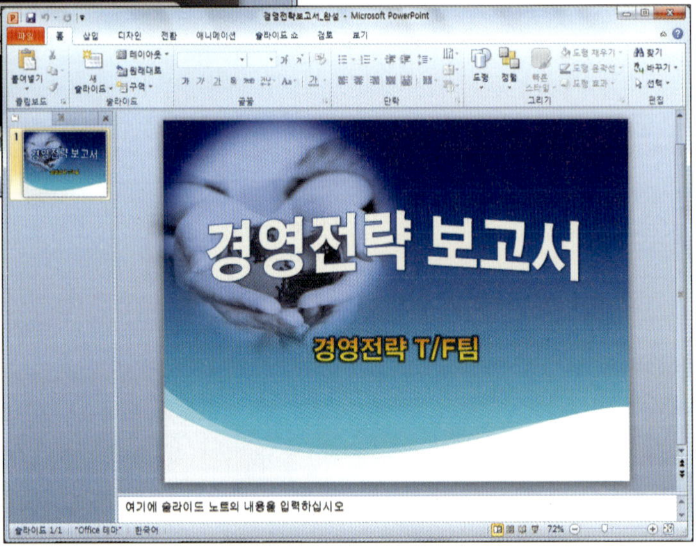

▲ WordArt로 경영전략 보고서 표지 만들기

이번 섹션에서 배울 **주요 내용!**

01. SmartArt 삽입하기
02. SmartArt에 텍스트 입력하기
03. SmartArt 디자인 변경하기
04. SmartArt 크기 및 좌우 전환하기

05. 텍스트를 SmartArt 그래픽으로 변환하기
06. 텍스트를 WordArt 스타일 지정하기
07. WordArt 모양 변경하기

01 SmartArt 삽입하기

● **준비파일** : Part02\Chapter02\Section03\사업계획서_목차.pptx
● **완성파일** : Part02\Chapter02\Section03\사업계획서_목차_완성.pptx

1. SmartArt를 삽입하기 위해 [삽입] 탭-[일러스트레이션] 그룹-[SmartArt]를 클릭합니다. [SmartArt 그래 픽 선택] 대화 상자가 나타나면 [목록형]-[세로 상자 목록형]을 선택한 후 [확인]을 클릭합니다.

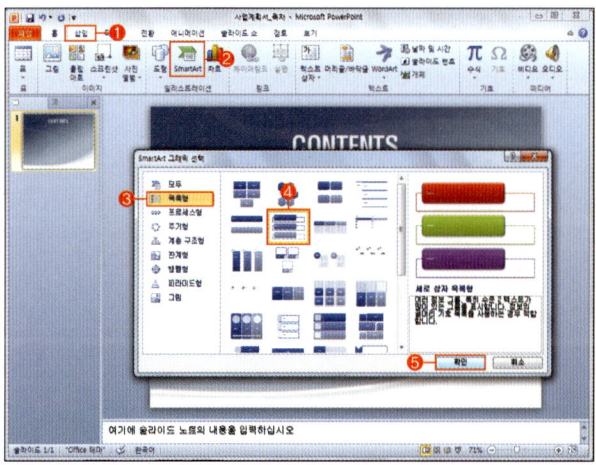

> **tip** 처음 SmartArt를 접하면 어떤 SmartArt를 선 택해야 할지 망설여질 수가 있습니다. 이럴 경우에는 SmartArt 그래픽을 선택했을 때 오른쪽에 나타나는 설 명을 참고하여 원하는 SmartArt를 선택하도록 합니다.

2. SmartArt가 슬라이드에 삽입됩니다.

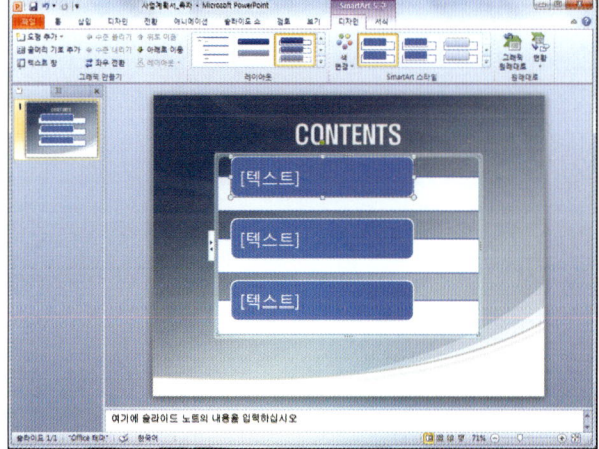

02 SmartArt에 텍스트 입력하기

1. SmartArt에 텍스트를 입력하기 위해 왼쪽 텍스트 창의 첫 번째 단락에 『사업 비전』을 입력합니다. 『사업 추진 분야』, 『사업 추진 계획』, 『마케팅 전략』을 차례대로 입력하고 SmartArt의 위치와 크기를 조절합니다. 계속해서 SmartArt를 추가하기 위해 [SmartArt 도구]의 상황별 탭인 [디자인] 탭-[그래픽 만들기] 그룹에서 [도형 추가]의 화살표를 클릭하여 [뒤에 도형 추가]를 선택합니다.

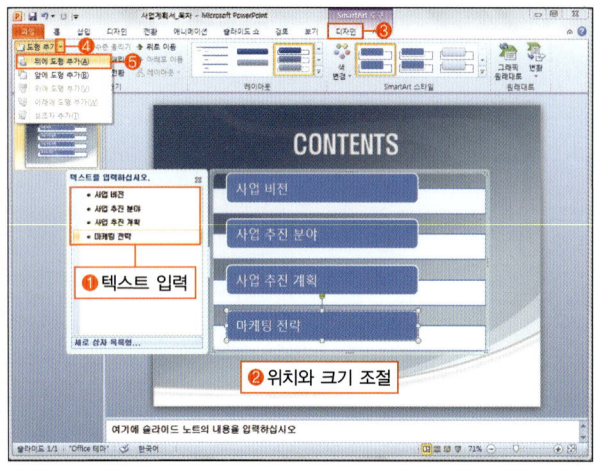

> **tip** SmartArt 그래픽의 바깥 부분을 클릭하면 텍스트 창이 사라지고, SmartArt 그래픽을 클릭하면 텍스트 창이 나타납니다. 텍스트 창이 나타나지 않으면 [디자인] 탭-[그래픽 만들기] 그룹-[텍스트 창]을 클릭하거나, SmartArt 그래픽의 왼쪽 중앙에 있는 [컨트롤](⊞)을 클릭하여 [텍스트 창]을 엽니다.

2. SmartArt가 추가되면 『매출 및 손익 전망』을 입력합니다. [SmartArt 도구]의 상황별 탭인 [디자인] 탭-[그래픽 만들기] 그룹에서 [텍스트 창]을 클릭하여 [텍스트 창]을 닫습니다.

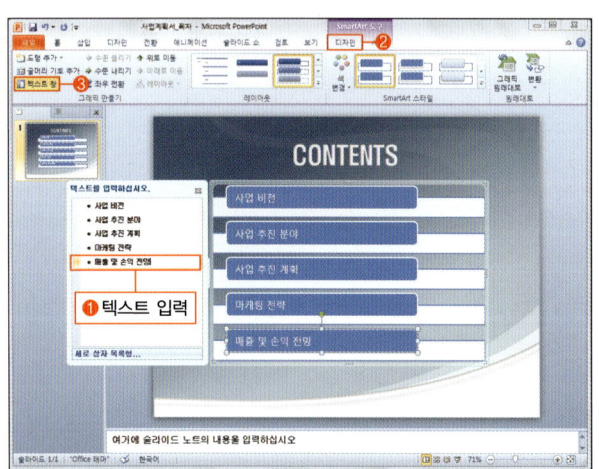

> **tip** [텍스트 창]을 이용해서 도형에 텍스트를 입력할 때 커서를 위치시키고 텍스트를 입력하거나, ↓를 눌러 아래 단락으로 이동해 텍스트를 입력합니다.

03 SmartArt 디자인 변경하기

1. SmartArt의 색을 변경하기 위해 [SmartArt 도구]의 상황별 탭인 [디자인] 탭-[SmartArt 스타일] 그룹에서 [색 변경]을 클릭합니다. 나타나는 다양한 색상 갤러리 중에서 [색상형 범위 - 강조색3 또는 4]를 선택합니다.

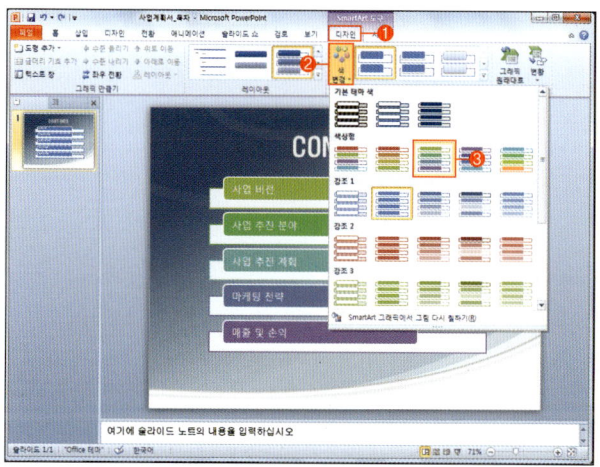

> **tip** SmartArt 그래픽 도형의 색상을 하나씩 변경하려면 도형을 선택한 다음 [서식] 탭-[도형 스타일] 그룹에서 [자세히]를 클릭한 후 스타일 갤러리 중에서 원하는 도형 스타일을 선택하여 변경해도 됩니다.

2. SmartArt 스타일을 변경하기 위해 [SmartArt 도구]의 상황별 탭인 [디자인] 탭-[SmartArt 스타일] 그룹에서 [자세히](▾)를 클릭합니다. 나타나는 디자인 갤러리 중에서 [경사]를 선택합니다.

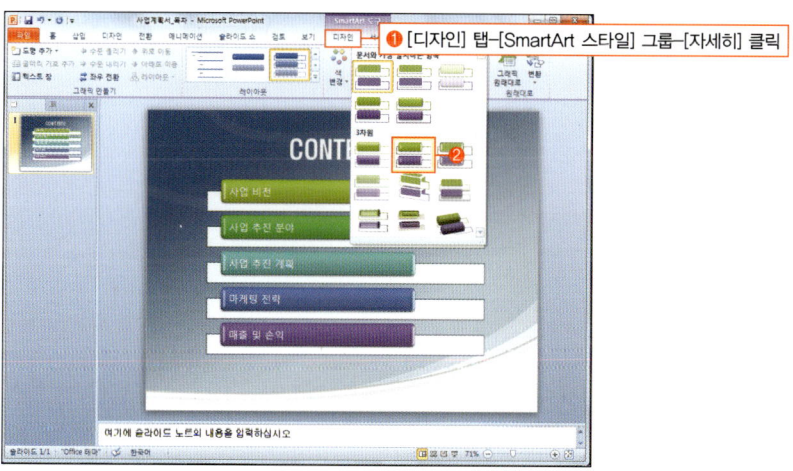

04 SmartArt 크기 및 좌우 전환하기

1. 첫 번째 SmartArt 도형을 선택합니다. 마우스를 드래그하여 크기를 조절합니다.

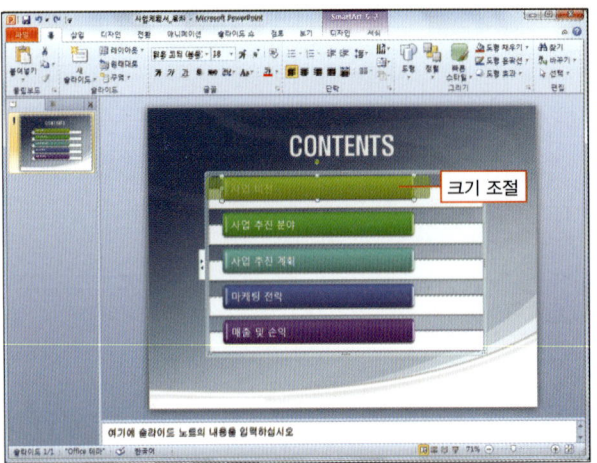

2. [Ctrl]을 누른 채 두 번째 도형부터 마지막 도형까지 선택합니다. 마우스를 드래그하여 크기를 조절합니다.

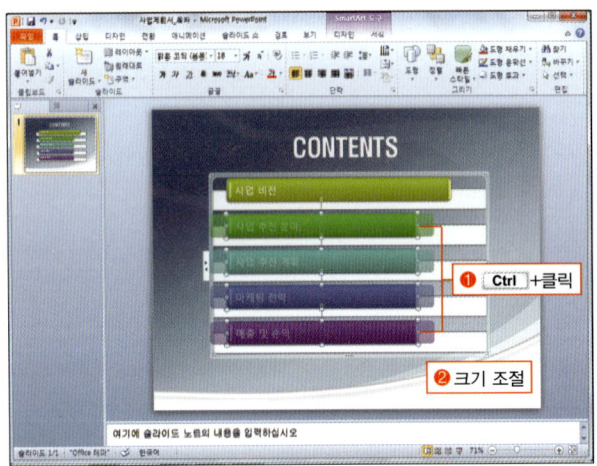

> **tip** SmartArt 그래픽의 경우 그룹 해제는 불가능하지만 각각의 도형들을 별도로 선택하여 크기 및 모양을 변경할 수 있습니다.

3. [SmartArt 도구]의 상황별 탭인 [디자인] 탭-[그래픽 만들기] 그룹에서 [좌우 전환]을 클릭합니다.

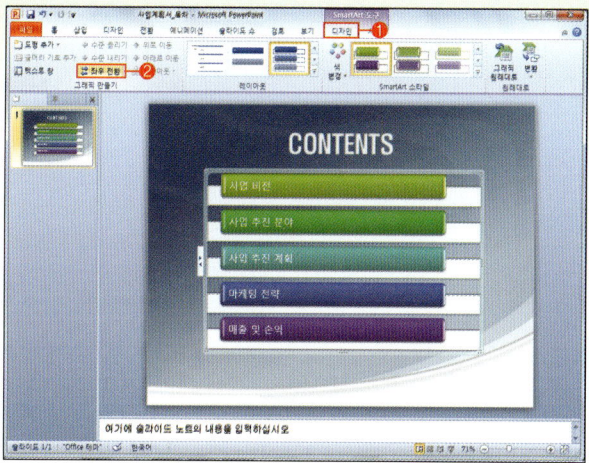

4. 숫자를 입력하여 SmartArt를 완성합니다.

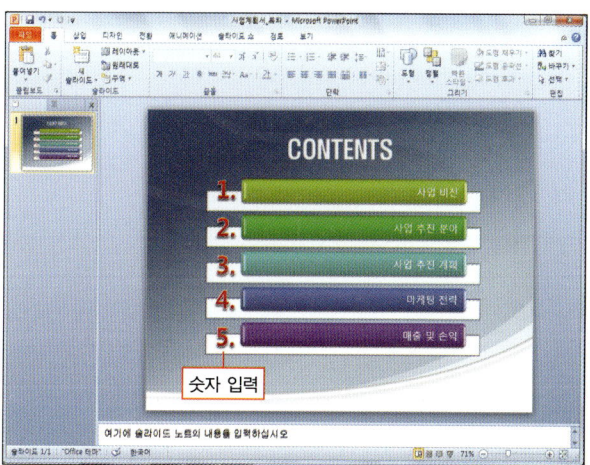

스마트아트(SmartArt) 그래픽 종류

파워포인트 2010에서는 몇 번의 클릭만으로 전문가 수준의 도해를 직접 제작할 수 있습니다. SmartArt 그래픽은 목록형, 프로세스형, 주기형, 계층 구조형, 관계형, 행렬형, 피라미드형, 그림 등 총 8개의 유형으로 구분되어 있으며, 각각의 유형은 나름대로의 특성을 가지고 있습니다. SmartArt 그래픽을 만들기 전에 가장 적합한 그래픽 유형이 어떤 것인지 미리 그려본 다음 SmartArt 그래픽을 선택하는 것이 좋습니다.

텍스트를 SmartArt 그래픽으로 변환하기

● **준비파일** : Part02\Chapter02\Section03\사업추진분야.pptx
● **완성파일** : Part02\Chapter02\Section03\사업추진분야_완성.pptx

1. 텍스트를 SmartArt 그래픽으로 간편하게 변경할 수 있습니다. 텍스트 개체 틀을 선택하고 [홈] 탭-[단락] 그룹-[SmartArt로 변환]을 클릭한 후 [세로 블록 목록형]을 선택합니다.

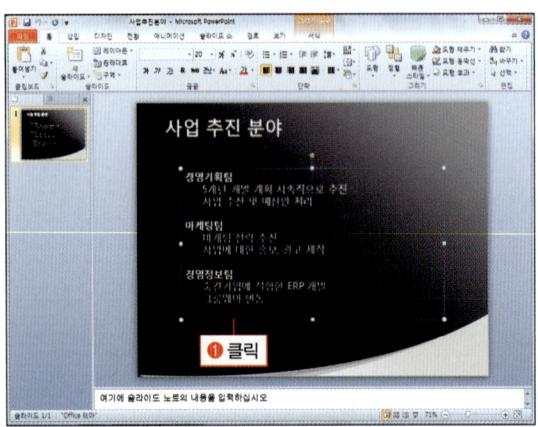 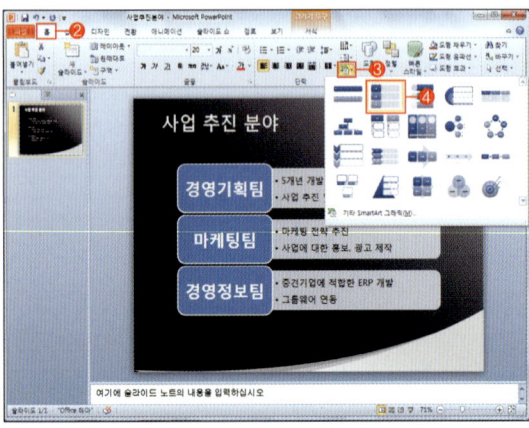

> **tip** 원하는 SmartArt 그래픽이 없다면 [기타 SmartArt 그래픽]을 선택하여 [SmartArt 그래픽 선택] 대화 상자에서 선택합니다.

2. 텍스트가 세로 블록 목록형으로 변경됩니다. [SmartArt 도구]의 상황별 탭인 [디자인] 탭-[SmartArt 스타일] 그룹에서 [색 변경]을 클릭한 후 [색상형-강조색]을 선택합니다. 계속해서 [SmartArt 스타일] 그룹에서 [자세히]를 클릭한 후 [3차원]-[광택 처리]를 선택합니다.

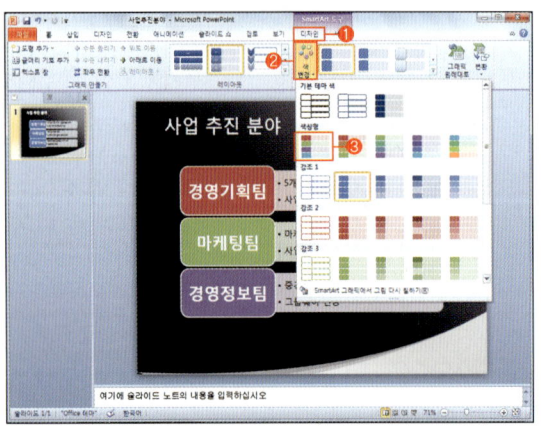 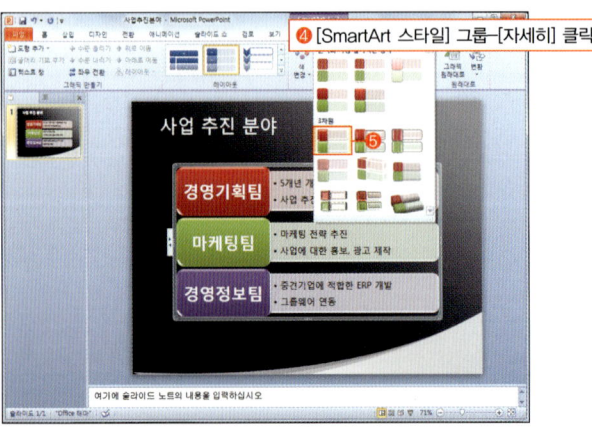

06 텍스트에 WordArt 스타일 지정하기

◉ **준비파일** : Part02\Chapter02\Section03\경영전략보고서.pptx
◉ **완성파일** : Part02\Chapter02\Section03\경영전략보고서_완성.pptx

1. 제목 개체 틀을 선택하고 [그리기 도구]의 상황별 탭인 [서식] 탭-[WordArt 스타일] 그룹에서 [자세히](▼)를 클릭하여 [채우기 – 황갈색, 텍스트 2, 윤곽선 – 배경 2]를 선택합니다.

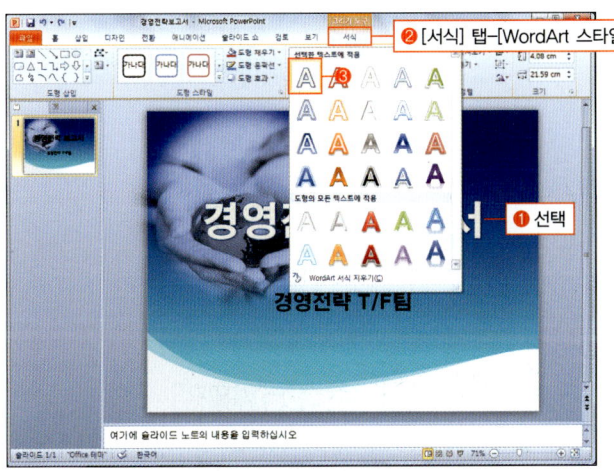

> **tip** 다양한 텍스트 서식을 담아 표현할 수 있는 WordArt는 기존의 텍스트를 그림자 또는 반사 효과와 같은 스타일로 만들어주는 기능입니다. 파워포인트 2010에서는 기존 텍스트를 WordArt 그래픽으로 간단하게 변환할 수 있습니다.

2. 부제목 개체 틀을 선택하고 [그리기 도구]의 상황별 탭인 [서식] 탭-[WordArt 스타일] 그룹에서 [텍스트 효과 서식] 대화 상자 단추(▣)를 클릭합니다. [텍스트 효과 서식] 대화 상자가 나타나면 [텍스트 채우기]-[그라데이션 채우기]를 클릭한 다음 [방향]-[선형 위쪽]을 선택합니다. [그라데이션 중지점]에서 [중지점 1/2]를 클릭하여 [색]-[노랑]을 선택합니다. [중지점 2/2]를 클릭하여 [색]-[주황, 강조 6, 25% 더 어둡게]를 선택한 후 [닫기]를 클릭합니다.

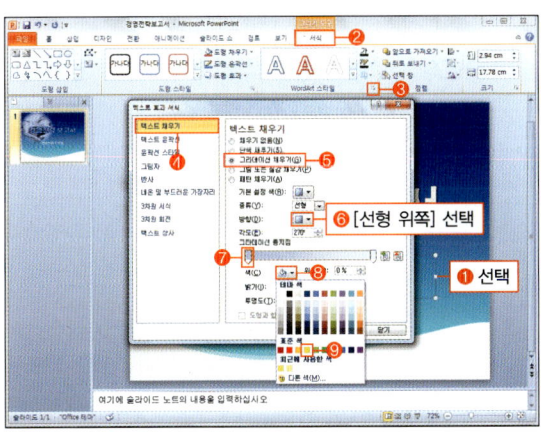
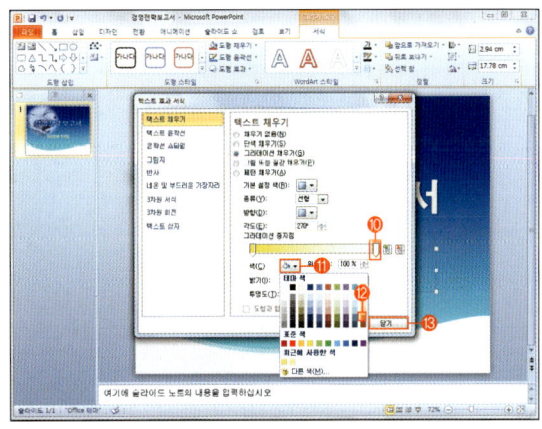

> **tip** 그라데이션 중지점이 3개 나타난다면 [그라데이션 중지점 제거]를 클릭하여 그라데이션 중지점을 2개로 만듭니다.

3. [그리기 도구]의 상황별 탭인 [서식] 탭-[WordArt 스타일] 그룹에서 [텍스트 효과]-[네온]-[다른 네온 색]-
[검정, 텍스트 1]을 선택합니다.

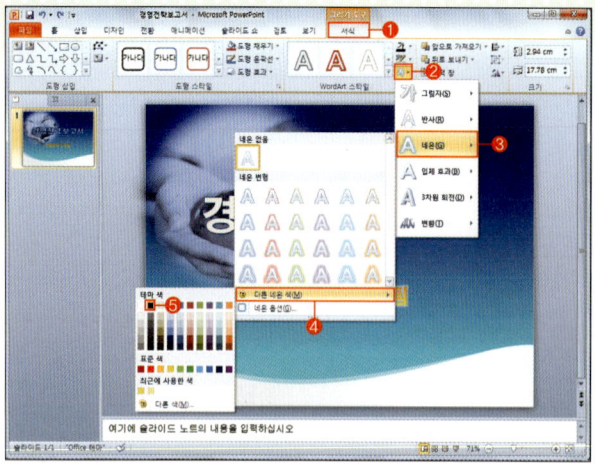

4. 다음과 같이 슬라이드를 완성합니다.

1. WordArt의 모양을 변경하기 위해 제목 개체 틀을 선택하고 [그리기 도구]의 상황별 탭인 [서식] 탭-[WordArt 스타일] 그룹에서 [텍스트 효과]-[변환]-[갈매기형 수장]을 클릭합니다. 변환 조정 핸들( )을 드래그하여 변환 효과를 조정합니다.

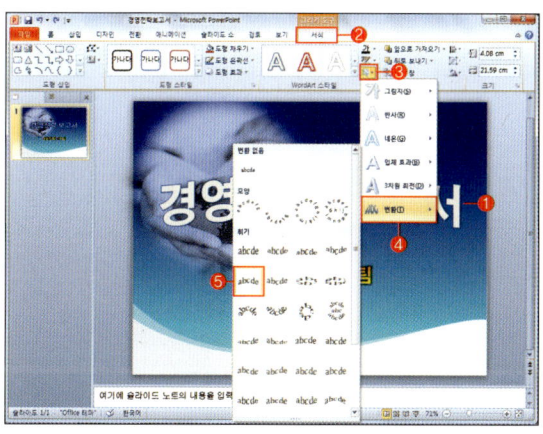

Tip 변환 효과는 WordArt에서만 적용할 수 있는 기능으로 핵심적인 내용을 전달할 때 효과적입니다.

○ **준비파일** : Part02\Chapter02\Check\조직도.pptx
○ **완성파일** : Part02\Chapter02\Check\조직도_완성.pptx

[SmartArt 도구]의 상황별 탭을 이용하여 삽입된 SmartArt를 변경해 보세요.

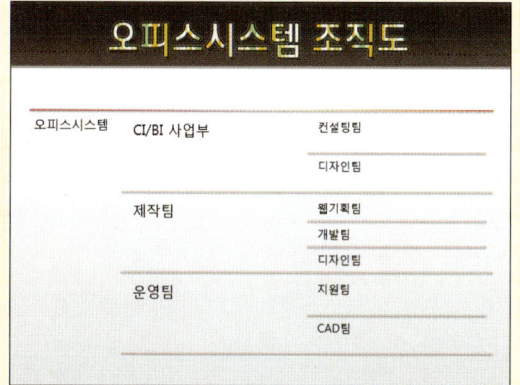
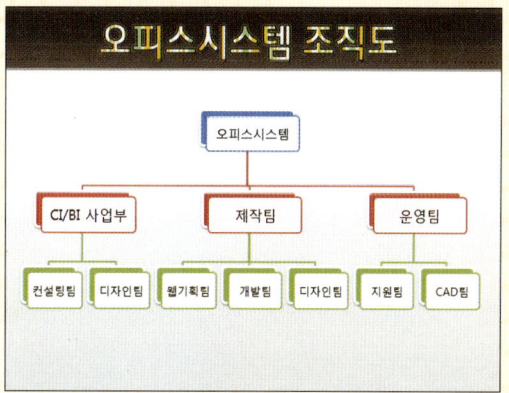

Hint

❶ 변경할 SmartArt를 선택하고 [SmartArt 도구] 상황별 탭-[디자인] 탭 클릭
❷ [레이아웃] 그룹에서 자세히(▫)를 클릭하여 변경하고 싶은 SmartArt 선택

SECTION 04

표와 차트로
데이터 분석하기

표와 차트는 수치나 항목으로 나열되는 많은 데이터를 일목요연하게 구성할 수 있어 프레젠테이션 시 자주 사용됩니다. 표와 차트를 구성할 때에는 파워포인트에서 제공하는 기능을 획일적으로 사용하지 말고 나름대로의 스타일을 지정하여 사용하는 것이 좋습니다. 이번 섹션에서는 표와 차트로 데이터를 효과적으로 표현하는 방법에 대해서 알아보도록 합니다.

Preview

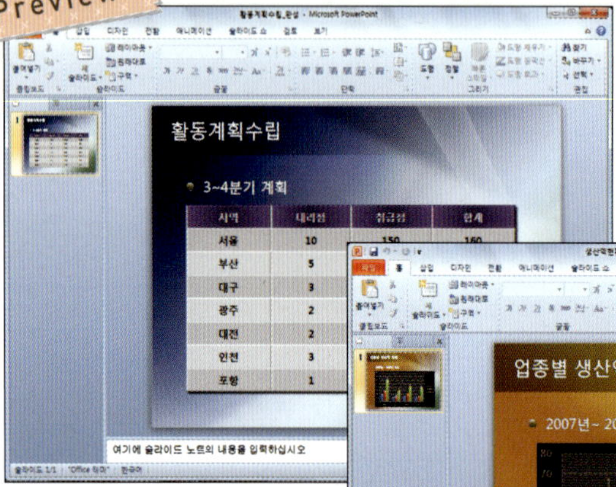

▲ 활동계획수립 슬라이드를
   표로 작성하기

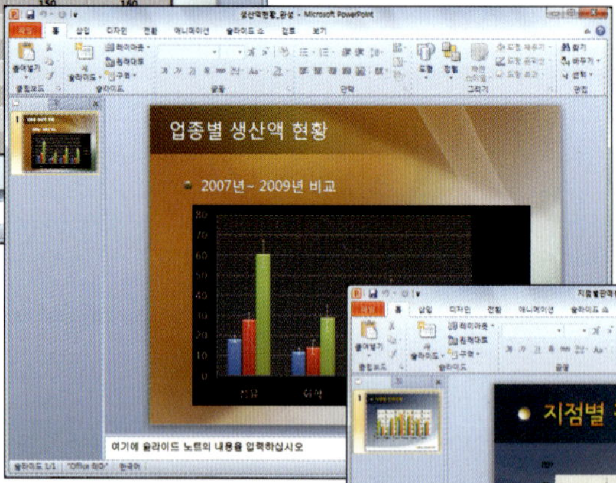

▲ 차트를 작성하여 업종별 생산액
   현황 비교하기

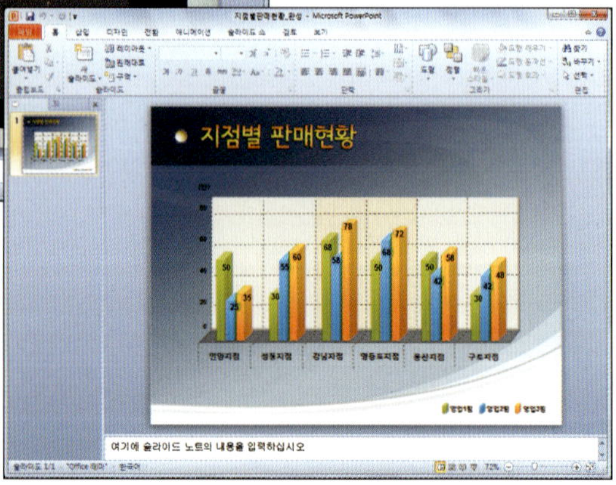

▲ 도형으로 지점별 판매현황 차트 완성하기

이번 섹션에서 배울 **주요 내용!**

01. 표 삽입하고 셀 추가하기
02. 텍스트 입력하고 표 크기 조절하기
03. 표 스타일 및 옵션 변경하기
04. 차트 삽입하기

05. 차트 스타일 지정하기
06. 도형을 이용해 막대형 차트 작성하기
스페셜. 엑셀에서 표를 가져와 매출 실적표 만들기

01 표 삽입하고 셀 추가하기

● **준비파일** : Part02\Chapter02\Section04\활동계획수립.pptx
● **완성파일** : Part02\Chapter02\Section04\활동계획수립_완성.pptx

1. 표를 삽입하기 위해 [삽입] 탭-[표] 그룹-[표]를 클릭합니다. 눈금 목록이 나타나면 원하는 셀 모양만큼 마우스로 드래그하여 선택합니다. 여기서는 가로 3, 세로 8 칸을 드래그합니다.

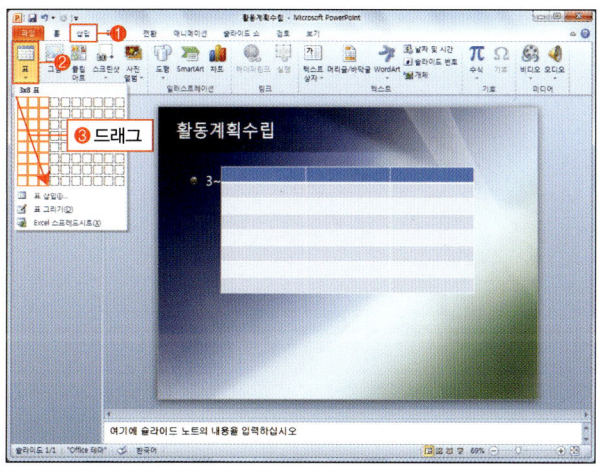

2. 슬라이드에 표가 삽입되면 테두리를 선택하여 위치를 이동합니다. 행을 추가하기 위해 세 번째 열을 선택하고 마우스 오른쪽 단추를 클릭하여 [삽입]-[오른쪽에 열 삽입]을 선택합니다.

 참고로 마지막 행의 마지막 셀에서 [Tab]을 누르면 표에 행이 추가됩니다.

텍스트 입력하고 표 크기 조절하기

1. 표 크기를 조절합니다. 머리글 행의 첫 번째 셀에 『지역』을 입력한 후 ⎡Tab⎤이나 →을 눌러 오른쪽 셀로 커서를 이동하고, ↓을 눌러 아래 셀로 커서를 이동하여 다음과 같이 텍스트를 입력합니다. 표를 선택한 후 [홈] 탭-[글꼴] 그룹에서 [진하게]를 클릭하고, [단락] 그룹에서 [가운데 맞춤]과 [텍스트 맞춤]-[중간]을 클릭합니다.

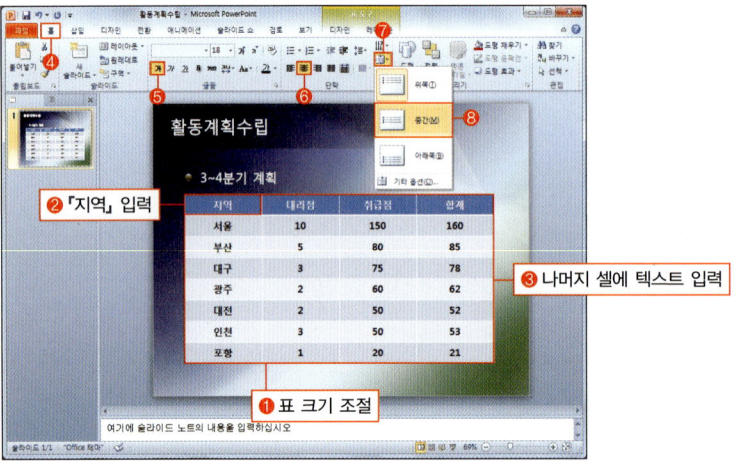

2. 다음과 같이 표 영역을 마우스로 드래그하여 선택한 후 [표 도구]의 상황별 탭인 [레이아웃] 탭-[셀 크기] 그룹에서 [표 열 너비]에 『5』를 입력합니다.

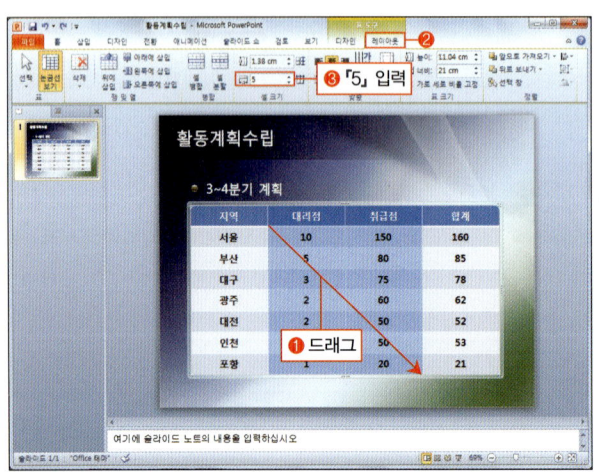

> **tip** 전체 표 크기를 변경하려면 [표 도구]의 상황별 탭인 [레이아웃] 탭-[표 크기] 그룹에서 [높이]와 [너비]의 수치를 조정하며, 각각의 셀 크기를 변경하려면 [표 도구]의 상황별 탭인 [레이아웃] 탭-[셀 크기] 그룹에서 [표 행 높이]와 [표 열 너비]의 수치를 조정합니다.

1. 표의 디자인 스타일을 변경하기 위해 표를 선택하고 [표 도구]의 상황별 탭인 [디자인] 탭-[표 스타일] 그룹 에서 [자세히]를 클릭합니다. 디자인 갤러리 목록이 나타나면 [보통 스타일 3 – 강조4]를 선택합니다.

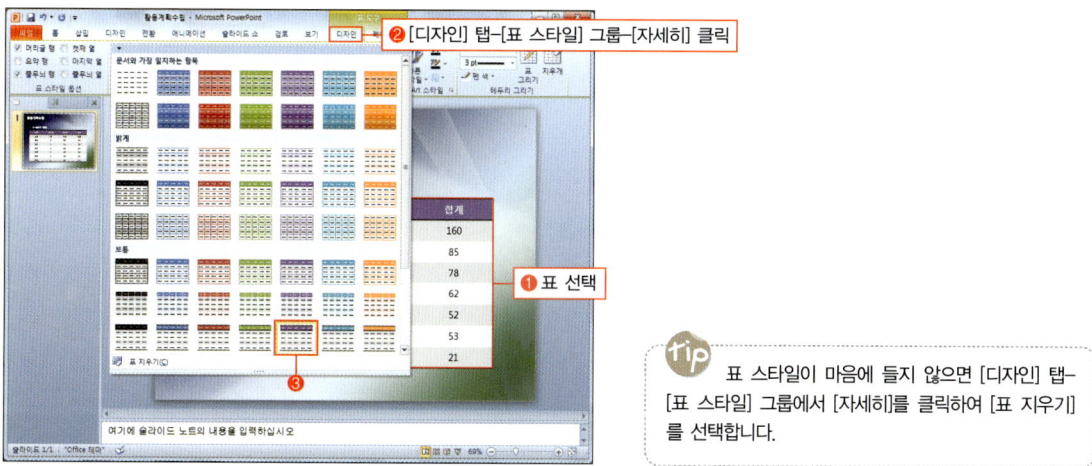

tip 표 스타일이 마음에 들지 않으면 [디자인] 탭-
[표 스타일] 그룹에서 [자세히]를 클릭하여 [표 지우기]
를 선택합니다.

2. 셀에 그라데이션 효과를 넣기 위해 첫 번째 열을 드래그하여 선택합니다. [표 도구]의 상황별 탭인 [디자인] 탭-[표 스타일] 그룹에서 [음영]의 화살표를 클릭한 후 [그라데이션]-[어두운 그라데이션]-[가운데에서]를 선택 합니다.

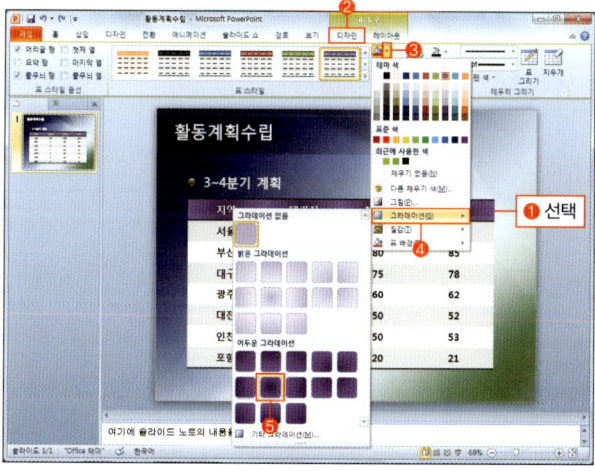

3. 표에 입체 효과를 주기 위해 [표 도구]의 상황별 탭인 [디자인] 탭-[표 스타일] 그룹에서 [효과]를 클릭한 후 [셀 입체 효과]-[각지게]를 선택합니다.

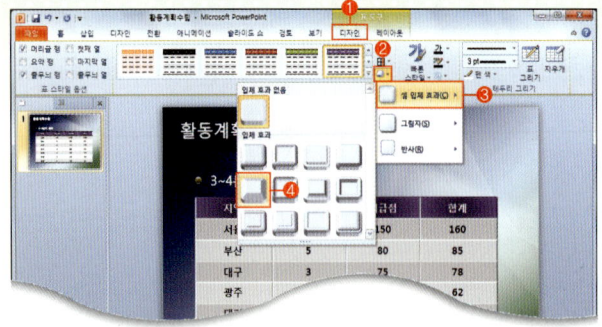

4. 이번에는 표 영역에 그림자 효과를 주기 위해 [표 도구]의 상황별 탭인 [디자인] 탭-[표 스타일] 그룹에서 [효과]를 클릭한 후 [그림자]-[그림자 옵션]을 선택합니다. [도형 서식] 대화 상자가 나타나면 [그림자] 항목을 선택하고 [미리 설정]-[바깥쪽]-[오프셋 대각선 오른쪽 아래]를 클릭합니다. [투명도]는 『20 %』, [간격]은 『5 pt』로 지정하고 [닫기]를 클릭합니다.

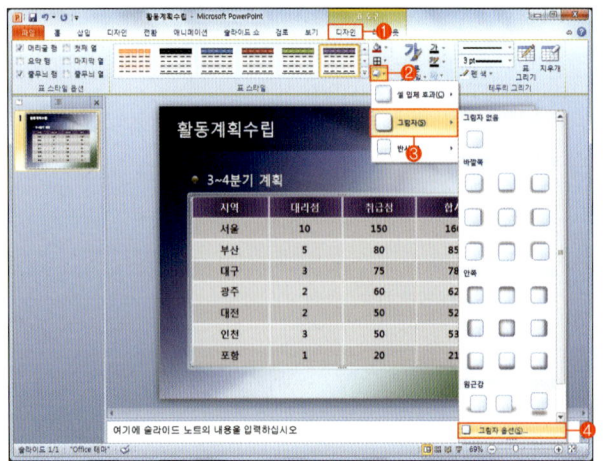
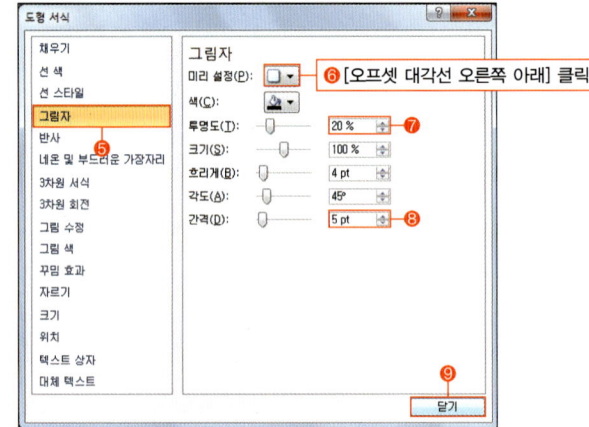

5. 표 슬라이드가 완성됩니다.

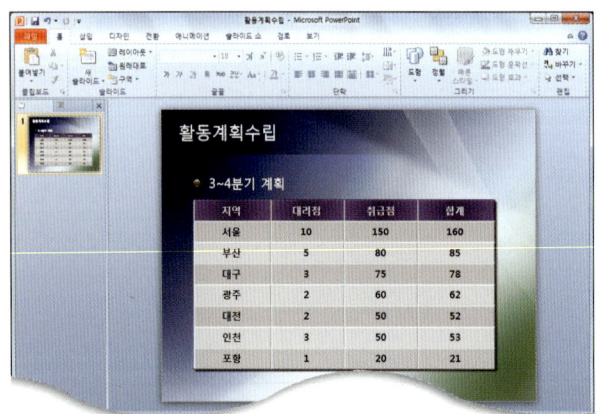

04 차트 삽입하기

○ 준비파일 : Part02\Chapter02\Section04\생산액현황.pptx
○ 완성파일 : Part02\Chapter02\Section04\생산액현황_완성.pptx

1. 차트를 삽입하기 위해 [삽입] 탭–[일러스트레이션] 그룹–[차트]를 클릭합니다. [차트 삽입] 대화 상자가 나타나면 [세로 막대형] 항목에서 [묶은 세로 막대형]을 선택한 후 [확인]을 클릭합니다.

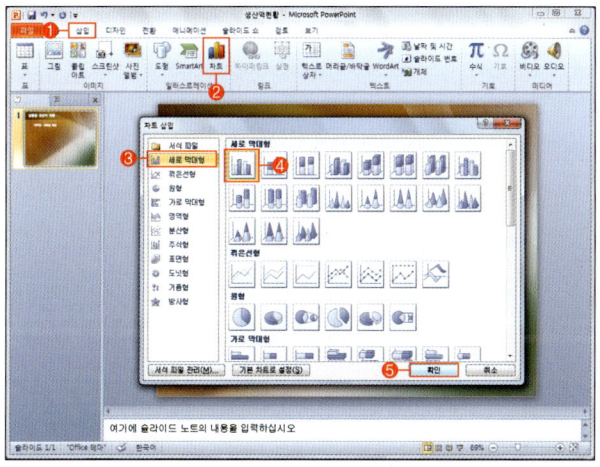

2. 엑셀 시트 창이 열립니다. 먼저 엑셀 시트를 모두 선택한 다음 Delete 를 누릅니다. 다음과 같이 데이터를 입력하고 [닫기]를 클릭합니다.

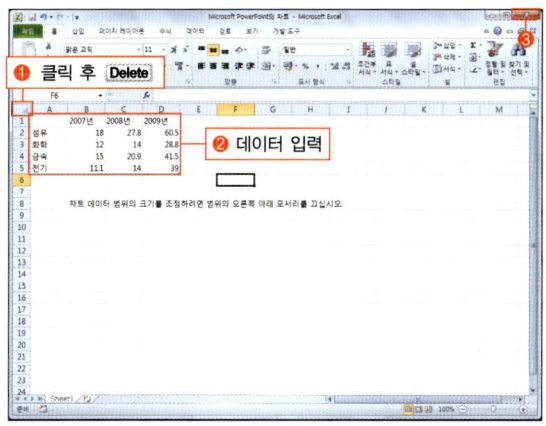 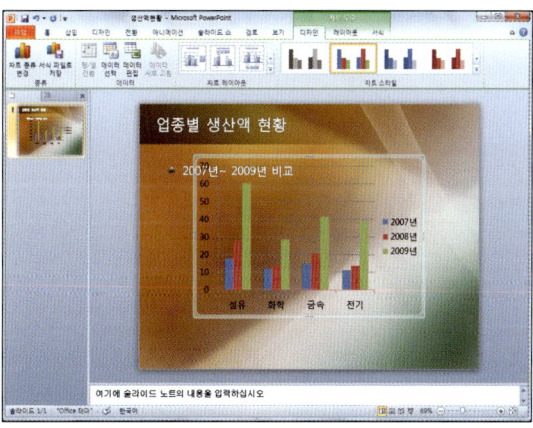

> **tip** 엑셀 시트 창에 입력하는 값은 입력하는 그대로 파워포인트 편집 화면의 차트에 나타나게 됩니다.

05 차트 스타일 지정하기

1. [차트 도구]의 상황별 탭인 [디자인] 탭-[차트 스타일] 그룹에서 [자세히]( )를 클릭합니다. 차트 스타일 갤러리가 나타나면 [스타일 42]를 선택합니다.

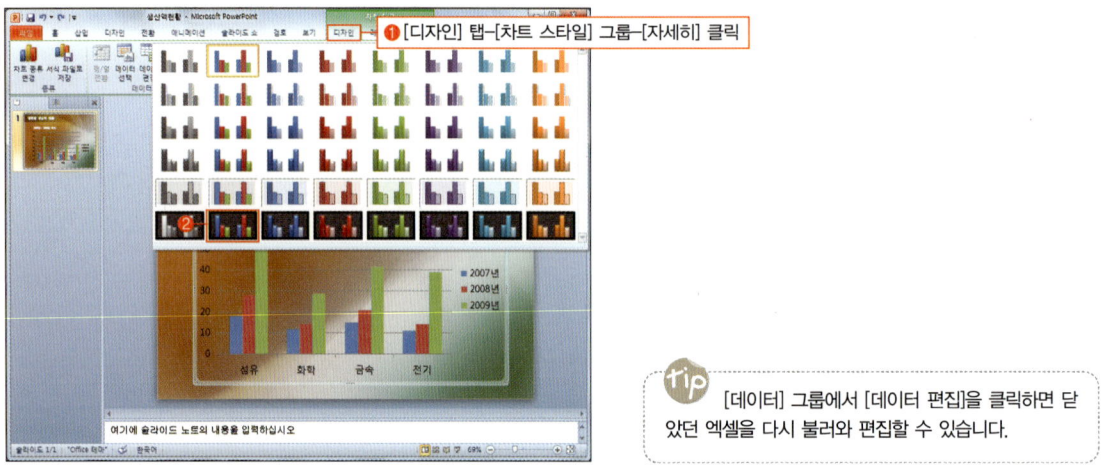

> **tip** [데이터] 그룹에서 [데이터 편집]을 클릭하면 닫았던 엑셀을 다시 불러와 편집할 수 있습니다.

2. [차트 도구]의 상황별 탭인 [레이아웃] 탭-[분석] 그룹에서 [오차 막대]를 클릭하여 [오차 막대(표준 오차)]를 선택합니다.

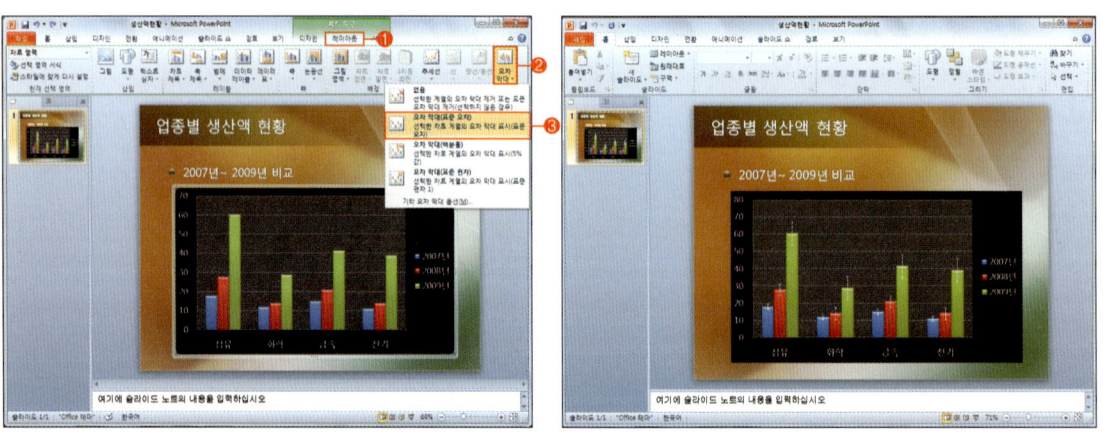

> **tip** 차트 스타일을 지정하기 위해서는 차트 영역이 선택되어 있어야 합니다.

06 도형을 이용해 막대형 차트 만들기

● **준비파일** : Part02\Chapter02\Section04\지점별판매현황.pptx
● **완성파일** : Part02\Chapter02\Section04\지점별판매현황_완성.pptx

1. [홈] 탭-[그리기] 그룹에서 [도형]을 클릭하여 [정육면체]를 선택합니다.

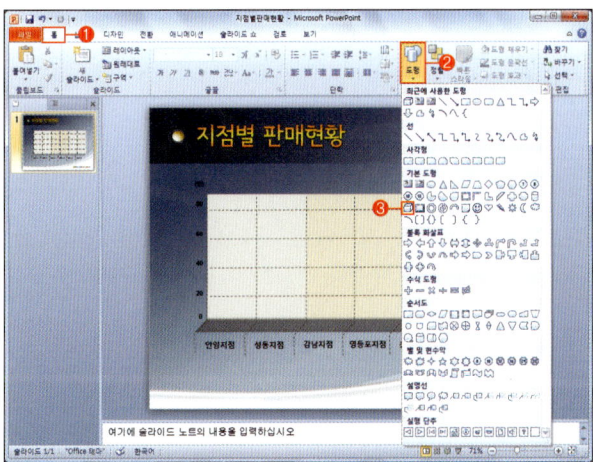

> **tip** 표와 차트를 그릴 때 도형을 활용하면 일반적인 표나 차트와는 다른 슬라이드를 만들 수 있습니다. 특히 도형 중 정육면체 도형을 활용하면 입체적인 느낌의 차트를 만들 수 있습니다.

2. 슬라이드 편집 화면을 드래그하여 도형을 삽입합니다. 모양 조절 핸들(🔶)을 드래그하여 적당한 크기로 모양을 조절합니다.

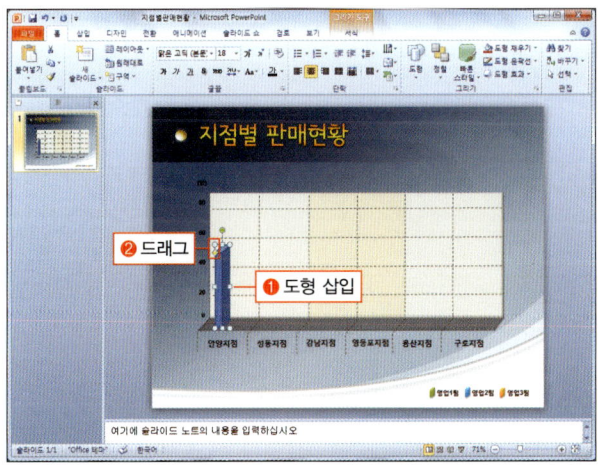

3. 도형을 복사하여 다음과 같이 각 지점별, 영업팀별로 도형을 나열합니다.

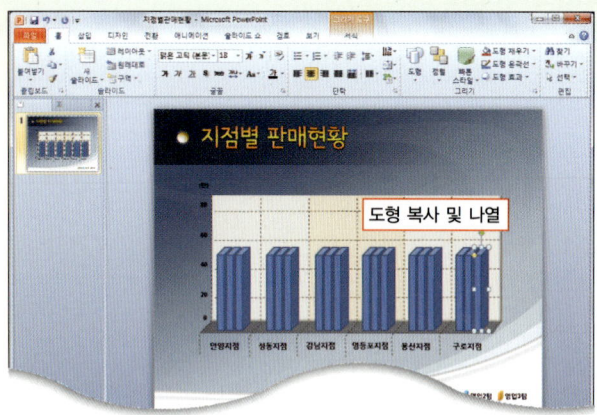

4. [그리기 도구]의 상황별 탭인 [서식] 탭-[도형 스타일] 그룹에 있는 다양한 기능을 이용하여 도형의 색상을 변경합니다.

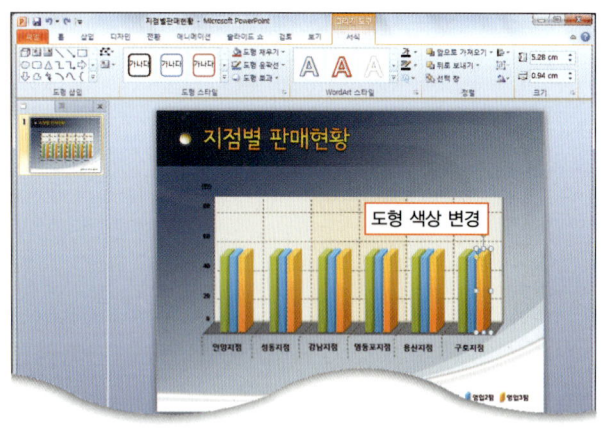

> **tip** 여기서는 '스페셜. 볼륨감이 살아있는 입체 도형 만들기(86page)'에서 배운 그라데이션 효과로 도형을 직접 만들어 봅니다. [도형 스타일] 그룹에서 자세히 (▾)를 클릭하여 스타일을 선택하여도 무방합니다.

5. 각 도형의 크기를 조절하고, 숫자를 입력하여 판매현황 차트를 완성합니다.

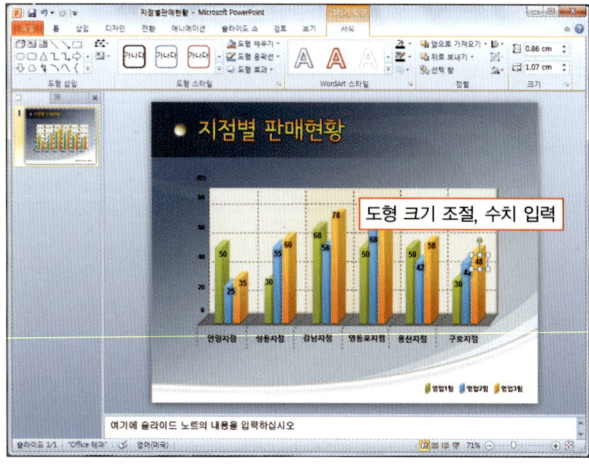

엑셀에서 표를 가져와 매출 실적표 만들기

● 준비파일 : Part02\Chapter02\Section04\국내영업망현황.xlsx, 국내영업망현황.pptx
● 완성파일 : Part02\Chapter02\Section04\국내영업망현황_완성.pptx

① 엑셀 준비 파일을 엽니다. 표 전체를 마우스로 드래그한 후 [홈] 탭-[클립보드] 그룹에서 [복사]를 클릭합니다.

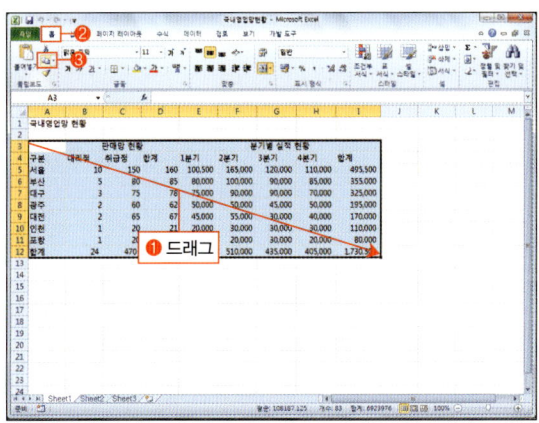

② 파워포인트 준비 파일을 연 다음 [홈] 탭-[클립보드] 그룹에서 [붙여넣기] 아랫부분을 클릭하여 [대상 스타일 사용]을 선택합니다.

③ 표가 파워포인트에 붙여넣기 됩니다. 표의 위치와 크기를 조절합니다. [표 도구]의 상황별 탭인 [디자인] 탭-[표 스타일] 그룹의 다양한 스타일 옵션을 이용해 표 스타일 및 서식을 변경하여 완성합니다.

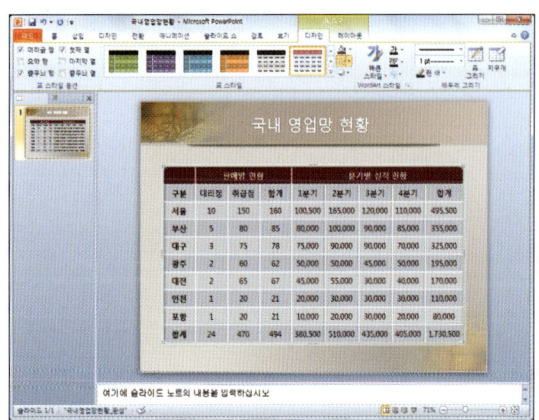

연결하여 붙여넣기

엑셀에서 표를 복사한 후 [홈] 탭-[클립보드] 그룹-[붙여넣기]의 아랫부분을 클릭하여 [선택하여 붙여넣기]를 선택하면 다음과 같은 [선택하여 붙여넣기] 대화 상자가 나타납니다. [연결하여 붙여넣기]를 선택한 후 [Microsoft Office Excel 워크시트 개체]를 선택하고 [확인]을 누르면 파워포인트와 엑셀이 서로 연동되어 파워포인트 표를 수정하면 엑셀 워크시트도 함께 수정됩니다.

멀티미디어 기능으로 감각적인 슬라이드 만들기

P O W E R   P O I N T   2 0 1 0

파워포인트에서는 다양한 멀티미디어 요소를 추가할 수 있습니다. 오디오나 비디오로 눈과 귀가 즐거워지는 슬라이드를 만들 수 있고, 각각의 요소들을 애니메이션이나 화면 전환 효과로 보다 멋지게 만들 수도 있습니다. 또한, Windows Live ID로 웹에 접속하여 브로드캐스트로 화상 프레젠테이션을 진행할 수도 있으며, SkyDrive에 슬라이드를 올려 친구나 그룹과 공유하여 공동 작업도 할 수 있습니다.

오디오와 비디오로
멀티미디어 슬라이드 만들기

파워포인트 2010에서는 소리 및 동영상을 삽입하는 것 외에 보다 강력한 편집 기능이 추가되었습니다. 이번 섹션에서는 청중들에게 깊은 인상을 심어주고 슬라이드에 활기를 불어넣는 동영상, 플래시, 음악과 같은 미디어를 삽입하고 편집하는 방법에 대해서 알아봅니다.

Preview

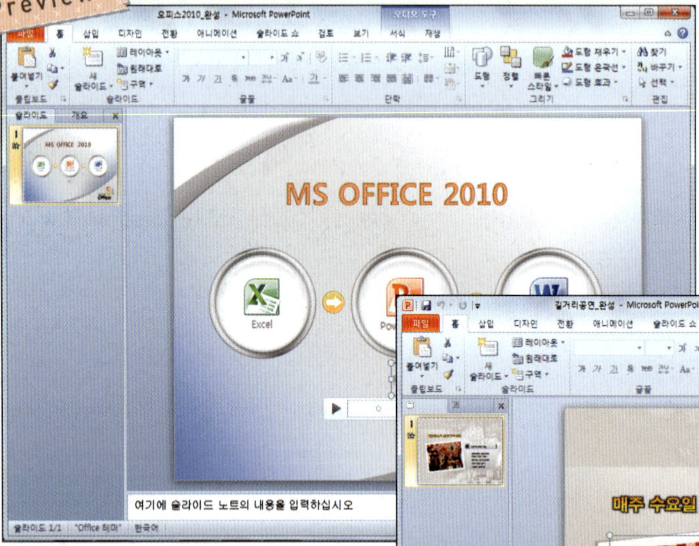

▲ 오디오 삽입하여 편집하기

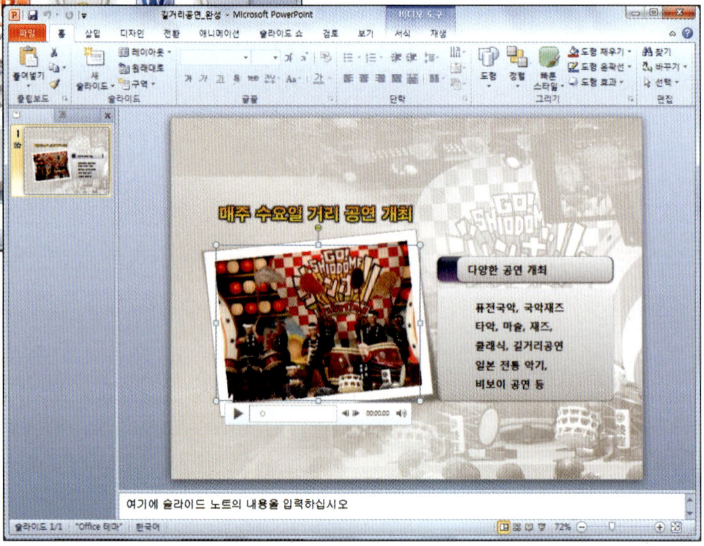

▲ 비디오 삽입하여 편집하기

이번 섹션에서 배울 주요 내용!

01. 오디오 파일 삽입하기
02. 오디오 클립에서 책갈피 추가하기
03. 오디오 트리밍으로 오디오 처음과 끝 조절하기
04. 오디오 자동 재생하고 아이콘 숨기기
05. 연속으로 오디오 재생하기
06. 비디오 파일 삽입하기

07. 비디오 클립 서식 변경하기
08. 비디오 클립을 자유롭게 트리밍하기
09. 비디오 클립을 전체 화면으로 재생하기
10. 플래시 무비 삽입하기
스페셜. 유튜브 동영상을 슬라이드에 바로 연결하기

01 오디오 파일 삽입하기

● **준비파일** : Part02\Chapter03\Section01\오피스2010.pptx
● **완성파일** : Part02\Chapter03\Section01\오피스2010_완성.pptx

1. 오디오 파일을 삽입하기 위해 [삽입] 탭-[미디어] 그룹에서 [오디오]의 윗부분을 클릭합니다. [오디오 삽입] 대화 상자가 나타나면 부록 CD의 'Part02\Chapter03\Section01' 폴더에서 'music.wav' 파일을 선택한 후 [삽입]을 클릭합니다.

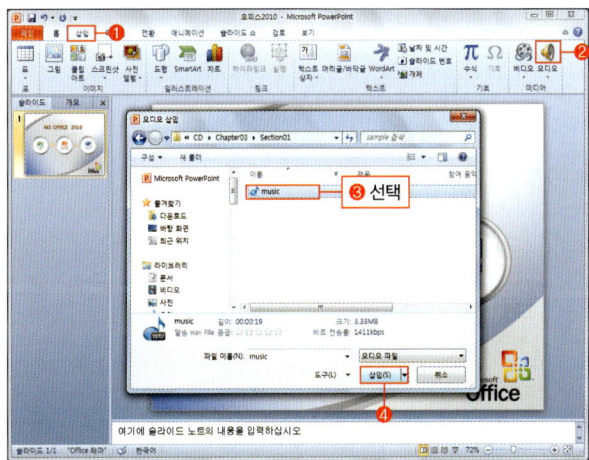

2. 슬라이드 편집 화면에 [오디오 아이콘]( )이 생성되면 슬라이드에 오디오 파일이 삽입되었음을 의미합니다. [오디오 아이콘]( )을 마우스로 드래그하여 아이콘 위치를 조절합니다. [오디오 아이콘]( ) 아래에 있는 제어판에서 [재생] 단추를 클릭하면 오디오 파일을 미리 들어볼 수 있습니다.

> **tip** 파워포인트에 삽입할 수 있는 오디오 파일에는 WAV, MID, WMA, MP3 등이 있습니다.

1. [오디오 아이콘](🔊)을 클릭하면 나타나는 제어판에서 [재생] 단추를 클릭합니다. 책갈피를 넣을 부분에서 [오디오 도구]의 상황별 탭인 [재생] 탭-[책갈피] 그룹-[책갈피 추가]를 클릭합니다.

> tip 책갈피 추가 기능은 오디오 클립의 특정 지점을 빠르게 찾기 위해 사용됩니다.

2. 클릭한 지점에 책갈피가 추가됩니다.

> tip 오디오 클립을 재생할 때 책갈피 지점을 클릭하여 재생 위치를 빠르게 조절할 수 있습니다. F5 를 눌러 슬라이드 쇼를 진행한 다음 오디오 클립 아이콘에 마우스를 가져가면 책갈피가 나타납니다. 추가한 책갈피를 클릭하여 원하는 지점부터 오디오를 재생할 수 있습니다.

03 오디오 트리밍으로 오디오 처음과 끝 조절하기

1. [오디오 아이콘](🔊)을 클릭한 상태에서 [오디오 도구]의 상황별 탭인 [재생] 탭–[편집] 그룹에서 [오디오 트리밍]을 클릭합니다. [오디오 맞추기] 대화 상자가 나타나면 녹색(🟢) 지점의 위치와 빨간색(🔴) 지점의 위치를 조절한 후 [확인]을 클릭합니다.

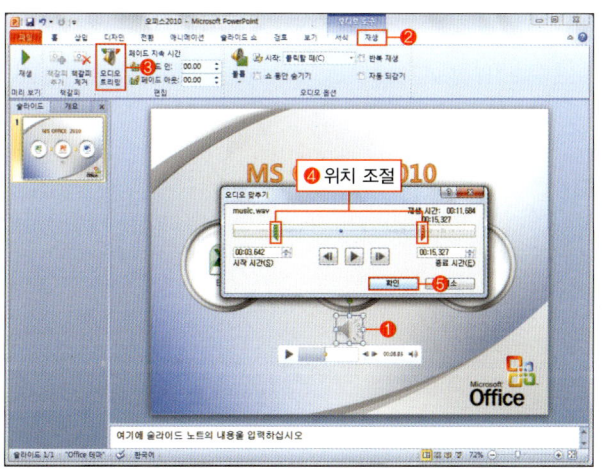

> **Tip**
> 오디오나 비디오에서 특정 부분만 재생할 수 있도록 편집하는 기능을 트리밍이라고 합니다. 녹색(🟢) 지점은 오디오나 비디오의 시작 지점을 의미하고, 빨간색(🔴) 지점은 종료 지점을 의미합니다. 녹색 지점과 빨간 지점의 위치를 적절히 조절하면 오디오와 비디오의 재생 부분을 편집할 수 있습니다.

2. 제어판에서 [재생] 단추를 클릭하면 [오디오 맞추기] 대화 상자에서 지정한 처음과 끝 지점만큼 소리가 재생됩니다.

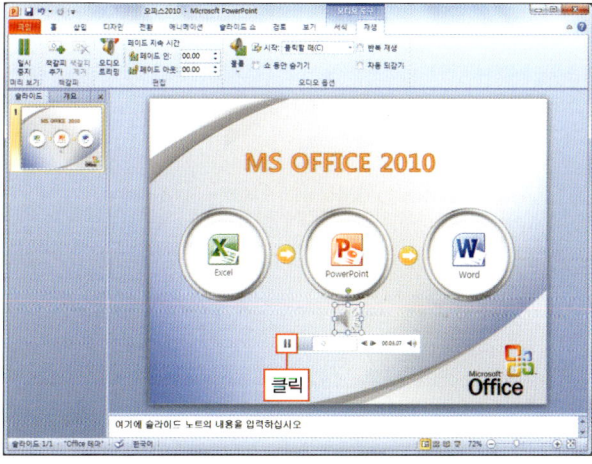

04 오디오 자동 재생하고 아이콘 숨기기

1. [오디오 아이콘](🔊)을 클릭한 상태에서 [오디오 도구]의 상황별 탭인 [재생] 탭-[오디오 옵션] 그룹에서 [시작]의 화살표를 클릭하여 [자동 실행]을 선택합니다.

> **tip** [자동 실행]을 선택하면 슬라이드 쇼 진행 시 해당 슬라이드에서 오디오가 자동 재생됩니다.

2. [오디오 도구]의 상황별 탭인 [재생] 탭-[오디오 옵션] 그룹에서 [쇼 동안 숨기기]에 체크 표시를 합니다.

> **tip** [쇼 동안 숨기기]를 선택하면 슬라이드 쇼 진행 시 [오디오 아이콘](🔊)이 나타나지 않습니다.

05 연속으로 오디오 재생하기

● **준비파일** : Part02\Chapter03\Section01\구축제안서.pptx
● **완성파일** : Part02\Chapter03\Section01\구축제안서_완성.pptx

1. [오디오 아이콘](🔊)을 선택하고 [애니메이션] 탭-[고급 애니메이션] 그룹에서 [애니메이션 창]을 클릭합니다. [애니메이션 창]이 나타나면 'music.wav'의 화살표를 클릭한 후 [효과 옵션]을 선택합니다.

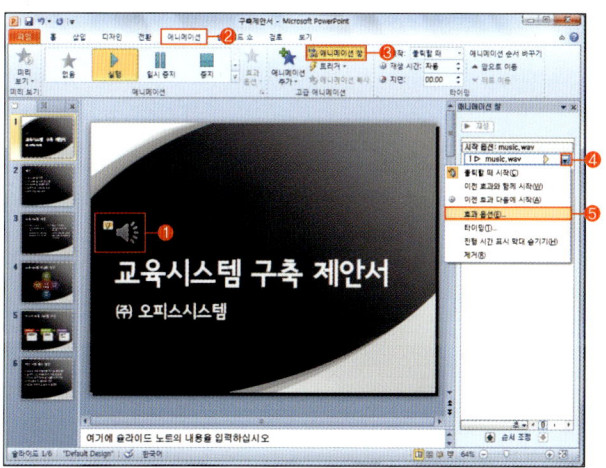

> **tip** 슬라이드에 멋진 음악을 삽입하여 슬라이드 쇼를 진행해 보면 오디오는 삽입된 슬라이드에서만 재생되기 때문에 다음 슬라이드로 넘어갈 때 음악이 자동으로 멈추게 됩니다. 하지만 효과 옵션을 이용하여 여러 슬라이드에 걸쳐서 연속으로 오디오가 재생되도록 설정할 수 있습니다.

2. [오디오 재생] 대화 상자의 [효과] 탭에서 [재생 중지] 항목을 [지금부터]로 선택하고, 재생할 슬라이드의 총 수를 입력한 후 [확인]을 클릭합니다. 여기서는 재생할 슬라이드의 총 수를 『5』로 입력해 5번 슬라이드까지 오디오가 재생되도록 설정합니다. F5 를 눌러 슬라이드 쇼를 진행해 봅니다. Enter 나 마우스를 클릭하여 다음 슬라이드로 이동하여도 오디오가 끊어지지 않고 5번 슬라이드까지 재생됩니다.

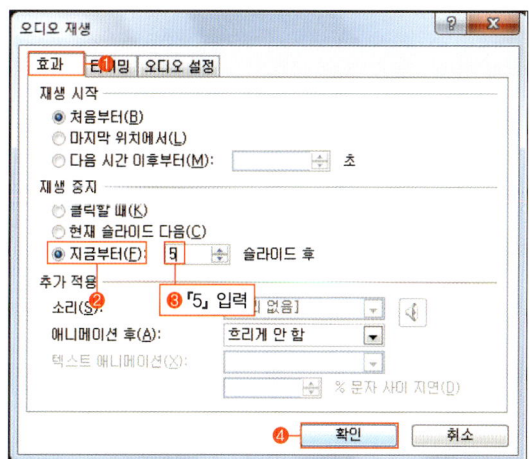

전체 슬라이드에 연속으로 오디오 재생하기

[오디오 도구]의 상황별 탭인 [재생] 탭-[오디오 옵션] 그룹에서 [시작]의 화살표를 클릭하여 [모든 슬라이드에서 실행]을 선택하면 오디오가 전체 슬라이드에서 재생됩니다.

비디오 파일 삽입하기

● **준비파일** : Part02\Chapter03\Section01\길거리공연.pptx
● **완성파일** : Part02\Chapter03\Section01\길거리공연_완성.pptx

1. 비디오 파일을 삽입하기 위해 [삽입] 탭-[미디어] 그룹에서 [비디오] 윗부분을 클릭합니다. [비디오 삽입] 대화 상자가 나타나면 부록 CD의 'Part02\Chapter03\Section01' 폴더에서 'movie.mpg' 파일을 선택한 후 [삽입]을 클릭합니다.

2. 슬라이드에 비디오가 삽입되면 크기와 위치를 다음과 같이 조절합니다. 비디오 클립 아래에 있는 제어판에서 [재생] 단추를 클릭하면 비디오가 슬라이드 편집 화면에서 바로 실행됩니다.

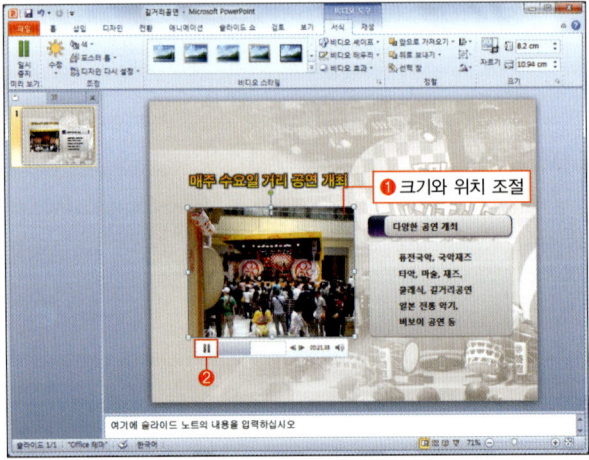

07 비디오 클립 서식 변경하기

1. 슬라이드에 삽입한 비디오 클립에도 다양한 서식을 지정할 수 있습니다. [비디오 도구]의 상황별 탭인 [서식] 탭–[비디오 스타일] 그룹에서 자세히(▼)를 클릭한 후 [회전, 흰색]을 선택합니다.

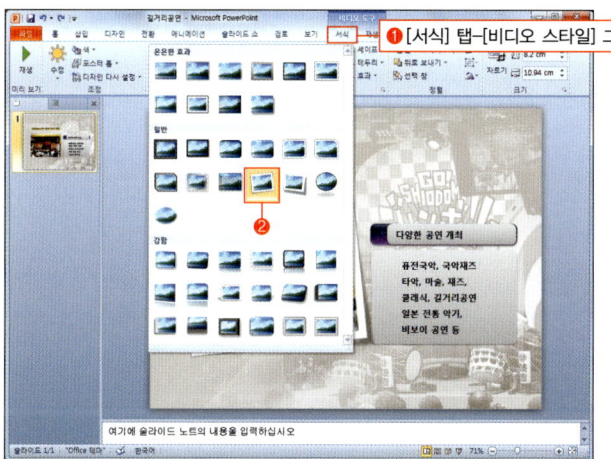

tip 비디오 클립에도 색이나 포스터 틀 등을 적용하여 서식을 설정할 수 있습니다.

2. 비디오 클립의 서식이 변경됩니다.

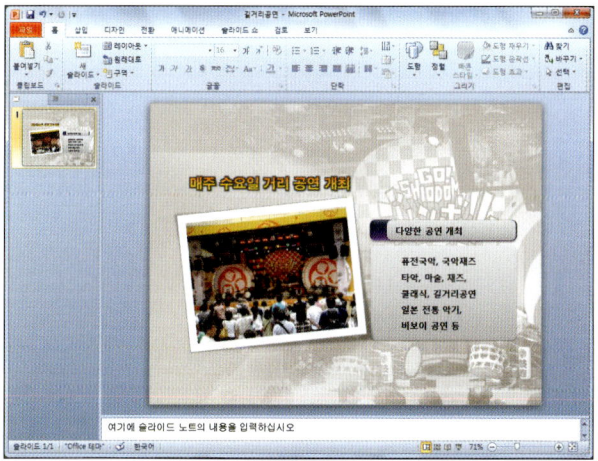

비디오 클립 자유롭게 트리밍하기

1. 비디오를 재생한 다음 원하는 위치에서 [비디오 도구]의 상황별 탭인 [재생] 탭–[책갈피] 그룹–[책갈피 추가]
를 클릭합니다.

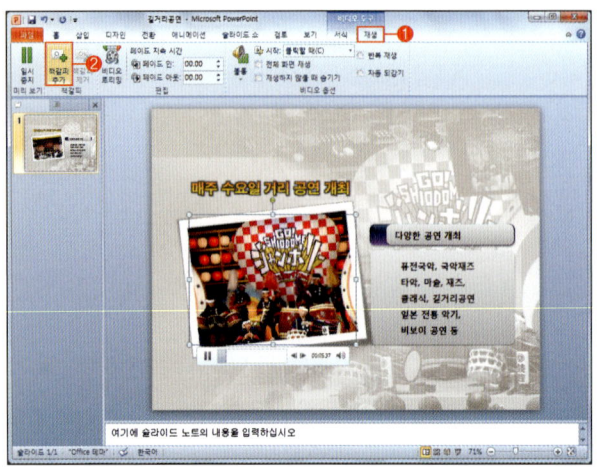

2. F5 를 눌러 슬라이드 쇼를 실행합니다. 원하는 책갈피를 기억하고 있기에 원하는 위치부터 동영상이 재생됩
니다. Esc 를 누릅니다.

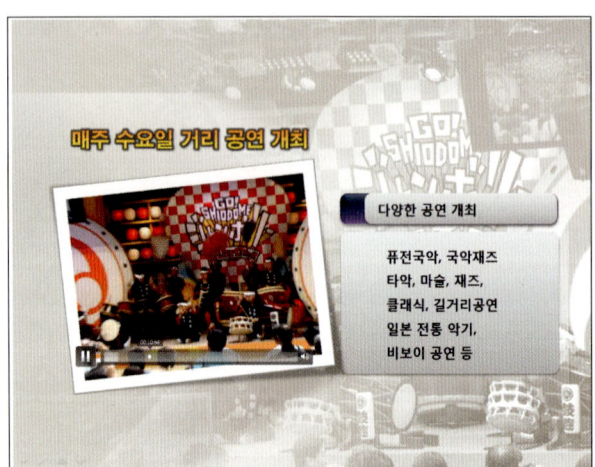

3. [비디오 도구]의 상황별 탭인 [재생] 탭–[편집] 그룹에서 [비디오 트리밍]을 클릭합니다.

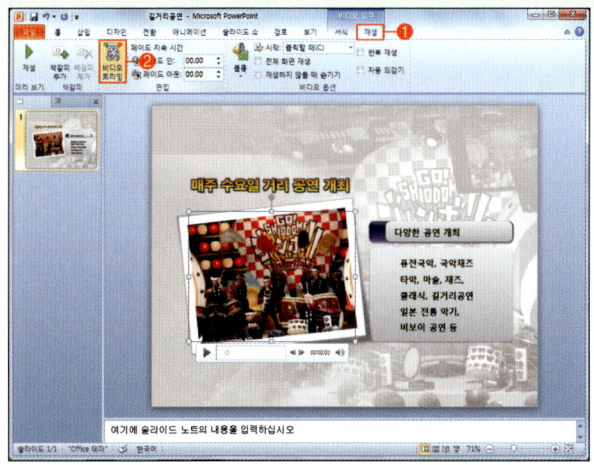

4. [비디오 맞추기] 대화 상자가 나타나면 녹색(🟩) 지점의 위치와 빨간색(🟥) 지점의 위치를 조절한 후 [확인]을 클릭합니다.

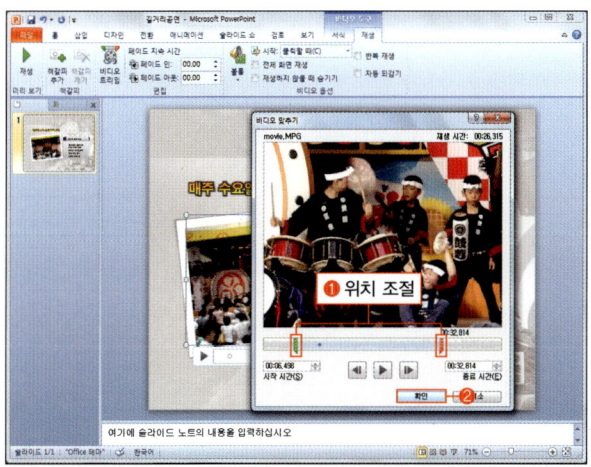

페이드 인과 페이드 아웃

파워포인트 2010의 새로운 기능 중 하나인 페이드 인과 페이드 아웃 기능을 이용하면 비디오 편집 프로그램에서 많이 사용하는 페이드 인 효과를 비디오에 간단히 넣을 수 있습니다. [비디오 도구]의 상황 별 탭인 [재생] 탭–[편집] 그룹–[페이드 인]에 『05.00』을 입력한 후 [재생]을 클릭하면 5초 동안 페이드 인 효과가 지속됩니다.

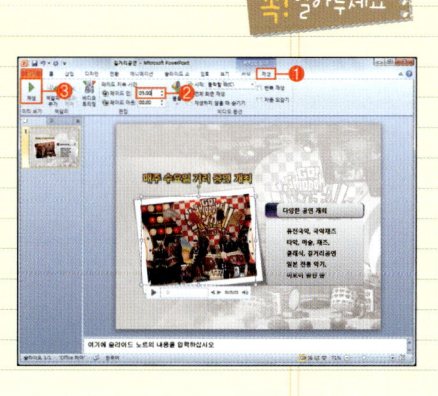

비디오 클립 전체 화면으로 재생하기

1. 슬라이드 쇼 실행 시 비디오 실행 방법을 변경하기 위해 비디오를 클릭하고 [비디오 도구]의 상황별 탭인 [재생] 탭-[비디오 옵션] 그룹에서 [시작]의 화살표를 클릭하여 [클릭할 때]를 선택합니다. 비디오를 전체 화면으로 재생하기 위해 [전체 화면 재생]에 체크 표시를 합니다. 슬라이드 쇼를 실행하기 위해 F5를 누릅니다.

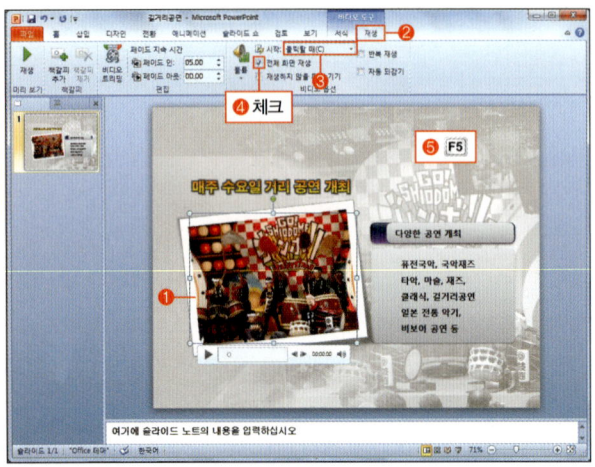

2. 슬라이드 쇼로 전환됩니다. [클릭할 때]로 실행 방법을 변경했기 때문에 비디오를 클릭하면 전체 화면으로 비디오가 재생됩니다.

> **tip** 슬라이드 편집 화면으로 다시 돌아가려면 Esc 를 누릅니다.

10 플래시 무비 삽입하기

◉ **준비파일** : Part02\Chapter03\Section01\대학연설.pptx
◉ **완성파일** : Part02\Chapter03\Section01\대학연설_완성.pptx

1. 플래시 무비를 삽입하기 위해 [삽입] 탭-[미디어] 그룹에서 [비디오] 아랫부분을 클릭하여 [비디오 파일]을 선택합니다. [비디오 삽입] 대화 상자가 나타나면 [Adobe Flash Media]를 클릭한 후 부록 CD의 'Part02\Chapter03\Section01' 폴더에서 'steve.swf' 파일을 선택하고 [삽입]을 클릭합니다.

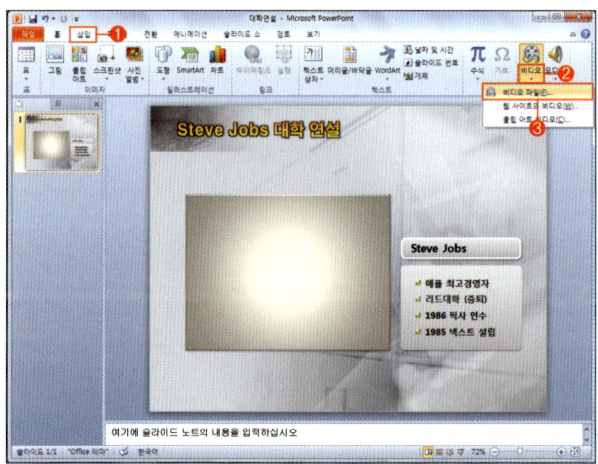 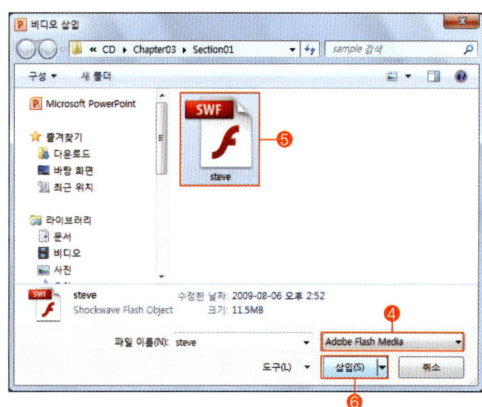

2. 삽입한 플래시의 크기 및 위치를 조정한 후 더블 클릭합니다. 플래시가 실행됩니다.

> **tip** Flash 무비를 재생하기 위해서는 Shockwave Flash 개체가 등록되어 있어야 합니다. http://www.adobe.com/downloads에 접속하여 홈페이지에서 최신의 Flash Player를 다운로드하여 Shockwave Flash 개체를 설치합니다.

유튜브 동영상을 슬라이드에 바로 연결하기

● **준비파일** : Part02\Chapter03\Section01\유튜브.pptx
● **완성파일** : Part02\Chapter03\Section01\유튜브_완성.pptx

❶ 유튜브(http://kr.youtube.com) 웹 사이트에 접속합니다. 원하는 동영상을 찾아 [소스 코드]를 클릭한 후 동영상의 소스 코드를 Ctrl + C 를 눌러 복사합니다.

> **tip** 유튜브(YouTube)는 무료 동영상 공유 사이트로, 영상 클립을 업로드하거나 공유합니다. 프레젠테이션 작업을 진행할 때 필요한 동영상을 찾아 파워포인트에 바로 삽입할 수 있어 편리합니다.

❷ 파워포인트에서 [삽입] 탭–[미디어] 그룹–[비디오] 아랫부분을 클릭하여 [웹 사이트의 비디오]를 선택합니다.

❸ [웹 사이트에서 가져온 비디오 삽입] 대화 상자에서 Ctrl + V 를 눌러 소스를 붙여넣기하고 [삽입]을 클릭합니다.

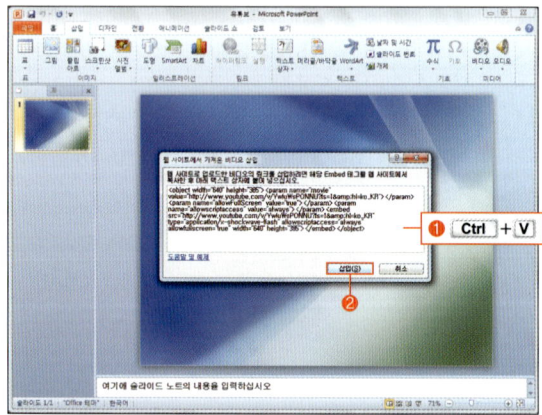

④ **F5**를 눌러 슬라이드 쇼를 진행합니다. 유튜브에서 소스 코드로 붙여넣은 비디오가 실행됩니다.

◎ **준비파일** : Part02\Chapter03\Check\사업설명회.pptx
◎ **완성파일** : Part02\Chapter03\Check\사업설명회_완성.pptx

체크! 해봐요

사업설명회 슬라이드를 열고 '클립 아트 오디오'를 검색하여 삽입해 보세요.

Hint

❶ [삽입] 탭–[미디어] 그룹–[오디오] 아랫부분을 클릭한 후 [클립 아트 오디오] 선택
❷ [클립 아트] 창에서 원하는 오디오 선택

화면 전환 효과와 슬라이드 쇼로 폼나게 발표하기

파워포인트로 슬라이드를 만드는 최종 목적은 프레젠테이션을 하기 위함입니다. 이번 섹션에서는 슬라이드 쇼를 진행하는 방법과 멋진 발표를 위한 화면 전환 효과를 비롯하여 다양한 슬라이드 쇼 기능에 대해서 알아보도록 합니다.

Preview

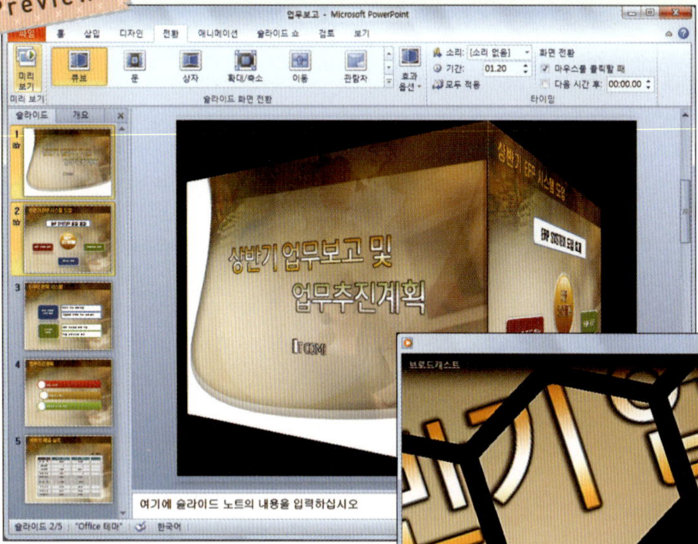

▲ 업무보고 프레젠테이션에 화면 전환 효과 적용하기

▲ 비디오 녹화하여 실행하기

이번 섹션에서 배울 **주요 내용!**

01. 슬라이드 쇼 진행하기
02. 포인트 옵션 적용하기
03. 슬라이드 쇼 재구성하기
04. 필요없는 슬라이드 숨기기
05. 화면 전환 효과 지정하기

06. 전체 슬라이드 자동 전환하기
07. 하이퍼링크 연결하기
08. 실행 설정을 이용해 소리 재생하기
스페셜. 슬라이드 쇼 예행 연습하고 녹화하기

01 슬라이드 쇼 진행하기

● **준비파일** : Part02\Chapter03\Section02\업무보고.pptx
● **완성파일** : Part02\Chapter03\Section02\업무보고_완성.pptx

1. 슬라이드 쇼를 처음부터 실행하기 위해 [슬라이드 쇼] 탭-[슬라이드 쇼 시작] 그룹에서 [처음부터]를 클릭하거나 F5를 누릅니다.

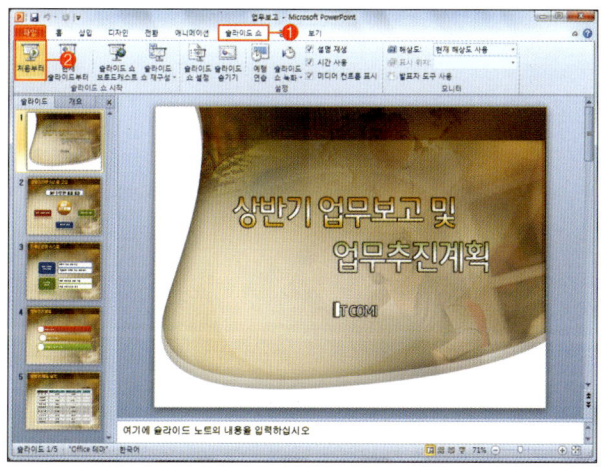

> **tip** 특정 슬라이드부터 슬라이드 쇼를 실행하려면 슬라이드 쇼를 시작할 슬라이드를 선택한 다음 [슬라이드 쇼] 탭-[슬라이드 쇼 시작] 그룹에서 [현재 슬라이드부터]를 클릭하거나 Shift + F5 를 누릅니다.

2. 슬라이드 쇼로 전환되면 마우스로 화면을 클릭하거나 Enter 혹은 Space Bar 를 눌러 다음 페이지로 이동합니다. 슬라이드 쇼를 마치고 슬라이드 편집 화면으로 돌아오기 위해 Esc 를 누릅니다.

> **tip** 마우스 오른쪽 단추를 클릭하여 [다음]을 선택해도 다음 페이지로 넘어갑니다. 다음 페이지가 아닌 특정 페이지의 슬라이드로 이동하려면 마우스 오른쪽 단추를 클릭하여 [슬라이드로 이동]을 선택하고 이동을 원하는 슬라이드 번호를 선택합니다.

02 포인트 옵션 적용하기

1. 슬라이드 쇼를 진행하면서 특정 부분에 표시를 하기 위해 F5 를 눌러 슬라이드 쇼를 진행합니다. 마우스 오른쪽 단추를 클릭하여 [포인트 옵션]-[형광펜]을 선택합니다.

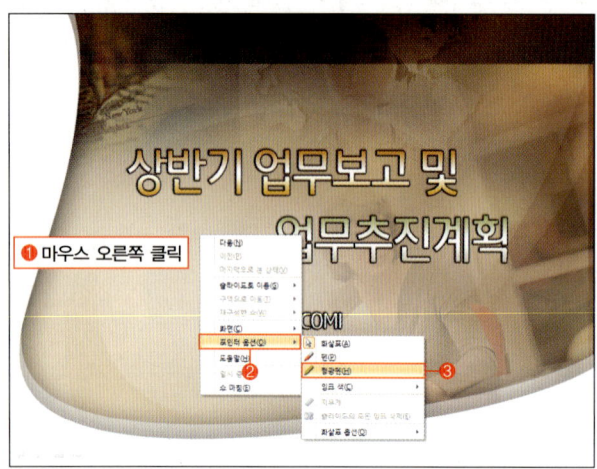

2. 마우스 포인터가 형광펜으로 변경됩니다. 다음과 같이 마우스로 동그라미를 그려봅니다. 노란색의 형광펜 효과가 슬라이드 쇼에 적용됩니다. Esc 를 눌러 슬라이드 쇼를 마칩니다. 잉크 주석을 유지하겠냐고 묻는 메시지 창이 나타나면 [아니요]를 클릭합니다.

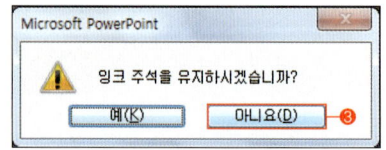

tip 슬라이드 쇼를 진행하는 도중에 청중들에게 중요한 정보나 분위기 전환을 위해 포인트 옵션 기능을 사용합니다.

03 슬라이드 쇼 재구성하기

1. 특정 페이지만으로 슬라이드 쇼를 재구성하기 위해 [슬라이드 쇼] 탭-[슬라이드 쇼 시작] 그룹-[슬라이드 쇼 재구성]을 클릭하여 [쇼 재구성]을 선택합니다. [쇼 재구성] 대화 상자가 나타나면 [새로 만들기]를 클릭합니다.

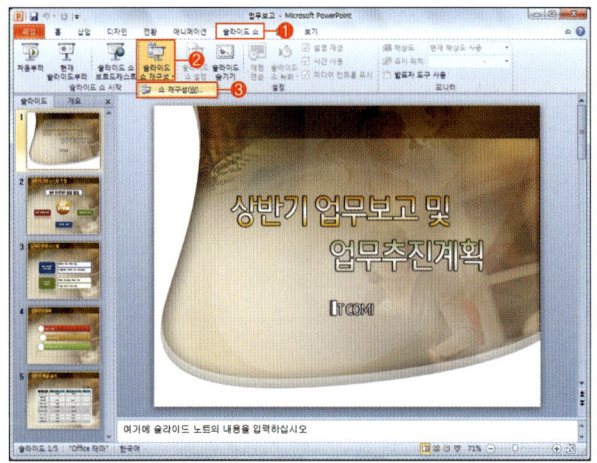

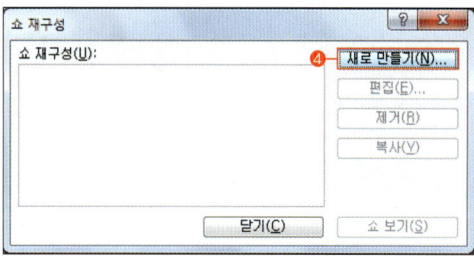

2. [쇼 재구성하기] 대화 상자가 나타나면 재구성할 슬라이드를 선택한 후 [추가]를 클릭해 [재구성할 쇼에 있는 슬라이드] 목록에 표시한 다음 [확인]을 클릭합니다. 여기서는 1번, 2번, 5번 슬라이드로 재구성합니다.

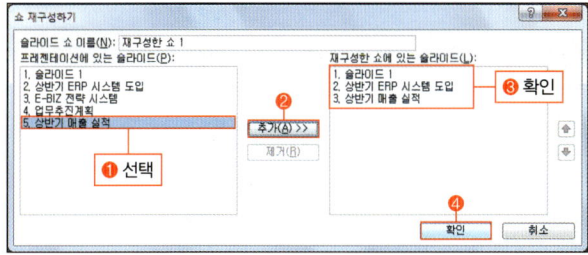

3. [쇼 재구성] 대화 상자가 나타나면 [쇼 보기]를 클릭합니다.

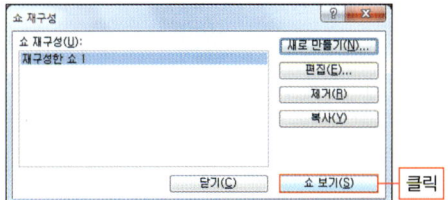

4. 슬라이드 쇼가 실행되면 재구성한 슬라이드만 실행되는지 확인한 후 `Esc` 를 누릅니다.

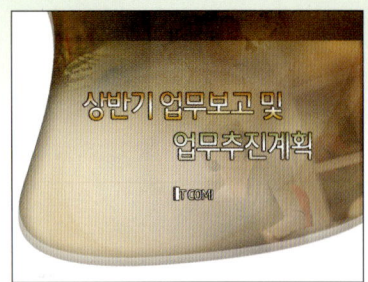 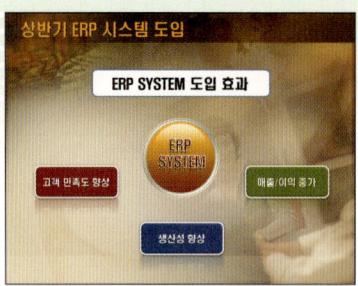 

슬라이드 쇼에서 주로 사용하는 단축키

단축키	기능
`Enter`, `Space Bar`, `Page Down`, →, ↓, 마우스 왼쪽 단추 클릭	다음 슬라이드로 이동하기
`Back Space`, `Page Up`, ←, ↑, 마우스 오른쪽 단추 클릭	이전 슬라이드로 이동하기
`Esc`, `Ctrl` +[Pause Break]	슬라이드 쇼 끝내기
슬라이드 번호 + `Enter`	원하는 슬라이드로 바로 이동하기
`W`, ,	슬라이드 쇼 화면 흰색으로 변경/취소
`B`, .	슬라이드 쇼 화면 검정색으로 변경/취소
`A`, =	화살표 포인터 표시/숨기기
2초 동안 양쪽 마우스 단추 누르기	처음 슬라이드로 돌아가기
`Ctrl` + `P`	포인터를 펜으로 변경하기
`Ctrl` + `A`	포인터를 화살표로 변경하기

[슬라이드 쇼]에서 마우스 오른쪽 단추를 클릭하여 [도움말]을 선택하면 [슬라이드 쇼 도움말] 대화 상자가 나타납니다. 슬라이드 쇼와 관련된 단축키를 볼 수 있습니다.

슬라이드 쇼에서 레이저 빔 없이 레이저 빔 사용하기

파워포인트 2010의 재미있는 기능 중 하나가 레이저 빔 기능입니다. 프레젠테이션을 진행할 때 필수적으로 챙기는 도구 중 하나가 바로 레이저 빔인데 파워포인트 2010은 레이저 빔 없이도 레이저 빔 효과를 적용할 수 있습니다. 슬라이드 쇼를 진행하다 레이저 빔이 필요할 때 `Ctrl` 을 누른 채 마우스를 누르고 드래그해 봅니다.

필요없는 슬라이드 숨기기

1. 슬라이드 쇼를 진행할 때 필요없는 슬라이드를 숨기기 위해 숨길 슬라이드를 선택하고 [슬라이드 쇼] 탭-[설정] 그룹-[슬라이드 숨기기]를 클릭합니다.

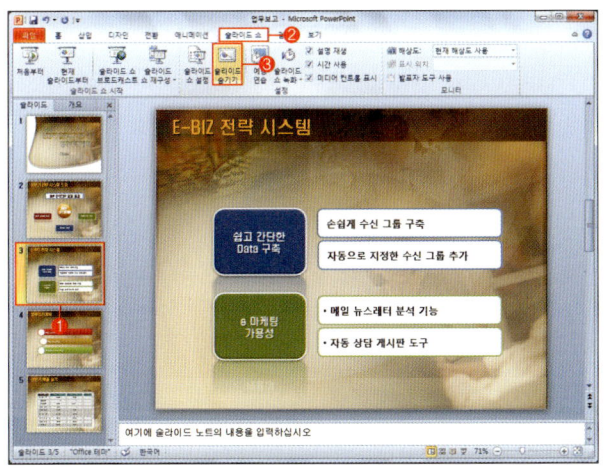

> **tip** 슬라이드 쇼를 진행하다보면 시간적인 제약이나 청중들의 스타일에 따라 특정 슬라이드를 보여주지 않는 경우가 생깁니다. 이런 경우 슬라이드 숨기기 기능이 유용하게 사용됩니다. 물론, [슬라이드 쇼 재구성하기] 기능을 통해서도 가능하지만 [슬라이드 숨기기] 기능을 이용하면 보다 간편하게 슬라이드를 삭제하지 않고 재조정할 수 있습니다.

2. 3번 슬라이드가 연한 색상으로 변경됩니다. 이 슬라이드는 슬라이드 편집 화면에서는 보이지만 슬라이드 쇼를 진행하면 표시되지 않습니다. 다시 [슬라이드 쇼] 탭-[설정] 그룹-[슬라이드 숨기기]를 클릭하면 숨기기가 해제됩니다.

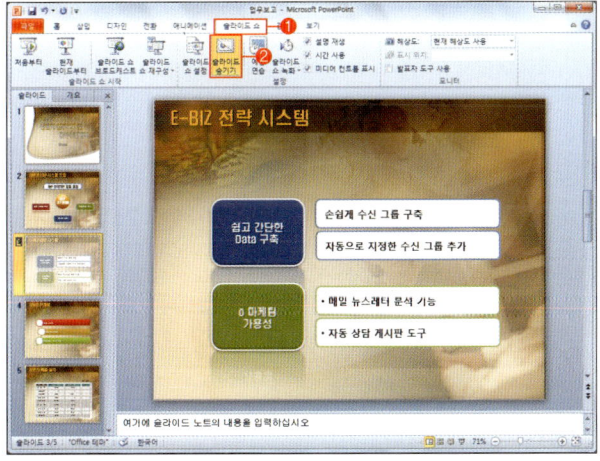

화면 전환 효과 지정하기

1. 화면 전환 효과를 지정하기 위해 1번 슬라이드와 2번 슬라이드를 선택한 다음 [전환] 탭-[슬라이드 화면 전환] 그룹에서 [자세히]([▼])를 클릭합니다. 화면 전환과 관련된 갤러리가 나타나면 [큐브]를 선택합니다.

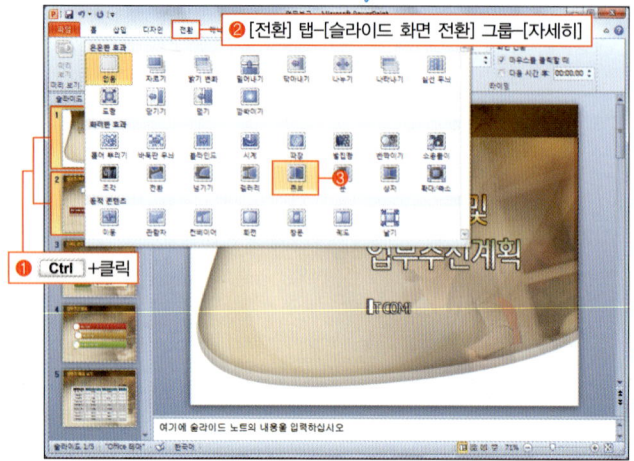

2. [전환] 탭-[미리 보기] 그룹-[미리 보기]를 클릭하여 선택한 화면 전환 효과가 제대로 작동하는지 확인합니다.

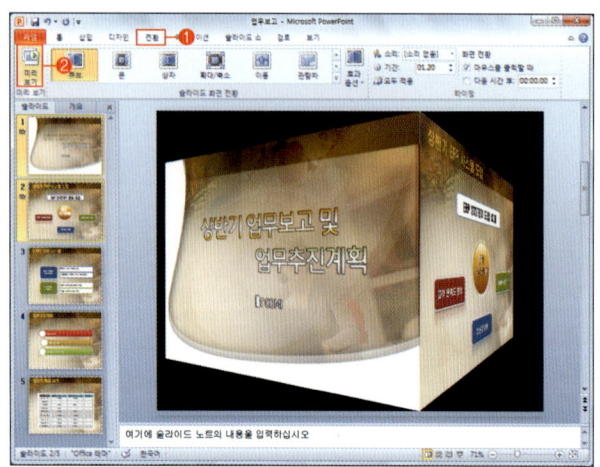

> **tip** 화면 전환 효과는 각각의 슬라이드에 애니메이션 효과를 주어 세련된 애니메이션 효과를 낼 수 있는 기능으로, 쉽고 간편하게 애니메이션 효과를 줄 수 있다는 장점이 있습니다.

06 전체 슬라이드 자동 전환하기

1. 화면이 일정 시간 후 자동으로 전환되도록 설정하기 위해 [전환] 탭-[타이밍] 그룹에서 [마우스를 클릭할 때]의 체크 표시를 해제하고 [다음 시간 후]에 체크 표시를 한 후 『00:03』을 입력하고 [모두 적용]을 클릭합니다.

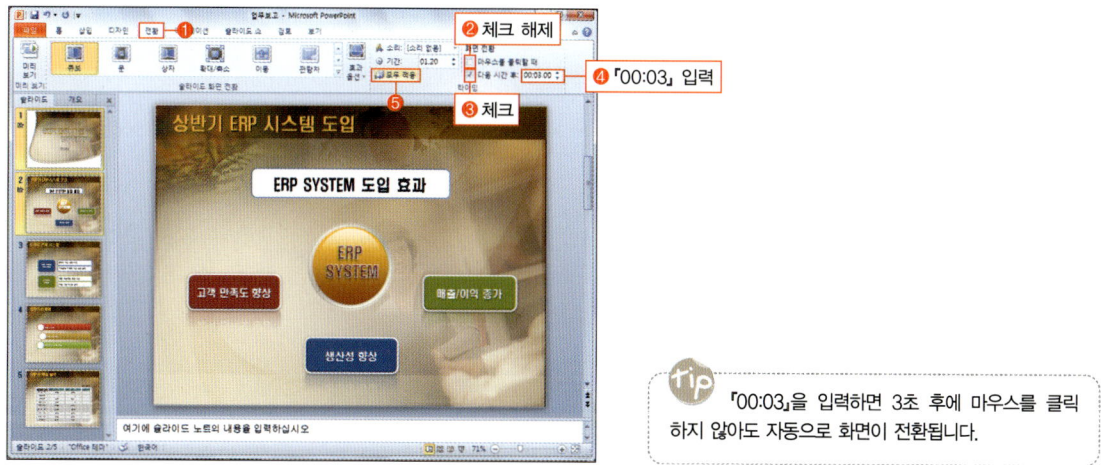

> **tip** 『00:03』을 입력하면 3초 후에 마우스를 클릭하지 않아도 자동으로 화면이 전환됩니다.

2. [여러 슬라이드] 보기(▦)를 클릭합니다. 여러 슬라이드 보기 화면이 열리면 각 슬라이드의 아래쪽에 화면 전환 아이콘과 시간이 나타납니다. F5를 눌러 슬라이드 쇼를 진행하면 '00:03' 초 마다 슬라이드가 자동 전환되는 것을 알 수 있습니다.

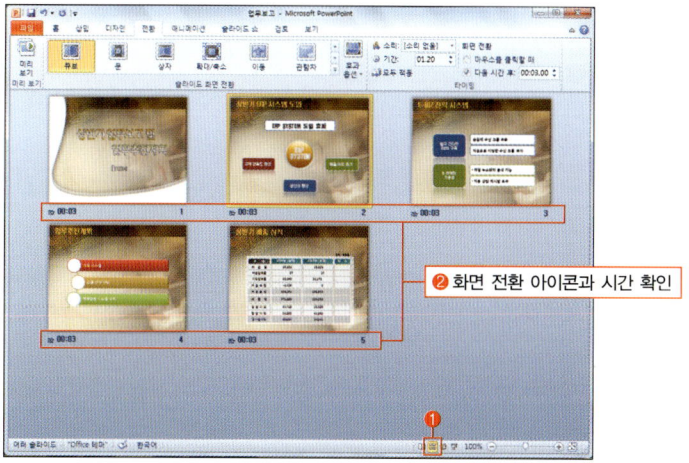

❷ 화면 전환 아이콘과 시간 확인

07 하이퍼링크 연결하기

- 준비파일 : Part02\Chapter03\Section02\지식관리시스템.pptx
- 완성파일 : Part02\Chapter03\Section02\지식관리시스템_완성.pptx

1. 하이퍼링크를 연결할 개체를 선택한 다음 [삽입] 탭-[링크] 그룹-[하이퍼링크]를 클릭합니다. [하이퍼링크 삽입] 대화 상자가 나타나면 [주소] 입력란에 『http://www.gabia.com』를 입력하고 [확인]을 클릭합니다.

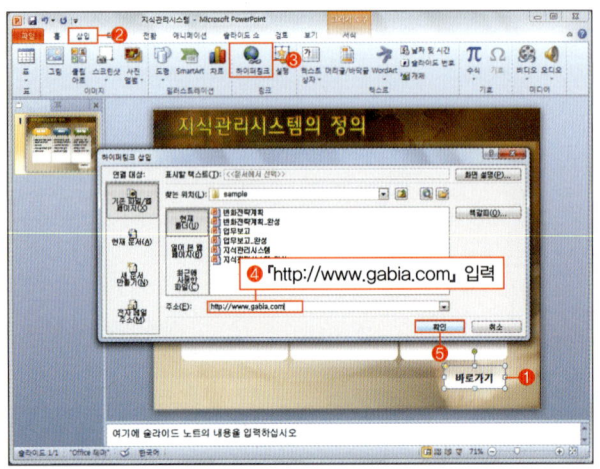

> **tip** 하이퍼링크는 특정 텍스트나 도형 등의 개체를 클릭하였을 때 인터넷 사이트 혹은 다른 슬라이드나 파일로 바로 연결해 주는 기능입니다. 단축키 Ctrl + K 를 눌러도 하이퍼링크를 연결할 수 있습니다.

2. F5를 눌러 슬라이드 쇼를 실행합니다. 하이퍼링크를 연결한 개체에 마우스를 올리면 스크린 팁이 나타납니다. 개체를 클릭합니다. 링크를 걸었던 곳으로 바로 연결됩니다.

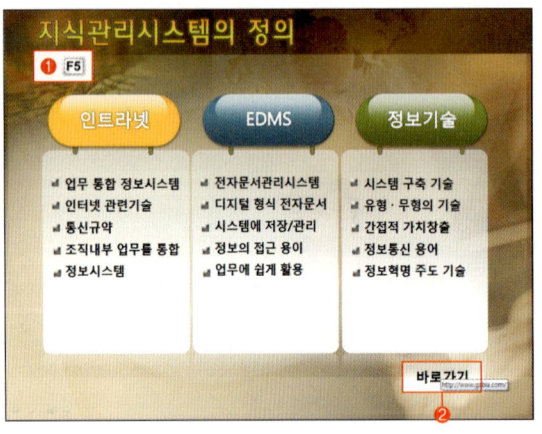 

> **tip** 스크린 팁은 슬라이드 쇼에서 마우스를 하이퍼링크가 연결된 개체 위에 올려 놓았을 때 간단한 설명이 나타나도록 하는 기능입니다.

실행 설정을 이용해 소리 재생하기

○ **준비파일** : Part02\Chapter03\Section02\변화전략계획.pptx
○ **완성파일** : Part02\Chapter03\Section02\변화전략계획_완성.pptx

1. 오른쪽 상단에 있는 이미지를 선택한 후 [삽입] 탭-[링크] 그룹-[실행]을 클릭합니다. [실행 설정] 대화 상자
가 나타나면 [마우스를 클릭할 때] 탭에서 [소리 재생]-[다른 소리]를 선택합니다. [오디오 추가] 대화 상자가 나
타나면 부록 CD에서 'Part02\Chapter03\Section02\music.wma'를 선택하고 [확인]을 클릭한 후 다시 [실행
설정] 대화 상자에서 [확인]을 클릭합니다.

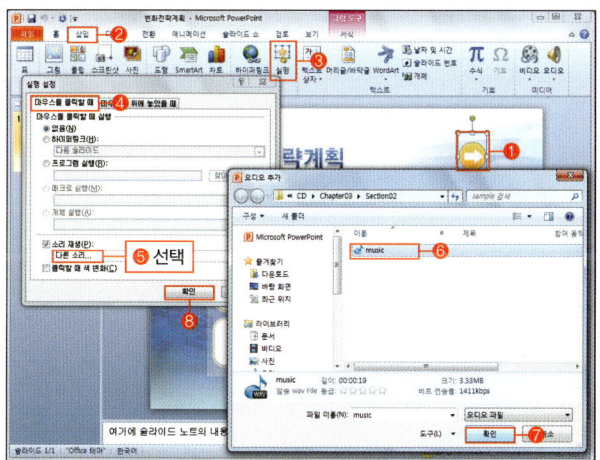

> **tip** [실행 설정]은 파워포인트에서 다양한 용도로
> 활용됩니다. 하이퍼링크뿐 아니라 OLE 개체를 삽입하
> 여 실행하거나 매크로 실행 등에도 이 기능이 사용됩니
> 다. 또한, 지금처럼 음악을 재생하거나 동영상을 링크할
> 수도 있습니다.

2. F5 를 눌러 슬라이드 쇼를 실행합니다. 실행 기능이 추가된 이미지를 클릭합니다. 음악이 흘러 나옵니다.

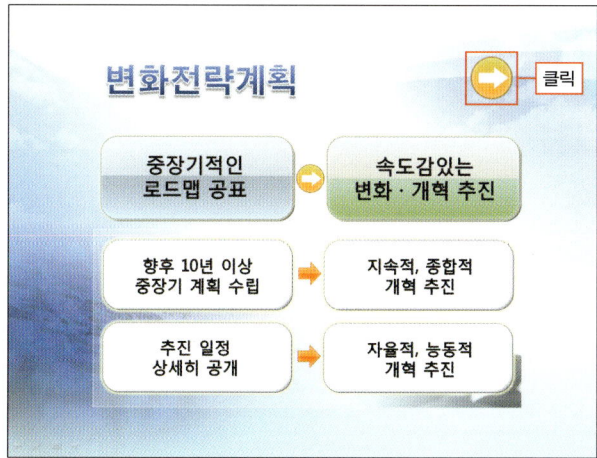

슬라이드 쇼 예행 연습하고 녹화하기

● **준비파일** : Part02\Chapter03\Section02\브로드캐스트_완성.pptx
● **완성파일** : Part02\Chapter03\Section02\브로드캐스트.wmv

1 [슬라이드 쇼] 탭–[설정] 그룹에서 [슬라이드 쇼 녹화]의 윗부분을 클릭합니다. [슬라이드 쇼 녹화] 대화 상자가 나타나면 [녹화 시작]을 클릭합니다.

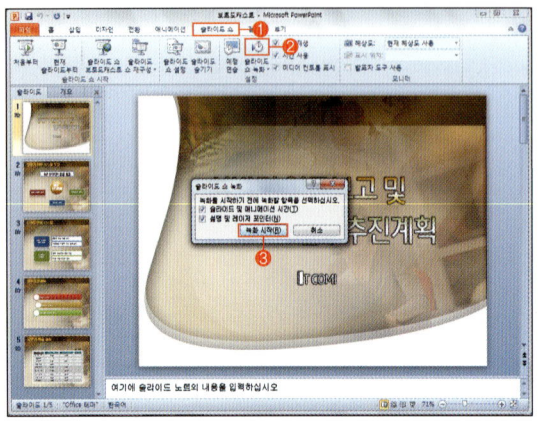

tip 슬라이드 쇼를 비디오로 녹화하면 음성이나 레이저 포인터 동작 등이 모두 기록됩니다.

2 슬라이드 쇼가 시작됩니다. Ctrl 을 누른채 마우스 왼쪽 단추를 클릭하면 레이저 포인터가 나타납니다. 레이저 포인터를 슬라이드 쇼 위에서 작동시키고 실제 프레젠테이션을 할 때처럼 연습합니다.

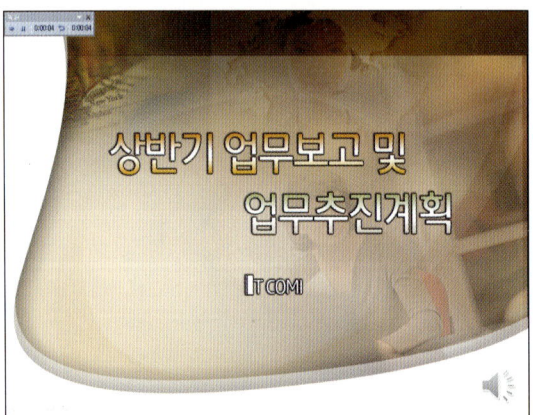

3 슬라이드 쇼가 모두 끝나면 [여러 슬라이드 보기]로 자동 전환됩니다. 슬라이드의 왼쪽 아래에 각 슬라이드별 진행된 시간과 슬라이드의 오른쪽 아래에 오디오 파일이 추가된 것을 확인할 수 있습니다.

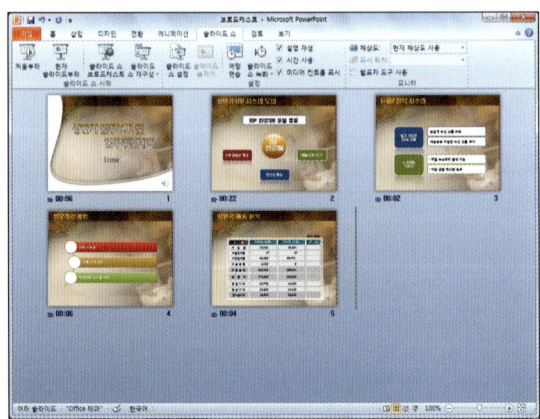

4 슬라이드를 비디오로 만들기 위해 [파일] 탭–[저장/보내기]–[비디오 만들기]를 클릭한 다음 [비디오 만들기]에서 '컴퓨터 및 HD 디스플레이' 등의 설정을 지정하고 [비디오 만들기]를 클릭합니다.

5 [다른 이름으로 저장] 대화 상자가 나타나면 파일 위치를 설정하고, [파일 이름]에 『브로드캐스트』를 입력한 후 [저장]을 클릭합니다.

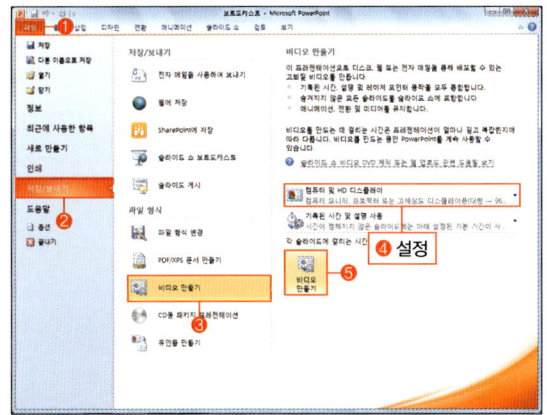

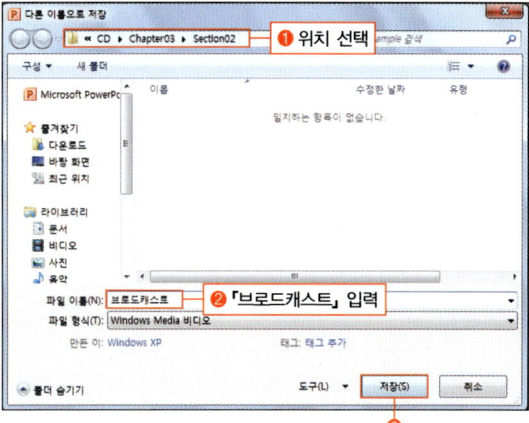

● **준비파일** : Part02\Chapter03\Check\트위터.pptx
● **완성파일** : Part02\Chapter03\Check\트위터_완성.pptx

체크! 해보요

트위터 슬라이드를 열어 이미지를 삽입하고 하이퍼링크(http://www.twitter.com)를 연결해 보세요.

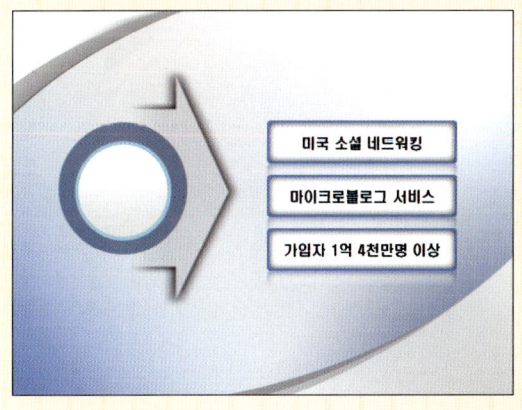

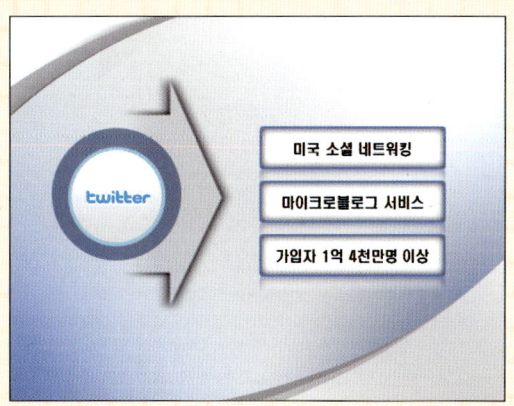

Hint

❶ [삽입] 탭–[이미지] 그룹–[그림]을 클릭하여 'Part02\Chapter03\Check\트위터.png' 삽입
❷ [삽입] 탭–[링크] 그룹–[하이퍼링크] 선택
❸ [하이퍼링크 삽입] 대화 상자의 [주소] 입력란에 『http://www.twitter.com』 입력

SECTION 03

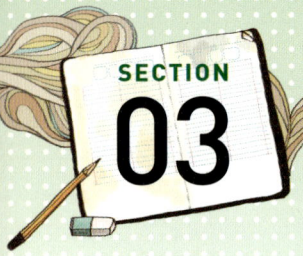

애니메이션 효과로 슬라이드 강조하기

청중의 시선을 사로잡는데 효과적인 파워포인트 기능 중 하나가 바로 애니메이션입니다. 청중의 시선을 끌고 싶다면 애니메이션 효과를 적절히 활용하는 것이 좋습니다. 다이나믹한 슬라이드 구성을 위해 애니메이션 효과는 필수적이지만 이런 애니메이션도 과하면 오히려 역효과를 낼 수 있습니다. 이번 섹션에서는 다양한 애니메이션 효과에 대해서 알아보도록 합니다.

Preview

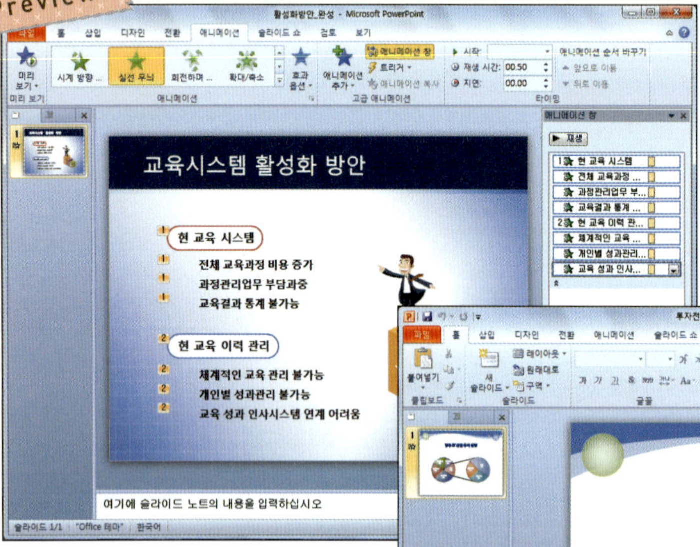

▲ 교육시스템 활성화 방안에 애니메이션 적용하기

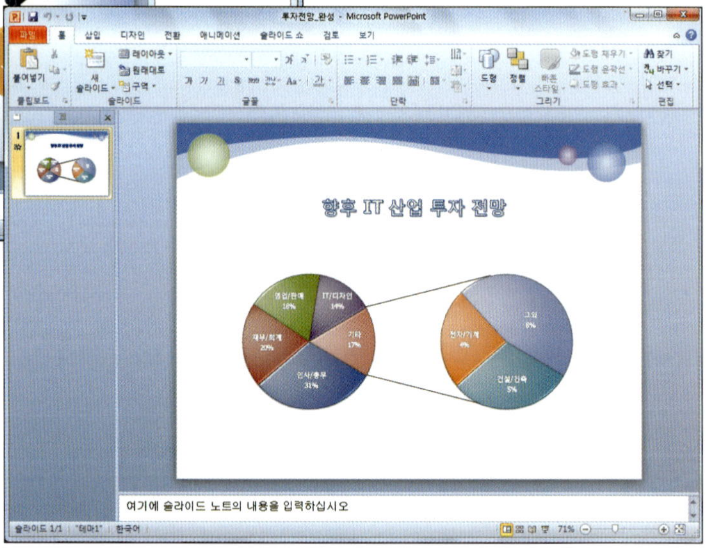

▲ 차트에 애니메이션 지정하기

이번 섹션에서 배울 주요 내용!

01. 사용자 지정 애니메이션 지정하기
02. 애니메이션 복사하기
03. 연속으로 애니메이션 복사하기
04. 개체에 애니메이션 지정하기
05. 차트에 애니메이션 지정하기

01 사용자 지정 애니메이션 지정하기

● **준비파일** : Part02\Chapter03\Section03\회사소개서.pptx
● **완성파일** : Part02\Chapter03\Section03\회사소개서_완성.pptx

1. 먼저 텍스트와 도형이 그룹으로 묶어진 개체에 애니메이션을 적용해 보겠습니다. 2번 슬라이드에서 위에서부터 세 번째까지의 도형을 **Ctrl** 을 누른 채 선택합니다. [애니메이션] 탭-[애니메이션] 그룹에서 자세히(▼)를 클릭하여 [나타내기]-[도형]을 선택합니다.

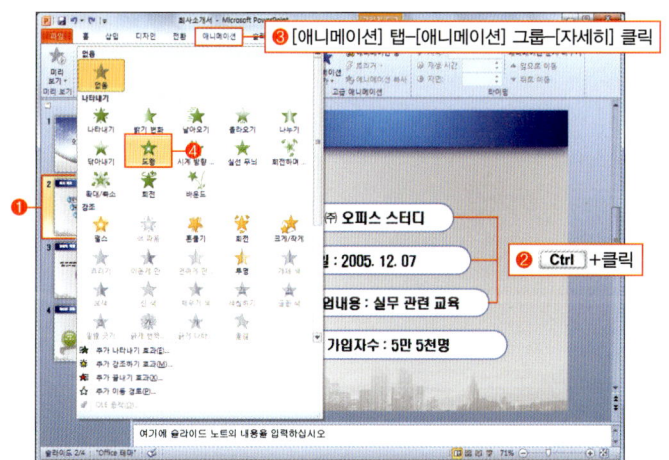

③ [애니메이션] 탭-[애니메이션] 그룹-[자세히] 클릭
④
② **Ctrl** +클릭

> **tip** 애니메이션이란, 연속적인 동작으로 마치 살아 움직이듯 보이는 것을 말합니다. 이런 애니메이션 효과는 텍스트나, SmartArt 그래픽, 다이어그램, 차트 등의 개체에 적용하여 프레젠테이션을 흥미롭게 만들고 중요한 요점을 강조하며 정보의 흐름을 제어할 수 있습니다.

2. [애니메이션] 탭-[애니메이션] 그룹에서 [효과 옵션]을 클릭한 다음 [바깥쪽]을 선택합니다. 다시 [애니메이션] 탭-[고급 애니메이션] 그룹에서 [애니메이션 창]을 클릭합니다.

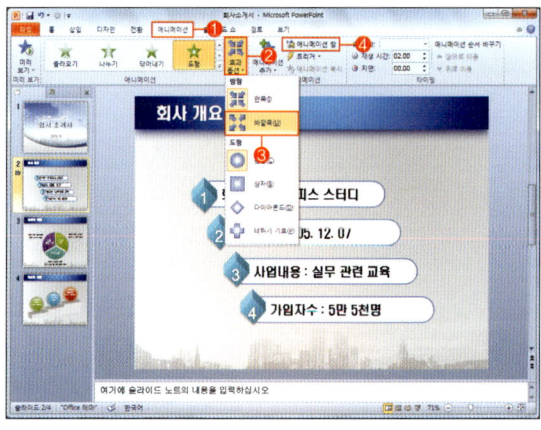
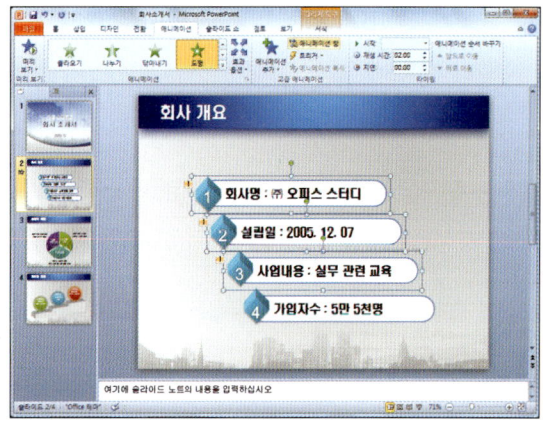

> **tip** [미리 보기] 탭의 [미리 보기]를 클릭하면 적용된 애니메이션을 미리 볼 수 있습니다.

3. [애니메이션 창]이 나타나면 [그룹 3]의 화살표를 클릭하여 [클릭할 때 시작]을 선택합니다.

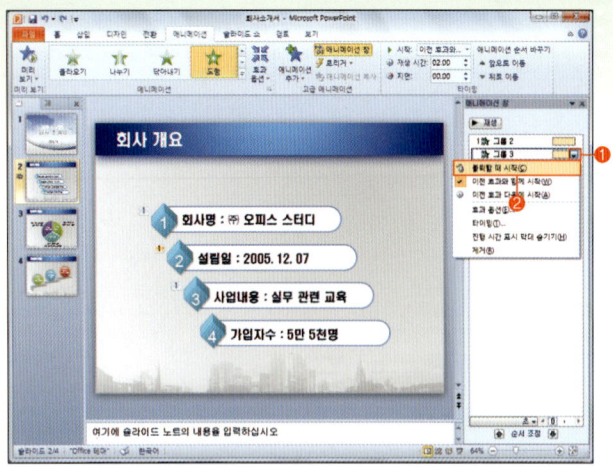

> tip [애니메이션 창]에서는 각 애니메이션의 순서나
> 다양한 효과를 적용할 수 있습니다.

4. 애니메이션 효과에 소리를 적용하기 위해 [그룹 4]의 화살표를 클릭한 후 [효과 옵션]을 선택합니다.

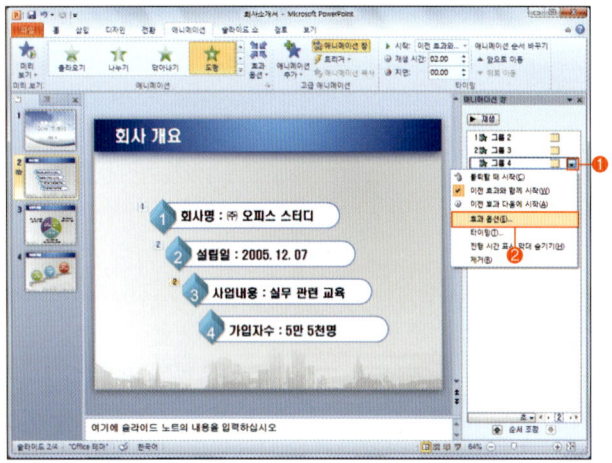

> tip [애니메이션 창]의 기능은 [애니메이션] 탭-[타
> 이밍] 그룹에서도 적용할 수 있습니다.

> tip 개체 왼쪽에 번호가 매겨진 것을 볼 수 있습니
> 다. 이 번호는 애니메이션 효과의 진행 순서를 의미하
> 며, 슬라이드 쇼 화면이나 인쇄 시에는 나타나지 않습
> 니다.

5. [원형] 대화 상자가 나타나면 [효과] 탭에서 [소리]의 화살표를 클릭하여 [요술봉]을 선택한 후 [확인]을 클릭
합니다.

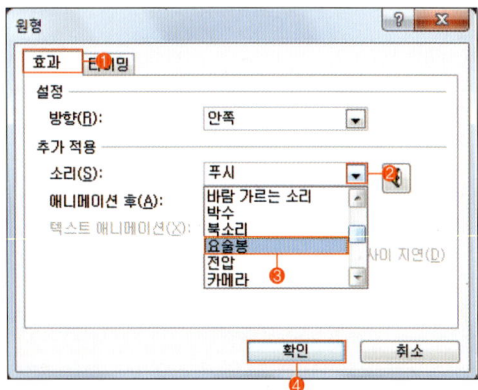

02 애니메이션 복사하기

1. 애니메이션을 복사하기 위해 세 번째 도형을 선택한 다음 [애니메이션] 탭–[고급 애니메이션] 그룹–[애니메이션 복사]를 클릭합니다.

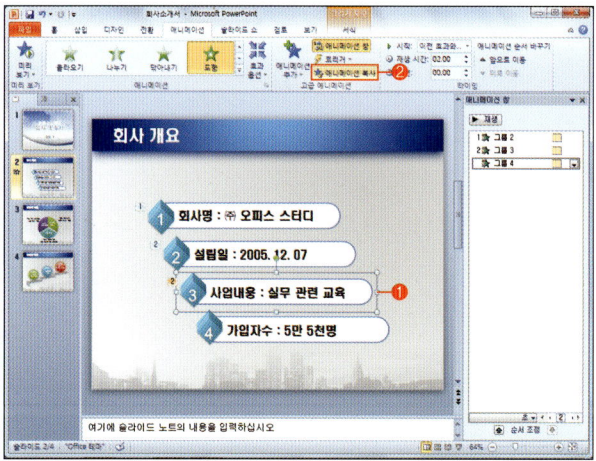

2. 마우스 포인터가 🔁로 변경되면 애니메이션을 적용할 마지막 도형을 클릭합니다.

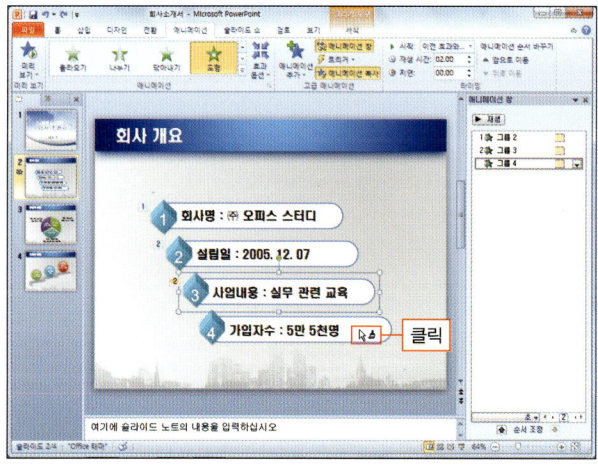

> **tip** 애니메이션 복사 기능은 파워포인트 2010에 새롭게 등장한 기능으로, 설정한 애니메이션 효과를 다른 개체에 그대로 복사하는 것을 말합니다. 이를 통해 보다 빠르게 애니메이션을 설정할 수 있습니다.

03 연속으로 애니메이션 복사하기

1. 4번 슬라이드를 선택하고 첫 번째 도형을 클릭합니다. [애니메이션] 탭-[애니메이션] 그룹에서 [자세히](▼) 를 클릭한 후 [밝기 변화]를 선택합니다. 다시 첫 번째 도형을 선택한 후 [애니메이션] 탭-[애니메이션] 그룹-[애 니메이션 복사]를 더블 클릭합니다.

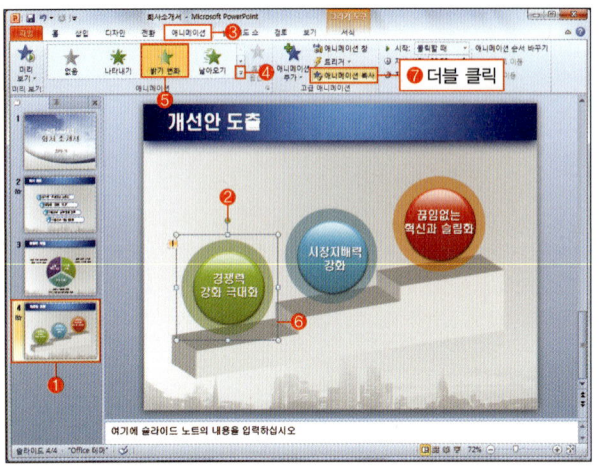

> **tip** [애니메이션 복사]를 더블 클릭하면 연속으로 애니메이션을 복사할 수 있습니다.

2. 마우스 포인터 모양이 변경되면 애니메이션을 적용할 개체를 클릭합니다. 계속해서 다른 개체도 클릭하여 애니메이션을 복사합니다.

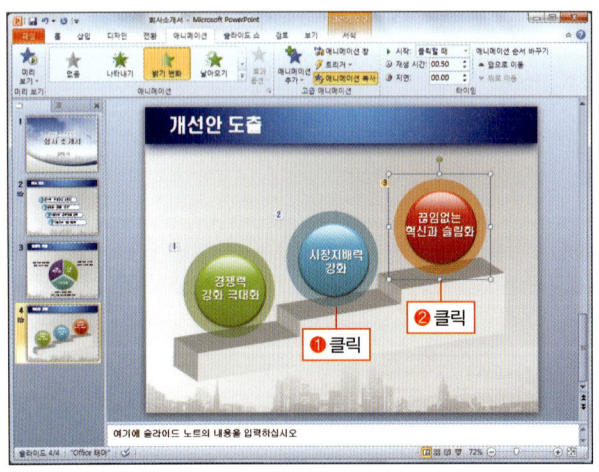

> **tip** 애니메이션 복사가 진행되면 마우스 포인터가 ⬚로 변경됩니다.

04 개체에 애니메이션 지정하기

● **준비파일** : Part02\Chapter03\Section03\활성화방안.pptx
● **완성파일** : Part02\Chapter03\Section03\활성화방안_완성.pptx

1. 텍스트에 애니메이션을 적용하기 위해 개체틀을 선택한 후 [애니메이션] 탭-[애니메이션] 그룹에서 자세히
(▼)를 클릭하여 [실선 무늬]를 선택합니다. [추가 효과 옵션 표시] 단추(□)를 클릭합니다. [실선 무늬] 대화 상
자가 나타나면 [텍스트 애니메이션] 탭을 클릭한 후 [텍스트 묶는 단위]의 화살표를 클릭하여 [첫째 수준까지]를
선택하고 [확인]을 클릭합니다.

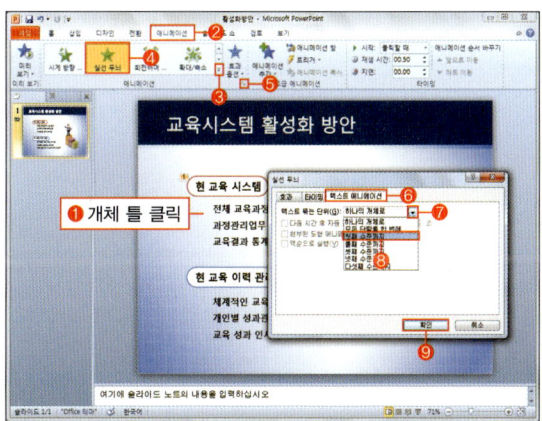 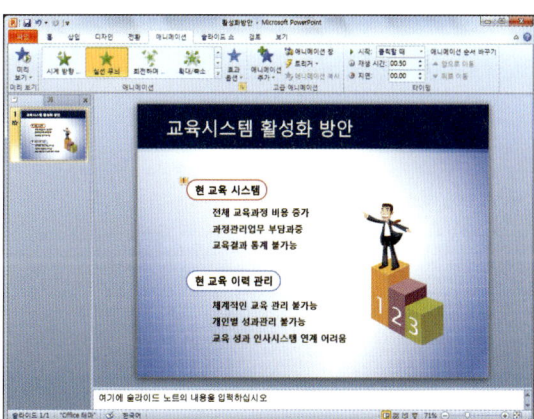

2. 각각의 단락별로 텍스트에 애니메이션이 적용됩니다.

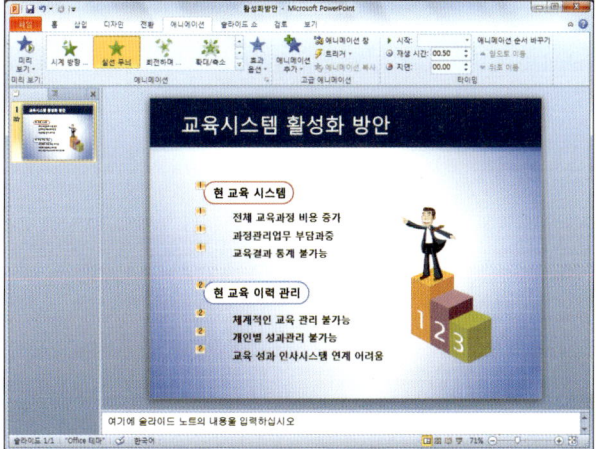

05 차트에 애니메이션 지정하기

○ **준비파일** : Part02\Chapter03\Section03\투자전망.pptx
○ **완성파일** : Part02\Chapter03\Section03\투자전망_완성.pptx

1. 차트를 선택하고 [애니메이션] 탭-[애니메이션] 그룹에서 자세히(▾)를 클릭하여 [닦아내기]를 선택합니다.
계속해서 [효과 옵션]을 클릭한 다음 [시퀀스]-[항목별]을 클릭합니다.

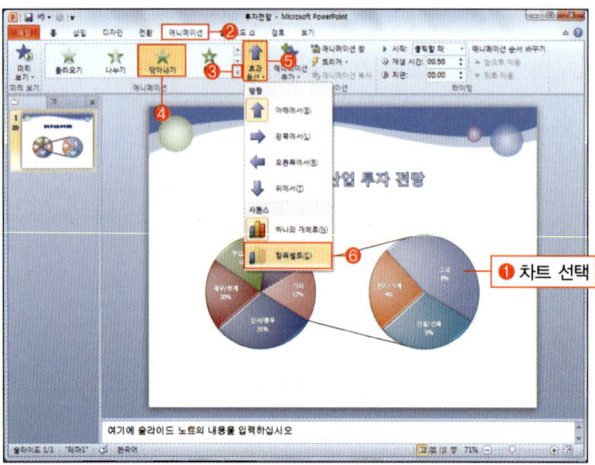

> **tip** [효과 옵션]에서 [하나의 개체로]를 선택하면 하나의 애니메이션으로 차트가 적용되고, [항목별로]를 선택하면 각각의 항목별로 차트가 적용됩니다.

2. 차트에 애니메이션이 적용됩니다.

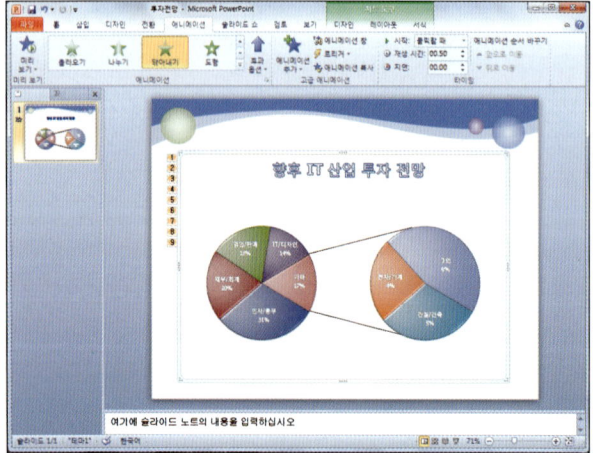

- **준비파일** : Part02\Chapter03\Check\생산액현황.pptx
- **완성파일** : Part02\Chapter03\Check\생산액현황_완성.pptx

표 개체를 클릭하여 강조 애니메이션을 적용해 보세요.

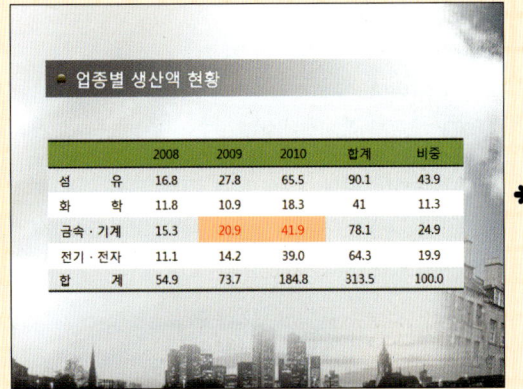

Hint

❶ 표 개체 클릭하여 [애니메이션] 탭–[애니메이션] 그룹–[자세히]() 클릭
❷ 애니메이션 갤러리 중 [강조]–[크게/작게] 클릭

슬라이드 검토하여 인쇄하기

파워포인트는 똑똑하게도 맞춤법 검사와 사전 검색, 번역 등 다양한,문서 검토 기능을 제공합니다. 이러한 기능을 이용하여 완성한 슬라이드를 검토한 후 문서의 성격에 따라 다양한 용도로 인쇄할 수 있습니다. 이번 섹션에서는 완성한 슬라이드를 검토하고 인쇄하는 방법에 대해 알아봅니다.

Preview

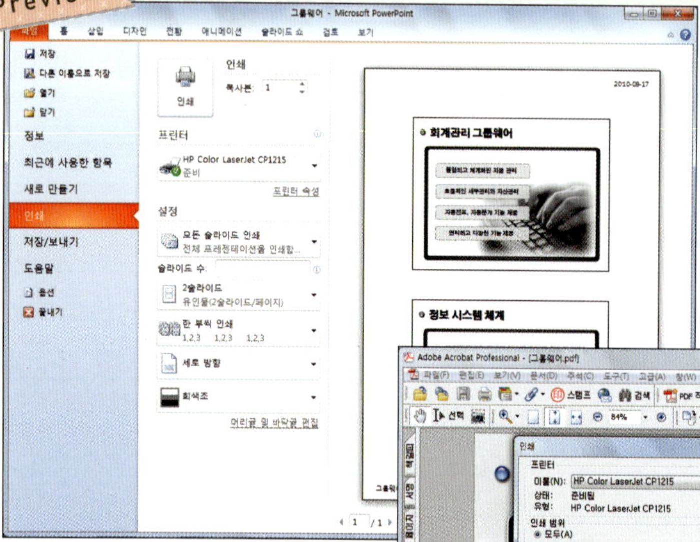

▲ 한 페이지에 여러 슬라이드 인쇄하기

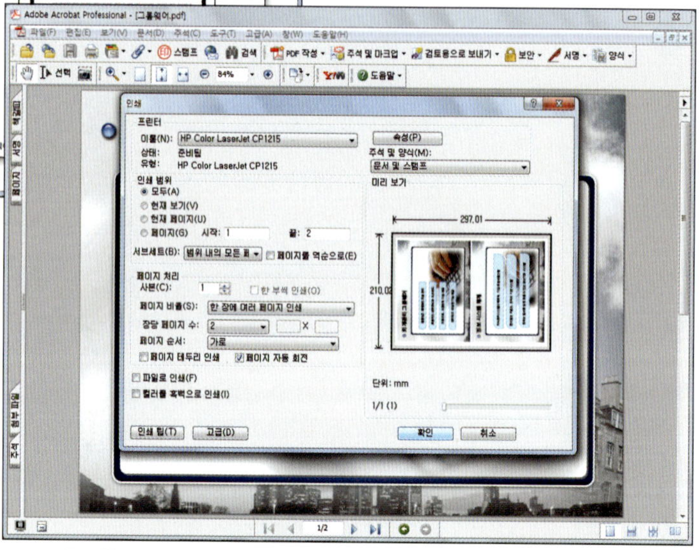

▲ PDF를 이용하여 여백없이 인쇄하기

이번 섹션에서 배울 주요 내용!

01. 맞춤법 검사하기
02. 메모 활용하기
03. 문서에 사용자 정의하기
04. 문서에 암호 지정하기

05. 슬라이드 인쇄하기
06. 한 페이지에 여러 슬라이드 인쇄하기
07. 유인물에 머리글/바닥글 인쇄하기
스페셜. PDF 파일로 저장하여 여백없이 인쇄하기

01 맞춤법 검사하기

○ **준비파일** : Part02\Chapter03\Section04\회사개요.pptx
○ **완성파일** : Part02\Chapter03\Section04\회사개요_완성.pptx

1. 맞춤법에 오류가 있을 경우 맞춤법 검사를 통해 문서를 수정할 수 있습니다. [검토] 탭-[언어 교정] 그룹-[맞춤법 검사]를 클릭합니다. 슬라이드 화면에서 오류가 있는 글자가 블록으로 설정되면서 [맞춤법 검사] 대화 상자가 나타납니다. [사전에 없는 단어]에 '설렵일' 이 나타납니다. 오류가 있는 단어이므로 [바꿀 단어]에서 『설립일』을 입력한 후 [변경]을 클릭합니다.

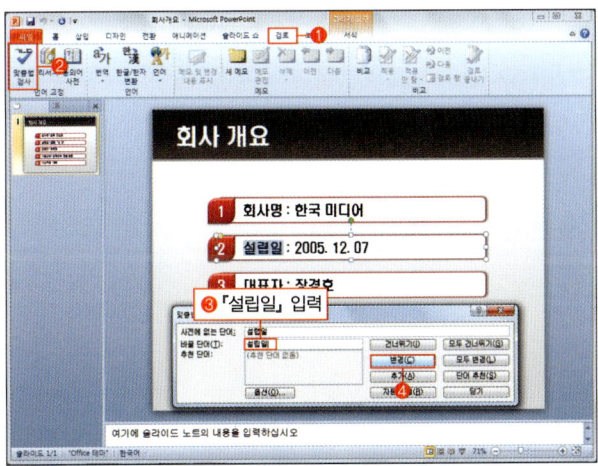

> **tip** 슬라이드를 프레젠테이션하거나 출판하기 전에 최종적으로 맞춤법 검사를 통해 잘못된 단어를 변경하는 것이 좋습니다.

2. 맞춤법 검사 완료 메시지 창이 나타나면 [확인]을 클릭합니다.

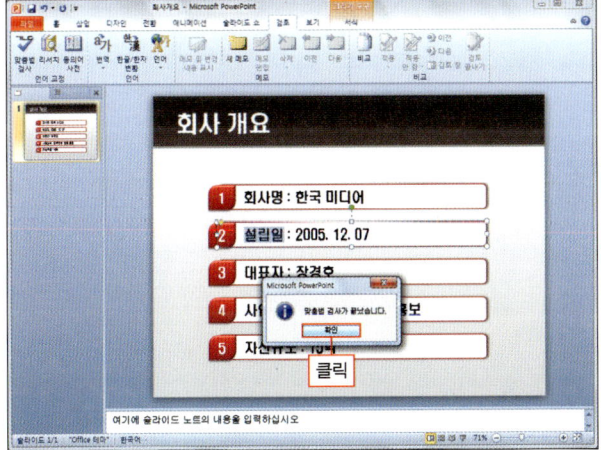

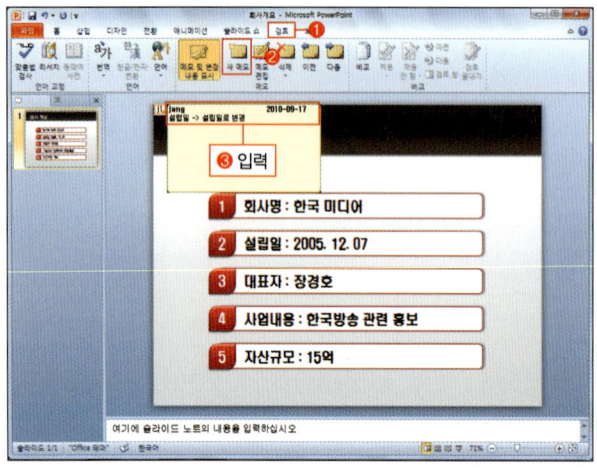

02 메모 활용하기

1. 파워포인트로 공동 작업을 할 경우, 수정 사항이나 전달 사항 등을 메모 기능을 이용하여 기입하면 여러 사람들이 꼼꼼히 체크할 수 있습니다. 메모를 삽입하기 위해 [검토] 탭-[메모] 그룹-[새 메모]를 클릭합니다. 메모창이 나타나면 전달 사항을 입력한 후 `Esc`를 누르거나, 메모 영역 밖을 클릭합니다.

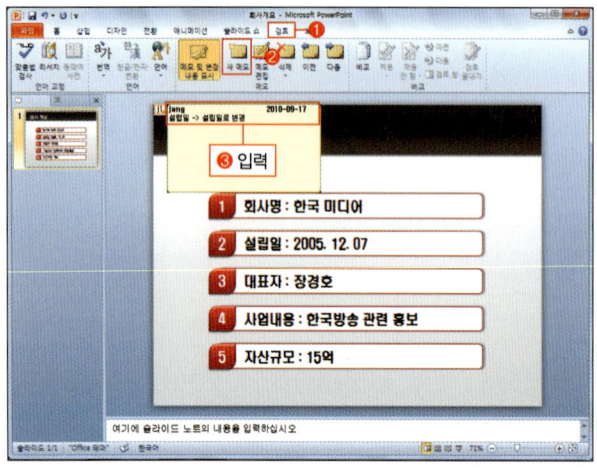

2. 슬라이드 화면 왼쪽 상단에 메모 번호가 붙은 작은 노란색 박스가 표시됩니다. 마우스를 클릭하면 입력된 내용을 확인할 수 있습니다.

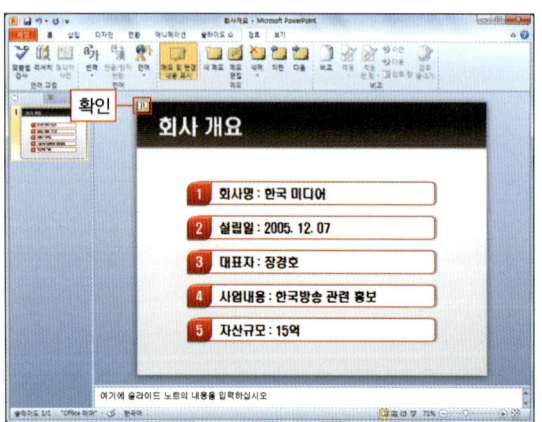 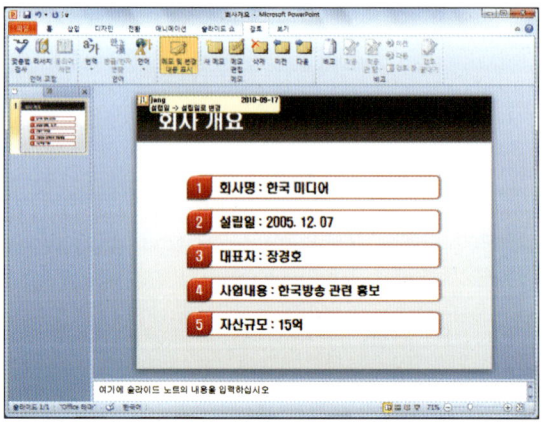

> **tip** 메모를 삭제하려면 해당 메모를 클릭하고 [검토] 탭-[메모] 그룹-[삭제]를 클릭한 후 [삭제]를 선택합니다. 메모를 수정하려면 [검토] 탭-[메모] 그룹-[메모 편집]을 클릭합니다.

03 문서에 사용자 정의하기

1. 프레젠테이션 문서에 만든 이, 제목, 키워드 등 다양한 문서 속성을 입력할 수 있습니다. [파일] 탭-[정보]를 클릭합니다. [회사 개요에 대한 정보]가 나타나면 오른쪽에 있는 [속성]에서 [제목]을 클릭하여 『회사개요』를 입력합니다. [관련 사용자]에서 [만든 이 추가]를 클릭합니다.

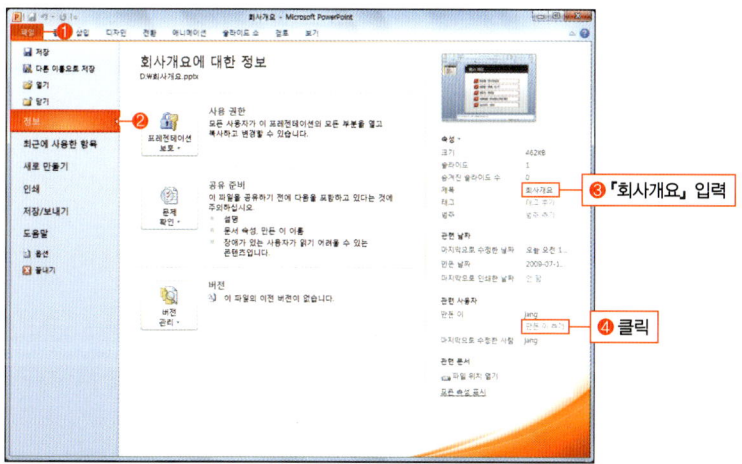

2. [만든이 추가] 입력 창이 활성화되면 공동 작업한 사람의 이름을 입력합니다.

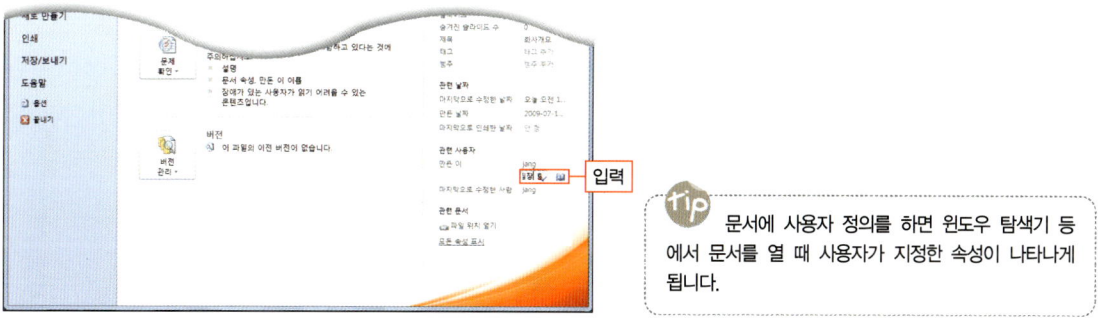

> **Tip** 문서에 사용자 정의를 하면 윈도우 탐색기 등에서 문서를 열 때 사용자가 지정한 속성이 나타나게 됩니다.

꼭! 알아두세요

프레젠테이션 문서 속성 살펴보기

문서에 사용자 정의를 하면 내 컴퓨터에서 해당 파일을 클릭하였을 때 다음과 같이 나타납니다.

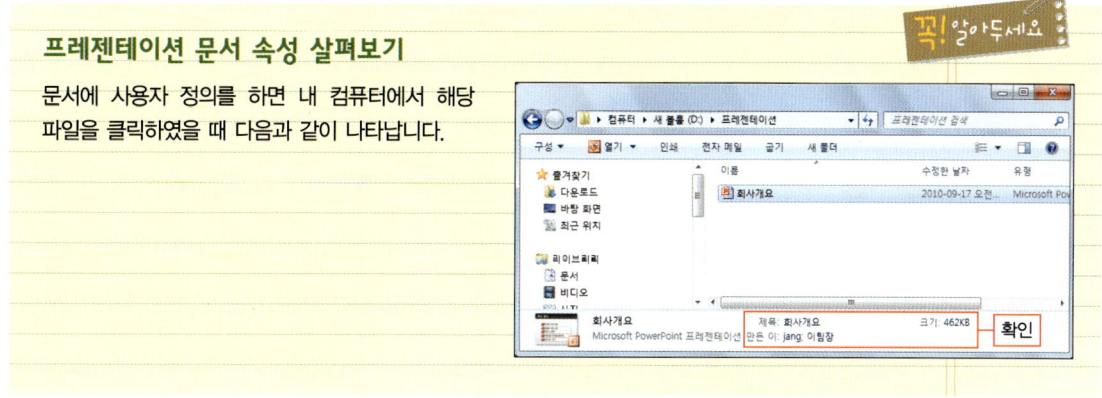

04 문서에 암호 지정하기

- ⊙ **준비파일** : Part02\Chapter03\Section04\도입목적.pptx
- ⊙ **완성파일** : Part02\Chapter03\Section04\도입목적_완성.pptx

1. 문서에 암호를 지정하여 보안을 설정할 수 있습니다. [파일] 탭-[정보]를 클릭한 다음 [프레젠테이션 보호]를 클릭하여 [암호 설정]을 선택합니다.

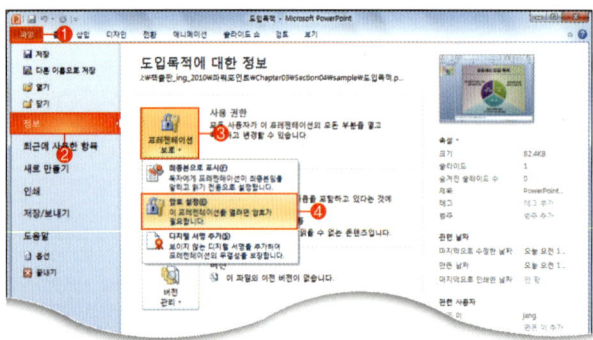

2. [문서 암호화] 대화 상자가 나타나면 암호를 입력하고 [확인]을 클릭합니다. 여기서는 『1234』를 입력합니다. [암호 확인] 대화 상자가 나타나면 다시 한 번 암호를 입력합니다.

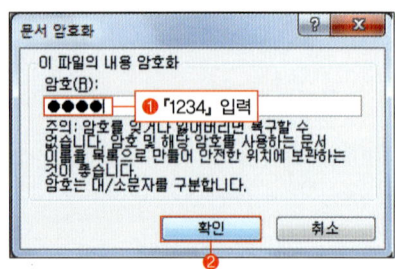 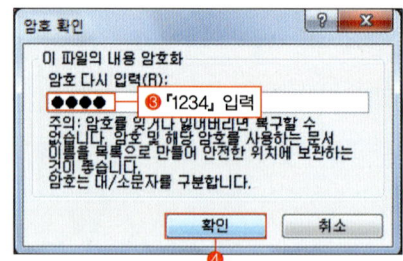

3. [정보]-[프레젠테이션 보호]에 사용 권한이 지정됩니다. 이제 문서를 다시 열 때 저장한 암호를 입력해야만 문서를 열 수 있습니다.

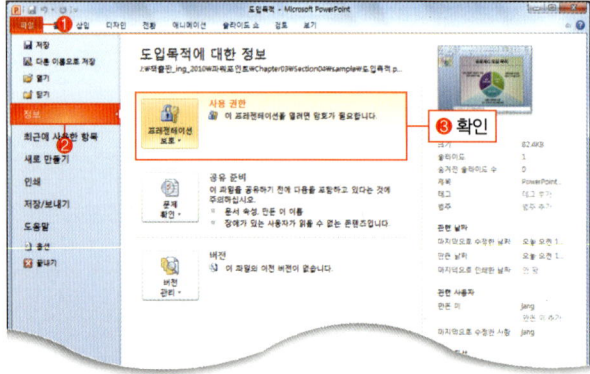

05 슬라이드 인쇄하기

● **준비파일** : Part02\Chapter03\Section04\그룹웨어.pptx

1. 슬라이드를 인쇄하기 위해 [파일] 탭을 클릭하여 [인쇄]를 클릭하거나, `Ctrl`+`P`를 누릅니다.

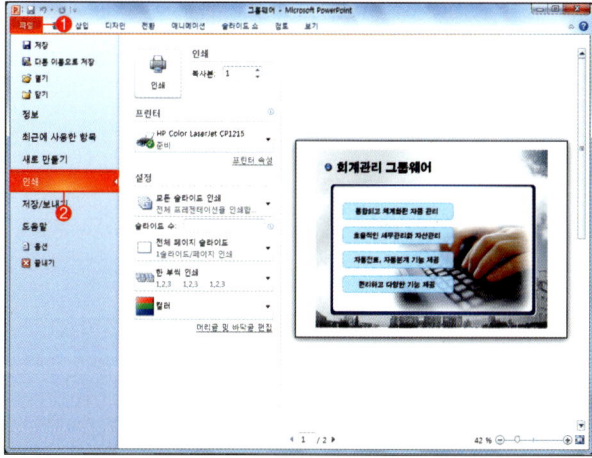

2. 인쇄와 관련된 설정 옵션이 나타납니다. 오른쪽 미리 보기 화면을 통해 인쇄될 화면을 미리 확인할 수 있습니다. [다음 페이지](▶)를 클릭하여 인쇄될 페이지를 확인한 후 [인쇄]를 클릭합니다.

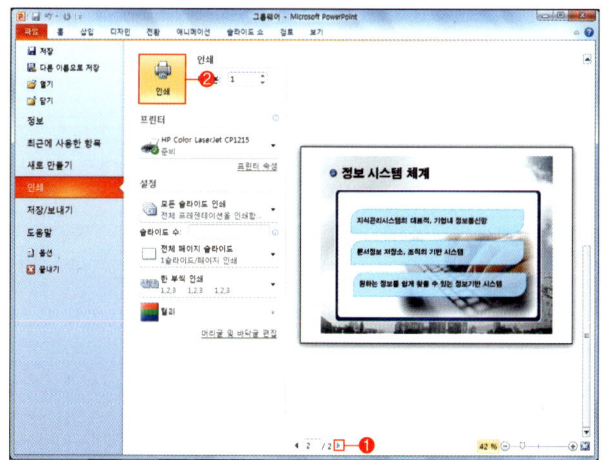

> **tip**
> 파워포인트 작업이 완료되면 보통 인쇄를 하여
> 슬라이드를 문서로 만들게 됩니다. 인쇄 설정 옵션을
> 통해 인쇄하고 싶은 범위나 유인물, 슬라이드 노트 등
> 을 선택할 수 있습니다.

한 페이지에 여러 슬라이드 인쇄하기

1. [파일] 탭을 클릭한 다음 [인쇄]를 클릭합니다. 한 페이지에 여러 슬라이드를 인쇄하기 위해 [설정]–[전체 페이지 슬라이드]를 클릭하여 [2슬라이드]를 선택한 후 [용지에 맞게 크기 조정]을 클릭합니다.

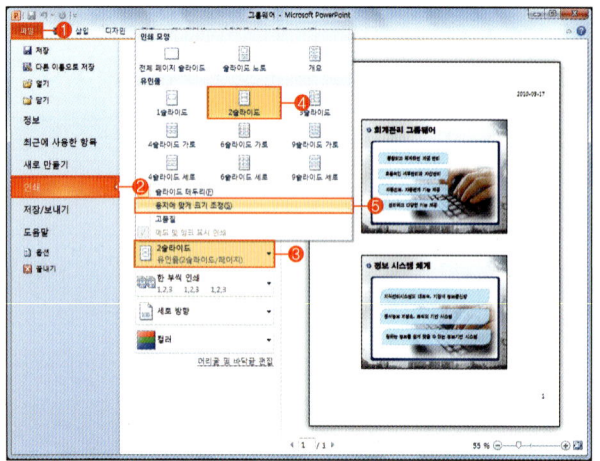

> **tip** 한 페이지에 여러 장의 슬라이드를 인쇄하는 것을 유인물 인쇄라고 합니다. 유인물로 먼저 설정이 되어야 한 페이지에 넣을 페이지 수를 지정할 수 있습니다.

2. 유인물을 회색조로 인쇄하기 위해 [컬러]를 클릭한 후 [회색조]를 선택합니다.

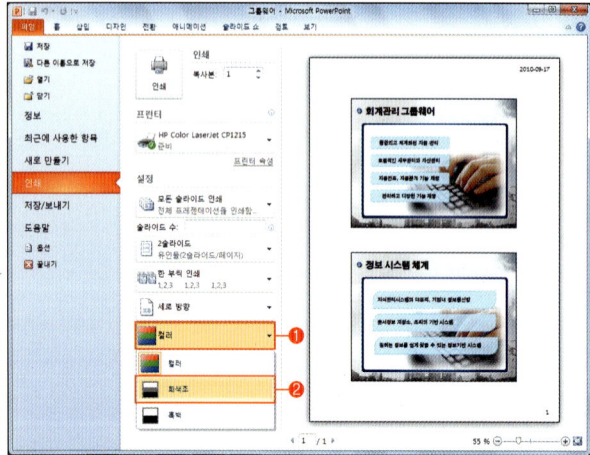

유인물에 머리글/바닥글 인쇄하기

1. [파일] 탭-[인쇄]에서 [머리글 및 바닥글 편집]을 클릭합니다. [머리글/바닥글] 대화 상자가 나타나면 [슬라이드 노트 및 유인물] 탭에서 [바닥글]에 체크 표시를 하고 『그룹웨어』를 입력한 후 [모두 적용]을 클릭합니다.

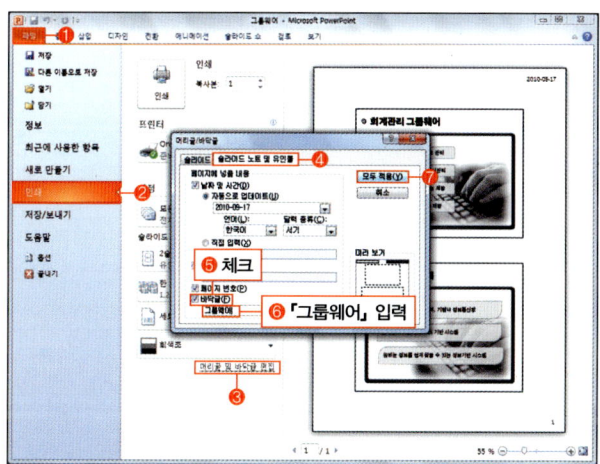

2. 인쇄 미리 보기 화면에서 머리글 및 바닥글에 지정한 내용이 표시됩니다.

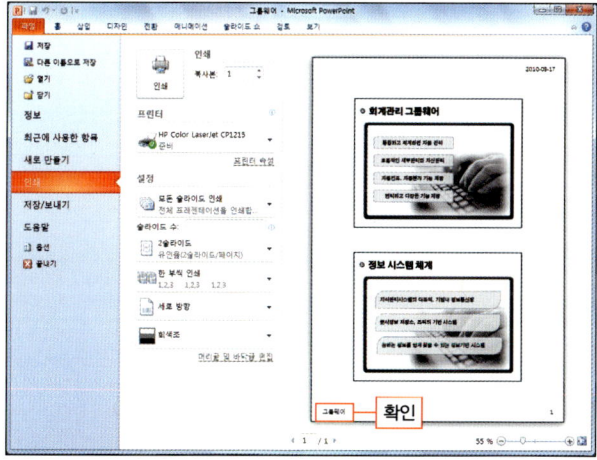

PDF 파일로 저장하여 여백없이 인쇄하기

◉ **준비파일** : Part02\Chapter03\Section04\그룹웨어.pptx
◉ **완성파일** : Part02\Chapter03\Section04\그룹웨어.pdf

1 파워포인트는 인쇄를 할 경우 여백이 많이 남게 됩니다. 이를 해결하는 방법에는 여러 가지가 있지만 가장 편하게 여백없이 인쇄하는 방법은 PDF 파일로 변환하여 인쇄하는 방법입니다. 먼저 [파일]-[저장/보내기]-[PDF/XPS 문서 만들기]를 클릭한 다음 [PDF/XPS 만들기]를 선택합니다.

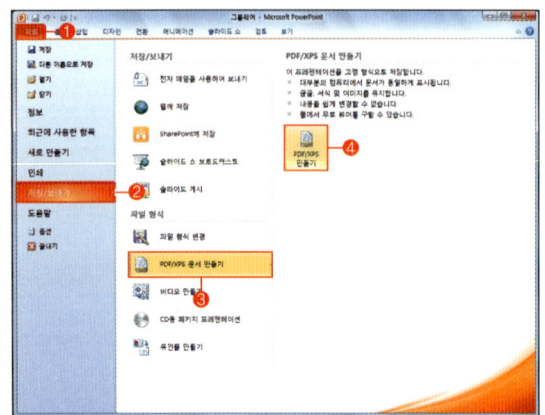

> **tip** 파워포인트는 PDF(Portable Document Format) 또는 XPS(XML Paper Specification)로 저장할 수 있습니다. 이를 통해 슬라이드 쇼와 마찬가지로 배부의 목적 혹은 다른 업무 용도로 파워포인트를 활용할 수 있습니다. 참고로 PDF란 'Portable Document Format'의 약자로서 Adobe 사에서 개발한 전자책을 만들 수 있는 포맷입니다. e-BOOK이나 매뉴얼 등을 제작할 때 주로 사용하며 최근에는 파워포인트를 배포용으로 작성할 때에도 주로 사용합니다.

2 [PDF 또는 XPS로 게시] 대화 상자가 나타나면 원하는 폴더를 선택하고, [파일 이름]에 『그룹웨어』를 입력한 후 [게시]를 클릭합니다.

3 저장한 파일을 열면 Adobe Acrobat 프로그램이 실행됩니다. 인쇄를 하기 위해 [파일]-[인쇄]를 클릭합니다.

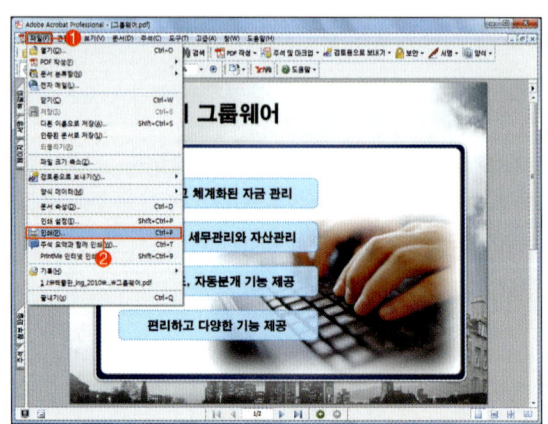

> **tip** 컴퓨터에 따라서 PDF 프로그램이 설치되어 있지 않을 수 있습니다. 설치되어 있지 않다면 http://www.adobe.com/kr/products/acrobat/에서 무료로 PDF Reader를 다운받아 설치하시기 바랍니다.

④ [인쇄] 대화 상자가 나타나면 [페이지 비율]의 화살표를 클릭하여 [한 장에 여러 페이지 인쇄]를 선택합니다. [장당 페이지 수]는 [2]로 선택하고, [페이지 순서]는 [가로]로 선택합니다. [페이지 자동 회전]에 체크 표시한 후 미리 보기 화면을 보면 여백이 없는 것을 확인할 수 있습니다. [확인]을 클릭하여 인쇄합니다.

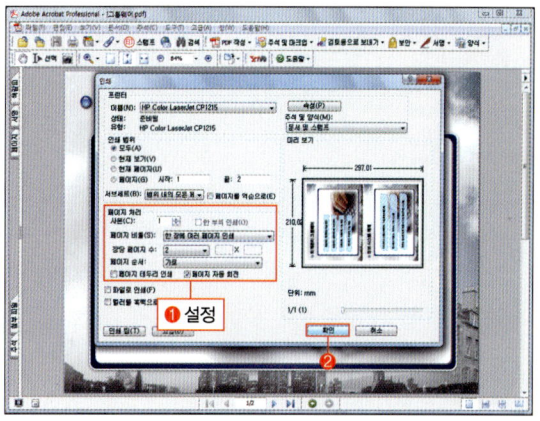

○ **준비파일** : Part02\Chapter03\Check\유발효과.pptx
○ **완성파일** : Part02\Chapter03\Check\유발효과_완성.pptx

유발 효과 슬라이드의 삽입된 메모를 편집하고 새 메모를 삽입하여 위치를 이동해 보세요.

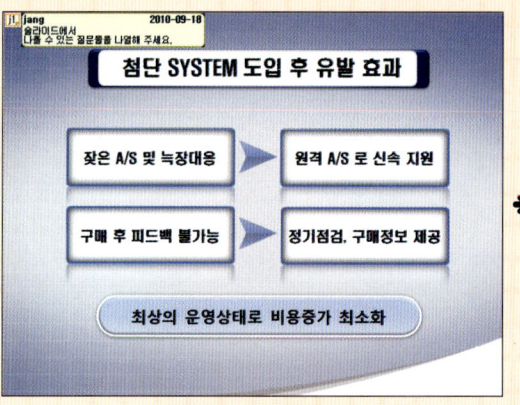 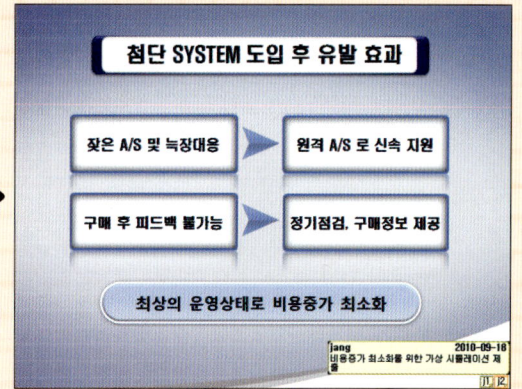

Hint

❶ 삽입된 메모를 선택한 후 [검토] 탭–[메모] 그룹–[메모 편집]을 클릭하여 메모 수정
❷ [새 메모]를 클릭하여 새 메모 작성 후 각 메모의 번호를 마우스로 드래그

SkyDrive로 공동작업하기

스카이드라이브(SkyDrive)는 MS 오피스를 무료로 사용할 수 있게 만들어 주는 웹 서비스입니다. 특히 인터넷이 연결된 장소라면 어디서든 자료를 올리고 공유할 수 있습니다. 이번 섹션에서는 Windows Live ID로 웹에 접속하여 브로드캐스트로 화상 프레젠테이션을 진행하거나, SkyDrive에 슬라이드를 올려 친구나 그룹과 공유하여 공동작업하는 방법에 대해 알아봅니다.

Preview

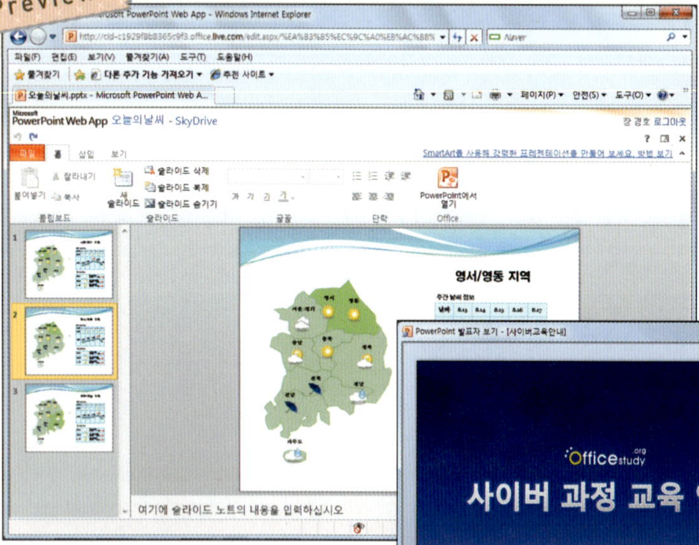

▲ WebApp로 문서 공유하고 공동작업하기

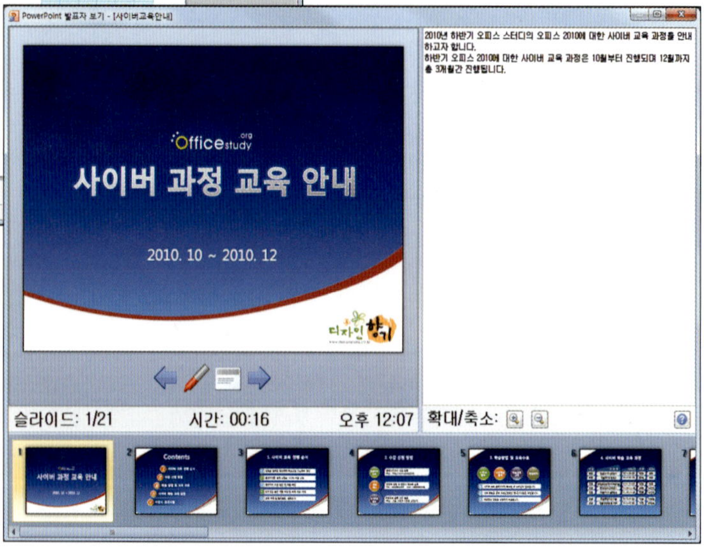

▲ 발표자 도구로 프레젠테이션하기

이번 섹션에서 배울 **주요 내용!**

01. 작업 중인 문서를 SkyDrive에 저장하기

02. Windows Live SkyDrive에서 문서 편집하기

03. Web App에서 공동작업하기

스페셜. Windows Live ID로 브로드캐스트 시작하기

스페셜. 모니터 2대를 이용하여 발표자 도구 사용하기

01 작업 중인 문서를 SkyDrive에 저장하기

● 준비파일 : Part02\Chapter03\Section05\오늘의날씨.pptx

1. [파일] 탭-[저장/보내기]-[웹에 저장]-[로그인]을 차례로 클릭합니다. [docs.live.net에 연결] 대화 상자가 나타나면 [전자 메일 주소]에 Windows Live ID와 암호를 입력하고 [확인]을 클릭합니다.

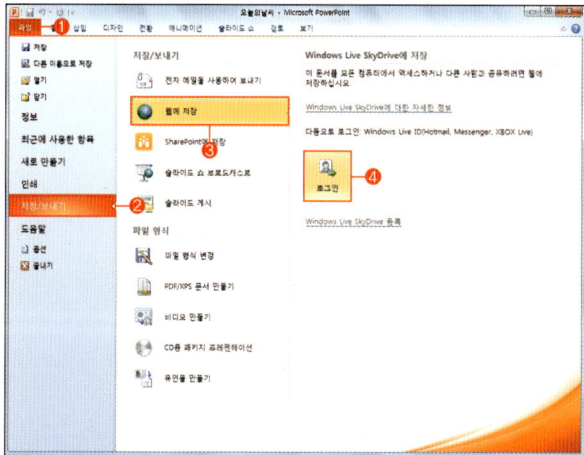 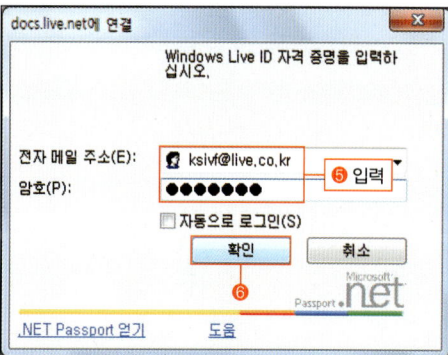

2. Windows Live에 로그인 되면 본인의 Windows Live SkyDrive가 열립니다. 폴더를 하나 선택한 다음 [다른 이름으로 저장]을 클릭합니다.

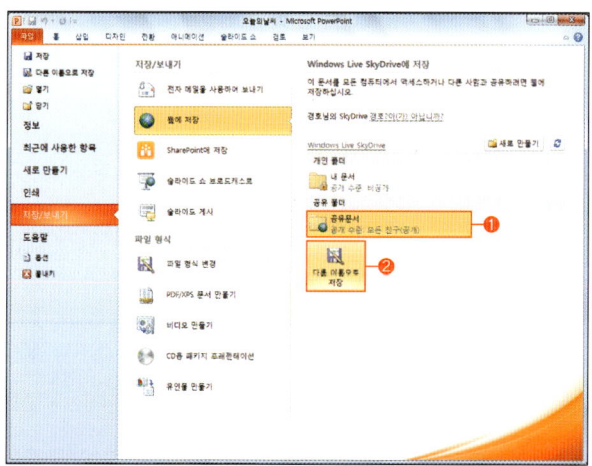

> **tip** SkyDrive는 핫메일 ID나 Windoes Live ID만 있으면 사용이 가능합니다. 업로드 크기는 50MB이며, 총 25GB까지 지원합니다.

3. [다른 이름으로 저장] 대화 상자가 나타나면 [저장]을 클릭합니다.

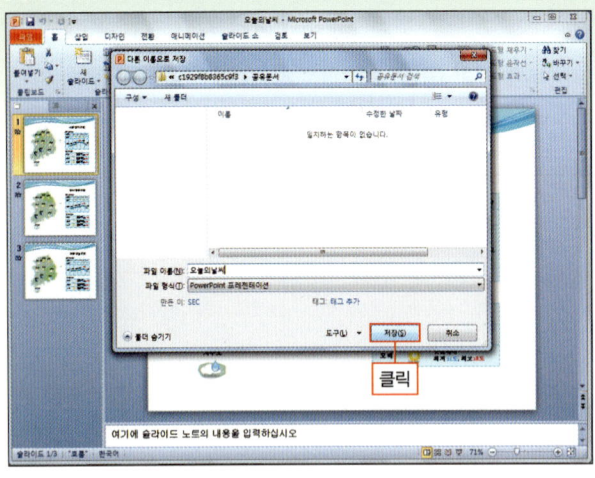

Windows Live SkyDrive 등록하기

Windows Live ID가 없다면 [파일] 탭–[저장/보내기]–[웹에 저장]–[로그인] 아래에 있는 [Windows Live SkyDrive 등록]을 클릭하여 계정을 만듭니다.

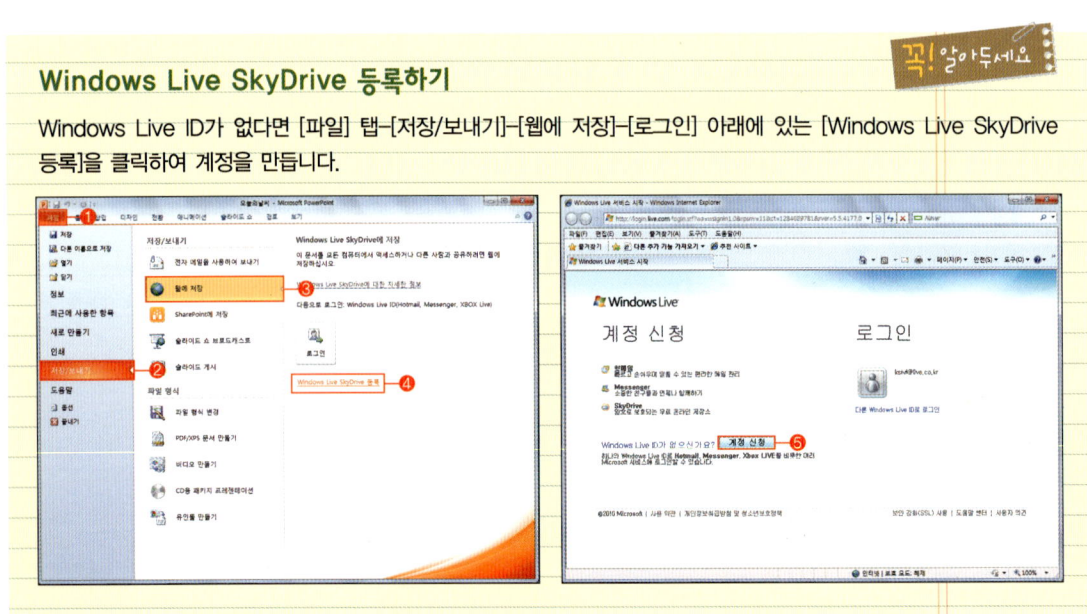

Windows Live SkyDrive에서 문서 편집하기

1. 웹 브라우저에서 http://office.live.com으로 접속합니다. 로그인 영역에서 본인의 Windows Live ID와 암호를 입력한 후 [로그인]을 클릭합니다.

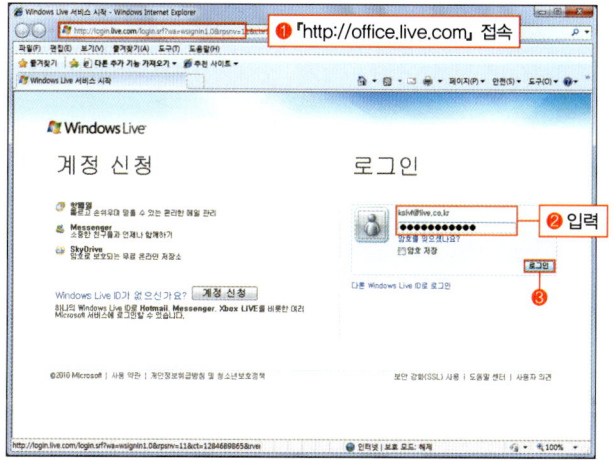

> **tip** Web App를 사용하면 파워포인트가 설치되어 있지 않은 컴퓨터에서도 새 통합 문서를 만들 수 있으며, 기존의 문서를 수정할 수도 있습니다. 또한, 여러 사람이 공동으로 작업도 가능하며, 본인의 문서를 전 세계 누구나 공유할 수도 있습니다.

2. 'Windows Live SkyDrive'에 접속됩니다. 앞 예제에서 업로드한 '오늘의날씨.pptx' 파일이 나타나면 [브라우저에서 편집]을 클릭합니다.

3. 'PowerPoint Web App'에 접속됩니다. 웹상으로도 파워포인트 파일을 수정할 수 있지만 파워포인트 2010 보다는 그 기능이 제한적입니다. [홈] 탭-[Office] 그룹-[PowerPoint에서 열기]를 클릭합니다.

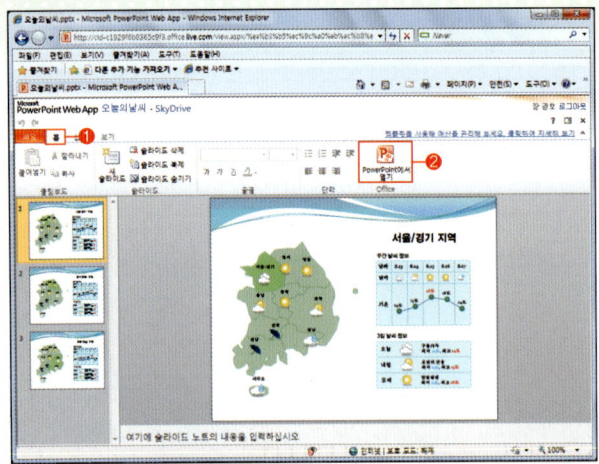

> **tip** Web App에서 파워포인트 전체 기능을 사용할 수는 없습니다. 꼭 필요한 기능만 제공되니 참조하기 바랍니다. 또한, [PowerPoint에서 열기]를 클릭하면 Web App에 저장된 문서를 파워포인트에서 확인할 수 있습니다.

4. [웹 페이지 메시지] 대화 상자가 나타나면 [확인]을 클릭합니다. 혹시 [Windows 보안] 대화 상자가 나타나면 본인의 Windows Live ID와 암호를 입력합니다.

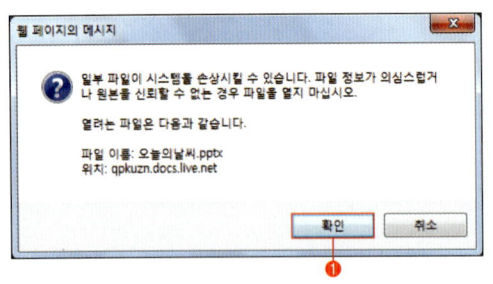 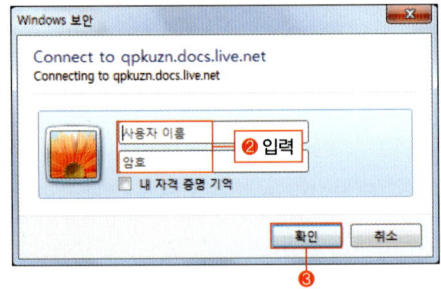

5. 다음과 같이 파워포인트 2010에서 열립니다.

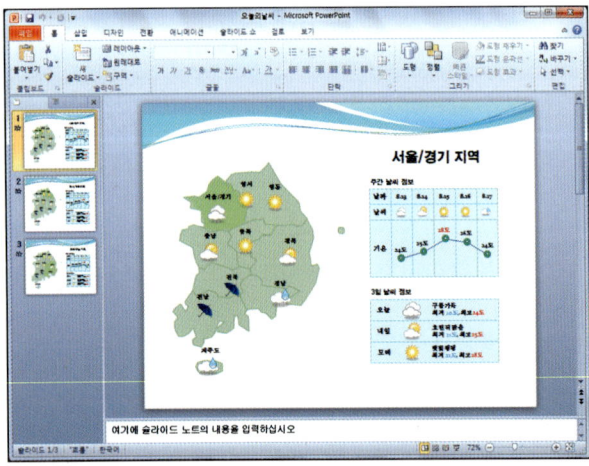

03 Web App에서 공동작업하기

1. Windows Live SkyDrive에서 [새로 만들기]를 클릭한 후 [PowerPoint 프레젠테이션]을 선택합니다.

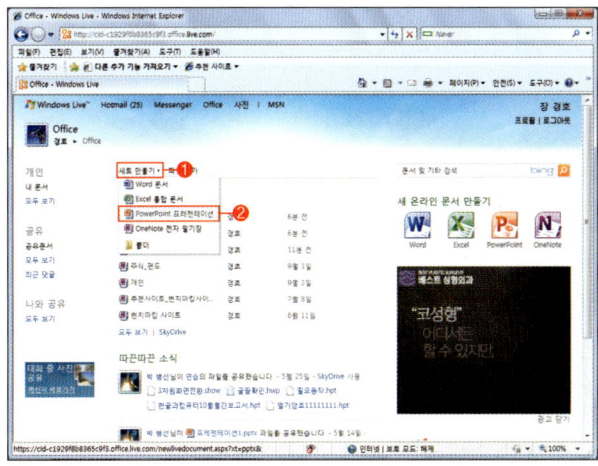

> **tip** 파워포인트뿐만 아니라 엑셀, 워드, 원노트 문서도 동일하게 Web App를 이용할 수 있습니다.

2. [이름]에 『공동작업』을 입력하고 [저장]을 클릭합니다.

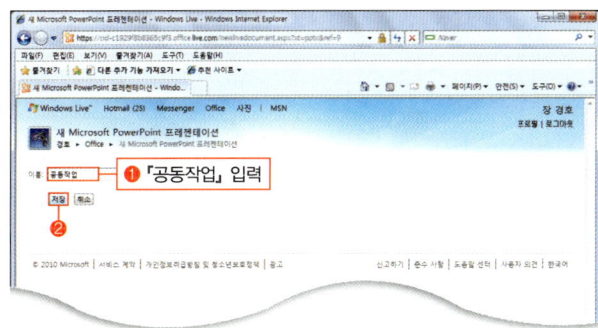

3. [테마 선택] 창이 나타나면 원하는 테마를 선택하고 [적용]을 클릭합니다.

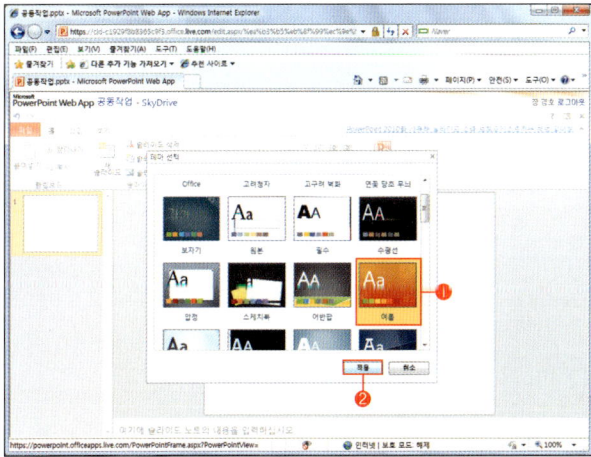

4. 잠시 후 선택한 테마가 Web App를 통해 열립니다. 파워포인트 2010에서 작업하던 것처럼 문서를 만들 수 있습니다. 문서 권한을 주기 위해 [SkyDrive]를 클릭합니다.

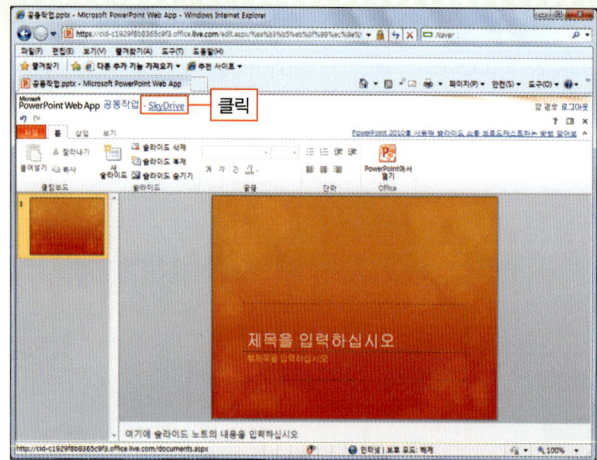

5. [공유]를 클릭한 다음 [사용 권한 편집]을 선택합니다.

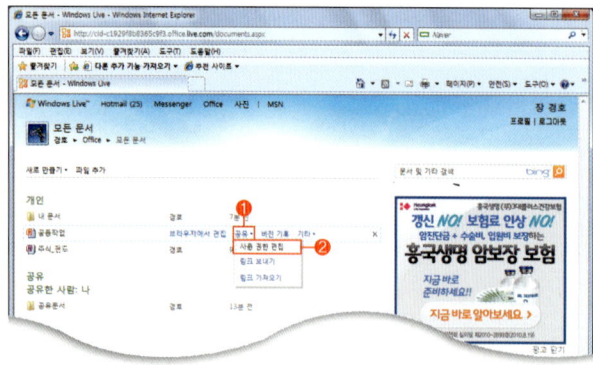

6. [이 항목을 볼 수 있는 사람]에서 마우스를 드래그하여 권한을 변경합니다. 여기서는 [친구]까지 드래그하여 권한을 변경합니다.

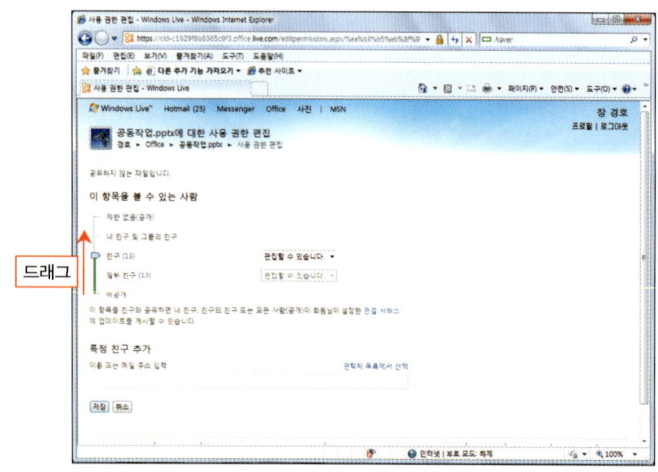

> **tip** [편집할 수 있습니다.]의 화살표를 클릭하면 [볼 수 있습니다.]가 나타납니다. 이는 해당 파일을 볼 수만 있고 편집은 할 수 없는 권한을 부여하는 기능입니다.

Windows Live ID로 브로드캐스트 시작하기

● 준비파일 : Part02\Chapter03\Section05\브로드캐스트.pptx

① [슬라이드 쇼] 탭–[슬라이드 쇼 시작] 그룹–[슬라이드 쇼 브로드캐스트]를 클릭합니다. [슬라이드 쇼 브로드캐스트] 대화 상자가 나타나면 [브로드 캐스트 시작]을 클릭합니다.

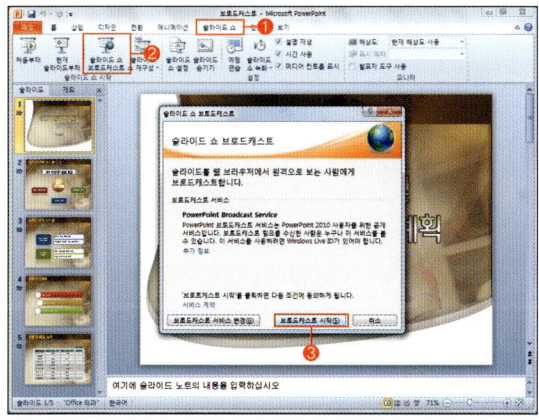

> **tip** 브로드캐스트란 인터넷을 통해 다른 곳에서 슬라이드를 실시간으로 보여주는 기능입니다. 내 컴퓨터에서 슬라이드 쇼 브로드캐스트를 시작하고 프레젠테이션을 실행하면 다른 사람들은 원격으로 접속하여 프레젠테이션을 볼 수 있습니다. 단, 브로드캐스트 서비스를 이용하려면 Windows Live ID가 필요합니다. Windows Live ID를 발급받으면 브로드캐스트를 진행할 수 있을 뿐만 아니라 인터넷을 이용하여 파워포인트 파일을 공유 및 연동할 수 있는 등 다양한 기능을 제공받을 수 있습니다.

② Windows Live 관련 대화 상자가 나타나면 [전자 메일 주소]와 [암호]를 입력한 후 [확인]을 클릭합니다.

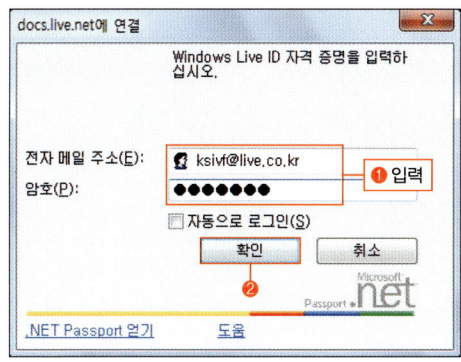

3 [슬라이드 쇼 브로드캐스트] 대화 상자가 나타납니다. 주소가 생성되면 해당 주소를 브로드캐스트를 함께 진행할 상대방에게 전달합니다. [슬라이드 쇼 시작]를 클릭합니다.

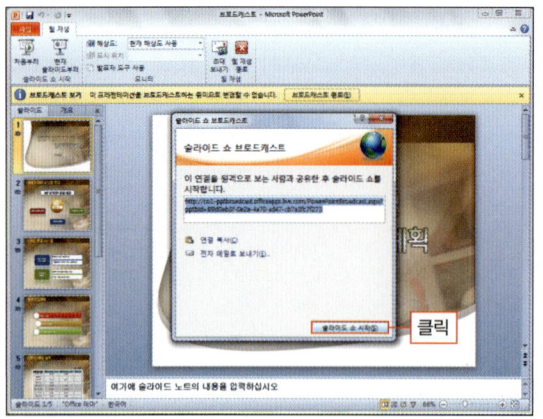

tip 브로드캐스트를 진행하기 위한 슬라이드 쇼 주소가 만들어지는데 슬라이드 쇼 주소를 복사한 후 아웃룩을 이용하여 전자 메일로 보내거나, 네이버나 다음의 웹 메일 혹은 메신저를 이용하여 슬라이드 쇼 주소를 상대방과 공유합니다.

tip 브로드캐스트를 이용하기 위해서는 상대방이 슬라이드 쇼 주소를 알고 있어야 합니다. 슬라이드 쇼 주소를 이용하여 브로드캐스트가 진행됩니다.

4 웹 브라우저가 실행되며 실시간으로 프레젠테이션이 진행됩니다.

5 프레젠테이션이 모두 종료되면 경고 메시지가 나타납니다. [브로드캐스트 종료]를 클릭하여 브로드캐스트 기능을 종료합니다.

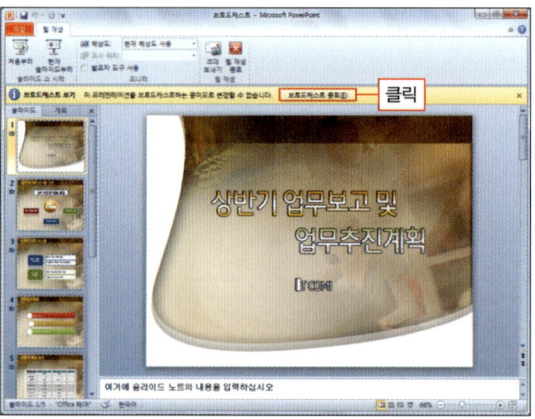

원격으로 브로드캐스트 주소에 접속하기

꼭! 알아두세요

브로드캐스트를 진행하기 위한 슬라이드 쇼 주소를 받아 웹 브라우저에 입력하면 실시간으로 동일한 프레젠테이션을 볼 수 있습니다. 아무리 먼 거리에 있는 상대방도 브로드캐스트를 이용하여 함께 프레젠테이션을 진행할 수 있습니다.

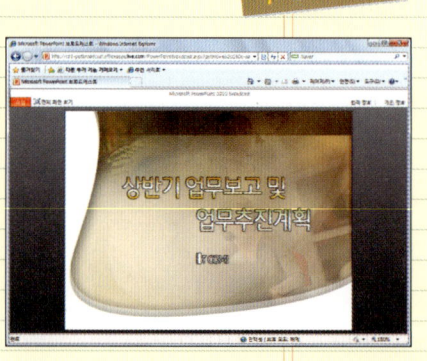

special Page

모니터 2대를 이용하여 발표자 도구 사용하기

● 준비파일 : Part02\Chapter03\Section05\사이버교육안내.pptx

1 발표자 도구를 사용하면 모니터 한 대는 슬라이드 쇼를 진행하고 또 다른 한 대는 발표자를 위한 발표자 보기를 표시할 수 있습니다. 발표자 도구를 사용하기 위해 [슬라이드 쇼] 탭–[모니터] 그룹–[발표자 도구 사용]에 체크 표시 합니다. 경고 창이 나타나면 [확인]을 클릭합니다.

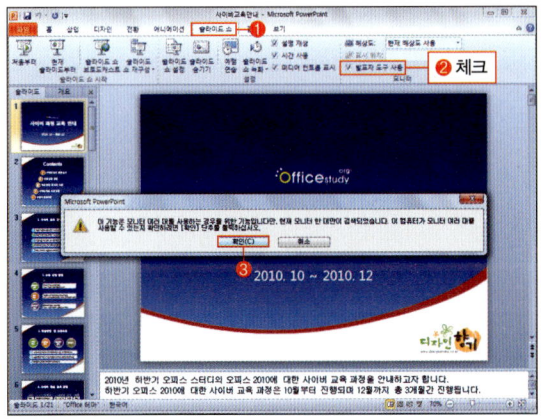

> **tip** 본 경고 메시지는 모니터 1대를 사용하고 있을 때나 멀티 모니터 설정이 되어 있지 않을 때 나타납니다.

2 [제어판]의 [디스플레이 모양 변경] 대화 상자가 나타나면 [감지]를 클릭하여 다중 실행을 위한 멀티 모니터를 선택합니다. 주 모니터를 설정하기 위해 2번 모니터를 선택한 후 [다중 디스플레이]에서 [디스플레이 확장]을 선택합니다. [확인]을 클릭합니다.

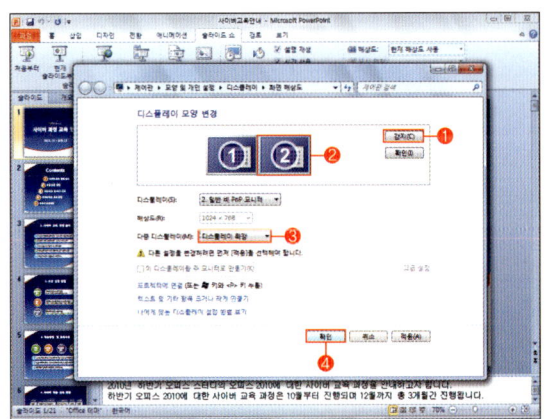

> **tip** 이미 복수 모니터를 사용하고 있다면 디스플레이 모양 변경을 할 필요가 없습니다. 또한, 컴퓨터 상황에 따라 나타나는 목록이 다를 수 있습니다.

③ [슬라이드 쇼] 탭-[모니터] 그룹-[표시 위치]를 클릭하여 [모니터 2 일반 비 PnP...]를 선택합니다. [발표자 도구 사용]에 체크 표시를 합니다. [슬라이드 쇼 시작] 그룹에서 [처음부터]를 클릭합니다.

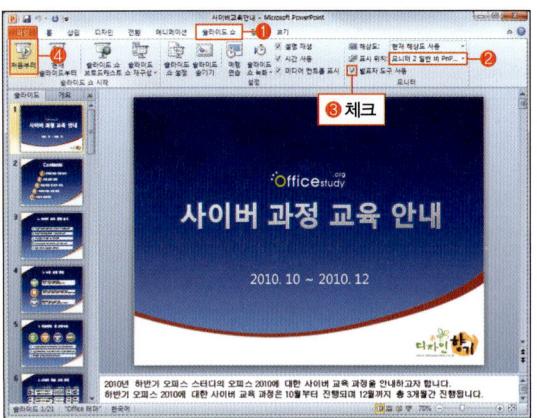

④ [발표자 보기] 창이 나타납니다. 발표자 보기는 프레젠테이션을 진행하는 발표자만 볼 수 있으며, 실제 프레젠테이션에서는 슬라이드 쇼가 진행됩니다.

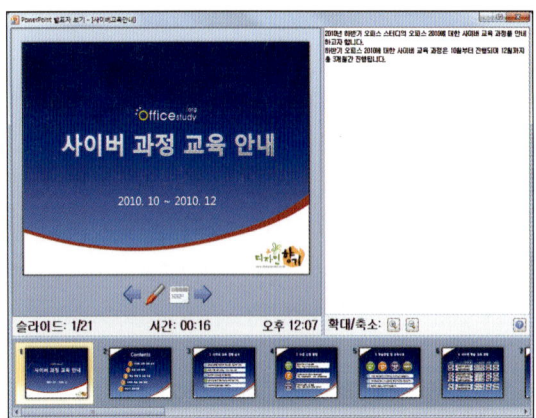

INDEX

한 권으로 완성하는
환상의 콤비 엑셀&파워포인트&워드!

기초부터 응용까지 실전 문서 제작 비법을 공개하였습니다.
다양한 업무에 응용할 수 있는 풍부한 실용 예제를 통해 전문가로 거듭나세요!

다양한 실무 예제로 배우는

엑셀 2010

파워포인트 2010

워드 2010

엑셀&
파워포인트&
워드 2010

오피스 | 값 19,000원

13000

9 788931 440539

ISBN 978-89-314-4053-9

YoungJin.com Y.
영진닷컴

환상의 콤비 Excel & PowerPoint & Word

★ PART 03 ★

WORD 2010

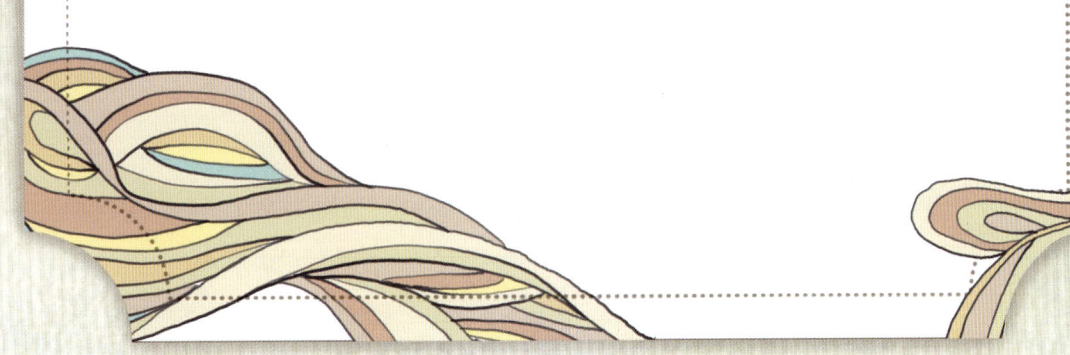

Part 03. 워드 2010

Chapter 02 ┃ 문서 인쇄와 개체 삽입하기   59

워드 문서 작성과 편집하기

WORD 2010

워드는 한글과 컴퓨터의 흔글과 함께 국내에서 가장 많이 사용되는 문서 편집 프로그램입니다. 이번에 새롭게 출시된 워드 2010은 기존 버전보다 한 단계 업그레이드되어 보다 강력하고 빠른 작업 환경을 제공하고 있습니다. 이번 챕터에서는 워드 2010의 변화된 기능과 기본 문서를 작성하고 편집하는 방법에 대해서 살펴보도록 합니다.

워드 2010 시작하기

워드는 엑셀, 파워포인트와 함께 오피스 2010에 포함되어 있는 프로그램으로 전 세계에서 가장 많이 사용하는 워드프로세서입니다. 본격적인 문서 편집 기능을 배우기에 앞서 유용한 기능들을 먼저 살펴봅니다.

Preview

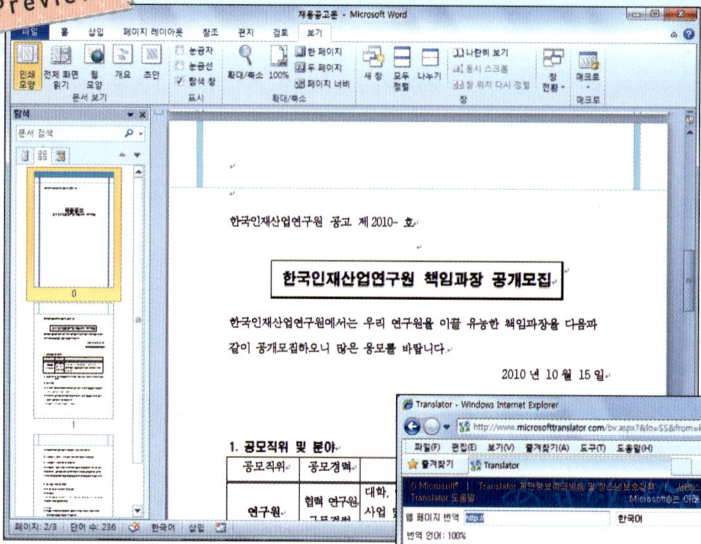

▲ 문서 탐색 창으로 문서 검색하기

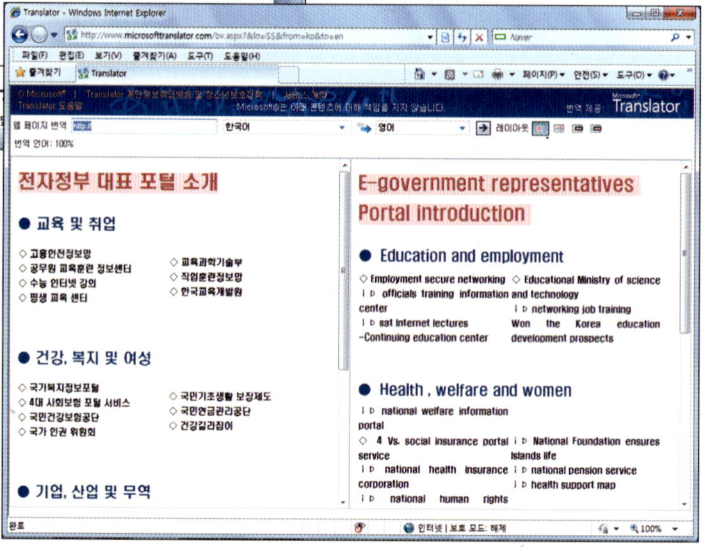

▲ 한글을 영문으로 문서 번역하기

이번 섹션에서 배울 주요 내용!

01. 워드 2010 화면 구성 살펴보기

02. 화면 보기 확대 및 축소하기

03. 새로운 문서 탐색 창 살펴보기

04. 맞춤법과 문법 검사하기

05. 한국어에서 영어로 문서 번역하기

06. 암호 걸어 문서 보호하기

07. 문서를 최종본으로 표시하기

08. 워드 97-2003 버전으로 저장하기

스페셜. 디지털 서명으로 서명자 신원 보증하기

01 워드 2010 화면 구성 살펴보기

● **준비파일** : Part03\Chapter01\Section01\채용공고문.docx

[인쇄 모양] 보기

워드로 문서 작업을 할 때 나타나는 기본 편집 화면으로 [보기] 탭-[문서 보기] 그룹-[인쇄 모양]을 클릭하거나 상태 표시줄에서 [인쇄 모양](▤)을 클릭하여 나타낼 수 있습니다.

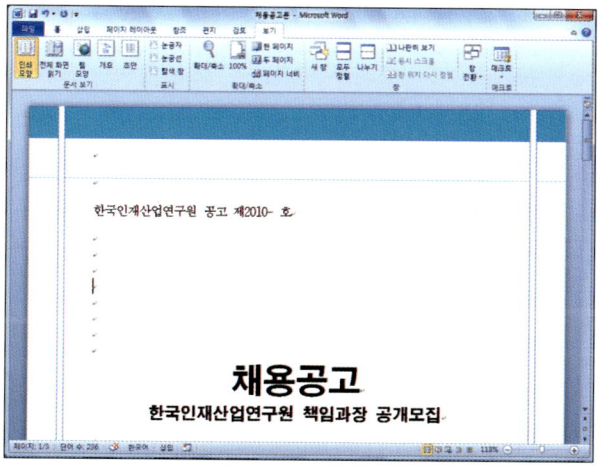

[전체 화면 읽기] 보기

전체 화면을 가장 빠르게 검색하고 볼 수 있도록 구성되어 있는 읽기 화면으로 [보기] 탭-[문서 보기] 그룹-[전체 화면 읽기]를 클릭하거나 상태 표시줄에서 [전체 화면 읽기](▤)를 클릭하여 나타낼 수 있습니다. [전체화면 읽기] 보기는 화면에 2페이지씩 나타나며 [보기 옵션]을 통해 텍스트 크기나 페이지 수를 조정할 수 있습니다.

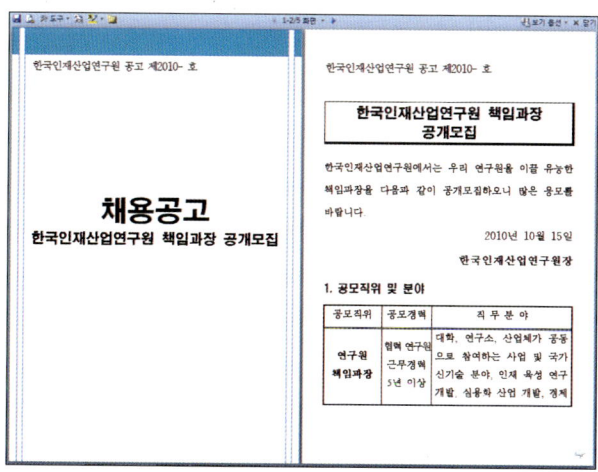

[웹 모양] 보기

웹 페이지 모양대로 미리 보기를 하고 싶을 때 사용하며 [보기] 탭-[문서 보기] 그룹-[웹 모양]을 클릭하거나 상태 표시줄에서 [웹 모양](🖼)을 클릭하여 나타낼 수 있습니다.

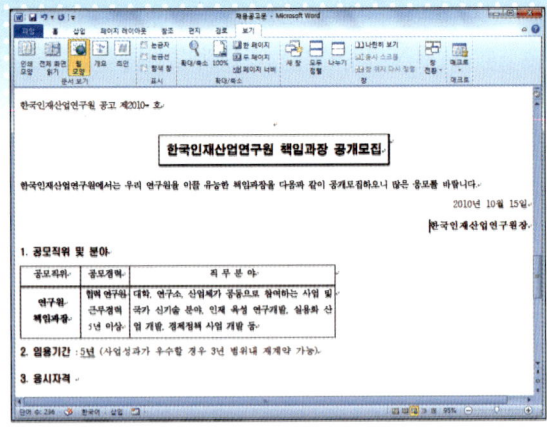

[개요] 보기

문서를 개요 보기로 표시하고 개요 도구를 표시하고 싶을 때 사용하며, [보기] 탭-[문서 보기] 그룹-[개요]를 클릭하거나 상태 표시줄에서 [개요](🖼)를 클릭하여 나타낼 수 있습니다.

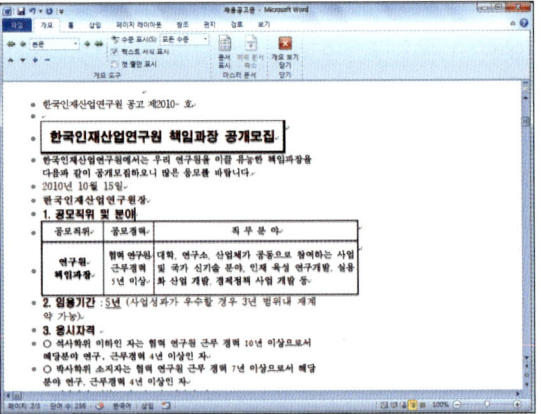

[초안] 보기

머리글이나 바닥글 등과 같은 문서의 특정 요소를 제외하고 문서를 빠르게 검토하고 편집할 때 사용합니다. [보기] 탭-[문서 보기] 그룹-[초안]을 클릭하거나 상태 표시줄에서 [초안](🖼)를 클릭하여 나타낼 수 있습니다.

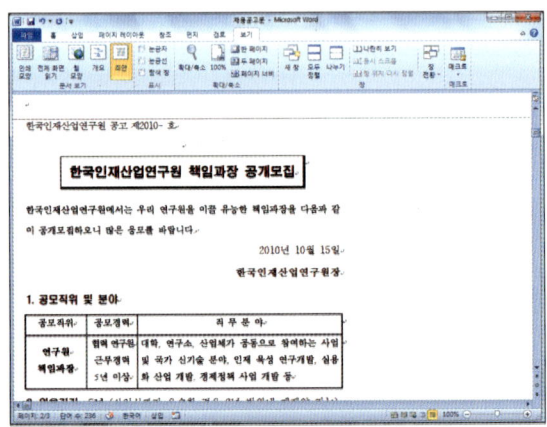

02 화면 보기 확대 및 축소하기

1. 상태 표시줄에서 [인쇄 모양] 보기를 클릭한 후 [확대/축소](⊖──▯──⊕)의 컨트롤을 드래그합니다.

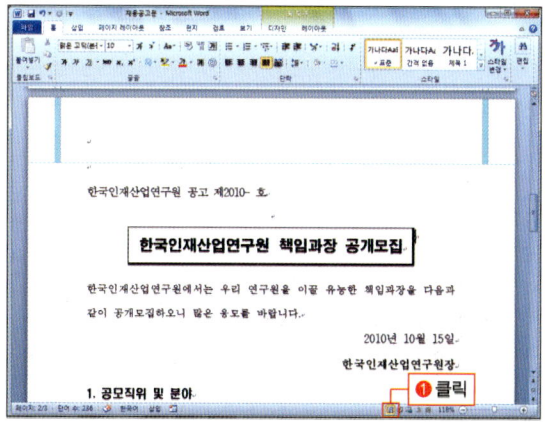
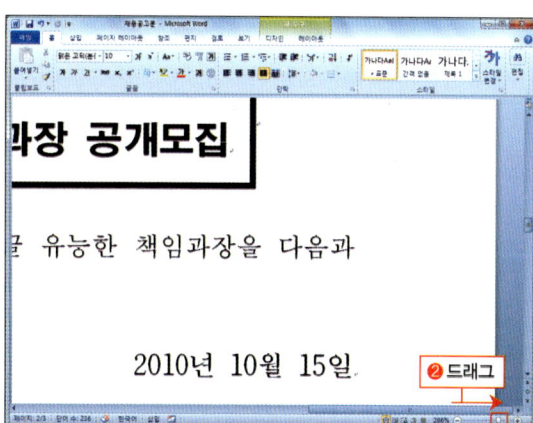

2. 이번에는 백분율 상자에 백분율을 직접 입력해 봅니다. [보기] 탭-[확대/축소] 그룹에서 [확대/축소]를 클릭합니다. [확대/축소] 대화 상자가 나타나면 원하는 [배율]을 클릭하거나 [백분율] 입력란에 수치를 입력합니다. 여기서는 [백분율] 입력란에 『160』을 입력한 후 [확인]을 클릭합니다.

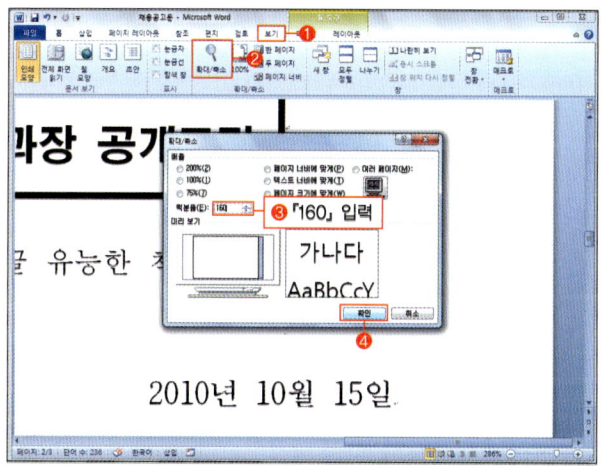

> **tip** 상태 표시줄의 [확대/축소 비율](160%)을 클릭하여도 [확대/축소] 대화 상자를 불러올 수도 있습니다.

3. 한 화면에 두 페이지를 나타내기 위해 [보기] 탭–[확대/축소] 그룹–[두 페이지]를 클릭합니다.

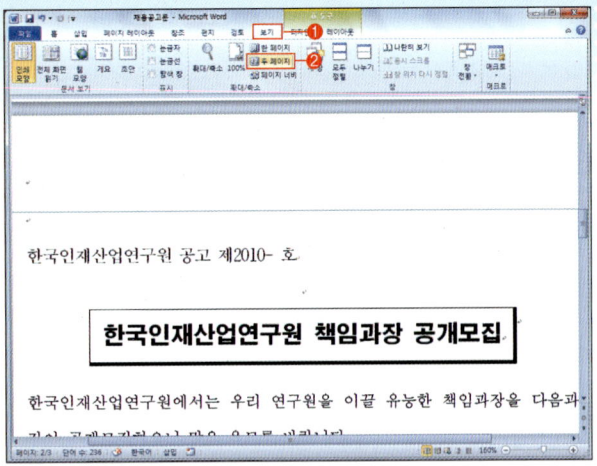

4. 한 화면에 두 페이지가 다음과 같이 나타납니다. 이번에는 [보기] 탭–[확대/축소] 그룹–[페이지 너비]를 클릭합니다.

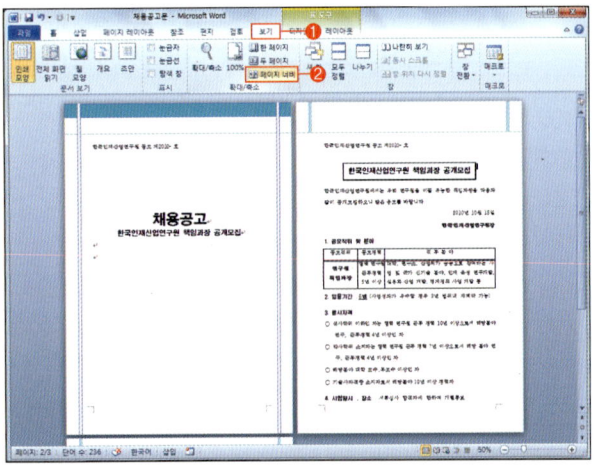

5. 페이지 너비가 워드의 편집 화면의 창 너비와 일치하도록 문서가 자동으로 확대/축소됩니다.

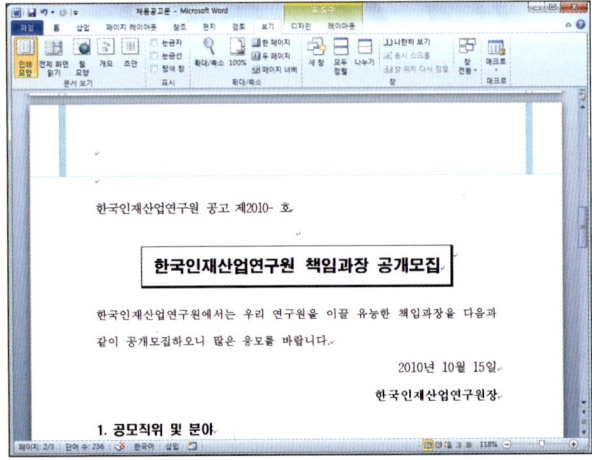

03 새로운 문서 탐색 창 살펴보기

1. 워드 2010에서는 긴 문서를 쉽게 탐색할 수 있습니다. [보기] 탭-[표시] 그룹-[탐색 창]을 클릭합니다.

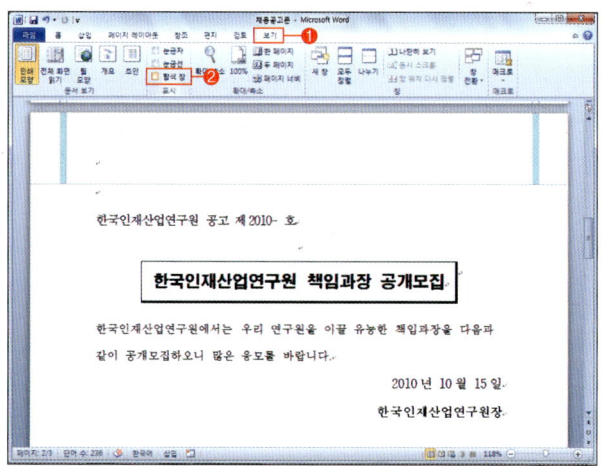

> **tip** [탐색] 창을 이용하면 문서를 쉽게 다시 구성할 수 있고, 문서 내용을 간단한 검색을 통해 쉽게 찾을 수 있습니다.

2. 워드 편집 화면의 왼쪽에 [탐색] 창이 나타납니다. [문서의 제목을 찾아봅니다.](▦) 탭이 나타나며, 문서의 제목을 모두 검색하여 표시합니다. [문서의 페이지를 찾아봅니다.](▦) 탭을 클릭합니다.

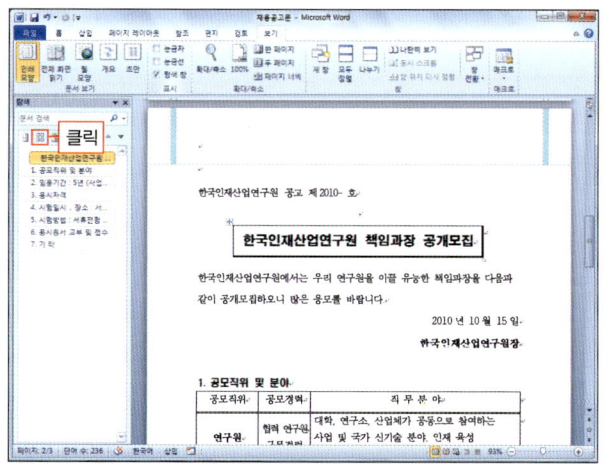

> **tip** [탐색] 창의 [문서의 제목을 찾아봅니다.](▦) 탭은 제목 스타일로 지정이 된 제목만이 검색되며, [문서의 페이지를 찾아봅니다.](▦) 탭은 문서의 모양을 미리 보기 형식으로 보여줍니다.

3. 문서의 각 페이지가 미리 보기 형식으로 모두 나타납니다.

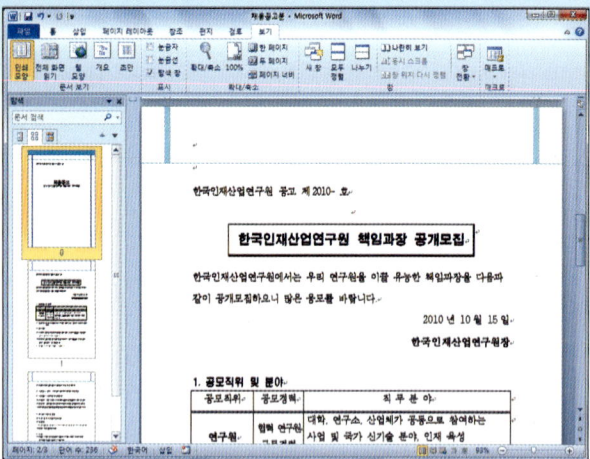

4. [탐색] 창을 이용하여 그래픽이나 표 등 특정 콘텐츠를 찾을 수도 있습니다. [탐색] 창의 [찾기 옵션 및 추가 검색 명령] 화살표를 클릭합니다. 나타나는 메뉴 중 [그래픽]을 선택합니다.

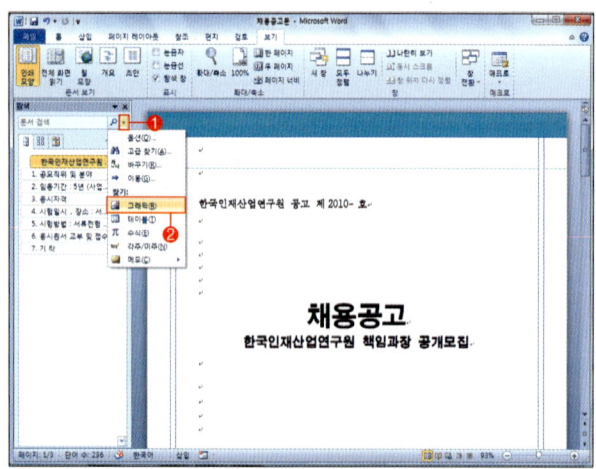

> **tip** 특정 그래픽이나 표 등의 테이블, 수식, 메모 등을 [찾기 옵션 및 추가 검색 명령] 화살표를 클릭하여 탐색할 수 있습니다.

5. 그래픽 개체가 검색됩니다. [다음 검색 결과]([▼])를 클릭하여 원하는 그래픽 개체를 탐색합니다.

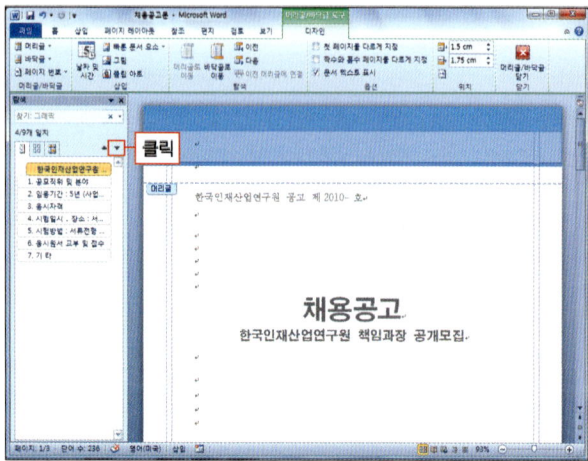

04 맞춤법과 문법 검사하기

◉ **준비파일** : Part03\Chapter01\Section01\전자정부.docx
◉ **완성파일** : Part03\Chapter01\Section01\전자정부_완성.docx

1. 맞춤법과 문법을 검사하기 위해 [검토] 탭-[언어 교정] 그룹-[맞춤법 및 문법 검사]를 클릭합니다.

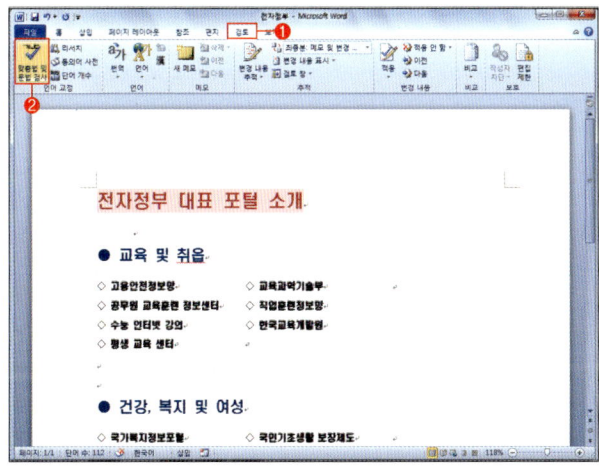

2. [맞춤법 및 문법 검사] 대화 상자가 나타나면 문서의 잘못된 단어를 검색하여 추천 단어 및 문장을 제시해 줍니다. [추천 단어 및 문장]에서 '취업'을 선택하고 [변경]을 클릭합니다. [맞춤법 및 문법 검사가 끝났습니다.] 창이 나타나면 [확인]을 클릭합니다.

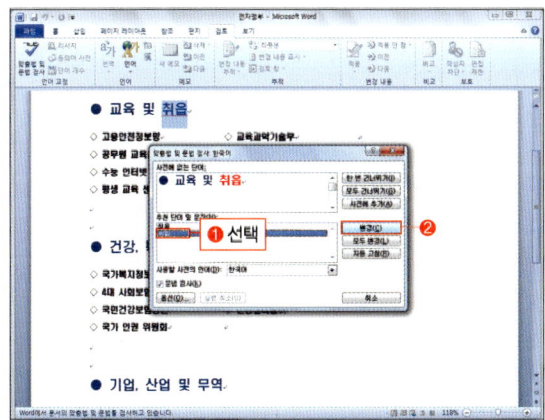 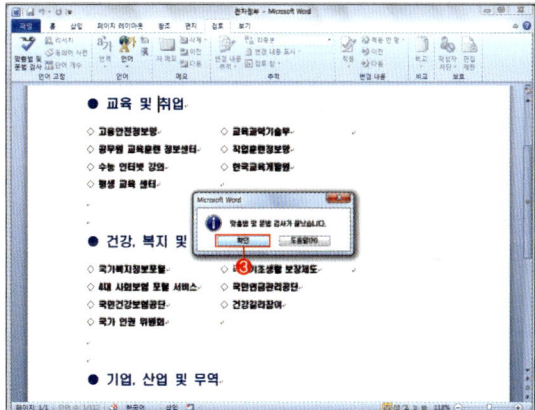

05 한국어에서 영어로 문서 번역하기

1. 문서를 다른 언어로 번역할 수 있습니다. [검토] 탭-[언어] 그룹에서 [번역]의 화살표를 클릭합니다. [[한국어에서 영어(미국)]으(로) 문서 번역]을 클릭합니다.

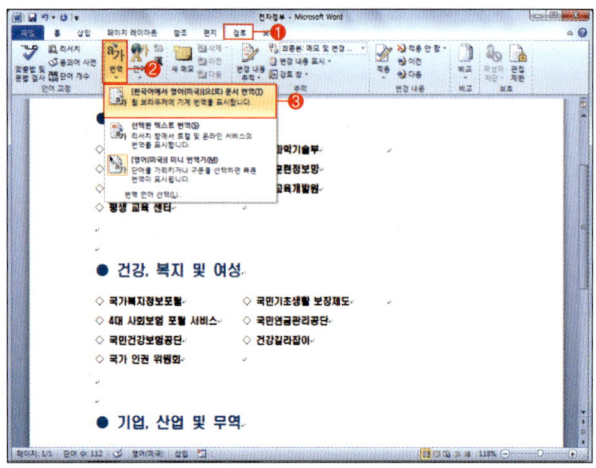

> **tip** 번역 명령은 Excel, OneNote, Outlook, PowerPoint, Publisher, Visio 및 Word와 같은 Microsoft Office 프로그램에서만 사용할 수 있습니다.

2. [문서 전체 번역] 창이 나타나면 [보내기]를 클릭합니다.

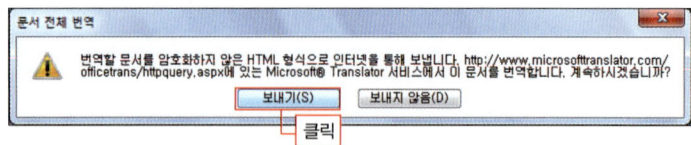

3. 번역된 텍스트와 함께 웹 브라우저 인스턴스가 열립니다. 한글과 번역된 영문을 서로 비교하며 살펴보기 위해 [좌우정렬] 레이아웃을 클릭합니다.

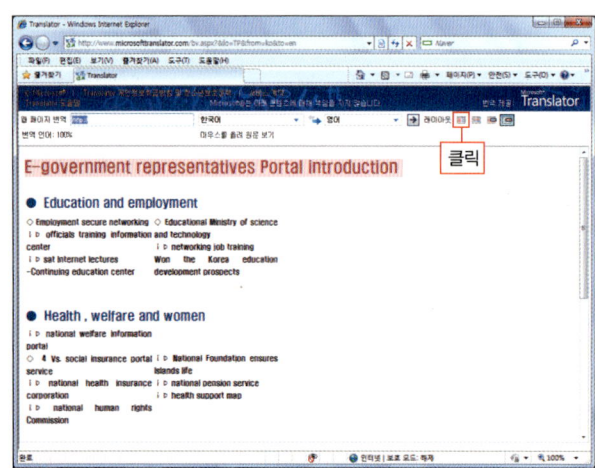

> **tip** 전체 파일의 번역을 나란히 비교해 보려면 Microsoft Translation 기계 번역 서비스를 사용하여 텍스트를 번역합니다. 본 번역 서비스는 100% 정확하지는 않지만 매우 유용한 도구입니다.

4. 프레임이 나눠지며 왼쪽에는 '한글' 창이, 오른쪽에는 '영문' 창이 나타납니다.

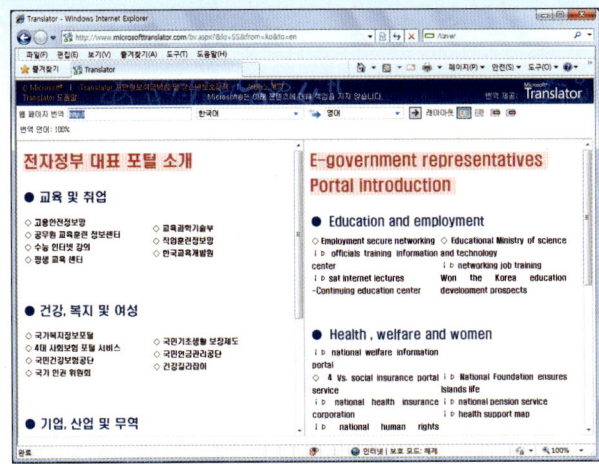

> **tip** 전체 파일의 번역을 위해 그림이나 이미지의 경우 제대로 표시되지 않을 수 있습니다.

5. 이번에는 일어로 번역해 봅니다. 번역될 언어를 [일본어]로 선택합니다. [웹 페이지 번역하기](➡)를 클릭합니다.

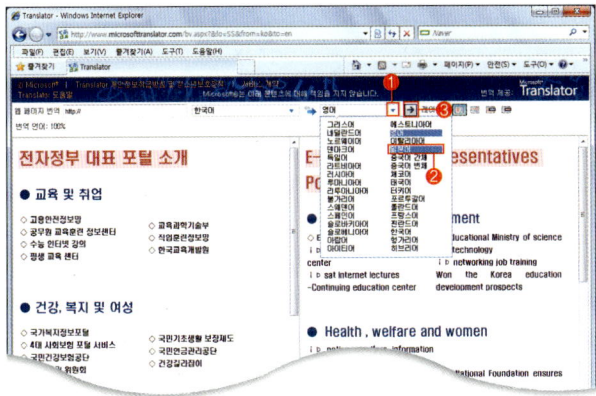

6. 잠시 후 한글이 일본어로 번역됩니다.

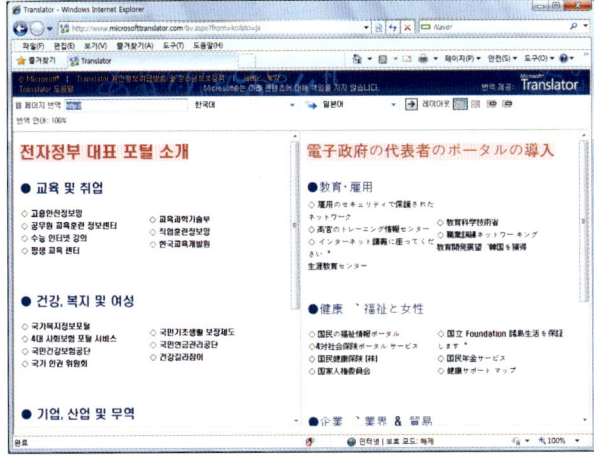

06 암호 걸어 문서 보호하기

1. 중요 문서는 암호를 걸어 문서를 보호하는 것이 좋습니다. [파일] 탭-[정보]를 클릭합니다. [문서 보호]를 클릭하여 [암호 설정]을 선택합니다.

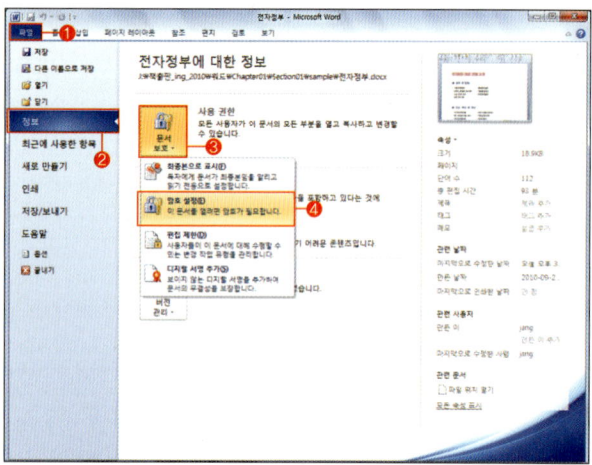

2. [문서 암호화] 대화 상자가 나타나면 암호를 입력합니다. 여기서는 『1234』를 입력한 후 [확인]을 클릭합니다.

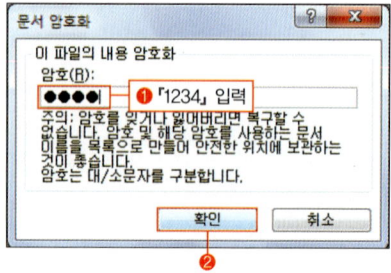

3. [암호 확인] 대화 상자가 나타나면 다시 암호를 입력합니다. 마찬가지로 『1234』를 입력한 후 [확인]을 클릭합니다. Ctrl + S 를 눌러 저장합니다.

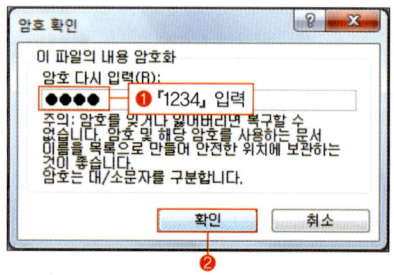

> **Tip** 암호를 입력한 다음 문서를 다시 열면 암호를 입력하라는 경고 창이 나타납니다. 여기서 지정한 암호인 『1234』를 입력하면 문서를 열 수 있습니다.

07 문서를 최종본으로 표시하기

○ **준비파일** : Part03\Chapter01\Section01\공감과제.docx
○ **완성파일** : Part03\Chapter01\Section01\공감과제_완성.docx

1. 문서를 최종본으로 표시하여 수정을 하지 못하게 만들 수 있습니다. [파일] 탭-[정보]를 클릭한 후 [문서 보호]-[최종본으로 표시]를 선택합니다.

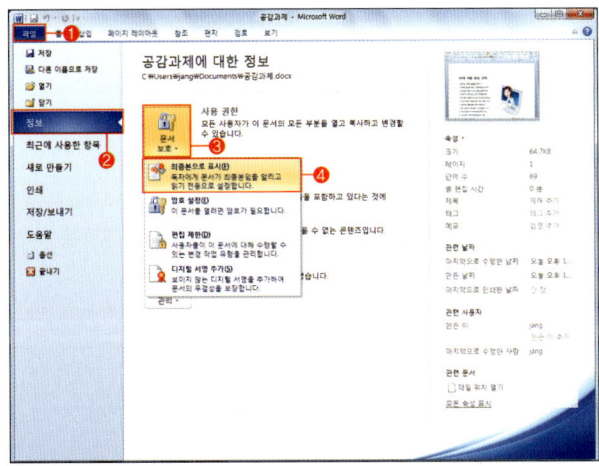

> tip 문서를 최종본으로 표시하면 문서를 수정할 수 없게 '읽기 전용'으로 설정됩니다. [최종본으로 표시] 명령을 사용하면 문서가 최종본이라는 것을 다른 사용자들에게 쉽게 알릴 수 있습니다.

2. 경고 창이 나타나면 [확인]을 클릭합니다.

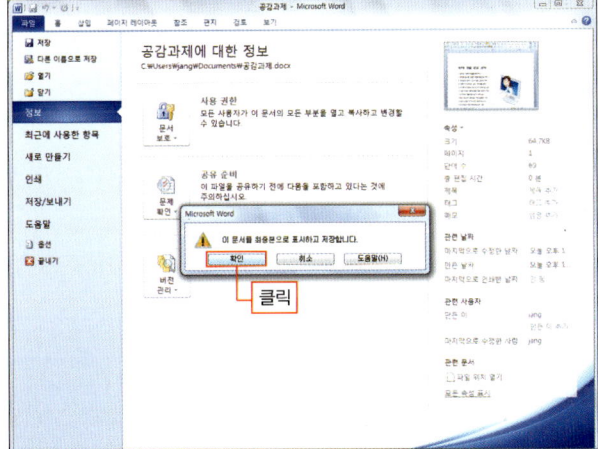

3. 다시 최종본을 표시한다는 경고 창이 나타나면 [확인]을 클릭합니다.

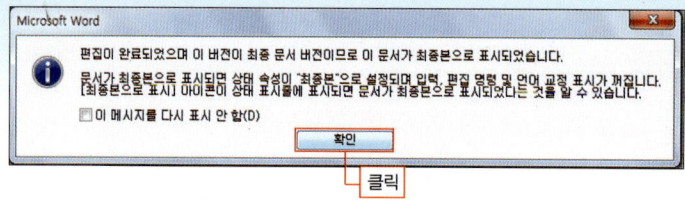

4. 문서에 [읽기 전용]이 표시됩니다. [파일] 탭-[정보]를 클릭하면 사용 권한이 최종본으로 표시되었다는 메시지가 나타납니다.

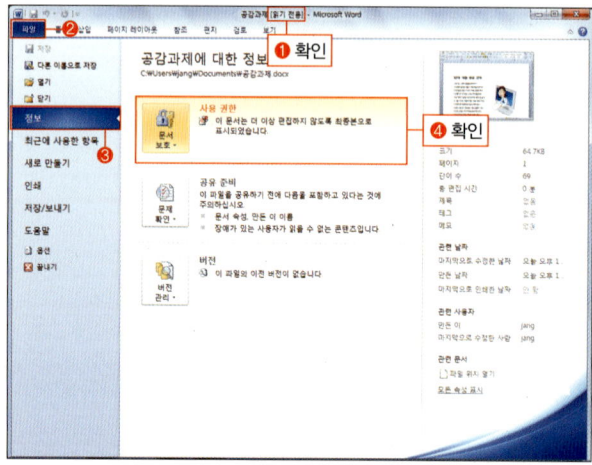

5. 문서를 다시 열면 탭 메뉴 아래에 '최종본으로 표시됨' 이라는 메시지 창이 나타납니다. 최종본이라는 표시로 다른 사람에게 최종본이라는 것을 알릴 수 있습니다. 최종본을 다시 수정하려면 [계속 편집]을 클릭합니다.

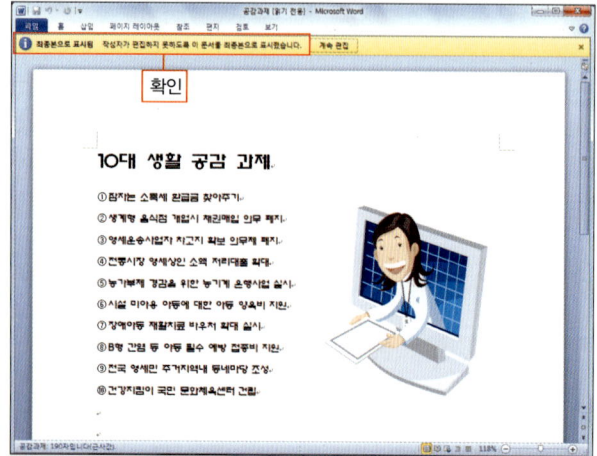

02 워드 97-2003 버전으로 저장하기

◉ **준비파일** : Part03\Chapter01\Section01\공감과제.docx
◉ **완성파일** : Part03\Chapter01\Section01\공감과제_2003.docx

1. [파일] 탭-[저장/보내기]를 클릭합니다. [파일 형식]에서 [파일 형식 변경]을 클릭한 후 [Word 97-2003 문서]
를 더블 클릭합니다.

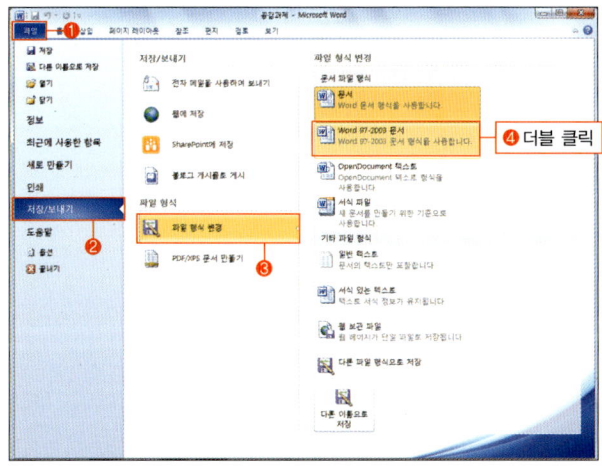

> *tip*   워드 문서를 저장할 때 'Word 97-2003 문서'
> 로 저장하면 워드 97이나 워드 2003 버전에서도 문서
> 를 열어 편집할 수 있습니다.

2. [다른 이름으로 저장] 대화 상자가 나타나면 원하는 위치를 선택한 후 [파일 이름]에 『공감과제_2003』을
입력하고 [저장]을 클릭합니다.

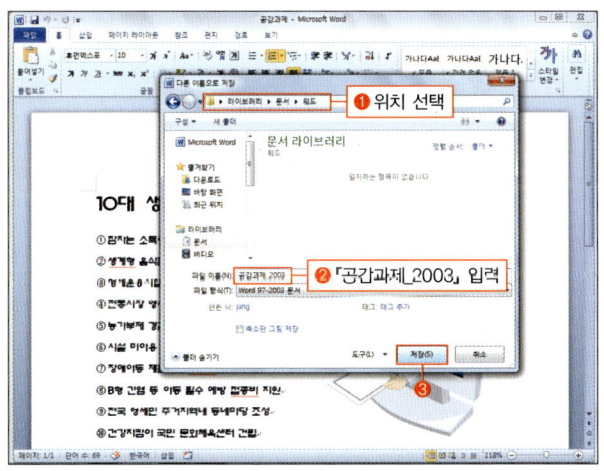

> *tip*   [파일 형식]이 'World 97-2003 문서'로 변경
> 되어 있는지 확인합니다.

디지털 서명으로 서명자 신원 보증하기

● **준비파일** : Part03\Chapter01\Section01\계약서.docx
● **완성파일** : Part03\Chapter01\Section01\계약서_완성.docx

1 서명란을 만들 위치에 마우스 커서를 둔 다음 [삽입] 탭–[텍스트] 그룹에서 [서명란] 화살표를 클릭하여 [Microsoft Office 서명란]을 선택합니다.

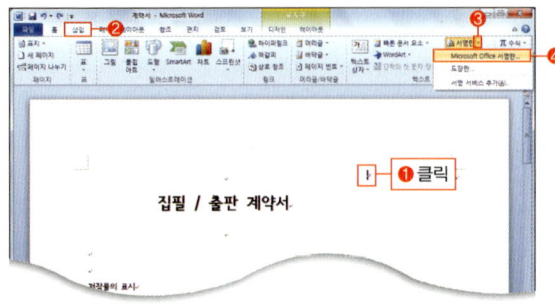

> **tip** 문서에 서명을 추가하면 디지털 서명이 동시에 추가되어 서명자의 신원을 보증하게 되며, 계약서나 기타 합의문의 문서 처리를 간소화할 수 있습니다.

2 경고 창이 나타나면 [확인]을 클릭합니다. [서명 설정] 대화 상자가 나타나면 본인의 인적사항을 입력하여 서명한 후 [확인]을 클릭합니다.

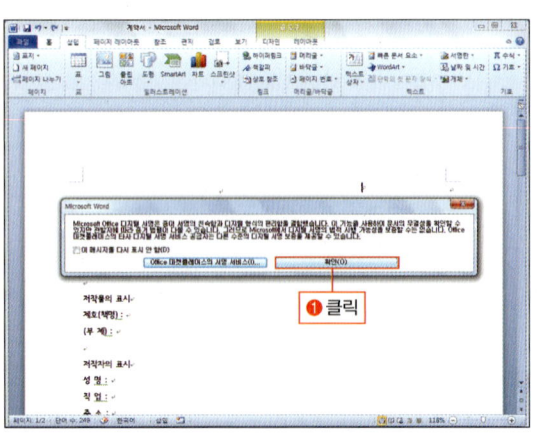

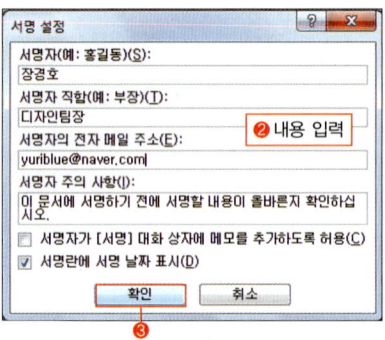

> **tip** [서명자가 [서명] 대화 상자에 메모를 추가하도록 허용]에 체크를 하면 서명자가 메모를 추가하여 서명에 대한 간단한 메모를 기록할 수 있습니다.

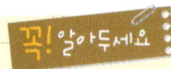

오피스 마켓플레이스를 통해 디지털 서명 만들기

디지털 서명을 직접 만들려면 공인 인증서와 같이 신원을 증명하는 서명 인증서가 있어야 합니다. 인증서는 인증 기관에서 발급하며 운전면허증처럼 해지될 수도 있습니다. 인증 기관은 공공 기관과 유사한 단체로, 디지털 인증서를 발급하고 인증서에 서명하여 인증서의 유효성을 검증하고 인증서가 취소되거나 만료되었는지 추적합니다. 참고로 마이크로소프트 오피스 2010에서는 Office 마켓플레이스, 디지털 서명을 통해 인증서를 얻기 위한 여러 솔루션을 제공합니다. 자세한 사항은 'http://office.microsoft.com/ko-kr/downloads/HA010094901.aspx' 문서를 참조하시기 바랍니다.

3 서명이 삽입됩니다. 마우스 오른쪽 단추를 클릭하여 [서명]을 선택합니다. 경고 창이 나타나면 [확인]을 클릭합니다.

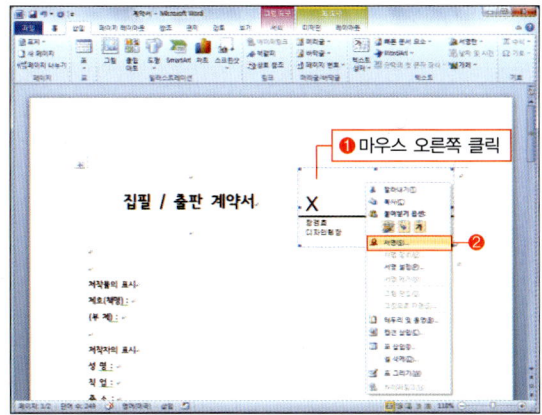

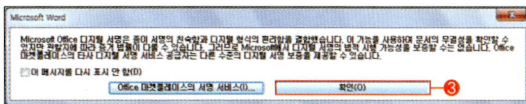

4 [서명] 대화 상자가 나타나면 서명을 직접 입력하거나 '이미지 선택'을 클릭하여 서명을 가져온 후 [서명]을 클릭합니다. [서명 확인] 창이 나타나면 [확인]을 클릭합니다.

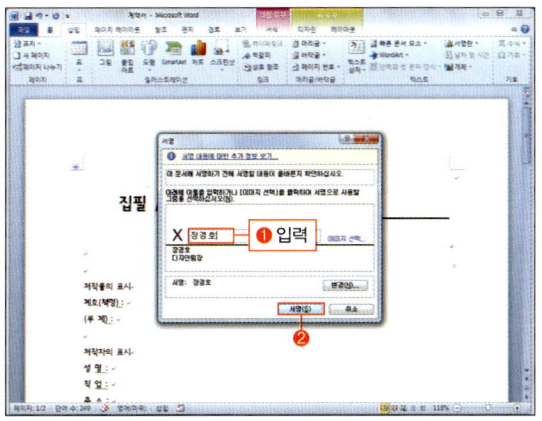

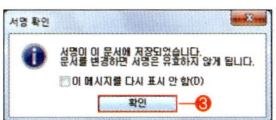

5 디지털 서명된 문서는 내용을 수정할 수 없도록 다음과 같이 읽기 전용으로 변경됩니다.

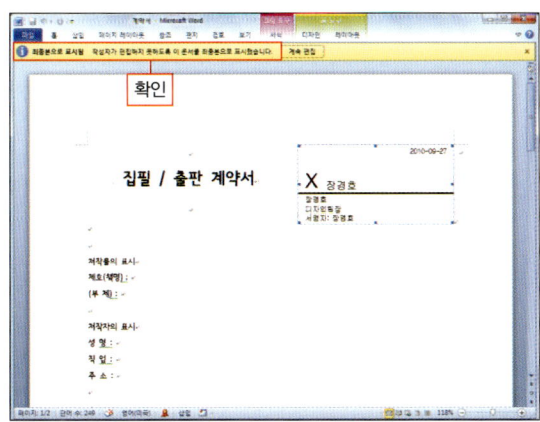

> **tip** 서명을 한 문서는 서명된 문서가 내용을 수정할 수 없는 읽기 전용 모드로 변경된다고 알려주는 메시지 표시줄을 보여 줍니다. 만일 내용을 수정하면 서명이 제거되기에 문서의 안전을 보장받을 수 있습니다.

기본 문서 작성하기

새 문서를 만들고, 다양한 기본 문서를 작성하는 방법을 배워보고, 기호와 한자, 그리고 수식을 입력해 봅니다. 또한, 서식 복사 기능으로 번거로운 반복 작업을 한번에 해결하는 방법 등 다양한 문서 작성 방법에 대해 알아봅니다.

Preview

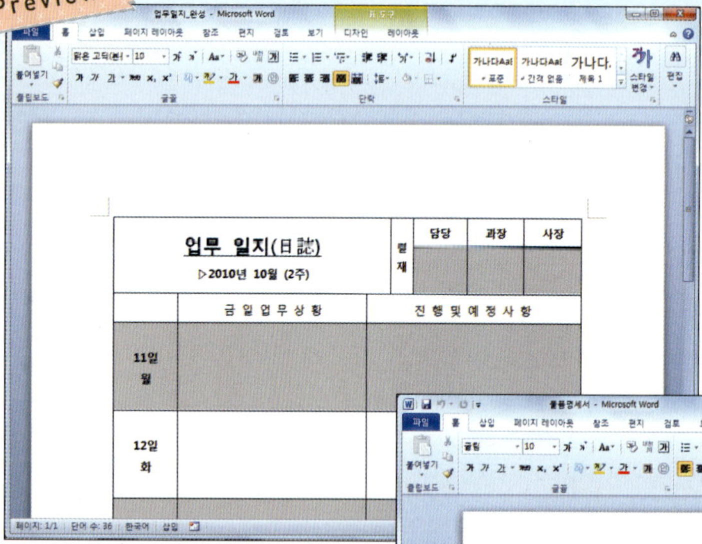

▲ 기호와 한자 입력하기

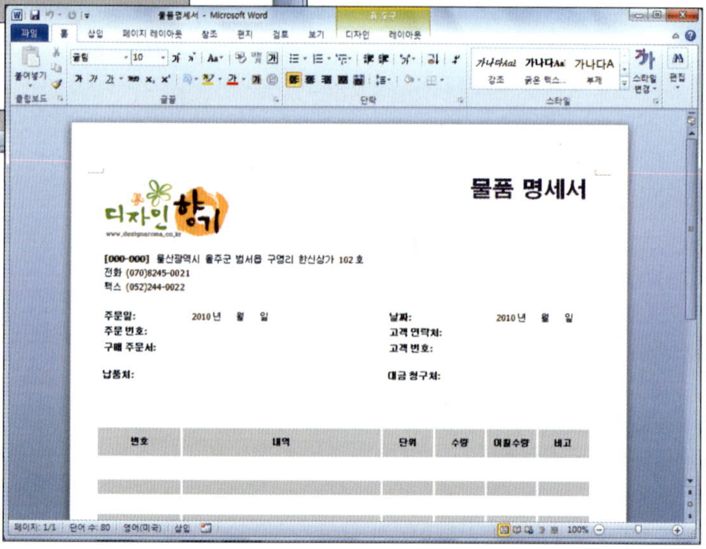

▲ 서식 파일로 물품 명세서 만들기

이번 섹션에서 배울 주요 내용!

01. 새 문서 만들기
02. 데이터 입력하고 수정하기
03. 글꼴 색, 강조색, 음영 지정하기
04. 기호와 한자 입력하기
05. 수식 작성하기

06. 서식 복사를 이용해 작업 반복하기
07. 내가 만든 문서를 서식 파일로 저장하기
08. 저장한 서식 파일 불러오기
09. Offices.com 서식으로 손쉽게 실무 문서 만들기
10. 문서 제목에 시각 효과 주기

01 새 문서 만들기

● **완성파일** : Part03\Chapter01\Section02\새문서.docx

1. [파일] 탭-[새로 만들기]를 클릭합니다. '사용 가능한 서식 파일'에서 [새 문서]를 선택한 후 [만들기]를 클릭합니다.

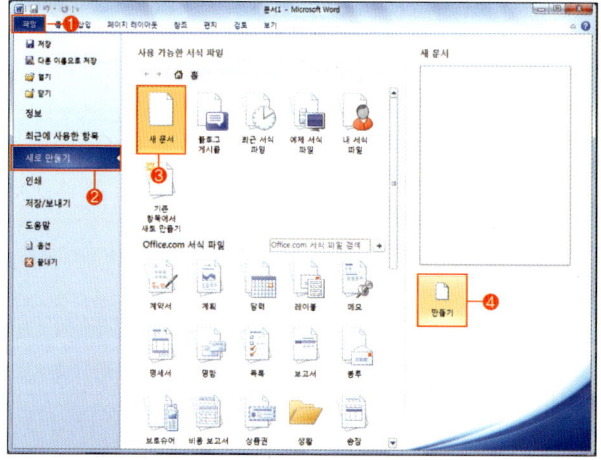

tip 워드 2010에서는 다양한 서식 파일을 제공합니다. 지금처럼 [새 문서]를 클릭하여 직접 문서를 작성할 수도 있으며, 본인이 필요로 하는 서식을 서식 파일 목록 혹은 'Office.com 서식 파일 검색( )을 통해서 작성할 수도 있습니다.

2. '문서2'라는 새 문서가 나타납니다. 내용을 입력한 후 Ctrl + S 를 누릅니다. [다른 이름으로 저장] 대화 상자가 나타나면 원하는 저장 위치를 선택하고 [파일 이름]에 『새문서』를 입력한 후 [저장]을 클릭합니다.

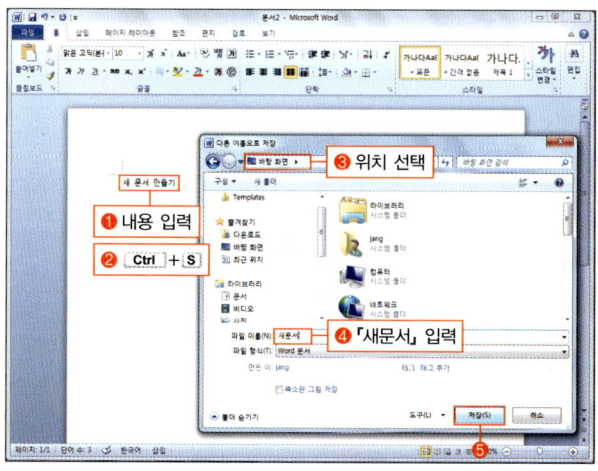

tip [파일] 탭을 클릭하여 [저장] 혹은 [다른 이름으로 저장]을 선택하여 저장하여도 됩니다.

3. 제목 표시줄이 방금 입력한 파일의 이름으로 변경됩니다.

다양한 워드 파일 저장 형식

워드 2010을 사용하면 파일을 다른 형식으로 열거나 저장할 수 있습니다. 다양한 형식으로 저장이 가능하나 아직 Word 2010에서는 문서를 JPEG(.jpg) 또는 GIF(.gif) 파일로 저장할 수는 없습니다. 하지만 워드 파일을 PDF(.pdf) 파일로 저장할 수 있으니 참조하시기 바랍니다.

파일 형식	선택 옵션
.docx	Word 문서의 기본 파일 형식입니다.
.docm	Word 매크로 사용 문서 형식입니다.
.doc	Word 97-2003 문서 형식입니다.
.dotx	Word 서식 파일 형식입니다.
.dotm	Word 매크로 사용 서식 파일 형식입니다.
.dot	Word 97-2003 서식 파일 형식입니다.
.pdf	PDF 파일로 저장하는 파일 형식입니다.
.xps	XPS 문서 형식입니다.
.mht(MHTML)	웹 보관 파일 형식입니다.
.htm(HTML)	웹 페이지로 저장하는 파일 형식입니다.
.txt	일반 텍스트로 저장하는 파일 형식입니다.
.odt	OpenDocument 텍스트로 저장하는 파일 형식입니다.

02 데이터 입력하고 수정하기

● **준비파일** : Part03\Chapter01\Section02\이력서.docx
● **완성파일** : Part03\Chapter01\Section02\이력서_완성.docx

1. 워드 2010 프로그램을 실행하고 [파일] 탭-[열기]를 클릭합니다.

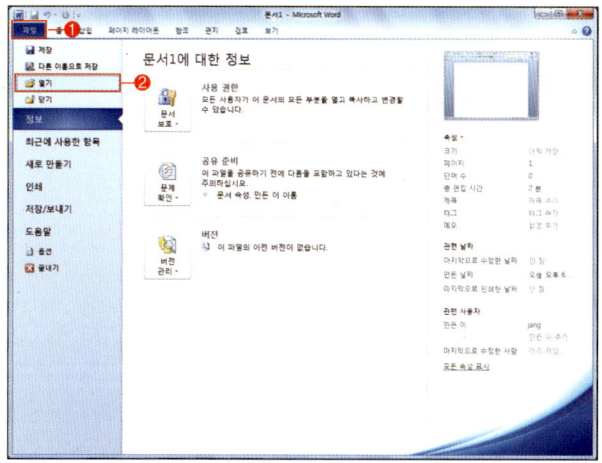

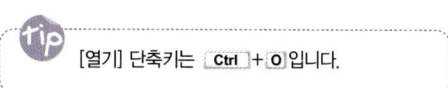

[열기] 단축키는 **Ctrl**+**O**입니다.

2. [열기] 대화 상자가 나타나면 부록 CD의 'Part03\Chapter01\Section02' 폴더에서 '이력서.docx' 파일을 찾아 선택한 후 [열기]를 클릭합니다.

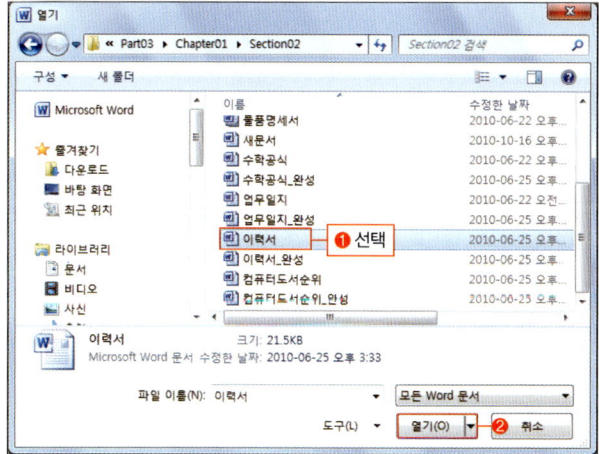

3. 이력서 파일이 열립니다. 상단에 『이력서』라고 입력하고 Space Bar 를 이용하여 글자를 보기 좋게 나열합니다.

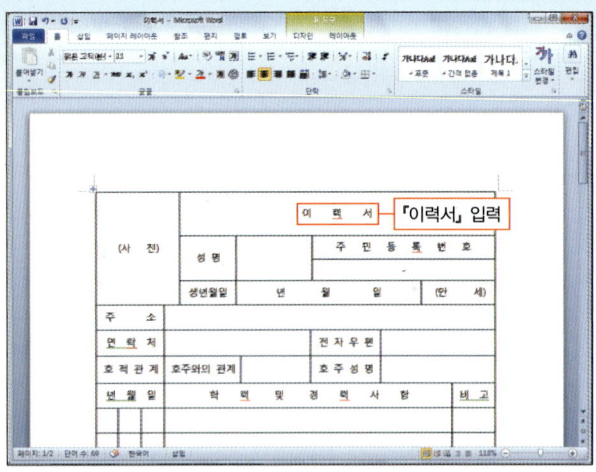

4. '이력서'를 마우스로 드래그하여 선택합니다. [홈] 탭-[글꼴] 그룹에서 [글꼴 크기]를 '14'로 설정합니다.

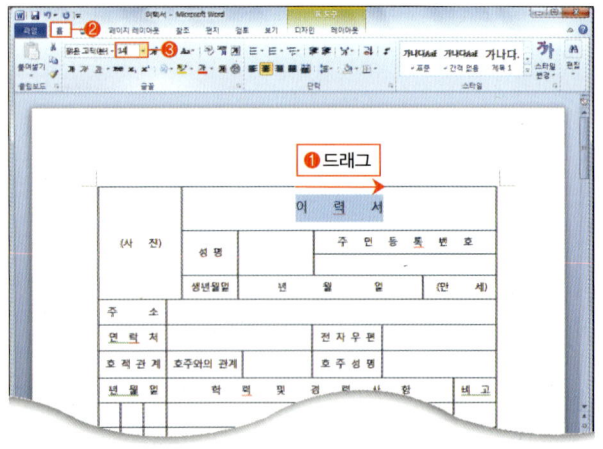

tip 글꼴 크기는 [홈] 탭-[글꼴] 그룹에서 [글꼴 크기 늘림(📐)] 혹은 [글꼴 크기 줄임(📐)]을 클릭하여 조절할 수도 있습니다.

5. [홈] 탭-[글꼴] 그룹에서 [글꼴]의 화살표를 클릭하여 'HY견고딕'을 선택합니다.

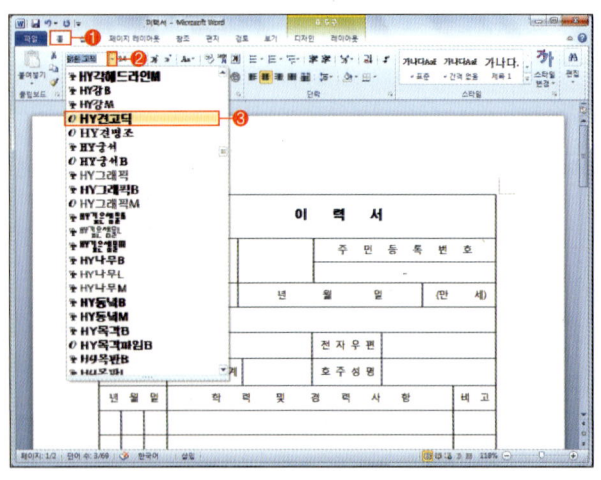

tip 글꼴 목록 위에 마우스 포인터를 올려놓으면 선택한 글꼴이 미리 보기로 문서에 나타납니다.

03 글꼴 색, 강조색, 음영 지정하기

◉ 준비파일 : Part03\Chapter01\Section02\대학입시.docx
◉ 완성파일 : Part03\Chapter01\Section02\대학입시_완성.docx

1. 준비 파일을 연 다음, 제목을 드래그하여 선택합니다. [홈] 탭-[글꼴] 그룹에서 [글꼴 색]의 화살표를 클릭하여 [파랑, 강조 1]를 선택합니다.

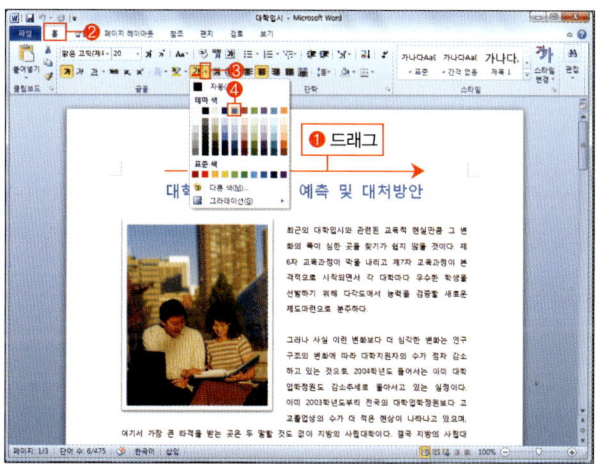

2. 강조색을 적용하기 위해 '각 대학마다' 부터 '분주하다' 까지를 마우스로 드래그하여 선택한 후 [홈] 탭-[글꼴] 그룹에서 [텍스트 강조 색]의 화살표를 클릭하여 [노랑]을 선택합니다.

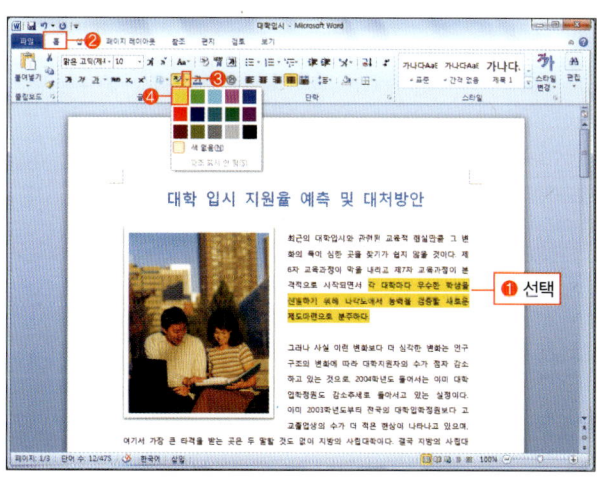

> **tip** [텍스트 강조 색]에서 색상을 선택하면 미리 보기 형식으로 문서에 반영되어 나타납니다.

3. 이번에는 글자에 테두리를 적용하기 위해 다음과 같은 단락을 마우스로 드래그하여 선택한 후 [홈] 탭-[글꼴] 그룹에서 [글자 테두리]를 클릭합니다.

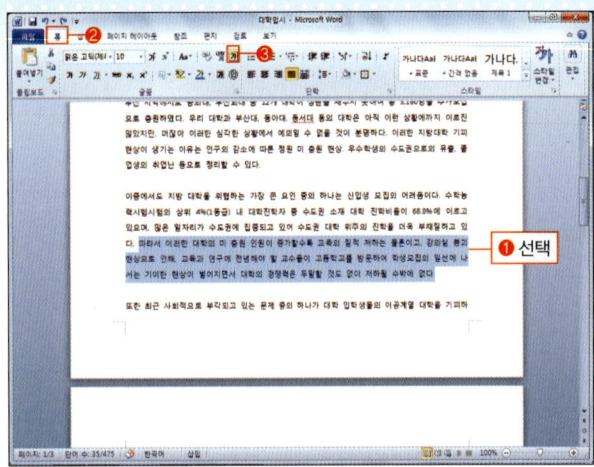

4. 문서에 음영을 적용하기 위해 다음과 같은 문장을 마우스로 드래그하여 선택한 후 [홈] 탭-[글꼴] 그룹에서 [음영]을 클릭합니다.

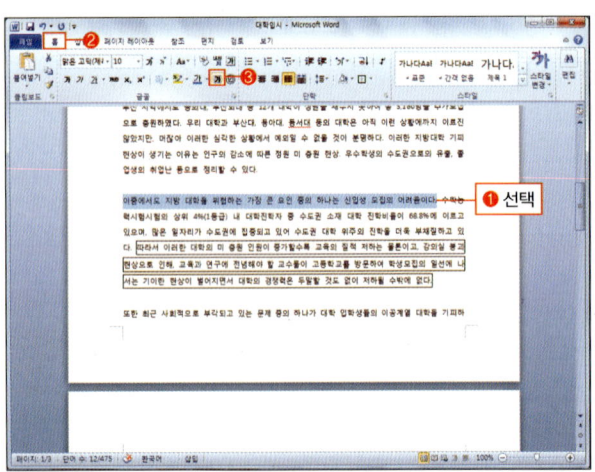

> **tip** 문서의 내용 중 강조할 부분이 있다면 지금처럼 [글꼴] 그룹을 이용하여 다양하게 문서의 내용을 강조합니다.

[글꼴] 대화 상자를 이용하여 기본 글꼴 변경하기

기본 글꼴을 설정하면 문서를 새로 열 때마다 기본으로 설정한 글꼴이 사용됩니다. [홈] 탭에서 글꼴 대화 상자 표시 단추(□)를 클릭한 후 기본 글꼴로 변경을 원하는 글꼴이나 글꼴 크기를 지정한 다음 [기본값으로 설정]을 클릭하면 기본 글꼴을 설정할 수 있습니다.

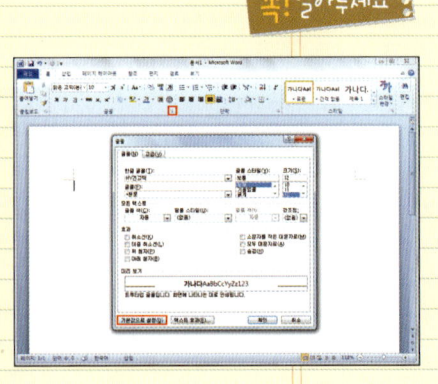

04 기호와 한자 입력하기

◉ **준비파일** : Part03\Chapter01\Section02\업무 일지.docx
◉ **완성파일** : Part03\Chapter01\Section02\업무 일지_완성.docx

1. 기호를 입력할 위치에 마우스 커서를 둔 다음, [삽입] 탭-[기호] 그룹에서 [기호]를 클릭하여 [다른 기호]를
선택합니다. [기호] 대화 상자가 나타나면 '하위 집합'에서 [도형]을 선택합니다. ▷ 기호를 선택하고 [삽입]을
클릭한 후 [닫기]를 클릭합니다.

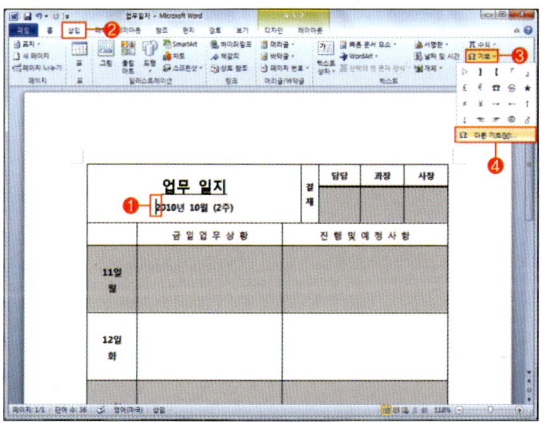 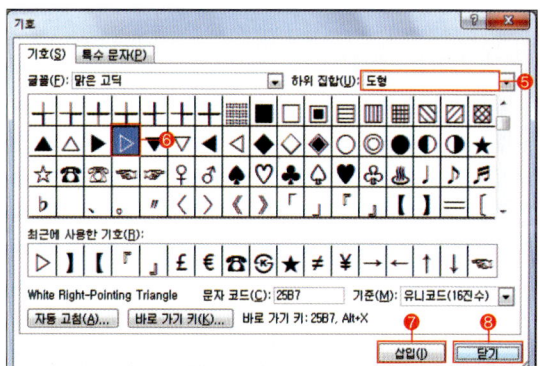

2. '일지'를 드래그하여 선택한 후 [검토] 탭-[언어] 그룹에서 [한글/한자 변환]을 클릭합니다.

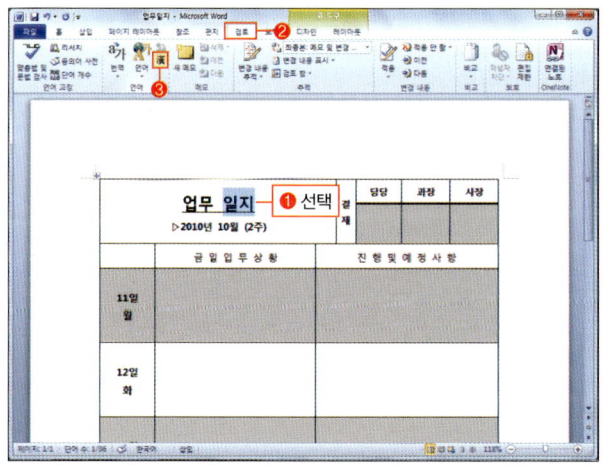

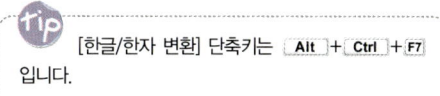
[한글/한자 변환] 단축키는 **Alt** + **Ctrl** + **F7**
입니다.

3. [한글/한자 변환] 대화 상자가 나타나면 '한자 선택'에서 지정된 한자가 맞는지 확인한 후 '입력 형태'에서 [한글(漢字)]를 선택하고 [변환]을 클릭합니다.

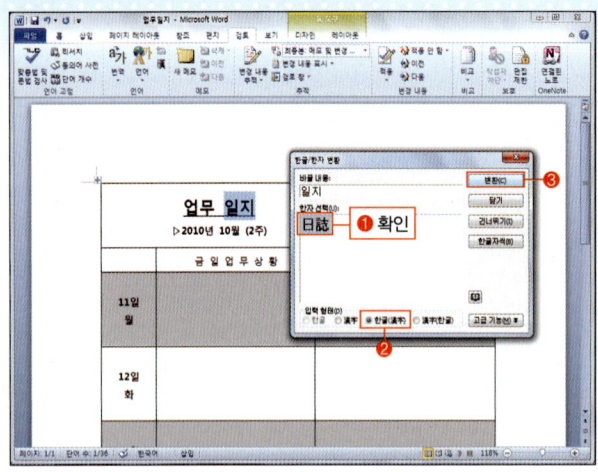

4. '일지'라는 글자가 한자와 함께 변환되어 표기됩니다.

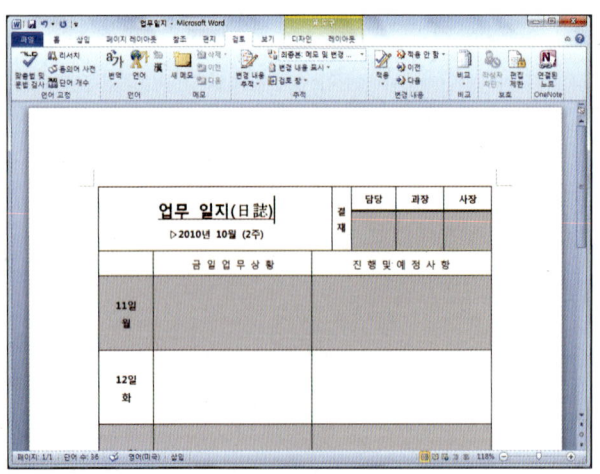

[기호] 대화 상자에서 특수 문자 입력하기

[기호] 대화 상자의 [특수 문자] 탭을 클릭하면 다양한 특수 문자가 바로 가기 키와 함께 등록되어 있습니다. 원하는 특수 문자의 바로 가기 키를 알고 있다면 바로 가기 키를 사용하여 편리하게 특수 문자를 삽입할 수 있습니다.

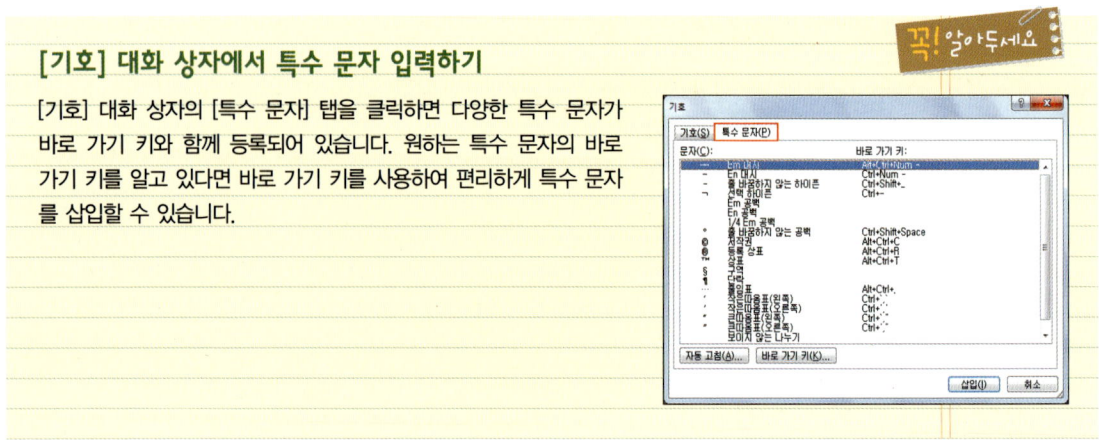

05 수식 작성하기

- ● **준비파일** : Part03\Chapter01\Section02\수학공식.docx
- ● **완성파일** : Part03\Chapter01\Section02\수학공식_완성.docx

1. 수식 작성을 원하는 부분을 클릭한 후 [삽입] 탭-[기호] 그룹에서 [수식]을 클릭합니다.

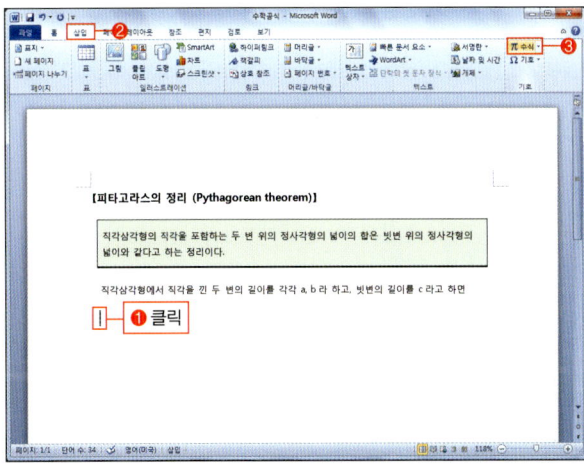

2. [수식 도구] 상황별 탭의 [디자인] 탭-[구조] 그룹에서 [첨자]를 클릭한 후 [첨자]를 선택합니다.

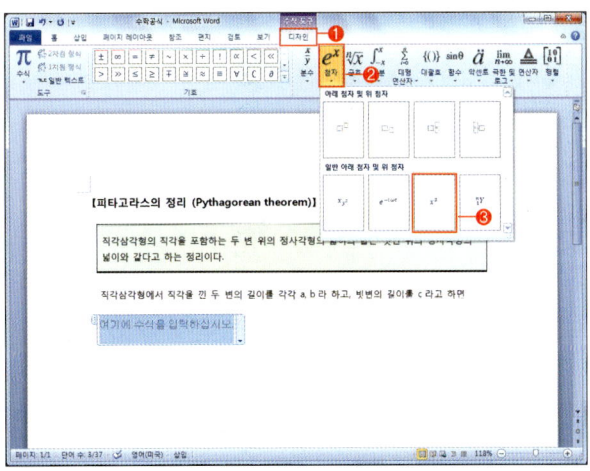

> **tip** 워드 2007 이하 버전에서는 수식을 사용하기 위해 Microsoft Equation 3.0 추가 기능 또는 Math Type 추가 기능을 사용해야 했기에 설치기 되어 있지 않을 경우 별로로 설치해야 하는 불편함이 있었습니다. 워드 2010에서는 수식을 작성하고 편집하는 기능이 기본으로 제공되고 있습니다.

3. 수식이 입력되면 'x'를 'a'로 수정하고 『+』를 입력합니다. 다시 [수식 도구] 상황별의 [디자인] 탭-[구조] 그룹에서 [첨자]를 클릭한 후 [첨자]를 선택합니다.

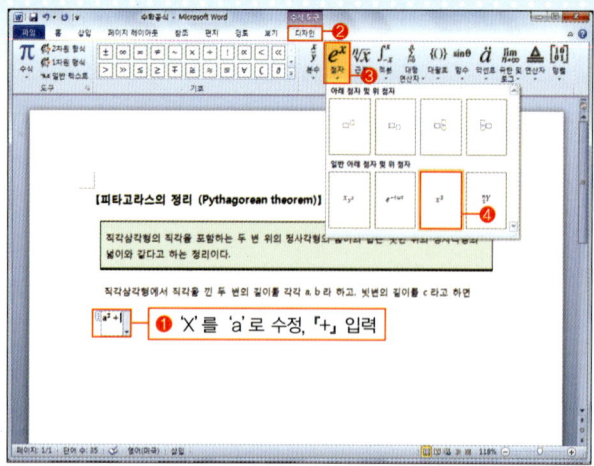

4. 동일한 방법으로 다음과 같이 수식을 입력하여 완성합니다.

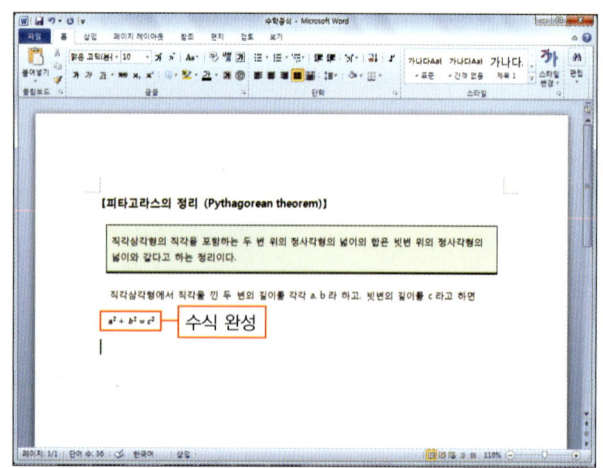

> **tip** 자주 사용하는 수식의 경우 삽입한 수식의 화살표를 클릭하여 [새 수식으로 저장]을 선택하면 자주 사용하는 수식 목록에 추가할 수 있습니다.

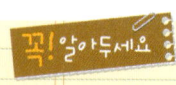

일반 수학 수식 삽입하기

[삽입] 탭-[기호] 그룹에서 [수식]의 화살표(▼)를 클릭하면 미리 정의된 일반 수학 수식을 손쉽게 삽입할 수 있습니다.

06 서식 복사를 이용해 작업 반복하기

◉ **준비파일** : Part03\Chapter01\Section02\네트워크교육과정안내.docx
◉ **완성파일** : Part03\Chapter01\Section02\네트워크교육과정안내_완성.docx

1. 준비 파일을 연 다음, '이 과정은'을 마우스로 드래그하여 선택합니다. [홈] 탭-[글꼴] 그룹에서 [글꼴 크기]의 화살표를 클릭하여 '16' pt를 선택합니다.

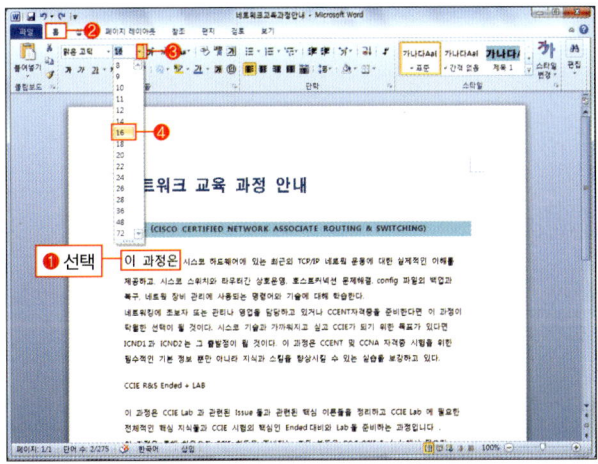

2. 문서 중간 부분의 '이 과정은'을 마우스로 드래그하여 선택한 후 F4 를 누릅니다. 글꼴 크기를 지정하지 않아도 서식이 복사됩니다.

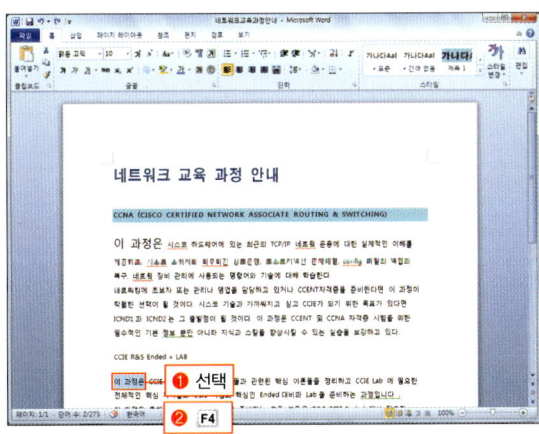 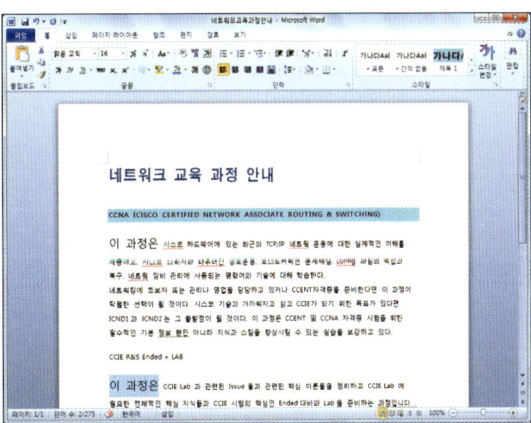

 동일한 서식을 반복해서 지정하고 싶을 때에는 F4 를 눌러 쉽고 빠르게 지정할 수 있습니다.

3. 이번에는 미리 지정한 서식을 복사해 보겠습니다. 'CCNA' 앞에 마우스 커서를 둔 다음 [홈] 탭-[클립보드] 그룹에서 [서식 복사]를 클릭합니다.

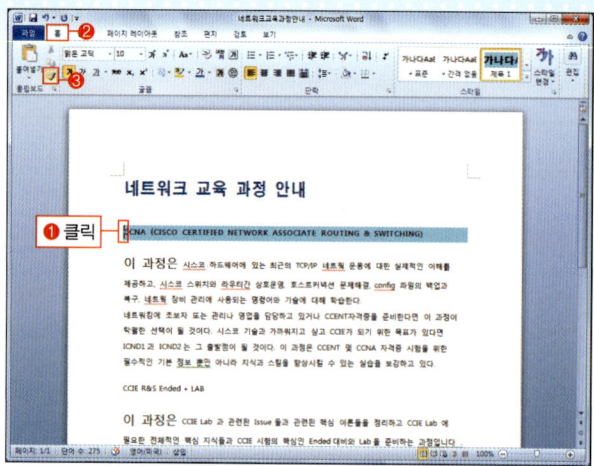

4. 마우스 커서가 붓 모양(⏳)으로 변경되면 'CCIE R&S Ended + LAB'을 마우스로 드래그합니다.

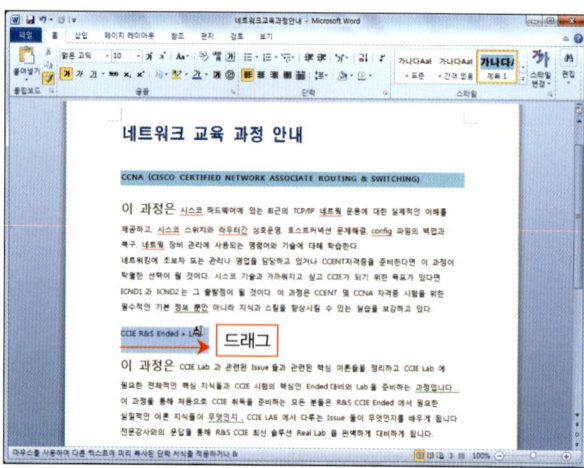

5. 지정한 텍스트에 서식이 복사됩니다.

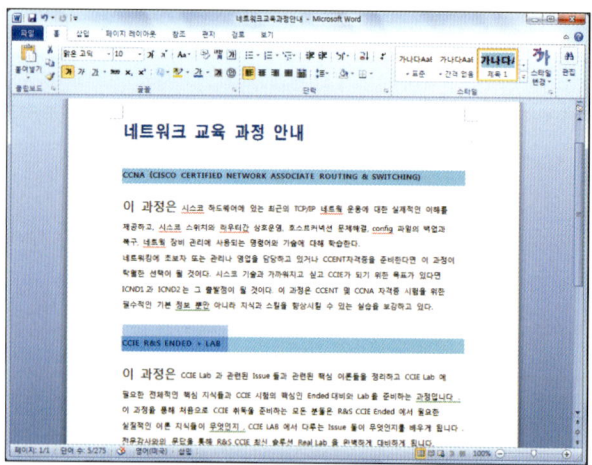

> **tip** [홈] 탭-[클립보드] 그룹에서 [서식 복사]를 한번 클릭하면 한 번만 서식을 복사할 수 있지만 [서식 복사] 를 더블 클릭하면 여러 번 서식을 복사할 수 있습니다. 서식 복사를 중단하고 싶을 경우 Esc 를 누릅니다.

내가 만든 문서를 서식 파일로 저장하기

● **준비파일** : Part03\Chapter01\Section02\물품명세서.docx
● **완성파일** : Part03\Chapter01\Section02\물품명세서.dotx

1. 준비 파일을 연 다음, [파일] 탭-[다른 이름으로 저장]을 클릭합니다. [다른 이름으로 저장] 대화 상자가 나타나면 [파일 형식]을 클릭하여 [Word 서식 파일]을 선택합니다.

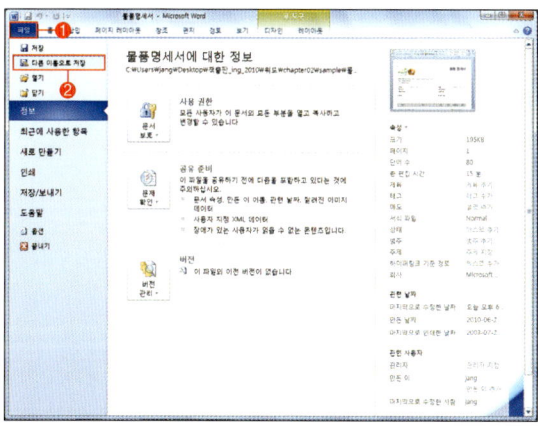 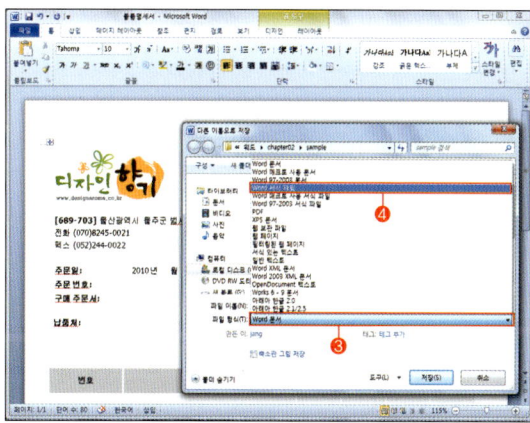

 [Word 서식 파일]로 파일 형식을 지정하면 서식 파일 확장자인 'dotx'로 변경됩니다.

2. 저장 위치를 Microsoft Word의 'Templates' 폴더로 변경합니다. [파일 이름]에 『물품명세서』가 입력되어 있는지 확인한 후 [저장]을 클릭합니다.

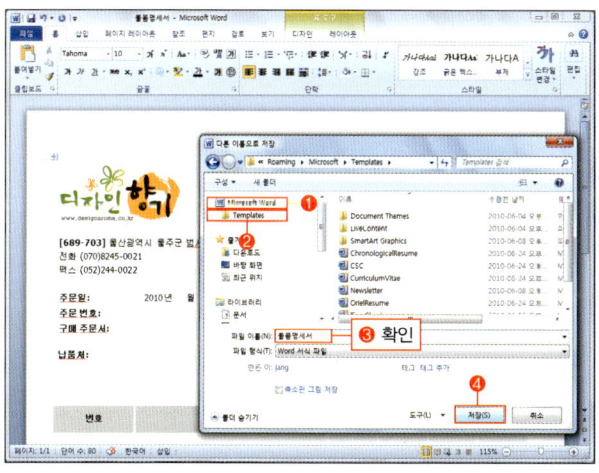

물품명세서와 같이 회사에서 자주 사용하는 문서를 서식 파일로 저장해 두면 필요할 때 워드 프로그램에서 바로 불러와 편리하게 사용할 수 있습니다.

02 저장한 서식 파일 불러오기

1. 저장한 서식 파일을 불러오기 위해 [파일] 탭-[새로 만들기]를 클릭한 후 '사용 가능한 서식 파일' 에서 [내 서식 파일]을 클릭합니다. [새로 만들기] 대화 상자가 나타나면 '물품명세서' 를 선택한 후 [확인]을 클릭합니다.

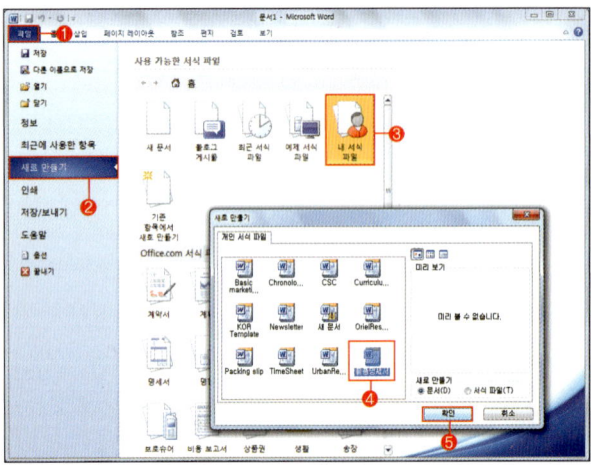

2. 서식 파일로 저장했던 물품명세서가 열립니다.

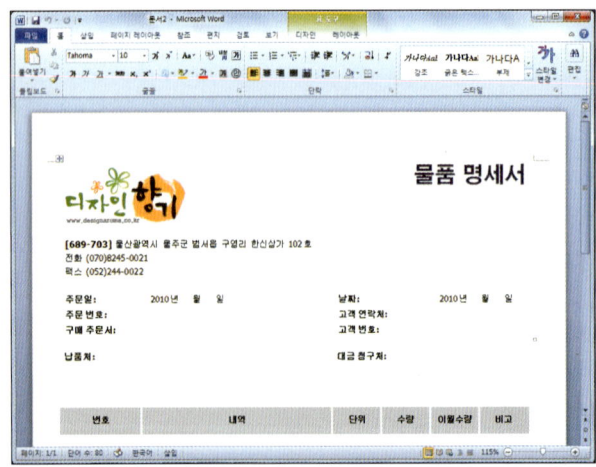

> **tip** 자주 사용하는 문서를 서식 파일로 저장하여 편리하게 사용해 보기 바랍니다.

Office.com 서식으로 손쉽게 실무 문서 만들기

1. Office.com 서식 파일에서 다양한 서식 파일을 적용할 수 있습니다. [파일] 탭-[새로 만들기]를 클릭한 후 'Office.com 서식 파일' 에서 [달력]을 클릭합니다.

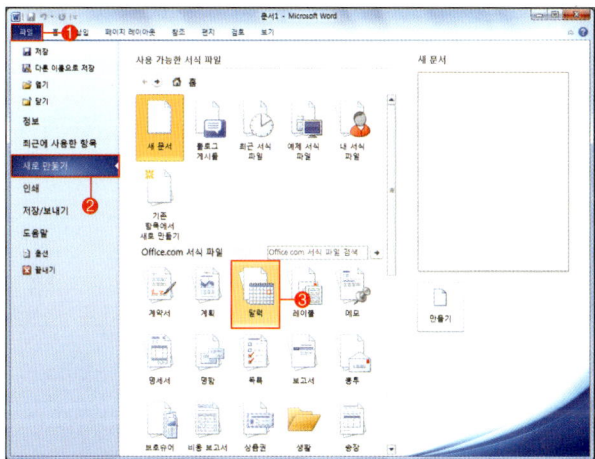

2. [달력] 폴더가 열리면 [기타 달력] 폴더를 클릭합니다.

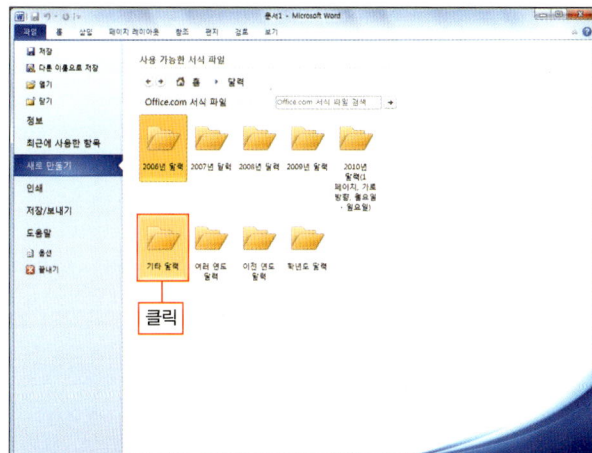

3. [기타 달력] 폴더가 열리면 [월별 달력 작성기(원형 디자인)]을 선택하고 [다운로드]를 클릭합니다.

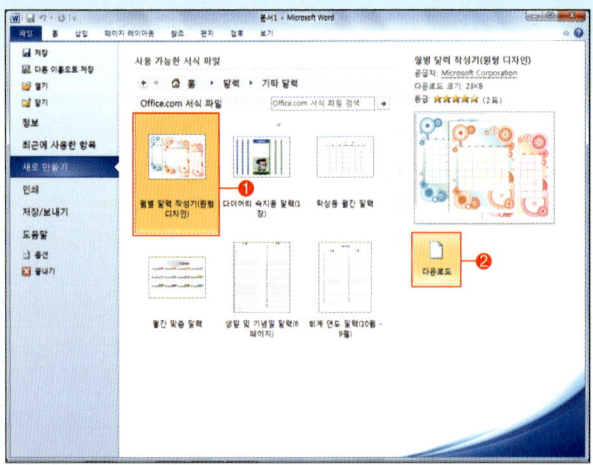

4. 다운로드 받은 서식 파일이 열립니다. 다양한 서식 파일로 쉽고 빠르게 워드 문서를 작성할 수 있습니다.

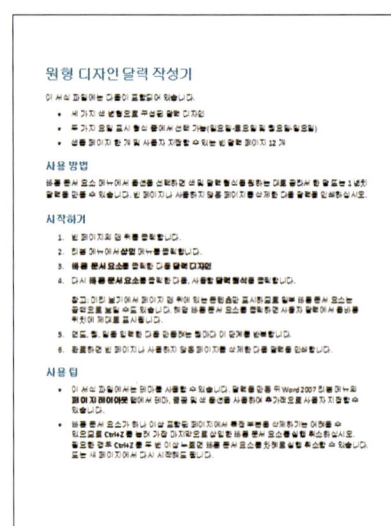 

Office.com에서 서식 다운로드 받기

꼭! 알아두세요

Office.com에 접속
하여 '서식 파일'을
클릭하면 유료
서식 사이트만큼이
나 잘 정돈된 워드
관련 서식 파일을
무료로 다운로드
받을 수 있습니다.

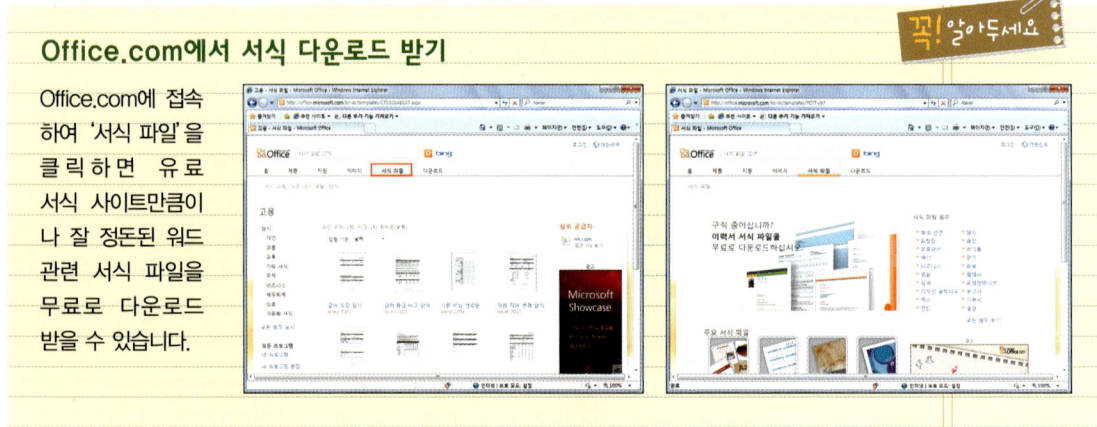

10 문서 제목에 시각 효과 주기

● **준비파일** : Part03\Chapter01\Section02\컴퓨터도서순위.docx
● **완성파일** : Part03\Chapter01\Section02\컴퓨터도서순위_완성.docx

1. 「컴퓨터 / 인터넷 베스트 & 트렌드」 를 마우스로 드래그하여 선택합니다. [홈] 탭-[단락] 그룹에서 [가운데 맞춤]을 클릭하고, [글꼴] 그룹에서 [글꼴 크기 늘림]을 6번 클릭합니다.

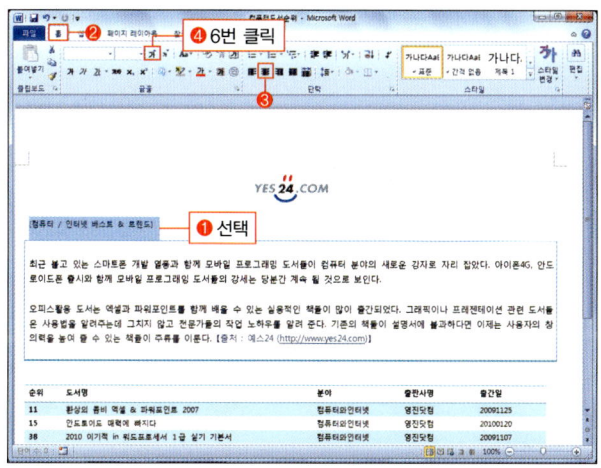

> **tip** [글꼴 크기 늘림]과 [글꼴 크기 줄임]은 2pt씩 글꼴 크기가 늘어나고 줄어듭니다. 선택 영역을 지정한 후 Ctrl + Shift + > 나 Ctrl + Shift + < 를 눌러 글꼴 크기를 늘리거나 줄일 수 있습니다.

2. [홈] 탭-[글꼴] 그룹에서 [텍스트 효과]를 클릭한 후 [그라데이션 채우기 – 파랑, 강조 1]을 선택합니다.

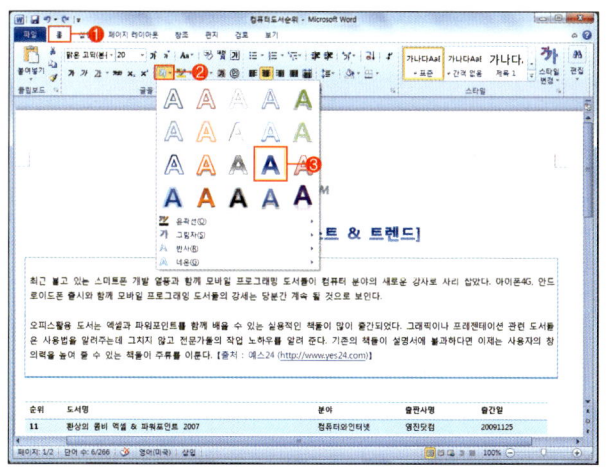

> **tip** [글꼴] 그룹의 [텍스트 효과]는 윤곽선이나 그림자, 네온 혹은 반사와 같은 시각 효과를 적용할 때 사용합니다.

3. [홈] 탭-[글꼴] 그룹에서 [텍스트 효과]를 클릭한 후 [네온]-[바다색, 8pt 네온, 강조색 5]를 선택합니다.

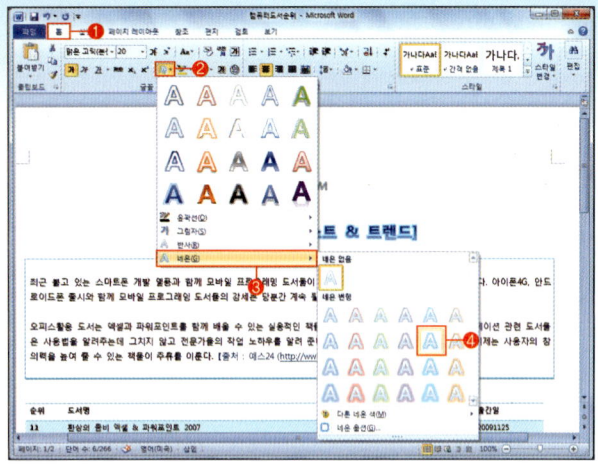

4. 문서의 제목에 텍스트 효과가 적용됩니다.

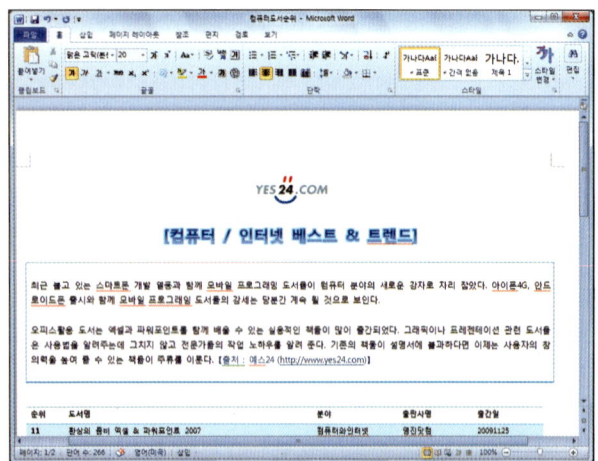

서식 지우기

문서에서 스타일, 텍스트 효과 및 글꼴 서식을 제거하려면 [홈] 탭-
[글꼴] 그룹에서 [서식 지우기]를 클릭합니다. 서식을 지울 텍스트를
선택하거나 Ctrl + A 를 누른 후 [서식 지우기]를 클릭하면 문서에
지정된 서식이 삭제됩니다.

다만, [서식 지우기]는 [텍스트 강조 색]은 제거하지 않습니다. 강조
표시를 지우려면 강조 표시된 텍스트를 선택한 후 [텍스트 강조 색]
옆의 화살표를 클릭하여 [색 없음]을 선택합니다.

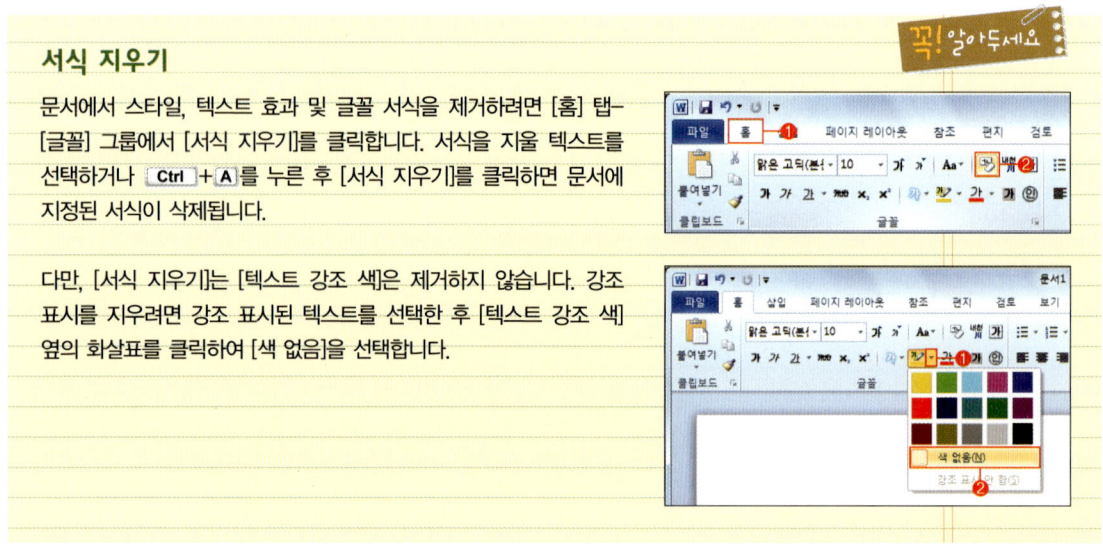

● **준비파일** : Part03\Chapter01\Check\자기소개서.docx
● **완성파일** : Part03\Chapter01\Check\자기소개서_완성.docx

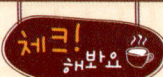

자기소개서에 삽입되어 있는 숫자를 원문자로 변경해 보세요.

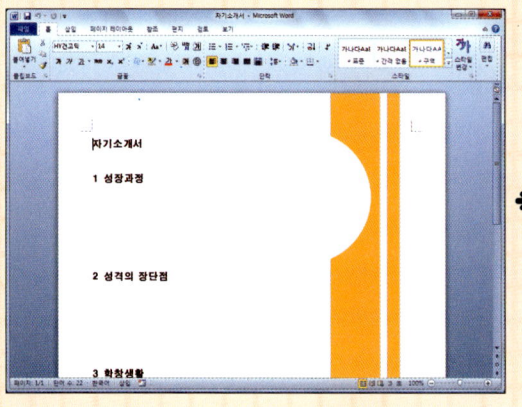 →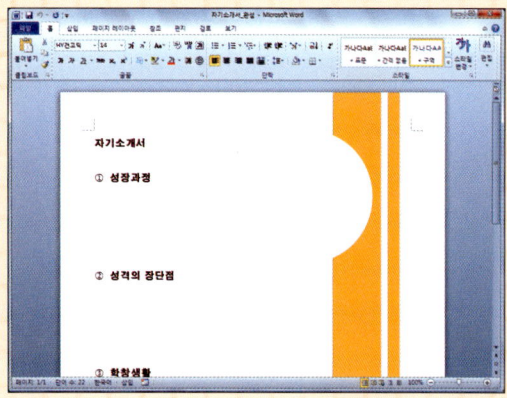

Hint

❶ 숫자를 드래그하여 선택
❷ [홈] 탭-[글꼴] 그룹-[원 문자] 클릭

● **준비파일** : Part 03\Chapter01\Check\입시전략.docx
● **완성파일** : Part 03\Chapter01\Check\입시전략_완성.docx

문서의 제목 글꼴 크기를 늘리고, 시각 효과를 적용해 보세요.

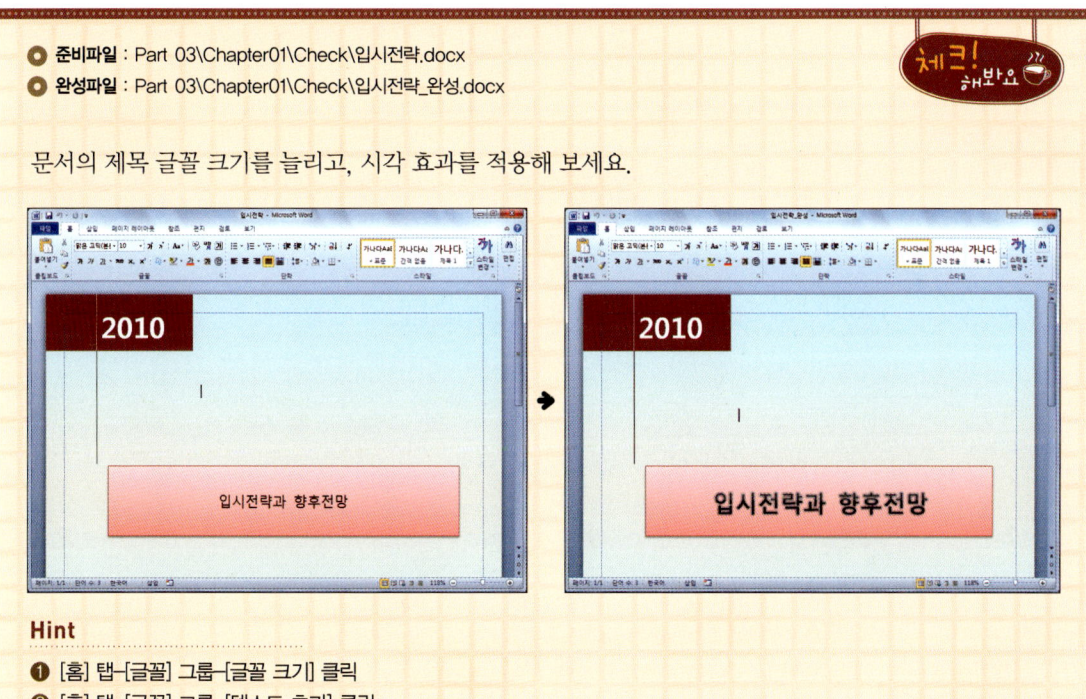

Hint

❶ [홈] 탭-[글꼴] 그룹-[글꼴 크기] 클릭
❷ [홈] 탭-[글꼴] 그룹-[텍스트 효과] 클릭

단락 꾸미기

문자의 간격을 조절하고 단락의 테두리와 음영 등을 조절하여 문서를 깔끔하게 편집할 수 있습니다. 또한 글머리 기호와 번호 매기기 기능을 이용하여 특정 단계를 간단하게 표시할 수 있으며, 들여쓰기와 내어쓰기 기능을 이용하여 문서를 보기 좋게 편집할 수도 있습니다. 여기서는 워드 문서를 깔끔하게 편집할 수 있는 단락 꾸미기 기능에 대해 알아봅니다.

Preview

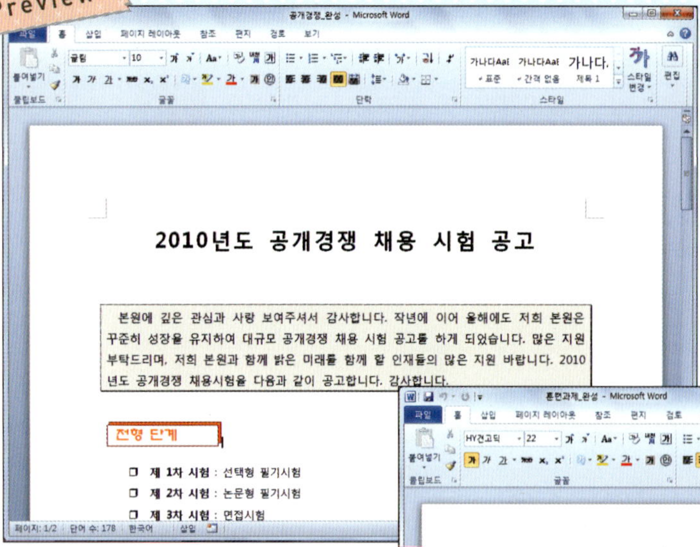

▲ 문자 간격 조절하고 장평체 지정하기

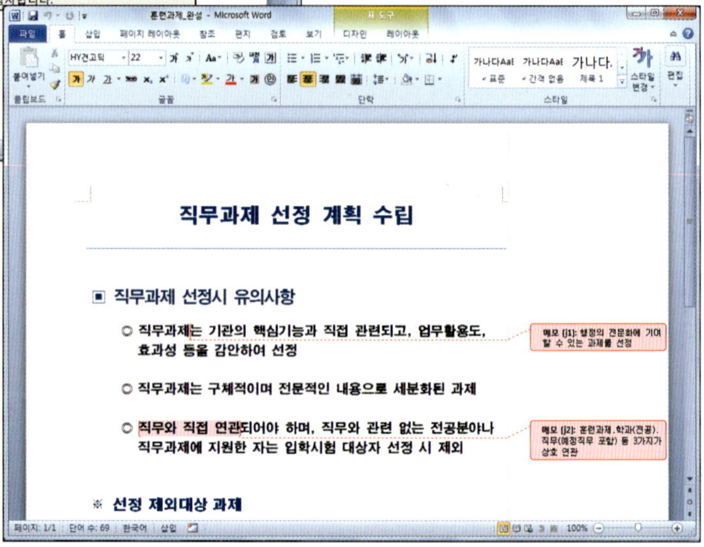

▲ 메모 삽입하고 편집하기

이번 섹션에서 배울 주요 내용!

01. 문자 간격 조절하고 장평체 지정하기
02. 단락 테두리와 음영 설정하기
03. 글머리 기호 삽입하고 모양 변경하기
04. 번호 매기기 목록 작성하기
05. 번호 매기기 스타일 지정하기
06. 단락 들여쓰기와 내어쓰기

07. 눈금자를 이용해서 단락 조절하기
08. 줄과 단락 간격 조절하기
스페셜. 문서에 메모 삽입하기
스페셜. 텍스트 찾기 및 바꾸기
스페셜. 리서치 기능 이용하기

01 문자 간격 조절하고 장평체 지정하기

◉ **준비파일** : Part03\Chapter01\Section03\공개경쟁.docx
◉ **완성파일** : Part03\Chapter01\Section03\공개경쟁_완성.docx

1. 제목을 마우스로 드래그하여 선택합니다. [홈] 탭–[단락] 그룹–[문자 모양](🔲)을 클릭한 후 [장평]–[150%]를 선택합니다.

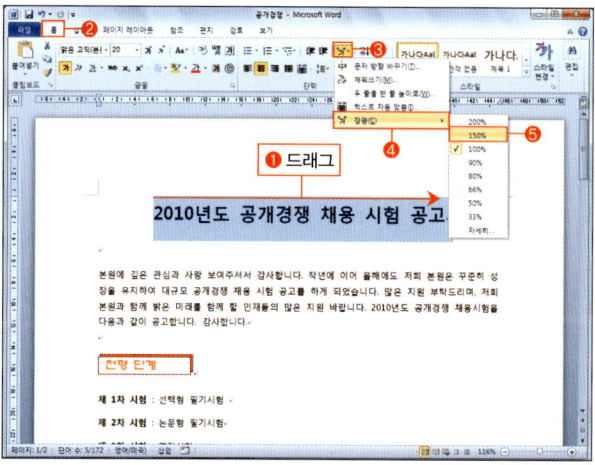

2. 글자의 가로 폭(장평)이 넓게 조정됩니다. 텍스트 간격을 줄이기 위해 [홈] 탭–[단락] 그룹–[문자 모양](🔲)을 클릭한 후 [텍스트 자동 맞춤]을 선택합니다. [텍스트 자동 맞춤] 대화 상자가 나타나면 [새 텍스트 너비]에 『12』를 입력하고 [확인]을 클릭합니다.

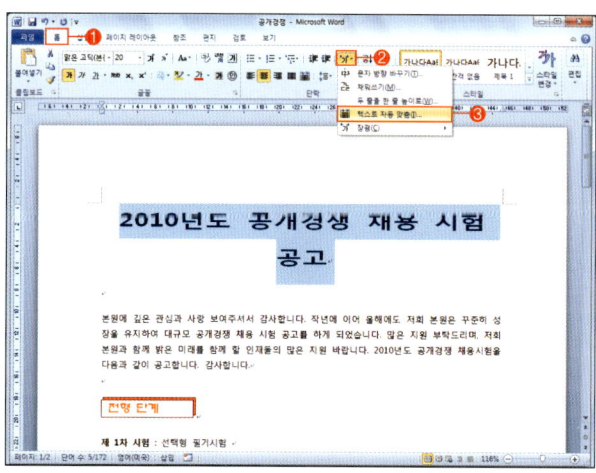

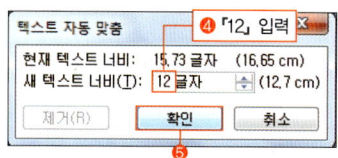

단락 테두리와 음영 설정하기

1. 첫 번째 단락을 모두 선택하기 위해 첫 번째 단락의 왼쪽 여백을 더블 클릭합니다. 전체가 블록 지정되면서 미니 도구 모음이 나타납니다. [글꼴 크기 늘림](가)을 클릭하여 글꼴을 '1pt' 크게 조절합니다.

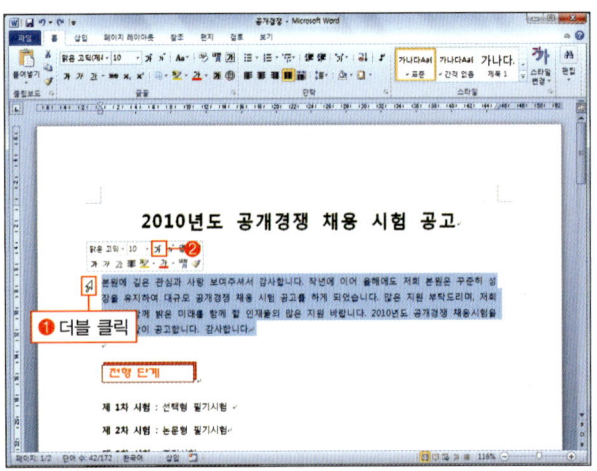

> **tip** [글꼴 크기 늘림]의 단축키는 **Ctrl** + **Shift** + **>** 이고, [글꼴 크기 줄임]의 단축키는 **Ctrl** + **Shift** + **<** 입니다. 자주 사용되는 단축키이므로 기억하도록 합니다.

2. 첫 번째 단락의 테두리 및 음영을 지정하기 위해 [홈] 탭-[단락] 그룹에서 [테두리 및 음영]의 화살표를 클릭한 후 [테두리 및 음영]을 선택합니다.

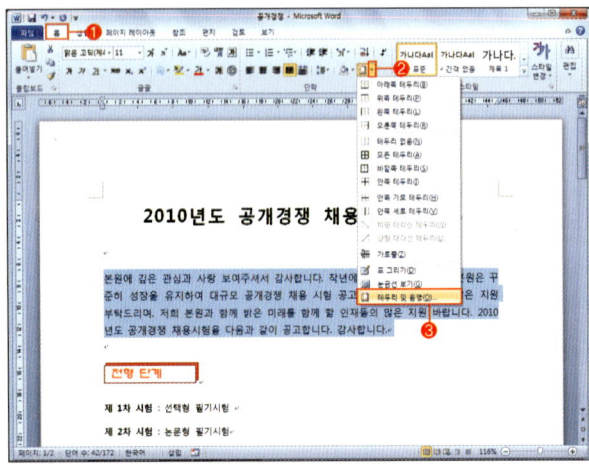

3. [테두리 및 음영] 대화 상자가 나타나면 테두리를 지정하기 위해 [테두리] 탭에서 [설정]-[그림자]를 선택하고 [스타일]-[점선]을 선택합니다.

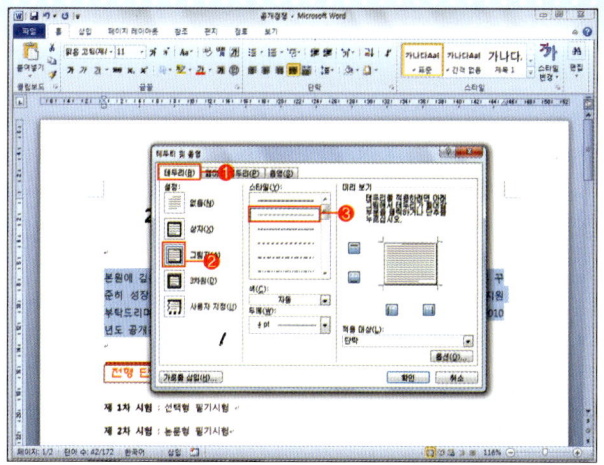

> **tip** 테두리는 상자나 그림자, 3차원 효과 등 다양한 방식으로 설정할 수 있습니다. 테두리의 스타일을 비롯하여 색상이나 선의 두께도 [테두리] 탭에서 지정할 수 있습니다.

4. 음영을 지정하기 위해 [음영] 탭을 클릭합니다. [채우기]의 화살표를 클릭하여 [테마 색]-[황갈색, 배경 2]를 선택하고 [확인]을 클릭합니다.

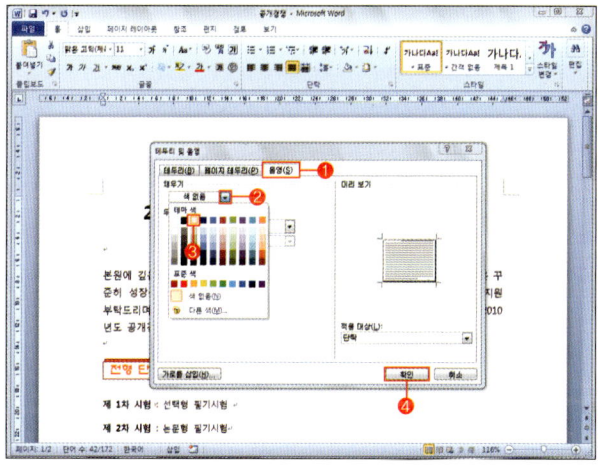

5. 첫 번째 단락에 단락 서식인 테두리와 음영이 지정됩니다.

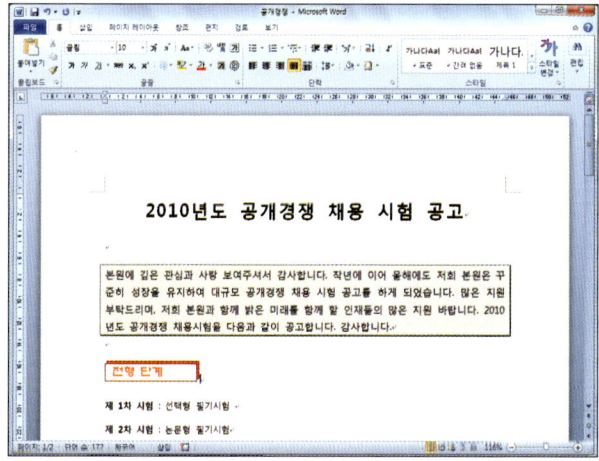

글머리 기호 삽입하고 모양 변경하기

1. '전형 단계'에 글머리 기호를 삽입하기 위해 기호를 삽입할 범위를 드래그하여 선택합니다. [홈] 탭-[단락] 그룹에서 [글머리 기호](📋)의 화살표를 클릭한 후 [새 글머리 기호 정의]를 선택합니다.

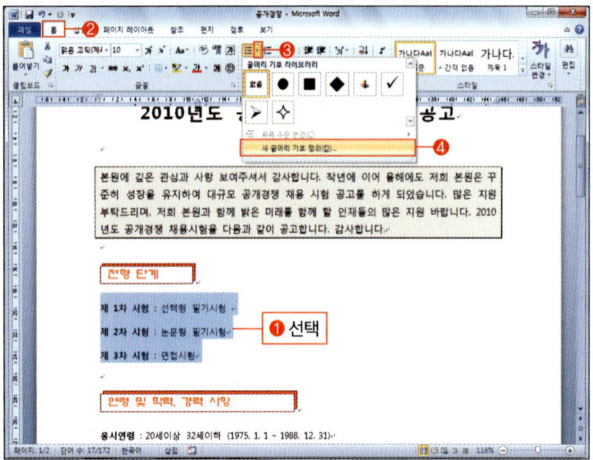

2. [새 글머리 기호 정의] 대화 상자가 나타나면 [기호]를 클릭합니다. [기호] 대화 상자가 나타나면 [글꼴]에서 [Wingdings]를 선택한 후 🔲 기호를 선택하고 [확인]을 클릭합니다. 다시 [새 글머리 기호 정의] 대화 상자가 나타나면 [확인]을 클릭합니다.

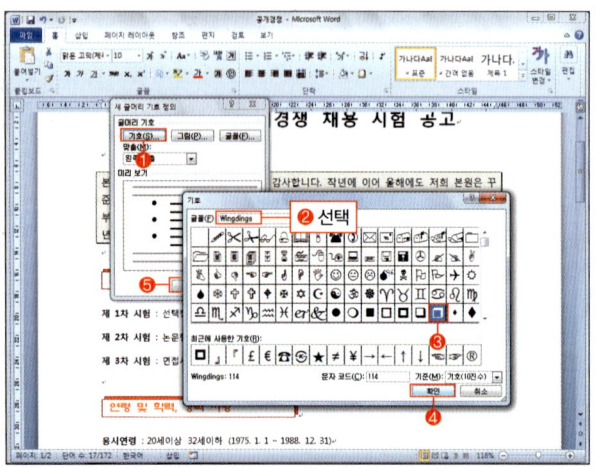

> **tip**
> [글꼴]에서 [Wingdings]를 선택한 후 [문자 코드]에 문자 코드인 「114」를 입력하여도 기호를 불러올 수 있습니다.

04 번호 매기기 목록 작성하기

1. 단락에 번호를 매기기 위해 번호를 매길 범위를 드래그하여 선택합니다. [홈] 탭-[단락] 그룹-[번호 매기기] (📋)를 클릭합니다.

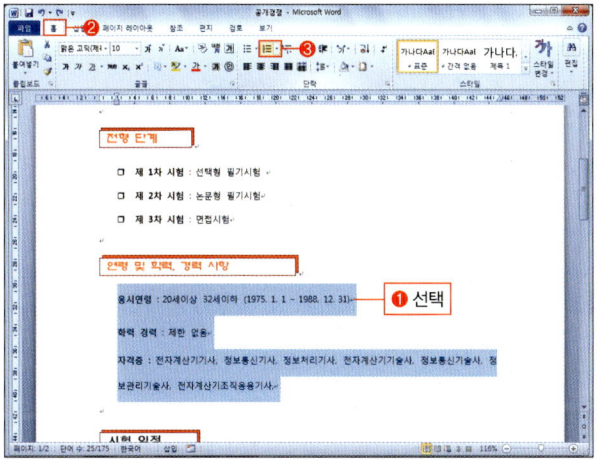

> **tip** [번호 매기기]의 화살표를 클릭하면 보다 세밀하게 문서에 번호를 매길 수 있습니다.

2. 단락의 마지막에 커서를 둔 다음 [Enter]를 누릅니다. 번호가 추가됩니다. 더 이상 번호를 추가하지 않으려면 [Enter]를 두 번 누릅니다.

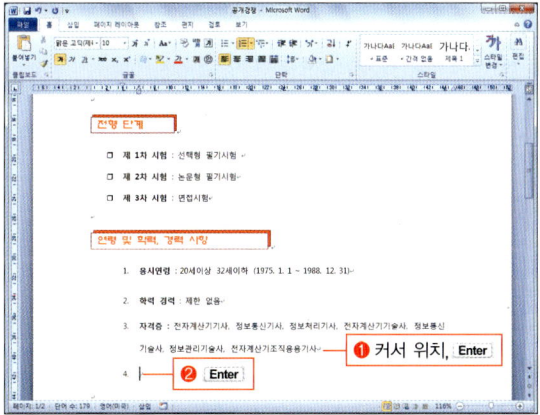
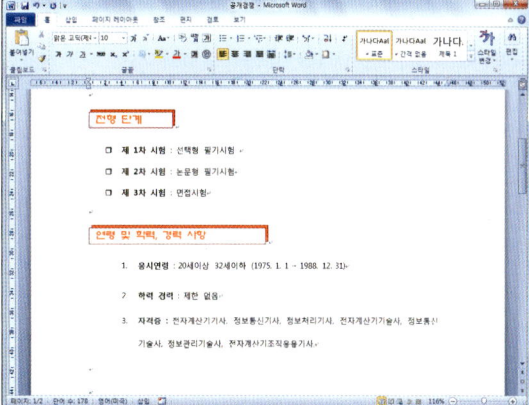

번호 매기기 스타일 지정하기

1. 번호 매기기 스타일을 변경하기 위해 스타일을 변경할 범위를 드래그하여 선택합니다. [홈] 탭-[단락] 그룹에서 [번호 매기기](🔢)의 화살표를 클릭한 후 [새 번호 서식 정의]를 선택합니다. [새 번호 서식 정의] 대화 상자가 나타나면 [번호 스타일]의 화살표를 클릭하여 원하는 스타일을 선택한 후 [확인]을 클릭합니다.

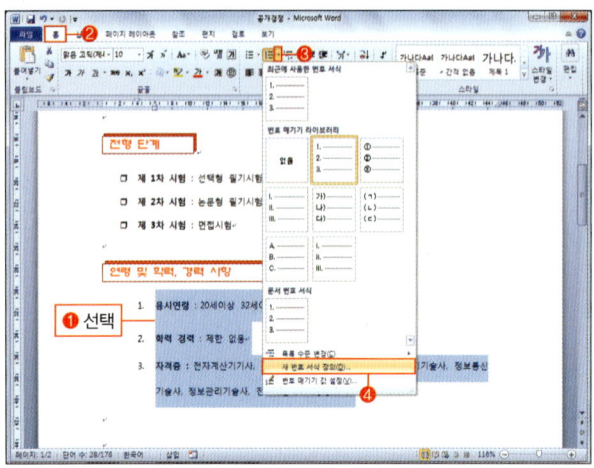
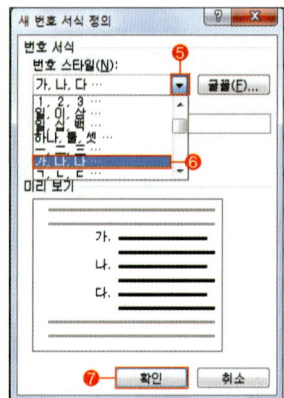

2. 번호 매기기 스타일이 변경됩니다.

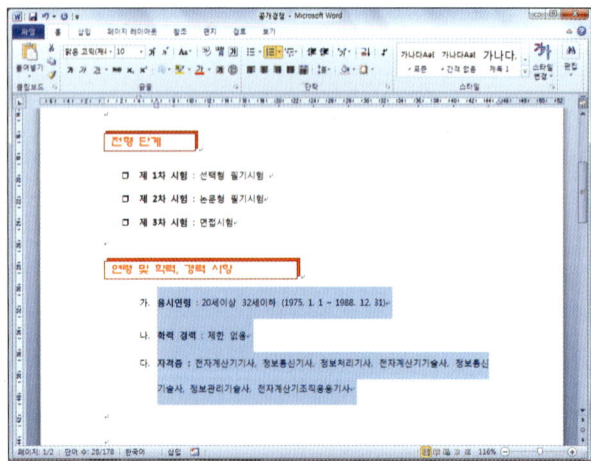

번호 매기기 시작 번호 지정하기

꼭! 알아두세요

[홈] 탭-[단락] 그룹-[번호 매기기](🔢)의 화살표를 클릭한 후 [번호 매기기 값 설정]을 선택하여 나타나는 [번호 매기기 값 설정] 대화 상자에서 [시작 번호]에 원하는 번호를 지정한 후 [확인]을 클릭하면 원하는 번호부터 번호 매기기를 시작할 수 있습니다.

06 단락 들여쓰기와 내어쓰기

1. 단락을 내어쓰기 위해 내어쓰기를 원하는 단락을 드래그하여 선택한 후 [홈] 탭-[단락] 그룹에서 [내어쓰기](▤)를 클릭합니다. 단락의 들여쓰기 수준이 한 단계 내려 내어쓰기 됩니다.

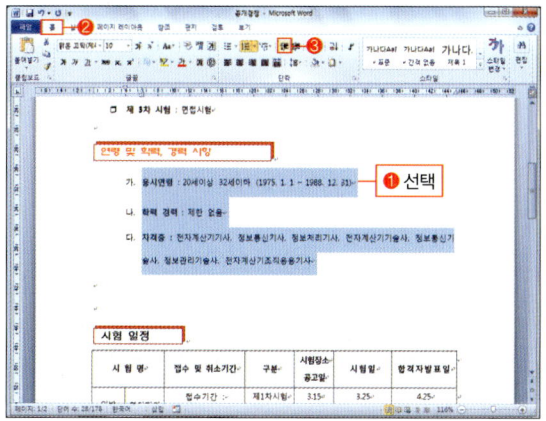 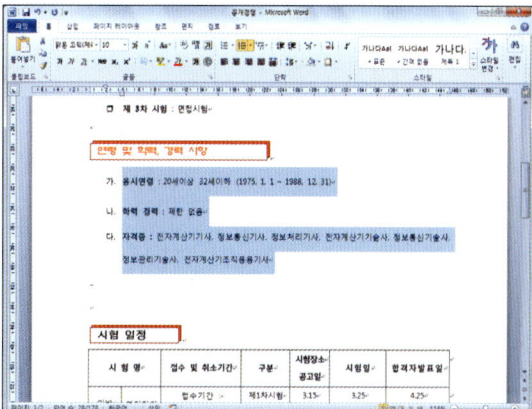

2. 이번에는 단락의 첫 줄을 들여쓰기 위해 첫 번째 단락을 마우스로 클릭한 후 [단락] 대화 상자 표시 아이콘(▣)를 클릭합니다. [단락] 대화 상자가 나타나면 [들여쓰기]-[첫 줄]에서 [첫 줄]을 선택한 후 [값]에서 '1 글자'를 선택하고 [확인]을 클릭합니다. 단락의 첫 줄이 들여쓰기 됩니다.

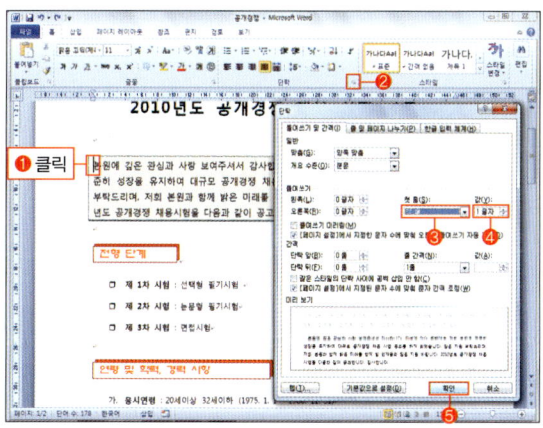 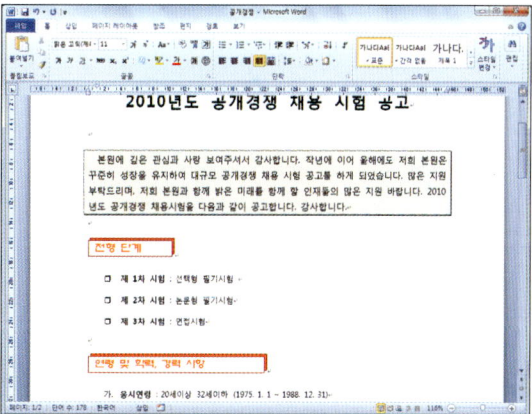

07 눈금자를 이용해서 단락 조절하기

1. [보기] 탭-[표시] 그룹에서 [눈금자]에 체크 표시가 되어 있는지 확인합니다. 들여쓰기할 단락을 마우스로 드래그하여 선택한 후 눈금자 마커(▦)를 오른쪽으로 드래그합니다.

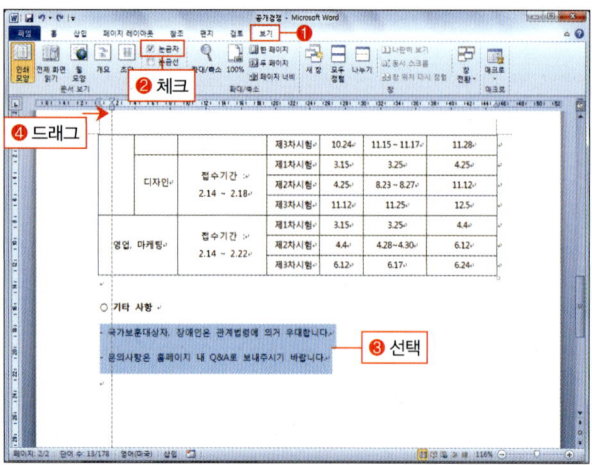

2. 단락이 조절됩니다. 이처럼 눈금자를 이용하여 단락의 들여쓰기 및 내어쓰기를 조절할 수 있습니다.

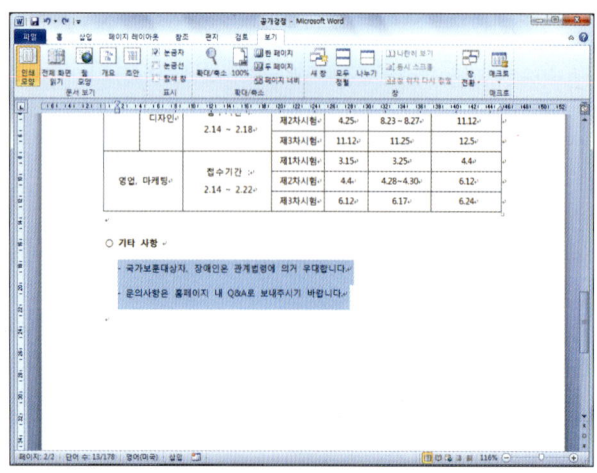

> **tip** 눈금자를 이용하여 들여쓰기나 내어쓰기를 할 때 `Alt`를 누른채 조절을 하면 보다 세밀하게 조절할 수 있습니다.

08 줄과 단락 간격 조절하기

1. 줄 간격을 조절하기 위해 조절을 원하는 단락을 마우스로 드래그하여 선택합니다. [홈] 탭-[단락] 그룹에서 [선 및 단락 간격](▤)을 클릭하여 [줄 간격 옵션]을 선택합니다. [단락] 대화 상자가 나타나면 [들여쓰기 및 간격] 탭에서 [간격]-[줄 간격]의 화살표를 클릭하여 [고정]을 선택합니다. [값]에 『11』을 입력한 후 [확인]을 클릭합니다.

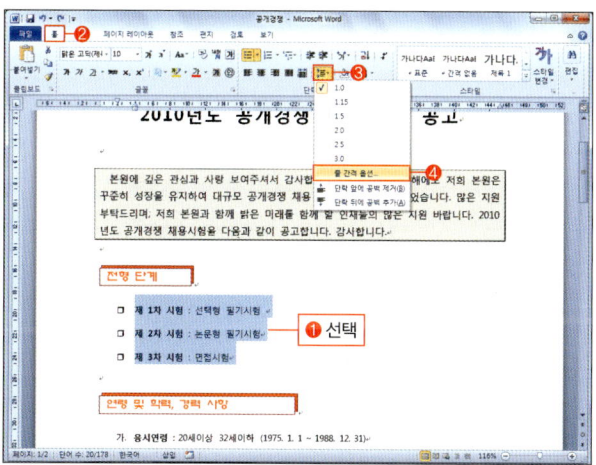
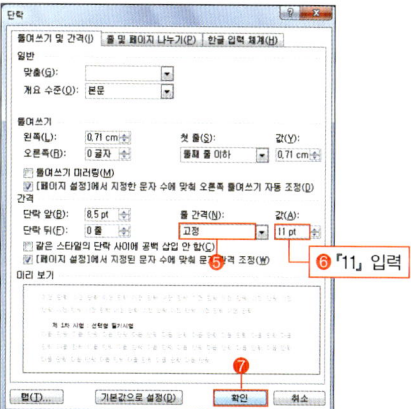

2. 이번에는 다른 단락을 드래그하여 선택한 후 [홈] 탭-[단락] 그룹-[선 및 단락 간격](▤)을 클릭하여 [단락 앞에 공백 제거]를 선택합니다.

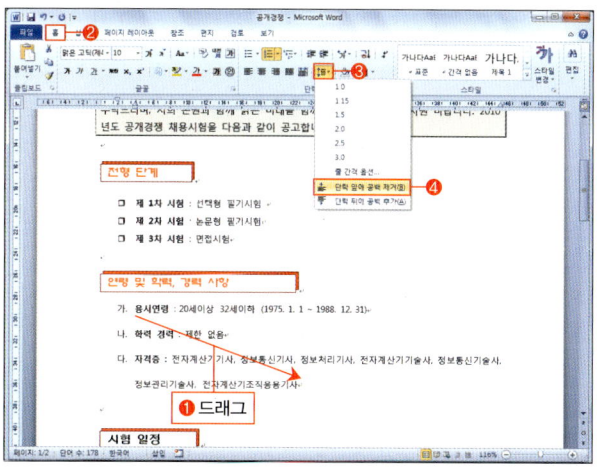

> **tip** 단락 앞에 공백 제거를 선택하면 공백을 제거하여 단락 사이의 간격이 조절됩니다.

SpECial Page

문서에 메모 삽입하기

● **준비파일** : Part03\Chapter01\Section03\훈련과제.docx
● **완성파일** : Part03\Chapter01\Section03\훈련과제_완성.docx

1 메모를 삽입할 글자를 마우스로 드래그하여 선택한 후 [검토] 탭–[메모] 그룹–[새 메모]를 클릭합니다.

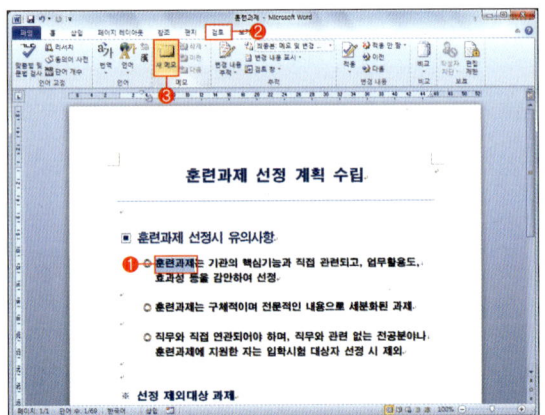

2 문서의 오른쪽에 여백이 생기면서 메모가 삽입됩니다. 메모란에 메모를 입력합니다.

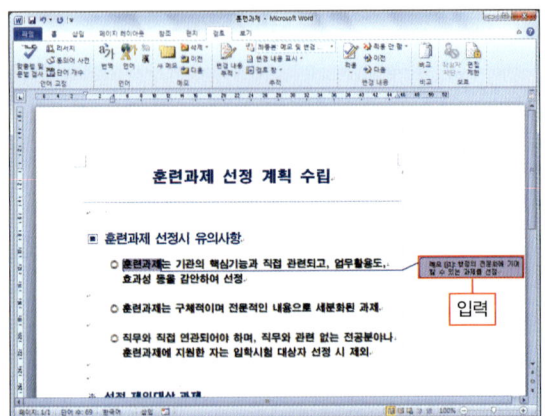

3 동일한 방법으로 여러 메모를 삽입하여 문서를 완성합니다.

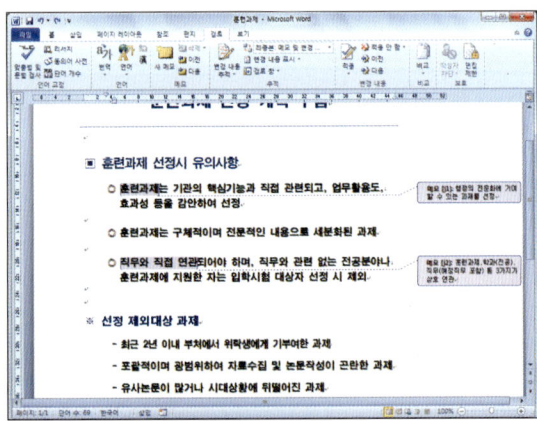

Special Page

텍스트 찾기 및 바꾸기

1 `Ctrl` + `F`를 눌러 [탐색] 창을 불러옵니다. 『훈련 과제』를 입력한 후 `Enter`를 누릅니다. '훈련과제'와 연관된 모든 텍스트가 검색됩니다.

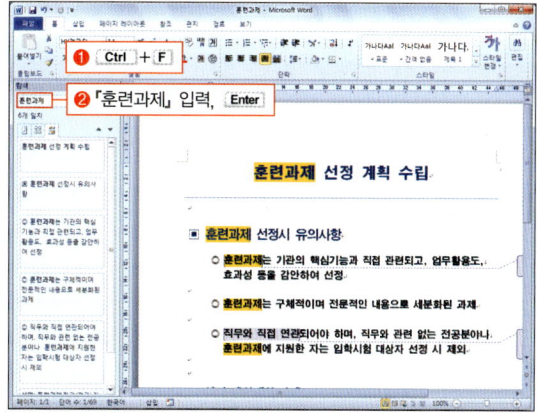

2 화살표를 클릭하여 [바꾸기]를 선택합니다.

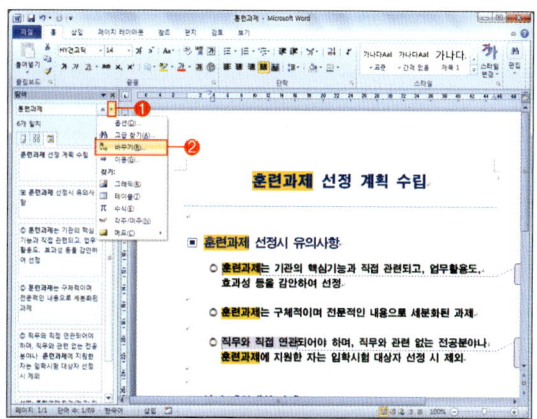

3 [찾기 및 바꾸기] 대화 상자가 나타나면 [찾을 내용]에 『훈련과제』를 입력하고 [바꿀 내용]에 『직무과제』를 입력한 후 [모두 바꾸기]를 클릭합니다. 확인 창이 나타나면 [확인]을 클릭합니다. '훈련과제'라고 적힌 모든 텍스트가 '직무과제'로 변경됩니다.

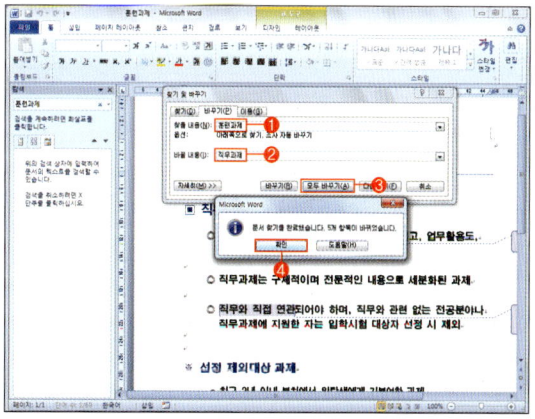

리서치 기능 이용하기

● **준비파일** : Part03\Chapter01\Section03\리서치.docx

1 '영진닷컴' 글자에 마우스 커서를 둔 후 [검토] 탭-[언어 교정] 그룹에서 [리서치]를 클릭합니다. [리서치] 작업 창이 나타나면 [검색 대상]에 '영진닷컴'이 표시되는지 확인한 후 [검색을 시작합니다.](▣)를 클릭합니다. 검색이 되면 검색된 링크를 클릭합니다.

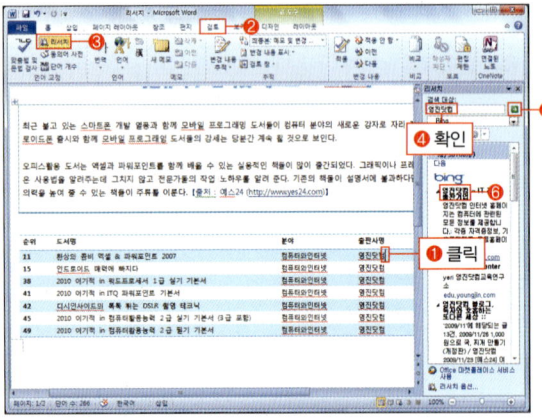

> **tip** 다소 긴 문장을 리서치 기능을 이용하여 검색하고 싶다면 마우스로 검색할 내용을 드래그하여 선택한 후 [리서치]를 클릭하면 [리서치] 작업 창의 [검색 대상]에 내용을 입력하지 않아도 쉽게 검색할 수 있습니다.

> **tip** '리서치' 검색 엔진으로 제공되는 'Bing'은 마이크로소프트사에서 2009년 6월 1일 시작한 검색 서비스로 라이브 검색과 파워서치 기술을 결합한 서비스입니다.

2 영진닷컴 홈페이지에 접속됩니다. 워드 문서를 열어 검색하다가 궁금한 컨텐츠가 있을 경우 '리서치' 기능을 이용해 문제를 해결해 보기 바랍니다.

[리서치 옵션] 대화 상자를 통해 서비스 업데이트 또는 제거하기

필요한 언어가 [리서치 옵션] 대화 상자에 나열되지 않은 경우 해당 언어의 서비스 및 도구를 추가할 수 있습니다. [검토] 탭-[언어 교정] 그룹에서 [리서치]를 클릭합니다. [리서치] 작업 창에서 [리서치 옵션]을 클릭한 후 [리서치 옵션] 대화 상자가 나타나면 [업데이트/제거]를 클릭합니다. [서비스 업데이트 또는 제거] 대화 상자가 나타나면 업데이트가 필요한 서비스를 선택하거나 제거할 서비스를 선택합니다.

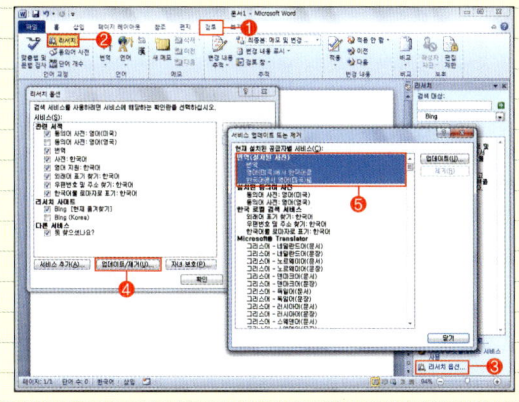

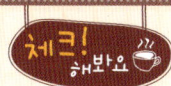

● **준비파일** : Part03\Chapter01\Check\홈페이지구축목차.docx
● **완성파일** : Part03\Chapter01\Check\홈페이지구축목차_완성.docx

홈페이지 구축 제안서의 목차에 번호를 매기되 각 세부 목차의 번호가 이어지게 만들어 보세요.

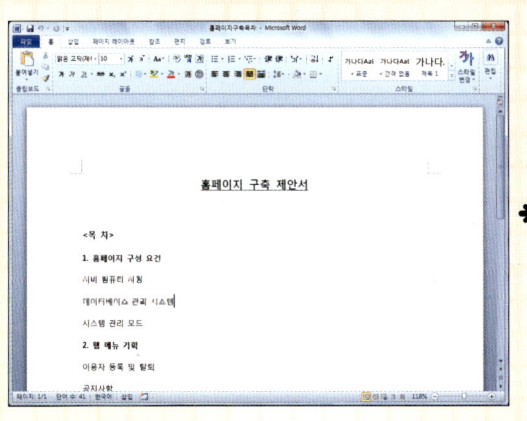 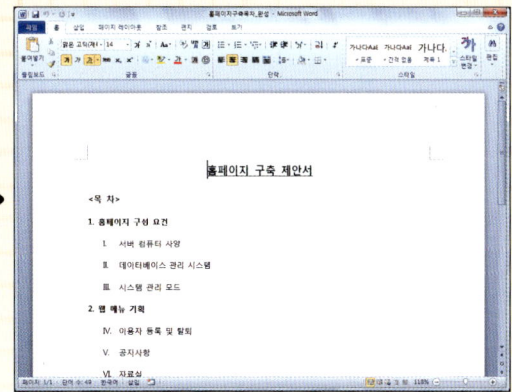

Hint

❶ 번호 매기기를 적용할 부분을 마우스로 드래그하여 선택
❷ [홈] 탭-[단락] 그룹-[번호 매기기] 클릭

C·H·A·P·T·E·R

02

문서 인쇄와 개체 삽입하기

WORD 2010

워드 2010에서 문서의 전달성과 장식성을 높이기 위해 활용할 수 있는 요소로는 표와 차트, 그림, 그리기 개체 등이 있습니다. 이러한 그래픽 도구를 활용하면 보다 완성도 높은 문서를 간단하게 만들 수 있습니다. 이번 챕터에서는 그래픽 도구를 활용해 완성도 높은 문서를 만든 후 여러 가지 인쇄 옵션을 설정해 완성된 문서를 인쇄하는 방법에 대해 살펴보도록 합니다.

인쇄 옵션 설정하여 문서 인쇄하기

문서를 인쇄하기 전에 최종적으로 어떻게 인쇄가 될 것인지 미리 검토하는 것이 좋습니다. 워드에서 제공하는 인쇄 미리 보기를 통해 인쇄될 문서를 확인할 수 있고, 여백 설정이나 용지 크기 지정 등 다양한 인쇄 관련 옵션으로 최적의 문서를 인쇄할 수 있습니다. 또한, 배경 설정을 통해 테두리 및 워터마크, 색상 등을 변경할 수 있습니다. 여기서는 다양한 인쇄 옵션을 이용해 문서를 인쇄하는 방법을 알아봅니다.

Preview

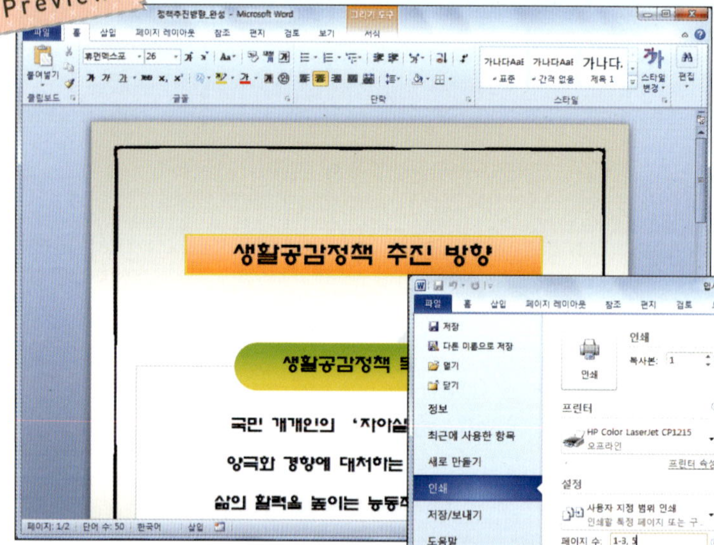

▲ 용지 크기 및 여백 설정하기

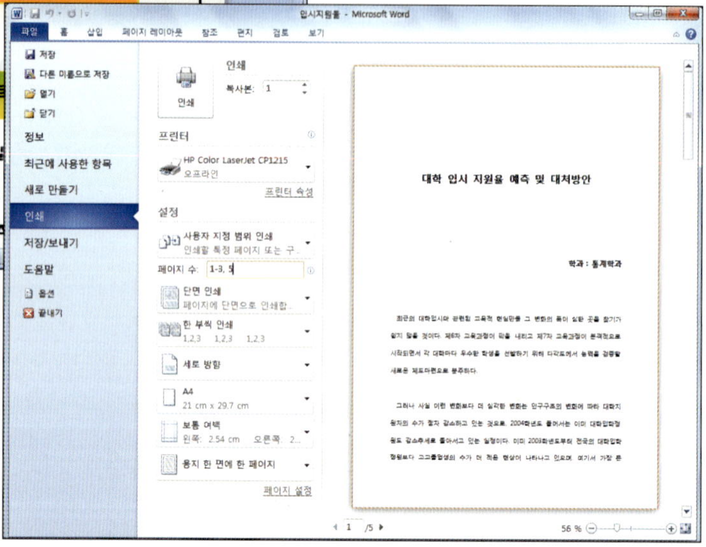

▲ 원하는 페이지 인쇄하기

이번 섹션에서 배울 주요 내용!

01. 인쇄 미리 보기와 용지 방향 설정하기

02. 용지 크기 설정하기

03. 용지 여백 설정하기

04. 페이지 테두리 지정하기

05. 워터마크 삽입하여 인쇄하기

06. 페이지 색상 변경하기

07. 메모 제외하고 인쇄하기

스페셜. 용지 한 장에 여러 페이지 인쇄하기

스페셜. 원하는 페이지만 인쇄하기

01 인쇄 미리 보기와 용지 방향 설정하기

● **준비파일** : Part03\Chapter02\Section01\정책추진방향.docx
● **완성파일** : Part03\Chapter02\Section01\정책추진방향_완성.docx

1. 인쇄 미리 보기를 통해 인쇄될 문서를 미리 확인할 수 있습니다. [파일] 탭-[인쇄]를 클릭합니다. 인쇄될 문서가 미리 보기 형식으로 나타납니다.

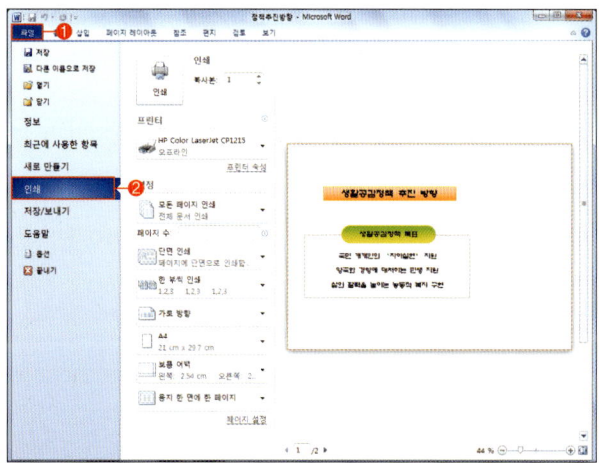

> **tip** [파일] 탭을 클릭하여 [인쇄]를 선택하면 다양한 인쇄 관련 설정을 할 수 있습니다.

2. 현재 문서가 가로 방향으로 지정되어 있습니다. 문서에 적합하게 세로 방향으로 변경합니다. [파일] 탭-[인쇄]에서 [가로 방향]을 클릭하여 [세로 방향]을 선택하거나, [페이지 레이아웃] 탭-[페이지 설정] 그룹에서 [용지 방향]을 클릭하여 가로 방향을 세로 방향으로 변경합니다.

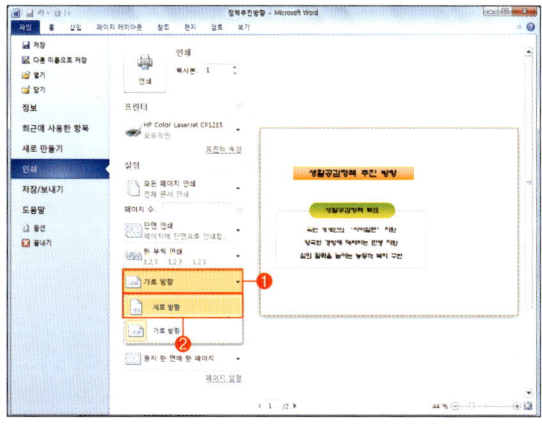
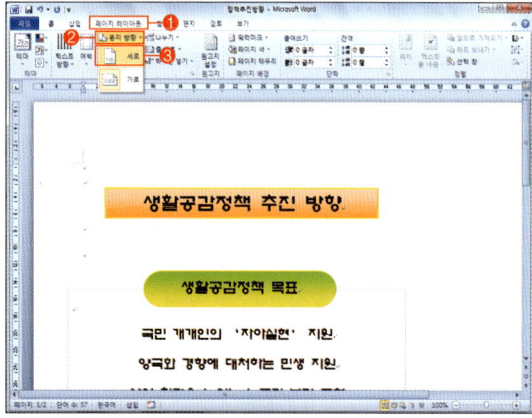

02 용지 크기 설정하기

1. 내용의 성격에 따라 용지 크기와 여백을 설정할 수 있습니다. 현재 지정된 'A4'에서 'A3'로 용지를 변경하기 위해 [페이지 레이아웃] 탭-[페이지 설정] 그룹에서 [크기]를 클릭한 후 [A3]를 선택합니다.

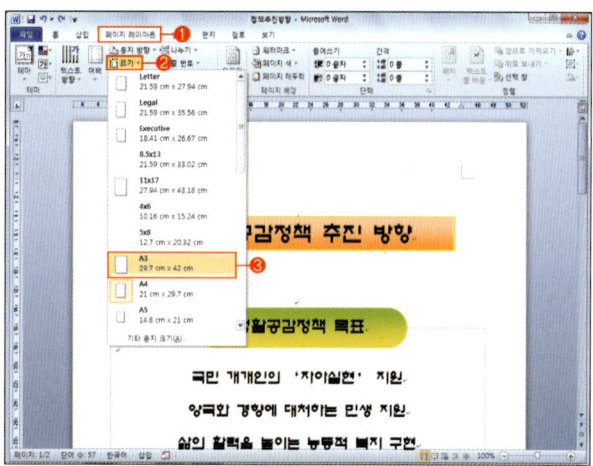

2. 이번에는 인쇄 미리 보기를 보면서 용지와 여백을 조절해 보겠습니다. [파일] 탭-[인쇄]를 클릭한 후 [A3]라고 적힌 용지 크기를 선택합니다. 다양한 용지 중에서 [A4]를 선택합니다.

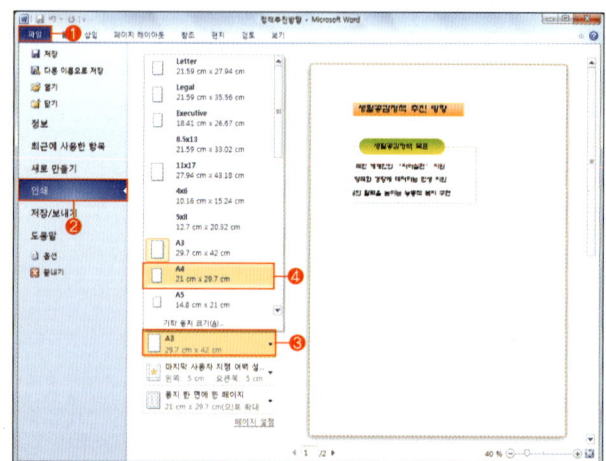

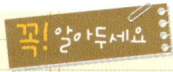

용지의 가로, 세로 길이 및 종이 규격 살펴보기

꼭! 알아두세요

사무용으로 주로 사용하는 규격은 다음과 같습니다. 문서를 출력할 때 아래의 종이 규격을 참조하기 바랍니다. 가장 흔하게 쓰는 A4(국배판)에서부터 신국판, 크라운판까지 원하는 용지를 선택할 수 있습니다. 또한, 사용자가 원하는 별도의 용지 크기를 지정하여 사용할 수도 있습니다.

용지 종류	폭 * 길이(mm)	용지 종류	폭 * 길이(mm)
프린트 132	335.3 * 279.4	리갈	215.9 * 355.6
레터	215.9 * 279.4	A6(문고판)	105 * 148
B5(4*6배판)	182 * 257	A5(국판)	148 * 210
B4(타블로이드판)	257 * 364	신국판	148 * 225
A4(국배판)	210 * 297	크라운판	176 * 248
A3(국배배판)	297 * 420	사용자 정의	

03 용지 여백 설정하기

1. [페이지 레이아웃] 탭–[페이지 설정] 그룹에서 [여백]을 클릭한 후 [좁게]를 선택합니다.

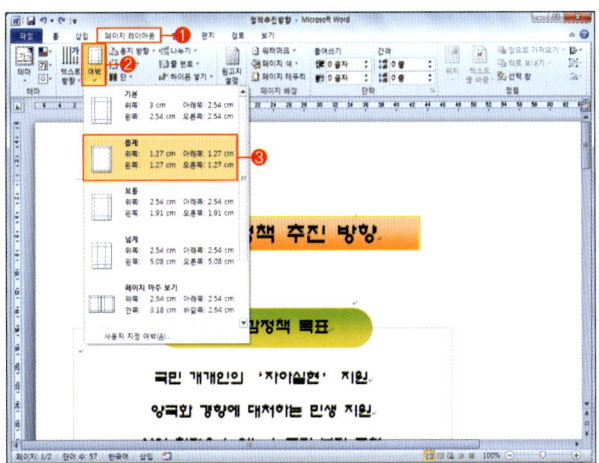

> **tip** 용지의 크기나 용지 방향, 또는 여백 등을 설정
> 하여 회사나 사용자별로 주로 사용하는 인쇄 설정을 조
> 절할 수 있습니다. 특히 여백의 경우 문서의 머리말이
> 나 꼬리말 등을 지정할 때에도 영향을 미치므로 적절히
> 조절할 필요가 있습니다.

2. 여백을 사용자 지정으로 조절하기 위해 [페이지 레이아웃] 탭–[페이지 설정] 그룹에서 [여백]을 클릭한 후 [사용자 지정 여백]을 선택합니다. [페이지 설정] 대화 상자가 나타나면 [여백] 탭에서 여백 수치를 원하는 수치로 조절한 후 [확인]을 클릭합니다.

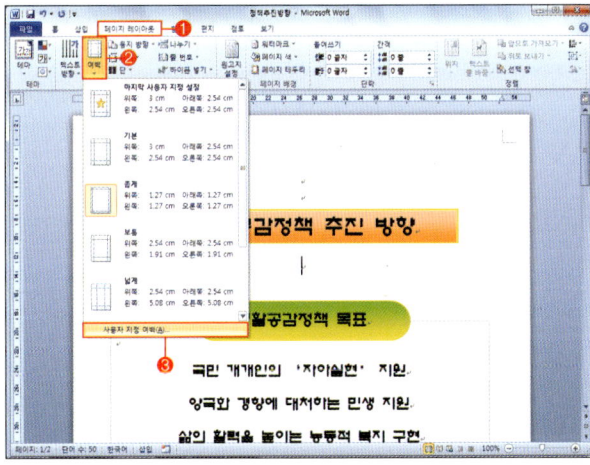

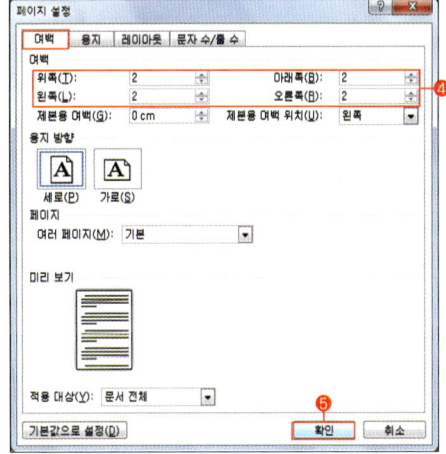

04 페이지에 테두리 지정하기

1. 페이지 전체에 테두리를 지정하기 위해 [페이지 레이아웃] 탭-[페이지 배경] 그룹에서 [페이지 테두리]를 클릭합니다. [테두리 및 음영] 대화 상자가 나타나면 [페이지 테두리] 탭을 클릭한 후 [설정]-[상자]를 선택합니다. [테두리 장식하기]의 화살표를 클릭하여 원하는 테두리를 선택한 후 [두께]의 수치를 '20pt'로 조절하고 [확인]을 클릭합니다.

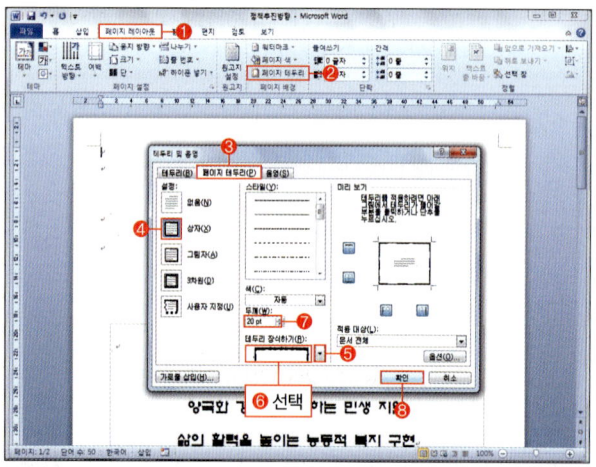

> **tip** [테두리 및 음영] 대화 상자를 이용하면 페이지에 테두리 및 음영을 쉽게 넣을 수 있습니다. 여기서 작성하는 페이지 테두리 및 음영은 글상자나 표로 작성하는 테두리 및 음영보다 쉽게 적용할 수 있다는 장점이 있습니다.

2. 다음과 같이 문서에 페이지 테두리가 지정됩니다.

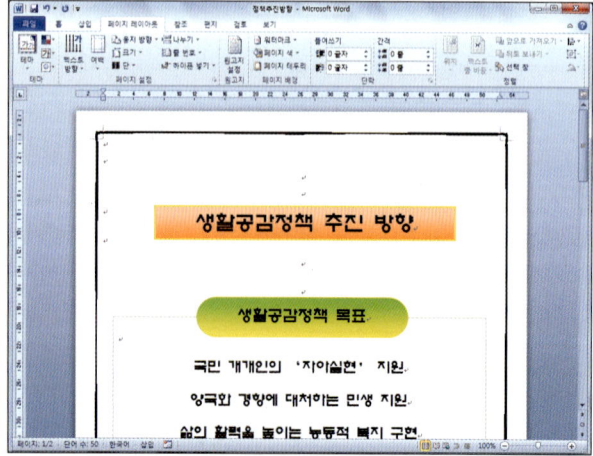

05 워터마크 삽입하여 인쇄하기

1. [페이지 레이아웃] 탭-[페이지 배경] 그룹에서 [워터마크]를 클릭하여 [사용자 지정 워터마크]를 선택합니다. [워터마크] 대화 상자가 나타나면 [텍스트 워터마크]를 클릭하고 [언어]는 [한국어], [텍스트]는 [초안], [글꼴]은 [HY견고딕]을 선택한 후 [확인]을 클릭합니다.

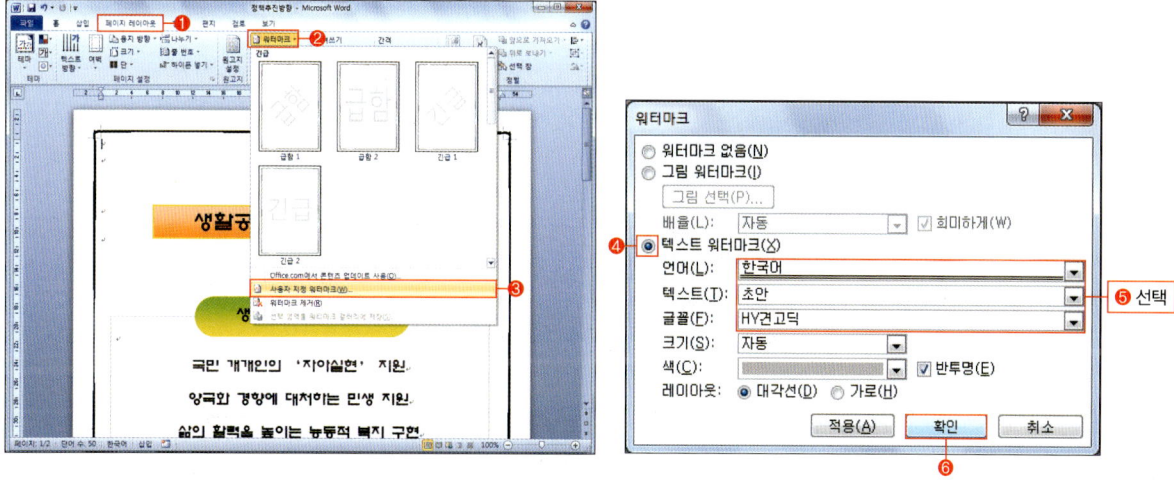

Tip
워터마크는 문서의 텍스트나 개체 뒤에 들어가는 장식으로, 회사 로고나 학교 마크, 또는 보안 등급 등을 삽입하여 문서의 성격을 나타낼 수 있습니다. 참고로 파워포인트에서는 [슬라이드 마스터]를 통해 지정할 수 있고, 워드에서는 [워터마크]를 통해 지정할 수 있습니다.

2. 문서의 배경에 '초안' 이라는 워터마크가 삽입됩니다.

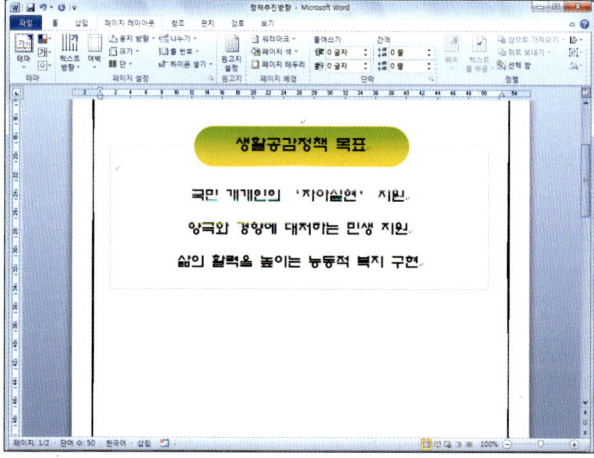

06 페이지 색상 변경하기

1. 전체 페이지의 색상을 변경하기 위해 [페이지 레이아웃] 탭–[페이지 배경] 그룹에서 [페이지 색]을 클릭하여 [채우기 효과]를 선택합니다. [채우기 효과] 대화 상자가 나타나면 [그라데이션] 탭의 [색]에서 [단색], [색 1]–[황 갈색, 배경 2]를 선택한 후 밝기를 조절합니다. [음영 스타일]은 [가로], [적용]은 세 번째를 선택한 후 [확인]을 클릭합니다.

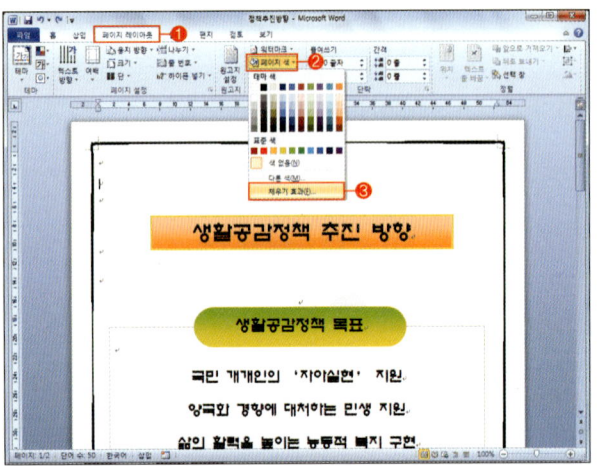 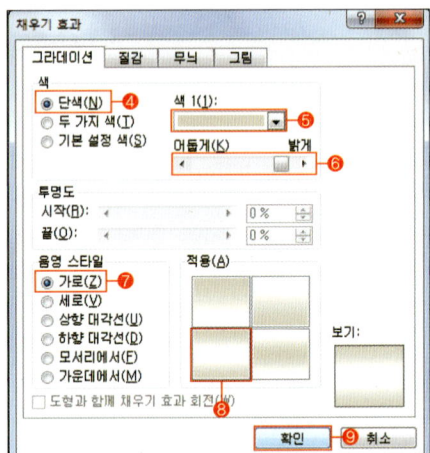

2. 화면 아래의 [전체 화면 읽기]( )를 클릭하여 각각의 문서에 들어갈 내용을 미리 확인합니다.

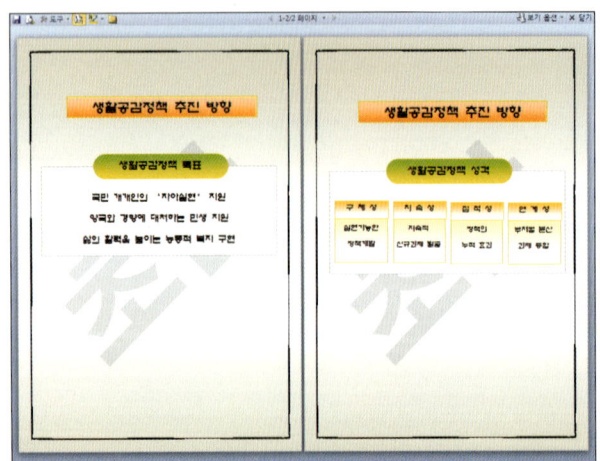

> tip [전체 화면 읽기]에서도 [보기 옵션]을 클릭하여 페이지 표시 및 여백 설정 등을 지정할 수 있습니다.

07 메모 제외하고 인쇄하기

◉ **준비파일** : Part03\Chapter02\Section01\훈련과제.docx
◉ **완성파일** : Part03\Chapter02\Section01\훈련과제_완성.docx

1. 메모가 삽입되어 있는 문서에서 메모를 제외하고 인쇄를 실행할 수 있습니다. [검토] 탭-[추적] 그룹에서 [변경 내용 표시]를 클릭한 후 [메모]를 선택하여 체크 표시를 해제합니다.

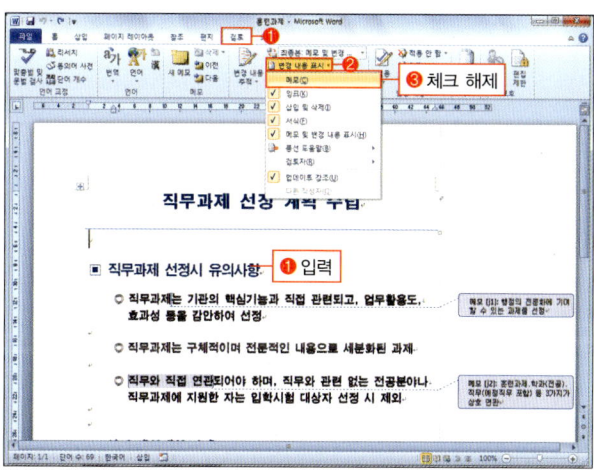

> **tip** 현재 문서를 그대로 인쇄하면 메모까지 모두 인쇄됩니다. 인쇄 전 [파일] 탭-[인쇄]를 통해 문서를 미리 보기하여 인쇄될 내용을 미리 확인하는 습관을 들이도록 합니다.

2. [파일] 탭-[인쇄]를 클릭하여 인쇄될 문서를 미리 보기를 통해 확인합니다.

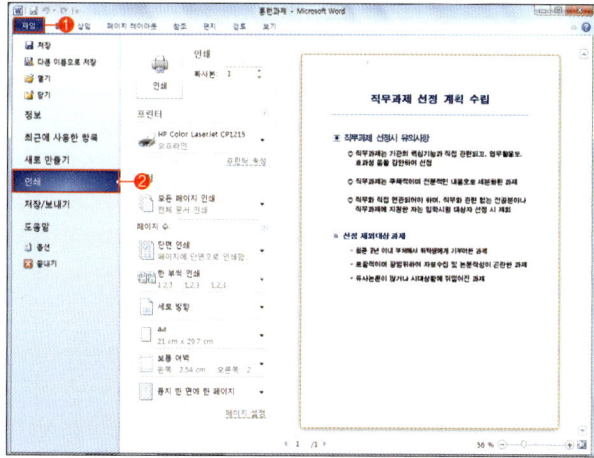

용지 한 장에 여러 페이지 인쇄하기

● **준비파일** : Part03\Chapter02\Section01\입시지원율.docx

1 용지 한 장에 여러 페이지를 인쇄하려면 [파일] 탭–[인쇄]를 클릭한 후 [설정]에서 [용지 한 면에 한 페이지]를 클릭하여 [용지 한 면에 두 페이지]를 선택합니다.

2 [인쇄]를 클릭하면 용지 한 면에 두 페이지가 인쇄됩니다.

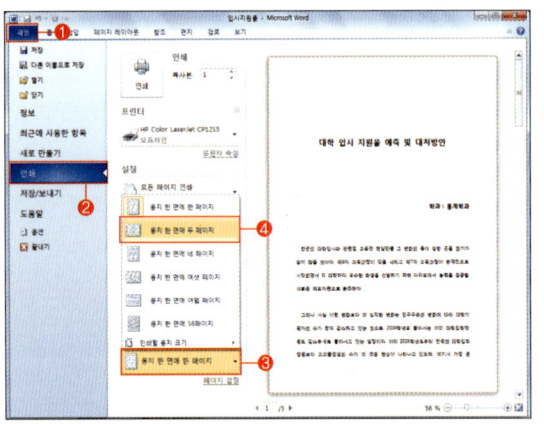

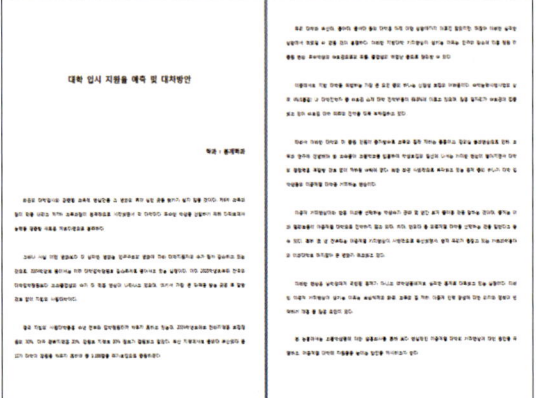

제본용 여백 설정하기

제본을 위해 워드 문서를 인쇄할 때에는 여백 조절에 특히 신경을 써야 합니다. 짝수 및 홀수 페이지 별로 여백을 다르게 설정하기 위해 [페이지 설정] 대화 상자의 [여백] 탭에서 [페이지]–[여러 페이지]의 화살표를 클릭하여 [페이지 마주보기]를 선택한 후 [여백]–[제본용 여백]에 원하는 제본용 여백 값을 입력합니다.

꼭! 알아두세요

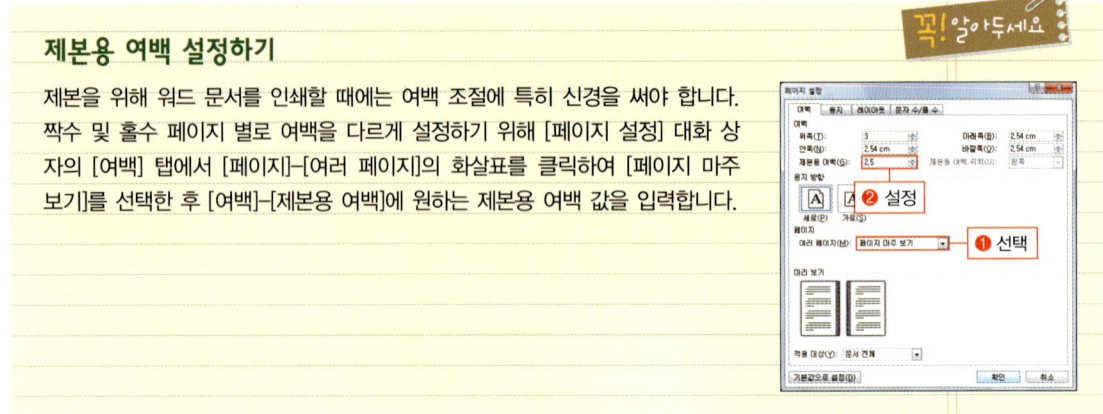

Special Page

원하는 페이지만 인쇄하기

● 준비파일 : Part03\Chapter02\Section01\입시지원율.docx

1 전체 페이지 중 원하는 페이지만 선별하여 인쇄할 수 있습니다. [파일] 탭-[인쇄]를 클릭한 후 [설정]에서 [모든 페이지 인쇄]를 클릭하여 [사용자 지정 범위 인쇄]를 선택합니다.

2 [페이지 수]에 『1-3, 5』를 입력하고 [인쇄]를 클릭하면 1, 2, 3, 5 페이지만 인쇄됩니다.

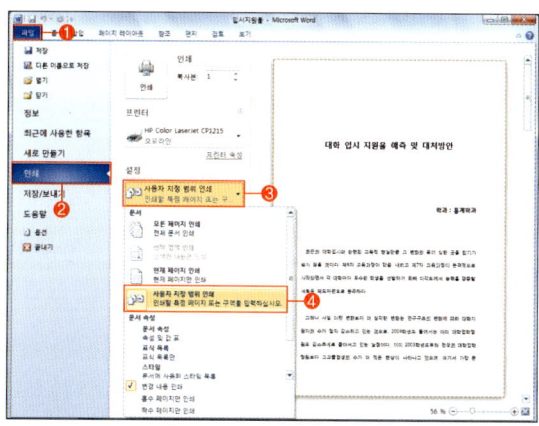

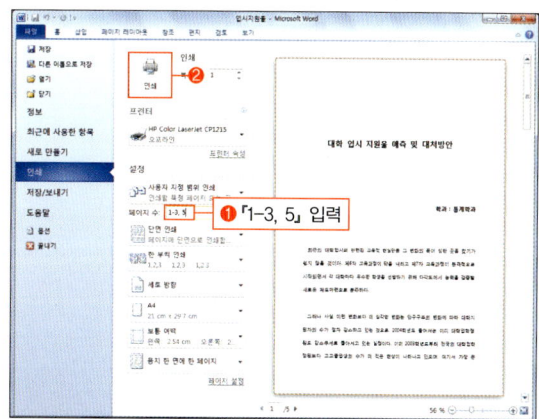

> **tip** 인쇄할 페이지는 쉼표(,)로 구별하고, 이어지는 페이지는 하이픈(−)를 넣어 구별합니다.

● 준비파일 : Part03\Chapter02\Check\학과연혁.docx
● 완성파일 : Part03\Chapter02\Check\학과연혁_완성.docx

체크! 해보아요

학과 연혁 문서에 그림자 테두리를 적용하고 워터마크를 삽입해 보세요.

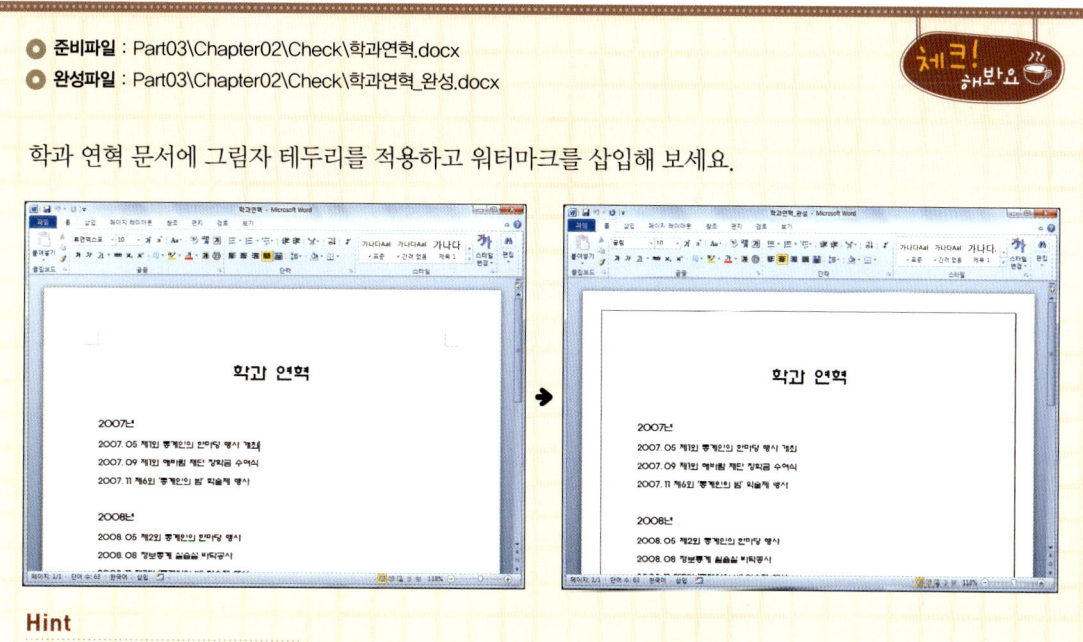

Hint

❶ [페이지 레이아웃] 탭-[페이지 배경]-[페이지 테두리] 클릭

❷ [페이지 테두리] 탭-[그림자] 선택

❸ [페이지 레이아웃] 탭-[페이지 배경]-[워터마크] 클릭

❹ [사용자 지정 워터마크] 선택

표와 차트로 시각적인 문서 만들기

문서 작업 중 복잡한 내용이나 수치 자료는 표 기능을 이용해 일목요연하게 정리할 수 있습니다. 표에 행과 열을 추가하고, 선 모양이나 색상을 바꾸는 등 다양한 스타일을 적용할 수 있으며, 표를 차트로 변환할 수도 있습니다. 여기서는 표를 만드는 방법부터 표를 편집하는 방법, 표를 이용해 차트를 만드는 방법 등에 대해 알아봅니다.

Preview

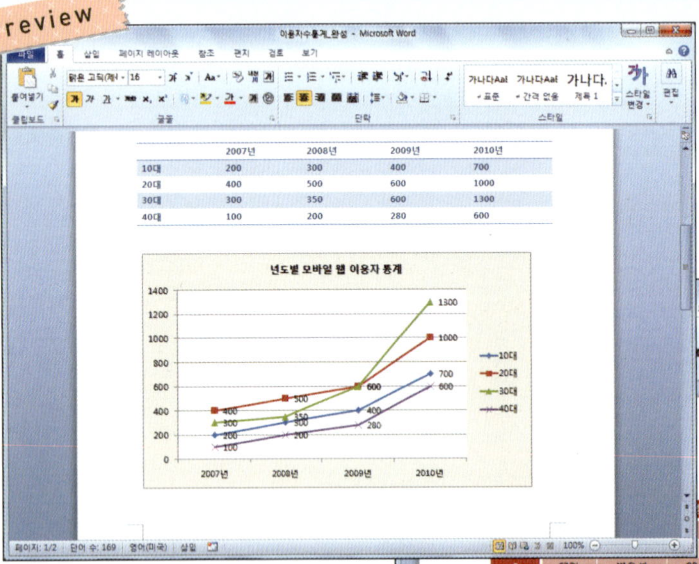

▲ 삽입한 표를 차트로 만들기

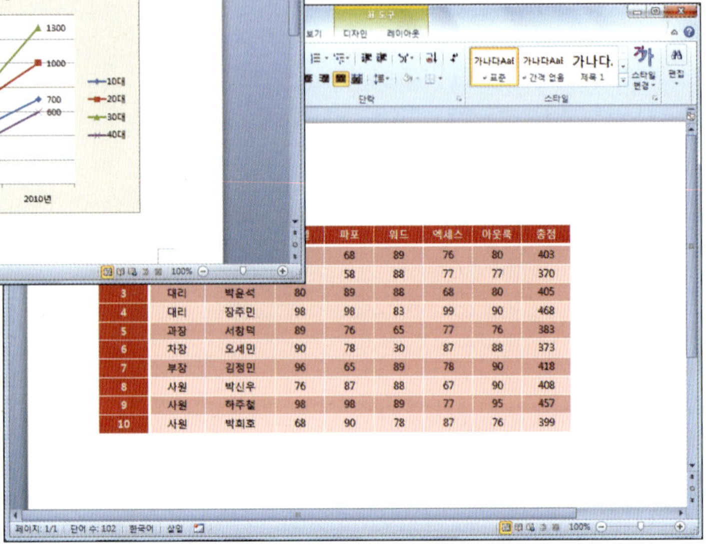

▲ 표 데이터 계산하기

이번 섹션에서 배울 주요 내용!

01. 표를 작성하는 3가지 방법
02. 표 삽입하고 열 너비 지정하기
03. 표 테두리 지정하기
04. 표 스타일 지정하기
05. 표를 가나다 순으로 정렬하기
06. 표를 텍스트로 변환하기
07. 텍스트를 표로 변환하기
08. 표 병합하고 분할하기
09. 삽입한 표를 차트로 만들기
10. 차트 행/열 전환하기
11. 차트 서식 꾸미기
스페셜. 엑셀처럼 표 데이터 계산하기

01 표를 작성하는 3가지 방법

[표 삽입] 대화 상자 이용하기

[삽입] 탭–[표] 그룹에서 [표]를 클릭한 후 [표 삽입]을 선택합니다. [표 삽입] 대화 상자가 나타나면 [열 개수]와 [행 개수]에 원하는 셀 수를 입력합니다.

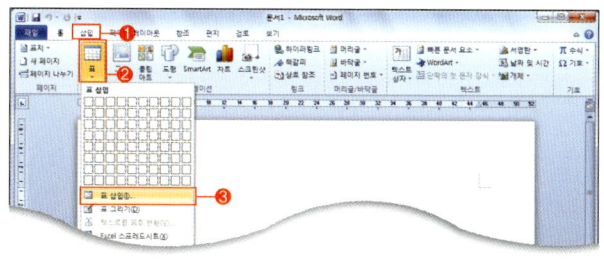
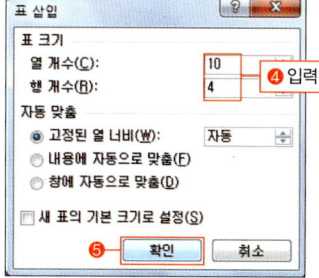

줄이나 칸 수 직접 지정하기

[삽입] 탭–[표] 그룹에서 [표]를 클릭한 후 [표 삽입]에서 원하는 크기만큼 줄이나 칸 수를 마우스로 드래그합니다.

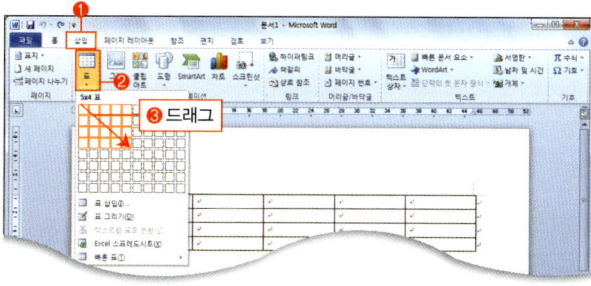

[표 그리기]로 표 작성하기

[표 그리기]로 표를 작성하면 마우스를 드래그하여 원하는 표의 모양을 만들 수 있습니다. [삽입] 탭–[표] 그룹에서 [표]를 클릭한 후 [표 그리기]를 선택하면 커서의 모양이 ✏로 변경됩니다. 원하는 시점을 드래그하여 표를 그려넣습니다.

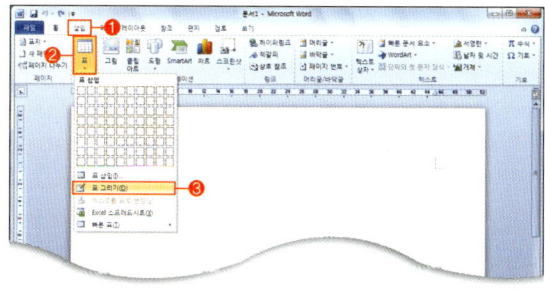
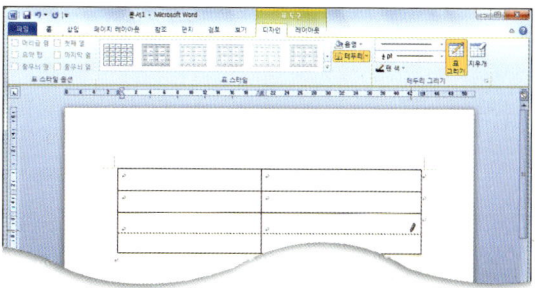

> **Tip** [표 도구] 상황별 탭의 [디자인] 탭–[테두리 그리기] 그룹에서 [지우개]를 클릭합니다. 마우스 커서(✏)로 표를 드래그하여 삭제할 수 있습니다.

02 표 삽입하고 열 너비 지정하기

● **준비파일** : Part03\Chapter02\Section02\시험일정.docx
● **완성파일** : Part03\Chapter02\Section02\시험일정_완성.docx

1. 표를 삽입하기 위해 [삽입] 탭-[표] 그룹에서 [표]를 클릭합니다. 가로 6개, 세로 5개의 셀을 드래그하여 선택합니다.

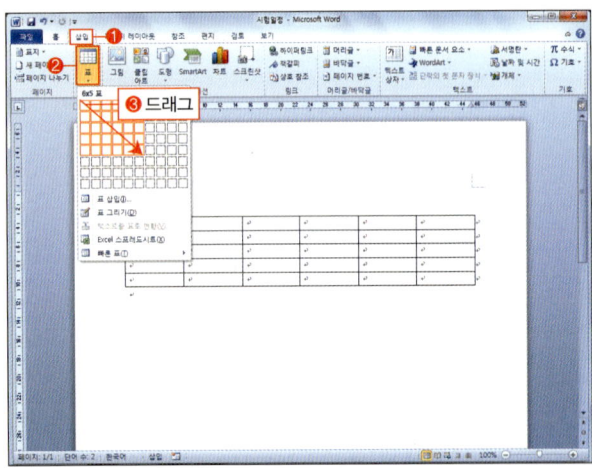

2. 편집 화면에 표가 삽입됩니다. 텍스트를 입력하고 정렬 및 위치를 조절합니다.

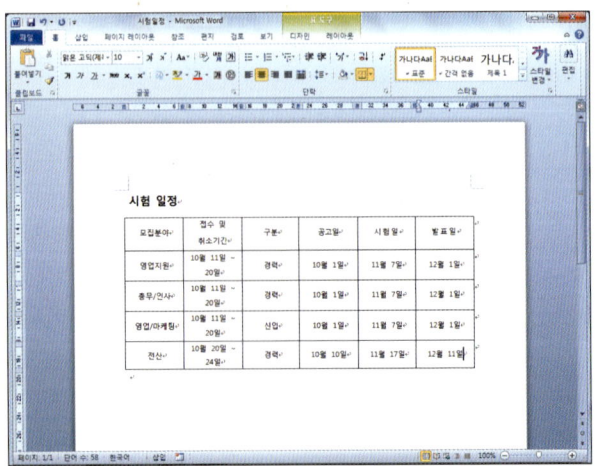

> **tip** 표 위에 빈 단락을 추가하려면 표의 첫 번째 셀에 마우스 커서를 놓은 다음 Enter를 누릅니다.

3. 표의 열 너비를 조절하기 위해 셀과 셀 사이를 마우스로 드래그합니다.

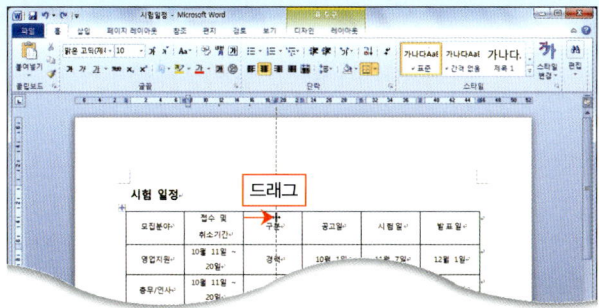

4. 열 너비를 동일하게 변경하기 위해 너비를 동일하게 변경하고 싶은 셀을 마우스로 드래그하여 선택합니다. [표 도구] 상황별 탭의 [레이아웃] 탭-[셀 크기] 그룹에서 [열 너비를 같게]를 클릭합니다.

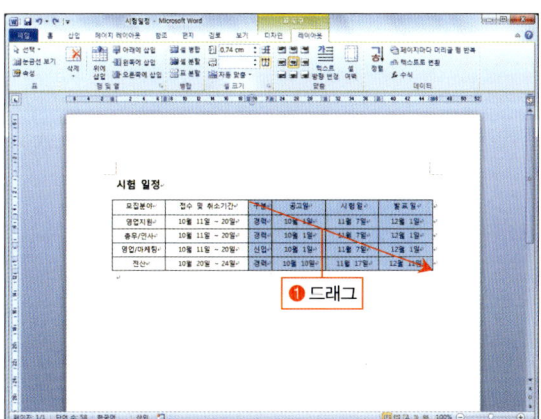
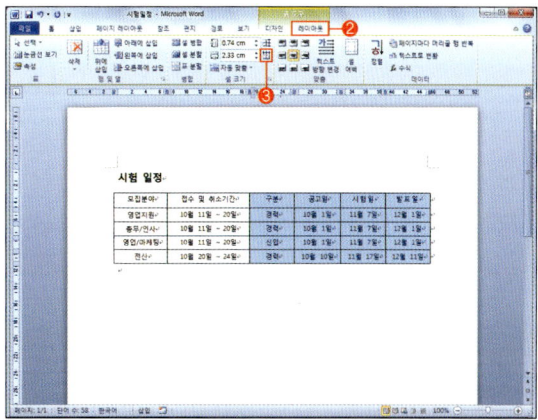

5. 텍스트를 셀의 정가운데에 맞추기 위해 표의 왼쪽 상단의 ⊞ 단추를 클릭하여 표를 모두 선택합니다. [표 도구] 상황별 탭의 [레이아웃] 탭-[맞춤] 그룹에서 [정가운데]를 클릭합니다. [셀 크기] 그룹의 [표 행 높이]에서 셀 크기를 지정할 수 있습니다. 여기서는 『1』을 입력하여 셀 높이를 조정합니다.

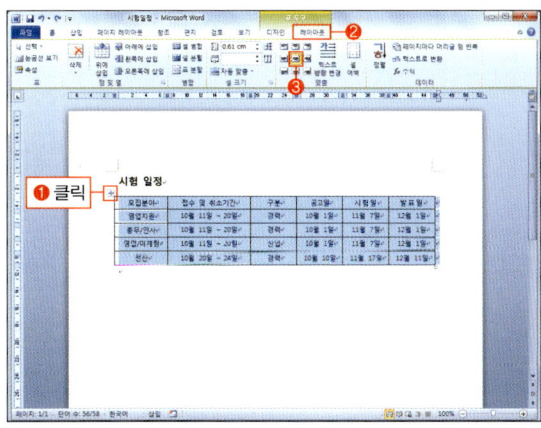
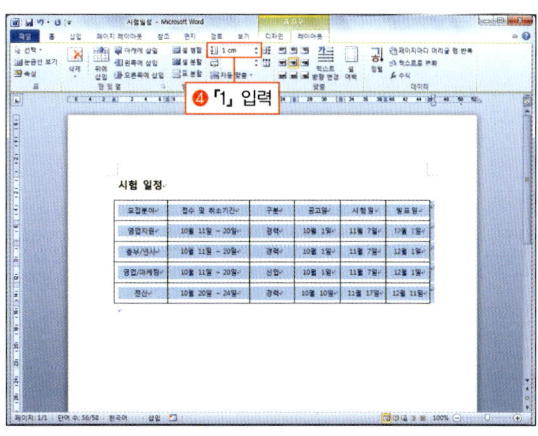

> **Tip**
>
> 표의 왼쪽 상단의 ⊞ 단추를 클릭하면 표가 모두 선택되고, ⊞ 단추를 드래그하면 표 전체의 위치가 변경됩니다.

03 표에 테두리 지정하기

1. 표의 테두리를 지정하기 위해 표를 모두 선택합니다. [표 도구] 상황별 탭의 [디자인] 탭-[표 스타일] 그룹에서 [테두리]의 화살표를 클릭한 후 [테두리 및 음영]을 선택합니다.

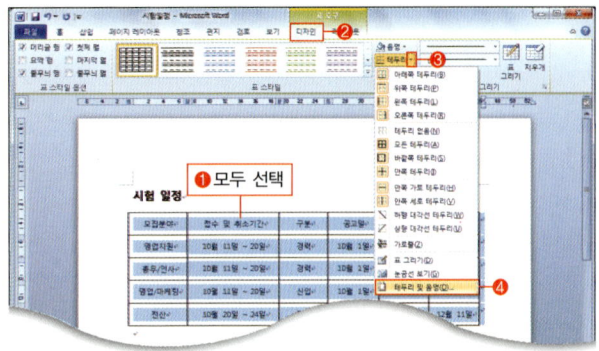

2. [테두리 및 음영] 대화 상자가 나타나면 [테두리] 탭의 [설정]에서 [상자]를 선택하고 [스타일]에서 [이중선]을 선택한 후 [확인]을 클릭합니다. 같은 방법으로 다시 [테두리 및 음영] 대화 상자를 열고 [설정]에서 [사용자 지정]을 선택하고 [스타일]에서 [실선]을 선택합니다. [미리 보기]에서 [중간 가로선]과 [세로 가로선]을 클릭하고 [확인]을 클릭합니다.

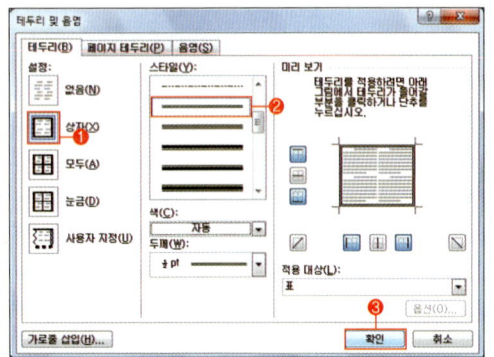
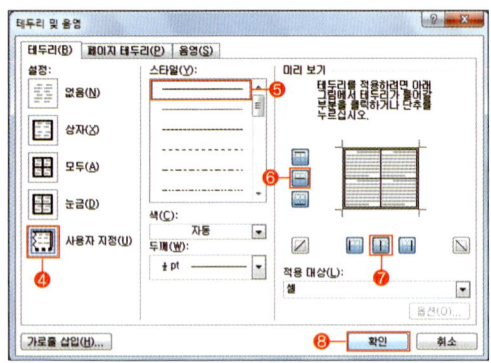

3. 표 외곽은 이중선으로, 표 내곽은 실선으로 표 모양이 변경됩니다.

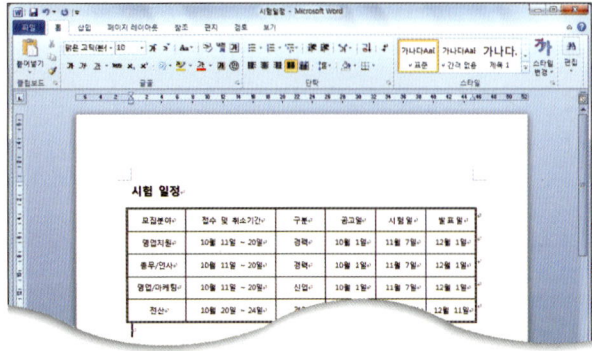

04 표에 스타일 지정하기

1. 표에 스타일을 지정하기 위해 표를 모두 선택합니다. [표 도구] 상황별 탭의 [디자인] 탭-[표 스타일] 그룹에서 [자세히](▾)를 클릭합니다.

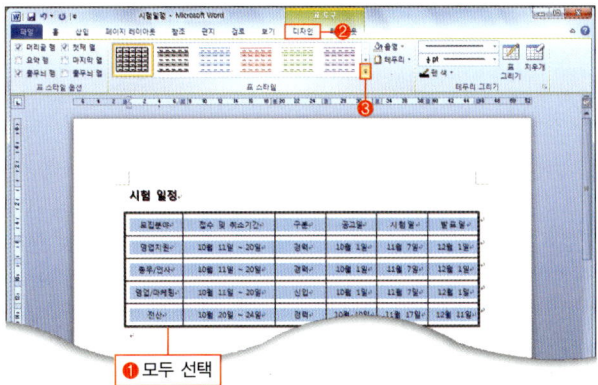

❶ 모두 선택

2. 나타나는 갤러리 중에서 [중간 음영 1 – 강조색 2]를 선택합니다.

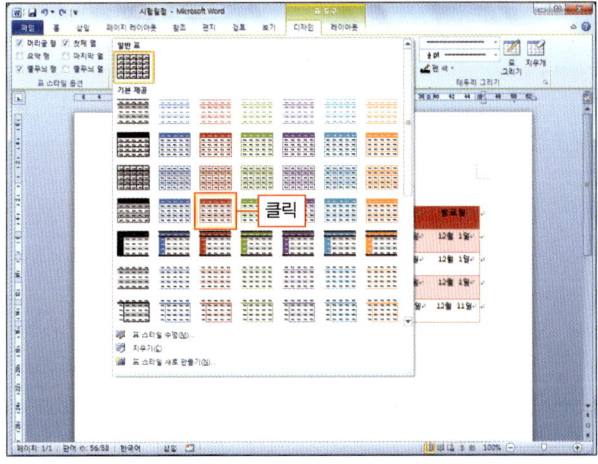

클릭

3. 표를 맞춤 정렬하기 위해 [표 도구] 상황별 탭의 [레이아웃] 탭-[맞춤] 그룹에서 [정가운데]를 클릭합니다.

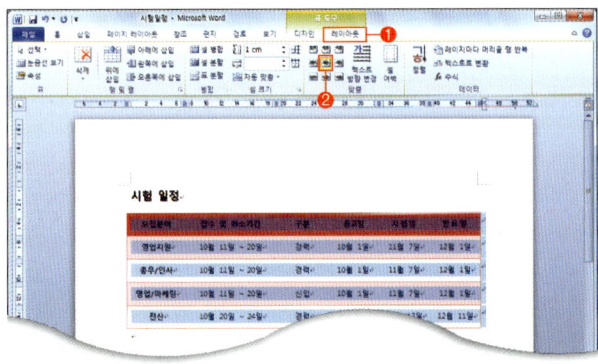

05 표를 가나다 순으로 정렬하기

1. 표의 내용을 가나다 순으로 정렬하기 위해 [표 도구] 상황별 탭의 [레이아웃] 탭-[데이터] 그룹에서 [정렬]을 클릭합니다. [정렬] 대화 상자가 나타나면 [첫째 기준]의 화살표를 클릭하여 [구분]을 선택하고 [확인]을 클릭합니다.

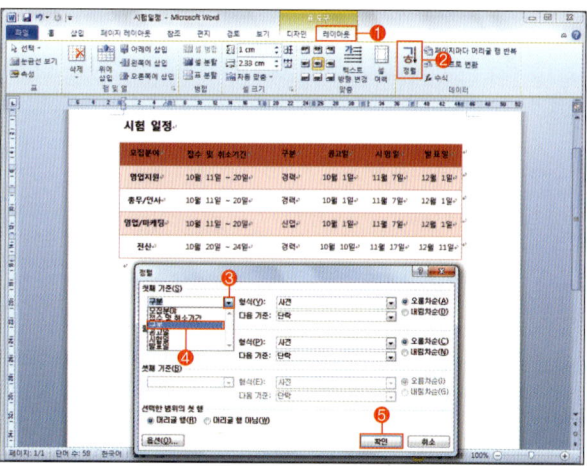

2. '구분'을 대상으로 표가 가나다 순으로 정렬됩니다.

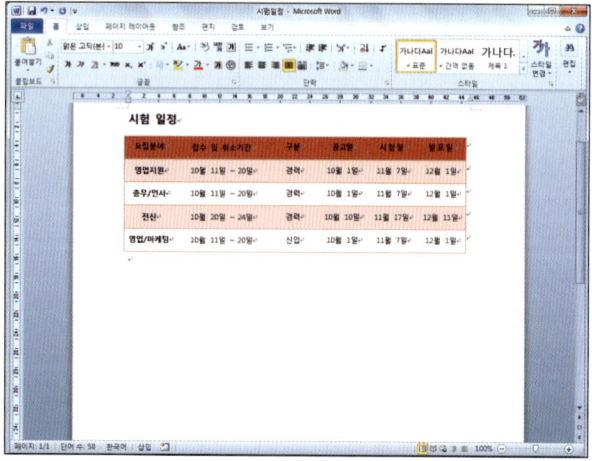

06 표를 텍스트로 변환하기

◉ **준비파일** : Part03\Chapter02\Section02\시험일정_표.docx
◉ **완성파일** : Part03\Chapter02\Section02\시험일정_표_완성.docx

1. 표를 텍스트로 변환하기 위해 표 안에 마우스 커서를 두고 [표 도구] 상황별 탭의 [레이아웃] 탭–[데이터] 그룹에서 [텍스트로 변환]을 클릭합니다. [표를 텍스트로 변환] 대화 상자가 나타나면 [탭]을 선택하고 [확인]을 클릭합니다.

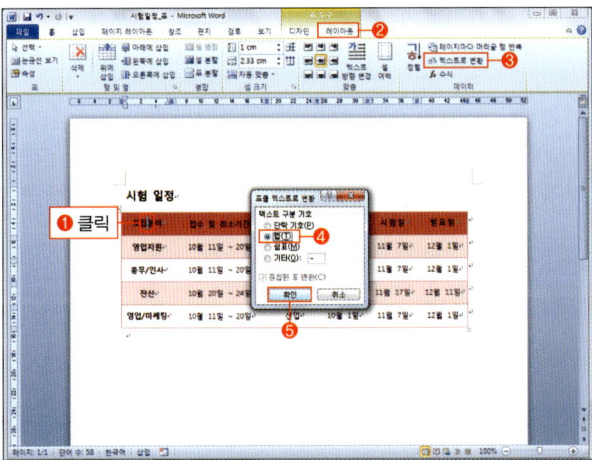

2. 다음과 같이 표가 텍스트로 변환됩니다.

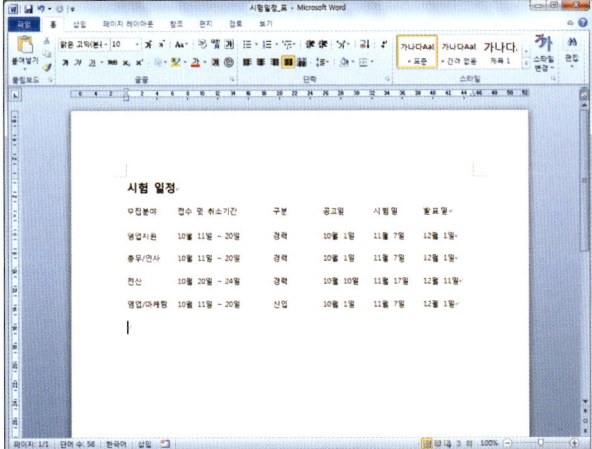

07 텍스트를 표로 변환하기

1. 표를 텍스트로 변환할 수 있지만 텍스트를 표로 변환할 수도 있습니다. 표로 변환하고 싶은 텍스트를 마우스로 드래그하여 선택한 후 [삽입] 탭-[표] 그룹에서 [표]를 클릭하고 [텍스트를 표로 변환]을 선택합니다. [텍스트를 표로 변환] 대화 상자가 나타나면 [표 크기]-[열 개수]에 『6』을 입력하고 [텍스트 구분 기호]-[탭]을 선택한 후 [확인]을 클릭합니다.

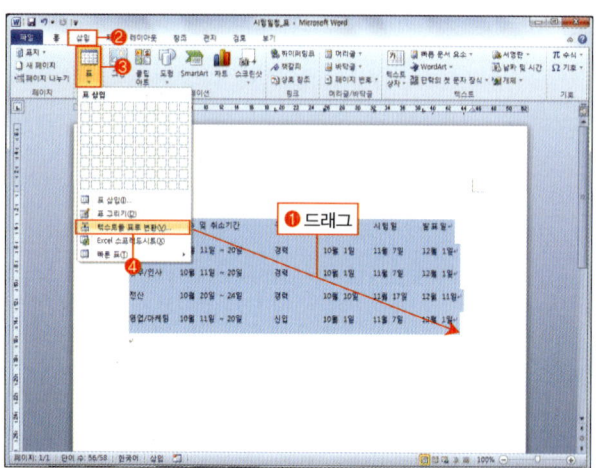
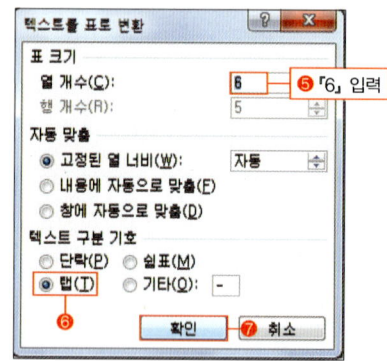

> **tip**
> 텍스트를 표로 변환하기 위해서는 텍스트가 쉼표, 마침표 혹은 탭으로 구분이 되어 있어야 각각의 셀로 인식하여 제대로된 표로 변환 됩니다.

2. 텍스트가 표로 변환됩니다.

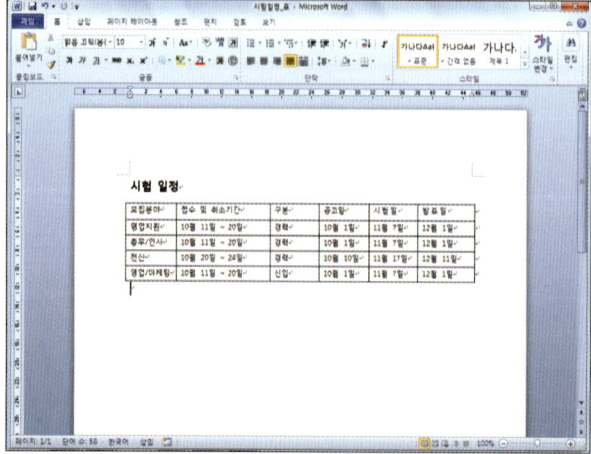

02 표 병합하고 분할하기

● **준비파일** : Part03\Chapter02\Section02\팩스전송문.docx
● **완성파일** : Part03\Chapter02\Section02\팩스전송문_완성.docx

1. 분할되어 있는 셀을 하나로 병합하기 위해 병합할 셀을 마우스로 드래그하여 선택합니다. [표 도구] 상황별 탭의 [레이아웃] 탭-[병합] 그룹에서 [셀 병합]을 클릭합니다. 분할되어 있던 셀이 하나로 병합됩니다.

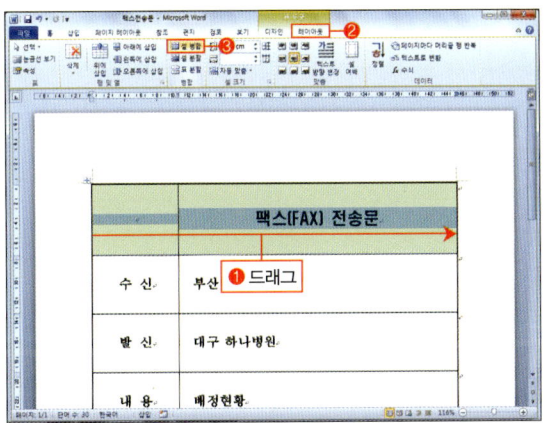
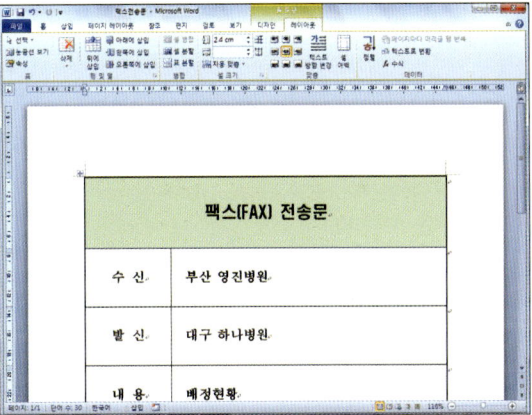

2. 동일한 방법으로 마지막 열도 마우스로 드래그하여 선택한 후 [표 도구] 상황별 탭의 [레이아웃] 탭-[병합] 그룹에서 [셀 병합]을 클릭합니다.

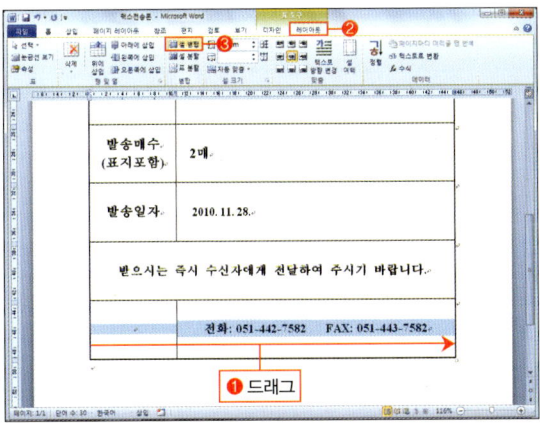
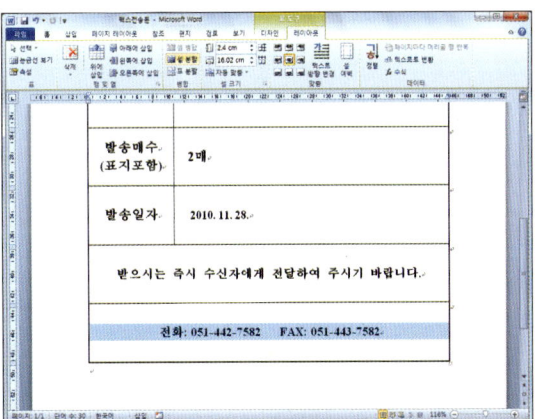

3. 이번에는 셀을 분할해 보겠습니다. [표 도구] 상황별 탭의 [디자인] 탭-[테두리 그리기] 그룹에서 [표 그리기]를 클릭합니다. 분할하고 싶은 영역을 마우스로 드래그합니다.

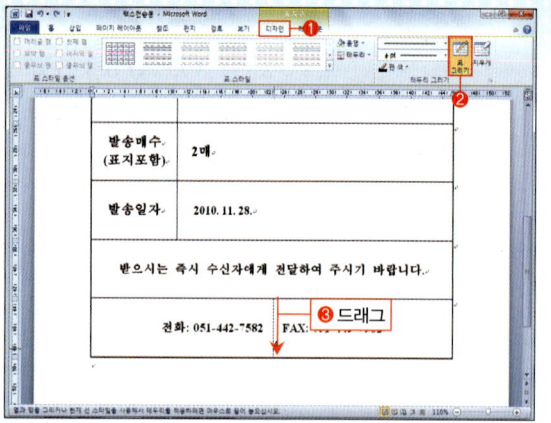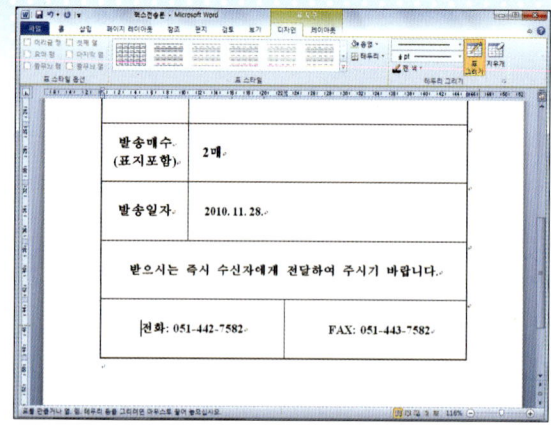

tip 분할하고 싶은 셀을 선택한 후 [표 도구] 상황별 탭의 [레이아웃] 탭-[병합] 그룹에서 [셀 분할]을 클릭해도 됩니다.

4. 이번에는 표를 분할해 보겠습니다. 먼저 Esc 를 눌러 표 그리기 상태를 해제합니다. 분할하고 싶은 셀을 클릭한 후 [표 도구] 상황별 탭의 [레이아웃] 탭-[병합] 그룹에서 [표 분할]을 클릭합니다.

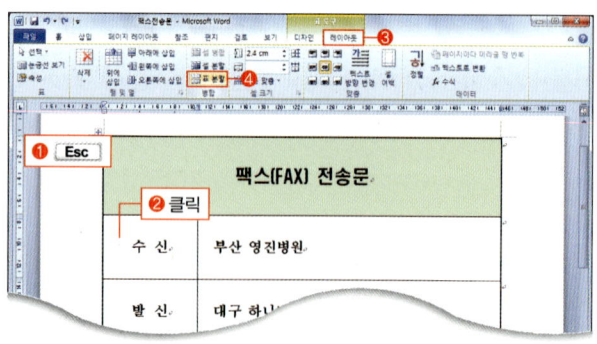

tip 표를 분할하면 하나의 표를 두 개의 표로 나눌 수 있습니다.

5. 표가 두 개로 분할됩니다. 표 사이의 공백을 제거하기 위해 [홈] 탭-[단락] 그룹에서 [선 및 단락 간격]을 클릭한 후 [단락 뒤에 공백 제거]를 선택합니다.

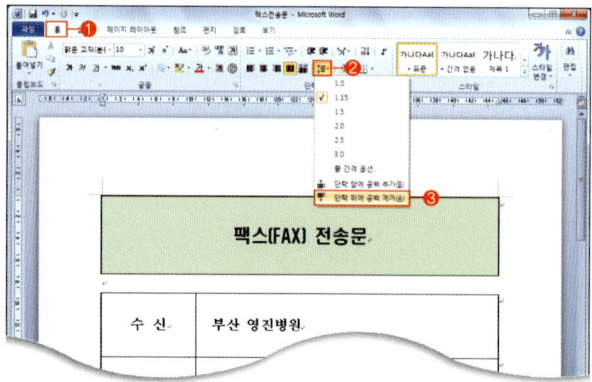

09 삽입한 표를 차트로 만들기

● **준비파일** : Part03\Chapter02\Section02\이용자수통계.docx
● **완성파일** : Part03\Chapter02\Section02\이용자수통계_완성.docx

1. 차트를 삽입할 위치에 마우스 커서를 두고 [삽입] 탭-[일러스트레이션] 그룹에서 [차트]를 클릭합니다. [차트 삽입] 대화 상자가 나타나면 [꺾은선형]-[표식이 있는 꺾은선형]을 선택한 후 [확인]을 클릭합니다.

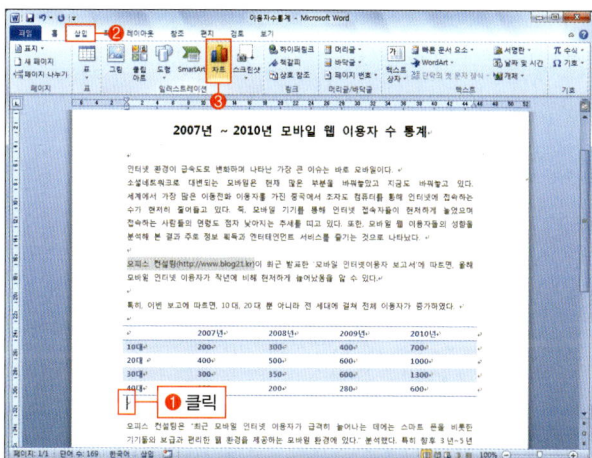
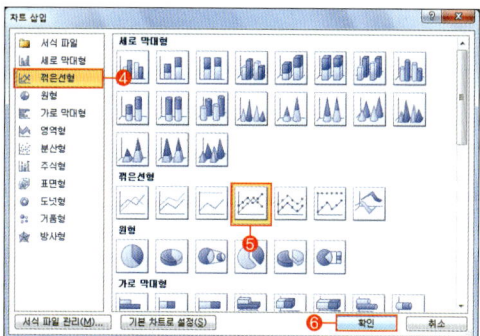

2. 차트가 삽입됩니다. 삽입된 표를 차트로 변경하기 위해 표 영역을 마우스로 모두 선택한 후 [홈] 탭-[클립보드] 그룹-[복사]를 클릭합니다.

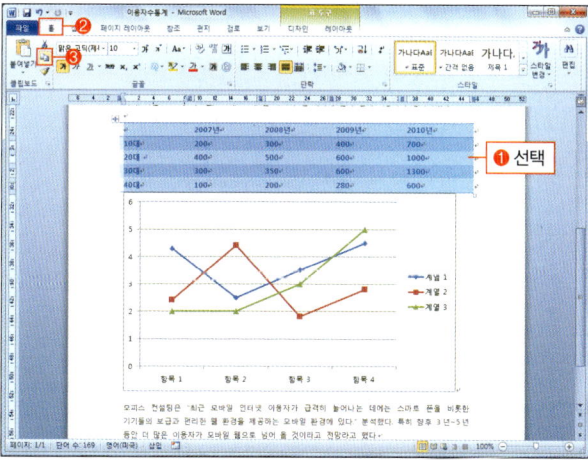

3. 열려 있는 'Microsoft Word의 차트'를 선택한 후 [A1] 셀을 클릭하고 [홈] 탭-[클립보드] 그룹-[붙여넣기] 윗부분을 클릭합니다.

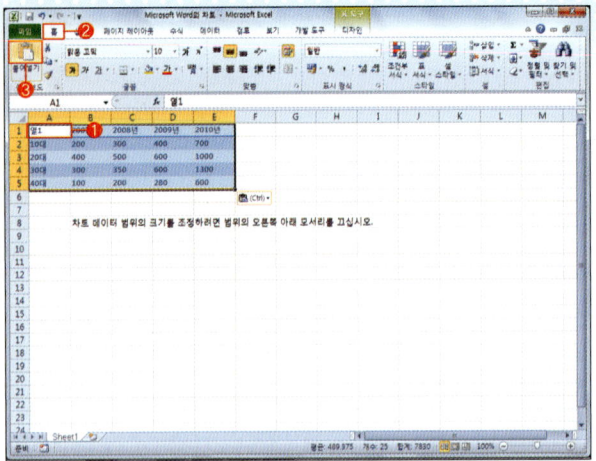

4. 다시 워드로 돌아오면 표의 수치가 차트에 반영되어 나타나는 것을 확인할 수 있습니다.

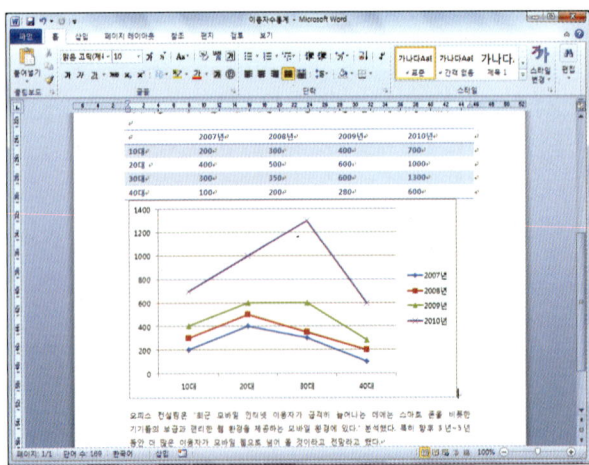

10 차트 행/열 전환하기

1. 년도를 X축으로 보내려면 차트의 행/열을 전환해야 합니다. 차트를 선택한 상태에서 [차트 도구] 상황별 탭의 [디자인] 탭-[데이터] 그룹에서 [행/열 전환]을 클릭합니다.

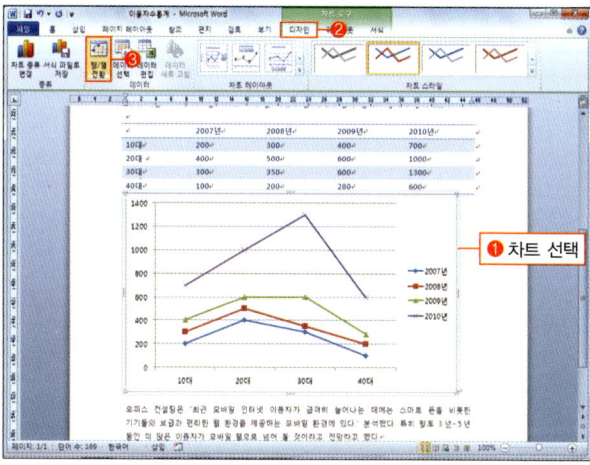

2. 차트의 행이 열로 전환되어 년도가 X축으로 변경됩니다.

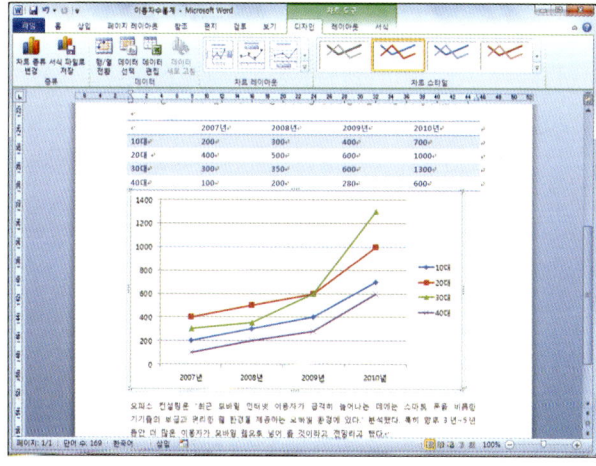

1. 차트에서는 데이터 레이블을 비롯하여 다양한 서식을 꾸밀 수 있습니다. 차트를 선택한 상태에서 [차트 도구] 상황별 탭의 [레이아웃] 탭-[레이블] 그룹에서 [데이터 레이블]을 클릭한 후 [오른쪽]을 선택합니다.

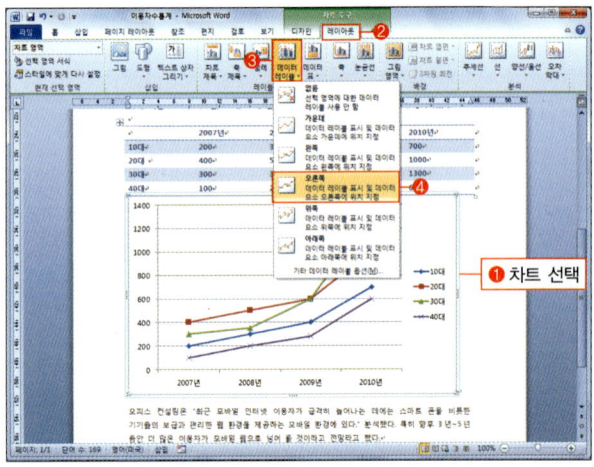

2. 데이터 레이블이 차트에 표시됩니다. 이번에는 차트에 제목을 넣기 위해 [차트 도구] 상황별 탭의 [레이아웃] 탭-[레이블] 그룹에서 [차트 제목]을 클릭한 후 [차트 위]를 선택합니다.

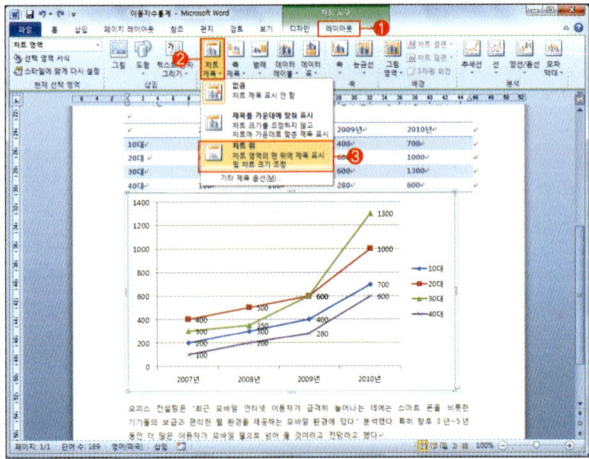

3. 차트 제목이 삽입되면 『년도별 모바일 웹 이용자 통계』를 입력한 후 글자 크기를 몇 단계 줄입니다.

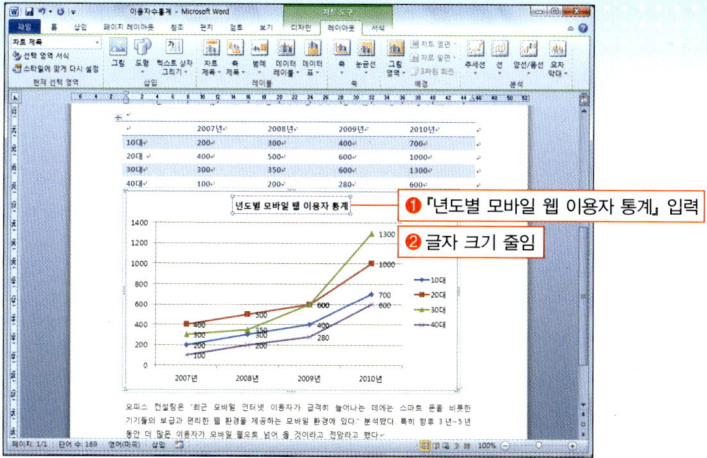

❶ 『년도별 모바일 웹 이용자 통계』 입력
❷ 글자 크기 줄임

4. 차트의 배경을 변경하기 위해 차트 영역을 선택한 상태에서 [차트 도구] 상황별 탭의 [서식] 탭-[도형 스타일] 그룹에서 [도형 채우기]를 클릭하고 [테마 색]-[황갈색, 배경 2]를 선택합니다.

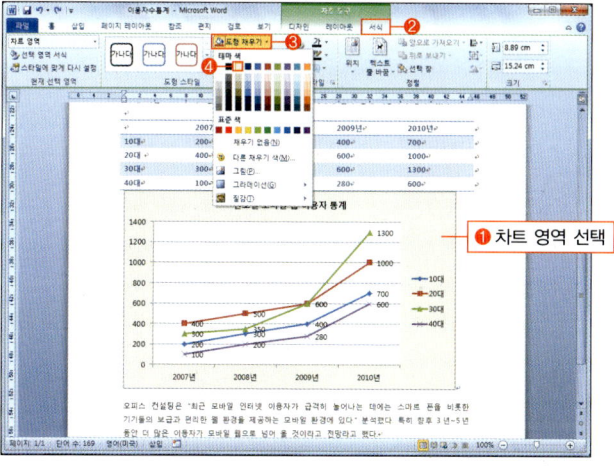

❶ 차트 영역 선택

5. 다음과 같이 차트가 완성됩니다.

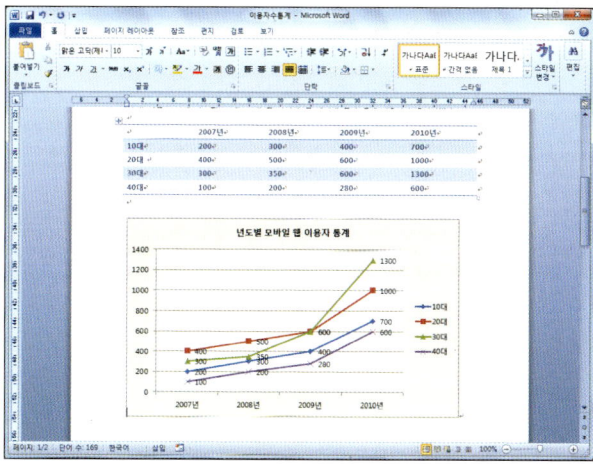

sPeCial Page

엑셀처럼 표 데이터 계산하기

● **준비파일** : Part03\Chapter02\Section02\정보화수준결과표.docx
● **완성파일** : Part03\Chapter02\Section02\정보화수준결과표_완성.docx

1 '총점' 아래 셀에 마우스 커서를 두고 [표 도구] 상황별 탭의 [레이아웃] 탭-[데이터] 그룹-[수식]을 클릭합니다. [수식] 대화 상자가 나타나면 [수식]에 『=SUM (LEFT)』를 입력하고 [숫자 형식]에서 화살표를 클릭하여 [#,##0]을 선택한 후 [확인]을 클릭합니다.

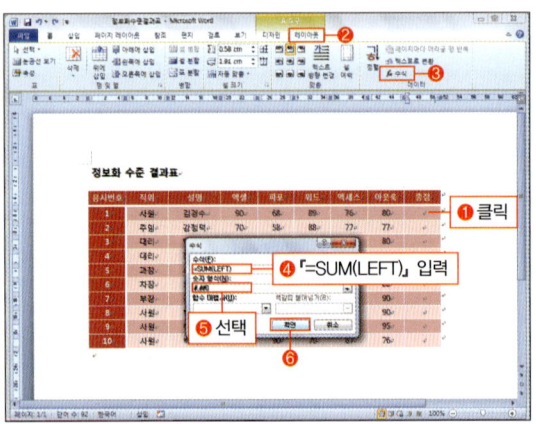

2 수식이 입력됩니다. 수식을 복사하기 위해 수식을 마우스로 드래그 선택한 후 마우스 오른쪽 단추를 클릭하여 [복사]를 선택합니다.

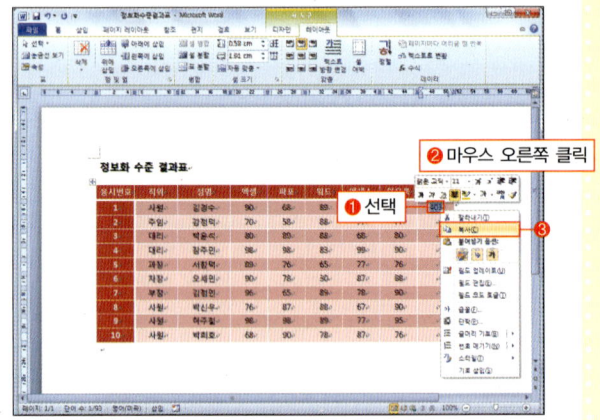

3 수식을 구할 나머지 셀을 모두 드래그하여 선택한 후 마우스 오른쪽 단추를 클릭하여 [붙여넣기 옵션]에서 [원본 서식 유지]( )를 선택합니다.

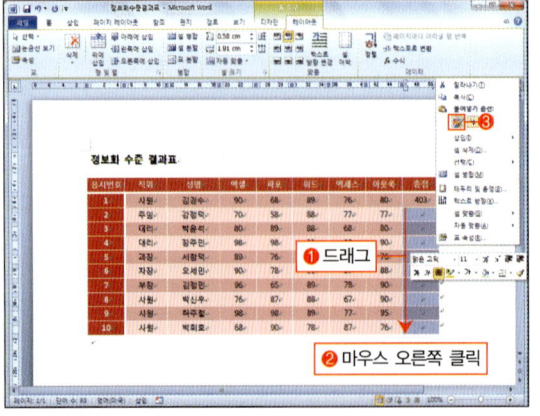

4 수식 필드가 복사됩니다. 서식을 복사하기 위해 첫 번째 셀을 마우스로 드래그하여 선택한 후 [홈] 탭-[클립보드] 그룹-[서식 복사]( )를 클릭합니다.

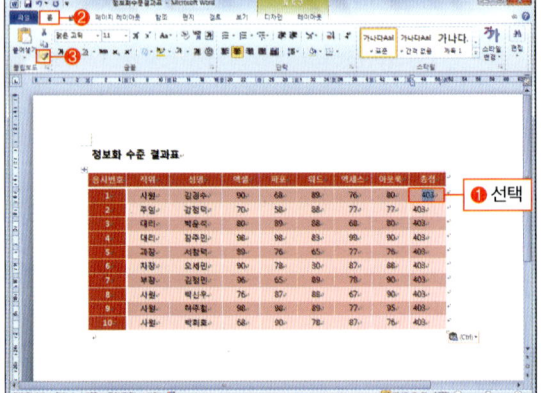

⑤ 서식을 복사할 셀을 드래그하여 모두 선택합니다.

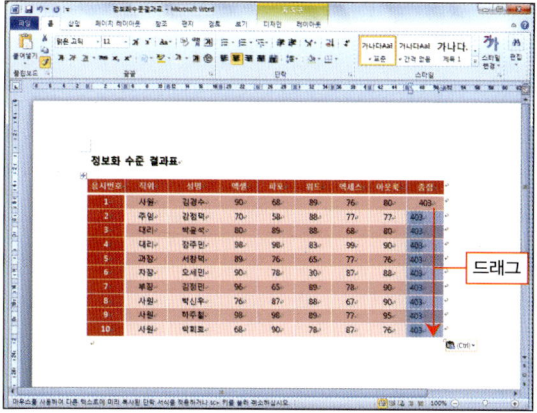

드래그

⑥ 필드를 업데이트 하기 위해 `F9`를 누릅니다.

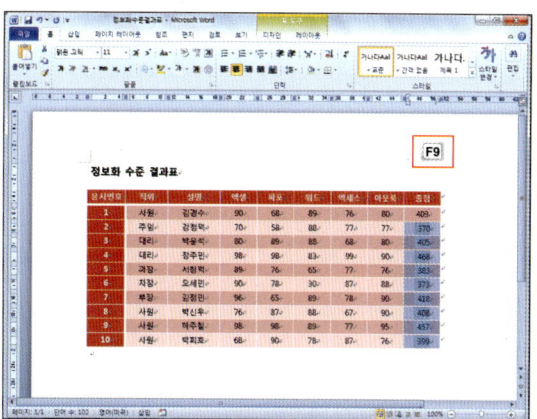

tip 필드 업데이트 단축키는 `F9`입니다. 워드에서도 엑셀처럼 간단한 수식을 계산할 수 있습니다.

● 준비파일 : Part03\Chapter02\Check\노임단가.docx
● 완성파일 : Part03\Chapter02\Check\노임단가_완성.docx

체크! 해봐요

텍스트를 표로 변환한 후 표 스타일을 적용하고 색상있는 테두리를 지정해 보세요.

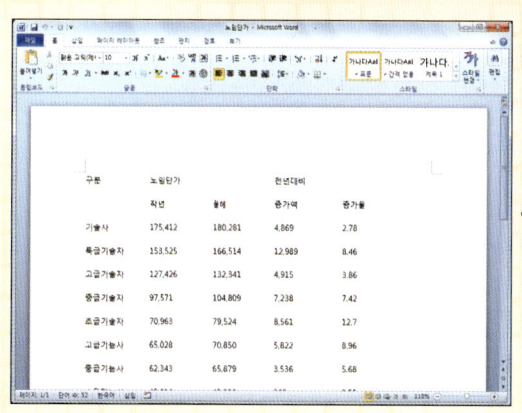
→
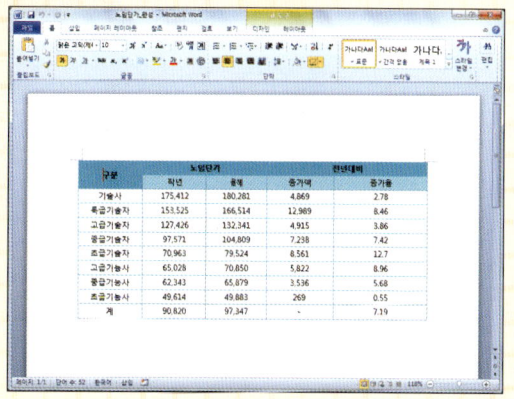

Hint

❶ 표를 전체 선택한 다음 [삽입] 탭-[표] 그룹-[표]-[텍스트를 표로 변환] 클릭
❷ [표 도구] 상황별 탭-[디자인] 탭-[표 스타일] 그룹의 [자세히] 클릭
❸ [표 도구] 상황별 탭-[디자인] 탭-[표 스타일] 그룹에서 음영과 테두리 적용

SECTION 03

그래픽 도구 활용하여
문서 꾸미기

다양한 종류의 그림 또는 도형을 삽입하여 문서를 꾸밀 수 있습니다. 워드에서 제공하는 다양한 클립아트나 그리기 개체를 이용하여 문서를 꾸밀 수 있고, 다양한 도형의 결합체인 스마트아트를 이용하여 쉽게 도해를 만들 수도 있습니다. 여기서는 워드에서 제공하는 다양한 도형 개체와 그림 스타일 기능에 대해서 알아봅니다.

Preview

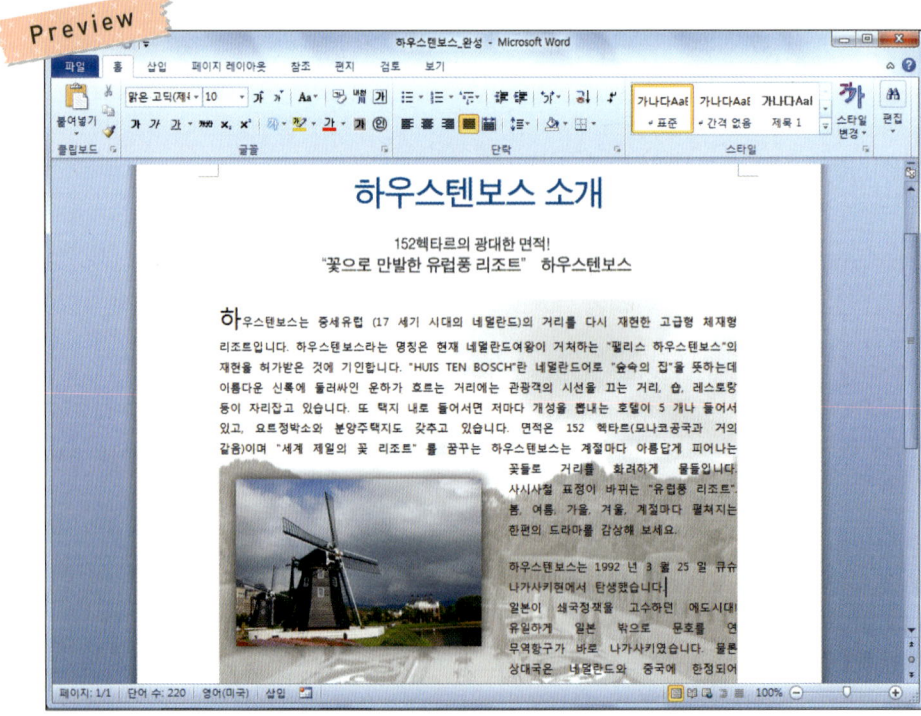

▲ 그림을 배경으로 지정하기

이번 섹션에서 배울 **주요 내용!**

01. 스마트아트로 다이어그램 만들기
02. 스마트아트 스타일 변경하기
03. 그림 삽입하고 스타일 변경하기
04. 그림 크기 및 텍스트 배치 조정하기

05. 그림을 배경으로 지정하기
06. 워드아트로 문서 제목 꾸미기
스페셜. 서식 불러와 문서 표지 꾸미기

01 스마트아트로 다이어그램 만들기

◉ **준비파일** : Part03\Chapter02\Section03\워드소개.docx
◉ **완성파일** : Part03\Chapter02\Section03\워드소개_완성.docx

1. 스마트아트로 다이어그램을 만들기 위해 스마트아트를 삽입할 위치에 마우스 커서를 두고 [삽입] 탭-[일러스트레이션] 그룹에서 [SmartArt]를 클릭합니다.

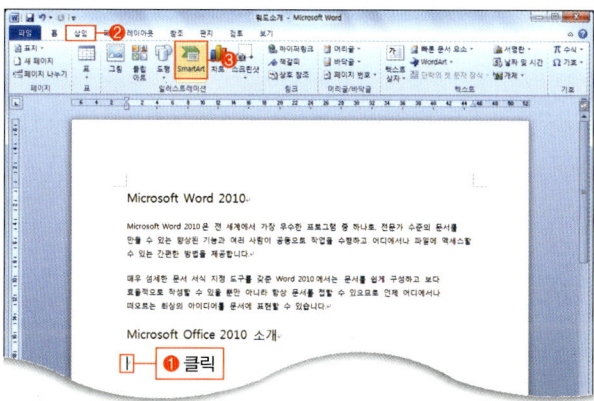

2. [SmartArt 그래픽 선택] 대화 상자가 나타나면 [세로 그림 목록형]을 선택하고 [확인]을 클릭합니다.

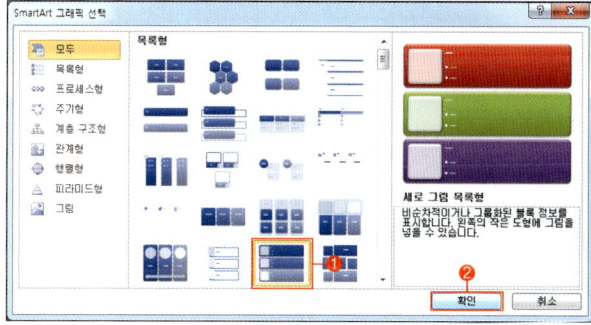

3. 스마트아트가 삽입됩니다.

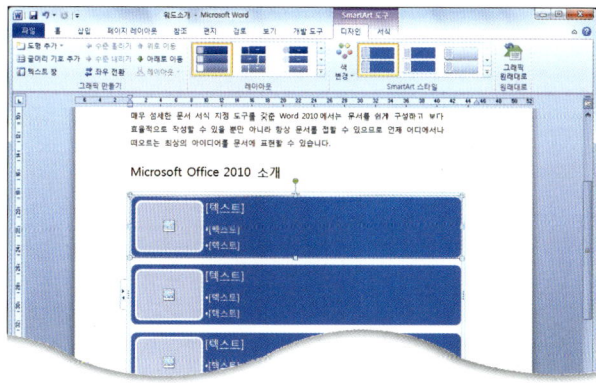

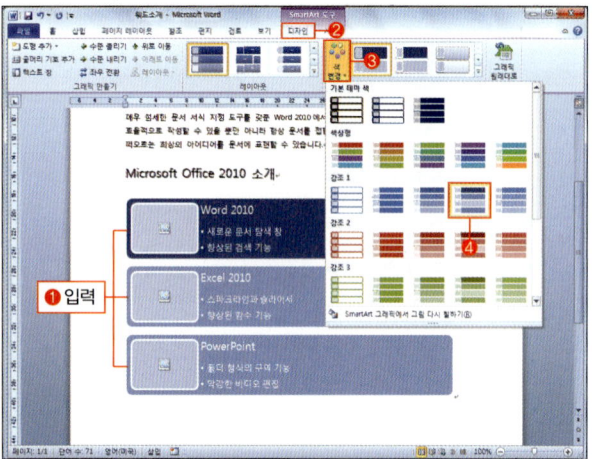

02 스마트아트 스타일 변경하기

1. 스마트아트를 선택한 후 다음과 같이 텍스트를 입력합니다. [SmartArt 도구] 상황별 탭의 [디자인] 탭-
[SmartArt 스타일] 그룹에서 [색 변경]을 클릭하여 [그라데이션 반복, 강조 1]을 선택합니다.

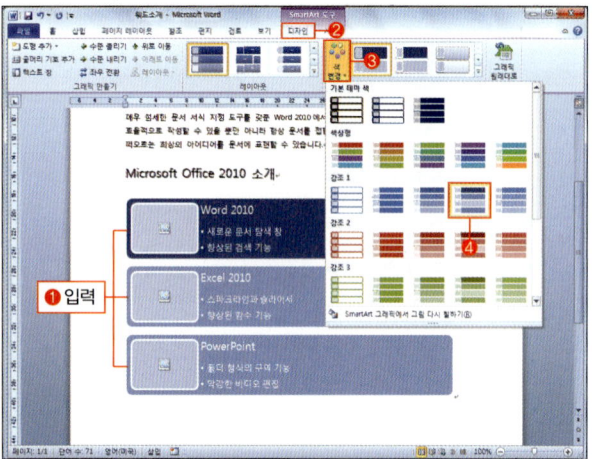

2. 스마트아트에서 [그림 삽입] 단추를 클릭합니다. [그림 삽입] 대화 상자가 나타나면 부록 CD에서 'Part03\
Chapter02\Section03\word.jpg'를 선택한 후 [삽입]을 클릭합니다. 동일한 방법으로 두 번째, 세 번째 [그림
삽입] 단추 역시 그림을 삽입합니다.

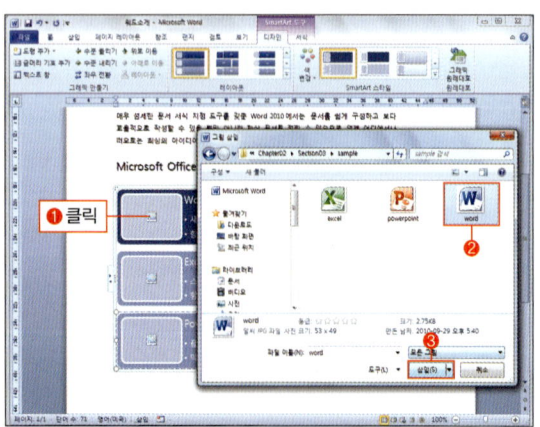 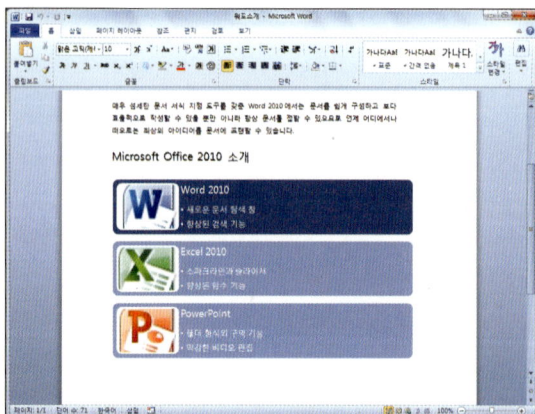

03 그림 삽입하고 스타일 변경하기

● **준비파일** : Part03\Chapter02\Section03\하우스텐보스.docx
● **완성파일** : Part03\Chapter02\Section03\하우스텐보스_완성.docx

1. 문서에 그림을 삽입하기 위해 [삽입] 탭-[일러스트레이션] 그룹에서 [그림]을 클릭합니다. [그림 삽입] 대화 상자가 나타나면 부록 CD에서 'Part03\Chapter02\Section03\하우스텐보스_01.jpg'를 선택한 후 [삽입]을 클릭합니다.

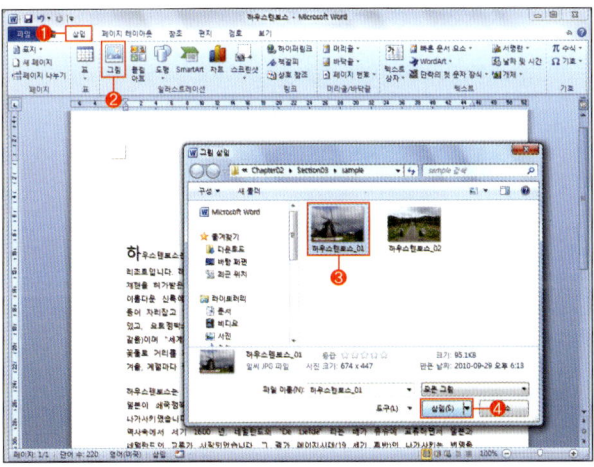

2. 그림에 효과를 주기 위해 [그림 도구] 상황별 탭의 [서식] 탭-[그림 스타일] 그룹에서 [자세히]([⬇])를 클릭하고 [사각형 가운데 그림자]를 선택합니다.

❶ 서식 [탭]-[그림 스타일] 그룹-[자세히] 클릭

04 그림 크기 및 텍스트 배치 조정하기

1. 그림 크기를 조절하기 위해 그림을 선택한 후 [그림 도구] 상황별 탭의 [서식] 탭-[크기] 그룹에서 그림의 가로, 세로 크기를 수치로 직접 입력합니다.

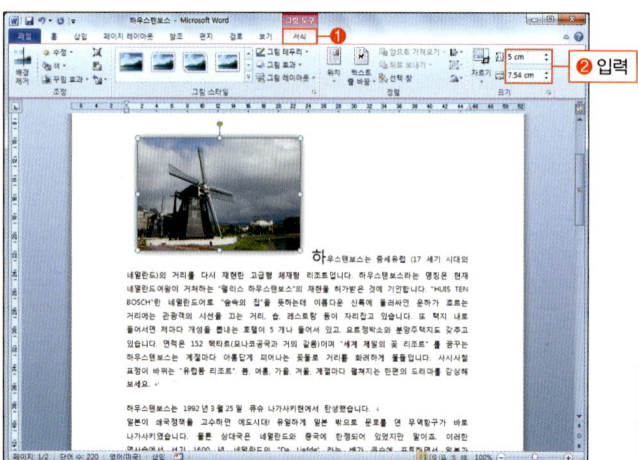

> **tip** 마우스로 그림을 드래그하여 조절할 수도 있지만 [크기] 그룹에서 지정하면 정확한 그림 크기를 지정할 수 있습니다.

2. 그림을 재배치하기 위해 [그림 도구] 상황별 탭의 [서식] 탭-[정렬] 그룹에서 [위치]를 클릭한 후 [텍스트를 정사각형으로 배치하고 왼쪽 가운데에 배치]를 선택합니다. 그림이 왼쪽 가운데에 배치됩니다.

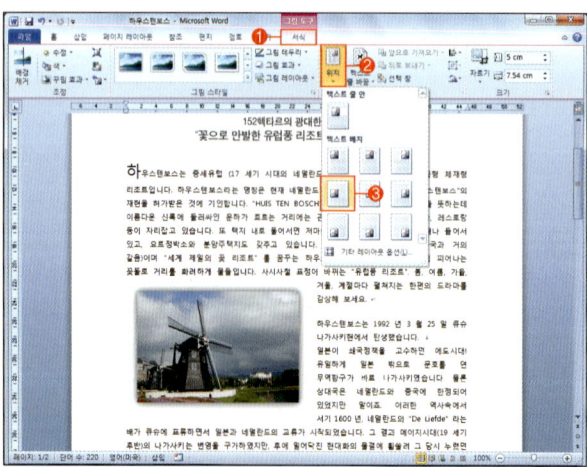

05 그림을 배경으로 지정하기

1. 이번에는 삽입한 그림을 문서의 배경으로 지정해 보겠습니다. [삽입] 탭-[일러스트레이션] 그룹에서 [그림]을 클릭합니다. [그림 삽입] 대화 상자가 나타나면 부록 CD에서 'Part03\Chapter02\Section03\하우스텐보스_02.jpg'를 선택한 후 [삽입]을 클릭합니다.

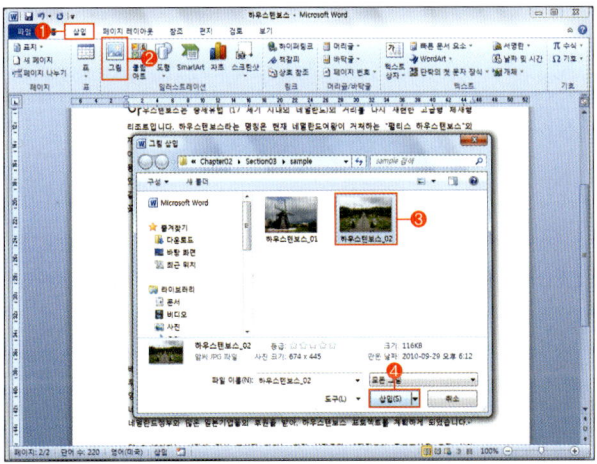

2. 그림을 선택한 상태에서 [그림 도구] 상황별 탭의 [서식] 탭-[조정] 그룹에서 [색]을 클릭한 후 [황갈색, 배경색 2 밝게]를 선택합니다.

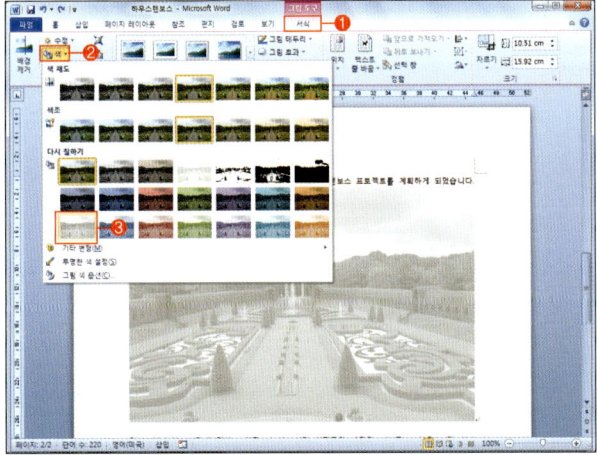

3. 그림을 배경으로 지정하기 위해 [그림 도구] 상황별 탭의 [서식] 탭-[정렬] 그룹에서 [텍스트 줄 바꿈]을 클릭한 후 [텍스트 뒤]를 선택합니다.

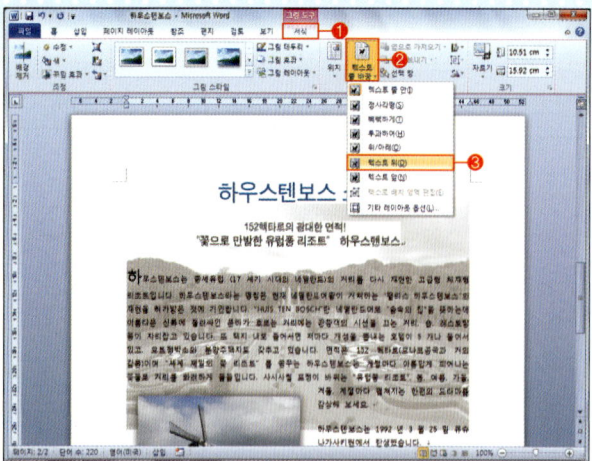

4. 그림의 크기 및 위치를 적절히 조절하여 완성합니다.

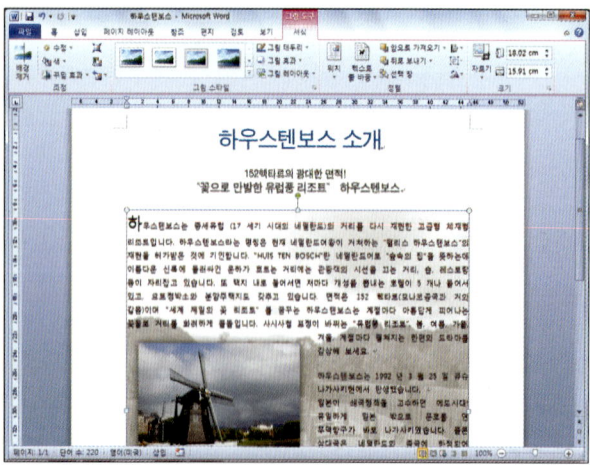

06 워드아트로 문서 제목 꾸미기

● **준비파일** : Part03\Chapter02\Section03\사용설명서.docx
● **완성파일** : Part03\Chapter02\Section03\사용설명서_완성.docx

1. 워드아트로 문서 제목을 꾸미기 위해 [삽입] 탭-[텍스트] 그룹에서 [WordArt]를 클릭합니다. 워드아트 갤러리가 나타나면 [채우기 – 빨강, 강조 2, 무광택 입체]를 선택합니다.

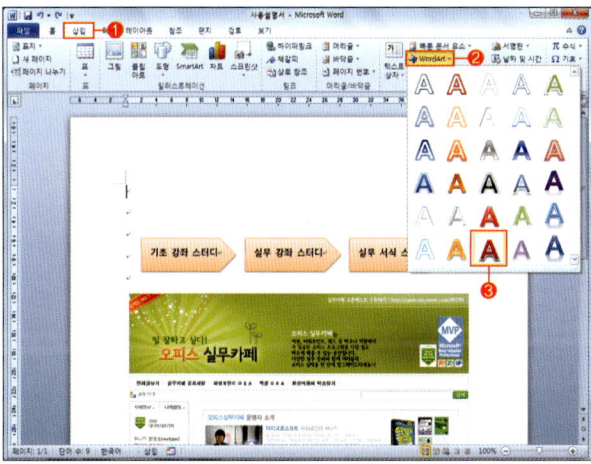

2. 워드아트가 삽입되면 『카페 사용 설명서』를 입력합니다. 텍스트에 효과를 주기 위해 워드아트를 선택하고 [그리기 도구] 상황별 탭의 [서식] 탭-[WordArt 스타일] 그룹에서 [텍스트 효과]-[반사]-[근접 반사, 터치]를 선택합니다. 텍스트의 크기를 조절하여 문서를 완성합니다.

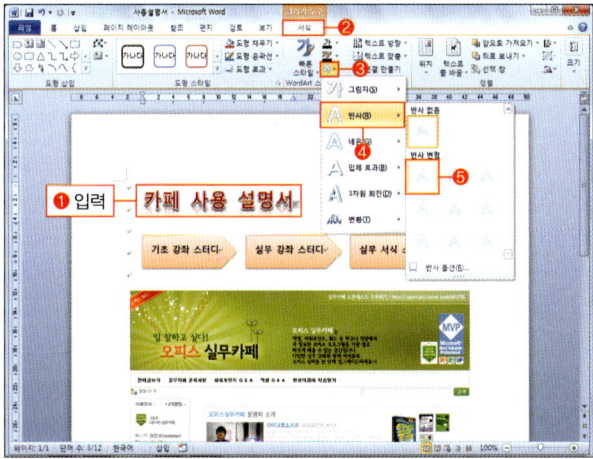

서식 불러와 문서 표지 꾸미기

1 서식을 불러오면 손쉽게 문서를 완성할 수 있습니다. 여기서는 서식을 불러와 문서의 표지를 완성해 보겠습니다. [파일] 탭-[새로 만들기]를 클릭한 후 [Office.com 서식 파일]-[브로슈어]를 선택합니다.

2 [Office.com 서식 파일]이 나타나면 [기술 기업 브로슈어(2페이지, 11X17)]를 선택하고 [다운로드]를 클릭합니다.

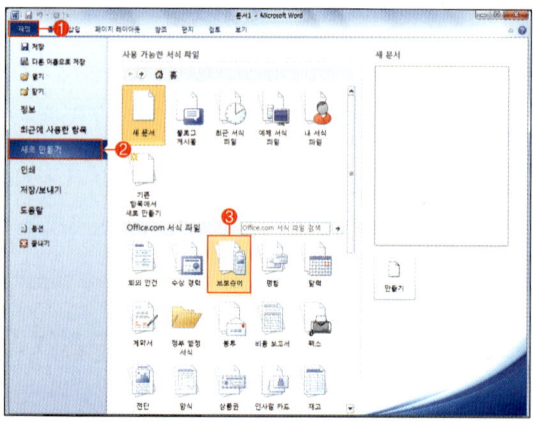

3 서식 문서가 열리면 'IT의 단순화'를 선택한 후 `Delete`을 눌러 삭제합니다.

4 워드아트를 이용하여 새롭게 제목을 만들기 위해 [삽입] 탭-[텍스트] 그룹-[WordArt]를 클릭한 후 6번째 워드아트를 선택합니다.

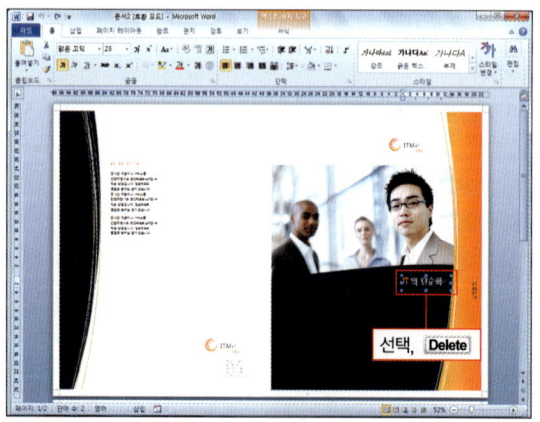

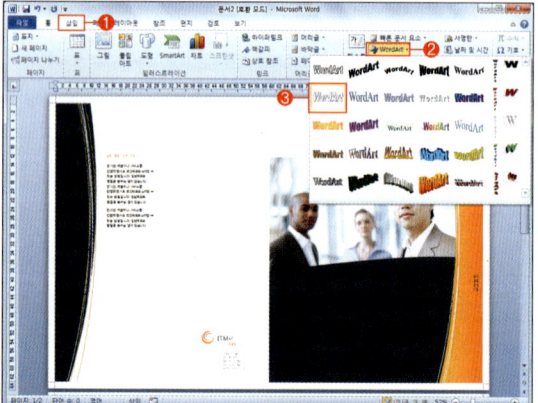

⑤ [WordArt 텍스트 편집] 대화 상자가 나타나면 [글꼴]에 [HY견고딕]을 선택하고, [텍스트]에 『하반기 성과 보고서』를 입력한 후 [확인]을 클릭합니다.

⑥ 삽입된 텍스트의 위치를 변경하기 위해 [WordArt 도구] 상황별 탭의 [서식] 탭-[정렬] 그룹에서 [텍스트 줄 바꿈]-[텍스트 앞]을 선택합니다.

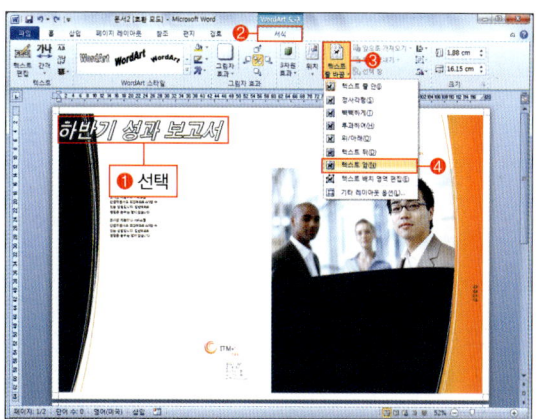

⑦ 워드아트의 위치와 크기를 변경한 후 [WordArt 도구] 상황별 탭의 [서식] 탭-[그림자 효과] 그룹에서 [그림자 효과]-[그림자]-[그림자 스타일 5]를 선택합니다.

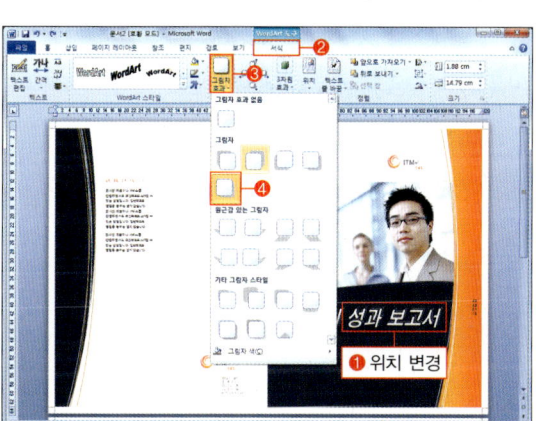

⑧ 서식 파일에 워드아트로 제목을 완성합니다.

tip
Offices.com 연결 없이 워드에서 제공하는 표지를 이용하여 문서를 만들 수도 있습니다. [삽입] 탭-[페이지] 그룹-[표지]를 클릭한 후 [모션]을 선택합니다. 문서 표지가 만들어지면 글자를 수정하여 완성합니다.

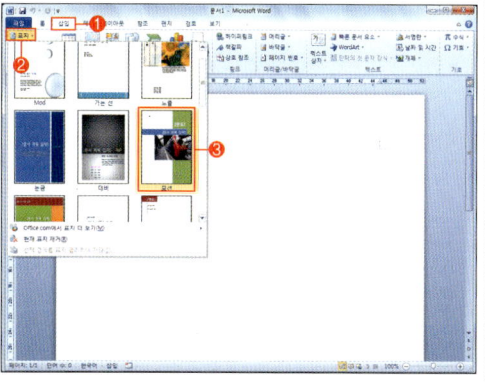

CHAPTER

나만의 문서 작성과 고급 기능 활용하기

WORD 2010

지금까지 워드 2010에서 주로 사용하는 기본 기능을 살펴보았다면 이번 챕터에서는 워드에서 사용할 수 있는 고급 기능을 살펴보도록 합니다. 나만의 문서 작성을 위한 다양한 페이지 편집 기능과 책갈피 기능, 자동 목차 등을 구성할 수 있는 고급 기능, 그리고 데이터목록을 구성하여 DM을 발송하는 방법 등을 살펴봅니다.

나만의 문서 작성을 위한 페이지 편집하기

워드 문서를 작성할 때에는 무엇보다 각각의 페이지를 나누고, 다단을 구성하며, 구역을 나누는 등 페이지 편집 기능이 요긴하게 사용됩니다. 여기서는 나만의 문서 작성을 위한 다양한 페이지 편집 기능에 대해 알아봅니다.

Preview

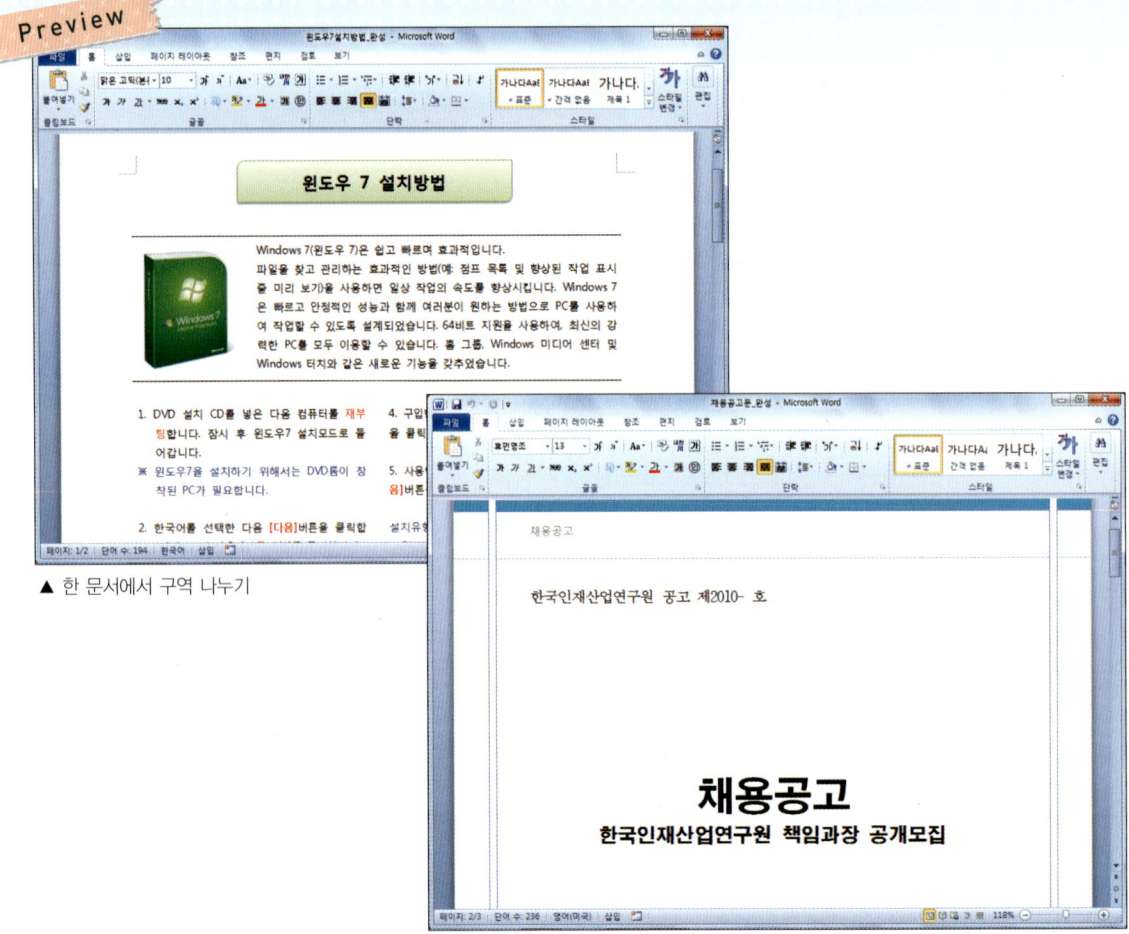

▲ 한 문서에서 구역 나누기

▲ 채용공고 문서에 머리글/바닥글 추가하기

이번 섹션에서 배울 주요 내용!

01. 새 페이지와 페이지 나누기
02. 다단 지정하고 단 설정하기
03. 한 문서에서 구역 나누기

04. 머리글/바닥글 작성하고 편집하기
05. 페이지 번호 추가하기
06. 첫 페이지의 페이지 번호 다르게 지정하기

01 새 페이지와 페이지 나누기

● **준비파일** : Part03\Chapter03\Section01\네트워크교육과정안내.docx
● **완성파일** : Part03\Chapter03\Section01\네트워크교육과정안내_완성.docx

1. '보강하고 있다.' 다음에 새로운 페이지를 추가하기 위해 마우스 커서를 위치시킨 후 [삽입] 탭-[페이지] 그룹에서 [새 페이지]를 클릭합니다.

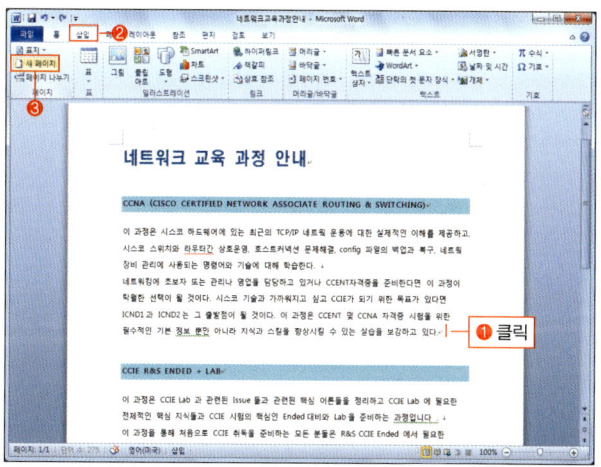

> **Tip**
> 워드에서는 페이지 끝에 도달하는 경우 페이지 나누기가 자동으로 삽입됩니다. 하지만 원하는 위치에서도 얼마든지 페이지를 나눌 수 있습니다. [새 페이지] 기능은 새로운 페이지를 한 장 추가해 주는 기능이고, [페이지 나누기]는 한 장의 페이지를 두 장으로 분리시켜주는 기능입니다.

2. 다음과 같이 빈 페이지가 한 장 추가됩니다. 마우스 커서가 위치했던 아랫부분의 텍스트는 다음 페이지로 넘어갑니다.

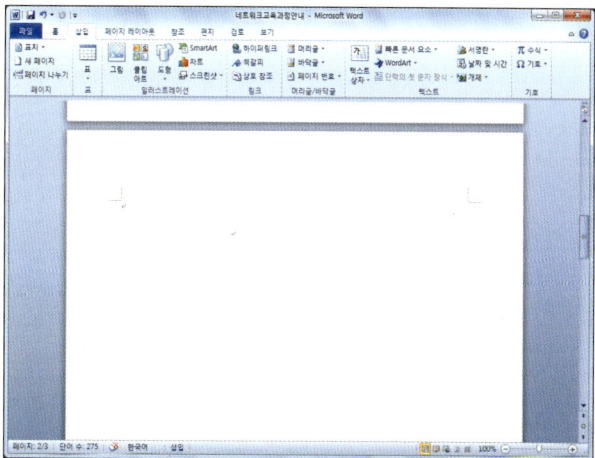

3. 이번에는 'CCIE' 글자 앞에 마우스 커서를 위치시킨 후 [삽입] 탭–[페이지] 그룹–[페이지 나누기]를 클릭합니다.

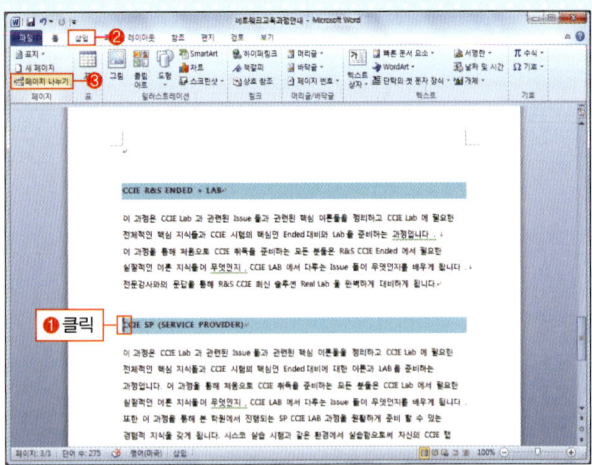

4. 마우스 커서가 위치했던 부분부터 한 장의 페이지가 두 장으로 나누어 나타납니다.

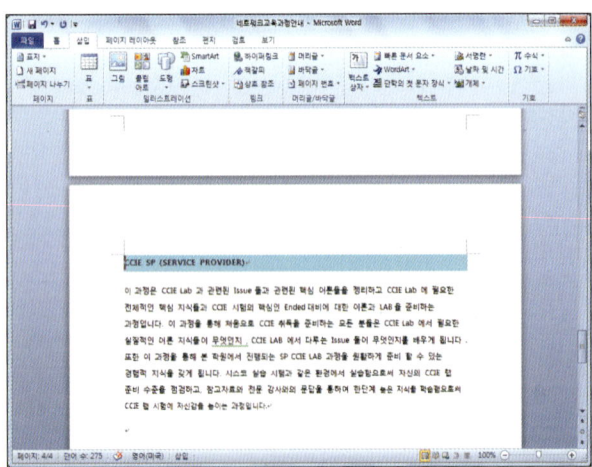

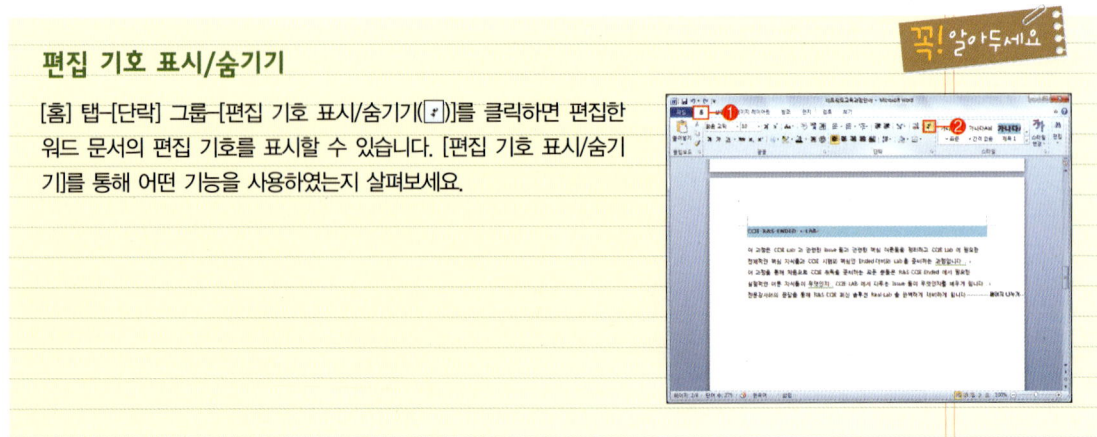

편집 기호 표시/숨기기

[홈] 탭–[단락] 그룹–[편집 기호 표시/숨기기( )]를 클릭하면 편집한 워드 문서의 편집 기호를 표시할 수 있습니다. [편집 기호 표시/숨기기]를 통해 어떤 기능을 사용하였는지 살펴보세요.

02 다단 지정하고 단 설정하기

● 준비파일 : Part03\Chapter03\Section01\국가공무원법.docx
● 완성파일 : Part03\Chapter03\Section01\국가공무원법_완성.docx

1. 페이지를 2단으로 구성하기 위해 [페이지 레이아웃] 탭-[페이지 설정] 그룹에서 [단]을 클릭한 후 [둘]을 선택합니다.

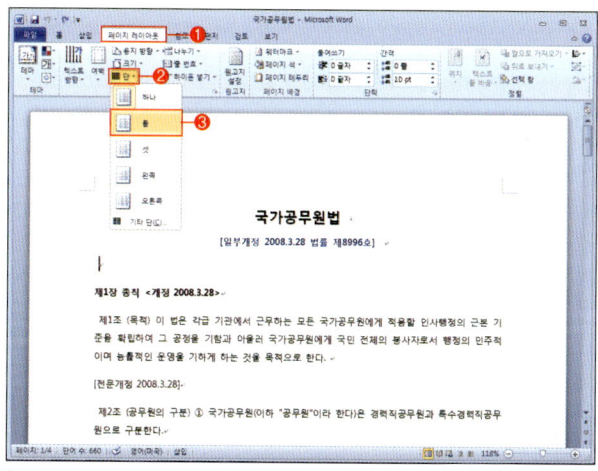

> **tip** 다단이란, 문서를 읽기 쉽도록 한 페이지 안에서 여러 개의 페이지를 만들어 나누어주는 기능입니다. 다단은 신문이나 잡지, 찾아보기 등을 만들 때 자주 사용하는 기능으로 문서가 정돈되어진 느낌과 함께 보다 많은 내용을 한눈에 볼 수 있습니다.

2. 페이지가 2단으로 나누어지면 보기 좋게 정렬하기 위해 페이지 나누기 기능을 실행합니다. '제 2조' 라는 글자 앞에 마우스 커서를 위치시킨 후 [페이지 레이아웃] 탭-[페이지 설정] 그룹에서 [나누기]를 클릭하고 [단]을 선택합니다.

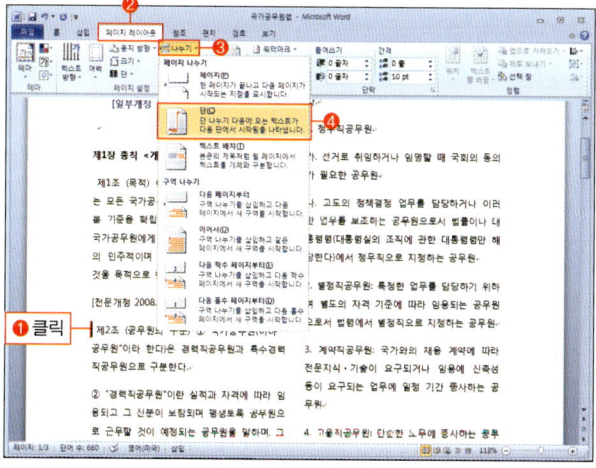

3. '제 2조'로 시작하는 단락이 다음 단으로 이동되었습니다. 이번에는 경계선을 삽입해 봅니다. [페이지 레이 아웃] 탭-[페이지 설정] 그룹-[단]을 클릭한 후 [기타 단]을 선택합니다. [단] 대화 상자가 나타나면 '경계선 삽 입'에 체크를 한 후 [확인]을 클릭합니다.

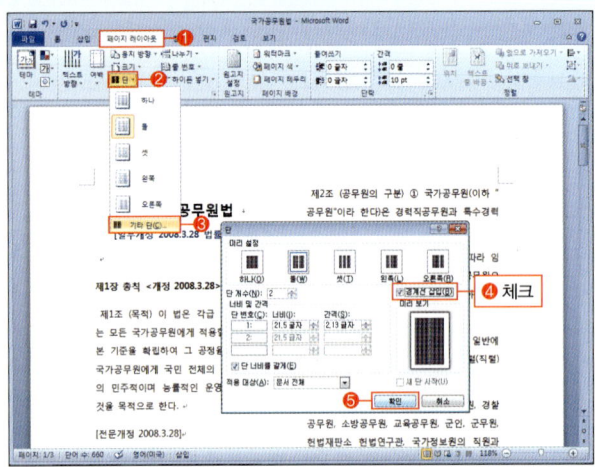

4. '단'과 '나누기' 기능을 이용하면 다음과 같이 정돈된 문서를 만들 수 있습니다.

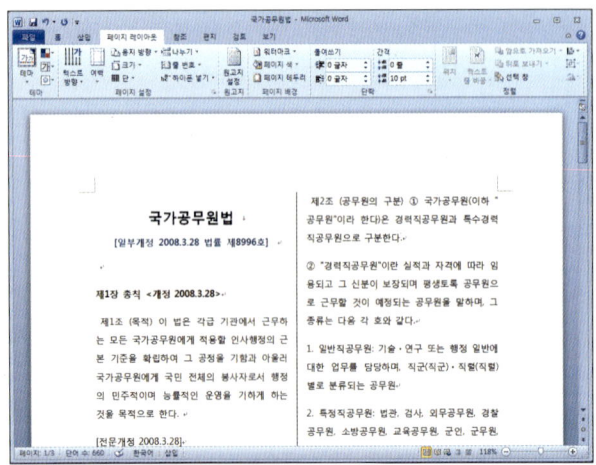

[단] 대화 상자

[단] 대화 상자에서는 2단뿐만 아니라 3단, 4단 등 다양하게 단 개수를 조절 할 수 있습니다. 뿐만 아니라 해당하는 단의 너비 및 간격도 조절할 수 있습 니다.

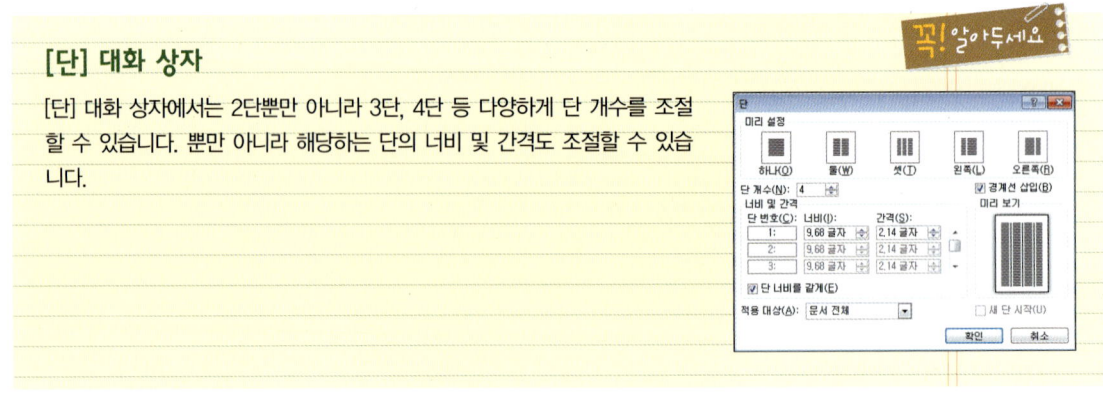

03 한 문서에서 구역 나누기

● 준비파일 : Part03\Chapter03\Section01\윈도우7설치방법.docx
● 완성파일 : Part03\Chapter03\Section01\윈도우7설치방법_완성.docx

1. '1. DVD 설치' 앞에 커서를 위치시킨 후 [페이지 레이아웃] 탭-[페이지 설정] 그룹-[나누기]를 클릭하여 [이어서]를 선택합니다.

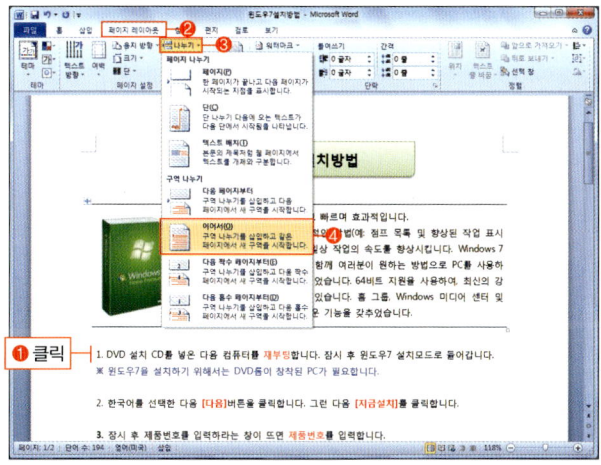

> **tip** [이어서]로 구역을 나누면 한 페이지에서도 다른 구역을 나눌 수 있습니다.

2. '1. DVD 설치' 부터 '7. 윈도우 7 파일을 설치합니다.' 까지 마우스를 드래그하여 선택합니다. [페이지 레이아웃] 탭-[페이지 설정] 그룹-[단]을 클릭하여 [둘]을 선택합니다.

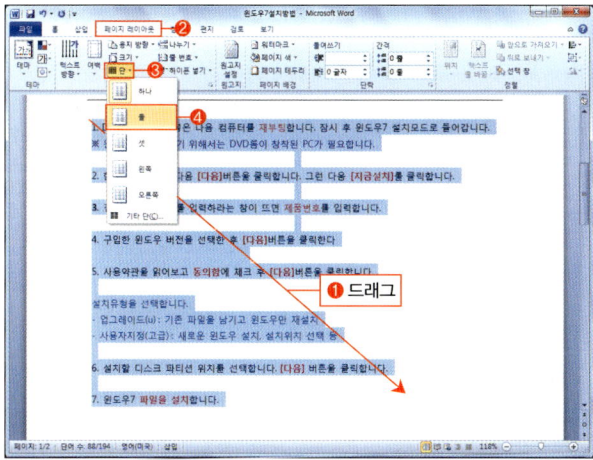

3. 단이 나누어 졌으면 '4. 구입한 윈도우' 앞에 커서를 위치시킨 후 [페이지 레이아웃] 탭-[페이지 설정] 그룹-[나누기]를 클릭하여 [단]을 선택합니다.

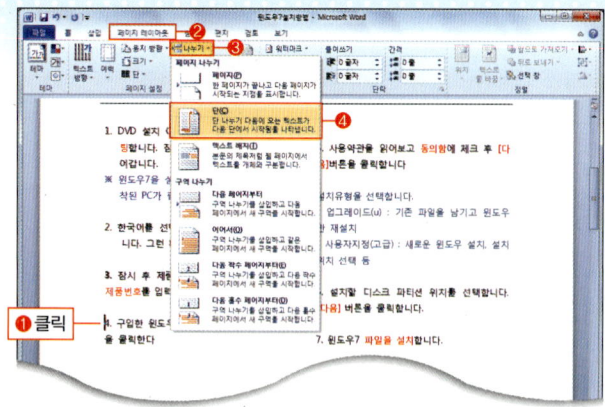

4. 구역 나누기 혹은 단 나누기 기능이 사용된 영역을 살펴보기 위해 [초안] 단추를 클릭합니다.

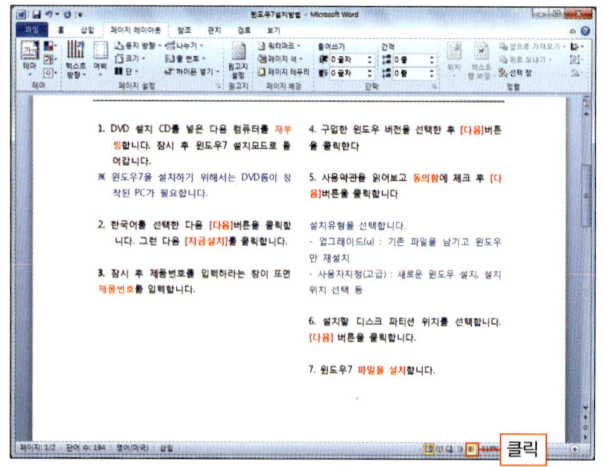

> **tip**
> [초안]을 클릭하여 구역 나누기나 단 나누기된 영역을 삭제할 수 있습니다. 단, 삭제를 하게 되면 구역 나누기나 단 나누기 앞에 있는 영역 서식도 함께 삭제됩니다.

5. 다음과 같이 구역 나누기 및 단 나누기를 지정한 영역을 확인할 수 있습니다.

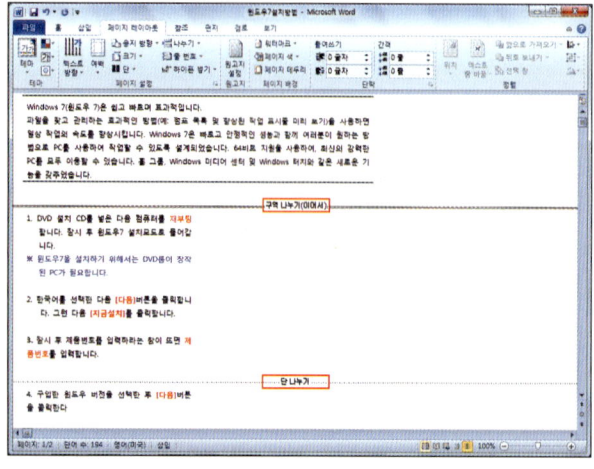

> **tip**
> [인쇄 모양] 단추를 클릭하여 원래의 페이지로 돌아갑니다.

04 머리글/바닥글 작성하고 편집하기

● **준비파일** : Part03\Chapter03\Section01\채용공고문.docx
● **완성파일** : Part03\Chapter03\Section01\채용공고문_완성.docx

1. 머리글을 추가하기 위해 [삽입] 탭-[머리글/바닥글] 그룹-[머리글]을 클릭한 후 [가는 선]을 선택합니다.

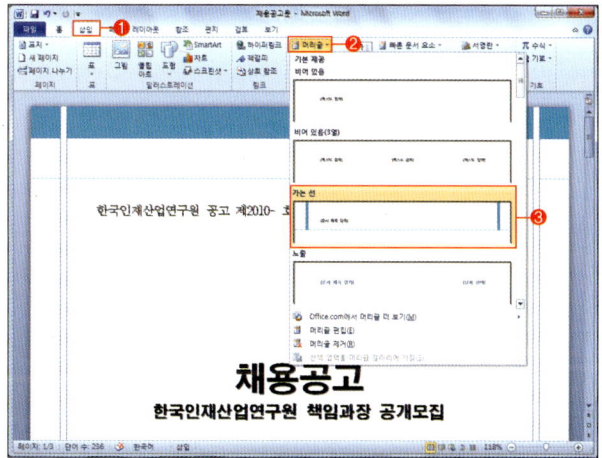

2. 생성되는 텍스트 상자에 『채용공고』를 입력합니다. [머리글/바닥글 도구] 상황별 탭의 [디자인] 탭-[닫기] 그룹에서 [머리글/바닥글 닫기]를 클릭합니다.

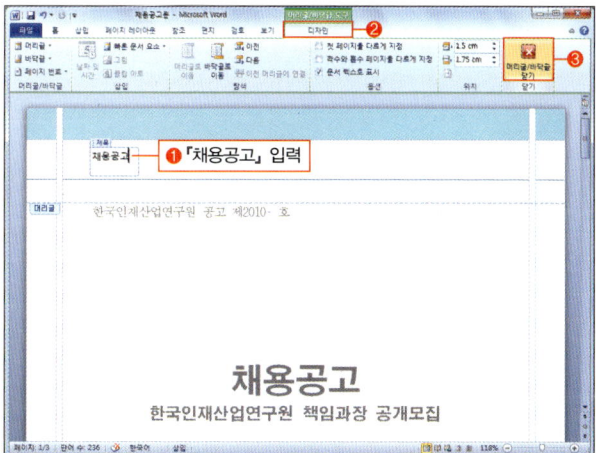

3. 머리글이 지정된 것을 확인한 후 2페이지에서 머리글로 지정된 '채용공고'를 더블 클릭합니다.

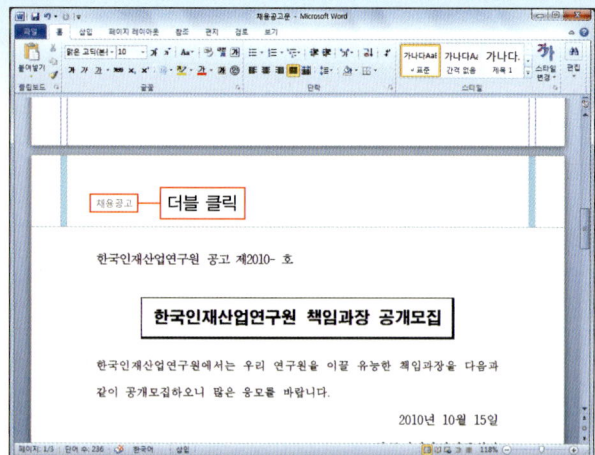

> **tip** 머리글/바닥글은 한번 지정이 되면 문서의 전체 페이지에 동일하게 입력됩니다. 머리글/바닥글 편집 시에는 어떤 페이지에서 편집을 하더라도 전체 페이지에 반영됩니다.

4. '채용공고'를 드래그하여 선택한 후 [홈] 탭-[글꼴] 그룹에서 [굵게]와 [밑줄]를 클릭합니다.

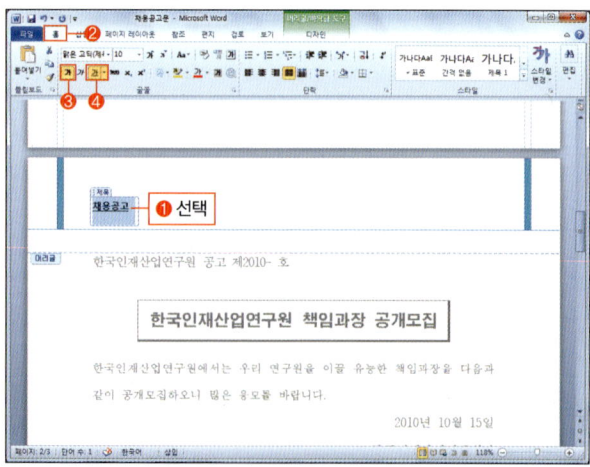

5. 본문 영역을 더블 클릭하여 머리글 편집을 마무리합니다.

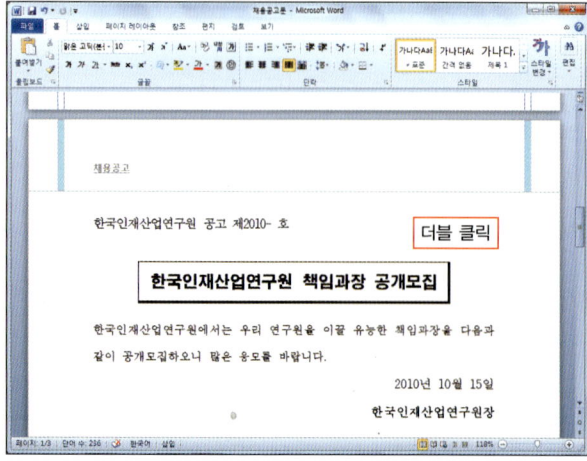

05 페이지 번호 추가하기

1. 페이지 번호를 추가하기 위해 [삽입] 탭-[머리글/바닥글] 그룹-[페이지 번호]를 클릭한 후 [아래쪽]-[삼각형 2]를 선택합니다.

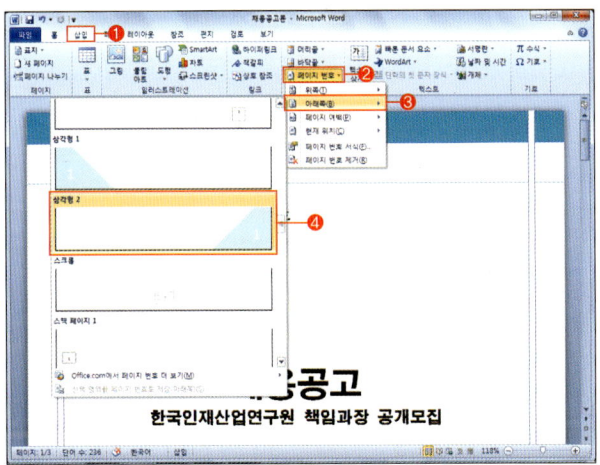

2. 페이지 번호가 지정된 것을 확인한 후 2페이지에서 페이지 번호를 더블 클릭합니다. [그리기 도구] 상황별 탭의 [서식] 탭-[도형 스타일] 그룹에서 [자세히(▽)] 단추를 클릭하여 [밝은 색 1 윤곽선, 색 채우기 – 바다색, 강조 5]를 선택합니다. 본문 영역을 더블 클릭하여 '페이지 번호' 영역의 편집을 마무리합니다.

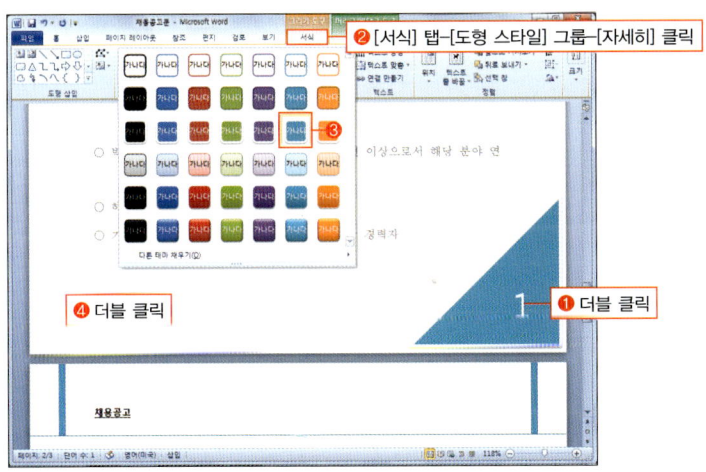

첫 페이지의 페이지 번호 다르게 지정하기

1. [페이지 레이아웃] 탭-[페이지 설정] 그룹에서 [페이지 설정] 대화 상자 표시 단추(□)를 클릭합니다. [페이지 설정] 대화 상자가 나타나면 [레이아웃] 탭을 클릭하여 [머리글/바닥글]에서 [첫 페이지를 다르게 지정]에 체크 표시를 한 후 [확인]을 클릭합니다.

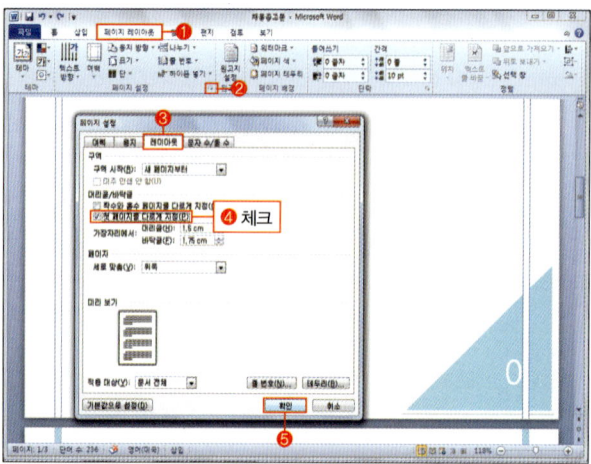

2. 첫 페이지의 페이지 번호가 사라집니다.

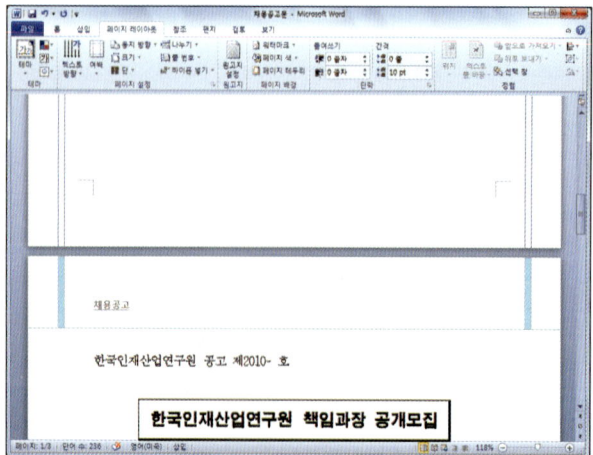

3. 다른 페이지에는 페이지 번호가 그대로 남아 있는지 확인합니다.

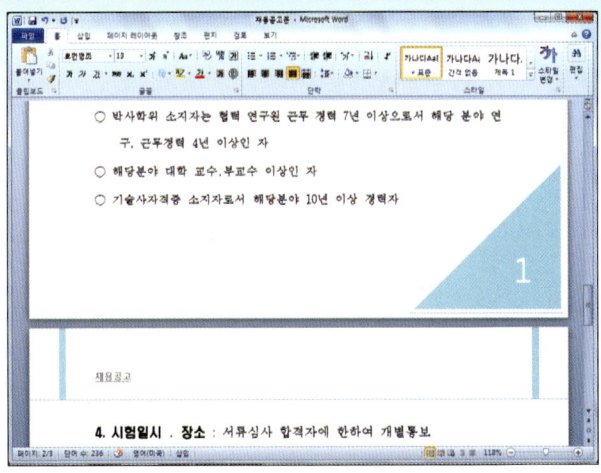

● 준비파일 : Part03\Chapter03\Check\이용약관.docx
● 완성파일 : Part03\Chapter03\Check\이용약관_완성.docx

본인의 닉네임과 제목, 오늘의 날짜로 머리말을 입력한 후 도형을 추가하여 머리말을 꾸며보세요.

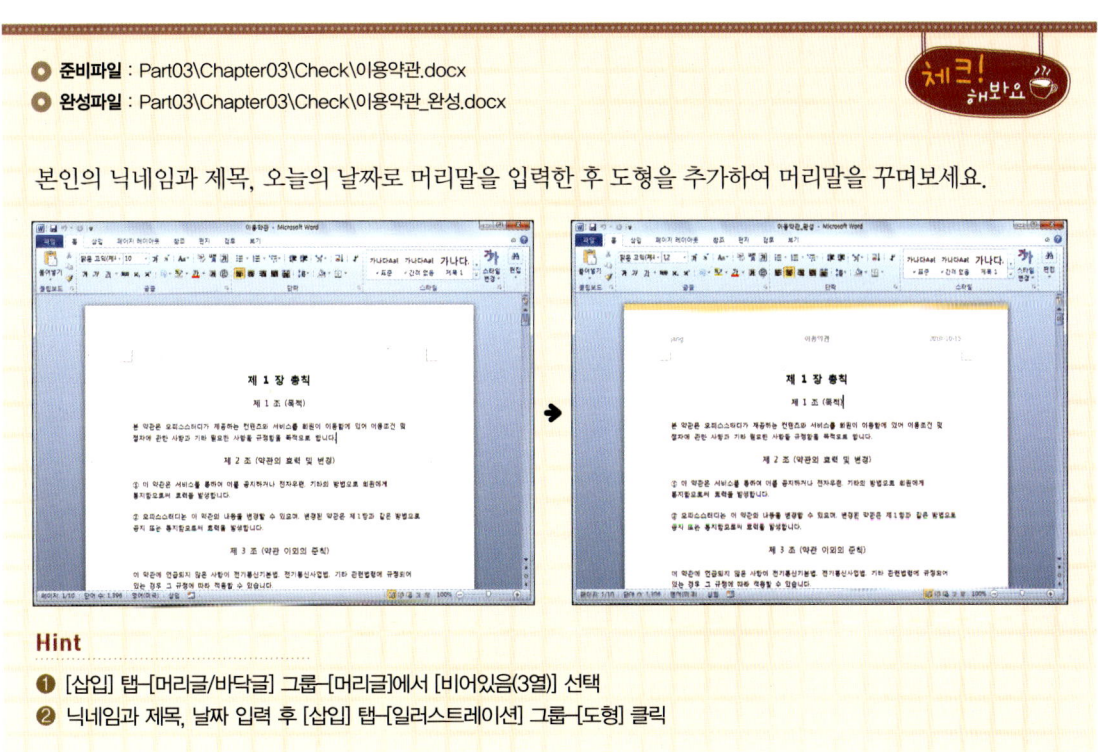

Hint

❶ [삽입] 탭-[머리글/바닥글] 그룹-[머리글]에서 [비어있음(3열)] 선택
❷ 닉네임과 제목, 날짜 입력 후 [삽입] 탭-[일러스트레이션] 그룹-[도형] 클릭

02 워드 120% 활용을 위한 고급 기능 이용하기

문서에 책갈피를 삽입하면 원하는 위치로 바로 이동할 수 있고, 각주/미주를 삽입하면 문서에 설명을 달 수 있습니다. 또한, 몇 번의 클릭으로 문서의 목차를 만들 수 있으며, 색인을 삽입할 수도 있습니다. 여기서는 단순한 문서 작성에서 벗어나 워드를 120% 활용하는 다양한 고급 기능에 대해 알아봅니다.

Preview

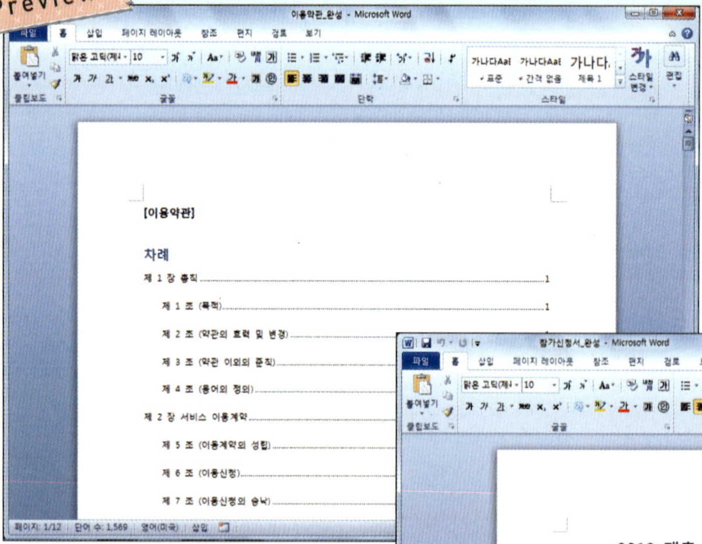

▲ 이용약관에 자동 목차 만들기

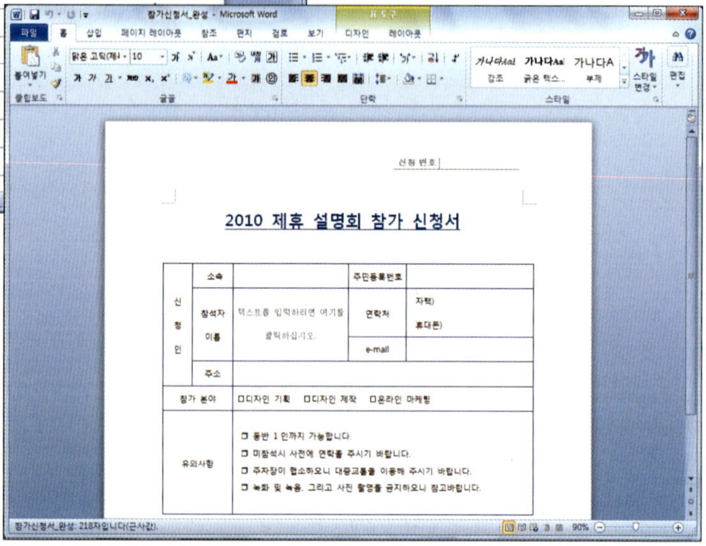

▲ 양식 컨트롤로 참가 신청서 완성하기

이번 섹션에서 배울 주요 내용!

01. 문서에 책갈피 삽입하기
02. 책갈피로 빠르게 이동하기
03. 하이퍼링크로 책갈피 연결하기
04. 하이퍼링크로 웹 사이트 연결하기
05. 각주/미주 설정하고 편집하기

06. 자동 목차 만들기
07. 색인 만들기
08. 페이지 나누고 색인 삽입하기
스페셜. 개발 도구와 양식 컨트롤 도구 삽입하기

112 Part 03. 워드 2010

01 문서에 책갈피 삽입하기

● **준비파일** : Part03\Chapter03\Section02\개인정보.docx
● **완성파일** : Part03\Chapter03\Section02\개인정보_완성.docx

1. 첫 페이지에서 책갈피로 추가하고 싶은 '제24조 (개인정보의 이용 제한)'을 마우스로 드래그하여 선택한 후 [삽입] 탭-[링크] 그룹에서 [책갈피]를 클릭합니다. [책갈피] 대화 상자가 나타나면 [책갈피 이름]에 『제24조_개인정보의이용제한』을 입력한 후 [추가]를 클릭합니다.

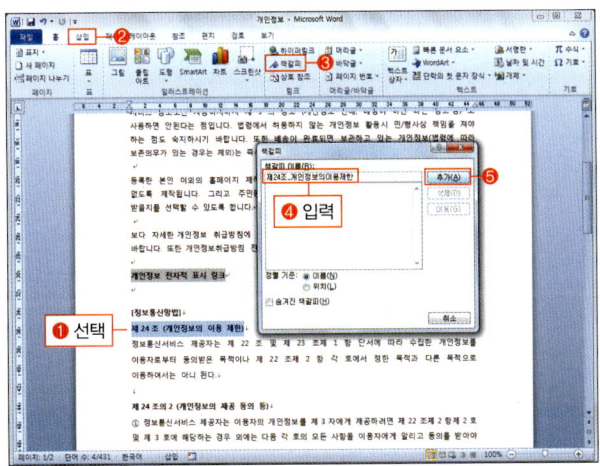

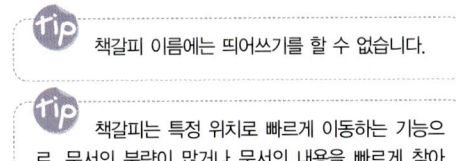

tip 책갈피 이름에는 띄어쓰기를 할 수 없습니다.

tip 책갈피는 특정 위치로 빠르게 이동하는 기능으로, 문서의 분량이 많거나 문서의 내용을 빠르게 찾아야하는 경우 주로 사용합니다.

2. 같은 방법으로 '제24조의 2', '제29조', '제71조', '제76조' 법안에도 책갈피로 추가합니다.

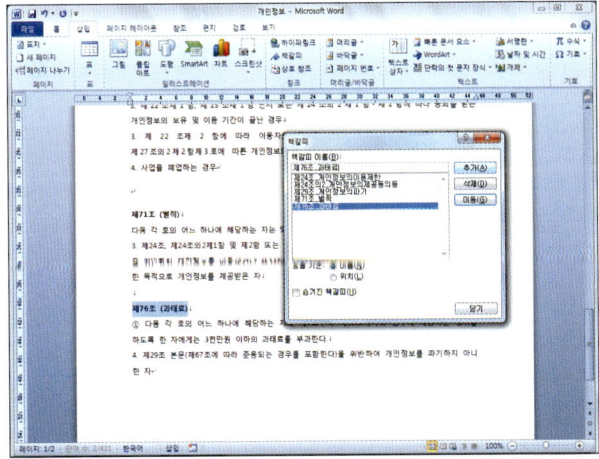

02 책갈피로 빠르게 이동하기

1. 추가한 책갈피로 이동해 보겠습니다. 문서의 첫 번째 단락을 마우스로 클릭한 후 [삽입] 탭–[링크] 그룹–[책갈피]를 클릭합니다. [책갈피] 대화 상자가 나타나면 빠르게 이동하고 싶은 책갈피 이름을 선택합니다. 여기서는 [제29조_개인정보의파기]를 선택한 후 [이동]을 클릭합니다.

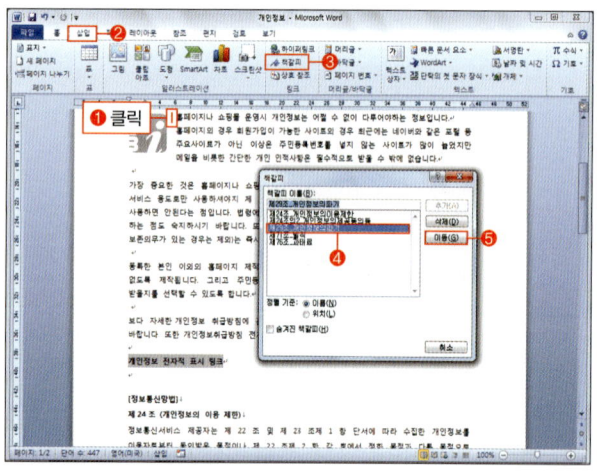

> **Tip**
> [책갈피] 대화 상자의 [정렬 기준]에서 책갈피 이름이 나오는 순서를 이름순 혹은 위치 순으로 지정할 수 있습니다.

2. 선택한 책갈피 위치인 '제29조 (개인정보의 파기)'로 문서가 바로 이동됩니다.

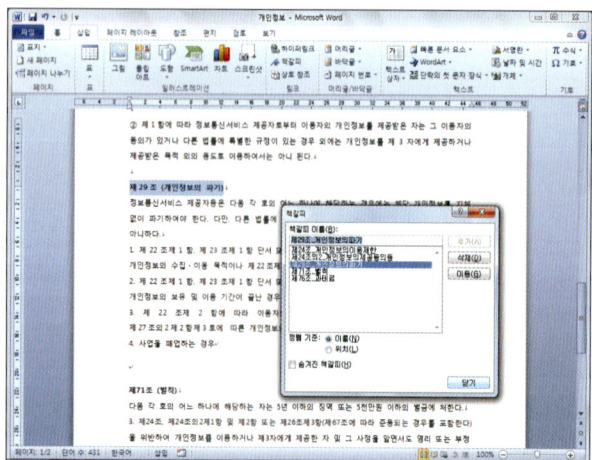

03 하이퍼링크로 책갈피 연결하기

1. 이번에는 하이퍼링크로 책갈피를 연결해 보겠습니다. 문서 상단의 '제24조 (개인정보의 이용 제한)' 을 마우스로 드래그하여 선택한 후 [삽입] 탭-[링크] 그룹-[하이퍼링크]를 클릭합니다. [하이퍼링크 삽입] 대화 상자에서 [연결 대상]-[현재 문서]를 클릭하면 이미 책갈피로 지정한 책갈피 목록이 나타납니다. [제24조_개인정보의 이용제한]을 선택한 후 [확인]을 클릭합니다.

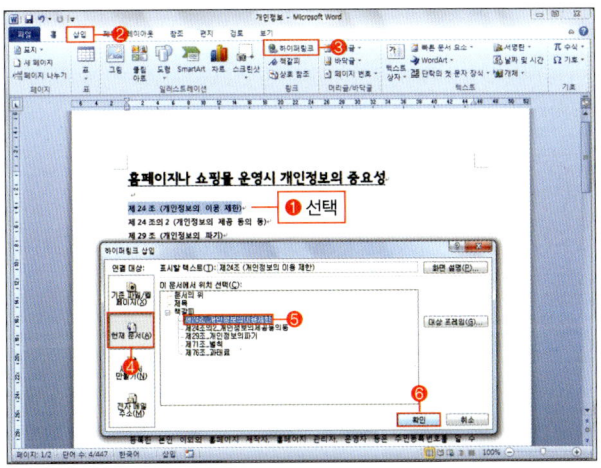

> **tip**
> 하이퍼링크로 책갈피를 연결하면 굳이 [책갈피] 대화 상자를 열지 않더라도 문서 안에서 책갈피 위치로 빠르게 이동할 수 있습니다.

2. 나머지 부분도 하이퍼링크로 책갈피를 연결합니다. '제24조 (개인정보의 이용제한)' 을 Ctrl 을 누른 채 클릭하면 '제24조 (개인정보의 이용제한)' 가 입력되어 있는 문서 영역으로 이동됩니다.

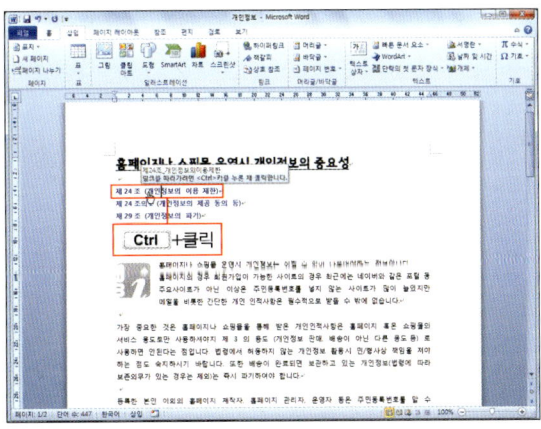

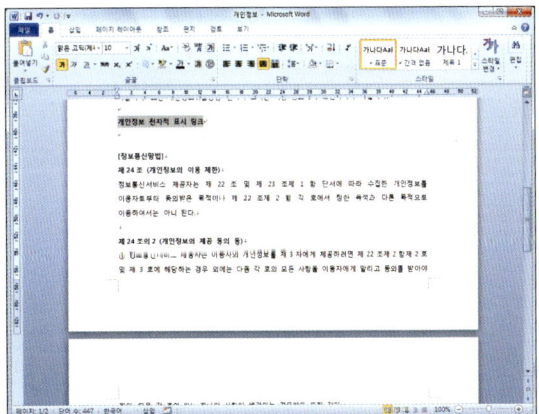

3. 하이퍼링크의 스타일을 변경하기 위해 [홈] 탭-[스타일] 그룹에서 [스타일] 창 표시 단추(⬜)를 클릭합니다. [스타일] 창이 나타나면 [하이퍼링크]의 화살표를 클릭하여 [수정]을 선택합니다.

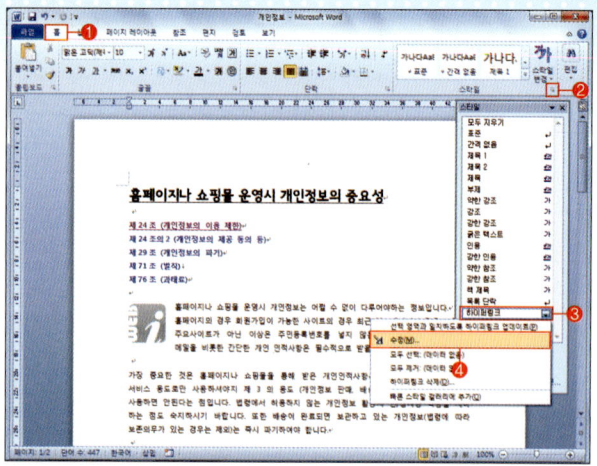

tip [스타일] 창에서는 하이퍼링크뿐만 아니라 다양한 개체의 스타일을 변경할 수 있습니다.

4. [스타일 수정] 대화 상자가 나타나면 [색상]을 [검정, 텍스트 1, 15% 더 밝게]로 선택하고 [확인]을 클릭합니다.

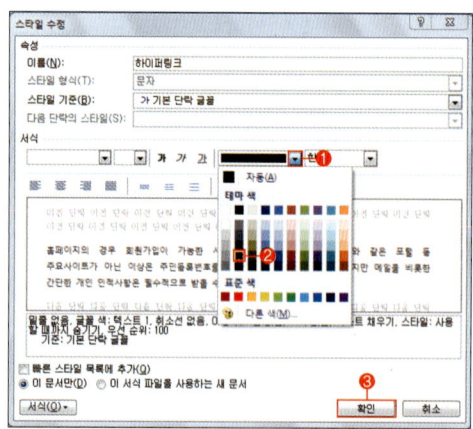

5. 하이퍼링크의 색상이 변경됩니다.

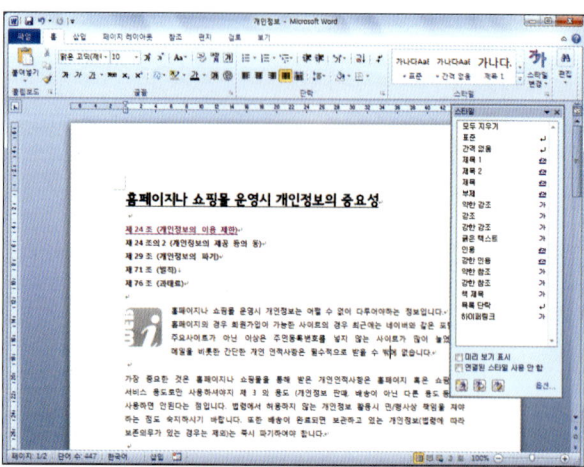

04 하이퍼링크로 웹 사이트 연결하기

1. 첫 페이지의 하단 부분에 있는 '개인정보 전자적 표시 링크'를 마우스로 드래그하여 선택한 후 [삽입] 탭-[링크] 그룹-[하이퍼링크]를 클릭합니다. [하이퍼링크 삽입] 대화 상자가 나타나면 [연결 대상]에서 [기존 파일/웹 페이지]를 클릭하고 [주소]에 『http://www.checkprivacy.co.kr/make/』를 입력한 후 [확인]을 클릭합니다.

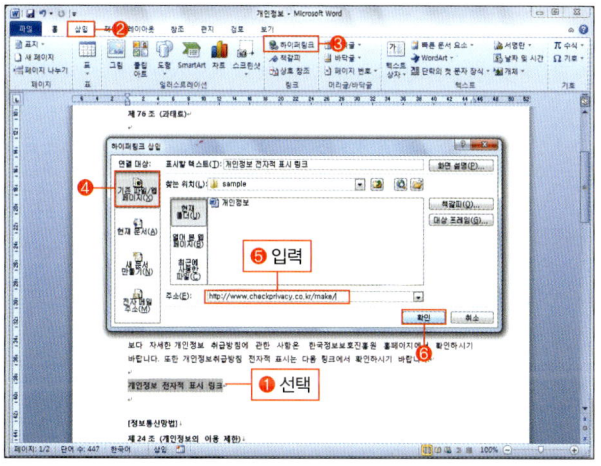

> **tip** 하이퍼링크를 지정하고 싶은 내용을 마우스로 드래그하여 선택한 다음 마우스 오른쪽 단추를 클릭하여 [하이퍼링크]를 선택하여 지정할 수도 있습니다.

2. '개인정보 전자적 표시 링크'를 [Ctrl]을 누른 채 클릭하면 전자적 표시를 제공하는 웹 사이트로 연결됩니다.

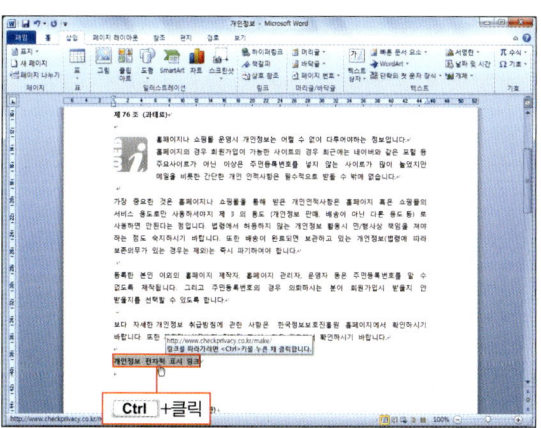

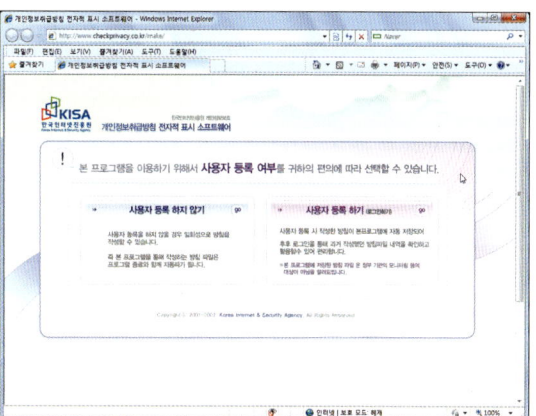

05 각주/미주 설정하고 편집하기

1. 각주나 미주를 설정하여 단어에 상세한 설명을 추가할 수 있습니다. 여기서는 각주를 설정해 보겠습니다. 각주를 설정할 첫 페이지의 '개인정보' 라는 단어 뒤에서 마우스를 클릭합니다. [참조] 탭-[각주] 그룹에서 [각주 삽입]을 클릭합니다.

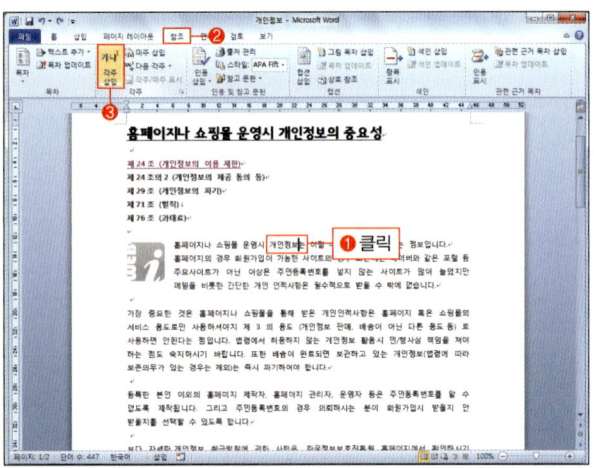

> **tip** 단어에 상세한 부연 설명을 추가하기 위해서는 각주나 미주를 이용합니다. 각주는 각 페이지 끝에 들어가는 설명을 말하고, 미주는 문서 마지막 페이지에 표시하는 설명을 말합니다.

> **tip** 각주는 Ctrl + Alt + F 를 눌러 삽입할 수 있고, 미주는 Ctrl + Alt + D 를 눌러 삽입할 수 있습니다.

2. 페이지 하단 부분에 각주 영역이 나타납니다. '개인 정보' 에 관한 자세한 설명을 입력합니다.

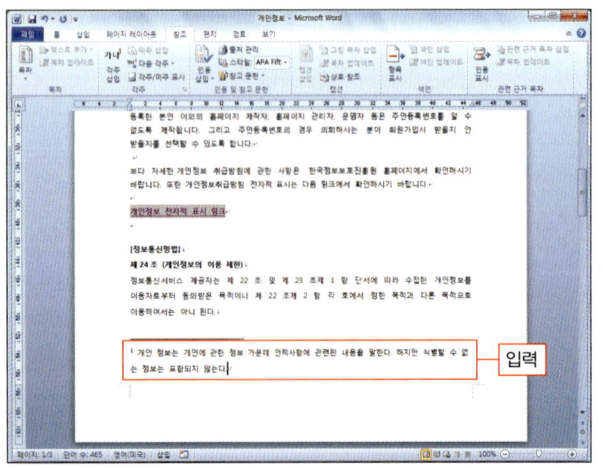

> **tip** 각주나 미주 번호가 삽입된 부분에 마우스를 가져가면 삽입한 각주나 미주 텍스트가 나타납니다. 또한, 각주나 미주 번호를 더블 클릭하면 각 페이지 하단에 삽입한 각주나 미주 텍스트 부분으로 이동됩니다.

3. 이번에는 각주를 편집해 보겠습니다. [참조] 탭-[각주] 그룹에서 [각주 및 미주] 대화 상자 표시 단추(⬛)를 클릭합니다. [각주 및 미주] 대화 상자가 나타나면 [서식]에서 [번호 서식]의 화살표를 클릭하여 번호 서식을 변경하고 [삽입]을 클릭합니다.

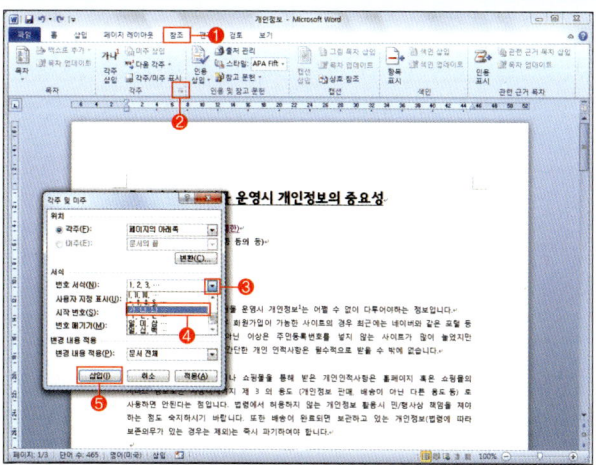

4. '개인정보'의 각주 표시 번호가 변경됩니다.

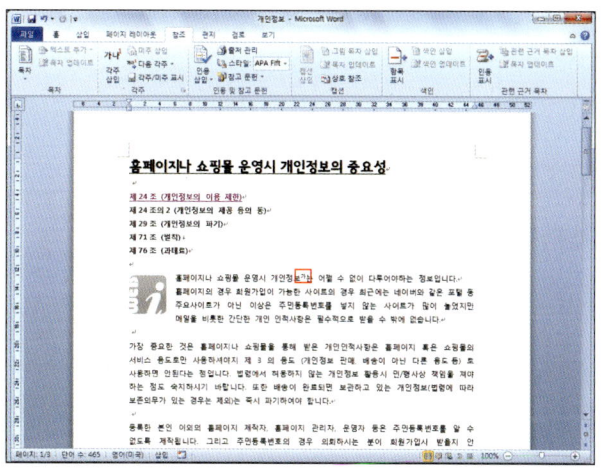

tip 각주나 미주를 삭제하려면 삽입한 각주 및 미주 번호를 드래그하여 선택한 후 `Delete`를 누릅니다. 여러 개의 각주나 미주를 삽입한 경우 중간에 있는 각주나 미주를 삭제하여도 번호가 자동으로 정렬됩니다.

06 자동 목차 만들기

- **준비파일** : Part03\Chapter03\Section02\이용약관.docx
- **완성파일** : Part03\Chapter03\Section02\이용약관_완성.docx

1. 자동 목차를 지정하기 위해서는 먼저 스타일을 지정해야 합니다. 1 페이지 상단의 '제 1 장 총칙'을 마우스로 드래그하여 선택합니다. [홈] 탭-[스타일] 그룹에서 [자세히](▼)를 클릭합니다.

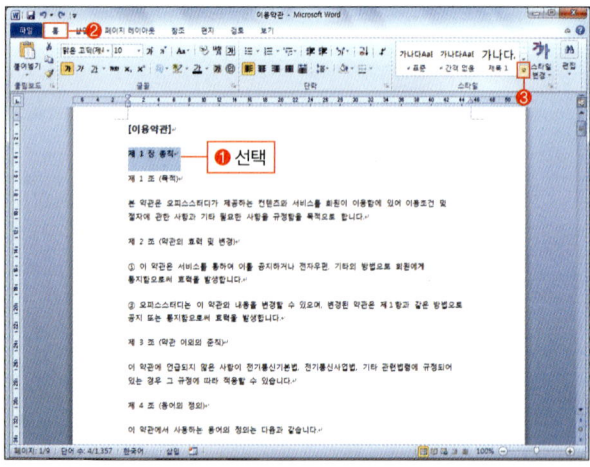

> **tip** 목차 페이지를 쉽게 넣을 수 있는 방법은 자동 목차를 이용하는 것입니다. 자동 목차는 스타일로 지정된 글자를 연결하여 사용할 수 있습니다.

2. 스타일 목록 중 [제목]을 선택합니다. '제 1 장 총칙'에 제목 스타일이 적용됩니다.

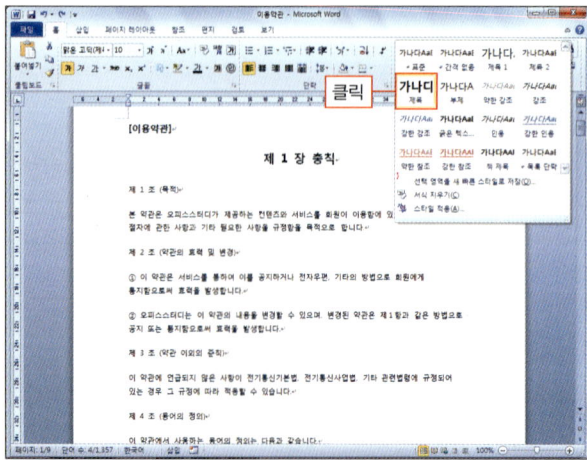

3. 동일한 방법으로 '제 5 장 기타' 까지 [제목] 스타일을 적용합니다.

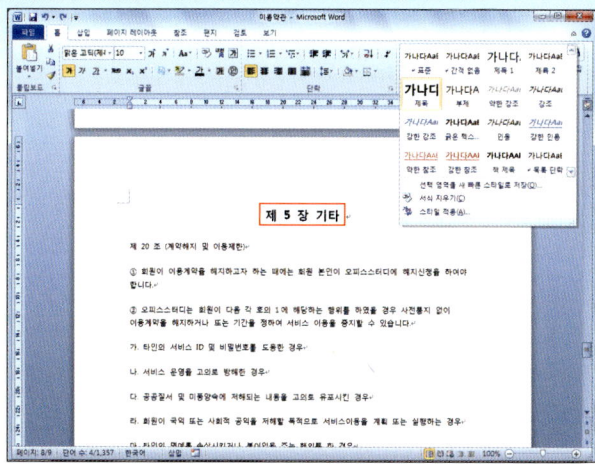

4. 이번에는 첫 페이지의 '제 1 조 (목적)'을 마우스로 드래그하여 선택합니다. [홈] 탭-[스타일] 그룹에서 [자세히](▼)를 클릭한 후 [부제]를 선택합니다.

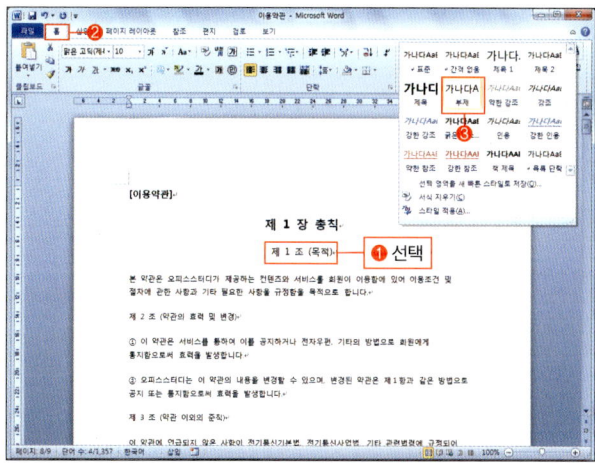

5. 나머지 모든 부제에도 동일한 스타일을 적용합니다.

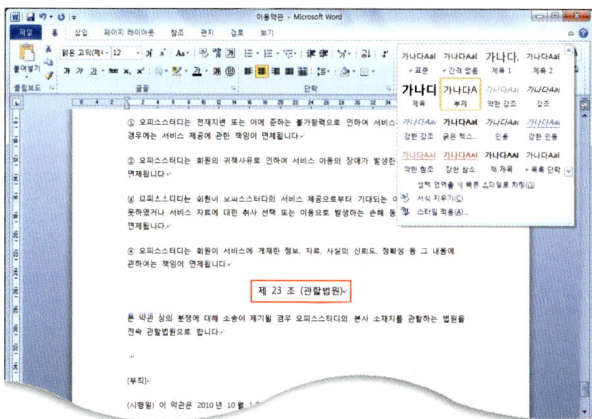

6. 자동 목차를 만들기 위해 첫 페이지의 『이용약관』 다음 단락에 마우스 커서를 위치시킨 후 [참조] 탭-[목차] 그룹-[목차]를 클릭하여 [자동 목차 1]을 선택합니다.

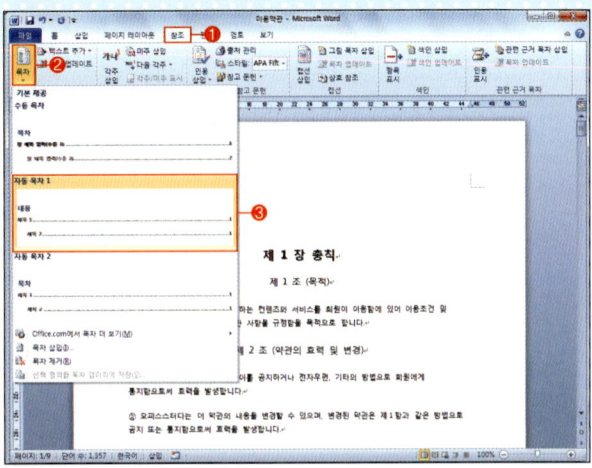

tip 자동 목차를 적용하면 각 제목 및 부제 스타일 에 따라 목차와 페이지 번호가 자동으로 만들어집니다.

7. 스타일로 지정한 제목과 부제 스타일에 해당하는 목차가 만들어집니다. '내용' 을 '차례' 로 수정합니다.

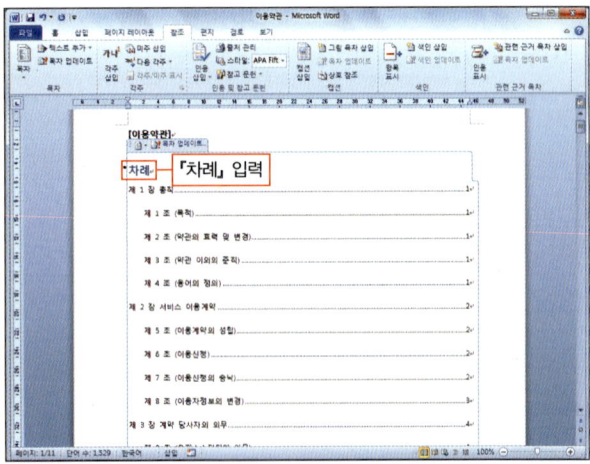

07 색인 만들기

● 준비파일 : Part03\Chapter03\Section02\이용약관_색인.docx
● 완성파일 : Part03\Chapter03\Section02\이용약관_색인_완성.docx

1. 먼저 색인으로 지정할 부분을 선택합니다. 여기서는 2 페이지의 하단에 있는 '전기통신기본법' 을 마우스로 드래그하여 선택합니다. [참조] 탭-[색인] 그룹-[항목 표시]를 클릭하여 [색인 항목 표시] 대화 상자가 나타나면 [표시]를 클릭합니다.

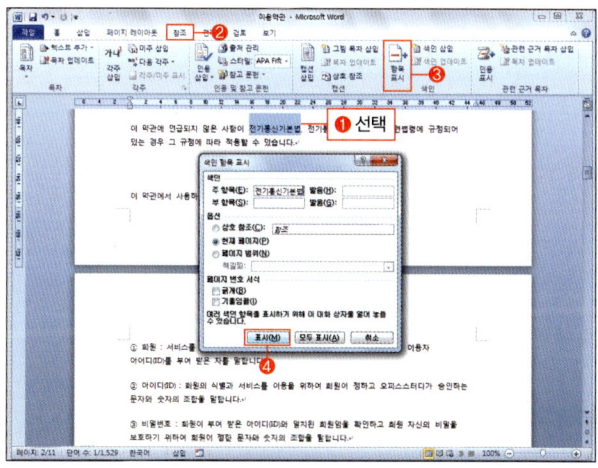

> **tip** 색인은 **Alt** + **Shift** + **X** 를 클릭하여도 지정할 수 있습니다.

> **tip** 색인은 본문의 주요 내용에 해당하는 단어를 가나다 순으로 정렬하여 페이지 위치를 안내하는 역할을 합니다. 보통 책의 가장 뒷 페이지에 들어가는 색인을 워드에서도 만들 수 있습니다.

2. 선택한 단어 오른쪽에 색인 항목 편집 기호가 표시되면 [닫기]를 클릭합니다. **1.**과 같은 방법으로 색인으로 만들 단어를 모두 색인 항목으로 지정합니다.

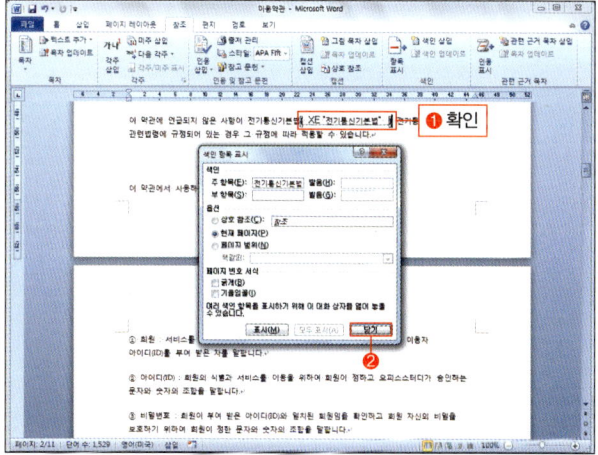

페이지 나누고 색인 삽입하기

1. 가장 마지막 페이지의 마지막 부분에 마우스 커서를 위치시킵니다. 페이지를 나누기 위해 [삽입] 탭-[페이지] 그룹-[페이지 나누기]를 클릭합니다.

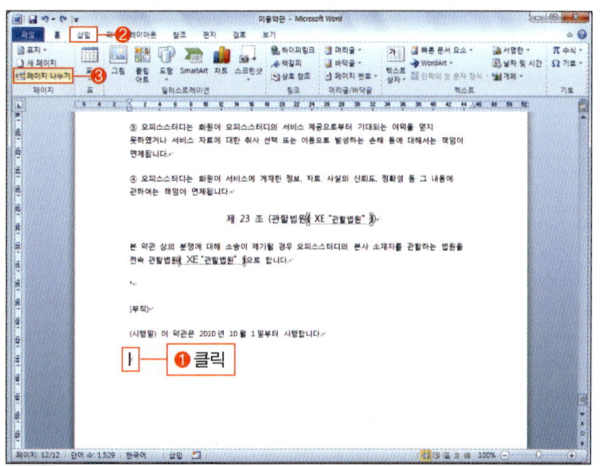

<tip>
Ctrl + **End** 를 눌러도 문서의 마지막 부분으로 이동할 수 있습니다.
</tip>

2. 마지막 페이지 다음에 새로운 페이지가 삽입됩니다. [참조] 탭-[색인] 그룹-[색인 삽입]을 클릭합니다.

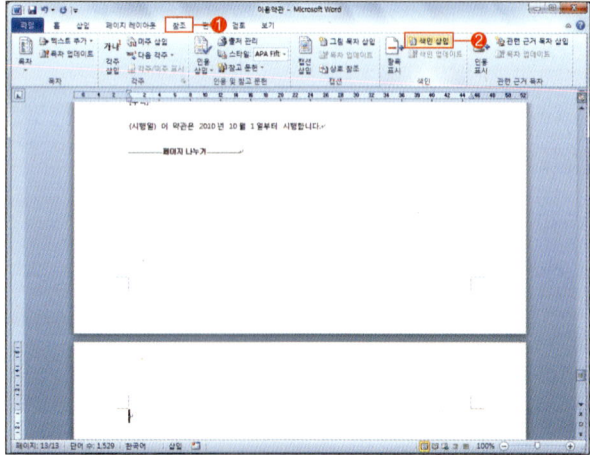

3. [색인] 대화 상자가 나타나면 [색인] 탭에서 [페이지 번호를 오른쪽에 맞춤]에 체크 표시를 한 후 [확인]을 클릭합니다.

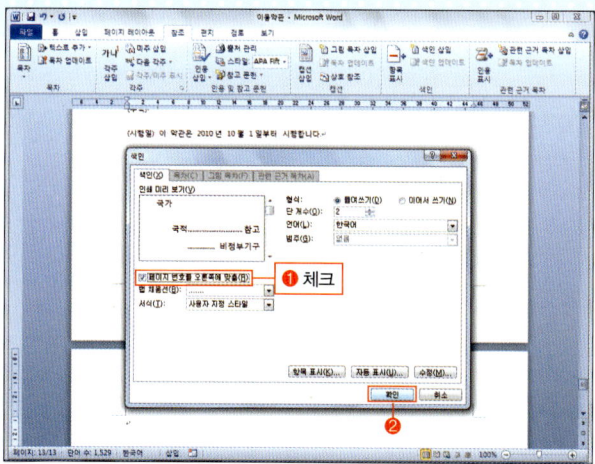

4. 색인 항목이 모두 표시됩니다.

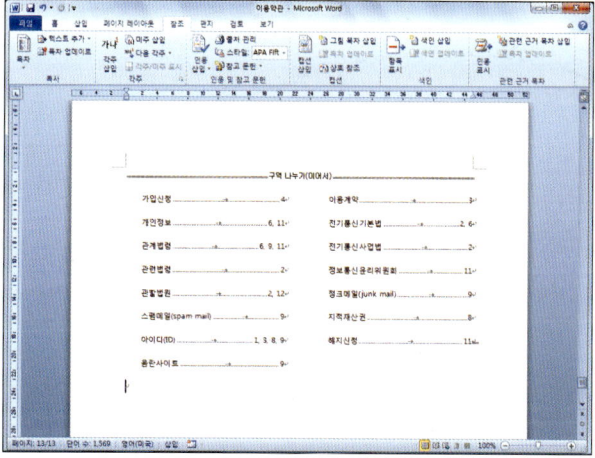

개발 도구와 양식 컨트롤 도구 삽입하기

- 준비파일 : Part03\Chapter03\Section02\참가신청서.docx
- 완성파일 : Part03\Chapter03\Section02\참가신청서_완성.docx

1 양식 컨트롤 도구를 삽입하기 위해서는 [개발 도구] 탭을 표시해야 합니다. [파일] 탭-[옵션]을 클릭합니다. [Word 옵션] 대화 상자가 나타나면 [리본 사용자 지정]을 클릭한 후 [리본 메뉴 사용자 지정]에서 [개발 도구]에 체크 표시를 한 후 [확인]을 클릭합니다.

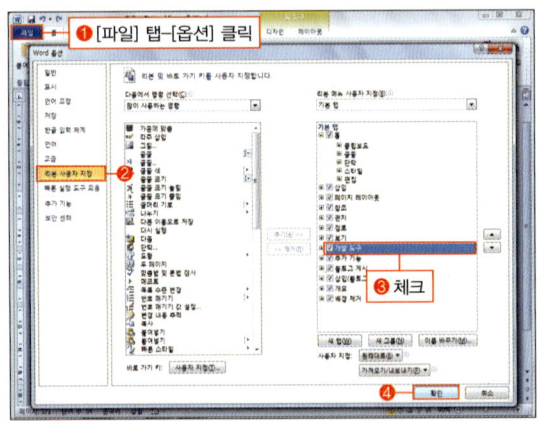

2 [개발 도구] 탭이 표시됩니다. '참석자 이름'에 해당하는 영역을 클릭한 후 [개발 도구] 탭-[컨트롤] 그룹에서 [일반 텍스트 콘텐츠 컨트롤]([가])을 클릭합니다.

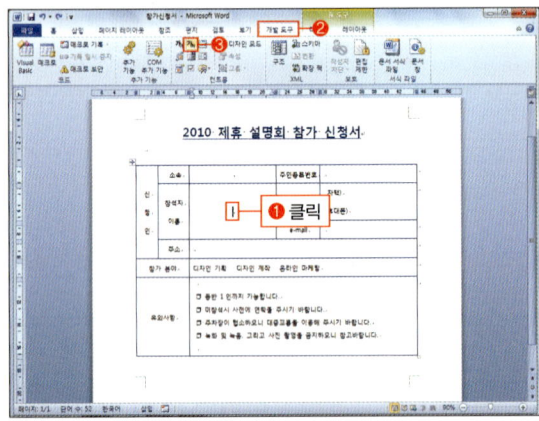

3 '일반 텍스트 콘텐츠 컨트롤' 상자가 삽입되면 제목을 넣기 위해 [개발 도구] 탭-[컨트롤] 그룹에서 [속성]을 클릭합니다. [콘텐츠 컨트롤 속성] 대화 상자가 나타나면 [제목]에 『동명 1인까지 입력해 주세요.』를 입력한 후 [확인]을 클릭합니다.

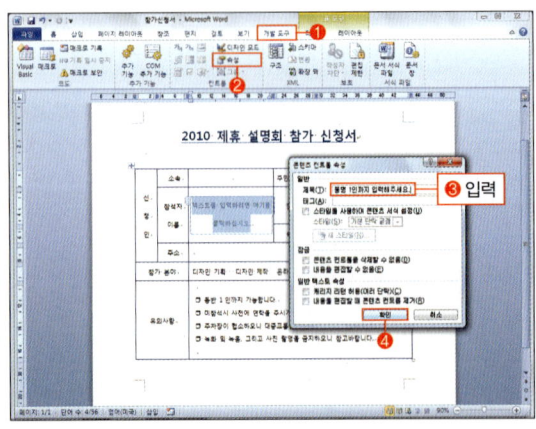

4 '일반 텍스트 콘텐츠 컨트롤'에 제목이 입력됩니다.

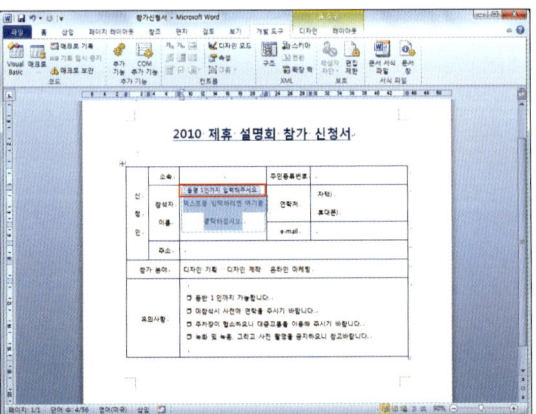

5 이번에는 '확인란 콘텐츠 컨트롤'을 삽입하여 참가 분야를 체크 표시로 만들어 봅니다. '디자인 기획' 글자 앞에 마우스 커서를 위치시킨 후 [개발 도구] 탭-[컨트롤] 그룹에서 [확인란 콘텐츠 컨트롤](☑)을 클릭합니다.

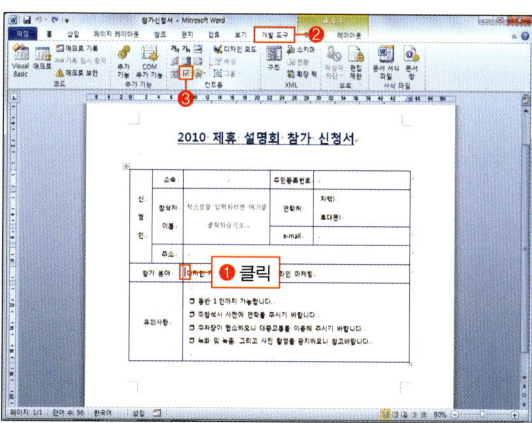

6 '확인란 콘텐츠 컨트롤'이 문서에 삽입됩니다. '디자인 제작'과 '온라인 마케팅' 글자 앞에서도 '확인란 콘텐츠 컨트롤'을 삽입하여 문서를 완성합니다.

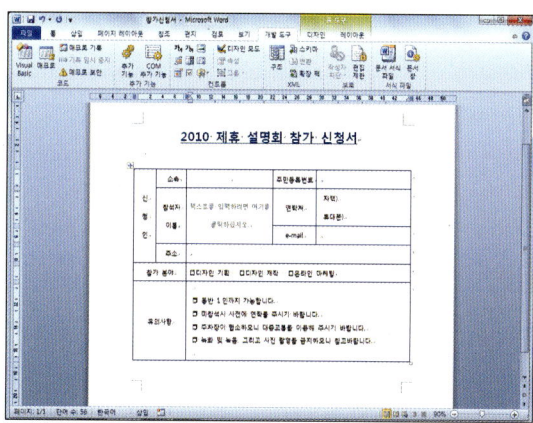

● **준비파일** : Part03\Chapter03\Check\쇼핑몰.docx
● **완성파일** : Part03\Chapter03\Check\쇼핑몰_완성.docx

체크! 해보요

문서의 페이지 하단에 각주를 삽입해 보세요.

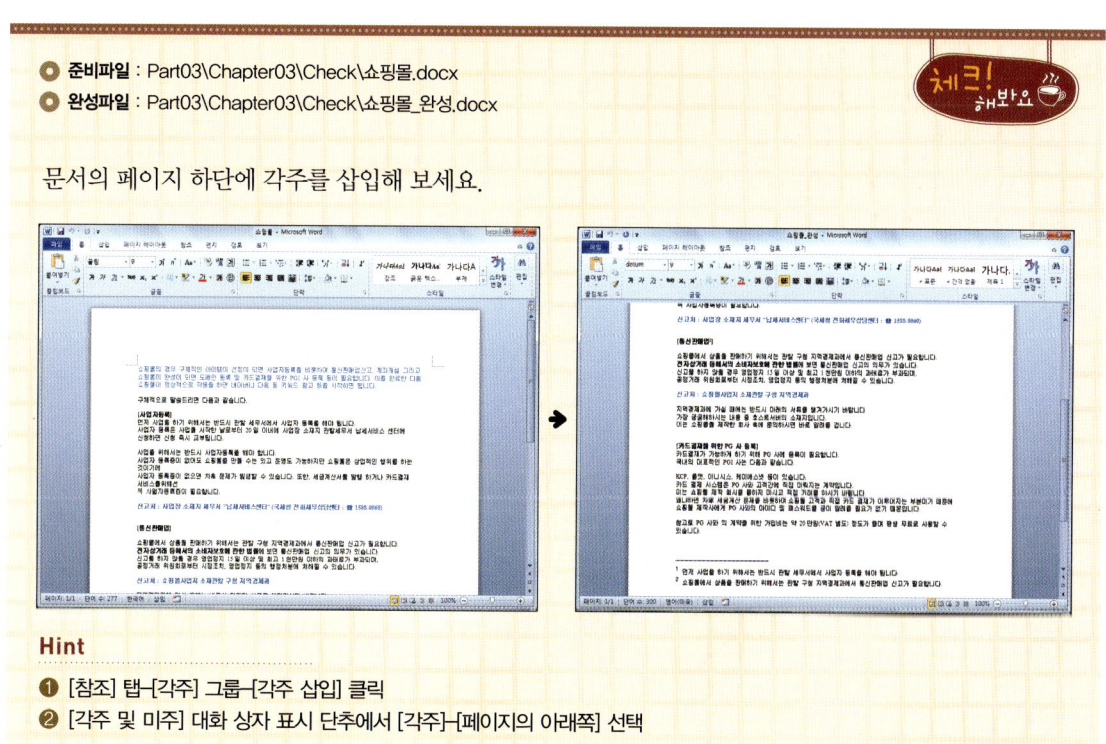

Hint

❶ [참조] 탭-[각주] 그룹-[각주 삽입] 클릭
❷ [각주 및 미주] 대화 상자 표시 단추에서 [각주]-[페이지의 아래쪽] 선택

SECTION 03

워드 2010만의
특수 기능 활용하기

워드 2010에서는 새롭게 다양한 특수 기능이 추가되었습니다. 데이터 목록을 직접 작성하여 DM 발송물을 만들거나 엑셀, 액세스 등에서 작성한 문서를 불러와 주소 레이블을 만들 수 있습니다. 또한 텍스트 문서를 원고지 형식이나 PDF 형식으로 변환할 수도 있습니다. 여기서는 워드 2010에서 새롭게 추가된 특수 기능을 활용하는 방법에 대해 알아봅니다.

Preview

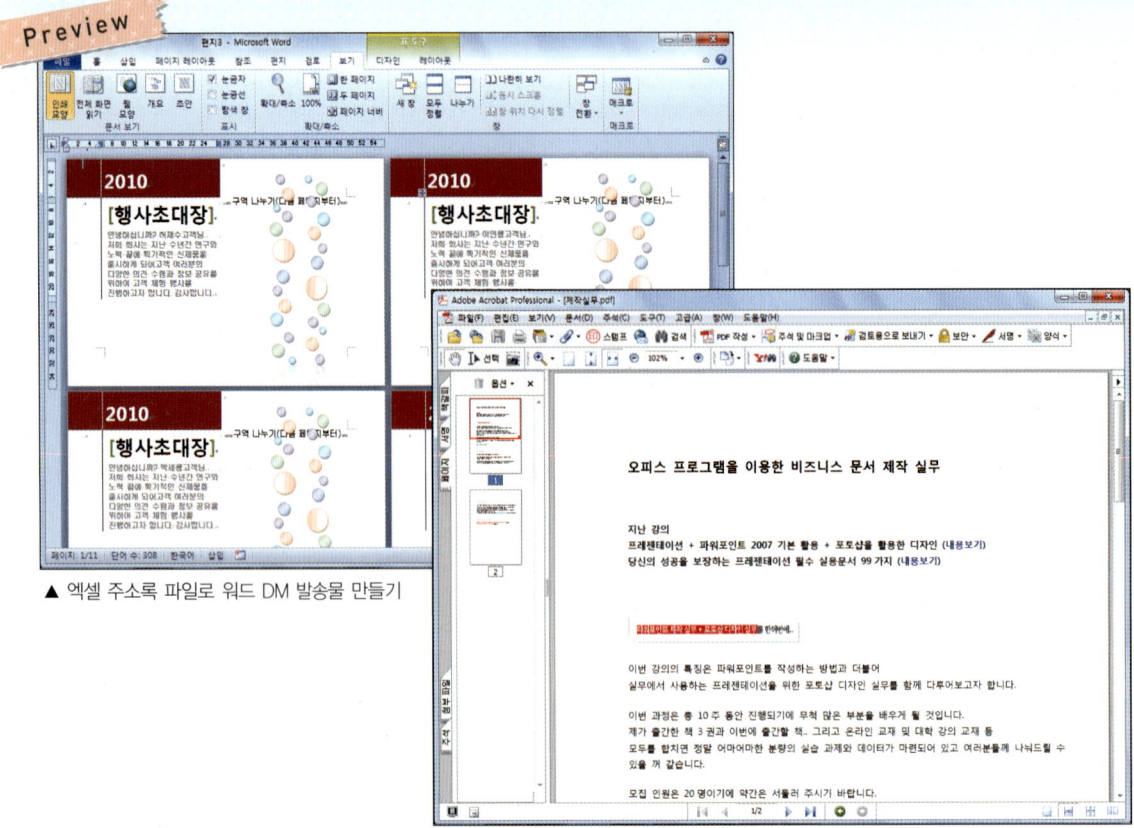

▲ 엑셀 주소록 파일로 워드 DM 발송물 만들기

▲ 워드 문서를 PDF 파일로 변환하기

이번 섹션에서 배울 주요 내용!

01. 데이터 목록 작성하기
02. 목록 불러와 병합 필드 삽입하기
03. 엑셀 주소록으로 편지 DM 발송물 만들기
04. DM 발송물 개별 문서 편집하기
05. 주소 레이블 병합하기
06. 필드 연결하기

07. 워드 문서를 원고지 형식으로 변환하기
08. 워드 문서를 PDF로 변환하기
스페셜. 워드 문서를 네이버 블로그에 바로 올리기
스페셜. 스카이라이브에서 워드 문서 다루기
스페셜. 구글 오피스(독스)에서 워드 문서 다루기

01 데이터 목록 작성하기

● **준비파일** : Part03\Chapter03\Section03\초대권.docx
● **완성파일** : Part03\Chapter03\Section03\초대권_완성.docx

1. [편지] 탭–[편지 병합 시작] 그룹에서 [편지 병합 시작]을 클릭하여 [편지]를 선택합니다.

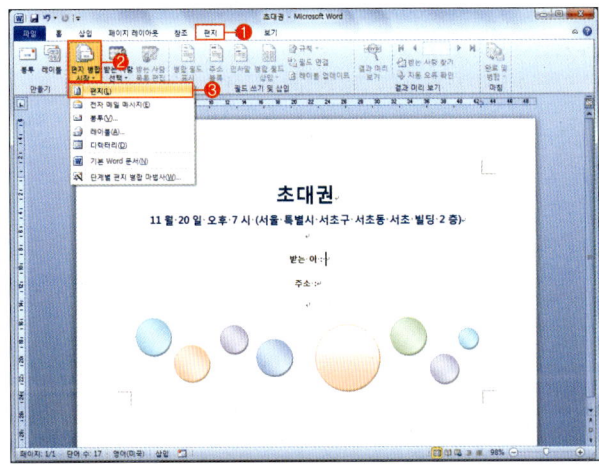

> **tip** [편지 병합 시작]을 클릭하여 편지, 봉투, 레이블 등 다양한 데이터 목록을 작성할 수 있습니다.

2. [편지] 탭–[편지 병합 시작] 그룹에서 [받는 사람 선택]을 클릭하여 [새 목록 입력]을 선택합니다.

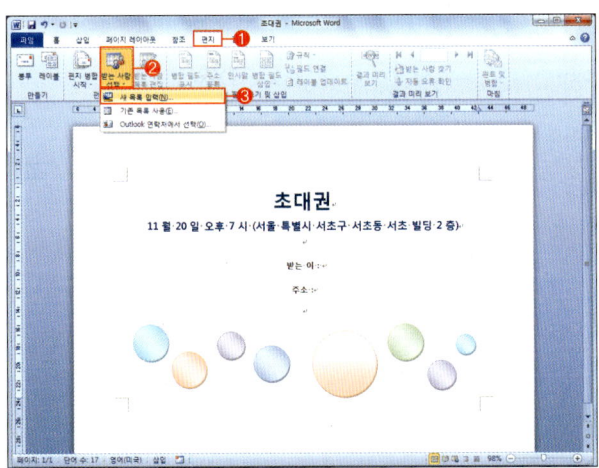

> **tip** [새 목록 입력]을 선택하면 워드에서 데이터 파일을 직접 만들어 불러올 수 있고, [기존 목록 사용]을 선택하면 엑셀이나 액세스 등의 문서를 가져올 수 있습니다.

3. [새 주소 목록] 대화 상자가 나타나면 [열 사용자 지정]을 클릭합니다. [주소 목록 사용자 지정] 대화 상자가 나타나면 [필드 이름]에서 필요없는 필드인 [호칭]을 선택한 후 [삭제]를 클릭합니다. 경고 창이 나타나면 [예]를 클릭합니다. 동일한 방법으로 나머지 필드도 삭제하여 다음과 같은 필드만 남긴 후 [확인]을 클릭합니다.

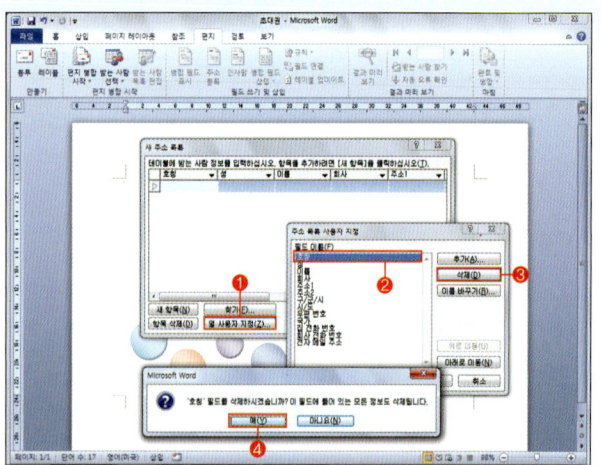
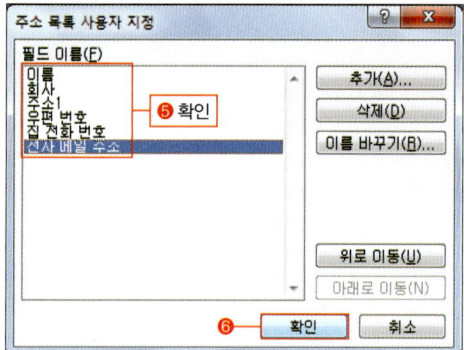

4. [새 주소 목록] 대화 상자에서 첫 번째 행의 각 필드에 데이터를 입력합니다. [새 항목]을 클릭한 다음 다음과 같이 새 주소 목록을 완성합니다. [확인]을 클릭합니다.

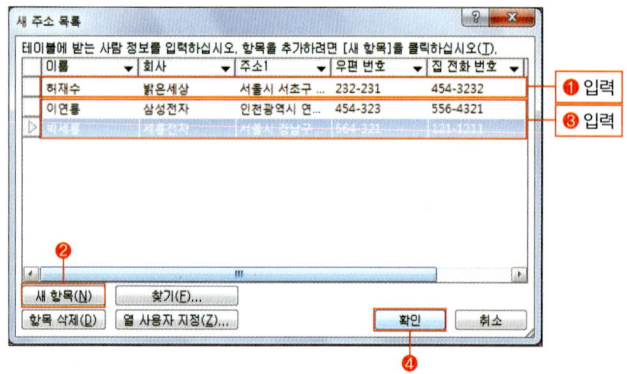

5. [주소 목록 저장] 대화 상자가 나타나면 [저장 위치]를 지정하고 [파일 이름]에 『새주소록』을 입력한 다음 [저장]을 클릭합니다.

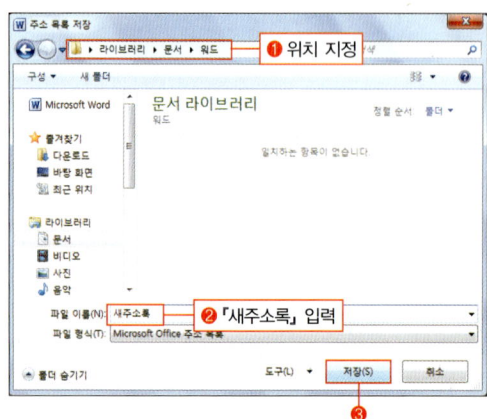

02 목록 불러와 병합 필드 삽입하기

1. 저장한 주소 목록을 불러오기 위해 [편지] 탭-[편지 병합 시작] 그룹에서 [받는 사람 선택]을 클릭한 후 [기존 목록 사용]을 선택합니다.

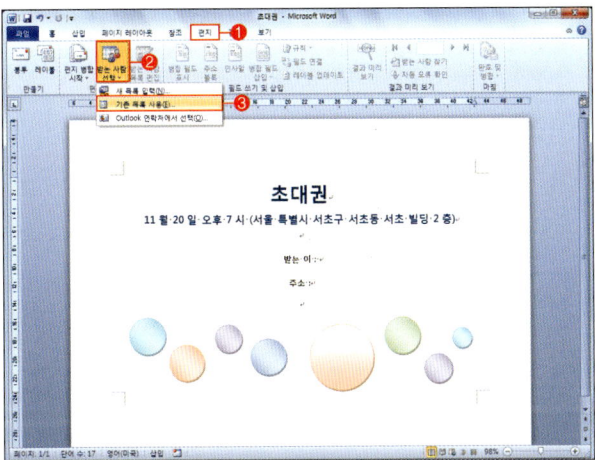

2. [데이터 원본 선택] 대화 상자가 나타나면 저장한 파일을 선택한 후 [열기]를 클릭합니다.

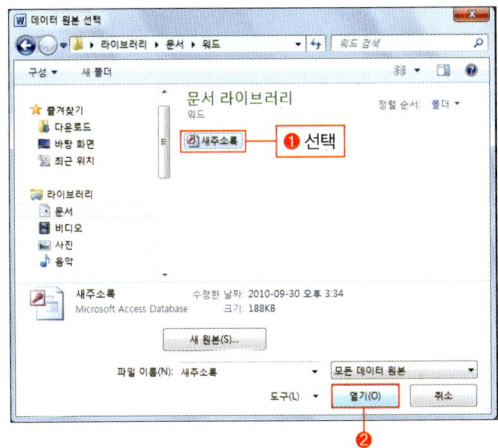

3. 편집 화면에서 '받는 이 :' 다음에 커서를 위치시킨 후 [편지] 탭-[필드 쓰기 및 삽입] 그룹에서 [병합 필드 삽입] 아랫부분을 클릭한 후 [이름]을 선택합니다.

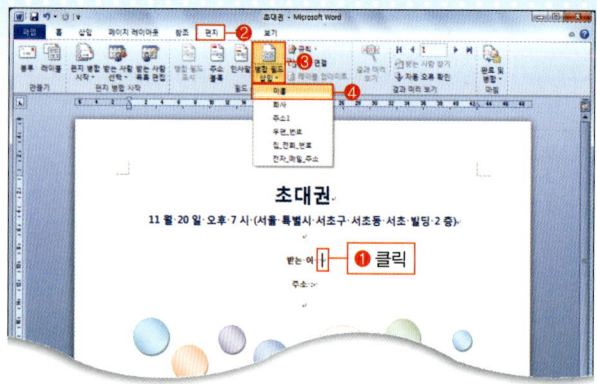

4. '주소 :' 다음에 커서를 위치시킨 후 [편지] 탭-[필드 쓰기 및 삽입] 그룹에서 [병합 필드 삽입] 아랫부분을 클릭한 다음 [주소1]을 선택합니다.

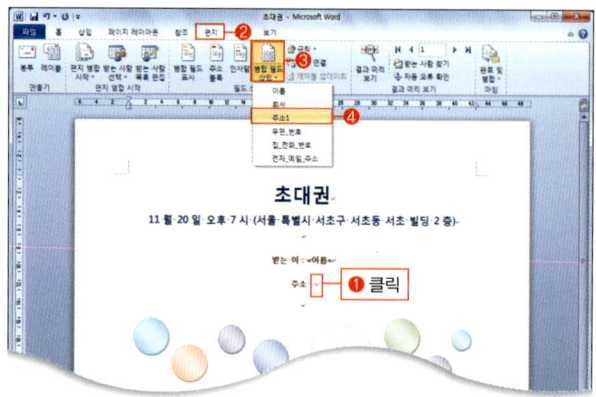

5. [편지] 탭-[결과 미리 보기] 그룹에서 [결과 미리 보기]를 클릭합니다. 문서에 '받는 이'와 '주소'에 작성했던 데이터 목록이 삽입됩니다. [결과 미리 보기] 그룹에서 [다음 레코드](▶)를 클릭합니다.

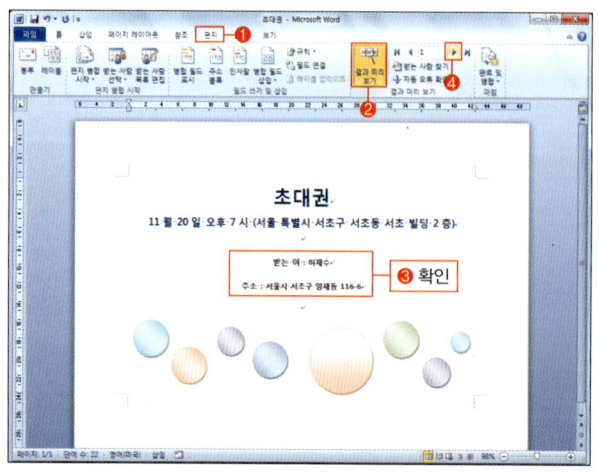

tip [결과 미리 보기] 그룹에서 [다음 레코드](▶)를 클릭하면 지정한 레코드를 모두 확인할 수 있습니다.

● **준비파일** : Part03\Chapter03\Section03\행사초대장.docx
● **완성파일** : Part03\Chapter03\Section03\행사초대장_완성.docx

1. [편지] 탭-[편지 병합 시작] 그룹에서 [편지 병합 시작]을 클릭한 후 [편지]를 선택합니다.

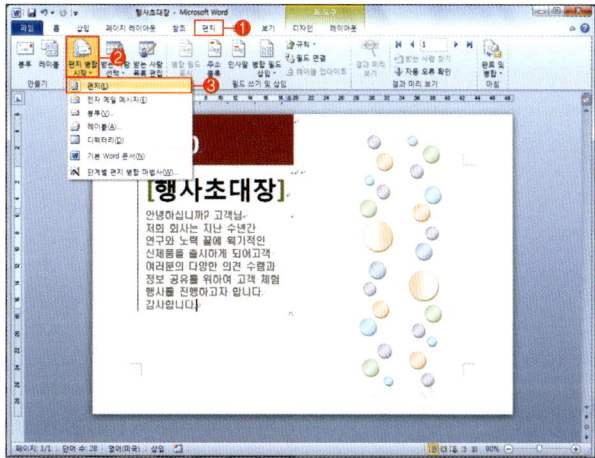

2. [편지] 탭-[편지 병합 시작] 그룹에서 [받는 사람 선택]을 클릭한 후 [기존 목록 사용]을 선택합니다.

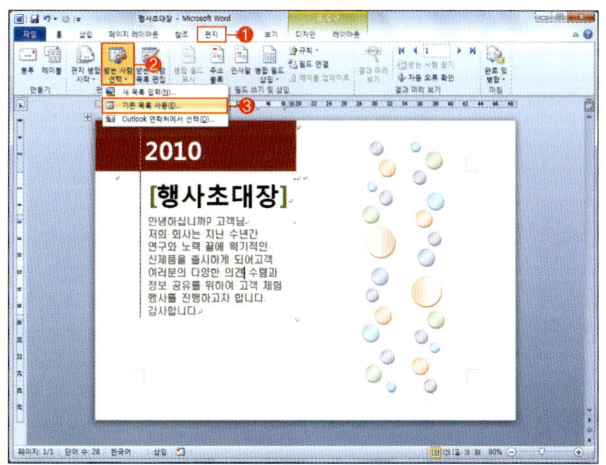

tip [기존 목록 사용]을 선택하면 워드 문서나 엑셀, 액세스 등에 저장했던 다양한 문서를 불러와 사용할 수 있습니다.

3. [데이터 원본 선택] 대화 상자가 나타납니다. 부록 CD에서 'Part03\Chapter03\Section03\고객명단.xlsx' 을 선택한 후 [열기]를 클릭합니다.

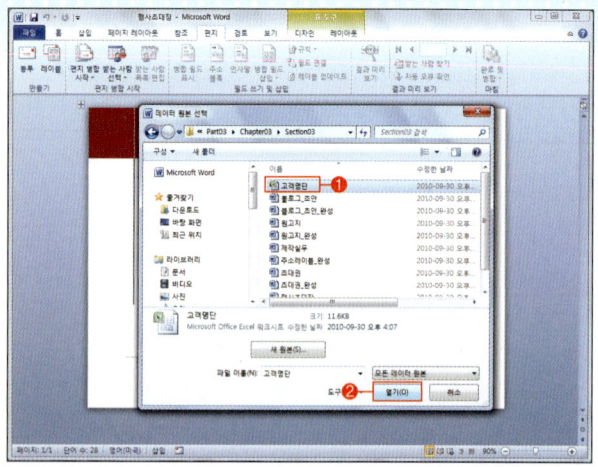

4. [테이블 선택] 대화 상자에서 'Sheet1$'를 선택한 후 [확인]을 클릭합니다.

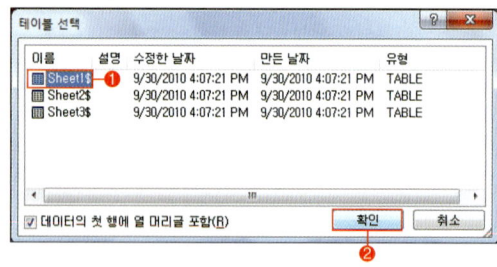

5. [편지] 탭-[편지 병합 시작] 그룹에서 [받는 사람 목록 편집]을 클릭합니다. [편지 병합 받는 사람] 대화 상자가 나타나면 중복된 항목을 삭제하기 위해 [받는 사람 목록 상세 지정]에서 [중복된 항목 찾기]를 클릭합니다. [중복된 항목 찾기] 대화 상자에서 중복된 항목 중 병합할 항목만 남겨둔 채 모든 체크 표시를 해제하고 [확인]을 클릭합니다. [편지 병합 받는 사람] 대화 상자에서 [확인]을 클릭합니다.

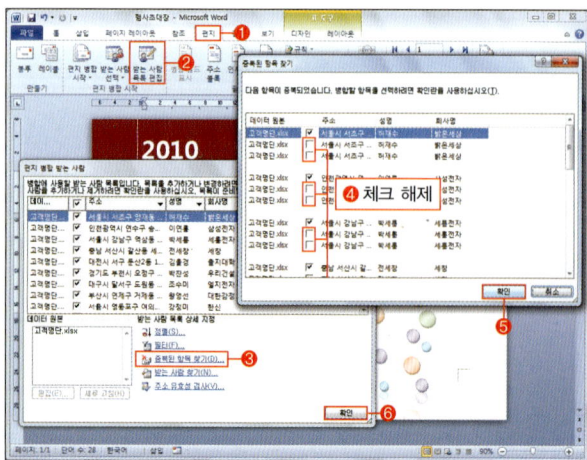

6. 병합 필드를 삽입하기 위해 편집 화면의 '고객님' 글자 앞에 커서를 위치시킨 후 [편지] 탭-[필드 쓰기 및 삽입] 그룹에서 [병합 필드 삽입] 아랫부분을 클릭하여 [성명]을 선택합니다.

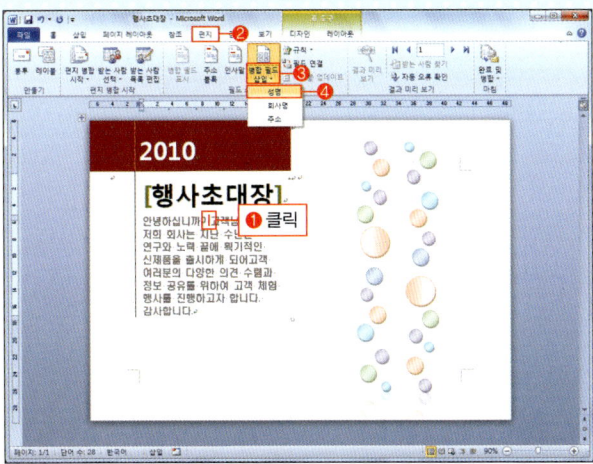

7. [편지] 탭-[결과 미리 보기] 그룹에서 [결과 미리 보기]를 클릭합니다.

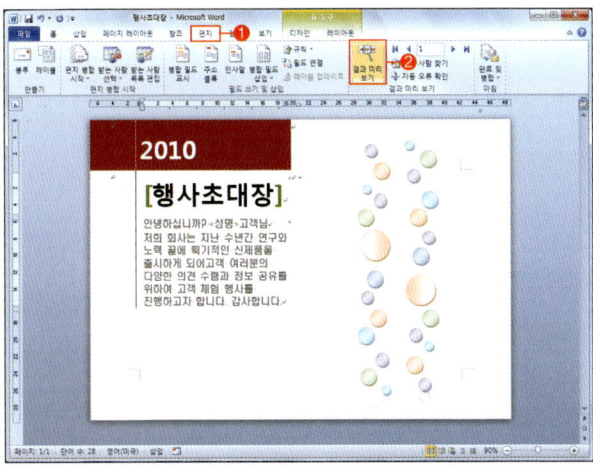

04 DM 발송물 개별 문서 편집하기

1. 개별 문서를 편집하기 위해 [편지] 탭-[마침] 그룹에서 [완료 및 병합]을 클릭한 후 [개별 문서 편집]을 선택합니다. [새 문서로 병합] 대화 상자가 나타나면 [레코드 병합]에서 [모두]를 선택한 후 [확인]을 클릭합니다.

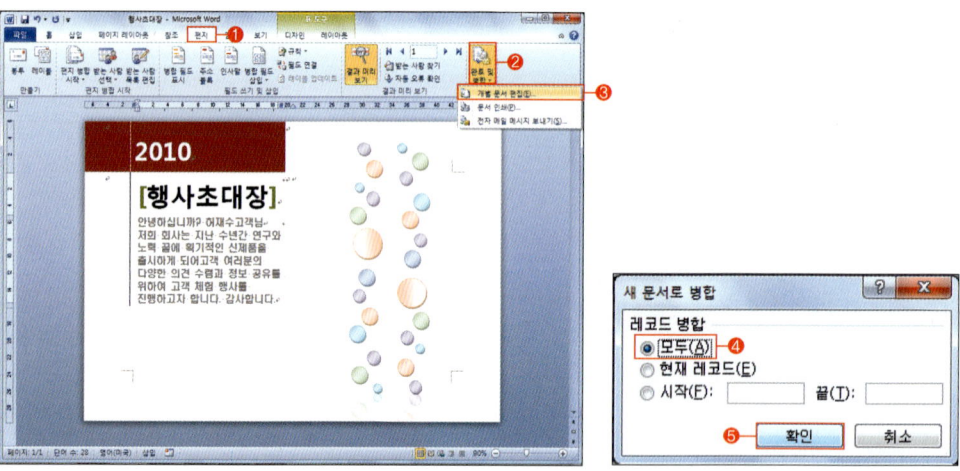

2. [보기] 탭-[확대/축소] 그룹에서 [두 페이지]를 클릭하여 개별 문서를 확인합니다.

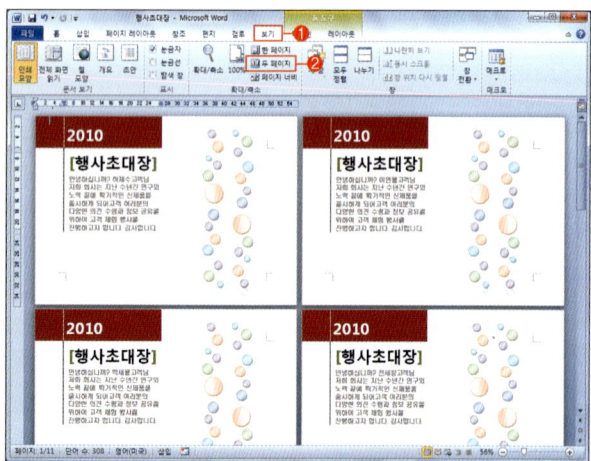

05 주소 레이블 병합하기

● **완성파일** : Part03\Chapter03\Section03\주소레이블_완성.docx

1. 주소 레이블을 병합하기 위해 [편지] 탭-[편지 병합 시작] 그룹에서 [편지 병합 시작]을 클릭한 후 [레이블]을 선택합니다.

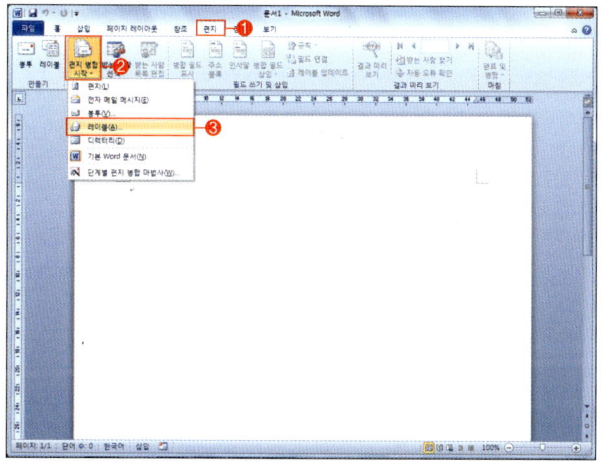

> **tip** 주소를 레이블로 만들어 적합한 레이블 용지에 출력하면 보다 빠르고 편리하게 명단을 관리할 수 있습니다.

2. [레이블 옵션] 대화 상자가 나타나면 [레이블 정보]-[레이블 제조 회사]에서 원하는 제조사를 선택하고 [제품 번호]에서 원하는 제품을 선택한 후 [확인]을 클릭합니다.

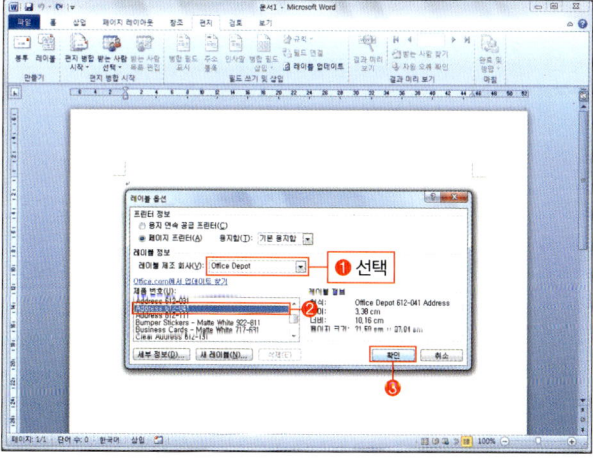

3. [편지] 탭–[편지 병합 시작] 그룹에서 [받는 사람 선택]을 클릭한 후 [기존 목록 사용]을 선택합니다.

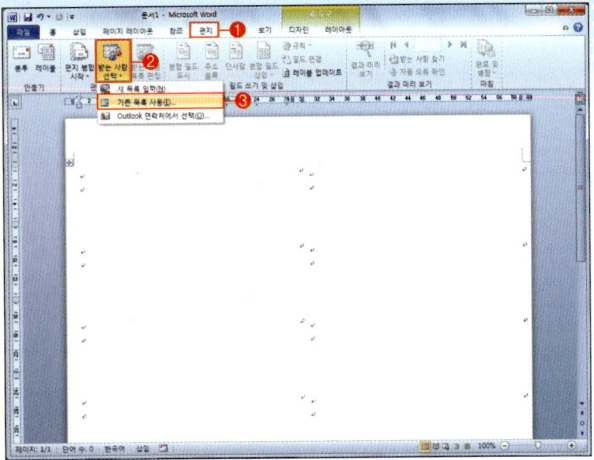

4. [데이터 원본 선택] 대화 상자가 나타나면 부록 CD에서 ʻPart03\Chapter03\Section03\고객명단.xlsxʼ를 선택한 후 [열기]를 클릭합니다.

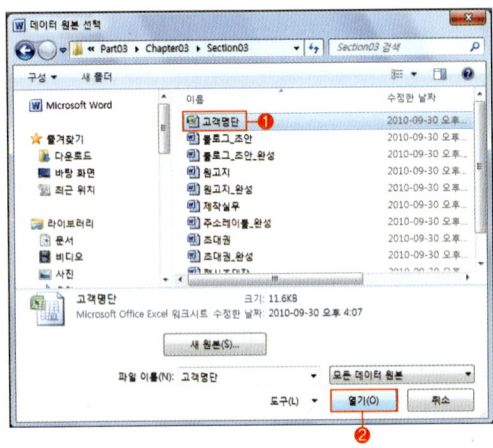

5. [테이블 선택] 대화 상자가 나타나면 ʻSheet1$ʼ를 선택한 후 [확인]을 클릭합니다.

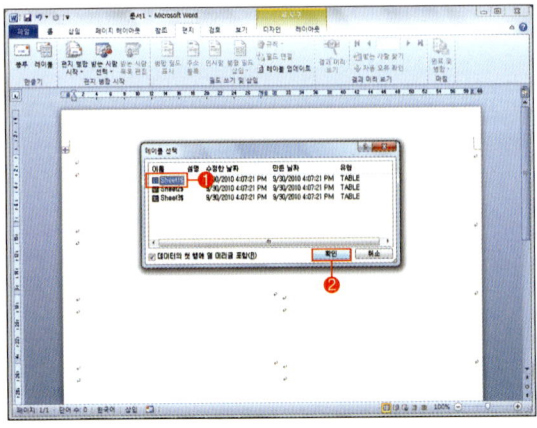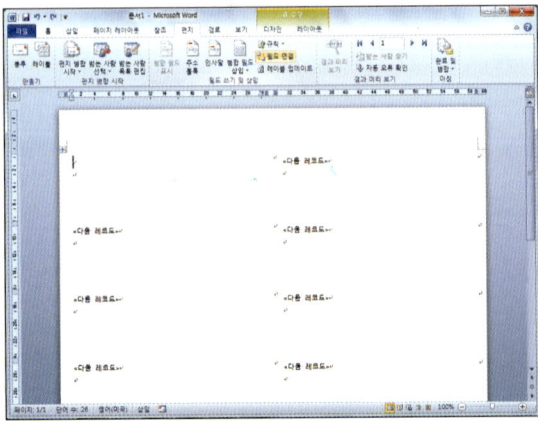

06 필드 연결하기

1. [편지] 탭-[필드 쓰기 및 삽입] 그룹에서 [필드 연결]을 클릭합니다.

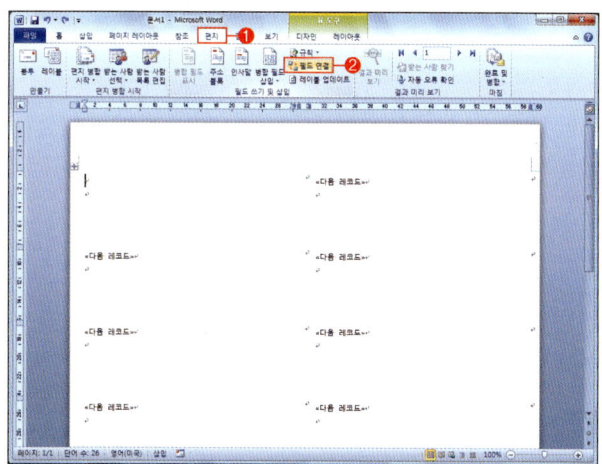

> **tip** 필드 이름과 불러온 데이터 목록의 필드 이름
> 이 일치하지 않을 경우에는 [필드 연결]을 통해 올바르
> 게 연결을 해야 합니다.

2. [필드 연결] 대화 상자가 나타나면 [이름]의 화살표를 클릭하여 [성명]을 선택한 후 [확인]을 클릭합니다.

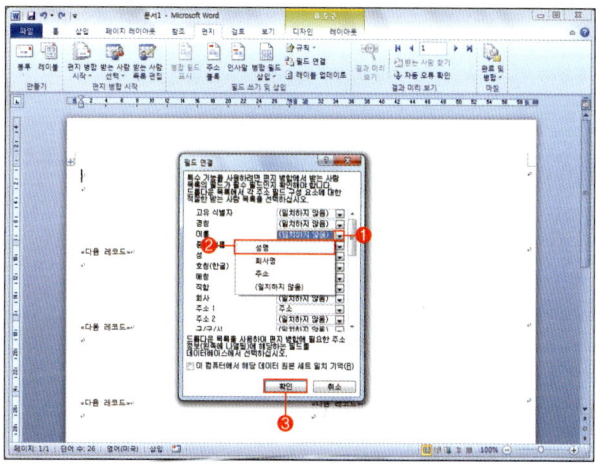

3. [편지] 탭-[필드 쓰기 및 삽입] 그룹에서 [주소 블록]을 클릭합니다. [주소 블록 삽입] 대화 상자가 나타나면 [미리 보기]를 통해 출력될 레이블을 확인하고 [확인]을 클릭합니다.

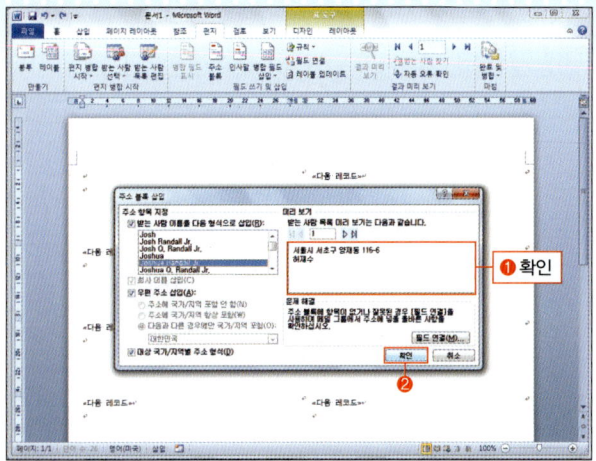

4. [편지] 탭-[필드 쓰기 및 삽입] 그룹에서 [레이블 업데이트]를 클릭합니다.

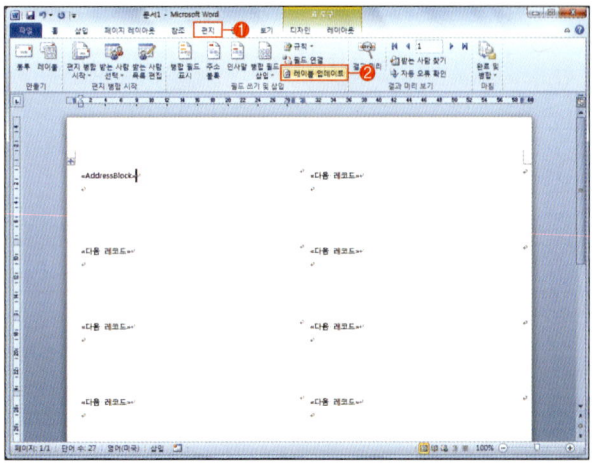

5. [편지] 탭-[마침] 그룹에서 [완료 및 병합]을 클릭한 후 [개별 문서 편집]을 선택합니다.

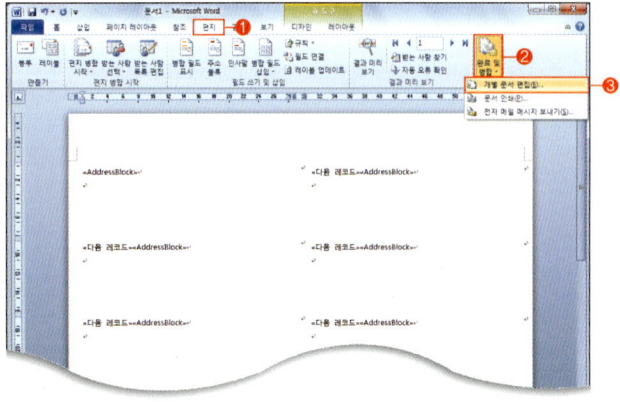

6. [새 문서로 병합] 대화 상자가 나타나면 [레코드 병합]에서 [모두]를 선택한 후 [확인]을 클릭합니다.

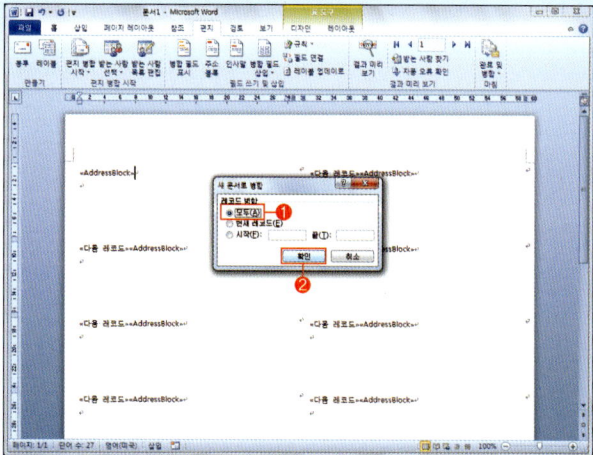

7. 엑셀의 데이터가 레이블로 완성됩니다.

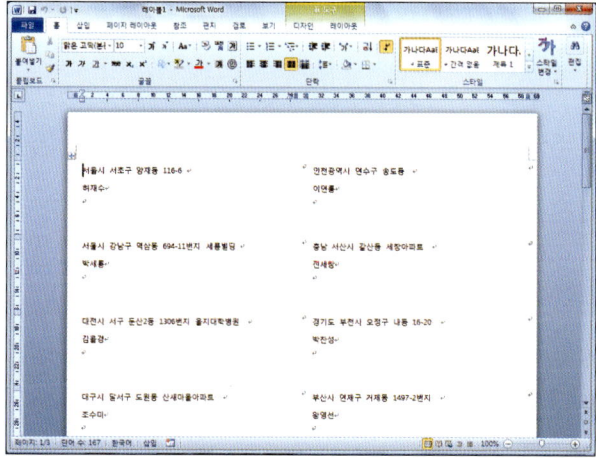

07 워드 문서를 원고지 형식으로 변환하기

● **준비파일** : Part03\Chapter03\Section03\원고지.docx
● **완성파일** : Part03\Chapter03\Section03\원고지_완성.docx

1. [페이지 레이아웃] 탭-[원고지] 그룹에서 [원고지 설정]을 클릭합니다. [원고지 설정] 대화 상자가 나타나면 [스타일]을 [눈금 원고지]로 선택하고 [용지 방향]을 [가로]로 선택한 후 [확인]을 클릭합니다.

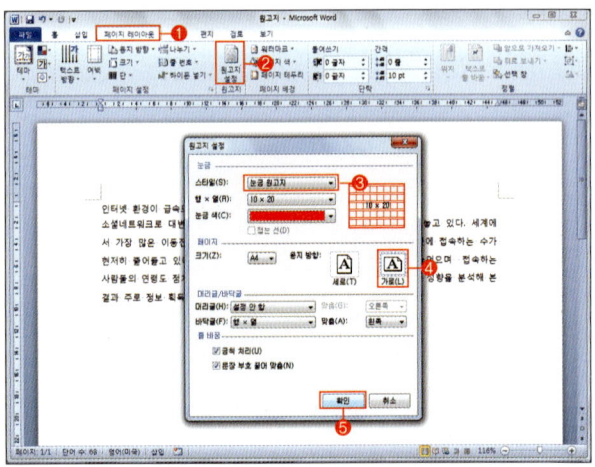

> **tip**
> 새 문서를 불러와 200자나, 400자, 혹은 1000 자 원고지 중에서 작성할 원고지 종류를 선택하여 문서 를 작성할 수 있고, 기존에 작성한 문서를 원고지 형식 으로 변환할 수도 있습니다.

2. 현재 커서가 놓여 있던 곳의 내용이 원고지에 그대로 변환되어 나타납니다.

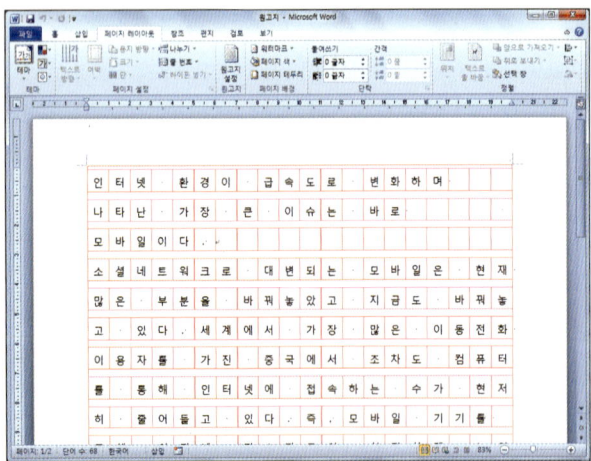

09 워드 문서를 PDF로 변환하기

● **준비파일** : Part03\Chapter03\Section03\제작실무.docx
● **완성파일** : Part03\Chapter03\Section03\제작실무.pdf

1. [파일] 탭–[저장/보내기]를 클릭합니다. [파일 형식]에서 [PDF/XPS 문서 만들기]를 선택한 후 [PDF/XPS 만들기]를 클릭합니다. [PDF 또는 XPS로 게시] 대화 상자가 나타나면 [파일 이름]에 『제작실무』를 입력하고 [게시]를 클릭합니다.

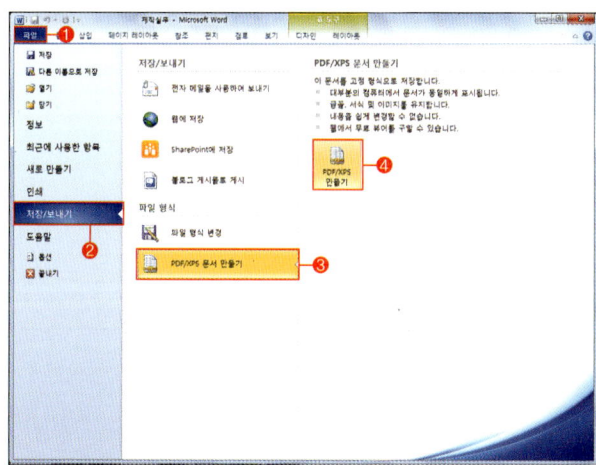
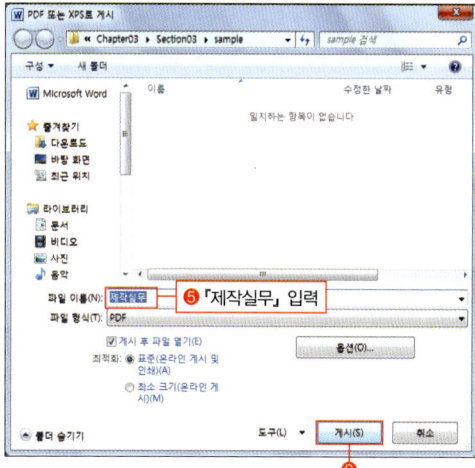

2. 문서가 PDF 파일로 저장됩니다.

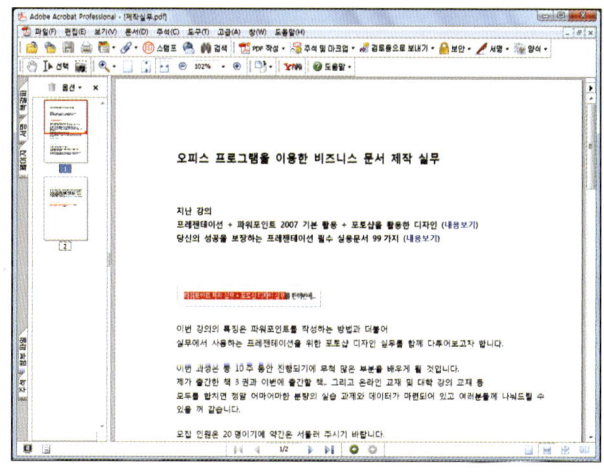

> **tip** 문서를 프린터로 인쇄하지 않고 PDF 파일로 인쇄할 수도 있습니다. PDF란 'Portable Document Format'의 약자로, 어도비 시스템즈(Adobe Systems)의 아크로벳(Acrobat) 등의 프로그램을 통해 볼 수 있는 파일을 말합니다.

워드 문서를 네이버 블로그에 바로 올리기

◉ **준비파일** : Part03\Chapter03\Section03\블로그_초안.docx
◉ **완성파일** : Part03\Chapter03\Section03\블로그_초안_완성.docx

1 [파일] 탭-[저장/보내기]를 클릭한 후 [블로그 게시물로 게시]-[블로그 게시물로 게시]를 차례로 클릭합니다.

2 [블로그 게시] 탭과 [삽입] 탭이 있는 블로그 게시 편집 화면이 나타납니다. 부록 CD에서 'Part03\Chapter03\Section03\블로그_초안.docx' 파일을 복사하여 블로그 게시 편집 화면에 붙여 넣습니다.

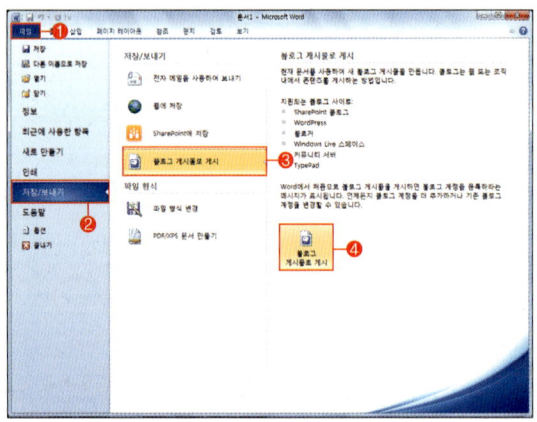 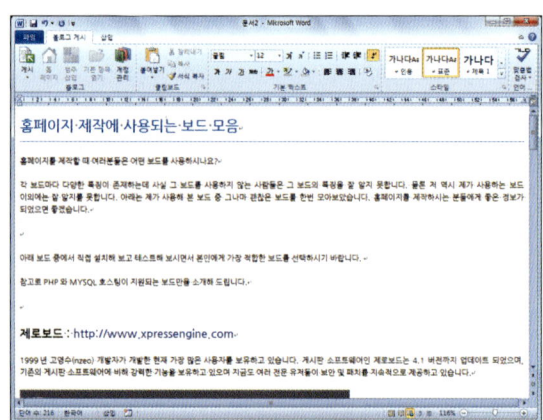

> **tip** 작성하는 문서를 본인의 블로그 등에 바로 올릴 수 있습니다. 다만, 블로그 계정을 워드에 연결해야합니다.

3 블로그 계정을 연결하지 않았다면 [계정 관리]를 통해 블로그 계정을 연결해야 합니다. 여기서는 네이버 블로그를 예로 들어 설명하겠습니다. [블로그 게시] 탭-[블로그] 그룹-[계정 관리]를 클릭합니다. [블로그 계정] 대화 상자가 나타나면 [새로 만들기]를 클릭합니다. [새 블로그 계정] 대화 상자가 나타나면 [블로그]의 화살표를 클릭하여 [기타]를 선택한 후 [다음]을 클릭합니다.

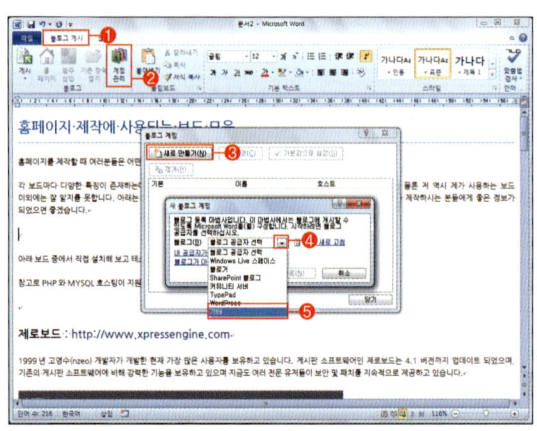

> **tip** 네이버 블로그 뿐 아니라 다른 블로그 서비스도 이와 비슷한 방식으로 계정을 연결하면 됩니다.

4 인터넷 창을 연 후 본인의 블로그의 관리자 모드를 열어 [글쓰기 API 설정]에서 'API 연결 정보'를 불러옵니다. [새 계정] 대화 상자에 [블로그 게시 URL]과 [사용자 이름], [암호]를 각각 입력한 후 [확인]을 클릭합니다.

5 [계정이 등록되었습니다.] 창이 나타나면 정상적으로 계정이 등록된 것입니다. [확인]을 클릭합니다.

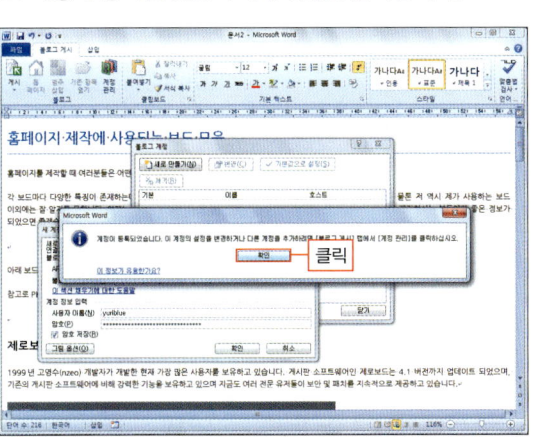

6 [블로그 계정] 대화 상자가 나타나면 [닫기]를 클릭합니다.

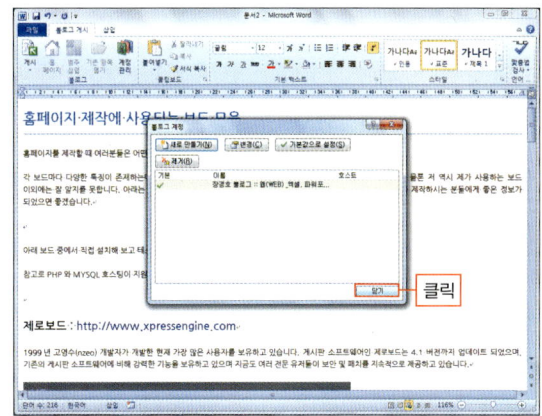

7 [블로그 게시] 탭–[블로그] 그룹에서 [게시]의 아랫부분을 클릭한 후 [게시]를 선택합니다.

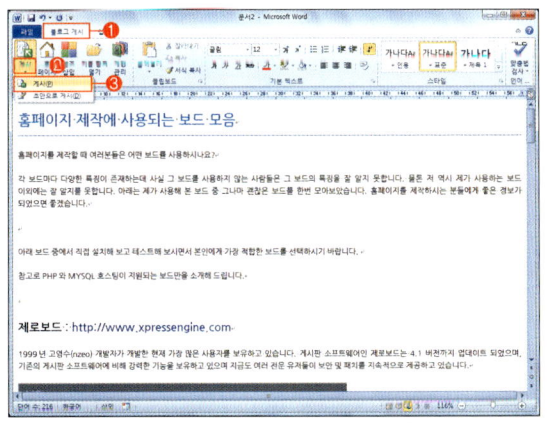

8 게시되었다는 메시지가 나타납니다. 본인의 블로그를 열어 게시물이 등록되었는지 확인합니다.

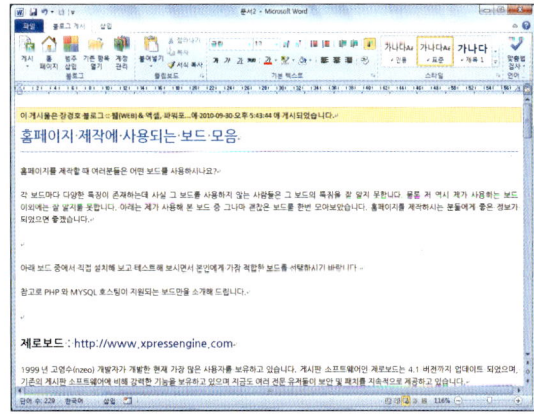

스카이드라이브에서 워드 문서 다루기

1 인터넷 익스플로러를 실행한 다음 주소 창에 『http://office.live.com』을 입력하고 Enter 를 누릅니다. 스카이드라이브에 접속이 되면 Windows Live ID와 암호를 입력한 다음 [로그인]을 클릭합니다.

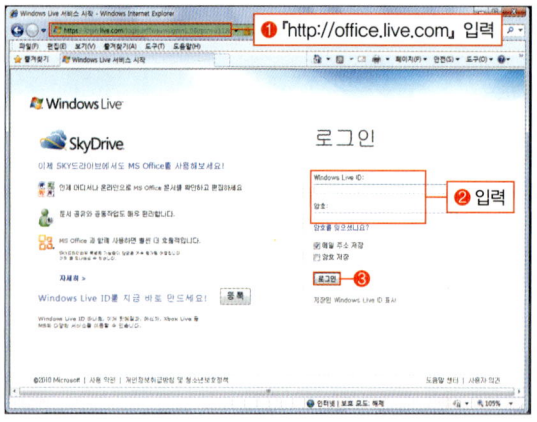

> **tip** 스카이드라이브를 이용하기 위해서는 Windows Live ID가 필요합니다. ID가 없다면 'http://office.live.com'에서 [등록]을 클릭하여 Windows Live 계정을 만듭니다.

2 새 온라인 문서를 만들기 위해 화면 오른쪽에 있는 [Word]를 클릭합니다.

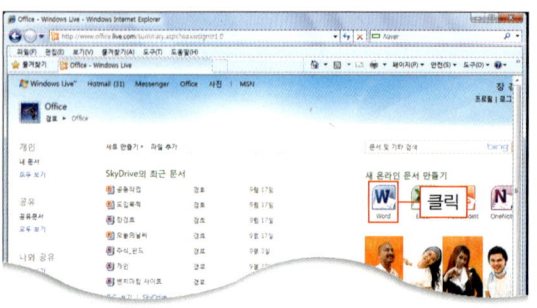

3 이름 항목에 『논문양식』을 입력한 후 [저장]을 클릭합니다.

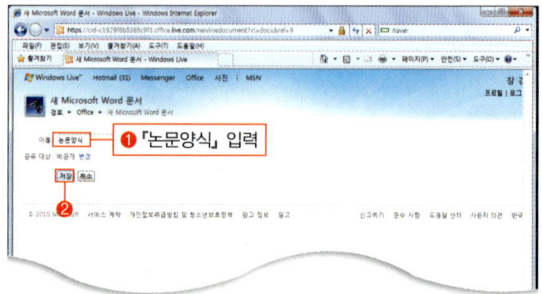

4 인터넷 익스플로러에 Word WebApp이 나타나면 워드 문서를 작성합니다. 작성을 마쳤으면 [닫기(⊠)]를 클릭한 후 [저장]을 클릭합니다.

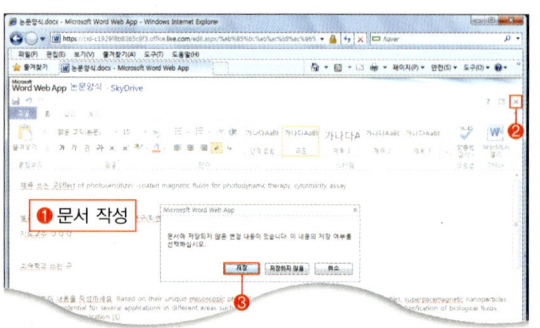

5 작업을 완료한 '논문양식' 문서가 나타납니다.

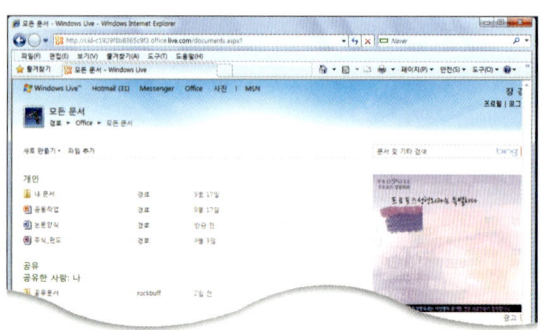

구글 오피스(독스)에서 워드 문서 다루기

❶ 인터넷 익스플로러를 실행한 다음 주소 창에 『http://docs.google.com』을 입력하고 [Enter]를 누릅니다. 구글 오피스에 접속이 되면 구글 계정에 해당하는 이메일과 비밀번호를 입력한 후 [로그인]을 클릭합니다.

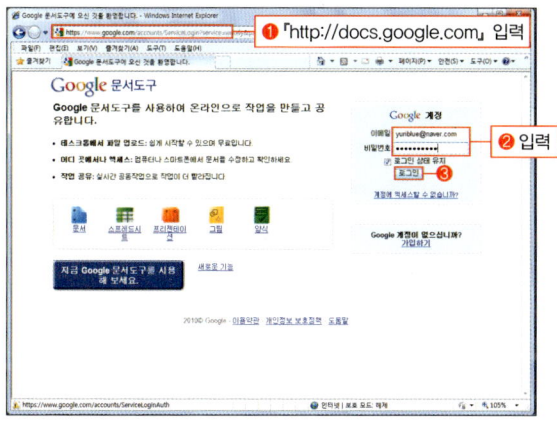

> **tip** 구글 오피스(독스)는 온라인 프레젠테이션 및 스프레드시트 문서를 작성할 수 있는 웹 오피스로서 doc, xls, csv, ppt 등 대부분의 MS 오피스 파일을 지원합니다.

❷ 구글 문서 도구 페이지가 나타나면 [새로 만들기]-[문서]를 클릭합니다.

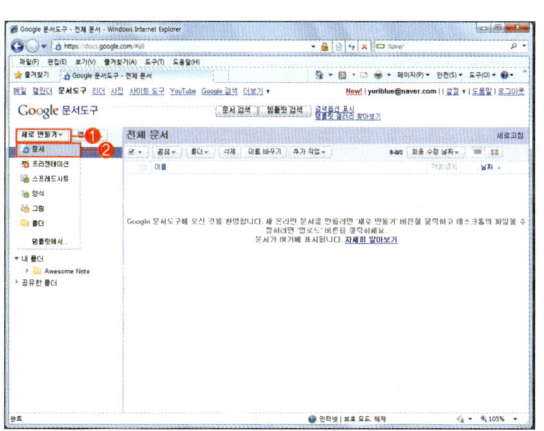

❸ 문서를 작성할 수 있는 새로운 창이 나타나면 내용을 입력한 후 [제목 없음]을 클릭합니다. [문서 이름 바꾸기] 입력란에 『논문』을 입력한 후 [확인]을 클릭합니다. [Google 문서도구]를 클릭합니다.

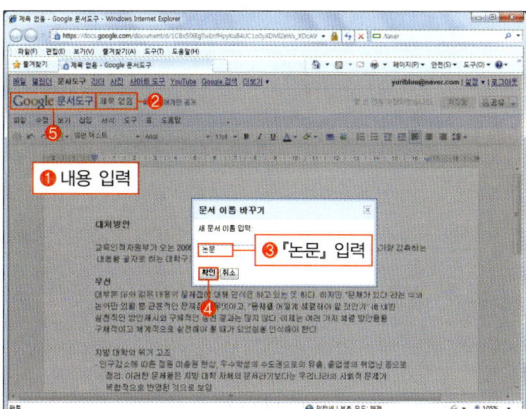

④ [전체 문서]를 클릭하여 문서가 저장되었는지 확인합니다. 문서 템플릿을 찾기 위해 [템플릿 검색]을 클릭합니다.

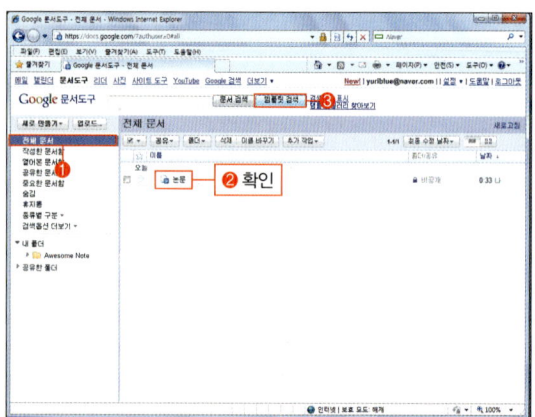

⑤ 구글의 다양한 템플릿이 나타납니다. MS 오피스에서 제공하는 템플릿처럼 유용한 템플릿을 무료로 사용할 수 있습니다.

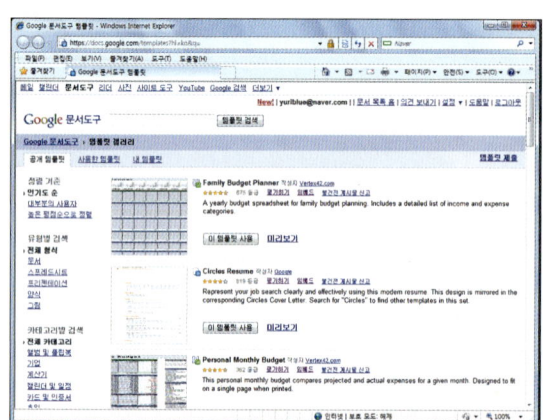

> **Tip** [업로드]를 클릭하면 워드나 엑셀 등의 문서를 구글 오피스에 저장할 수 있습니다.

● **준비파일** : Part03\Chapter03\Check\계약서.docx
● **완성파일** : Part03\Chapter03\Check\계약서.pdf

계약서 문서를 열어 PDF 파일로 변환해 보세요.

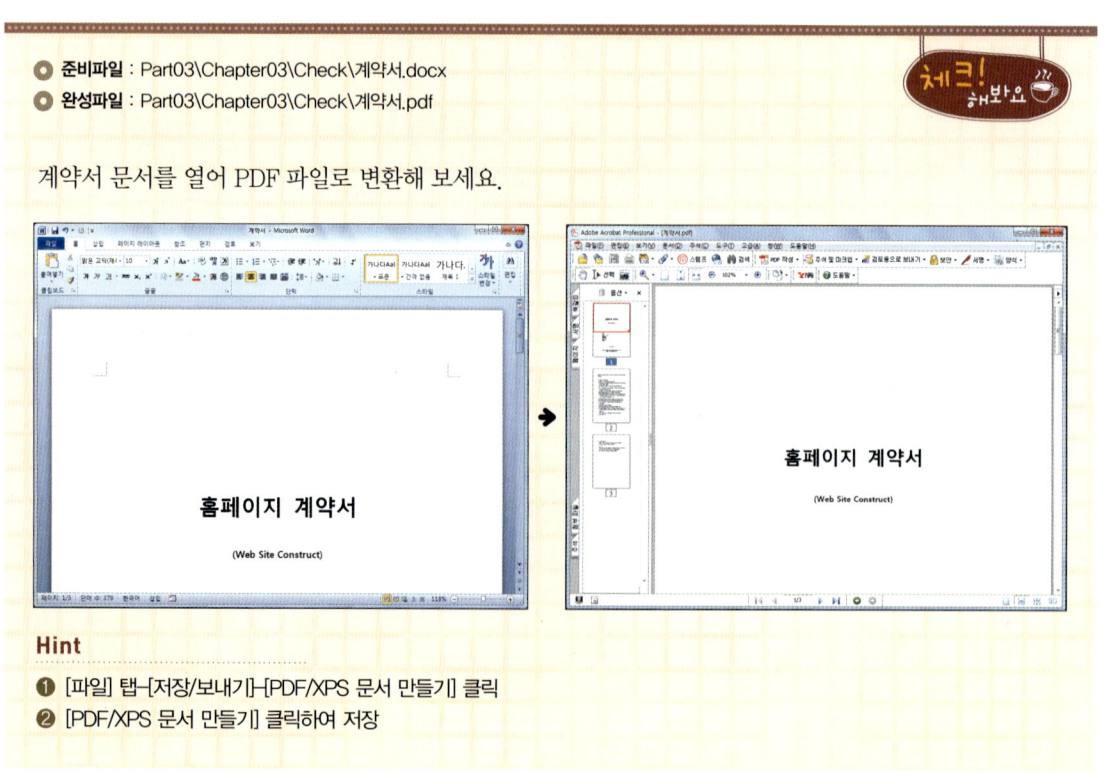

Hint

❶ [파일] 탭–[저장/보내기]–[PDF/XPS 문서 만들기] 클릭
❷ [PDF/XPS 문서 만들기] 클릭하여 저장

INDEX

YoungJin.com Y.
영진닷컴

다양한 실무 예제로 배우는
엑셀&파워포인트&워드 2010

1판 1쇄 발행 2011년 01월 20일
1판 7쇄 발행 2013년 09월 16일

저   자   장경호
발 행 인   김길수
발 행 처   (주)영진닷컴
주   소   서울특별시 금천구 가산동 664번지 대륭테크노타운13차 10층 영진닷컴

대표전화   1588-0789
대표팩스   (02) 2105-2207
등   록   2007. 4. 27.   제16-4189호

값 **19,000** 원
(부록 CD-ROM 포함)

ⓒ 2011., 2013. (주)영진닷컴 **ISBN 978-89-314-4053-9**

http://www.youngjin.com

 Norton™
from symantec

올인원 통합 보안 솔루션 노턴360은
통합적이고 자동화된 보안 기능으로
PC 및 각종 온라인 활동을 보호합니다

PC 보안

보다 빠른 인스톨과 스캔
펄스 업데이트
브라우저 보호
스팸메일 차단

백업

노턴 백업 드라이브
백업 튜토리얼
다수의 백업장소 설정
월 단위 리포트

ID 보호

노턴 세이프 웹
ID세이프 튜토리얼
IE로부터 로그인 정보 임포트

PC 튜닝

기동 매니저
튜닝 이력
월 단위 리포트

노턴 360 ^{버전} 3.0
올인원 통합 보안

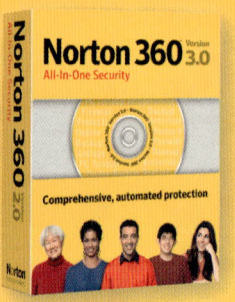

시만텍은 어떤 업체보다 더 많은 온라인 위협으로부터 더 많은 사람들을 보호합니다